Frank da Cruz / Christine M. Gianone

C-Kermit

Einführung und Referenz

Verlag Heinz Heise

Die Deutsche Bibliothek – CIP-Einheitsaufnahme

DaCruz, Frank:
C-Kermit : Einführung und Referenz ; Kommunikationsprogramm / Frank da Cruz ; Christine M. Gianone. – Hannover : Heise, 1994
  (Digital press)
  Einheitssacht.: Using C-Kermit <dt.>

ISBN 3-88229-023-4

Originaltitel:	(ISBN 1-55558-108-0) USING C-KERMIT Frank da Cruz, Christine M. Gianone
Deutsch von:	Gisbert W. Selke, Bonn

© 1993 (Originalausgabe) Digital Equipment Corporation, Burlington, MA 01803, USA
© 1994 (deutschsprachige Ausgabe) Verlag Heinz Heise GmbH & Co KG, Hannover

Alle Rechte vorbehalten. Kein Teil dieses Werkes darf ohne schriftliche Genehmigung des Verlages in irgendeiner Form (Fotokopie, Mikrofilm oder andere Verfahren), auch nicht zum Zwecke der Unterrichtsgestaltung, reproduziert oder unter Verwendung elektronischer Systeme verarbeitet, vervielfältigt oder verbreitet werden. Bei der Zusammenstellung wurde mit größter Sorgfalt vorgegangen. Fehler können trotzdem nicht völlig ausgeschlossen werden, so daß weder der Verlag noch der Autor für fehlerhafte Angaben und deren Folgen eine juristische Verantwortung oder irgendeine Haftung übernehmen. Warennamen sowie Marken- und Firmennamen werden ohne Gewährleistung der freien Verwendbarkeit benutzt. Die in diesem Buch erwähnten Software- und Hardwarebezeichnungen sind in den meisten Fällen auch eingetragene Warenzeichen und unterliegen als solche den gesetzlichen Bestimmungen. Der Verlag übernimmt keine Gewähr dafür, daß beschriebene Programme, Schaltungen, Baugruppen etc. funktionsfähig und frei von Schutzrechten Dritter sind. Für Verbesserungsvorschläge und Hinweise auf Fehler ist der Verlag dankbar.

Printed in Germany $\frac{5 \quad 4 \quad 3 \quad 2 \quad 1}{1998 \quad 97 \quad 96 \quad 95 \quad 94}$

Umschlaggestaltung: MB-GRAFIK-DESIGN, Hannover
Druck: Kösel GmbH & Co, Kempten

ISBN 3-88229-023-4

Inhalt

Vorwort – 11
Danksagungen – 12

1 Einführung – 17
Warum Kermit? – 17
Wie Kermit funktioniert – 18
Das Leistungsangebot von C-Kermit – 24
Das Leistungsangebot anderer weitverbreiteter Kermits – 25
Kermit-Programm-Versionen – 26
Wie man Kermit-Programme bekommt – 26

2 C-Kermit bedienen – 32
C-Kermit starten – 32
C-Kermit beenden – 34
Interaktive Befehle eingeben – 34
Befehlsdateien – 41
Zur Beschreibung der Kermit-Befehle – 44
Einige grundlegende C-Kermit-Befehle – 49
Die C-Kermit-Initialisierungsdatei – 54

3 Verbindungen herstellen – 56
C-Kermit im lokalen Betrieb – 59
Ein Testlauf – 59
Eine serielle Verbindung herstellen – 62
Serielle Direktverbindungen – 68
Serielle Wählverbindungen – 70
Netzwerk-Verbindungen benutzen – 88

4 Terminalbetrieb – 100
Der CONNECT-Befehl – 100
Die Verbindung beenden – 103
Tastatur-Sonderbefehle im Terminalbetrieb – 104
Terminal-Emulation – 110
Tastaturbelegung – 113
Die Terminal-Sitzung protokollieren, Fehler suchen – 115

5 Grundlagen des Dateitransfers – 117
Grundlegende Dateitransfer-Befehle – 117
Einfache Beispiele für Dateitransfer – 121
Dateitransfer im lokalen Betrieb – 128
Unterbrechung eines Dateitransfers – 133
Übertragung von Textdateien – 136
Übertragung binärer Dateien – 138
Dateinamen – 139
Dateinamens-Kollisionen – 141
Unvollständiger Dateitransfer – 142
Übersicht über transferierte Dateien behalten – 143
Zusammenfassung – 143

6 Probleme beim Dateitransfer beheben – 146
Parität – 147
Geschwindigkeit und Flußkontrolle in Vollduplex-Umgebungen – 149
Halbduplex-Kommunikation – 152
Störungen und Interferenzen – 153
Timeouts – 155
Probleme mit der Transparenz – 157
Kommunikation mit IBM-Großrechnern im Zeilenmodus – 159
Kommunikation mit IBM-Großrechnern im Vollbildmodus – 161
Nur für X.25-Benutzer – 163
Beweisstücke sammeln – 164

7 Der Kermit-Server – 166
Den Server starten – 167
Befehle an Kermit-Server senden – 168
Server-Sicherheit – 177
Das Spiel umdrehen – 179

8 Power-Tools für den Dateitransfer – 180
Überblick über das Kermit-Protokoll – 180
Effizienz-Analyse für Kermit – 182
Erhöhung der Dateitransfer-Effizienz – 185
Datei-Attribute – 197
Anzeige und Steuerung der Dateitransfer-Optionen – 200

9 Internationale Zeichensätze – 201
Hersteller-spezifische Zeichensätze – 201
Standard-Zeichensätze – 203
Internationale Zeichen in Befehlen – 206
Internationale Zeichen in der Terminal-Emulation – 207
Transfer von Dateien mit internationalen Texten – 212
Übersetzen ohne Transfer – 229
Einseitige Übersetzung – 231
Arbeitsparende Tricks – 232

10
Dateitransfer ohne Kermit-Protokoll – 234
Empfangen mit C-Kermit (Downloading) – 235
Senden von C-Kermit aus (Uploading) – 237
Codieren von Dateien mit 8-Bit-Daten für die Übertragung – 243

11
Befehlsdateien, Makros und Variablen – 244
Noch einmal Befehlsdateien – 244
Befehls-Makros – 249
Makro-Argumente – 255
Ein Makro-Album – 259
Variablen – 261

12
Befehle zum Programmieren – 273
Der IF-Befehl – 273
Der STOP- und der END-Befehl – 282
Der GOTO-Befehl – 285
Strukturierte Programmierung – 288
Eingebaute Funktionen – 293
Können wir miteinander sprechen? – 302
Spezialeffekte – 305
Benutzer-definierte Funktionen – 310
Dateien und Befehle lesen und schreiben – 312

13
Skript-Programmierung – 317
Automatisierter Verbindungsaufbau – 317
Synchronisierungs-Befehle – 320
Bau eines Login-Skripts für VAX/VMS – 328
Ein UNIX-Login-Skript – 334
Ein IBM-Großrechner-Login-Skript im Zeilenmodus – 336
Ein IBM-Großrechner-Login-Skript im Vollbildmodus – 337
Login-Skripten für kommerzielle Datendienste – 339
Ein Verzeichnis von Diensten – 343
Automatisierter Dateitransfer – 347
Paßwörter, Sicherheit und Automatisierung – 350
Der SCRIPT-Befehl – 354
Ideen zur Skript-Programmierung – 356

14
Befehlszeilen-Optionen – 358
Zusammenstellung der Optionen – 359
Beispiele für Befehlszeilen – 369

Anhänge

I   **Befehlsreferenz für die C-Kermit-Befehle** – 371
Zusammenfassung der Befehle – 372

II   **Ein Kompaktführer zur seriellen Datenkommunikation** – 408
Zeichenformat und Parität – 408
Modems – 412
Kabel und Stecker – 420

III   **UNIX-C-Kermit** – 424
Installation – 424
Benutzung von UNIX-C-Kermit – 431

IV   **VAX/VMS-C-Kermit** – 449
Vorbereitung der VMS-Sitzung für C-Kermit – 449
Benutzung von VMS-C-Kermit – 451

V   **OS/2-C-Kermit** – 469
Installation – 469
Benutzung von OS/2-C-Kermit – 473
VT102-Escape-Sequenzen – 486

VI   **AOS/VS-C-Kermit** – 491
Benutzung von AOS/VS-C-Kermit – 492

VII   **Andere C-Kermit-Versionen** – 498
Amiga-C-Kermit – 498
Atari-ST-C-Kermit – 501
OS-9-C-Kermit – 504

VIII   **Zeichensatz-Tabellen** – 507
Der Zeichensatz nach ISO*646*IRV und ASCII – 509
7-Bit-Steuerzeichen – 510
Lateinische 7-Bit-Zeichensätze – 511
Westeuropäische Zeichensätze – 512
Osteuropäische Zeichensätze – 515
Kyrillische Zeichensätze – 516

IX   **Skript zur DOS/UNIX-Dateiumwandlung** – 520

X   **Hexifizierungs-Programme** – 521

XI   **Shift-In/Shift-Out-Filter** – 523

XII   **Abkürzungen, Verzeichnisse und Akronyme** – 524
Abkürzungen und Akronyme – 524
Literatur – 532
Abbildungsverzeichnis – 537
Tabellenverzeichnis – 538
Warenzeichen – 540
Anmerkungen – 544
Register – 548

Vorwort

„Wer ist Kermit, und warum ist er in meinem Computer?", war kürzlich in einer Schlagzeile zu lesen [52][1]. Dabei ist Kermit gar kein „Er", sondern vielmehr ein unbelebtes, geschlechtsloses, gleichwohl ansprechendes und freundliches Computer-Software-Paket. Es ermöglicht so gut wie jedem Paar von Computern dieser unserer Welt, erfolgreich miteinander zu kommunizieren – wie unterschiedlich sie auch in Größe, Aussehen, Ort, Fähigkeiten, Architektur, Hersteller oder Nationalität sein mögen.

Dieses Buch beschreibt das Kermit-Programm *C-Kermit* für UNIX-Computer-Systeme, die Systeme VMS und OpenVMS der Digital Equipment Corporation, Data General AOS/VS, PCs mit OS/2, den Commodore Amiga, den Atari ST und für Rechner mit dem Realzeit-Betriebssystem OS-9. Die UNIX-Version von C-Kermit läuft auf den meisten bekannten modernen Implementierungen von Unix (siehe Seite 29) und auf Rechnern vom PC bis hin zu Großrechnern und Supercomputern.

Die C-Kermit-Software stellt Ihnen Terminal-Verbindungen zur Verfügung, fehlerfreie Datenübertragung und -haltung, umfassende Unterstützung für nationale und internationale Zeichensätze und eine breite Vielfalt von Kommunikations-Methoden, darunter direkte und telefonische serielle Verbindungen und (in einigen Versionen) Verbindungen über TCP/IP oder andere Arten von Netzwerken. Sie können C-Kermit zwischen zwei Rechnern benutzen oder zum Zugriff auf elektronische Informationsdienste zum Anwählen, wie CompuServe oder MCI Mail, aber auch für die öffentlichen Datennetzwerke auf Abonnement-Basis, wie SprintNet und TYMNET, sowie für das weltweite TCP/IP-Internet.

Mit C-Kermits mächtiger Skript-Programmiersprache können Sie häufig wiederkehrende oder zeitintensive Aufgaben automatisch für sich erledigen lassen: Lassen Sie den Rechner den langweiligen Kram erledigen, während Sie sich um wichtigere Dinge kümmern.

C-Kermit überträgt Text- und Binärdateien effizient und korrekt. Das Kermit-Dateitransfer-Protokoll übernimmt Synchronisation, Fehlerüberwachung und -korrektur, Dateiformat- und Zeichensatz-Umsetzungen und unzählige Details, um die Sie sich niemals zu kümmern brauchen. Das Kermit-Protokoll ist dafür gemacht worden, auch in unwirtlichen Kommunikations-Umgebungen zu funktionieren, wo andere Protokolle fehlschlagen.

Das Kermit-Dateitransfer-Protokoll wurde 1981 im Columbia University Center for Computing Activities (CUCCA), New York, entworfen, das seitdem auch das „Kermit-Hauptquartier" ist, mittlerweile unter dem Namen Academic Information Systems (AcIS). Das Kermit-Protokoll ist einfach und robust, paßt sich an fast alle Kommunikationsarten und Rechner-Architekturen an, und seine Spezifizierung ist offen und frei zugänglich [18]. Da der Quellcode erhältlich ist, gibt den Benutzern im Zeitalter der Viren und Würmer Vertrauen und auch die Möglichkeit, Fehler zu beheben, neue Merkmale hinzuzufügen und die Software an neue Rechner oder an die lokalen Besonderheiten anzupassen.

Kermit-Software wird von freiwilligen Programmierern aus aller Welt produziert, die sich dieser Sache verschrieben haben. Ihre Bemühungen werden in Columbia koordiniert, wo eine definitive Sammlung der gesamten Kermit-Software gehalten wird, die Hunderte verschiedener Rechner und Betriebssysteme unterstützt. Kermit ist die Hochqualitäts-Alternative bei niedrigem Preis zu kommerzieller Kommunikations-Software.

Danksagungen

C-Kermit ist von Frank da Cruz von der Columbia-Universität geschrieben worden, mit Beiträgen von Hunderten anderer Entwickler und Tester. Im folgenden sind nur einige der Beitragenden aufgeführt, denen wir alle zu tiefstem Dank verpflichtet sind. (U steht für University bzw. Universität; soweit nicht anders angegeben, handelt es sich um Stellen in den USA.)

Chris Adie (Edinburgh U, Schottland); Robert Adsett (U of Waterloo, Kanada); Larry Afrin (Clemson U); Greg Andrews (Telebit Corp); Barry Archer (U of Missouri); Bengt Andersson (ABC-Klubben, Schweden); Robert Andersson (International Systems A/S, Oslo, Norwegen); Chris Armstrong (Brookhaven National Laboratory); William Bader (Software Consulting Services, Nazareth, Pennsylvania); Fuat Baran (Columbia U); Stan Barber (Rice U); Jim Barbour (U of Colorado); Donn Baumgartner (Dell Computer Corp); Nelson Beebe (U of Utah); Karl Berry (UMB); Dean W Bettinger (State U of New York); Gary Bilkus; Marc Boucher (U of Montreal, Kanada); Charles Brooks (EDN); Bob Brown; Mike Brown (Purdue U); Rodney Brown (COCAM, Australien); Jack Bryans (California State U at Long Beach); Mark Buda (DEC); Fernando Cabral (Padrão IX, Brasília, Brasilien); Björn Carlsson (Rechenzentrum der U Stockholm, Schweden); Bill Catchings (früher an der Columbia U); Bob Cattani (früher an der Columbia U); Davide Cervone (Rochester U, NY); Seth Chaiklin (Dänemark); John Chandler (Harvard U/Smithsonian Astronomical Observatory, Cambridge, Massachusetts); John L Chmielewski (AT&T, Lisle, Illinois); Howard Chu (U of Michigan); Bill Coalson (McDonnell Douglas); Bertie Coopersmith (London, England); Chet Creider (U of Western Ontario, Kanada); Alan Crosswell (Columbia U); Jeff Damens (früher an der Columbia U); Mark Davies (Bath U, England); S. Dezawa (Fujifilm, Japan); Joe R. Doupnik (Utah State U); Frank Dreano (US Navy); John Dunlap (U of Washington); Jean Dutertre (DEC Frankreich); David Dyck (John Fluke Mfg Co.); Stefaan Eeckels (Statistik-Büro der Europäischen Gemeinschaft, Luxemburg); Paul Eggert (Twin Sun, Inc.); Bernie Eiben (DEC); Kristoffer Eriksson (Peridot Konsult AB, Örebro, Schweden); John Evans (IRS, Kansas City); Glenn Everhart (RCA Labs); Charlie Finan (Cray Research, Darien, Connecticut); Herm Fischer (Encino, Kalifornien); Carl Fongheiser (CWRU); Marcello Frutig (Katholische U, São Paulo, Brasilien); Hirofumi Fujii (Japanisches Staatslaboratorium für Hochenergiephysik, Tokyo); Chuck Fuller (Westinghouse); Andy Fyfe (Caltech); Hunter Goatley (Western Kentucky U); John Gilmore (UC Berkeley); German Goldszmidt (IBM); Alistair Gorman (Neuseeland); Richard Gration (Australian Defence Force Academy); Chris Green (Essex U, England); Alan Grieg (Dundee Tech, Schottland); Yekta Gursel (MIT);

Jim Guyton (Rand Corp); Vesa Gynther (Finnland); Michael Härtel; Marion Hakanson; John Hamilton (Iowa State U); Steen Hammerum (U København, Dänemark); Simon Hania (Niederlande); Stan Hanks (Rice U); Ken Harrenstein (SRI); Eugenia Harris (Data General); David Harrison (Kingston Warren Corporation); James Harvey (Indiana/Purdue U); Rob Healey; Chuck Hedrick (Rutgers U); Ron Heiby (Motorola Computer Group); Steve Hemminger (Tektronix); Christian Hemsing (Rheinisch-Westfälische Technische Hochschule, Aachen, Deutschland); Andrew Herbert (Monash U, Australien); Mike Hickey (ITI); R.E. Hill; Bill Homer (Cray Research); Randy Huntziger (US National Library of Medicine); Larry Jacobs (Transarc); Steve Jenkins (Lancaster U, England); Dave Johnson (Gradient Technologies); Mark Johnson (Apple Computer); Eric Jones (AT&T); Luke Jones (AT&T); Peter Jones (U Quebec, Montreal, Kanada); Phil Julian (SAS Institute); Peter Kabal (U Quebec, Montreal, Kanada); Mic Kaczmarczik (U of Texas at Austin); Sergej Kartaschow (Institut für Präzisionsmechanik und Rechnerausstattung, Moskau, Rußland), Howie Kaye (Columbia U); Rob Kedoin (Linotype Co, Hauppauge, New York); Mark Kennedy (IBM); Terry Kennedy (St Peter's College, Jersey City, New Jersey); Douglas Kingston; John Klensin (MIT); Tom Kloos (Sequent Computer Systems); Jim Knutson (U of Texas at Austin); John Kohl; David Kricker (Encore Computer); Thomas Krueger (U of Wisconsin at Milwaukee); Bo Kullmar (Schwedische Zentralbank, Kista, und ABC-Klubben, Stockholm); R. Brad Kummer (AT&T Bell Labs, Atlanta, Georgia); John Kunze (UC Berkeley); Russell Lang (Monash U, Australien); Bob Larson (USC); Bert Laverman (U Groningen, Niederlande); Steve Layton; David Lawyer (UC Irvine); David LeVine (National Semiconductor Corp.); S.O. Lidie (Lehigh U); Tor Lillqvist (U Helsinki, Finnland); Benny Löfgren (DIAB, Schweden); Dean Long; Kevin Lowey (U of Saskatchewan, Kanada); Andy Lowry (Columbia U); David MacKenzie (Environmental Defense Fund, U of Maryland); John Mackin (U of Sidney, Australien); Martin Maclaren (Bath U, England); Chris Maio (früher an der Columbia U); Fulvio Marino (Olivetti, Ivrea, Italien); Peter Mauzey (AT&T); Tye McQueen (Utah State U); Ted Medin (NOSC); Ajay Mehta (DEC); Hellmuth Michaelis (Hanseatischer Computerservice GmbH, Hamburg, Deutschland); Leslie Mikesell (American Farm Bureau); Gary Mills (U of Manitoba, Kanada); Martin Minow (DEC); Pawan Misra (Bellcore); Ken Mizialko (IBM, Manassas, Virginia); Ray Moody (Purdue U); Bruce J Moore; Steve Morley (Convex); Peter Mossel (Columbia U); Tony Movshon (NYU); Lou Muccioli (Swanson Analysis Systems); Dan Murphy; Gary Mussar (Bell Northern Research); John Nall (Florida State U); Jack Nelson (U of Pittsburgh); Jim Noble (PRC, Inc.); Ian O'Brien (Bath U, England); John Owens; Michael Pins (Iowa Computer Aided Engineering Network); André Pirard (U Liège, Belgien); Paul Placeway (Ohio State U); Piet Plomp (U Groningen, Niederlande); Ken Poulton (HP Labs); Manfred Prange (Oakland U); Christopher Pratt (APV Baker, Großbritannien); Frank Prindle (NADC); Tony Querubin (U of Hawaii); Phil Race (ICL, Manchester, England); Anton Rang; Scott Ribe; Alan Robiette (Oxford U, England); Michel Robitaille (U of Montreal, Kanada); Kai Uwe Rommel (Technische U München, Deutschland); Larry Rosenman (Irving, Texas); Jay Rouman (U of Michigan); Jack Rouse (SAS Institute); Stew Rubenstein (Harvard U); Bill Schilit (Columbia U); Michael Schmidt (U-GH Paderborn, Deutschland); Eric Schnoebelen (Convex); Benn Schreiber (DEC); Dan Schullman (DEC); John Schultz (3M); Steven Schultz (Contel); APPP Scorer (Leeds Polytechnic, England); Gordon Scott (Micro Focus, Newbury, England); Gisbert W. Selke (Wissenschaftliches Institut der AOK, Bonn, Deutschland); David Sizeland (U of London Medical School, England); Fridrik Skulason (Island); Dave Slate; Bradley Smith (UCLA); Richard Smith (California State U); Ryan Stanisfer (UNT); Bertil Stenström (Rechenzentrum der U Stockholm, Schweden); James Sturdevant (CAP GEMENI

AMERICA, Minneapolis, Minnesota, und Medtronic, Inc., Fridley, Minnesota); Peter Svanberg (Kungl. Tekniska Högskolan, Schweden); James Swenson (Accu-Weather, Inc., State College, Pennsylvania); Chris Sylvain (U of Maryland); Andy Tanenbaum (Vrije U, Amsterdam, Niederlande); Tim Theisen (U of Wisconsin); Lee Tibbert (DEC); Markku Toijala (Technische U Helsinki, Finnland); Rick Troxel (US National Institutes of Health); Warren Tucker (Tridom Corp, Mountain Park, Georgia); Dave Tweten (NASA); G. Uddeborg (Schweden); Walter Underwood (Ford Aerospace); Pieter Van Der Linden (Centre Mondial, Paris, Frankreich); Ge van Geldorp (Niederlande); Fred van Kempen (MINIX User Group, Voorhout, Niederlande); Wayne Van Pelt (General Electric Corporate Research and Development); Mark Vasoll (Oklahoma State U); Konstantin Winogradow (ICSTI, Moskau, Rußland); Paul Vixie (DEC); Eduard Vopica (Prager Wirtschaftsschule, Tschechische Republik); Dimitri Vulis (City U of New York); Roger Wallace (Raytheon); Stephen Walton (California State U at Northridge); Jamie Watson (Adasoft, Schweiz); Rick Watson (U of Texas); Robert Weiner (Programming Plus, New York City); Lauren Weinstein (Vortex Technology); David Wexelblat (AT&T Bell Labs); Bill Whitney (DEC); Joachim Wiesel (U Karlsruhe, Deutschland); Lon Willett (U of Utah); Michael Williams (UCLA); Nate Williams (U of Montana); David Wilson; Patrick Wolfe (Kuck & Associates, Inc.); Gregg Wonderly (Oklahoma State U); Farrell Woods (Concurrent); Dave Woolley (CAP Communication Systems, London, England); Jack Woolley (SCT Corp); Frank Wortner; Ken Yap (früher an der U of Rochester, New York); John Zeeff (Ann Arbor, Michigan).

Unter den oben Genannten geht besonderer Dank an Bill Catchings für seine Arbeit am grundlegenden Entwurf des Kermit-Protokolls und für die ersten beiden Implementierungen als Software; an Chris Maio und Bob Cattani für Version 1 des UNIX-Kermit (des Vorgängers von C-Kermit), etwa 1983; an Bill Catchings und Jeff Damens für Version 3 (1984; es gab keine Version 2); und an Herm Fischer und Dan Schullman für große Beiträge zu Version 4, die erste Fassung von C-Kermit in seiner auch heute vorliegenden interaktiven Form (1985).

Version 5 war ebenfalls eine gemeinsame Anstrengung. Aus Kristoffer Eriksson, Bo Kullmar, Warren Tucker und Peter Mauzey setzte sich das „Modem-Kommittee" zusammen, das in langer und schwerer Arbeit C-Kermits Behandlung der Modemsignale unter den zahlreichen unterschiedlichen Unix-Umgebungen in eine vernünftige Form brachte. Kristoffer verdient eine besondere Auszeichnung für archäologische Leistungen, weil er die über viele Jahre hinweg entstandene Anhäufung von unverständlichen Zauberformeln in dem berüchtigten Modul „ckutio" eingehend studiert und entwirrt hat. (Dieses Modul enthält eine Sammlung angeblich einfacher Funktionen, die alle Behauptungen, UNIX sei ein „portierbares Betriebssystem", nachdrücklich Lügen straft.)

Bevor wir die Abteilung für besondere Ehren verlassen, geht die diesjährige Auszeichnung für ein Lebenswerk an Terry Kennedy für endlose, wenig beneidenswerte Stunden, in denen er die Einzelheiten für das unendlich komplexe VMS-Dateisystem ausgeführt hat, und für zahlreiche weitere Hilfestellungen. Und Dank an die anderen, die bei VMS geholfen haben, besonders Lee Tibbert, Mark Buda, William Bader, Alan Robiette, Hunter Goatley und James Harvey.

Chris Adie paßte Version 4 von C-Kermit 1988 an OS/2 und Kai Uwe Rommel die OS/2-Unterstützung an Version 5A und an OS/2 2.00 an – keine leichte Aufgabe! – und trug viele andere wertvolle Ideen und Einsichten bei.

Die Unterstützung für Data General AOS/VS wurde ursprünglich vor vielen Jahren von Phil Julian im SAS Institute für C-Kermit 4D gemacht. Besonderer Dank an die Data General Corporation für die Bereitstellung von Mitteln zur Entwicklung der AOS/VS-Unterstützung in C-Kermit 5A wie auch für neue Entwicklungen im MS-DOS-Kermit; an Eugenia Harris von Data General für die AOS/VS-spezifische Programmierung wie auch für viel Informationsmaterial, ganz zu schweigen von zahlreichen guten Einfällen; und an Mike Normile von DG, der Ausrüstung, Dokumentation, Vorschläge, Unterstützung und Ermutigung rundherum beibrachte.

Steve Walton besorgte die Version für den Commodore Amiga (mit Hilfe von Larry Rosenman), Bruce Moore ist hauptverantwortlich für die Anpassung an den Atari ST und Christian Hemsing für OS-9 (aufbauend auf früheren Arbeiten von Bob Larson).

Ken Yap steuerte den ersten Teil des Codes für TCP/IP-Sockets für die Berkeley-UNIX-Version bei. Marcello Frutig und Stefaan Eeckels brachten den Code zur Unterstützung von X.25. Chuck Hedrick fand und behob viele Fehler in der UNIX-Version und half auch sonst häufig weiter.

Dank an den unermüdlichen und allwissenden Professor Joe Doupnik (Autor des MS-DOS-Kermit), der eng mit den Autoren am Entwurf für die Algorithmen für gleitende Fenster zusammenarbeitete, die Skript-Programmiersprache und die Unterstützung für internationale Zeichensätze während der gemeinsamen Entwicklungsarbeit für MS-DOS-Kermit 3.0 und C-Kermit 5A. (Außerdem half Joe in seiner Freizeit bei den C-Kermit-Versionen für den AT&T 7300 UNIX PC und System V R4 aus.)

Unser Dank geht an die Spezialisten, die zu dem Entwurf beitrugen, der das Kermit-Protokoll für die Behandlung internationaler Zeichensätze erweitert: John Chandler (Harvard U/Smithsonian Center for Astrophysics), Joe Doupnik (Utah State University), Hirofumi Fujii (Japanisches Staatslaboratorium für Hochenergiephysik, Tokyo), John Klensin (Massachusetts Institute of Technology und Vorsitzender des Standards Committee der ACM), Ken-ichiro Murakami (Nippon Telephone and Telegraph Research Labs, Tokyo), Wladimir Nowikow (VNIIPAS, Moskau, Rußland), André Pirard (Universität Liège, Belgien), Gisbert W. Selke (Wissenschaftliches Institut der AOK, Bonn, Deutschland), Fridrik Skulason (Universität Island, Reykjavik), Johan van Wingen (Leiden, Niederlande, Mitglied zahlreicher ISO-Kommittees) und Konstantin Winogradow (ICSTI, Moskau, Rußland). Und Dank an Valdemar Gunnarson für die isländische Übersetzung auf Seite 232.

Dank auch an die, die Spezialinformationen über die heute in der früheren Sowjetunion benutzten Zeichensätze gaben: Konstantin Winogradow vom ICSTI, Michael Jaroslawzew and Sergej Kartaschow vom Institut für Präzisionsmechanik und Rechnerausstattung der (früheren) sowjetischen Akademie der Wissenschaften und Dimitri Vulis von D&M Consulting Services Inc. in New York City.

Hirofumi Fujii stellte den Algorithmus und viel Code für die Umsetzung zwischen den verschiedenen japanischen Kanji-Zeichensätzen zur Verfügung.

Und Dank an die Programmierer, die diese Protokoll-Erweiterung anderen Kermit-Programmen hinzugefügt haben, so daß C-Kermit mit diesen sprechen kann: John Chandler (Kermit-370), Joe Doupnik (MS-DOS-Kermit), die „Kermit-Gang" am ICSTI und Hirofumi Fujii (Kanji-Unterstützung in MS-DOS-Kermit und C-Kermit).

Besonderen Dank an die Doktoren Jurij Gornostajew und A. Butrimenko vom ICSTI für die Ausrichtung der Ersten Internationalen Kermit-Konferenz in Moskau im Mai 1989, wo die Erweiterung für internationale Zeichensätze zum ersten Mal in der Öffentlichkeit diskutiert wurde.

Und Dank an die Scharen derer, die C-Kermit 5A auf zahllosen Hardware- und Software-Plattformen testeten und Fehlerberichte, Berichtigungen, neue Merkmale und Vorschläge im Laufe der dreijährigen Entwicklungsphase beisteuerten.

Dank ebenfalls an die „Kermiten" in der Kermit-Fabrik, die sich um die technische Unterstützung, Ausführung von Software-Bestellungen, die Wartung unserer Maschinen und den glatten Betrieb der Kermit-Distribution im allgemeinen verdient machen: Max Evarts, Andy Newcomb und die vorangegangenen Generationen, insbesondere Bob Tschudi, Peter Howard, Lucy Lee und Ken Suh.

Besonderen Dank an die, die den ersten Entwurf dieses Buches gegengelesen haben: Donn Baumgartner von Dell Computer, Max Evarts von der Columbia University, Terry Kennedy vom Saint Peters College, Kai Uwe Rommel von der Technischen Universität München, Benn Schreiber von Digital Equipment Corporation, Warren Tucker von Tridom Corporation, Bruce J. Moore und besonders an Eugenia Harris von Data General Corporation und John Klensin vom MIT für ihre detaillierten Kommentare und Vorschläge.

Vielen Dank an unsere Verwaltung und unsere Kollegen von der Columbia-Universität für ihre Unterstützung, insbesondere Vaçe Kundakçi, Vizepräsident für Akademische Informationssysteme, und Elaine Sloan, Vizepräsidentin für und Universitätsbibliothekarin; an Bruce Gilchrist und Howard Eskin, frühere Direktoren unserer Organisation; und an Lee Lidofsky, einen Großen Lehrer, für einen Anschub am Anfang in die richtige Richtung.

Dank schließlich an die, die bei der Produktion dieses Buches halfen – die Belegschaft bei Digital Press: John Osborn, Chase Duffy, Monica Broadnax, Will Buddenhagen, Beth French, Cindyrose Newfell, Jan Svendsen; und an Laura Fillmore und die Belegschaft von Editorial, Inc.: Steve Ackerman, den Grafiker; Ann Hall, die Lektorin; MaryEllen Oliver, die Korrektorin.

Frank da Cruz und Christine M. Gianone
New York City, Dezember 1992

```
fdc@columbia.edu, cmg@columbia.edu
KERMIT@CUVMA.BITNET
```

Zu guter Letzt geht der Dank des Übersetzers an Herrn Kai Uwe Rommel (TU München) für die Durchsicht des Anhangs zu OS/2 und Herrn Rainer Kleinrensing (Universität Freiburg) für sorgfältiges Korrekturlesen und zahlreiche wertvolle Anmerkungen. Die Autoren des Buches, Chris und Frank, haben mir bei der Klärung vieler Einzelfragen schnell, humorvoll und vor allem natürlich kompetent weitergeholfen.

Gisbert W. Selke
Bonn, November 1993

```
gisbert@watsun.cc.columbia.edu
```

1 Einführung

Ein ständig wachsender Anteil der Kommunikation läuft elektronisch und digital ab: Computer sprechen mit Computern – unmittelbar, über Telefonleitungen oder über Netzwerke. Wenn man will, daß zwei Rechner miteinander kommunizieren, geschieht dies normalerweise aus einem der beiden folgenden Gründe: entweder um direkt mit dem weit entfernt stehenden Rechner zu arbeiten oder um Daten zwischen den Rechnern zu übertragen. Kermit ermöglicht Ihnen beides und noch einiges mehr.

C-Kermit ist ein Kermit-Programm, das in der Sprache C geschrieben ist. Er ist mit Hinblick auf Portabilität geschrieben worden; deswegen ist er auf vielen verschiedenen Rechnern und Betriebssystemen ablauffähig, darunter UNIX, VMS und OpenVMS, AOS/VS, OS/2, OS-9, auf dem Commodore Amiga und dem Atari ST, wobei die Leistungsangebote von C-Kermit auch das Anwählen per Modem, Terminal-Verbindungen, Dateitransfer, Dateihaltung, vollautomatischen Betrieb und in vielen Fällen auch Netzwerkfähigkeiten umfassen.

Warum Kermit?

- Kermit-Software ist universell. Kermit-Programme sind für Hunderte verschiedener Rechnerarten geschrieben worden (siehe Seite 27). Die Chancen stehen gut, daß Sie auf jedem Rechner, mit dem Sie je arbeiten werden, schon einen Kermit vorfinden; wenn nicht, dann ist sehr wahrscheinlich zumindest einer erhältlich. Wenn Ihr eigener Rechner über Kermit-Software verfügt, der andere aber nicht, können Sie Ihr eigenes Kermit-Programm außerdem immer noch für Terminal-Emulation und „ungeschützten" Dateitransfer verwenden.
- Kermit-Software kommuniziert nicht nur über Telefonverbindungen, sondern auch über direkte Hochgeschwindigkeitsverbindungen, über lokale Netzwerke (LANs) und über großflächige Netzwerke (WANs); Sie können mithin dieselbe Software für die meisten Arten von Verbindungen benutzen.

- Kermit-Software ist flexibel. Sie paßt sich an die Methoden und Formate der vielen verschiedenen Computer-Hersteller und Anbieter von Informationsdiensten an.
- Kermit-Software ist einfach zu benutzen. Die Befehle bestehen aus normalem Englisch statt aus unverständlichem Code. Menus werden angeboten, wann immer Sie sie wünschen.
- Kermit-Software ist mächtig. Abläufe können durch Benutzung einer Skript-Programmiersprache, die aus normalen Kermit-Befehlen besteht, automatisiert werden.
- Kermit-Dateitransfer ist robust und effizient. Er funktioniert auch in feindseligen oder restriktiven Kommunikations-Umgebungen, wo andere Protokolle fehlschlagen.
- Kermit-Dateitransfer ist international. Er kann Texte in vielen Sprachen und Zeichensätzen übertragen, ohne die Sonderzeichen durcheinanderzuwerfen.
- Kermit-Software ist umgänglich. Weil Kermit eine zeichenbasierte Benutzeroberfläche hat, verträgt er sich gut mit Sprachausgabe-, Braille- und ähnlichen Geräten.
- Quellcode ist erhältlich. Sie können selbst Verbesserungen vornehmen, Fehler beheben, sich überzeugen, daß keine Virusinfektion vorliegt, und den Code an neue Plattformen anpassen.

Ein einziges Software-Paket für praktisch alle Ihre Kommunikationsbedürfnisse: kein Hin- und Herspringen von Paket zu Paket, um mit verschiedenen Rechnern oder Datendiensten zu kommunizieren oder um verschiedene Kommunikationsarten zu benutzen; keine Mehrarbeit durch die Unterstützung mehrerer Pakete. Als zusätzliche Dreingabe haben die meisten Kermit-Programme dieselben grundlegenden Befehlssätze und Ablauffolgen – wer ein Kermit-Programm kennengelernt hat, kennt alle.

Wie Kermit funktioniert

Stellen Sie sich zwei Computer wie in der Abbildung 1-1 vor. Sie benutzen einen davon direkt: Es ist ein PC oder eine Workstation auf Ihrem Schreibtisch, vielleicht auch ein Timesharing-System, das mit einem Bildschirm (oder einem Bildschirm-Emulator) auf Ihrem Schreibtisch verbunden ist. Das wollen wir den *lokalen* Rechner nennen. Sie wollen Ihren lokalen Rechner mit einem in einiger Entfernung stehenden, einem *Wirts*rechner oder einem Datendienst verbinden und Daten übertragen.

Wichtig: Merken Sie sich die Ausdrücke *lokal* und *Wirt*. Sie werden in diesem Buch immer wieder benutzt. Der lokale Computer ist der, *von dem aus* Sie eine Verbindung herstellen; der Wirtscomputer ist der, *zu dem hin* Sie die Verbindung herstellen.

Wie Kermit funktioniert 19

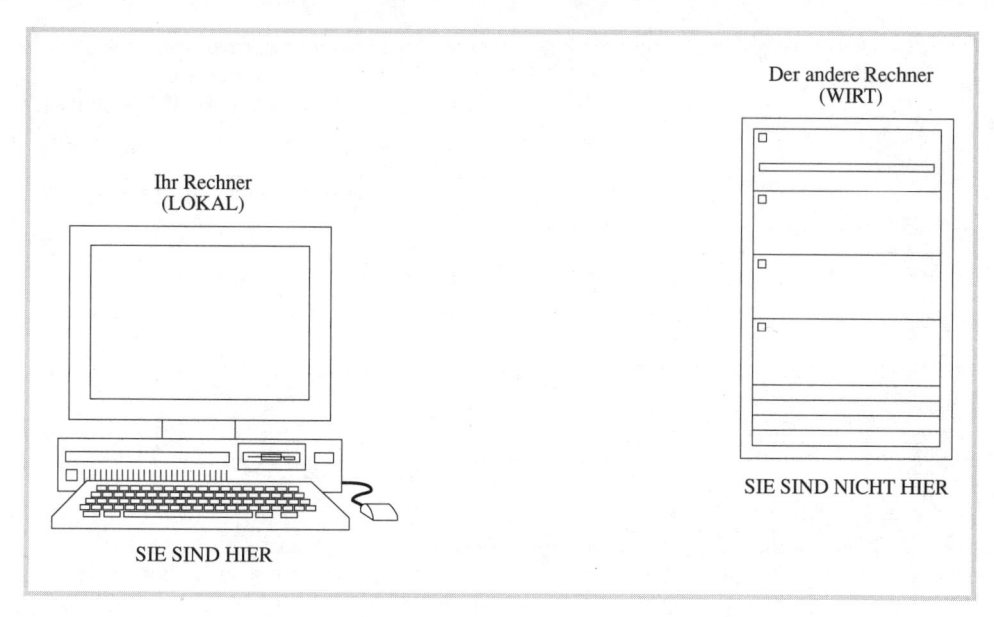

Abb. 1-1:   *Lokaler und Wirtsrechner*

Nehmen wir an, Sie verbinden die beiden Rechner über das Telefon. Zunächst einmal überzeugen Sie sich, daß beide Rechner über ein Modem verfügen. Dann müssen Sie den Namen des Gerätes kennen, über das das Modem an Ihren lokalen Rechner angeschlossen ist, eine Übertragungsgeschwindigkeit, die dem lokalen und dem Wirtsmodem gemeinsam ist, und die Telefonnummer für das Wirtsmodem. Betrachten wir Abbildung 1-2. Wir starten das lokale Kermit-Programm, indem wir einfach das Wort *kermit* eintippen.

Wichtig: In den Abbildungen und in allen Beispielen dieses Buches ist der Text, den Sie eingeben, unterstrichen. Wenn Sie einen Befehl an das Betriebssystem oder an ein Kermit-Programm eingeben, müssen Sie ihn durch Drücken der Eingabetaste (manchmal mit RETURN oder ENTER beschriftet) an der Stelle beenden, an der der Unterstrich aufhört – sofern nicht ausdrücklich etwas anderes gesagt ist.

Wenn die Eingabe-Aufforderung, auch *Prompt* genannt, des lokalen Kermit erscheint, geben wir ihm Befehle, die ihm den Modemtyp, den Namen des Kommunikationsgerätes und die Geschwindigkeit anzeigen, und fordern ihn dann auf, die Telefonnummer des anderen Rechners zu wählen. Antwortet der andere Rechner, kann die Kommunikation beginnen.

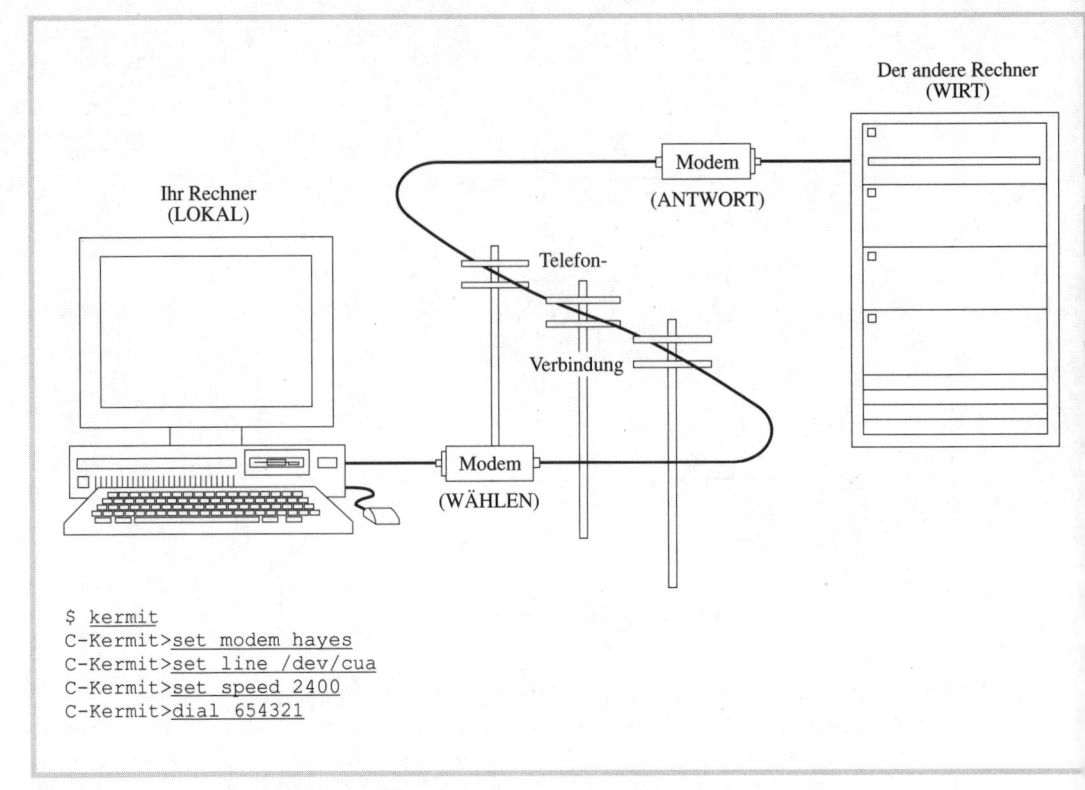

```
$ kermit
C-Kermit>set modem hayes
C-Kermit>set line /dev/cua
C-Kermit>set speed 2400
C-Kermit>dial 654321
```

Abb. 1-2:   *Den lokalen und den Wirtsrechner miteinander verbinden*

Geben Sie Ihrem lokalen Kermit den Befehl CONNECT, und plötzlich reden Sie mit dem Wirtsrechner, als wenn Sie ihn direkt benutzten. Geben Sie sich zu erkennen (auf neudeutsch: loggen Sie sich ein), wie in Abbildung 1-3 zu sehen ist, und führen Sie einen Dialog durch, mit dem Sie Ihre Wünsche in die Tat umsetzen. Vielleicht beschließen Sie irgendwann, einige Daten (eine Datei) von einem Rechner zum anderen transportieren zu wollen.

Um Daten zu übertragen, müssen auf beiden Rechnern Kermit-Programme laufen. Auf Ihrem lokalen Rechner ist das bereits der Fall. Geben Sie auf dem Wirtsrechner einfach „kermit" ein, um das Wirts-Kermit-Programm zu starten.[2] Nun müssen Sie *beiden* Kermit-Programmen sagen, was sie tun sollen: Einer von beiden muß aufgefordert werden, eine bestimmte Datei zu senden, und der andere, diese Datei zu empfangen. Die Regeln dazu sind: (1) Sagen Sie dem Wirtsrechner zuerst, was er tun soll (SEND oder RECEIVE), dann (2) kehren Sie zum lokalen Rechner zurück und sagen Sie ihm das Gegenteil (RECEIVE oder SEND), wie in Abbildung 1-4 zu sehen ist.

Wie Kermit funktioniert 21

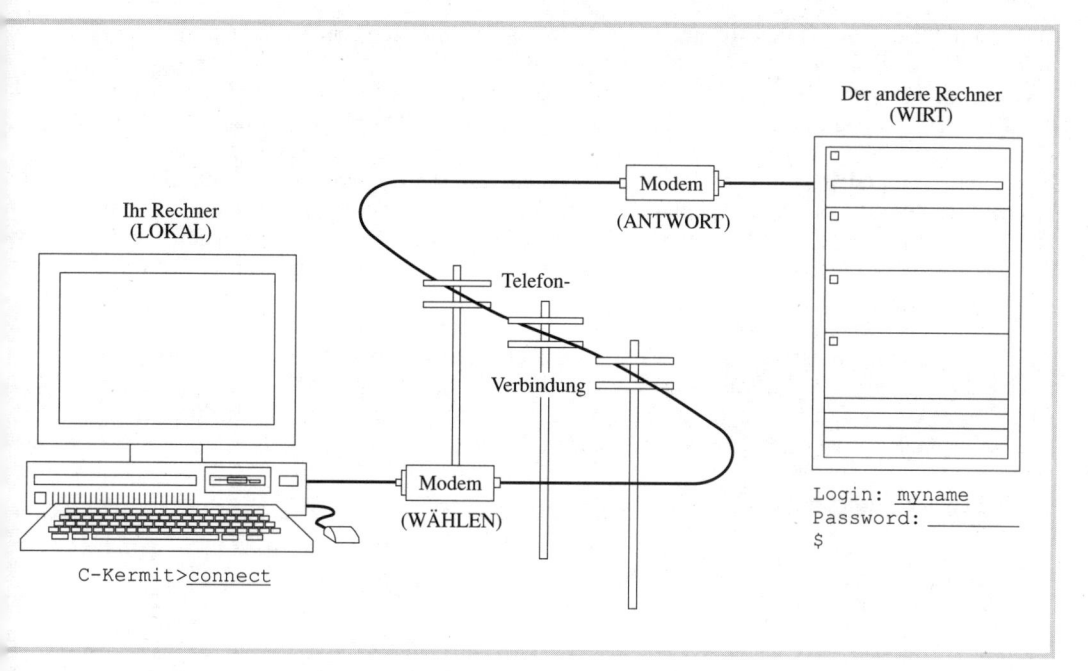

Abb. 1-3:   *Beim Wirtsrechner einloggen*

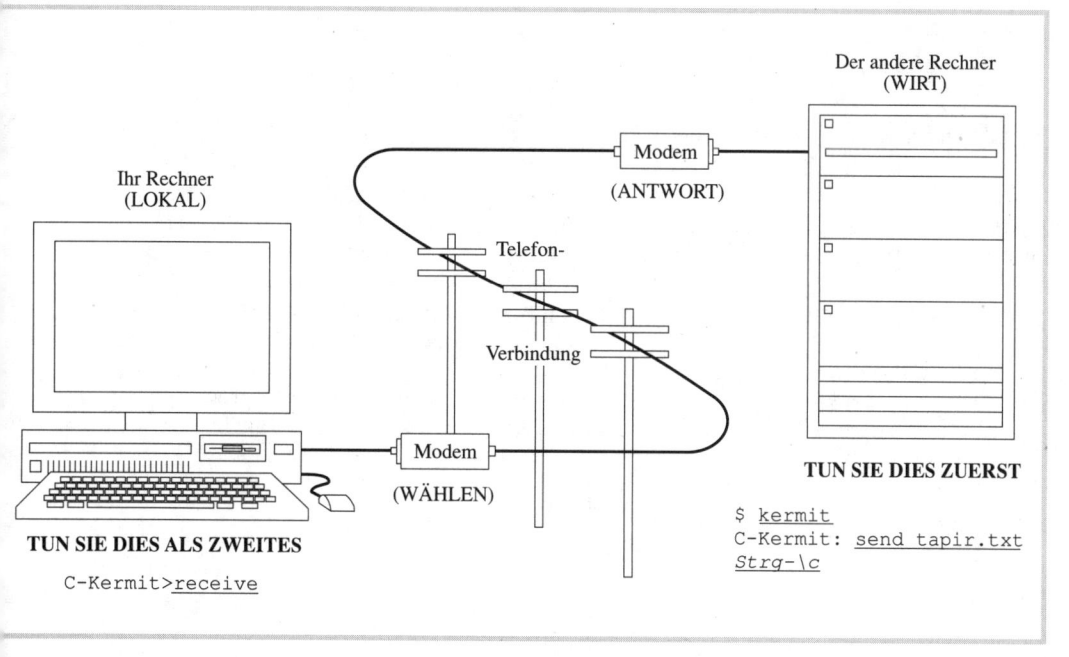

Abb. 1-4:   *Eine Datei übertragen*

Wie kehren Sie zum lokalen Rechner zurück? Nachdem Sie sich durch CONNECT mit dem Wirtsrechner verbunden haben, sendet der lokale Kermit alle Zeichen, die Sie eingeben, direkt an den Wirtsrechner, ohne sie selber im mindesten zu beachten. Es gibt aber während der Terminal-Sitzung ein spezielles Zeichen. C-Kermit bemerkt, wann Sie dieses spezielle Zeichen eingeben (normalerweise ein Steuerzeichen wie etwa Strg-Backslash, also die Strg- bzw. Ctrl-Taste gleichzeitig mit dem umgekehrten Schrägstrich gedrückt), und interpretiert das nächste Zeichen, das Sie eingeben, als Befehl – zum Beispiel den Buchstaben „C", um zum lokalen Prompt „C" zurückzukehren. Diese Abfolge von zwei Zeichen ist in der Abbildung als *Strg-\C* dargestellt, und eine solche Eingabe wird im folgenden einfach als Zurückkehren bezeichnet.

Hier folgt nun ein Beispiel des grundlegenden Ablaufs, mit dem Sie die Datei `tapir.txt` vom Wirtsrechner auf den lokalen übertragen. Ihr lokaler Rechner ist hier eine UNIX-Workstation mit C-Kermit, und auf dem Wirtsrechner läuft OpenVMS, ebenfalls mit C-Kermit. (Auf beiden Rechnern muß nicht unbedingt C-Kermit laufen; wir nehmen hier aber an, daß das auf wenigstens einem der beiden der Fall ist.)

1. Starten Sie Kermit auf dem lokalen Rechner:

   ```
   $ kermit
   C-Kermit 5A(189), 23 Jul 93, SunOS 4.1
   Type ? or HELP for help
   C-Kermit>
   ```

2. Teilen Sie ihm den Modemtyp und den Namen sowie die Geschwindigkeit des Kommunikationsgerätes mit:

   ```
   C-Kermit>set modem hayes
   C-Kermit>set line /dev/cua
   C-Kermit>set speed 2400
   ```

3. Lassen Sie ihn die Telefonnummer des Wirtsrechners wählen:

   ```
   C-Kermit>dial 654321
   ```

4. Beginnen Sie den Terminalbetrieb:

   ```
   C-Kermit>connect
   ```

5. Loggen Sie sich auf dem Wirtsrechner ein und starten Sie dort ebenfalls einen Kermit:

   ```
   Willkommen beim Wirtsrechner
   Username: meinname
   Password: _____
   $
   $ kermit
   C-Kermit 5A(189), 23 Jul 93, OpenVMS VAX
   Type ? or HELP for help
   C-Kermit>
   ```

6. Fordern Sie das Wirts-Kermit-Programm auf, die Datei zu senden:

   ```
   C-Kermit>send tapir.txt
   Return to your local Kermit and give a RECEIVE command.

   KERMIT READY TO SEND...
   ```

7. Geben Sie die Tastenfolge ein, um vom Terminalbetrieb zu Ihrem lokalen Kermit-Programm zurückzukehren, und fordern Sie ihn auf, die Datei zu empfangen:

   ```
   Strg-\C
   C-Kermit>receive
   ```

Nach der Tastenfolge `Strg-\C` brauchen Sie die Eingabetaste nicht zu drücken.

Nun beginnen die beiden Kermit-Programme, sich direkt miteinander zu unterhalten, und benutzen dazu besonders formatierte Nachrichten, die Pakete genannt werden. Diese Pakete enthalten nicht nur die Daten Ihrer Datei, sondern auch Steuerungsinformationen wie etwa „Hier ist der Dateiname", „Hier ist der erste Teil der Daten aus der Datei", „Hier ist der zweite Teil", „Das war der letzte Teil", „Bitte sende den zweiten Teil noch einmal" und so weiter. Die Daten in jedem Paket sind so codiert, daß sie nur druckbare Zeichen enthalten – so wird sichergestellt, daß die Daten auch empfindsame Kommunikationsgeräte durchqueren. Alle Pakete enthalten Informationen zur Fehlerprüfung und zur Reihenfolge, um zu verhindern, daß Teile Ihrer Daten verloren gehen, verdoppelt oder beschädigt werden.

Dies ist das elementare Drehbuch für Dateitransfer. Es gibt dazu viele Abwandlungen: Sie können Dateien in die andere Richtung senden (indem Sie die Befehle SEND und RECEIVE vertauschen), Sie können eine Gruppe von Dateien mit einem einzigen Befehl verschicken, Sie können den Wirts-Kermit als voll protokollgesteuerten Dateiserver betreiben, und Sie können den Vorgang in jedem gewünschten Ausmaß automatisieren, indem Sie C-Kermits Skript-Programmiersprache benutzen. Die Details des Kermit-Dateitransfer-Protokolls sind in einem anderen Buch ausgeführt [18, Kapitel 8 bis 12].

Das Leistungsangebot von C-Kermit

C-Kermit zählt zu den fortschrittlichsten und mächtigsten aller Kermit-Programme. Sie finden hier kurz einige seiner Merkmale aufgeführt. Die Terminologie werden wir im weiteren Verlauf genauer erläutern.

- Unterstützung für fast alle bekannten Varianten von UNIX (siehe Seite 29), für VMS und OpenVMS von der Digital Equipment Corporation, IBM OS/2, Data General Corporation AOS/VS, Microware OS-9, Commodore AmigaDOS und Atari ST GEMDOS.
- Fehlerkorrigierender, effizienter Dateitransfer über das Kermit-Protokoll. Text- und Binärdateien können einzeln oder in Gruppen transferiert werden.
- Betrieb über einen weiten Bereich von Geschwindigkeiten unter Benutzung serieller Standard-Kommunikationsschnittstellen.
- Unterstützung für Netzwerk-Verbindungen wie TCP/IP und X.25 auf einigen Konfigurationen von UNIX, VMS, OpenVMS, AOS/VS und anderen.
- Kommunikationseinstellungen, die auf praktisch jeden anderen Rechner abgestimmt werden können.
- Automatisiertes Wählen mit einer Vielfalt von Modems.
- Terminal-Verbindung zu Wirtsrechnern, einschließlich Möglichkeiten für Zeichensatz-Übersetzungen, Tasten-Neubelegung, Tastatur-Makros und Sitzungsprotokolle.
- Einfache, konsistente und intuitive Befehlssprache mit eingebauter Hilfe, weitestgehend kompatibel zu MS-DOS-Kermit.
- Befehls- und Initialisierungsdateien.
- Befehls-Makros und eine mächtige Skript-Programmiersprache.
- Einrichtungen zum Protokollieren, zur Sicherheit und zur Fehlersuche.
- Kermit-Protokoll-Fähigkeiten umfassen lange Pakete, gleitende Fenster, Umsetzung von Zeichensätzen beim Transfer internationaler Texte, Fehlerkorrektur mit Prüfsummen und CRC, Möglichkeit des Transfers von 8-Bit-Daten über 7-Bit-Kommunikationskanäle mit Einfach- und Einrast-Shifts, automatische Paritätsprüfung, Übertragung von Dateiattributen, Server-Betrieb, Datenkompression durch Lauflängencodierung, Dateihaltungs-Funktionen, Dateitransfer-Unterbrechung und andere. C-Kermit kann Dateien auch ohne Fehlerprüfung senden und empfangen, wenn der andere Rechner über keinen Kermit verfügt.

So enthält C-Kermit all die Merkmale, die man braucht, um mit anderen Rechnern oder Datendiensten interaktiv (oder automatisch, wenn man selber nicht dabei ist) zu kommunizieren und Dateien mit so ungefähr jedem anderen Rechnertyp auszutauschen.

Das Leistungsangebot anderer weitverbreiteter Kermits

Die Fähigkeiten von C-Kermit werden in Tabelle 1-1 mit anderen beliebten Kermit-Programmen verglichen. Sie gibt die derzeitige Lage wieder und wird natürlich nicht auf ewig zutreffen.

Merkmal	C-Kermit	MS-DOS-Kermit	Macintosh-Kermit	IBM-Groß-Rechner-Kermit	PDP-11-Kermit	CP/M-80-Kermit	Apple-II-Kermit
Lokaler Betrieb	Ja	Ja	Ja	Nein	Ja	Ja	Ja
Wirtsbetrieb	Ja	Ja	Nein	Ja	Ja	Nein	Nein
Netzwerk-Unterstützung	Ja	Ja	Nein	Nein	Nein	Nein	Nein
Automatische Merkmals-Verhandlung	Ja	Ja	Ja	Ja	Ja	Ja	Ja
Internationale Texte	Ja	Ja	Ja	Ja	Nein	Nein	Nein
Dateitransfer-Unterbrechung	Ja	Ja	Ja	Ja	Ja	Ja	Ja
Behandlung von Dateinamenskonflikten	Ja	Ja	Ja	Ja	Ja	Ja	Ja
Einfach-Shifts	Ja	Ja	Ja	Ja	Ja	Ja	Ja
Einrast-Shifts	Ja	Ja	Ja	Ja	Nein	Nein	Nein
Lauflängencodierung	Ja	Ja	Ja	Ja	Ja	Nein	Nein
Alternative Blockprüfungen	Ja	Ja	Ja	Ja	Ja	Ja	Nein
Automatische Paritätsprüfung	Ja	Ja	Nein	-	Nein	Nein	Nein
Dynamische Paketlängen	Ja	Nein	Ja	Ja	Nein	Nein	Nein
Tasten-Neubelegung	Ja	Ja	Ja	-	Nein	Nein	Nein
Unterstützung für Modem-Wählen*	Ja	Ja	Ja	-	Ja	Nein	Ja
Als Server arbeiten	Ja	Ja	Ja	Ja	Ja	Nein	Nein
Mit Server zusammenarbeiten	Ja	Ja	Ja	Ja	Ja	Ja	Ja
Fortgeschrittene Server-Funktionen	Ja	Ja	Ja	Ja	Ja	Ja	Ja
Sicherheit für Server	Ja	Ja	Ja	Nein	Nein	-	-
Lokale Dateihaltung	Ja	Ja	Ja	Ja	Ja	Ja	Ja
Befehls-/Initialisierungsdateien	Ja	Ja	Ja	Ja	Ja	Ja	Ja
Lange Pakete	Ja	Ja	Ja	Ja	Ja	Nein	Nein
Gleitende Fenster	Ja	Ja	Ja	-	Nein	Nein	Nein
Attribut-Pakete	Ja	Ja	Ja	Ja	Ja	Nein	Nein
Befehls-Makros	Ja	Ja	Ja	Nein	Nein	Nein	Nein
Skript-Programmiersprache	Ja	Ja	Ja	Nein	Nein	Nein	Nein
Rohes Dateisenden/-auffangen	Ja	Ja	Ja	-	Ja	Ja	Ja

Tabelle 1–1 *Merkmale von Kermit-Software*

Kermit-Programm-Versionen

C-Kermit ist nur eines von vielen Kermit-Programmen. Wie man aus Tabelle 1-2 ersieht (siehe ab nächster Seite), gibt es einen Kermit für fast jeden erdenklichen Rechner. Kermit-Software ist in einer Vielfalt von Programmiersprachen geschrieben worden, und der Quellcode ist stets erhältlich.

Die Tabelle enthält nicht die Hunderte von Rechner-Fabrikaten und Betriebssystem-Variationen, an die C-Kermit, MS-DOS-Kermit und CP/M-Kermit angepaßt worden sind. MS-DOS-Kermit läuft auf zahllosen IBM-kompatiblen PCs und auch auf etlichen nicht-kompatiblen Modellen. Die CP/M-Versionen sind an ungefähr 70 verschiedene Maschinen angepaßt worden. Die UNIX-Version von C-Kermit ist auf mindestens 150 *verschiedenen* Plattformen erfolgreich kompiliert worden; einige davon sind auf Seite 29 im Anschluß an Tabelle 1-2 aufgeführt.

Wie man Kermit-Programme bekommt

Um einen aktuellen Katalog zu erhalten sowie auf die Abonnenten-Liste für die gratis erhältliche Zeitschrift *Kermit News* (in englischer Sprache) zu kommen, schreiben Sie bitte an:

Kermit Distribution, Dept CI
Columbia University Center
 for Computing Activities
612 West 115th Street
New York, NY 10025, USA
Telefon: (USA) (212) 854-3703

Für die Bestellung der Kermit-Software benutzen Sie bitte den Bestellschein am Ende des Buches.

Eine geringe Vertriebsgebühr wird für Postbestellungen berechnet, je nach eingesetztem Material, Arbeit und Versandkosten. Verschiedene Versand- und Bezahlungsmöglichkeiten werden angeboten, und natürlich werden Bestellungen auch aus dem Ausland entgegengenommen. Wer Zugang zum TCP/IP-Internet hat, kann Kermit-Software auch kostenfrei durch anonymes FTP vom Internet-Wirt `kermit.columbia.edu` erhalten. Holen und lesen Sie am Anfang die Datei `kermit/read.me`. Wer Zugang zu den Netzwerken BITNET (CREN) oder EARN hat, schickt elektronische Post an KERMSRV@CUVMA mit dem Inhalt HELP, um Instruktionen zu erhalten. Man kann die elektronische Zeitschrift *Info-Kermit Digest* bekommen, indem man E-Mail mit dem Text

```
SUBSCRIBE I$KERMIT Hier-Ihr-Name
```

an LISTSERV@CUVMA.CC.COLUMBIA.EDU oder an LISTSERV@CUVMA.BITNET schickt, oder Sie können sie in der Newsgroup COMP.PROTOCOLS.KERMIT lesen.

Implementierung	Computer	Betriebssystem	Sprache
C-Kermit	*viele*	UNIX	C
MS-DOS-Kermit	*viele*	MS-DOS	8088-Assembler
Kermit-80	*viele*	CP/M-80	8080-Assembler
Kermit-86	*viele*	CP/M-86	8088-Assembler
Kermit-TD	*verschiedene*	TurboDos	8080-Assembler
PICK-Kermit	*verschiedene*	PICK	DATA/BASIC
Kermit-UCSD	*verschiedene*	UCSD p-System	UCSD-Pascal
BBC-Kermit	Acorn BBC	Acorn OS	6502-Assembler
Kermit-65	Apple II	DOS, PRODOS	6502-Assembler
Mac-Kermit	Apple Macintosh	Mac OS	C
Atari-Kermit	Atari 800	DOS	Action
C-Kermit	Atari ST	GEMDOS	C
Kermit-CT	Burroughs B20	BTOS	C
Kermit-B78	Burroughs A-Series	MCS/AS	Algol
Kermit-B68	Burroughs B6800	Burroughs	Algol
Kermit-B78	Burroughs B7800	Burroughs	Algol
Kermit-B79	Burroughs B7900	Burroughs	Algol
Kermit-CD3	CDC Cyber	NOS	Fortran-5
Kermit-CDC	CDC Cyber	NOS, NOS/BE	Fortran-77
Kermit-CYB	CDC Cyber	NOS 2.2	Compass
Kermit-NOS	CDC Cyber	NOS 2.4	Compass
CC-Kermit	Chinesische PCs	CC-DOS	8088-Assembler
Kermit-C64	Commodore 64	DOS	6510A-Assembler
Kermit-C64	Commodore 128	DOS	6510A-Assembler
C-Kermit	Commodore Amiga	AmigaDOS	C
Kermit-CT	Convergent NGEN	CTOS	C
Cray Kermit	Cray-1	CTSS	Fortran-77
Cray Kermit	Cray-XMP	CTSS	Fortran-77
C-Kermit	DEC Alpha AXP	OpenVMS, OSF/1	C
Kermit-12	DEC PDP-8	OS/8	PAL-8-Assembler
Kermit-11	DEC PDP-11	IAX	Macro-11-Assembler
Kermit-11	DEC PDP-11	RSTS/E	Macro-11-Assembler
Kermit-11	DEC PDP-11	RSX-11	Macro-11-Assembler
Kermit-11	DEC PDP-11	RT-11	Macro-11-Assembler
Kermit-11	DEC PDP-11	TSX+	Macro-11-Assembler
MUMPS Kermit	DEC PDP-11	MUMPS	MUMPS-82
Kermit-12	DEC PDP-12	OS/12	PAL-8-Assembler
Kermit-11	DEC Pro-3xx	P/OS	Macro-11-Assembler
Kermit-11	DEC Pro-3xx	Pro/RT	Macro-11-Assembler
C-Kermit	DEC VAX	ULTRIX	C
C-Kermit	DEC VAX	VMS, OpenVMS	C
Kermit-12	DECmate I, II, III	OS/278	PAL-8-Assembler
C-Kermit	DECstation	ULTRIX, OSF/1	C
Kermit-10	DECsystem-10	TOPS-10	MACRO-10-Assembler
Kermit-20	DECSYSTEM-20	TOPS-20	MACRO-20-Assembler
C-Kermit	Data General MV	AOS/VS	C

Implementierung	Computer	Betriebssystem	Sprache
Kermit-RDOS	Data General Nova	RDOS	BASIC oder Fortran-5
GEC-Kermit	GEC 4000	OS4000	MUM/SERC
Gould Kermit	Gould/SEL 32	MPX-32	Fortran-77+
HPM-Kermit	HP 1000	RTE	Fortran-77, Assembler
Rover-Kermit	HP 264x	ROM	8080-Assembler
HP3-Kermit	HP 3000	MPE	SPL
HPB-Kermit	HP 9xxx	HP BASIC	HP BASIC
HPP-Kermit	HP 9xxx	HP Pascal	HP Pascal
Aegis Kermit	HP/Apollo	Aegis	Pascal
HP8-Kermit	HP86, HP87	HP BASIC	HP BASIC
Kermit-H100	Harris 100	VOS	Fortran-77
Kermit-H800	Harris 800	VOS	Pascal, Assembler
MULTICS-Kermit	Honeywell	MULTICS	PL/I
HG-Kermit	Honeywell DPS6	GCOS	C
HB-Kermit	Honeywell DPS8	GCOS	B
HC-Kermit	Honeywell DPS8	CP-6	PL/6
CS9-Kermit	IBM CS9000	CSOS	Pascal
MS-DOS-Kermit	IBM PC, PS/2	MS-DOS	C, 8088-Assembler
MS-DOS-Kermit	IBM PC, PS/2	MS-Windows	C, 8088-Assembler
Windows Kermit	IBM PC, PS/2	MS-Windows	C
Kermit-370	IBM-Großrechner	CICS	370-Assembler
Kermit-370	IBM-Großrechner	MUSIC	370-Assembler
Kermit-370	IBM-Großrechner	MVS/ROSCOE	370-Assembler
Kermit-370	IBM-Großrechner	MVS/TSO	370-Assembler
Kermit-370	IBM-Großrechner	VM/CMS	370-Assembler
GUTS-Kermit	IBM-Großrechner	MVS/GUTS	370-Assembler
MTS-Kermit	IBM-Großrechner	MTS	PLUS, Pascal, Assembler
VME-Kermit	ICL 2900	VME	S3
Perq-Kermit	ICL/Perq	Perq OS	Pascal
Kermit-ISIS	Intel MDS	ISIS	PL/M
Kermit-MDS	Intel MDS	iRMX	8088-Assembler
Kermit-RMX	Intel MDS	RMX	PL/M
Kermit-LMI	LMI LISP Machine	LMI-LAMBDA	ZETALISP
Kermit-Lilith	Lilith Workstation	MEDOS	Modula-2
ABC-Kermit-80	Luxor ABC-80	ABC-DOS	Z80 Assembler
ABC-Kermit	Luxor ABC-800	ABC-DOS	ABC-BASIC-II
Kermit-B4	MAI Basic Four	BOSS/VS	BASIC BB86
Kermit-MODCOMP	MODCOMP Classic	MAX IV	Fortran-IV, Assembler
Flex-Kermit	Motorola 6809	Flex	C oder Assembler
C-Kermit	Motorola 680x0	OS-9	C
Kermit-9800	NCR 9800	VE	C
MS-DOS-Kermit	NEC PC9801	MS-DOS	C, Assembler
Kermit-ND	Norsk Data	Intran III	ND-Pascal
C-Kermit	PC, PS/2	OS/2	C
Kermit-PE	Perkin-Elmer 3200	OS/32	Fortran
Kermit-PE7	Perkin-Elmer 7000	IDRIS	C

Implementierung	Computer	Betriebssystem	Sprache
Prime-Kermit	Prime	PRIMOS	PL/P
Kermit-RML	RML 480Z	ROS	C
Kermit-QL	Sinclair QL	QDOS	C oder BCPL
Kermit-1100	Sperry 1100	Exec	Assembler oder Pascal
Kermit-VS9	Sperry 90/60	VS9	Assembler
Kermit-LMS	Symbolics 36xx	Symbolics	ZETALISP
Kermit-TI990	TI 990	DX10	Pascal
Kermit-TIX	TI Explorer	LISP	Common LISP
Kermit-CoCo	TRS-80 CoCo	DOS	EDTASM-Assembler
Kermit-TRS80	TRS-80 I, II, III	TRSDOS	8080-Assembler
Kermit-M4	TRS-80 Model 4	TRSDOS	8080-Assembler
Tandem-Kermit	Tandem Nonstop	Guardian	TAL
Kermit-T100	Tandy 100	Tandy 100	BASIC

Tabelle 1-2   *Kermit-Software, aufgeführt nach Computer-Typen*

Versionen des UNIX-C-Kermit

Zum Stichtag 1. Juli 1993 ist C-Kermit 5A(189) erfolgreich auf 16-Bit-, 32-Bit- und 64-Bit-Architekturen unter anderem unter den folgenden portablen UNIX-Versionen getestet worden: 4.2 und 4.3BSD, 4.4BSD-Alpha, AT&T UNIX System III, AT&T UNIX System V Releases 2, 3 und 4, POSIX, OSF/1 und Solaris Versionen 1 und 2. Diese Version von C-Kermit ist auch auf den folgenden konkreten Plattformen erfolgreich kompiliert und getestet worden:

AGI (Everex) 386/20 unter ESIX 3.2 Rev. D, Altos ACS68000 unter UNIX System III R2, Amdahl-Großrechner unter UTS 5.2.6b, Amdahl 5880 unter UNIX SVR5.2.6b, Apollo DN-570 unter DomainIX9.5 Aegis 9.7, Apollo 425e unter DomainOS 4.3BSD 10.4, Apple Macintosh IIfx unter A/UX 3.0, Ardent Titan, ARIX System 90 Model 85 unter UNIX SVR3, AT&T 3B2/300 unter UNIX SVR2.1.0, AT&T 3B2/622 unter UNIX SVR3.2.3, AT&T 6300 PLUS unter UNIX SVR2.0, AT&T 6386E WGS unter UNIX V/386 3.2, AT&T PC 7300 UNIXPC (3B1) unter System V 3.51m, Atari ST unter MINIX 1.6.23, BEST Compact 386/25 unter SCO UNIX 3.2v2.0, Commodore Amiga 2500/030 unter Amiga SVR4.0 2.1p2a, Concurrent 3280 unter Xelos System V R02, Concurrent/Masscomp 6000 unter RTU 4.1, 5 und 6.0, Convergent MiniFrame unter CTIX System V R3 3.20, Convergent unter CTIX 6.4.1, Convex 3240 unter ConvexOS 10.1, Convex C1 unter ConvexOS V9.0, Convex C2 unter ConvexOS 10.02, 10.03 und 10.1, Cray XMP unter UNICOS 6.1, Cray XMP-EL unter UNICOS 6.1, Cray YMP 2E, 4E, 8I unter UNICOS 6.1 und 7.C, Cray YMP16 (C90) unter UNICOS 7.C, Cray-2 unter UNICOS 8.0-Alpha und unter CSOS 1.0, Cray-3 unter CSOS 1.0, DEC 3000 Model 500 AXP unter OSF/1 T1.2-1, DEC PDP-11/44 und PDP-11/73 unter BSD 2.11, DEC MicroVAX-II unter BSD 4.3, 4.3-Reno und ULTRIX 4.2, DECstation 3000/500 unter OSF/1 T1.2-R12, DECstation 2100 unter ULTRIX 4.2 und 4.3, DECstation 2500 und 3100 unter ULTRIX 4.2, DECstation 5000/200 unter ULTRIX 4.2 und unter ULTRIX/UWS 4.3, DECstation 5000/25 unter ULTRIX 4.3 und unter ULTRIX/UWS 4.3-R10, DECstation 5500 unter ULTRIX 4.3, DECstation 5800 unter ULTRIX 4.2-R96, DEC VAX-11/750 unter BSD 4.3, DEC VAX-11/785 unter BSD 4.3-Net/2, DEC

VAX 8350 und 8650 unter DEC UNIX SVR3 3.1, DEC VAX 8650 unter DEC UNIX SVR3 3.1, DEC VAX 8800 unter ULTRIX 4.2, DEC VAXstation 3100 unter ULTRIX/UWS 4.2, Dell 433 DE unter SCO UNIX 3.2v2.0, DG Aviion unter DG/UX 5.4, 5.4.1 und 5.4.2, DIAB DS90-00 unter DNIX 5.2 2.2c, DIAB DS90-10 unter DNIX 5.3 1.4.3, DIAB DS90-20 unter DNIX 5.3 2.2, Dolphin Triton 88/17 unter UNIX SV/88 R3.2 3.6, DTK Keen 2000 unter Microport SVR3 0U3.0e, Encore Multimax unter UMAX 4.3, Everex 386DX/25 unter BSDI 0.9.1, Fortune 32:16 unter For:Pro 2.1c, Gateway 2000 386/25DX unter ISC UNIX SVR3 2.2, Gateway 2000 486DX/33 unter MWC Coherent 4.0.1r65, Harris Night Hawk unter CX/UX 6.1, Hewitt/Rand 483/33EISA unter SCO ODT 2.1.0b, HP mc680x0 unter BSD 4.4-Alpha, HP 9000/350,370,375,380 unter HP-UX 7.05, HP 9000/385,400dl,425s unter HP-UX A.08.00, HP 9000/550 unter HP-UK 5.21, HP 9000/700 unter HP-UX 8.0, HP 9000/710,750 unter HP-UX A.08.07, HP 9000/750 unter HP-UX 9.1, HP 9000/825,835SE unter HP-UX 8.0, HP 9000/834 unter HP-UX 7.0, HP 9000/847 unter HP-UX 8.02, HP 9000/855 unter HP-UX A.B7.00, HP 9836CU unter HP-UX 5.5-P, IBM-Großrechner-Serie 370 unter AIX 1.2.1 und AIX/ESA 2.1, IBM PS/2 unter AIX 1.2, IBM PS/2-70 unter AIX Level 1009 1.2.1, IBM PS/2-95 unter AIX 1.3, IBM RS/6000 unter AIX 3.1 und 3.1.5, IBM RS/6000 220, 320H, 550 und 950 unter AIX 3.2, IBM RS/6000 320 unter AIX 3.2.3E, IBM RS/6000 530 unter AIX Level 2008 3.1.8, IBM RS/6000 unter AIX 3.2.2, IBM RT PC unter AIX 2.2.1 und unter BSD 4.3/Reno, ICL DRS3000 486 unter DRS/NX SVR4, ICL DRS6000 SPARC unter DRS/NX SVR4 5.1.4, Integrated Solutions V8S unter ISI 4.2BSD 3.07D, Intel 303 383-33 unter SCO Xenix 2.3.1b, Intergraph Clipper x000 unter CLIX 3.1 R7.0.9 und 6.x, Luxor ABC-9000 unter DNIX 5.2 2.2c, MIPS System unter RISC/OS UMIPS 4.52, Modcomp Realstar 1000 unter REAL/IX D.1, Motorola MVME 147/68030 unter UNIX SV/68R3 3v5.1, Motorola VME Delta 3000 unter UNIX SV/68R3 3v6.2, Motorola VME Delta 4000 unter UNIX SV/68R3 3v6.2 und 3v7.1, Motorola VME Delta 8000 unter UNIX SV/88R3.2 v3.0 und v3.1 und unter UNIX SV/88R4.0 v3.0, NCR Tower 32/450 unter Tower 32 OS 02.01.00, NCR Tower 32/650 unter NCR UNIX 3.0, NeXTcube unter NeXTSTEP 2.1 und 3.0, NeXTstation unter NeXTSTEP 2.1, 3.0 und 3.1, Nixdorf Targon/31 M15 unter TOS 4.0.13, Norsk Data Uniline 88/17 unter UNIX SV/88 3.2 3.6, Olivetti CP 486 unter UNIX SVR4 2.1.1, Olivetti LSX 3005..3045 unter X/OS UNIX 2.3..3.0, Olivetti LSX 5020 unter SCO UNIX 3.2.2, PC 386 und höher unter 386BSD 0.1 und 0.1.24, PC 386 und höher unter AT&T SYSV/386 3.2.2.3, PC 386 und höher unter BSDI, PC 386 und höher unter Coherent/386 4.0.1, PC 386 und höher unter Dell SVR4 und SVR4.04 2.2, PC 386 und höher unter ESIX 3.2 Rev.D, PC 386 und höher unter den ISC-Versionen SV/386 3.2-3.01, R3 3.0, 3.0, 3.1 1.06 und 2.2.1, 3.0, PC 386 und höher unter ISC SV/386 3.0, PC 386 und höher unter ISC SV/386 3.1 1.06 und 2.2.1, PC 386 und höher unter Linux .98pl5, PC 386 und höher unter Microport SVR4.0 V4.1, PC 486 unter DEC OSF/1 1.2 und NeXT-STEP/486 3.0, PC 286 und höher unter QNX 4.1, PC 386 und höher unter SCO ODT 1.1 und 2.0, PC 386 und höher unter SCO UNIX 3.2.0 und 3.2v4.0, PC 286 und höher unter SCO Xenix/286 2.3.3, PC 386 und höher unter SCO Xenix/386 2.3.2, 2.3.3 und 2.3.4, PC 386 und höher unter Solaris 1.0 ISC 2.2, PC 386 und höher unter (Univel) UnixWare SVR4.2 V1.0, Perkin-Elmer 3200 unter Xelos System V R02, Pyramid MIS-S Series unter OSx SVR4 1.0 und 1.1, Pyramid MIS-T Series unter OSx Dual Port 4.4b und 5.1a, Sequent S27 unter DYNIX/ptx 1.3.1 und 3.1.4, Sequent S2000/250 unter DYNIX/ptx V2.0 und 2.0.3, Sequent S2000/700 unter DYNIX/ptx V1.4.0, Sequent S81 unter DYNIX/ptx 1.4, V3.2 und V3.2.0NFS, Silicon Graphics Iris unter IRIX 3.3, Silicon Graphics 4D/35 unter IRIX 4.0.1, Silicon Graphics 4D unter IRIX SVR3 4.0.5, Silicon Graphics (R3K, R4K und Indigo) unter IRIX 4.0.5F und 5.0, Solbourne 5E/900 unter OS/MP 4.1A.3, Solbourne

5E/905 unter OS/MP 4.1A.1, Sony NEWS unter NEWS-OS 4.0.1C und 4.1.2, Stardent 1520 unter Stardent UNIX 2.2, Sun unter Solaris 2.0, Sun-3 unter SunOS 4.1, Sun-3/60 unter Sun UNIX 4.2 3.5 und unter SunOS 4.1.1, Sun-3/160 unter Sun UNIX 4.2 3.2, Sun-3/280 und -4/280 unter SunOS 4.1.1, Sun-4/470 und -4/690 unter SunOS 4.1.2, Sun SPARCserver unter SunOS 4.1.2, Sun SPARCstation 1 unter SunOS 4.1.2, Sun SPARCstation 2 unter SunOS 4.1.1b und 4.1.3, unter SunOS 4.1.3/JLE 1.1.3, unter SunOS 5.0 Solaris 2.0 und unter SunOS 5.1 Solaris 2.1, Sun SPARCserver 10 unter SunOS 4.1.3 und unter SunOS 5.1 Solaris 2.2, Sun SPARCstation 10 unter SunOS 4.1.3 und unter SunOS 5.1 Solaris 2.1, Sun SunOS 5.1 Solaris 2.1, Sun SPARCstation LX unter SunOS 5.1 Solaris 2.1, Sun SPARCstation ELC unter SunOS 4.1.1 und 4.1.2, Sun SPARCstation IPC unter SunOS 4.1.1b und unter SunOS 5.1 Solaris 2.1, Sun SPARCstation IPX unter SunOS 5.0 Solaris 2.0 und unter SunOS 4.1.1, Tandy Model 6000 unter XENIX 3.2, Tektronix 6130 unter Utek 2.3.1 und 3.0, Tektronix XD88 unter UtekV SVR4 3.2e.3, Torch XXX 68010 unter Unisoft UniPlus+ 5.2, UNISYS U6000/65 MP 486/50 unter UNIX SVR4 1.0.2, UNISYS S/4040 68040/25 unter CTIX SVR3.2 6.4.1.

Während seiner Entwicklung wurde die UNIX-Version von C-Kermit 5A auch erfolgreich auf den folgenden Maschinen und Betriebssystemen getestet:

Alliant FX/8 unter Concentrix 4.1; Altos 486, 586, 986 unter Xenix 3.0; Atari ST unter MINIX ST 1.5.10.3; Bell Laboratories UNIX 7th Edition; Berkeley UNIX 4.1BSD; Charles River Data Systems Universe 680x0 unter UNOS 9.2; Data General Aviion unter DG/UX 4.30; FPS 500 unter FPX 4.1; IBM RT PC unter ACIS 4.2 und 4.3; Intel 302 unter Bell Tech System V/386 R3.2; NCR System 3000 unter AT&T UNIX System V R4 2.0; NCR Tower 1632 und Minitower unter System V R2; NCR Tower 32 unter OS 1.x und 2.x; OkiStation 7300 Series; PCs unter Consensys UNIX SV/386 R4V3; PCs unter Mt Xinu Mach[386]; PFU Compact A Series unter SX/A TISP V10/E50; Ridge 32 unter ROS 3.2; Samsung MagicStation unter System V R4; Sequent Balance 8000 und B8 unter DYNIX 3.0; Tri Star Flash Cache unter Esix SVR3.2; UNISYS 5000 unter UTS V R5.2 und 5.3.

Nicht-UNIX-Versionen des C-Kermit

Ebenfalls zum 1. Juli 1993 war der C-Kermit 5A(189) auf den folgenden Maschinen mit anderen Betriebssystemen erfolgreich übersetzt und getestet:

Apollo DN-570 unter Aegis 9.7/DomainIX 9.5, Apple Macintosh II unter Mac OS 6.0, Atari ST unter GEMDOS 1.0, Commodore Amiga unter AmigaOS, Data General MV60000 unter AOS/VS II 2.20.73, Data General MV7800XP unter AOS/VS 7.67, DEC MicroVAX-II unter VMS/MultiNet 5.3 und unter VMS/UCX 1.0 5.4-3, DEC MicroVAX-3400 unter VMS 5.5, DEC Alpha AXP unter OpenVMS/nonet FT4, DEC 3000 Model 500 AXP unter OpenVMS/nonet 1.0, DEC VAX unter OpenVMS/nonet 4.5, unter OpenVMS/nonet 5.5-1 und unter VMS/TCPware, DEC VAX 4000-300/211 und 4000-500/286 unter VMS/Multinet, DEC VAX 4300 unter VMS 5.4-3, DEC VAX 6000-430 unter OpenVMS 5.5-2, DEC VAX 6000-510 und 8350 unter VMS 5.4-1, DEC VAX 6510 unter VMS/WINTCP 5.4-3, DEC VAX 6610 unter VMS 5.5-1, DEC VAX 8530 unter VMS 5.4-1 und VMS/MultiNet 5.4-3, DEC VAX 8650 unter VMS/nonet 5.5-2, unter VMS/nonet/sl 5.4-1 und unter VMS/UCX 2.0 5.5-2, DEC VAXstation 3100/38 unter VMS/nonet 5.5-1 und unter VMS/UCX 2.0 5.5-1, DEC VAXstation 3100/GPX59 unter VMS/MultiNet 5.5, IBM PS/2 unter OS/2 (16-Bit) 1.3, IBM PS/2-70 unter OS/2 (16-Bit und 32-Bit) 2.00, IBM PS/VP+IBM TCP/IP unter OS/2 (32-Bit) 2.1, Motorola 680x0 unter OS-9 2.2.2.

2 C-Kermit bedienen

C-Kermit ist ein großes Programm, das vielfältige Leistungen zur Verfügung stellt und für die Benutzung auf den unterschiedlichsten Hard- und Software-Plattformen entworfen wurde. Wenn Ihr Rechner nicht genug Speicherplatz hat oder gewisse Fähigkeiten nicht aufweist, stehen Ihnen vielleicht einige der in diesem Buch beschriebenen Leistungen nicht zur Verfügung. Der C-Kermit-Befehl SHOW FEATURES zeigt Ihnen, welche Merkmale enthalten sind und welche nicht. Lesen Sie auch den Teil des Anhangs, der sich auf Ihr Betriebssystem bezieht, z. B. Anhang III für UNIX.

Dieses Buch beschreibt C-Kermit Version 5A(189). Änderungen, die in Version 5A(188) noch nicht verfügbar waren, sind besonders gekennzeichnet. Wenn bei Ihnen eine frühere Version läuft, sollten Sie sich die neueste Version besorgen (siehe Seite 26). Verfügen Sie über eine neuere Version, informieren Sie sich in der Datei CKCKER.UPD über Änderungen, die nach dem Erscheinen dieses Buches eingetreten sind.

C-Kermit starten

Wichtig: Denken Sie daran, daß in den Beispielen die Zeichen, die Sie eingeben, unterstrichen dargestellt sind. Die Zeichen ohne Unterstreichung sind Aufforderungen oder Nachrichten vom Rechner.

Wenn das C-Kermit-Programm korrekt auf Ihrem Rechner installiert ist, sollten Sie es laufen lassen können, indem Sie bei der System-Eingabe-Aufforderung (dem *Prompt*, der in diesem Beispiel als Dollar-Zeichen dargestellt ist, aber auch ein anderes Zeichen oder Text sein könnte) des Systems einfach seinen Namen eingeben:

```
$ kermit
```

Als Antwort müßten Sie nun eine Begrüßung und einen Prompt erhalten, die etwa so aussehen:[3]

```
C-Kermit 5A(189), 23 Jul 93, OpenVMS AXP
Type ? or HELP for help
C-Kermit>
```

Was teilen uns Begrüßung und Prompt mit? `C-Kermit` ist der Name des Programms. `5A(189)` ist die Versionsnummer: Die Release-Hauptnummer ist 5, die Release-Unternummer (auch *Level* genannt) ist `A`, die Änderungsnummer ist `189`, und das Datum der Programmveröffentlichung ist der 23. Juli 1993. `OpenVMS AXP` gibt den Computer-Typ und das Betriebssystem an, für die C-Kermit konfiguriert worden ist.

Der Prompt `C-Kermit>` bedeutet, daß C-Kermit jetzt Befehle entgegennimmt. Die Zeile oberhalb des Prompts, "`Type ? or HELP for help`" weist darauf hin, wie man Hilfe erhalten kann: Wenn Sie beim Prompt ein Fragezeichen eingeben, erhalten Sie eine Liste (ein Menu) von Befehlen, die an dieser Stelle zur Verfügung stehen. Dies sind die C-Kermit-Befehle der *obersten Ebene*. Nach Eingabe des Wortes *help* erhalten Sie eine kurze Einführung in englischer Sprache in Kermits „Benutzerschnittstelle" – wie man Befehle eingibt und Korrekturen dabei vornimmt und weitere Hilfestellungen erhält.

Der Befehlsstil von C-Kermit sollte jedem bekannt vorkommen, der MS-DOS-Kermit oder eines der anderen weit verbreiteten Kermit-Programme kennt. Ein Kermit-Befehl ist einem einfachen englischen Befehlssatz ähnlich und besteht üblicherweise aus einem Verb, auf das Objekte folgen. Wenn der C-Kermit-Prompt erscheint, können Sie einen solchen Befehl eingeben. Befehle werden mit normalen Buchstaben, Ziffern und Satzzeichen sowie mit den in Tabelle 2-1 auf Seite 40 aufgeführten Sonderzeichen eingegeben. Ein Befehl wird erst ausgeführt, wenn Sie die Eingabetaste (oft mit *Return* oder *Enter* beschriftet) drücken. Nach Abarbeitung des Befehls erscheint wieder der Prompt, und Sie können einen weiteren eingeben, und so weiter:

```
C-Kermit>version
C-Kermit 5A(189), 23 Jul 93, OpenVMS AXP
 Numeric: 501189
C-Kermit>echo Hallo
Hallo
C-Kermit>check character-sets
 Available
C-Kermit>
```

Diese Betriebsart wird *interaktiver Befehlsbetrieb* genannt und erlaubt Ihnen vollen Zugriff auf alle Möglichkeiten von C-Kermit.

Wenn Sie übrigens C-Kermits Prompt nicht mögen, können Sie ihn Ihrem Geschmack anpassen:

```
C-Kermit>set prompt Mein Lieblingsprogramm>
Mein Lieblingsprogramm>
```

oder, etwas weniger kapriziös:

```
C-Kermit>set prompt VAX-Kermit>
VAX-Kermit>
```

um Sie daran zu erinnern, daß Sie Kermit auf einer VAX benutzen. Wenn Sie später anfangen, mit Kermit zu zwei Rechnern gleichzeitig zu sprechen, wird Ihnen das dabei helfen, nachzuhalten, mit welchem Sie dies gerade tun.

C-Kermit beenden

Wenn Sie mit der Benutzung von C-Kermit fertig sind, geben Sie einen der Befehle EXIT oder QUIT ein, um zum System-Prompt zurückzukehren:

```
C-Kermit>exit
$
```

Der System-Prompt hängt von Ihrem Betriebssystem und anderen Umständen ab. Wenn C-Kermit beendet wird, schließt er alle womöglich noch offenen Dateien, schaltet Ihr Terminal wieder auf normalen Betrieb und ordnet seine Sachen. Auf Seite 372 finden Sie eine vollständige Beschreibung des EXIT-Befehls.

Interaktive Befehle eingeben

Kermits interaktive Befehlssprache ist für Benutzerinnen aller Erfahrungsstufen leicht zu bedienen, sofern sie nur ein wenig Englisch können. Für Neulinge ist sie intuitiv und strahlt keine Bedrohung aus. Befehle sind normale englische Wörter anstelle von kryptischem Code. Hilfe steht bei Bedarf zur Verfügung, aber im Gegensatz zu Menu-Systemen drängt sie sich Ihnen nicht auf, wenn Sie sie nicht wollen. Sind Sie später mit den Kermit-Befehlen vertraut, können Sie sie schneller eingeben, indem Sie Abkürzungen verwenden oder sogar mehrere Befehle zu kurzen „Makros" zusammenfassen, wie in Kapitel 11 beschrieben.

Ein Befehl besteht aus einem oder mehreren Wörtern, die durch Leerzeichen voneinander getrennt sind, genau wie in normalen Sätzen. Die Wörter werden *Felder* genannt. In einem Kermit-Befehl kann ein Feld ein *Schlüsselwort*, ein *Dateiname*, eine *Zahl* oder auch eine andere Größe sein. Ein Schlüsselwort wird aus einer feststehenden Liste gewählt; alle Wörter auf dieser Liste, und nur diese, sind zulässig, andere nicht.

Befehle beginnen mit einem Schlüsselwort, normalerweise einem englischen Verb wie SEND, RECEIVE oder SET. Schlüsselwörter können in Groß- oder in Kleinbuchstaben oder in jeder Mischung eingegeben werden. Wir zeigen Schlüsselwörter im laufenden Text der Klarheit wegen in GROßBUCHSTABEN (zum Beispiel den Befehl SEND), in den Beispielen aber in Kleinbuchstaben:

```
C-Kermit>send tapir.txt
```

weil man sie normalerweise in dieser Form eingibt.

Hilfe innerhalb eines Befehls erhalten

Ein Fragezeichen (?), das an beliebiger Stelle innerhalb eines Befehls eingegeben wird, erzeugt eine Meldung, die erklärt, was an dieser Stelle möglich ist oder erwartet wird. Je nach Zusammenhang kann diese Meldung ein kurzes erläuterndes Wort, ein Menu der hier zulässigen Schlüsselwörter oder auch eine Liste von Dateien sein. Wenn Sie beim Prompt ein Fragezeichen eingeben, sehen Sie eine Aufstellung aller C-Kermit-Befehl der obersten Ebene. Wenn Sie dort den Buchstaben *s* eingeben und dann das Fragezeichen drücken, erhalten Sie eine Liste der mit *s* beginnenden Befehle:

```
C-Kermit>s?
Command, one of the following:
 script         send           server         set
 show           space          statistics     stop
C-Kermit>s
```

Nachdem die Nachricht angezeigt worden ist, können Sie den Befehl dort fortsetzen, wo Sie aufgehört haben. Das *s* ist noch da, und Sie können jetzt den Buchstaben *e* und danach noch ein Fragezeichen eingeben, um zu sehen, welche Befehle mit *se* anfangen:

```
C-Kermit>se?
Command, one of the following:
 send           server         set
C-Kermit>set
```

Sie können diesen Vorgang im nächsten Feld eines Befehls fortsetzen, indem Sie ein Leerzeichen und dann noch ein Fragezeichen eingeben:

```
C-Kermit>set ? Parameter, one of the following:
 attributes     background     block-check    buffers
 carrier        case           command        count
 delay          dial           duplex         escape
 file           flow-control   handshake      host
 input          key            language       line
 macro          modem-dialer   network        parity
 prompt         quiet          receive        retry
Es werden noch viele weitere angezeigt...
```

Hier erfahren Sie, daß Kermit die Eingabe eines weiteren Schlüsselwortes von Ihnen erwartet, nämlich des Parameters, den Sie mit SET setzen wollen. Kermit listet Ihnen alle Möglichkeiten auf, wie etwa SET FILE. Sehen wir einmal zu, wie weit wir mit dem Befehl SET FILE kommen:

```
C-Kermit>set file ? File parameter, one of the following:
 bytesize       character-set  collision      display
 names          type
C-Kermit>set file type ? type of file, one of the following:
 binary         text
C-Kermit>set file type binary ?
```

```
Type a carriage return to confirm the command
C-Kermit>set file type binary <CR>
C-Kermit>
```

Drücken Sie am Ende des Befehls die Eingabetaste, die mitunter auch mit *Enter*, *Return* oder *Carriage Return* beschriftet ist, und die oben zur Verdeutlichung als <CR> dargestellt ist; C-Kermit führt dann den Befehl wirklich aus. (Sie können stattdessen auch einen Zeilenvorschub, Strg-J, oder einen Seitenvorschub, Strg-L, benutzen.)

Anscheinend haben wir C-Kermit nun dafür vorbereitet, Binärdateien zu übertragen. Sehen wir uns den Befehl an, der die Datei tatsächlich abschickt:

```
C-Kermit>send ? File(s) to send
C-Kermit>send
```

An dieser Stelle müssen Sie den Namen einer schon bestehenden Datei eingeben. Nehmen wir einmal an, Sie hätten den genauen Namen vergessen, wüßten aber noch ihren Anfangsbuchstaben, nämlich *t*. Also geben Sie nun ein *t* gefolgt von einem Fragezeichen ein, damit Kermit Ihnen die Dateien nennt, die in Frage kommen; Sie suchen die passende aus und vervollständigen dann den Befehl:

```
C-Kermit>send t? File(s) to send, one of the following:
 tapir.bin       tapir.doc       tapir.hlp       tapir.txt
C-Kermit>send tapir.txt
Return to your local Kermit and give a RECEIVE command.

KERMIT READY TO SEND...
```

Wenn Ihr Befehl keinen Sinn ergibt oder Tipp- oder Grammatikfehler enthält, gibt Kermit eine kurze Fehlermeldung und dann einen neuen Prompt aus:

```
C-Kermit>sned ?No keywords match: sned
C-Kermit>
```

Durch Tippfehler in Schlüsselwörtern wird kein Schaden angerichtet (solange das tatsächlich eingegebene nicht einem anderen gültigen Schlüsselwort entspricht). Ein ungültiger Befehl wird nicht ausgeführt und hat keine Nebenwirkungen. Hüten Sie sich jedoch vor Tippfehlern in Dateinamen und Zahlen, bei denen Kermit im allgemeinen keine Möglichkeit hat, den Unterschied zwischen dem Gesagten und dem Gemeinten zu erkennen.

Schlüsselwörter abkürzen

Sie müssen Schlüsselwörter nicht voll ausschreiben; Sie können sie beliebig abkürzen, solange die Eingabe an der jeweiligen Stelle nicht mehrdeutig ist. Zum Beispiel sähe die kürzeste Art, den Befehl SET FILE TYPE BINARY einzugeben, so aus:

```
C-Kermit>set fi t b
```

Interaktive Befehle eingeben 37

Wenn Sie ein Schlüsselwort zu stark abkürzen, beklagt sich Kermit mit der Meldung „?Ambiguous" über die Mehrdeutigkeit.

```
C-Kermit>se ?Ambiguous - se
C-Kermit>se? Command, one of the following:
 send           server              set
C-Kermit>
```

Einige Befehlsschlüsselwörter werden allerdings so häufig gebraucht, daß sie besondere einbuchstabige Abkürzungen haben, obwohl mehrere Befehle mit diesem Buchstaben beginnen. Darunter sind C für CONNECT (Terminalbetrieb beginnen), S für SEND (Datei senden) und R für RECEIVE (Datei empfangen). Zum Beispiel sendet der Befehl

```
C-Kermit>s tapir.doc
```

die Datei `tapir.doc`. Beachten Sie, daß Dateinamen *nicht* abgekürzt werden können.

Fehler in Befehlen korrigieren

Wenn Sie Tippfehler machen oder Ihre Absichten ändern, bevor Sie einen Befehl ganz eingegeben haben, können Sie mit den folgenden Sonderzeichen die Eingabe ändern oder widerrufen:

DEL (die Taste Delete, Rubout oder Backspace oder auch Strg-H) Löscht das am weitesten rechts stehende Zeichen des Befehls.
^W   (Strg-W) Löscht das am weitesten rechts stehende Wort des Befehls.
^U   (Strg-U) Löscht den ganzen Befehl.
^R   (Strg-R) Zeigt den ganzen Befehl neu an.

Die Schreibweise ^X oder Strg-X bedeutet, daß Sie die mit X beschriftete Taste drücken, während Sie die mit Strg (vielleicht auch Ctrl oder Control) beschriftete Taste gedrückt halten. X kann dabei einer der Buchstaben A bis Z oder auch gewisse Satzzeichen sein, zum Beispiel der Unterstrich (_), der umgekehrte Schrägstrich (\), der Zirkumflex (^) oder die eckigen Klammern ([und]).[4] Die Strg-Taste wird wie die Umschalttaste benutzt. Zeichen, die zusammen mit der Strg-Taste benutzt werden, nennt man *Steuerzeichen*.

Sie können die Edierzeichen DEL und ^W wiederholen, bis Sie ganz am Anfang beim Prompt angekommen sind. C-Kermit versucht, das Aussehen Ihrer Befehlszeile korrekt zu halten: Gelöschte Zeichen, Wörter und Zeilen „verschwinden", aber der Prompt bleibt, wo er war. Es besteht jedoch die Möglichkeit, daß die Befehlszeile durcheinander gerät (etwa wenn Ihnen jemand eine Nachricht schickt, während Sie gerade einen Befehl eingeben). Dafür ist Strg-R da; danach werden der Prompt und der aktuelle Befehl ordentlich formatiert neu angezeigt:

```
C-Kermit>set fi
<BEEP>From anke: Was willst Du auf Deiner Pizza haben?
le type^R
C-Kermit>set file type
```

Schlüsselwort- und Dateinamen-Vervollständigung

C-Kermit verfügt über einen besonderen Mechanismus, der Ihnen dabei hilft, sicherzustellen, daß Sie ein Schlüsselwort nicht zu stark abgekürzt haben und daß die von Ihnen benutzte Abkürzung wirklich das bedeutet, was Sie denken. Er ist auch dazu da, einen begonnenen Dateinamen zu Ende einzugeben.

Dieser Mechanismus wird *Vervollständigung* genannt, und Sie aktivieren ihn durch Druck auf die Esc-(Escape-) oder die Tab-(Tabulator-)Taste oder Strg-I, je nachdem, was Ihnen bequemer ist. Wenn die bisher eingegebenen Schlüsselwort- oder Dateinamen-Zeichen ausreichen, füllt Kermit den Rest der Zeichen für Sie aus und positioniert Sie für das nächste Feld des Befehls:

C-Kermit>sen<ESC>d tapir.t<ESC>xt

Ist das nicht der Fall, dann beept Kermit und wartet darauf, daß Sie weitere Zeichen eingeben:

C-Kermit>se<ESC><BEEP>n<ESC>d tapir.<ESC><BEEP>t<ESC>xt

In diesen Beispielen steht `<ESC>` für die Esc-(Escape-)Taste, und `<BEEP>` zeigt an, wo Sie einen Beep hören würden. Wenn Sie eine Hörbehinderung haben, können Sie immer noch merken, wo ein Beep ertönt: Wenn Sie nämlich `<ESC>` drücken und der Cursor sich nicht bewegt.

Falls Sie die Vervollständigungsmöglichkeit in einem Dateinamen benutzen, vervollständigt C-Kermit den Namen, so weit er kann; werden danach weitere Zeichen benötigt, beept C-Kermit und wartet darauf, daß Sie sie eingeben. Nehmen wir zum Beispiel an, Sie haben zwei Dateien namens `tapir.txt` und `tapir.neu`, und dies sind die einzigen Dateien, die mit dem Buchstaben *t* anfangen. Wenn Sie ein *t* und dann ein Esc oder Tab eingeben, liefert Kermit die Zeichen `"Apir."` und wartet darauf, daß Sie den Dateinamen beenden:

C-Kermit>send t<ESC>apir.<BEEP>t<ESC>xt

Die Möglichkeit der Vervollständigung kann bei Feldern, die über *Standardwerte* verfügen, auch dazu benutzt werden, diese einzutragen. Wenn Sie die Esc- oder Tab-Taste am Anfang eines Feldes vor der Eingabe anderer Zeichen drücken und dieses Feld einen Standardwert hat, setzt Kermit ihn ein:

C-Kermit>set block-check <ESC> 1

Hier setzt Kermit den Standardwert für Block-Checks ein, nämlich 1. Wenn es keinen Standardwert für ein Feld gibt, beept Kermit:

C-Kermit>send <ESC><BEEP>

Hat das letzte Feld eines Befehls einen Standardwert, können Sie den Befehl auch ohne Angabe eines Wertes eingeben:

C-Kermit>set block-check

Dies setzt den Block-Check-Parameter auf seinen Standardwert 1.

In Befehlen vorkommende Sonderzeichen

Zeichen wie das Fragezeichen und Strg-U haben besondere Bedeutungen in C-Kermit-Befehlen. Was tun, wenn Sie diese Zeichen als Teile der Befehle selbst eingeben müssen, ohne ihre normale Funktion (Hilfe bzw. Löschen) auszulösen? Sie können solche Zeichen wörtlich in C-Kermit-Befehle aufnehmen, indem Sie ihnen einen Backslash (\) voranstellen, zum Beispiel:

\?

Um einen Backslash wörtlich aufzunehmen, geben Sie konsequenterweise zwei ein:

\\

Bestimmte Zeichen wie etwa Strg-C oder Strg-Z (je nach dem Betriebssystem Ihres Rechners) können jedoch nicht auf diese Weise eingegeben werden, weil Sie ein Signal an das Betriebssystem senden, damit dieses Kermit unterbricht.

Sie können Problemzeichen in Kermit-Befehle aufnehmen, indem Sie einen Backslash und dahinter den numerischen ASCII-Wert des Zeichens eingeben, zum Beispiel \3 für Strg-C, \26 für Strg-Z, \10 für einen Zeilenvorschub oder \13 für ein Carriage Return (Wagenrücklauf) (Tabelle VIII-1 auf Seite 509 führt diese Codes auf). Beispiel:

```
C-Kermit>echo Hallo!\13\10Wie geht's\?
Hallo!
Wie geht's?
C-Kermit>
```

Häufig wird der Backslash benutzt, um ? als Jokerzeichen [5] in eine Dateiangabe aufzunehmen:

```
C-Kermit>send tapir.? File(s) to send, one of the following:
 tapir.c         tapir.h         tapir.txt         tapir.hlp
C-Kermit>send tapir.\?
```

Ohne den Backslash liefert Ihnen das Fragezeichen eine Liste der Dateinamen, die auf das passen, was Sie bisher eingegeben haben. Mit dem Backslash wird es benutzt, damit es auf jedes beliebige einzelne Zeichen paßt, so daß der SEND-Befehl in dem Beispiel die Dateien tapir.c und tapir.h sendet.

Unter OS/2 und Atari GEMDOS ist das Trennzeichen für Verzeichnisse der Backslash, genau wie das Vorschaltzeichen von C-Kermit. Um einen Backslash in einer Dateiangabe zu benutzen, müssen Sie zwei Backslashes direkt hintereinander angeben:

```
C-Kermit>send c:\\dos\\autoexec.bat
```

Dies trifft auch zu, wenn Sie C-Kermit zum Austausch von Dateien mit MS-DOS-Kermit benutzen. Zum Glück erkennt C-Kermit unter OS/2 aber auch den normalen Schrägstrich (/) als Verzeichnis-Trennzeichen:

```
C-Kermit>get c:/dos/autoexec.bat
```

Einen Befehl unterbrechen

Nachdem Sie einen C-Kermit-Befehl eingegeben haben, indem Sie die Eingabetaste betätigt haben, beginnt C-Kermit mit der Ausführung. Sie können die meisten Befehle während der Abarbeitung unterbrechen, indem Sie Strg-C drücken (Strg-Taste gedrückt halten und die C-Taste drücken).[6]

Dies bringt Sie sofort zum C-Kermit-Prompt zurück, so daß Sie einen neuen Befehl eingeben können, zum Beispiel:

C-Kermit>type mond.doc
Kein Himmelskörper hat zum Studium seiner Bewegung so viel Arbeit erfordert wie der Mond. Seit Clairault (1747), der einen Weg andeutete, wie man eine Theorie konstruiert, die alle Eigenschaften ...^C
C-Kermit>

Bemerkung: ^C bezeichnet das echte Strg-C-Zeichen, nicht einen Zirkumflex mit nachfolgendem Buchstaben C.

Zeichen	Funktion
<LEERZEICHEN>	Trennt Felder.
?	(Fragezeichen) Fordert ein Menu oder eine Hilfestellung für das aktuelle Feld an.
-	(Bindestrich) Nur am Zeilenende: dieser Befehl wird auf der nächsten Zeile fortgesetzt.
\	(Backslash) Am Zeilenende: dieser Befehl wird auf der nächsten Zeile fortgesetzt. Sonst innerhalb eines Befehls: Beginnt einen Backslash-Code oder nimmt das nächste Zeichen wörtlich. Backslash-Codes sind in Tabelle I-2 aufgeführt.
;	(Semikolon) Am Anfang eines Befehls oder innerhalb, wenn mindestens ein Leerzeichen oder Tab vorangeht: beginnt einen Kommentar.
#	(„Schweinegitter") Genau wie Semikolon: beginnt einen Kommentar.
<ESC>	(Esc- oder Escape-Taste oder Strg-[) Versuche, das aktuelle Feld zu vervollständigen.
<TAB>	(oder Strg-I) Innerhalb eines Feldes genau wie <ESC>. Zwischen Feldern genau wie <LEERZEICHEN> (jedoch nur in Befehlsdateien).
<DEL>	(oder Rück, Backspace oder Rubout oder Strg-H) Löscht das am weitesten rechts stehende Zeichen des Befehls.
Strg-H	Genau wie <DEL>.
Strg-I	Genau wie <TAB>.
Strg-W	Löscht das am weitesten rechts stehende Wort.
Strg-U	Löscht den ganzen Befehl bis zurück zum Prompt.
Strg-R	Zeigt den Befehl neu an.
Strg-C	Unterbricht die Ausführung eines Befehls, kehrt zum Prompt zurück. Auf einigen UNIX-Systemen wird dieser Zweck vom Unterbrechungszeichen erfüllt, das ein anderes als Strg-C sein kann. Benutzen Sie stty all oder stty -a, um herauszufinden, welches Ihr Unterbrechungszeichen (intr) ist.

Zeichen	Funktion
Strg-S	Hält die Bildschirm-Ausgabe an, wenn Xon/Xoff-Flußkontrolle aktiv ist.
Strg-Q	Nimmt die Bildschirmausgabe wieder auf, wenn Xon/Xoff-Flußkontrolle aktiv ist.
Strg-Z	Suspendiert Kermit, so daß er später fortgesetzt werden kann (nur unter UNIX). Auf einigen Unix-Systemen wird dieser Zweck vom Suspendierungszeichen erfüllt, das ein anderes als Strg-Z sein kann. Benutzen Sie stty all oder stty -a, um herauszufinden, was Ihr Suspendierungszeichen (susp) ist.
Strg-Y	Unter VMS oder OpenVMS unterbricht Strg-Y je nach Kontext entweder den Befehl und kehrt zum Prompt zurück, oder es unterbricht C-Kermit und kehrt zum DCL-Prompt derart zurück, daß C-Kermit mit CONTINUE fortgesetzt werden kann. Auf einigen UNIX-Systemen ist Strg-Y das sekundäre Suspendierungszeichen.
<RETURN>	(Eingabetaste, Wagenrücklauf, Carriage Return, Return, Enter, Strg-M) Befehlseingabe beenden, Befehl ausführen. Wird auch <CR> geschrieben.
<LINEFEED>	(Strg-J) Genau wie <RETURN>. Wird auch <LF> geschrieben.
<FORMFEED>	(Strg-L) Genau wie <RETURN>. Wird auch <FF> geschrieben.

Tabelle 2-1   Sonderzeichen in C-Kermit-Befehlen

Befehlsdateien

Wenn Sie bei jedem Kermit-Lauf immer wieder dieselbe Befehlsfolge eingeben, kommt über die Jahre hinweg eine ganz ordentliche Tipparbeit zusammen. Besser ist es da, die Befehle nur einmal einzugeben und das Erinnern dem Rechner zu überlassen. Benutzen Sie also Ihren Lieblings-Texteditor, um die Befehle in einer *Kermit-Befehlsdatei* aufzuzeichnen, und Sie werden sie niemals wieder eingeben müssen.

Kermit-Befehle sind aus normalen Textzeichen zusammengesetzte Zeilen. Der Texteditor, mit dem eine Befehlsdatei angelegt oder verändert wird, sollte so eingestellt sein, daß er diese einfachen, verzierungslosen Textzeilen verarbeitet. Editoren wie ED, EX, VI und EMACS eignen sich unter UNIX. EDT, EVE und EMACS können unter VMS und OpenVMS benutzt werden, SED oder SPEED unter AOS/VS. Ähnliche Editoren können unter OS/2 und anderen Systemen benutzt werden. Wenn Sie ein Textverarbeitungssystem oder ein anderes Hilfsprogramm benutzen, das sich um Schrifttypen, Fett- und Kursivschrift, Unterstreichungen und ähnliche Luxusartikel kümmert, achten Sie darauf, Ihre Befehlsdatei als reinen Text (ASCII) abzuspeichern. Zur Ausführung der Befehle in einer Datei benutzen Sie den Befehl TAKE:

TAKE *Dateiname*
Dieser Befehl führt C-Kermit-Befehle aus der angegebenen Datei aus. C-Kermit liest die Befehle der Reihe nach von oben nach unten und führt sie aus, bis das Dateiende erreicht oder ein Befehl (wie EXIT) ausgeführt wird, der C-Kermit zum Anhalten auffordert, zum Beispiel:

```
C-Kermit>take compuserve.tak
```

Die Ausführung einer Befehlsdatei kann durch die Eingabe von Strg-C (oder was sonst das Unterbrechungszeichen Ihres Systems ist[7]) jederzeit während der Abarbeitung unterbrochen werden. Wurde der TAKE-Befehl vom C-Kermit-Prompt aus gegeben, bringt die Unterbrechung Sie direkt wieder zum Prompt zurück. Der folgende Abschnitt beschreibt Möglichkeiten, die in Befehlsdateien häufig genutzt werden, aber auch beim interaktiven Programm-Prompt gebraucht werden können.

Kommentare zu Befehlen

Kermit-Befehle können mit Kommentaren versehen werden. Ein ganzzeiliger Kommentar kann mit dem Wort COMMENT oder einem einzelnen Semikolon (;) oder dem „Schweinegitter" (#) beginnen:

```
COMMENT - Dies ist eine C-Kermit-Befehlsdatei.
; Ich habe sie aus dem C-Kermit-Buch abgeschrieben.
# Außerdem ich habe viele Kommentare eingefügt.
```

Befehle können auch Kommentare am Zeilenende haben; diese beginnen mit einem Semikolon oder einem „Schweinegitter " mit mindestens einem vorangehenden Leerzeichen:

```
echo Hallo!            ; Eine freundliche Begrüßung ausgeben
space                  ; Mal sehen, wieviel freien Plattenplatz wir noch haben
log transactions       ; Ich will immer ein Protokoll meiner Aktionen haben.
```

Weil ; und # nur einen Zeilenend-Kommentar anzeigen, wenn ihnen Leerraum vorangeht, können diese Zeichen mit normaler Bedeutung auch innerhalb von Befehlen auftreten, solange ihnen ein druckbares Zeichen vorangeht:

```
get tapir.txt;3           ; Hole eine Datei von einem VMS-Kermit-Server.
remote host lpr -#4 tapir.txt    # Drucke 4 Kopien der Wirtsdatei.
```

In diesem Beispiel ist `tapir.txt;3` ein VMS-Dateiname und `lpr -#4` ist der UNIX-Befehl, um eine Datei viermal zu drucken.

Wenn Sie hingegen ; oder # als Teil eines Befehls verwenden müssen, dem ein Leerzeichen vorangeht, stellen Sie einfach einen Backslash voran:

```
C-Kermit>echo Text ; mit Kommentar
Text
C-Kermit>echo Text \; mit Kommentar
Text ; mit Kommentar
C-Kermit>
```

Fortsetzung eines Befehls

Kermit-Befehle sind naturgemäß eine Zeile lang. Einige Kermit-Befehle können jedoch ziemlich lang werden – mitunter sogar weit über den Bildschirmrand hinaus. Nichts hindert Sie daran, hinter dem Bildschirmrand einfach weiterzuschreiben; und wenn Ihr Terminal-Emulator oder Ihr Konsoltreiber die Zeilen „herumwickelt", können Sie auch sehen, was Sie da eingeben.

Aber die Zwangsneurotiker unter uns möchten lange Zeilen vielleicht an schönen Stellen umbrechen, um einen ordentlichen Bildschirm zu haben oder, was wichtiger ist, um ordentliche Befehlsdateien zu haben.

C-Kermit-Befehle können fortgesetzt werden, indem man sie mit einem Bindestrich (-) oder einem Backslash (\) als letztem Zeichen der Zeile beendet:

```
C-Kermit>set -
file \
type -
binary
C-Kermit>
```

Beachten Sie, daß der Prompt nicht wieder auftritt, bis sie (a) die Befehlseingabe beenden, (b) mit ? ein Menu anfordern oder (c) einen Fehler machen. In Befehlsdateien (nicht aber im Fall direkter Eingabe beim Prompt) können Sie Zeilenend-Kommentare hinter dem Fortsetzungszeichen anfügen:

```
set -              ; Dies ist ein SET-Befehl,
file -             ; der sich auf Dateien bezieht,
type -             ; insbesondere auf den Dateityp,
binary             ; der binär sein soll.
```

Die Befehls-Edierzeichen <DEL>, Strg-W und Strg-U können mit Fortsetzungszeilen verwendet werden, ihre Auswirkungen werden aber nur auf der aktuellen Zeile angezeigt. Benutzen Sie Strg-R, um die gesamten Auswirkungen zu sehen, nachdem Sie zurück bis in vorangegangene Zeilen gelöscht haben.

Zur Beschreibung der Kermit-Befehle

Bevor wir damit beginnen können, die C-Kermit-Befehle zu beschreiben, brauchen wir einige Übereinkünfte zur Notation, also zu ihrer *Syntax*. Wir benutzen besondere Interpunktions- und Typographie-Regeln, um anzuzeigen, welche Felder benötigt werden, welche wahlfrei verwendet werden können, und was für eine Art von Angaben ein Feld erwartet; dies ist ein typisches Beispiel für eine solche Befehlssyntax-Beschreibung:

Syntax: **SET** *{* **RECEIVE, SEND** *}* **END-OF-PACKET** *[* Zahl *]*

Dieses Beispiel illustriert, wie halbfette Schrift wörtlich einzugebende Schlüsselwörter bezeichnet, kursive geschweifte Klammern eine Liste von Alternativen umschließen, kursive eckige Klammern ein wahlfreies Feld anzeigen und kursive Schrift einen zu ersetzenden Parameter angibt. Hier ist nun eine vollständige Aufführung aller Notationen, die in diesem Buch verwendet werden:

WORT
  Ein **HALBFETT** in Großbuchstaben geschriebenes Wort bedeutet, daß dieses Wort Buchstabe für Buchstabe einzugeben ist. Wenn es ein Schlüsselwort ist (meistens ist das so), können Buchstaben am Ende fortgelassen werden, solange der verbleibende Rest ausreicht, das abgekürzte Wort von jedem anderen zu unterscheiden, das im jeweiligen Zusammenhang erlaubt ist. Es können Groß- und Kleinbuchstaben eingegeben werden. Zum Beispiel sind in

  SET FILE TYPE BINARY

  alle vier Wörter Schlüsselwörter.

Wort
  Ein kursiv geschriebenes Wort ist ein *Parameter*, der durch einen tatsächlichen Wert Ihrer Wahl ersetzt werden soll. Das kursive Wort zeigt an, was für eine Art von Größe erwartet wird: eine *Zahl*, ein *Dateiname*, ein *Verzeichnisname*, ein *Variablen-Name* und so weiter. Zum Beispiel soll in

  SET WINDOW *Zahl*

  das Wort *Zahl* durch eine tatsächliche Zahl wie etwa 4 oder 10 ersetzt werden.

[etwas=Wert]
  Jedes in kursiv (schräg) geschriebenen eckigen Klammern stehende Wort ist wahlfrei, d. h. Sie müssen es nicht in dem Befehl aufführen. Wenn Sie hingegen nichtkursive eckige Klammern sehen, dann sollten sie als wörtlich einzugebende Zeichen verstanden werden. Der Teil *=Wert* zeigt den Wert an, der verwendet wird, wenn Sie hier keinen angeben, also den *Standard-* oder *Vorgabewert*, zum Beispiel:

  SET BLOCK-CHECK *[Zahl=1]*

Dies bedeutet, daß der Befehl SET BLOCK-CHECK optional eine Zahl akzeptiert. Wenn Sie den Befehl ohne eine Zahl eingeben, wird 1 benutzt:

```
C-Kermit>set block-check 2
C-Kermit>set block-check 1
C-Kermit>set block-check
```

{ etwas, etwas, etwas }
   Innerhalb kursiver geschweifter Klammern bedeutet eine durch Kommata getrennte Aufzählung von Dingen, daß Sie eines der aufgeführten Dinge auswählen sollten. Diese Schreibweise wird normalerweise für eine Aufzählung von Schlüsselwörtern benutzt:

SET FILE TYPE *[{* **TEXT, BINARY** *} =TEXT]*

Dies zeigt, daß die möglichen Dateitypen TEXT und BINARY sind und TEXT benutzt wird, wenn der Befehl nach dem Wort TYPE endet. Wenn Sie nichtkursive geschweifte Klammern sehen, { so wie um diesen Einschub herum }, dann sind sie tatsächlicher Teil des Befehls.

...
   Ein Auslassungszeichen (drei Punkte) bedeutet, daß das vorangehende Ding wiederholt werden kann, zum Beispiel:

MSEND *Datei [Datei [Datei [...]]]*

oder, kompakter:

MSEND *Datei ...*

Dies bedeutet, daß der Befehl MSEND (*m*ehrfaches *Send*en) mit einem oder mehreren Dateinamen, die durch Leerzeichen getrennt sind, gegeben werden kann.

Häufig benutzte C-Kermit-Befehlsparameter sind unter anderem:

Zahl
   Eine Dezimalzahl (Basis 10), etwa 42 oder 9024. Kleine nichtnegative Zahlen (0 bis 255) können auch in oktaler (Basis 8) oder hexadezimaler (Basis 16) Schreibweise eingegeben werden. (Wenn Sie die oktale oder hexadezimale Schreibweise nicht kennen, ist das kein Problem – überspringen Sie den Rest dieses Abschnitts.) Benutzen Sie \o*nnn* für Oktalzahlen, also einen Backslash, gefolgt vom Buchstaben *O* (groß oder klein), gefolgt von ein bis drei oktalen Ziffern (nämlich 0 bis 7). Für Hexadezimalzahlen benutzen Sie \x*nn*, also einen Backslash, gefolgt vom Buchstaben *X* (groß oder klein), dem wiederum genau zwei hexadezimale Ziffern (nämlich 0 bis 9 und A bis F) folgen. Die Buchstaben A bis F können groß oder klein geschrieben werden:

SET RETRY *Zahl*

bedeutet, daß Sie Befehle wie die folgenden eingeben können:

```
C-Kermit>set retry 13          (Eine Dezimalzahl)
C-Kermit>set retry \13         (Eine Dezimalzahl)
C-Kermit>set retry \d13        (Eine Dezimalzahl)
C-Kermit>set retry \o15        (Eine Oktalzahl)
C-Kermit>set retry \x0D        (Eine Hexadezimalzahl)
```

Der zulässige Bereich für die Zahl hängt vom jeweiligen Befehl ab. Wenn Sie eine Zahl außerhalb des zulässigen Bereichs eingeben, erhalten Sie eine Fehlermeldung, und der Befehl hat keine Wirkung:

```
C-Kermit>set window 793
?Sorry, 31 is the maximum
C-Kermit>
```

Dateiname
Das ist der Name einer Datei auf dem Rechner, auf dem Sie C-Kermit laufen lassen. Der Name kann, muß aber nicht, Geräte- und/oder Verzeichnisinformationen enthalten. Groß- und Kleinbuchstaben werden in UNIX-Dateinamen unterschieden, nicht hingegen unter VMS, OpenVMS, OS/2, AOS/VS und den meisten anderen Betriebssystemen. Der Dateiname darf keine Jokerzeichen enthalten. Zum Beispiel bedeutet

TAKE *Dateiname*

daß der Befehl TAKE den Namen einer Datei auf Ihrem Rechner benötigt:

```
C-Kermit>take tapir.*
?Wildcards not allowed in command file name
C-Kermit>take tapir.cmd
C-Kermit>take $disk2:[hannelore]tapir.cmd      (Eine VMS- oder OpenVMS-Datei)
C-Kermit>take /usr/harald/kermit/tapir.cmd     (Eine UNIX- oder Amiga-Datei)
C-Kermit>take f:\\wilfried\\kermit\\tapir.cmd  (Eine OS/2- oder Atari-Datei)
```

Beachten Sie die doppelten Backslashes im OS/2- oder Atari-Dateinamen.

Dateispezifikation
Hierbei handelt es sich um eine Dateispezifikation, die sich auf den Rechner bezieht, auf dem Sie C-Kermit laufen lassen. Sie funktioniert genau wie ein *Dateiname*, außer daß sie Jokerzeichen enthalten kann (aber nicht muß), um eine Gruppe von Dateien zu bezeichnen. Beispiel:

SEND *Dateispezifikation*

bedeutet, daß Sie Befehle wie diese geben können:

```
C-Kermit>send tapir.txt                    (Eine einzelne Datei)
C-Kermit>send tapir.*                      (Eine Gruppe von Dateien)
C-Kermit>send *.*                          (Eine größere Gruppe von Dateien)
C-Kermit>send $disk2:[erich]*.cmd          (VMS- oder OpenVMS-Dateien)
C-Kermit>take /usr/christoph/kermit/*.ini  (UNIX-, OS-9-, Amiga-Dateien)
C-Kermit>take f:\\iris\\kermit\\*.*        (OS/2- oder Atari-ST-Dateien)
```

Dateispezifikationen können auch Felder für Geräte, Verzeichnisse oder sonstige Identifikationsmerkmale tragen, die für Ihr Betriebssystem eine Bedeutung haben.

Wirts-Dateiname
Dies ist der Name einer Datei auf einem anderen Rechner in der für jenen Rechner passenden Form. Er sollte keine Jokerzeichen enthalten; Beispiel:

REMOTE TYPE *Wirts-Dateiname*

läßt uns Befehle wie die folgenden geben:

C-Kermit>remote type tapir txt a	(Eine VM/CMS-Datei)
C-Kermit>remote type f:\\volker\\tapir.txt	(MS-DOS oder OS/2)
C-Kermit>remote type $disk2:[elke]tapir.txt;17	(VMS oder OpenVMS)
C-Kermit>remote type :udd:rainer:tapir.txt	(AOS/VS)
C-Kermit>remote type ~corinna/tapir.txt	(UNIX oder OS-9)
C-Kermit>remote type diska:/andreas/tapir.txt	(Amiga)

Wirts-Dateispezifikation
Dies ist einem *Wirts-Dateinamen* ähnlich, Jokerzeichen können aber – müssen jedoch nicht – enthalten sein. Jokerzeichen sollten, wenn sie benutzt werden, in einer Form sein, die für den anderen Rechner akzeptabel ist, zum Beispiel:

GET *Wirts-Dateispezifikation*

erlaubt:

C-Kermit>get * exec	(Dateien von VM/CMS)
C-Kermit>get f:\\heinrich\\tapir.*	(Von MS-DOS oder OS/2)
C-Kermit>get $disk2:[ioannis]tapir.*;0	(Von VMS oder OpenVMS)
C-Kermit>remote type :udd:ines:tapir.-	(Von AOS/VS)

Verzeichnisname
Es handelt sich hier um den Namen eines Verzeichnisses auf dem Rechner, auf dem C-Kermit läuft. Groß- und Kleinbuchstaben werden in UNIX-Verzeichnisnamen unterschieden, unter den meisten anderen Betriebssystemen macht die Graphie jedoch keinen Unterschied, zum Beispiel:

CD *Verzeichnisname*

erlaubt:

C-Kermit>cd /usr/stephanie/	(UNIX)
C-Kermit>cd c:\\usr\\arnfried	(OS/2)
C-Kermit>cd sys$help:	(VMS oder OpenVMS)
C-Kermit>cd :udd:astrid	(AOS/VS)

Wirts-Verzeichnisname
Es zeigt den Namen eines Verzeichnisses auf einem anderen Rechner in der für jenen Rechner passenden Form:

REMOTE CD *Wirts-Verzeichnisname*

erlaubt:

C-Kermit>remote cd c1	(VM/CMS)
C-Kermit>remote cd f:\\public	(OS/2 oder MS-DOS)
C-Kermit>remote cd [-.programs]	(VMS oder OpenVMS)
C-Kermit>remote cd ^:programs	(AOS/VS)

Befehl
   Hierbei handelt es sich in den meisten Zusammenhängen um einen System-Befehl auf dem Rechner, auf dem C-Kermit läuft, wie man ihn einer UNIX-Shell, dem DCL unter VMS oder OpenVMS oder dem CLI unter AOS/VS eingeben würde. Groß- und Kleinschreibung wird unter UNIX unterschieden, unter den meisten anderen Betriebssystemen jedoch nicht:

   RUN *Befehl*

   erlaubt:

```
C-Kermit>run diff tapir.old tapir.new      (Ein UNIX-Befehl)
C-Kermit>run purge/log tapir.*             (Ein VMS-Befehl)
C-Kermit>run more < ckermit.ini            (Ein OS/2-Befehl)
C-Kermit>run help/v copy                   (Ein AOS/VS-Befehl)
C-Kermit>run status                        (Ein Amiga-Befehl)
C-Kermit>run deldir test                   (Ein OS-9-Befehl)
```

   In anderen Zusammenhängen steht *Befehl* für einen C-Kermit-Befehl.

Wirtsbefehl
   Dies gibt den Namen eines Befehls oder eines Programms auf einem anderen Rechner in der für jenen Rechner passenden Form an:

   REMOTE HOST *Wirtsbefehl*

   erlaubt:

```
C-Kermit>remote host lf tapir * (date      (Ein Befehl für VM/CMS)
C-Kermit>remote host mkdir WIdO            (Ein Befehl für UNIX)
```

Text
   Hier kann jeder Text, den Sie sich vorstellen können, stehen: null oder mehr Wörter, alles bis zum Ende des Befehls Eingegebene. Wie bei allen C-Kermit-Befehlen werden am Ende stehende Kommentare ignoriert:

   ECHO *Text*

   erlaubt:

```
C-Kermit>echo                              (Keine Wörter)
                                           (Eine Leerzeile erscheint)
C-Kermit>echo Hallo ; Dies ist ein Kommentar   (Ein Wort mit Kommentar)
Hallo
C-Kermit>echo Zeit, nach Hause zu gehen    (Mehrere Wörter)
Zeit, nach Hause zu gehen
C-Kermit>
```

Einige grundlegende C-Kermit-Befehle

Sie kennen Kermits EXIT-Befehl bereits. C-Kermit umfaßt auch einige weitere Befehle, mit denen Sie gleich jetzt herumexperimentieren können, bevor Sie lernen, wie man das Programm für Datenkommunikation und Dateitransfer benutzt. Diese Befehle, die in Tabelle 2-2 aufgeführt sind, verschaffen Ihnen Zugang zur Dateiverwaltung und anderen Funktionen des Betriebssystems Ihres Rechners. Benutzen Sie diese Befehle, um die Dinge zu üben, zu denen Sie in diesem Kapitel etwas gelesen haben: Fragezeichen, um Hilfe zu erhalten, Vervollständigung, Abkürzung, Verbesserung, Fortsetzung und Kommentare. Innerhalb weniger Minuten müßten Sie dann schon mit dem Befehlsstil von C-Kermit vertraut und erfahren im Umgang mit Kermit-Befehlen sein.

Der Kermit-Befehl, der in der ersten Spalte der Tabelle gezeigt wird, ist die Form, die in C-Kermit und den meisten anderen Kermit-Programmen benutzt wird. Die gleichbedeutenden Befehle unter UNIX, VMS, OpenVMS, AOS/VS und anderen Betriebssystemen haben vielleicht unterschiedliche Namen; aber in den meisten Fällen werden auch diese von Kermit akzeptiert, so daß Sie sich nicht zwei verschiedene Befehle für die gleiche Aufgabe merken müssen.

Kermit	UNIX	VMS, OpenVMS	AOS/VS	Beschreibung
cd	cd	set default	directory	Verzeichnis wechseln
delete	rm	delete	delete	Dateien löschen
directory	ls -l	directory	filestatus	Dateien auflisten
echo	echo	write	write	Text auf dem Bildschirm anzeigen
help	man	help	help	Hilfe-Texte anzeigen
pause	sleep	wait	pause	Einige Sekunden schlafen
print	lp, lpr	print	print	Dateien auf einem Drucker drucken
push	sh, csh, ksh	spawn, @	push	System aufrufen
pwd	pwd	show default	dir	Aktuellen Verzeichnisnamen anzeigen
rename	mv	rename	rename	Dateien umbenennen
run	*Befehl*	[run] *Befehl*	[xeq]	Einen Befehl oder ein Programm ausführen
space	df	show quota	space	Plattenplatz anzeigen
type	cat	type	type	Inhalt einer Textdatei anzeigen

Tabelle 2-2   Grundlegende C-Kermit-Befehle

Es folgen die Beschreibungen der Befehle in der Tabelle:

CD *[Verzeichnisname]*

Dieser Befehl wechselt Ihr Standard-Verzeichnis (CD steht für *C*hange *D*irectory, Verzeichnis wechseln). Wenn Sie einen Verzeichnisnamen angeben, wird dies zum neuen Standard-Verzeichnis für alle Datei-bezogenen Kermit-Befehle. Der Verzeichnisname kann vollständig spezifiziert werden oder relativ zum aktuellen Verzeichnis sein. Wenn

Sie den Verzeichnisnamen weglassen, bringen die meisten Versionen von C-Kermit Sie
zurück in Ihr Login-Verzeichnis, zum Beispiel:

C-Kermit>cd $disk1:[nils.briefe]	(Voll spezifiziert, VMS)
C-Kermit>cd [.briefe]	(Relatives Verzeichnis, VMS)
C-Kermit>cd /usr/ernst/briefe	(Voll spezifiziert, UNIX)
C-Kermit>cd :udd:konrad:briefe	(Voll spezifiziert, AOS/VS)
C-Kermit>cd c:\\isolde\\briefe	(Voll spezifiziert, OS/2)
C-Kermit>cd c:/elfie/briefe	(Alternative Form, OS/2)
C-Kermit>cd c:\\jangerd\\briefe	(Voll spezifiziert, Atari)
C-Kermit>cd c:/georg/briefe	(Voll spezifiziert, Amiga)
C-Kermit>cd ~angela	(Heimatverzeichnis, UNIX)
C-Kermit>cd briefe	(Relatives Verzeichnis)
C-Kermit>cd	(Login-(Heimat-)Verzeichnis)

Der CD-Befehl bezieht sich nur auf den Lauf von Kermit selbst und alle von ihm aus gestarteten Programme. Wenn Sie Kermit mit EXIT verlassen, müßten Sie wieder da stehen, wo Sie gestartet sind. Synonym sind: **CWD** (*C*hange *W*orking *D*irectory, Wechsle Arbeitsverzeichnis), **SET DEFAULT**.

DELETE *Dateispezifikation*
Dieser Befehl löscht (entfernt, zerstört) alle Dateien, die auf die *Dateispezifikation* passen, die Jokerzeichen, Verzeichnisnamen und/oder Gerätebezeichner enthalten kann. Erfolgreiche Ausführung dieses Befehls setzt voraus, daß Sie die entsprechenden Zugriffsrechte auf die angegebene(n) Datei(en) haben. Es folgen einige UNIX-Beispiele:

C-Kermit>delete tapir.txt	(Eine Datei im aktuellen Verzeichnis)
C-Kermit>del *	(Alle Dateien im aktuellen Verzeichnis)
C-Kermit>del /usr/christel/kermit/a.txt	(Voll spezifizierte UNIX-Datei)

Beispiele unter VMS und OpenVMS sind:

C-Kermit>delete tapir.txt;3	(Eine Datei im aktuellen Verzeichnis)
C-Kermit>del *.*;*	(Alle Dateien im aktuellen Verzeichnis)
C-Kermit>del $disk1:[olaf.kermit]a.txt;7	(Voll spezifizierte VMS-Datei)

Synonym ist: **RM**.

DIRECTORY *[{ Dateispezifikation, Verzeichnisname }]*
Dieser Befehl listet Dateien auf. Wenn keine Dateispezifikation und kein Verzeichnisname angegeben sind, werden alle Dateien im aktuellen Verzeichnis aufgelistet. Ist ein Verzeichnisname angegeben, werden alle Dateien in jenem Verzeichnis aufgelistet. Wenn eine Dateispezifikation angegeben ist, werden alle Dateien aufgelistet, die darauf passen. Beispiele für UNIX sind:

C-Kermit>directory	(Liste alle Dateien im aktuellen Verzeichnis auf)
C-Kermit>dir ~susanne	(Alle Dateien in Susannes Login-Verzeichnis)
C-Kermit>dir ~/kermit	(Alle Dateien in meinem kermit-Verzeichnis)
C-Kermit>dir kermit	(Alle Dateien in meinem Unterverzeichnis kermit)
C-Kermit>dir ck*.*	(Dateien, die darauf passen)
C-Kermit>dir ..	(Alle Dateien im übergeordneten Verzeichnis)
C-Kermit>dir ../a*.*	(Passende Dateien im übergeordneten Verzeichnis)

Dem entsprechen die folgenden VMS- und OpenVMS-Beispiele:

```
C-Kermit>dir                    (Liste alle Dateien im aktuellen Verzeichnis auf)
C-Kermit>dir $disk:[susanne]    (Alle Dateien in Susannes Login-Verzeichnis)
C-Kermit>dir [susanne.kermit]   (und in Susannes kermit-Verzeichnis)
C-Kermit>dir [.kermit]          (Alle Dateien in meinem Unterverzeichnis kermit)
C-Kermit>dir ck*.*              (Dateien, die darauf passen)
C-Kermit>dir [-]                (Alle Dateien im übergeordneten Verzeichnis)
C-Kermit>dir [-]a*.*            ("a"-Dateien im übergeordneten Verzeichnis)
```

Entsprechende AOS/VS-Beispiele lauten:

```
C-Kermit>dir                       (Liste alle Dateien im aktuellen Verzeichnis auf)
C-Kermit>dir :udd:susane:+         (Alle Dateien in Susannes Login-Verzeichnis)
C-Kermit>dir :udd:susanne:kermit:+ (und in Susannes kermit-Verzeichnis)
C-Kermit>dir kermit:+              (Alle Dateien in meinem Unterverzeichnis kermit)
C-Kermit>dir ck+.+                 (Dateien, die darauf passen)
C-Kermit>dir ^+                    (Alle Dateien im übergeordneten Verzeichnis)
C-Kermit>dir ^:a+                  ("a"-Dateien im übergeordneten Verzeichnis)
```

Synonym ist: **LS**.

ECHO [*Text*]

Dies zeigt den *Text* auf dem Bildschirm an. Der Text kann Backslash-Codes enthalten, die dann interpretiert werden. Wenn der Text weggelassen wird, wird eine Leerzeile angezeigt, zum Beispiel:

```
C-Kermit>echo Guten Morgen.
Guten Morgen.
C-Kermit>echo \7Aufwachen!\7   ; Kommentar wird nicht angezeigt
<BEEP>Aufwachen!<BEEP>
C-Kermit>
```

Führende und angehängte Leerzeichen werden entfernt, sofern der *Text* nicht in geschweifte Klammern eingeschlossen ist:

```
C-Kermit>echo    Test, Test
Test, Test
C-Kermit>echo {   Test, Test   }
   Test, Test
C-Kermit>
```

Synonym ist: **WRITE SYS$OUTPUT**. Verwandt: **WRITE SCREEN**.

HELP [*Befehl*]

Hierdurch wird ein Hilfetext angezeigt. Der *Befehl* ist ein C-Kermit-Befehl aus einem oder höchstens zwei Wörtern, wie etwa COMMENT, ECHO oder SET DUPLEX:

```
C-Kermit>help set duplex

Syntax: SET DUPLEX { FULL, HALF }

During CONNECT: FULL means remote host echoes, HALF means
C-Kermit does its own echoing.

C-Kermit>
```

Wenn Sie keinen Text hinter das Wort HELP schreiben, wird ein kurzer Überblick angezeigt. Benutzen Sie ein Fragezeichen, um Menus innerhalb des HELP-Befehls zu bekommen. Synonym ist: **MAN**.

PAUSE *[Zahl=1]*
Dieser Befehl fordert Kermit auf, die angegebene Anzahl von Sekunden lang gar nichts zu tun. Der Prompt kommt wieder, wenn die Zeit abgelaufen ist oder Sie in der Zwischenzeit etwas (ein beliebiges Zeichen) eingeben. Beispiele:

```
C-Kermit>pause              (Eine Sekunde Pause)
C-Kermit>pau 30             (30 Sekunden Pause)
```

Synonym sind: **WAIT** (bei Benutzung ohne Modemsignale), **SLEEP**. Verwandt ist: **MSLEEP**: Wie PAUSE, aber die Zahl bezieht sich auf Millisekunden.

PRINT *[Lokal-Optionen] Dateiname*
Der Befehl druckt die lokale Datei auf einem lokalen Drucker, wenn Ihr Rechner einen hat. Lokale Optionen können für den Druck-Befehl Ihres Rechners mit angegeben werden, zum Beispiel:

```
C-Kermit>print tapir.txt             (Eine Datei drucken)
C-Kermit>print /copies=3 tapir.txt   (VMS- oder OpenVMS-Optionen)
C-Kermit>print -#3 tapir.txt         (UNIX-Optionen)
C-Kermit>print /copies=3 tapir.txt   (AOS/VS-Optionen)
```

PUSH
Dies dient dazu, den Befehlsprozessor Ihres Systems „unterhalb" von Kermit interaktiv derart aufzurufen, daß Sie später zu Kermit zurückkehren können.

```
C-Kermit>push
%
% who khatoun
% watsun!khatoun  ttyh9  Aug 11 14:21
% write khatoun ttyh9
Hallo Du!
Strg-D
% exit
C-Kermit>
```

Um von dem „untergeordneten" Befehlsprozessor zu Kermit zurückzukehren, benutzen Sie den Befehl `exit` oder *Strg-D* unter UNIX oder OS-9, den EXIT-Befehl unter OS/2, LOGOUT unter VMS und OpenVMS, POP in AOS/VS, ENDCLI auf dem Amiga. Synonyme sind: **!**, **@**, **RUN**.

PWD
PWD steht für *P*rint *W*orking *D*irectory, Drucke Arbeitsverzeichnis. Dies zeigt den Namen Ihres aktuellen Standard-(Arbeits-)Verzeichnisses an:

```
C-Kermit>pwd
/usr/dagmar/briefe        (UNIX, OS-9 oder Amiga)
$DISK1:[DAGMAR.BRIEFE]    (VMS oder OpenVMS)
:UDD:DAGMAR:BRIEFE        (AOS/VS)
C:\DAGMAR                 (OS/2 oder Atari ST)
```

Synonym ist: **SHOW DEFAULT**.

RENAME *Dateiname1 Dateiname2*
Mit diesem Befehl benennt man die Datei mit Namen *Dateiname1* in *Dateiname2* um, zum Beispiel:

```
C-Kermit>ren space-adventure.exe spreadsheet.exe
```

Die Fähigkeit des RENAME-Befehls, über Verzeichnisse oder Geräte hinweg zu arbeiten, hängt von den Möglichkeiten des zugrundeliegenden Betriebssystems ab. Synonym: **MV**.

RUN *[Befehl]*
Dieser Befehl führt den angegebenen System-Befehl bzw. das Programm aus und kehrt automatisch zum C-Kermit-Prompt zurück, wenn der Befehl bzw. das Programm beendet ist. Wenn kein Befehlsname angegeben wird, verhält sich der RUN-Befehl genau wie der PUSH-Befehl, zum Beispiel:

```
C-Kermit>run fortune
Wer hat mit meiner Anti-Paranoia-Spritze herumgespielt?
```

Synonym sind: **PUSH**, **!**, **@**. Siehe dazu die nachfolgenden Beispiele:

```
C-Kermit>@show system                       (VMS oder OpenVMS)
C-Kermit>@search area-codes.txt Chicago     (VMS oder OpenVMS)
C-Kermit>!date                              (UNIX oder OS-9)
C-Kermit>!grep Chicago area-codes.txt       (UNIX oder OS-9)
C-Kermit>!time                              (AOS/VS)
C-Kermit>!find "Chicago" areacode.txt       (OS/2)
```

SPACE *[Gerät]*
SPACE zeigt Information dazu an, wieviel Platz noch auf dem aktuellen oder dem angegebenen Plattengerät, im aktuellen Verzeichnis oder in Ihrer Plattenplatz-Quote ist, je nach Betriebssystem.

TYPE *Dateiname*
Hiermit zeigt man den Inhalt der Datei auf dem Bildschirm an. Der TYPE-Befehl hält am Ende eines jeden Bildschirms nicht an, wie etwa MORE unter UNIX oder TYPE/PAGE unter VMS. Falls Sie diese Funktionalität unter UNIX brauchen, benutzen Sie !more. Unter VMS benutzen Sie PUSH, um zu DCL zu gelangen, und benutzen Sie dort TYPE/PAGE.

Die C-Kermit-Initialisierungsdatei

Die Initialisierungsdatei ist eine Befehlsdatei, die C-Kermit automatisch beim Start ausführt. Ihr Name und ihre Plazierung hängen davon ab, welches Rechnersystem Sie haben (siehe Tabelle 2-3); der Name ist normalerweise .kermrc (UNIX und OS-9) oder CKERMIT.INI (alle anderen).

System	Dateiname	Anmerkungen
Atari ST	CKERMIT.INI	C-Kermit sucht zuerst im aktuellen Verzeichnis, dann in Ihrem Heimatverzeichnis und schließlich im Wurzelverzeichnis.
Commodore Amiga	CKERMIT.INI	C-Kermit sucht zuerst im Verzeichnis s:, dann im aktuellen Verzeichnis.
Data General AOS/VS	CKERMIT.INI	C-Kermit sieht in Ihrem Heimatverzeichnis nach.
OS/2	ckermit.ini	C-Kermit überprüft die Verzeichnisse, die durch die OS/2-Umgebungs-Variablen INIT, PATH und DPATH in dieser Reihenfolge definiert werden; wenn die Datei dort nicht gefunden wird, sucht er im aktuellen Verzeichnis.
OS-9	.kermrc	C-Kermit sieht zuerst in Ihrem Heimatverzeichnis nach, dann im aktuellen Verzeichnis.
UNIX (Alle Versionen)	.kermrc	Ihr Heimatverzeichnis und sonst nirgends.
VMS, OpenVMS	CKERMIT.INI	C-Kermit sucht nach CKERMIT_INI:CKERMIT.INI, dann nach der durch das Symbol CKERMIT_INIT definierten Datei, und schließlich in Ihrem Heimatverzeichnis, SYS$LOGIN, nach CKERMIT.INI.

Tabelle 2-3   Name der C-Kermit-Initialisierungsdatei

Die Initialisierungsdatei sollte alle Befehle enthalten, die Sie jedes Mal ausgeführt wissen wollen, wenn Sie das C-Kermit-Programm starten. Wenn Sie zum Beispiel eine UNIX-Workstation haben, deren serielles Gerät mit einem Hayes-Modem 2400 verbunden ist, und Sie mit C-Kermit immer über dieses Gerät nach außen wählen, könnte Ihre Initialisierungsdatei .kermrc Befehle wie die folgenden enthalten:

```
set modem hayes          ; Damit der DIAL-Befehl richtig funktioniert
set line /dev/ttyb       ; Benutze ttyb zur Kommunikation
set speed 2400           ; Die höchste Geschwindigkeit des Modems
echo Bereit zum Wählen per Hayes bei 2400 bps auf /dev/ttyb.
echo Denken Sie daran, Ihr Modem anzuschalten!
```

(Die SET-Befehle werden im nächsten Kapitel erklärt.) Beachten Sie die Benutzung von Zeilenend-Kommentaren zur Dokumentation. Mit dieser Initialisierungsdatei ist DIAL (ebenfalls im nächsten Kapitel erklärt) der einzige Befehl, den Sie Kermit geben müssen, um einen anderen Rechner anzuwählen:

```
$ kermit                       (Kermit starten)
Bereit zum Wählen per Hayes bei 2400 bps auf /dev/ttyb.
Denken Sie daran, Ihr Modem anzuschalten!
C-Kermit>show communications   (Auswirkungen der Initialisierungsdatei prüfen)

Communications Parameters:
  Line: /dev/ttyb, speed: 2400, mode: local, modem: hayes
  ...
C-Kermit>dial 987654           (Wähle einen anderen Rechner an)
Call completed.                (So einfach ist das!)
C-Kermit>                      (Kermit wartet auf Ihren Befehl)
```

Während Sie mit diesem Buch Fortschritte machen, werden sich weitere Kandidaten für die Aufnahme in Ihre „Init"-Datei von selbst einfinden – Terminal-Einstellungen (Kapitel 4), Dateitransfer-Protokoll-Einstellungen (Kapitel 5 bis 7), Zeichensatz-Auswahlen (Kapitel 9), Makro-Definitionen (Kapitel 11 bis 13).

Wenn Sie wollen, daß Kermit eine spezielle Datei zur Initialisierung anstelle der in Tabelle 2-3 aufgeführten Standard-Befehlsdatei benutzt, können Sie den Namen einer alternativen Initialisierungsdatei auf der Befehlszeile beim Start von Kermit angeben, indem Sie die Befehlszeilen-Option -y (klein geschrieben) anwenden:

```
$ kermit -y spezial.cmd
```

Wenn Sie C-Kermit gänzlich ohne jede Initialisierungsdatei starten wollen, benutzen Sie die Befehlszeilen-Option -Y (groß geschrieben):

```
$ kermit -Y                    (UNIX, OS/2 usw.)
$ kermit "-Y"                  (VMS oder OpenVMS, Anführungszeichen sind nötig)
```

Wenn Sie wollen, daß Kermit eine besondere Befehlsdatei ausführt, *nachdem* er die übliche Initialisierungsdatei ausgeführt hat, aber *bevor* er seinen ersten Prompt ausgibt, geben Sie den Dateinamen als erstes Wort nach *kermit* an, wenn Sie C-Kermit vom System-Prompt aus starten:

```
$ kermit dienstag.tak
```

Vergleichen Sie den Anhang, der sich auf Ihr Betriebssystem bezieht, um Einzelheiten über die Initialisierungsdatei zu erhalten, sowie Kapitel 11 zu weiteren Informationen über Befehlsdateien im allgemeinen.

Wir schlagen vor, daß Sie die Standard-Initialisierungsdatei, `ckermit.ini`, benutzen, die mit C-Kermit 5A ausgeliefert wird, und alle gewünschten Modifikationen und Anpassungen in die begleitende Datei `ckermod.ini` aufnehmen.

3

Verbindungen herstellen

In Kapitel 2 haben Sie gelernt, wie man C-Kermit in der sicheren, eingegrenzten Umgebung eines einzelnen Rechners betreibt, wie Sie wohl auch die meiste andere Anwendungs-Software benutzen würden. Im Gegensatz zu diesen Anwendungen ist der Zweck der Kermit-Software jedoch, daß Sie zwei Rechner gleichzeitig benutzen können, etwa den PC auf Ihrem Schreibtisch und einen irgendwo anders stehenden Großrechner.

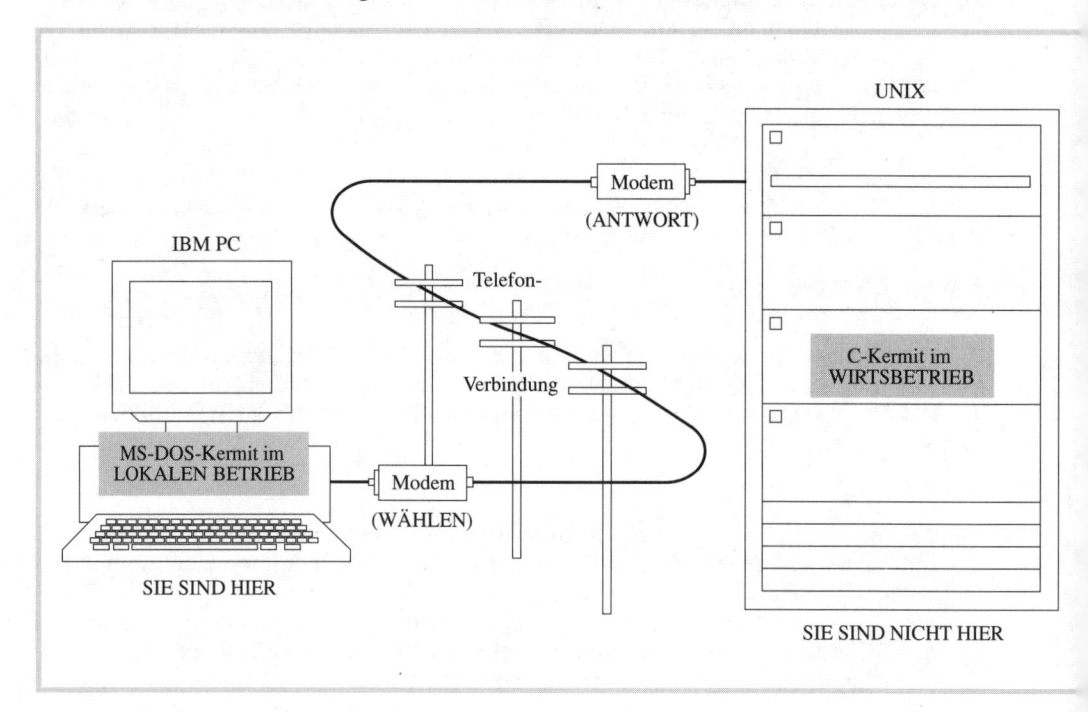

Abbildung 3-1   C-Kermit im Wirtsbetrieb

Bevor wir fortfahren, wollen wir unser Gedächtnis bezüglich der Ausdrücke *Wirt* und *lokal* noch einmal auffrischen. Ein Kermit-Programm befindet sich im lokalen Betrieb, wenn Sie es benutzen, um eine Verbindung zu einem anderen Rechner herzustellen; anderenfalls ist es im Wirtsbetrieb. Benutzen Sie zum Beispiel einen MS-DOS-PC auf Ihrem Schreibtisch dazu, einen UNIX-Wirtsrechner anzusprechen, auf dem sich C-Kermit befindet, betreiben Sie MS-DOS-Kermit im *lokalen Betrieb* und C-Kermit im *Wirtsbetrieb*, wie in Abbildung 3-1 dargestellt. Der PC stellt die Verbindung her, deswegen ist es der lokale Rechner; das UNIX-System nimmt die Verbindung entgegen, daher ist es das Wirtssystem.

> Wenn Sie C-Kermit *nur* im Wirtsbetrieb benutzen, brauchen Sie dieses und das nächste Kapitel nicht zu lesen. Gehen Sie weiter zu Kapitel 5 auf Seite 117, um zu erfahren, wie man Dateien überträgt. Wenn nötig, lesen Sie auch den Abschnitt „Die Verbindung herstellen" in der Dokumentation zu Ihrem lokalen Kermit-Programm, zum Beispiel Kapitel 7 von *MS-DOS-Kermit – Das universelle Kommunikationsprogramm* [29].

Es gibt zwei Arten, C-Kermit lokal zu betreiben, je nach Art Ihres Rechners. Die erste Methode wird angewendet, wenn Sie einen Arbeitsplatzrechner auf dem Schreibtisch haben, von dem aus Sie eine Verbindung zu einem Wirtsrechner herstellen. Abbildung 3-2 stellt Ihren lokalen Rechner als Sun SPARCstation mit einer Modem-Verbindung zu einem IBM-Großrechner als Wirt dar. Der Arbeitsplatzrechner könnte auch jede andere UNIX- oder OS-9-Workstation, eine VAXstation, ein PC unter OS/2 oder UNIX, ein Amiga oder ein Amiga ST sein. Jeder dieser Rechner könnte C-Kermit dazu benutzen, eine Verbindung zum Wirtsrechner herzustellen.

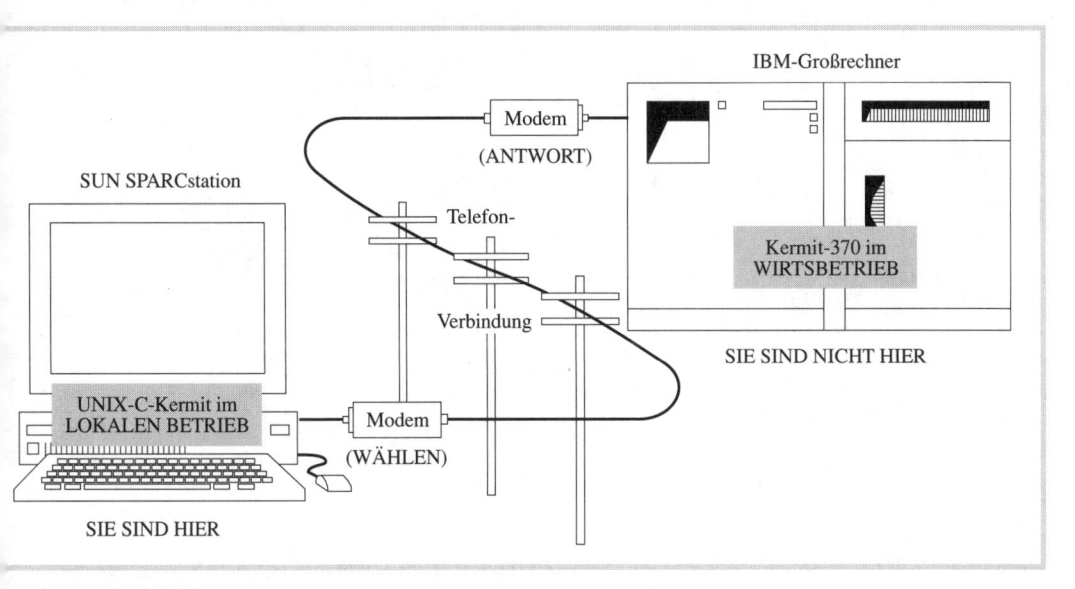

Abbildung 3-2   *C-Kermit im lokalen Betrieb*

Im zweiten Szenario, das in Abbildung 3-3 dargestellt ist, greifen Sie auf ein Multiuser-Timesharing-System unter UNIX, VMS, OpenVMS oder AOS/VS zu, und zwar von einem PC, Macintosh, Arbeitsplatzrechner oder Terminal auf Ihrem Schreibtisch ausgehend. Sie benutzen C-Kermit auf dem Multiuser-Rechner, um auf einen dritten Rechner zuzugreifen.

Sie würden diese Methode benutzen, wenn der Multiuser-Rechner eine Möglichkeit für Verbindungen hat, über die Ihr Schreibtisch-Rechner nicht verfügt, oder wenn Sie die meiste Arbeit ohnedies auf dem Multiuser-Rechner erledigen.

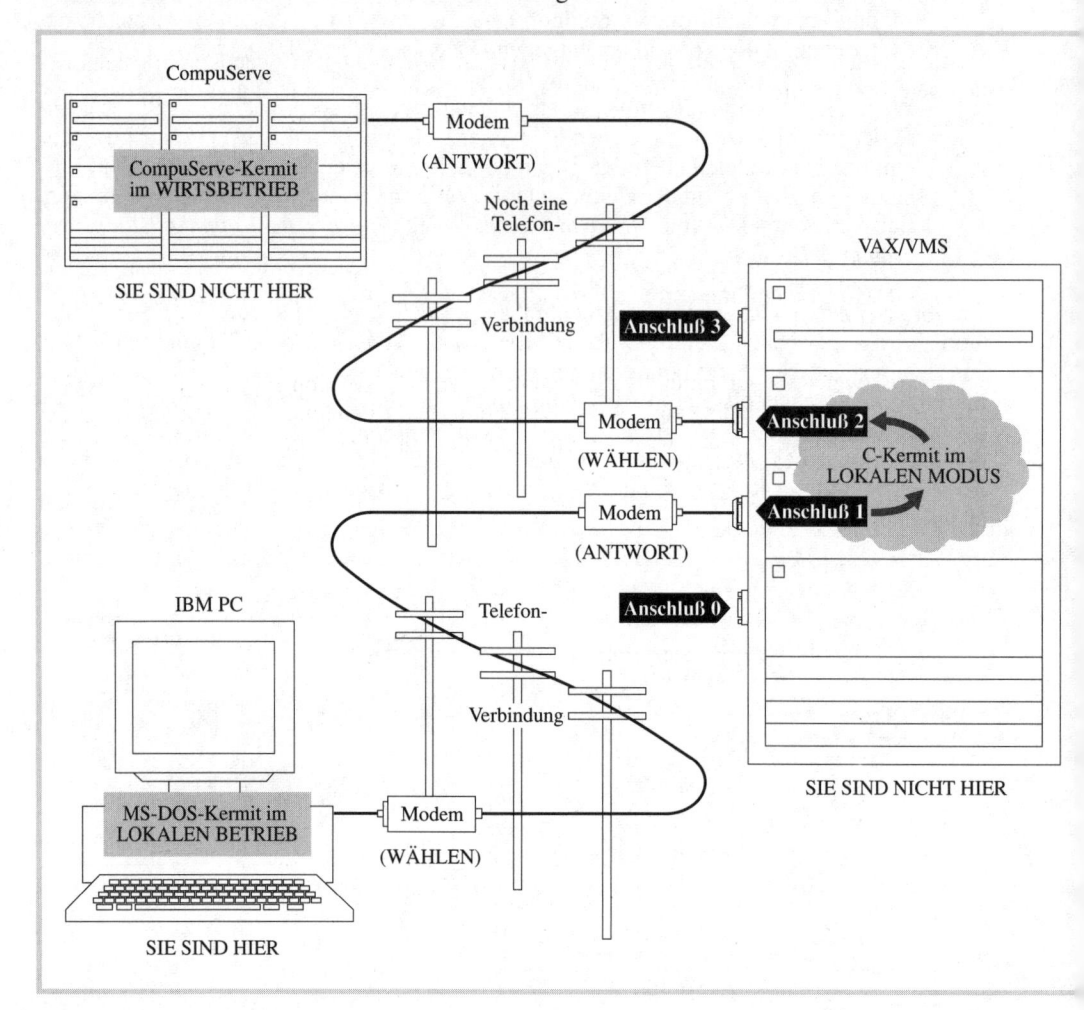

Abbildung 3-3   *C-Kermit in der Mitte*

Abbildung 3-3 zeigt einen IBM PC mit MS-DOS-Kermit, der einen VAX/VMS-Rechner anruft, auf dem dann C-Kermit dazu benutzt wird, CompuServe anzurufen. Wie Sie sehen, benutzen Sie zwei Kommunikationsanschlüsse auf der VAX: den ersten zum Einloggen und den zweiten zum Wählen nach draußen. Dies zeigt, wie ein *lokales* Kermit-Programm ein *gesondertes Gerät* benutzt, das mit Ihrer Tastatur und Ihrem Bildschirm nichts zu tun hat, um mit dem Wirtsrechner zu kommunizieren.

C-Kermit im lokalen Betrieb

Lokaler Betrieb von C-Kermit geht in vier Phasen vor sich: die passenden Kommunikationsparameter setzen, die Verbindung herstellen, die Verbindung benutzen und die Verbindung wieder lösen. Der Vorgang kann einfach oder schwierig sein, je nach Ihrem lokalen Rechner, der benutzten Verbindungsmethode und dem Wirtsrechner oder -dienst. C-Kermit ist dafür eingerichtet, die einfachen Fälle automatisch richtig zu behandeln; die schwierigeren erfordern jedoch ein wenig zusätzliche Anstrengung.

> In diesem Kapitel gehen wir davon aus, daß Sie mit Datenkommunikationsbegriffen wie Modem, Nullmodem, Geschwindigkeit, Parität, Kabel und Stecker vertraut sind. Wenn das nicht zutrifft, lesen Sie bitte den Anhang II ab Seite 408 zur Einführung.

Bevor Sie zwei Rechner miteinander kommunizieren lassen können, müssen Sie einige grundlegende Tatsachen über sie und die Verbindung zwischen ihnen herausfinden. Was für eine Methode der Verbindung wird benutzt – gewählt, direkt oder per Netzwerk? Bei Wähl- und direkten Verbindungen: Wie heißt der Name des Kommunikationsgeräts auf dem lokalen Rechner, und welche Geschwindigkeiten sind erlaubt? Bei Wählverbindungen: Was für eine Art von Modem wird auf dem lokalen Rechner benutzt, und welche Telefonnummer hat der Wirtsrechner? Benutzen Sie den C-Kermit-Befehl SET, um diese Tatsachen bekanntzugeben. C-Kermit versucht, Ihnen vernünftige Voreinstellungen zu geben; passen diese auf Ihre Verbindung zum anderen Rechner, brauchen Sie nur wenige SET-Befehle, und die Verbindung ist leicht gemacht.

Ein Testlauf

Um Ihnen zu zeigen, wie einfach eine Verbindung sein kann, benutzen wir C-Kermit einmal, um eine größere deutsche Mailbox anzuwählen. Unser Gesprächspartner ist die c't-Mailbox in Hannover. Wir betreiben in diesem Beispiel C-Kermit auf einem DEC-UNIX-Arbeitsplatzrechner (DECstation) in einem Terminal-Fenster, das uns VT-Terminal-Emulation zur Verfügung stellt. Wir wählen mit einem Hayes Smartmodem 2400 bei 2 400 Bits pro Sekunde. Genau das gleiche Beispiel sollte auf praktisch jedem anderen Rechner, auf dem C-Kermit läuft, ebenfalls funktionieren; Sie müssen wahrscheinlich lediglich einen anderen Gerätenamen im Befehl SET LINE und möglicherweise einen anderen Modemtyp angeben. Der Bildschirm wird jedoch nur dann ganz richtig aussehen, wenn C-Kermit in einer Umgebung läuft, die Terminal-Emulation nach DEC VT100 oder höheren VT-Nummern (ANSI- bzw. ECMA-Standard) bietet; dazu gehören neben einem echten VT-Terminal oder -Emulator, der mit dem System verbunden ist, auf dem C-Kermit läuft, auch ein DECterm- oder xterm-

Fenster auf einer Workstation und der Konsoltreiber auf einem PC-basierten UNIX-System. Sie können auch OS/2-C-Kermit benutzen, der eine eigene VT100-Emulation enthält.

System	Standardgerät	Name des Wählgerätes
Apple A/UX	Konsole	/dev/modem
AmigaDOS	serial.device/0	serial.device/0
Amiga UNIX	Konsole	/dev/term/ser oder /dev/term/ql00
AT&T 6300 PLUS	Konsole	/dev/tty1
AT&T 7300 UNIX PC	Konsole	/dev/ph0
Atari ST GEMDOS	AUX:	AUX:
Data General Aviion	Konsole	/dev/tty00
Data General AOS/VS	Konsole	@con1
DECstation ULTRIX	Konsole	/dev/tty00
Dell UNIX	Konsole	/dev/tty01 (falls Maus auf /dev/tty00). Für RTS/CTS benutzen Sie /dev/tty01h.
HP-9000 HP-UX	Konsole	/dev/culd0
IBM RS/6000 AIX	Konsole	/dev/tty0
Interactive UNIX/386	Konsole	/dev/tty0 oder /dev/acu0
NeXT	Konsole	/dev/cua. Benutzen Sie /dev/cufa für RTS/CTS.
OS/2	COM1	COM1
OS-9	Konsole	/t1
SCO UNIX	Konsole	/dev/tty1A (Großes A wählt Modem-Steuerung aus.)
SCO Xenix	Konsole	/dev/tty1a
Sun SPARCstation	Konsole	/dev/cua0 oder /dev/cua1
VMS, OpenVMS	Konsole	TXA0:, TTA0: oder LTA0:

Tabelle 3-1   *Typische Namen von Wählleitungs-Anschlüssen*

Woher kennen Sie den Namen des Kommunikationsgerätes? Wenn Sie einen Schreibtisch-Rechner haben, sehen Sie im Benutzerhandbuch Ihrer Workstation nach. Einige beispielhafte Wählgeräte-Namen für Workstations sind in Tabelle 3-1 zusammengestellt, wobei angenommen wird, das Modem sei mit dem ersten seriellen Gerät des jeweiligen Rechners verbunden.[8] Wenn Sie von einem Multiuser-Rechner aus nach draußen wählen, müssen Sie in der örtlichen Dokumentation Ihrer Einrichtung nachlesen oder beim Benutzer-Beratungsdienst nachfragen.

```
kermit                                    (Kermit auf der DECstation starten)
C-Kermit 5A(189), 23 Jul 93, ULTRIX 4.2
Type ? or HELP for help
C-Kermit>set modem hayes                  (Was für ein Modem haben wir)
C-Kermit>set line /dev/cua0               (Zu benutzendes Kommunikationsgerät)
C-Kermit>set speed 2400                   (Geschwindigkeit auf der Verbindung)
C-Kermit>dial 0511/5352301                (Anruf ausführen)
 Dialing 0511/5352301                     (Meldungen von C-Kermit...)
 Device=/dev/cua0, modem=hayes, speed=2400
 Call completed.<BEEP>
```

```
C-Kermit>connect            (Verbindung herstellen)
Connecting to /dev/cua, speed 2400.
The escape character is Ctrl-\ (ASCII 28, FS).
Type the escape character followed by C to get back,
or followed by ? to see other options.

                            (Wenn Sie jetzt nichts sehen, drücken Sie
                            einige Male mit Pausen die Eingabetaste.)

c't-Mailbox, Hannover [Port 03]    GerNet 21:100/49
                            (Begrüßung der c't-Mailbox)

05-31-93    19:41

Geben Sie bitte Vor- und Nachnamen vollstaendig ein, wenn Sie Fragen an die Redak-
tion haben oder mit anderen Lesern Erfahrungen austauschen wollen. Wenn Sie keinen
Schreibzugriff benoetigen, verwenden Sie bitte den Namen Gast und das Passwort
Gast. Sie erhalten dann einen eingeschraenkten Zugang zum System. Vermeiden Sie
unbedingt UMLAUTE in Ihrem Namen.

Geben Sie bitte KEINE Pseudonyme, sondern nur Ihren realen Namen ein!


RemoteAccess 1.11+ (COMMERCIAL)
Bitte vollstaendigen Namen eingeben: Gast      (Oder den echten eigenen Namen)

Suche im Benutzerverzeichnis...

Passwort: ____              (Paßwort für Gast ist ebenfalls Gast)

                            (Folgen Sie den Anweisungen oder holen
                            Sie sich Hilfe mit "?".
                            (Schließlich aber...)
```

Um jederzeit nach der Herstellung der Verbindung zum Wirtsdienst zurückzukommen, drücken Sie Strg-Backslash und dann den Buchstaben C; das heißt, halten Sie die Strg- (oder Steuerung-, Ctrl- oder Control-Taste) gedrückt und drücken Sie dann kurz die Taste mit dem umgekehrten Schrägstrich;[9] lassen Sie die Strg-Taste los und drücken Sie die C-Taste.

```
Strg-\C                     (Zu C-Kermit zurückkehren)
C-Kermit>exit               (Alles erledigt, zurück zu UNIX)
$
```

War das nicht einfach? Hoffen wir, daß alle Ihre Verbindungen so einfach hergestellt werden können! In diesem Fall mußten Sie C-Kermit nur mitteilen, was für ein Modem er benutzen sollte, wie das Kommunikationsgerät hieß, mit dem das Modem verbunden war, und welche Geschwindigkeit er für die Verbindung benutzen sollte. Dann haben Sie die Telefonnummer gewählt, die Verbindung hergestellt, sind ein bißchen herumgebummelt, schließlich zum PC zurückgegangen und zum Betriebssystem zurückgekehrt.

Eine serielle Verbindung herstellen

Im restlichen Teil dieses Kapitels werden die verschiedenen Methoden von C-Kermit, Verbindungen herzustellen, erörtert: direkte Verbindungen, Wählverbindungen per Modem und Netzwerk-Verbindungen. Der Terminalbetrieb ist in Kapitel 4 abgedeckt.

Wenn Sie keine seriellen Verbindungen errichten wollen, sondern nur Netzwerk-Verbindungen, lesen Sie bitte gleich auf Seite 188 weiter.

Eine serielle Verbindung wird über ein asynchrones serielles Kommunikationsgerät hergestellt; andere Namen hierfür sind: serieller Anschluß, Terminal-Anschluß, tty-Anschluß, RS-232-Anschluß, V.24-Gerät, EIA-Anschluß, asynchroner Adapter und internes Modem. Wenn der Anschluß direkt mit einem anderen Rechner verbunden ist, was normalerweise mit einem Nullmodem-Kabel gemacht wird, ist die Verbindung *direkt*. Ist er mit einem Modem verbunden, das seinerseits an einer Telefonleitung hängt, über die gewählt werden muß, heißt dies *Wählverbindung*.

Das Kommunikationsgerät anwählen

Für jede Art von serieller Verbindung müssen Sie Kermit den Namen des seriellen Gerätes nennen. Der Befehl SET LINE öffnet ein serielles Kommunikationsgerät, so daß Sie es im folgenden verwenden können:

SET LINE *[Gerät]*
Hiermit öffnen Sie das serielle Kommunikationsgerät, über das Sie kommunizieren wollen. Geben Sie diesen Befehl ohne Nennung eines Gerätenamens, schließt C-Kermit alle derzeit offenen Kommunikationsgeräte und kehrt zum voreingestellten Kommunikationsgerät, das im Wirtsbetrieb in den meisten Fällen Ihr Steuerterminal (*Konsole*) ist, oder zu dem in Tabelle 3-1 angegebenen Standard-Wählgerät zurück. Synonym ist: **SET PORT**. Beispiele für diesen Befehl sind:

```
C-Kermit>set line /dev/cua      (UNIX)
C-Kermit>set line txa4:         (VMS oder OpenVMS)
C-Kermit>set line @con2:        (AOS/VS)
C-Kermit>set line com2          (OS/2)
C-Kermit>set line 2             (OS/2, dasselbe wie line com2)
C-Kermit>set port 2             (OS/2, dasselbe wie line 2)
C-Kermit>set line               (Alle, Standardgerät)
```

Wenn Sie den Befehl SET LINE geben, schließt C-Kermit stets alle offenen Kommunikationsgeräte, bevor er versucht, den neuen zu öffnen. Der Befehl kann aus den folgenden Gründen fehlschlagen, die als Fehlermeldungen auf Ihrem Bildschirm ausgegeben werden:

Sorry, access to device denied
Sie haben keine Zugangsberechtigung zu diesem Gerät. Sprechen Sie mit Ihrer Systemverwalterin, um zu erfahren, ob Sie Zugang erhalten können.

Sorry, access to lock denied
(Nur unter UNIX) Sie haben keinen Zugang zu dem Verriegelungs-Mechanismus, der verhindert, daß mehrere Personen gleichzeitig dasselbe Kommunikationsgerät benutzen. Sprechen Sie mit Ihrem Systemverwalter.

Sorry, device is in use
Jemand anders benutzt derzeit das von Ihnen angegebene Kommunikationsgerät. Wenn Sie unter UNIX diese Meldung erhalten, versucht C-Kermit, Ihnen zu zeigen, wer das Gerät benutzt:

```
C-Kermit>set line /dev/ttyh8
-r-r-r-  1 marie   11  Feb 24 15:17 /var/spool/locks/LCK..ttyh8
pid = 15688
/dev/ttyh8: Sorry, device is in use
C-Kermit>
```

Die erste Zeile ist ein Inhaltsverzeichnis, das anzeigt, wer die betreffende Lockdatei angelegt hat (Marie). Die „pid" ist die Prozeß-Identifikation des Programms, das die Datei angelegt hat. Wenn Sie wissen, wo Marie steckt, können Sie sie fragen, wann Sie mit dem von Ihnen benötigten Gerät fertig ist.

Sorry, can't open connection
Kermit ist bei dem Versuch, das Gerät zu öffnen, auf einen anderen Fehler oder sonstige Schwierigkeit gestoßen. Die betreffende System-Fehlermeldung wird gleichfalls ausgegeben, zum Beispiel:

```
No such file or directory
```

Timed out, no carrier
Sie haben den Befehl SET CARRIER ON (siehe Seite 65) unter Angabe einer Zeitgrenze gegeben, aber SET LINE hat in der angegeben Wartezeit kein Trägersignal erhalten.

Wenn der Befehl SET LINE hängengeblieben zu sein scheint, ist das Betriebssystem beim Öffnen des Gerätes auf Schwierigkeiten gestoßen. Sie sollten dann durch Eingabe von Strg-X zum C-Kermit-Prompt zurückkommen können.

Wenn ohne Fehlermeldung ein neuer Prompt erscheint, hat C-Kermit das serielle Kommunikationsgerät erfolgreich geöffnet.

Die Kommunikationsgeschwindigkeit angeben

Bevor Sie das serielle Kommunikationsgerät, das Sie in dem Befehl SET LINE genannt haben, benutzen können, sollten Sie die Übertragungsgeschwindigkeit setzen. Dies sollte die gleiche sein, die auch der Wirtsrechner oder -dienst benutzt. Zwei serielle Geräte können sicher nicht miteinander kommunizieren, wenn sie bei unterschiedlichen Geschwindigkeiten arbeiten.

SET SPEED *Zahl*
Dies gibt die Übertragungsgeschwindigkeit in Bits pro Sekunde an, die auf dem zuletzt von Ihnen in dem Befehl SET LINE genannten Kommunikationsgerät benutzt werden soll. Wenn Sie den Befehl SET SPEED nicht geben, versucht Kermit, die aktuelle Geschwindigkeitseinstellung des Gerätes herauszubekommen und weiter zu benutzen. Nur bestimmte Geschwindigkeiten stehen zur Verfügung; geben Sie SET SPEED ? ein, um sie zu erfahren. Die Aufstellung kann von Rechner zu Rechner unterschiedlich sein. Es folgt ein typisches Beispiel:

```
C-Kermit>set speed ?
Transmission rate in bits per second, one of the following:
110             1200            150             19200
200             2400            300             3600
38400           4800            50              600
75              75/1200         9600
C-Kermit>set speed 2400
C-Kermit>
```

Beachten Sie, daß die Geschwindigkeiten in „alphabetischer" statt in numerischer Reihenfolge aufgeführt sind. Da es sich um Schlüsselwörter handelt, können Sie hier Abkürzungen und Vervollständigung benutzen und nicht irrtümlicherweise einen ungültigen Wert angeben; Beispiel:

```
C-Kermit>set speed 9600              (9600 Bits pro Sekunde)
C-Kermit>set sp 9                    (9600 Bits pro Sekunde)
C-Kermit>set sp 9500                 (Nicht in der Liste)
?No keywords match - 9500
C-Kermit>
```

Der Eintrag 75/1200 ist zur Benutzung mit Modems mit geteilten Geschwindigkeiten gedacht, die überwiegend in Europa zu finden sind. Diese Betriebsart wird nur in C-Kermit-Versionen unterstützt, bei denen auch das zugrundeliegende Rechner-Betriebssystem und die Hardware dies unterstützen. 75/1200 bedeutet dabei, daß C-Kermit mit 75 bps sendet und mit 1200 bps empfängt.

Denken Sie daran, daß SET SPEED sich auf das zuletzt davor in dem Befehl SET LINE angegebene Gerät bezieht; Kermit muß wissen, welchen Gerätes Geschwindigkeit Sie setzen wollen. Die Regel lautet also: erst SET LINE, dann SET SPEED.

Sie können den Befehl SET SPEED nicht benutzen, um die Geschwindigkeit Ihres Terminals zu ändern. Führen Sie diesen Befehl aus, wenn Kermit sich gerade im Wirtsbetrieb befindet, erhalten Sie eine Fehlermeldung:

```
C-Kermit>set speed 2400
?Sorry, you must SET LINE first
```

Die Verbindung beenden

Um eine Verbindung zu beenden, also „den Hörer aufzulegen", benutzen Sie den Befehl HANGUP:

HANGUP
Dies unterbricht die Verbindung. Wenn Sie vorher den Befehl SET MODEM ausgeführt haben, versucht C-Kermit, Ihr Modem in den Befehlsbetrieb zu versetzen und dann den Auflege-Befehl des Modems zu geben, etwa ATH0 für Hayes-kompatible Modems. Wenn dies nicht funktioniert oder Sie den Befehl SET MODEM nicht gegeben haben, senkt C-Kermit das DTR-Signal (Data Terminal Ready, Datenterminal bereit) etwa eine halbe Sekunde lang ab.

Auf einer Wählverbindung per Modem sollte HANGUP das Modem dazu veranlassen, die Telefonleitung zu unterbrechen, was seinerseits dazu führen sollte, daß der Wirtsrechner oder -dienst Ihre Sitzung abbricht, falls sie noch im Gange ist. Eine korrekt verdrahtete Direktverbindung sollte genau diese Vorgänge simulieren.

Normalerweise muß der Befehl HANGUP nicht benutzt werden. Wenn Sie von einem Wirtsrechner oder -dienst ausloggen, hängt er sein Ende der Verbindung auf, und C-Kermit müßte automatisch zurück zu seinem Prompt gehen. Benutzen Sie den angegebenen Befehl in Fällen, in denen das nicht geschieht, oder wenn Sie ganz sicher gehen wollen, daß die Verbindung abgebrochen worden ist.

Das Trägersignal

Serielle Kommunikationsgeräte lassen sich mitunter nicht öffnen, wenn sich Soft- und Hardware in der Behandlung des RS-232-Signals CD (Carrier Detect, Trägerempfang), das vom Modem an den Rechner gesendet wird (siehe Anhang II), nicht einig sind.

Die meisten Versionen von C-Kermit nehmen an, daß CD während des Wählens auf „aus" steht, bei hergestellter und in Nutzung befindlicher Leitung „an" ist und beim Unterbrechen der Leitung wieder „aus" geht. Ihr Modem könnte jedoch so konfiguriert sein, daß der Träger stets an (oder auch aus) ist, oder das Verbindungskabel vom Modem zu Ihrem seriellen Anschluß könnte das Trägersignal nicht korrekt übertragen. Der Befehl SET CARRIER erlaubt es, Kermit an solche Situationen anzupassen:

SET CARRIER { AUTO, OFF, ON [*Zahl*] **}**

Der Erfolg von SET CARRIER hängt in hohem Maße von den Fähigkeiten und der Version Ihres Betriebssystems sowie von Kermits Kenntnis davon ab, außerdem auch noch von der Konfiguration Ihres seriellen Anschlusses, des Modems und des Kabels. Der genannte Befehl gilt im wesentlichen ab dem *nächsten* Befehl SET LINE; daher sollten Sie zuerst SET CARRIER, dann SET LINE ausführen. Die Optionen dieses Befehls sind im einzelnen:

SET CARRIER AUTO
Dies erwartet ein Trägersignal während der Befehle CONNECT, TRANSMIT, INPUT, OUTPUT und SCRIPT, nicht aber während DIAL oder während des Dateitransfers. AUTO ist die Voreinstellung.

SET CARRIER OFF
C-Kermit soll das Trägersignal stets ignorieren. Diese Option ist nützlich für direkte Verbindungen, sich falsch verhaltende Modem-Verbindungen, falsch verschaltete oder konfigurierte Modems oder fehlerhafte Treiber für serielle Geräte. Diese Option sollte nur benutzt werden, wenn es wirklich nötig ist, denn sie macht es für C-Kermit unmöglich, den Abbruch von Verbindungen zu erkennen.

SET CARRIER ON *[Zahl]*
C-Kermit soll für jedwede Kommunikation ein Trägersignal erwarten. Verschwindet der Träger während des Terminalbetriebs oder Dateitransfers, wird dies als Fehler erkannt; C-Kermit gibt eine Fehlermeldung aus und kehrt automatisch zum Prompt zurück. Nach diesem Befehl muß das CD-Signal vorhanden sein, wenn Sie den Befehl SET LINE geben; ist das nicht der Fall, wartet Kermit darauf, daß es erscheint. Dies erlaubt es dem Befehl SET LINE, auf einen ankommenden Anruf zu warten.

Wenn Sie die Zeit begrenzen wollen, die SET LINE auf den Träger wartet, können Sie wahlweise eine Zahl nach SET CARRIER ON angeben, die angibt, wieviele Sekunden gewartet werden soll, bevor Kermit aufgibt und zum Prompt zurückkehrt, zum Beispiel:

```
C-Kermit>SET CARRIER ON 30
```

Sie können auch Strg-C eingeben, um den Befehl SET LINE zu unterbrechen, wenn er zu lang braucht. In beiden Fällen – Abbruch durch Timeout oder durch Strg-C – ist die Zuweisung des Geräts nicht erfolgreich.

Flußkontrolle

Flußkontrolle ist der Vorgang, durch den ein Rechner (oder sonstiges Gerät) ein anderes System bitten kann, mit dem Senden von Daten aufzuhören – dies läßt ihm Zeit, die bisher empfangenen Daten weiterzuverarbeiten –, und es dann zum Weitersenden auffordern kann. Flußkontrolle ist für Kermit besonders bei Dateitransfers wichtig und wird ausführlich in Kapitel 6 behandelt.

Flußkontrolle verhindert Pufferüberläufe und Datenverluste, *wenn* sie tatsächlich benutzt wird, d. h., die Rechner oder Geräte an den beiden Enden der Verbindung müssen so konfiguriert sein, daß sie dieselbe Art von Flußkontrolle benutzen. Es gibt zwei Haupttypen von Flußkontrolle: Software und Hardware. Die erste Variante, auch Xon/Xoff-Flußkontrolle genannt, wird realisiert, indem spezielle Steuerzeichen, Strg-S (Xoff) und Strg-Q (Xon), in die übertragenen Daten eingefügt werden. Xoff bedeutet „aufhören zu senden", Strg-Q „weitersenden". Software-Flußkontrolle wird normalerweise über die gesamte Verbindungslänge hinweg benutzt, nicht nur zwischen einem Rechner und dem unmittelbar damit verbundenen Gerät.

Hardware-Flußkontrolle wird im Gegensatz dazu im allgemeinen zwischen einem Rechner und dem unmittelbar mit ihm verbundenen Kommunikationsgerät (Modem, Terminal-Server) benutzt. Sie erfordert gesonderte Drähte im Kabel, normalerweise die Schaltkreise RTS und CTS. Hardware-Flußkontrolle sollte immer verwendet werden, wenn sie zur Verfügung steht, weil sie erheblich wirkungsvoller als Software-Flußkontrolle ist; ihre Signale wirken sofort und sind keinen Aussetzern oder Störungen unterworfen.

Der C-Kermit-Befehl zur Auswahl der Flußkontroll-Methode ist:

SET FLOW-CONTROL { KEEP, NONE, RTS/CTS, XON/XOFF }

Die Optionen sind:

KEEP
Benutze den Flußkontroll-Typ, für den das Kommunikationsgerät konfiguriert war, als C-Kermit es zum ersten Mal öffnete.

NONE
Benutze gar keine Art von Flußkontrolle für die serielle Verbindung. Benutzen Sie diese Option, wenn die beiden Rechner oder Geräte keine gemeinsame Flußkontroll-Methode haben, oder wenn beide so schnell sind, daß sie Flußkontrolle nicht zu benutzen brauchen, oder wenn die Verbindung gar nicht seriell ist, wie etwa auf einer TCP/IP-Netzwerk-Verbindung, wo das zugrundeliegende Netzwerk-Protokoll die Flußkontrolle zur Verfügung stellt.

RTS/CTS
Benutze Hardware-Flußkontrolle mit den RS-232-Signalen RTS und CTS. Diese Option existiert nicht in allen Versionen von C-Kermit, weil einige Betriebssysteme sie nicht unterstützen. Steht sie zur Verfügung, sehen sie das im Schlüsselwort-Menu, nachdem Sie SET FLOW ? eingegeben haben. Benutzen Sie diese Option mit Hochgeschwindigkeits-Modems, Terminal-Servern oder anderen Geräten, die diese Option unterstützen, sowie auf direkten Verbindungen, wenn beide serielle Geräte und ihre Treiber-Software das unterstützen sowie das Nullmodem-Kabel korrekt verdrahtet ist, so daß es die zusätzlichen Signale überträgt (Modell B in Abbildung II-6, Anhang II, Seite 422).

XON/XOFF
Benutze Software-Flußkontrolle mit Strg-S und Strg-Q. Wählen Sie diese Methode, wenn beide Endsysteme sie unterstützen und RTS/CTS nicht zur Verfügung steht. Diese Methode wirkt nur auf Vollduplex-Verbindungen und sollte auf Halbduplex-Verbindungen (mit lokalem Echo) nicht genutzt werden. XON/XOFF ist die voreingestellte Flußkontroll-Methode; vergessen Sie nicht, SET FLOW NONE auszuführen, wenn Sie eine Halbduplex-Verbindung herstellen.

RTS/CTS-Flußkontrolle steht manchmal auch zur Verfügung, wenn der C-Kermit-Befehl SET FLOW sie nicht anbietet. Auf einigen UNIX-Systemen wie der NeXT-Workstation oder Dell UNIX beispielsweise kann sie durch besondere Gerätenamen ausgewählt werden (siehe Tabelle 3-1 auf Seite 60). Auf anderen Systemen kann sie aktiviert werden, indem ein System-Befehl vor dem Start von C-Kermit ausgeführt wird, zum Beispiel:

```
% stty crtscts
```

auf einigen UNIX-Systemen oder:

```
characteristics /on/ifc/ofc
```

unter AOS/VS. Suchen Sie in Ihrer System-Dokumentation nach weiteren Informationen.

Einige Versionen von C-Kermit können auch weniger gebräuchliche Hardware-Flußkontroll-Optionen anbieten, etwa DTR/CD oder DTR/CTS. Unterstützen Ihre C-Kermit-Version, das benutzte Gerät, die Treiber-Software und das direkt verbundene Kommunikationsgerät diese Optionen, können Sie sie statt RTS/CTS benutzen. Benutzen Sie sie jedoch mit Vorsicht: Das CD-Signal teilt C-Kermit normalerweise mit, ob die Verbindung unterbrochen ist; Sie sollten daher SET CARRIER OFF ausführen, bevor Sie DTR/CD-Flußkontrolle benutzen. Wenn Sie entweder DTR/CD oder DTR/CTS benutzen, überprüfen Sie die Konfiguration Ihres Kommunikationsgerätes darauf, daß es die Verbindung nicht abbricht, wenn Ihr Rechner das DTR-Signal abschaltet!

Kommunikationseinstellungen anzeigen

Um Ihre aktuellen Einstellungen für Kommunikationsgerät, Geschwindigkeit, Träger, Flußkontrolle usw. zu erfahren, benutzen Sie den Befehl SHOW COMMUNICATIONS, wie in diesem Beispiel für UNIX:

```
C-Kermit>show comm
 Line: /dev/ttyh8, speed: 9600, mode: local, modem: direct
 Terminal bits: 7, parity: none, duplex: full, flow: xon/xoff
 Carrier: auto, lockfile: /var/spool/locks/LCK..ttyh8
 Escape character: 28 (^\)
C-Kermit>
```

Serielle Direktverbindungen

Abbildung 3-4 zeigt eine serielle Direktverbindung von einer VAXstation zu einem Wirtsrechner über ein Nullmodem-Kabel. Die VAXstation könnte auch jeder andere Rechnertyp sein, auf dem C-Kermit lokal betrieben wird. Diese Verbindungsart ist relativ einfach zu bedienen, weil keine Modems beteiligt sind und nicht gewählt zu werden braucht. Alles, was Sie tun müssen, ist, C-Kermit den Namen des Kommunikationsgerätes, an das das Kabel angeschlossen ist, und die zu benutzende Kommunikationsgeschwindigkeit mitzuteilen. Das andere Ende des Kabels sollte mit einem Anschluß an dem Wirtsrechner verbunden sein, der so konfiguriert ist, daß Sie sich einloggen können. Der Wirtsrechner in der Abbildung kann auch ein Terminal-Server oder ein ähnliches Gerät sein, mit dem Sie einen kurzen Dialog führen, um einen Rechner oder Dienst auszuwählen, und das Sie dann wie gewünscht verbindet.

```
DEC VAXStation                        Wirtsrechner oder
                                      Terminal-Server

                  Null-Modem-Kabel

VMS-C-Kermit im
LOKALEN BETRIEB

SIE SIND HIER                         SIE SIND NICHT HIER
```

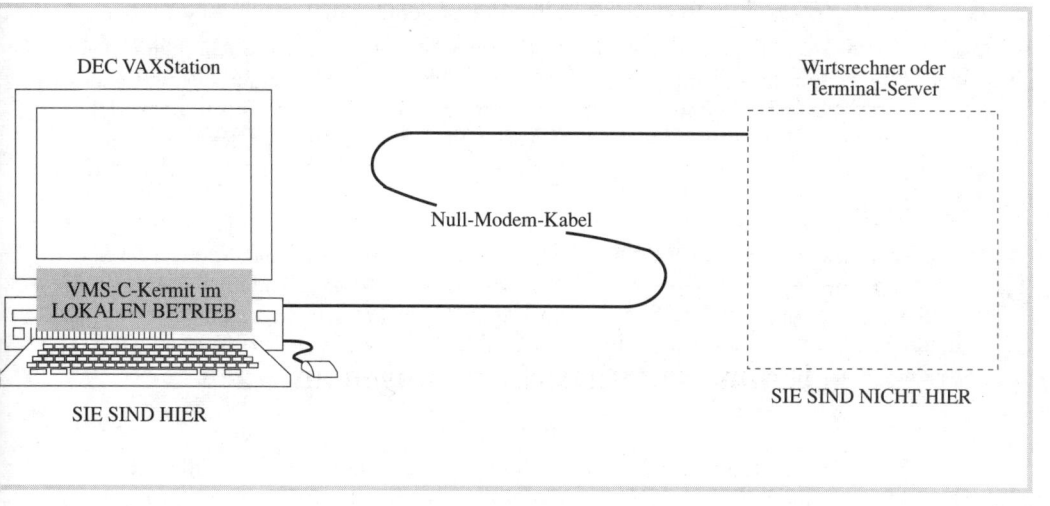

Abbildung 3-4   *Eine direkte Verbindung*

Die einzigen Befehle, die C-Kermit brauchen dürfte, um eine direkte Verbindung herzustellen, sind SET LINE und SET SPEED. Es folgt ein Beispiel, wie C-Kermit für eine direkte Verbindung im lokalen Betrieb eingestellt wird; beachten Sie die Reihenfolge, in der Sie die Befehle geben sollten:

```
C-Kermit>set speed 9600            (Geschwindigkeit setzen)
?Sorry, you must SET LINE first    (Hoppla)
C-Kermit>set line txa5             (Kommunikationsgerät wählen)
C-Kermit>set speed 9600            (Jetzt die Geschwindigkeit setzen)
C-Kermit>                          (Keine Klagen)
```

Wenn Sie Schwierigkeiten bei der Herstellung einer direkten Verbindung haben:

– Überzeugen Sie sich, daß der Anschluß auf dem Wirtsrechner so eingestellt ist, daß Logins erlaubt sind. (Es kann auch ein Anschluß auf einem PC oder Arbeitsplatzrechner sein, der von einem Kermit-Server gesteuert wird.)
– Überzeugen Sie sich, daß die seriellen Geräte auf den beiden Rechnern für die gleiche Kommunikationsgeschwindigkeit konfiguriert sind.
– Überzeugen Sie sich, daß Sie ein Nullmodem-Kabel und nicht etwa ein Modemkabel benutzen (siehe Abbildung II-6 auf Seite 422) und die seriellen Anschlüsse beider Rechner das DTR-Signal setzen und alle benötigten Signale erhalten, normalerweise DSR, CTS und CD.
– Überzeugen Sie sich, daß die Gesamtlänge des Kabels 15 Meter nicht übersteigt. Benutzen Sie für Direktverbindungen über größere Entfernungen aktive Leitungstreiber (mit eigener Stromversorgung) oder spezielle Modems für beschränkte Entfernungen (LDMs,

*L*imited *D*istance *M*odems) an beiden Kabelenden, oder benutzen Sie geschirmte Niederkapazitätskabel.
- Versuchen Sie SET CARRIER OFF vor SET LINE.

Denken Sie daran: Zuerst SET CARRIER (nur wenn nötig), dann SET LINE, dann SET SPEED.

Wenn Ihre Direktverbindung über ein echtes Nullmodem-Kabel (wie dem in Abbildung II-6 als Modell B gezeigten) läuft, sollte Kermit bemerken, wenn der Wirtsrechner abstürzt oder Sie sich ausloggen, und Sie automatisch zum Prompt des lokalen C-Kermit mit einer Meldung wie „communications disconnect" zurückbringen. Wenn Sie ein „Trickkabel" (wie Modell A in der Abbildung) benutzen, bemerkt Kermit so etwas nicht, und die Verbindung bleibt bestehen.

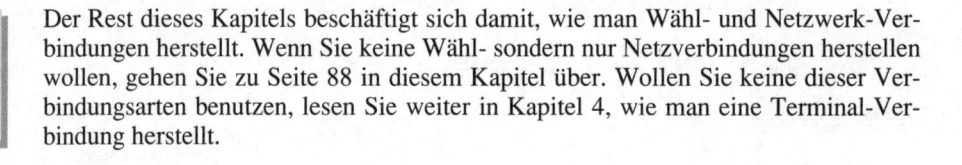

> Der Rest dieses Kapitels beschäftigt sich damit, wie man Wähl- und Netzwerk-Verbindungen herstellt. Wenn Sie keine Wähl- sondern nur Netzverbindungen herstellen wollen, gehen Sie zu Seite 88 in diesem Kapitel über. Wollen Sie keine dieser Verbindungsarten benutzen, lesen Sie weiter in Kapitel 4, wie man eine Terminal-Verbindung herstellt.

Serielle Wählverbindungen

Wenn Sie zwei Rechner nicht mit einem direkten Kabel (oder einem Netzwerk) verbinden können, können Sie es mit Modems über das Telefonsystem tun, wie in Abbildung 3-5 dargestellt. Mit C-Kermit und einem passenden Modem kann Ihr Rechner jeden Rechner oder Datendienst auf der Welt anrufen, der Modem-Anrufe entgegennimmt und dessen Modem mit Ihrem kompatibel ist. C-Kermit sendet Wählbefehle an das Modem, das Modem führt den Anruf aus, teilt Kermit mit, ob es eine Antwort erhalten hat, und Kermit sagt Ihnen, ob der Anruf erfolgreich war.

Zeigen wir einmal die einfachen Schritte, die in den meisten Fällen zum Ziel führen sollten. Finden Sie den Modemtyp heraus, mit dem Sie wählen werden, den Namen des Kommunikationsgerätes, mit dem es verbunden ist, die Telefonnummer des Rechners oder Dienstes, den Sie anwählen wollen, und die Geschwindigkeit, bei dem sein Modem Anrufe entgegennimmt (Sie sollten mit der gleichen Geschwindigkeit wählen). Folgen Sie diesem Beispiel, wobei Sie Ihre jeweiligen Besonderheiten statt der hier angegebenen einsetzen; geben Sie die Befehle aber in genau dieser Reihenfolge:[10]

```
C-Kermit>set modem telebit         (Modemtyp angeben)
C-Kermit>set line /dev/cua         (Kommunikationsgerät angeben)
C-Kermit>set speed 2400            (Wählgeschwindigkeit festlegen)
C-Kermit>dial 01234-654321         (Telefonnummer wählen)
```

Denken Sie daran: Zuerst SET MODEM, dann SET LINE, als drittes SET SPEED, dann DIAL.

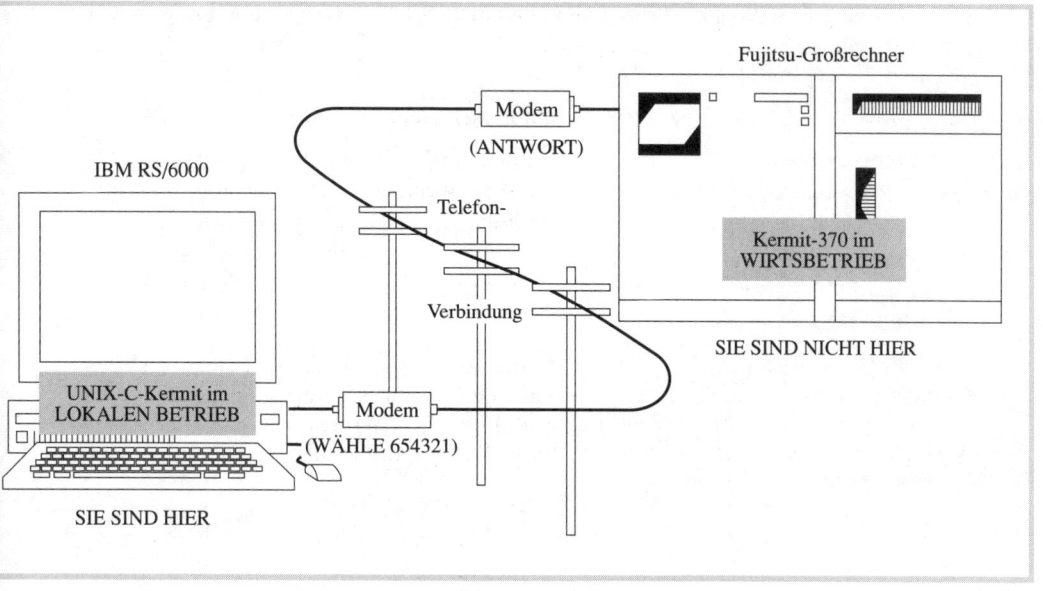

Abbildung 3-5   *Eine Wählverbindung*

Anmerkung: Eine andere Technik wird zum Wählen mit einem Modem benutzt, das an einen TCP/IP-Modem-Server angeschlossen ist. Sie wird auf Seite 95 im Netzwerk-Abschnitt dieses Kapitels beschrieben.

Der Befehl SET MODEM

Der Befehl SET MODEM erlaubt es Ihnen, Kermit mitzuteilen, ob Sie ein Modem benutzen, und, wenn ja, welche Wählsprache es benutzt.

SET MODEM *[Typ=NONE]*
Wenn Sie mit einem Selbstwählmodem nach draußen wählen, müssen Sie angeben, was für ein Modemtyp benutzt werden soll, damit Kermit weiß, welche Art von Befehlen er geben und wie er die Antworten verstehen soll. Sie müssen den Befehl SET MODEM geben, *bevor* Sie das Kommunikationsgerät öffnen, damit das Betriebssystem nicht blockiert wird, während es beim Öffnen des Geräts auf das CD-Signal wartet.

Es gibt drei Kategorien von Modemtypen:

NONE *(oder* **DIRECT***)*
Dies ist der voreingestellte Modemtyp. Benutzen Sie NONE („keins"), wenn es gar kein Modem und daher auch keine Modemsignale und keinen Wählvorgang gibt, wie z. B.

auf einer direkt verdrahteten Verbindung, oder um eine frühere Einstellung eines Modemtyps wieder aufzuheben. Beispiele sind:

```
C-Kermit>set modem none      (Direkte Verbindung)
C-Kermit>set modem direct    (Genau dasselbe)
C-Kermit>set modem           (Genau dasselbe)
```

CCITT, HAYES, TELEBIT, ...

Wenn Sie einen bestimmten Modemtyp angeben, benutzt Kermit sein eingebautes Wissen über die Wählsprache und Konventionen für dieses Modem, wenn Sie den Befehl DIAL geben, und er erkennt die Verbindung je nach Antwort des Modems als gelungen oder als mißlungen. Die Modems, die C-Kermit kennt, sind in Tabelle 3-2 aufgeführt.

Name	Beschreibung
ATTDTDM	AT&T Digital Terminal Data Module
ATTISN	AT&T-ISN-Netzwerk
ATTModem	AT&T-Modems für geschaltete Netzwerke
ATT7300	AT&T-Modem 7300 UNIX PC (3B1) (intern)
CCITT	CCITT-V.25bis-konformes Modem
CERMETEK	Cermetek Info-Mate 212A
CONCORD	Concord Condor CDS 220 2400b
COURIER	US-Robotics-Modems
DF03-AC	DEC DF03-AC
DF100-SERIES	DEC-DF100-Serie
DF200-SERIES	DEC-DF200-Serie
DIGITEL-DT22	Digitel DT-22 (Brazil)
DIRECT	Kein Modem, direkte Verbindung (=NONE)
GENDATACOMM	General Datacomm 212A/ED
HAYES	Hayes SmartModem 1200, 2400, 9600, Kompatibel oder Rolm 244PC
HST-COURIER	US-Robotics-Modems
MICROCOM	Microcom Modems in der eigenen Betriebsart (SX)
NONE	Kein Modem, direkte Verbindung (=DIRECT)
PENRIL	Penril-Modems
PEP-TELEBIT	Telebit-Modem bei erzwungener Benutzung des PEP-Protokolls
RACALVADIC	Racal-Vadic-Modems (Racal Milgo)
ROLM	IBM/Rolm 8000, 9000 oder 9751 CBX DCM
SLOW-TELEBIT	Telebit-Modem ohne Benutzung von PEP, MNP usw.
SPORTSTER	US-Robotics-Modems
TELEBIT	Telebit-Modem mit erlaubter Benutzung der Protokolle PEP, Bell und CCITT
UNKNOWN	Unbekannter (allgemeiner) Modemtyp
USROBOTICS-212A	US Robotics 212A
V32-TELEBIT	Telebit mit Wählen im V.32-Betrieb
V42-TELEBIT	Telebit mit Wählen im V.42-Betrieb
VENTEL	Ventel-Modems

Tabelle 3-2   Modemtypen, die C-Kermit kennt

Für den Fall, daß nach Drucklegung dieses Buches neue Modemtypen hinzugekommen sind, geben Sie SET MODEM ? ein, um eine aktuelle Liste zu erhalten, zum Beispiel:

```
C-Kermit>set modem ?           (Nachsehen, was es gibt)
attdtdm         attisn         attModem     att7300
ccitt-v25bis    cermetek       concord      df03-ac
df100-series    df200-series   direct       gendatacomm
hayes           Viele weitere...
C-Kermit>set modem hayes       (Hayes-SmartModem)
```

Wichtig: Der Modemtyp ist nicht unbedingt mit dem Markennamen identisch. Wenn Sie zum Beispiel ein Microcom-Modem haben, das statt zur Benutzung des Microcom-eigenen Befehlssatz für den Hayes-Befehlssatz konfiguriert ist, sollten Sie SET MODEM HAYES statt SET MODEM MICROCOM ausführen. Die meisten modernen Modems sind „Hayes-kompatibel" oder können zumindest so konfiguriert werden. Wenn Ihr Modem also nicht aufgeführt ist oder das Wählen mit der Einstellung als Nicht-Hayes-Modem nicht funktioniert, versuchen Sie SET MODEM HAYES.

UNKNOWN
Dies bedeutet, daß ein Modem vorhanden, aber von einem Typ ist, der C-Kermit (oder Ihnen) unbekannt ist. Sie müssen dann für C-Kermits Wählbefehl, DIAL, die gesamte Wählsequenz angeben. Während des Wählens werden Modemsignale ignoriert; nach dem Wählen wartet Kermit jedoch auf das CD-Signal, das anzeigt, daß der Anruf erfolgreich war. Hier ist ein Beispiel für eine solche Eingabe:

```
C-Kermit>set modem unknown
C-Kermit>dial ATDP654321
```

Wenn Ihr Rechner über einen Modemtyp verfügt, der nicht direkt von C-Kermit unterstützt wird, gibt es immer noch die Möglichkeit zu wählen:

1. Führen Sie SET MODEM UNKNOWN aus, und geben Sie wie in dem obigen Beispiel dem DIAL-Befehl den vollständigen Wählstring.
2. Wählen Sie *von Hand*. Geben Sie die Befehle SET CARRIER OFF und CONNECT, und arbeiten Sie dann direkt mit dem Modem, indem Sie die Wählbefehle geben und die Ergebniscodes überwachen.
3. Schreiben Sie ein Skript-Programm, das das Wählen mit Ihrem Modem erledigt. Skript-Programmierung wird in den Kapiteln 11 bis 13 erläutert.
4. Wenn Sie in C programmieren können, modifizieren Sie das Modul `ckudia.c`, und bauen Sie dort Code zur Unterstützung Ihres Modems ein. (Senden Sie den Code bitte auch an die Columbia University).

Nachdem Sie einen Modemtyp gewählt haben, können Sie SET LINE und SET SPEED wie üblich ausführen. Wenn der Befehl SET LINE Erfolg hat, wird das DTR-Signal des Kommunikationsgeräts Ihres Rechners angeschaltet, um die Kommunikation mit Ihrem Modem zu aktivieren. Schlägt der Befehl fehl, erhalten Sie eine Fehlermeldung zur Information. Setzen Sie die Kommunikationsgeschwindigkeit auf die höchste Geschwindigkeit, die von beiden Modems unterstützt wird, und wählen Sie RTS/CTS-Hardware-Flußkontrolle, falls möglich, wie in dem Beispiel unten.

```
C-Kermit>set modem telebit      (Modemtyp)
C-Kermit>set line /dev/cua      (Gerät)
C-Kermit>set speed 38400        (Geschwindigkeit)
C-Kermit>set flow rts/cts       (Flußkontrolle)
```

Die Befehle DIAL und REDIAL

Endlich sind Sie so weit, daß Sie wählen können. Der C-Kermit-Befehl DIAL wählt die angegebene Nummer, und der Befehl REDIAL wählt die letzte Nummer erneut.

DIAL *Wählstring*
Dieser Befehl wählt die angegebene Telefonnummer und benutzt dabei die in C-Kermit eingebaute Methode, den zuletzt im Befehl SET MODEM angegebenen Modemtyp zu bedienen. Wurde vorher mit SET MODEM ein bestimmter Modemtyp angegeben, geben Sie einfach die Telefonnummer an; dann gibt C-Kermit die geeigneten Wählanweisungen und liest die Antworten:

```
C-Kermit>dial 654321
```

Ist kein Modemtyp eingestellt, führt dieser Befehl zu einer Fehlermeldung („Sorry, you must set modem first" – „Tut mir leid, Sie müssen zuerst SET MODEM benutzen"). Wenn der Modemtyp UNKNOWN ist, müssen Sie den Wählbefehl für das verwendete Modem in der Telefonnummer mit angeben, zum Beispiel:

```
C-Kermit>dial at&c1dp654321
```

Der *Wählstring* ist eine Telefonnummer oder ein Zugangscode, der in der Syntax Ihres Telefonsystems oder Ihrer Nebenstellenanlage ausgedrückt ist, unter Umständen mit weiteren Zeichen, die für Ihr Modem verständlich sind, wie in diesem Beispiel:

```
C-Kermit>dial P 93,(09876) 555-4321
```

In diesem Beispiel ist das Modem ein Hayes oder ein dazu Kompatibles, das Klammern, Leerzeichen und Bindestriche ignoriert; daher können Sie zur Klarheit eingefügt werden. Das P sagt einem solchen Modem, daß Pulswahl verwendet werden soll[11], 93 ist der Nebenstellen-Code, um eine Amtsleitung zu erhalten, das Komma ist ein Hayes-Pausen-Befehl, der dem Amtslinien-Wählton Zeit zum Erscheinen gibt, und danach folgt eine Telefonnummer mit Vorwahl. Sehen Sie in Tabelle II-2 auf Seite 416 nach, welche Sonderzeichen in Wählstrings bei Hayes-Modems erlaubt sind, oder lesen Sie in Ihrem Modem-Handbuch nach.

REDIAL
Dieser Befehl wählt die zuletzt in einem DIAL-Befehl angegebene Rufnummer erneut, wie in diesem Beispiel:

```
C-Kermit>dial 7654321         (Nummer wählen)
Failed ("BUSY")               (Besetzt-Zeichen erhalten)
C-Kermit>redial               (Einige Minuten später ...)
```

Wiederholen Sie das, solange wie nötig.

Ein WÄHL-Beispiel

Hier folgt nun ein Beispiel für einen normalen, problemlosen, einfachen Wählvorgang, der ein Hayes-Modem am Gerät `ttyh4` eines UNIX-Rechners benutzt:

```
C-Kermit>set Modem hayes         (Modemtyp setzen)
C-Kermit>set line /dev/ttyh4     (Dann das serielle Gerät öffnen)
C-Kermit>set speed 2400          (Geschwindigkeit für Wählen setzen)
C-Kermit>dial 654321             (Nummer wählen)
 Dialing 654321
 Device=/dev/ttyh4, modem=hayes, speed=2400
 The timeout for completing the call is 64 seconds.
 To cancel: type your interrupt character (normally Ctrl-C).
 Call completed.
C-Kermit>
```

Das Telefonbuch

Wenn Sie keine Unmengen langer Telefonnummern behalten (oder eingeben) wollen, können Sie Ihre öfter gewählten Nummern in einem *Telefonbuch* halten, einer normalen Textdatei mit Einträgen der folgenden Form:

Name   Nummer   Geschwindigkeit   Parität   Kommentar

Legen Sie das Telefonbuch mit dem dazu gedachten Befehl Ihres Rechnersystems, mit einem Texteditor oder einem Textverarbeitungssystem an (aber speichern Sie die Datei auf jeden Fall in einfachem ASCII- bzw. „Normaler Text"-Format ab).

Zur Benutzung des Telefonbuchs führen Sie zunächst den folgenden Befehl aus:

SET DIAL DIRECTORY *[Dateiname]*
So geben Sie den Namen der Telefonbuch-Datei an. Wenn C-Kermit die Datei finden kann und Lesezugriff auf sie hat, wird sie geöffnet und offen gehalten, bis Sie C-Kermit mit EXIT verlassen oder diesen Befehl erneut eingeben. Wenn der Dateiname fehlt, wird eine vorher geöffnete Telefonbuch-Datei ggf. geschlossen. Beispiele sind:

```
C-Kermit>set dial directory ~/.kdd           (UNIX oder OS/9)
C-Kermit>set dial dir c:/ckermit/ckermit.kdd (OS/2)
C-Kermit>set dial dir ckermit.kdd            (Aktuelles Verzeichnis)
C-Kermit>set dial dir                        (Telefonbuch-Datei schließen)
```

Wann immer Sie nun einen DIAL-Befehl geben, versucht C-Kermit, Ihren *Wählstring* als *Name*n in der Datei zu finden. Bei Erfolg wird die entsprechende *Nummer* übernommen, und die Einstellungen für SPEED und PARITY werden automatisch gesetzt, wenn sie in dem Telefonbuch-Eintrag angegeben sind. Wenn der *Wählstring* nicht im Telefonbuch gefunden wird, wird er genau wie eingegeben benutzt.

Die Felder in den Telefonbuch-Einträgen sind durch ein oder mehrere Leerzeichen oder Tabulatoren voneinander getrennt. Ein Feld kann Leerzeichen enthalten, wenn es von geschweiften Klammern umgeben ist. Die Felder hinter *Nummer* können weggelassen werden; dann bleiben die entsprechenden Einstellungen unverändert. Der *Kommentar* ist natürlich optional. Sie können auch ein Gleichheitszeichen (=) in einem Geschwindigkeits- oder Paritätsfeld angeben, um die Einstellung unverändert zu lassen. Dieses Format ist übrigens mit dem des MS-DOS-Kermit-Telefonbuchs kompatibel. Hier folgt ein Beispiel (alle Nummern außer der der c't-Mailbox sind fiktiv):

```
sprintnet    654321       2400    mark
tapirnetz    543210       1200    odd     Dieser Eintrag hat einen Kommentar
tymnet       93,87-56-43  2400    even    Satzzeichen erlaubt
ct           0511/5352301 2400    none    Die c't-Mailbox
zuhausfreq   T555121      1200    none    T erzwingt Hayes-Frequenzwahl
zuhauspuls   P555121      1200    none    P erzwingt Hayes-Pulswahl
zuhaus       555121       1200    none    Voreingestelltes Wahlverfahren
egalspeed    999999       =       none    Benutze aktuelle Geschwindigkeit
egalparit    888888       9600    =       Benutze aktuelle Parität
ganzegal     777777       =       =       Benutze aktuelle Geschwindigkeit und
                                          Parität
{meine sun}  {98 76 54}   2400    none    Mit Wort-Zusammenfassung
standard     987654
```

Die Wörter für die Telefonbuch-Einträge und im DIAL-Befehl selbst können in Groß- und Kleinbuchstaben in beliebiger Kombination eingegeben werden.

Sie können den Namen im DIAL-Befehl abkürzen; C-Kermit sucht nach einem (bis auf Groß-/Kleinschreibung) genau passenden Eintrag und benutzt diesen, falls vorhanden. Sonst sucht er im Telefonbuch von oben nach unten nach dem ersten Eintrag, der auf Ihre Abkürzung paßt, und benutzt diese. In dem obigen Beispiel würde demnach DIAL T die Tapirnetz-Nummer wählen, DIAL Z die Nummer ZUHAUSFREQ und DIAL ZUHAUS die Nummer ZUHAUS.

Heißt die Datei CKERMIT.KDD (KDD steht für *K*ermit *D*ialing *D*irectory, Kermit-Telefonbuch) und steht im aktuellen Verzeichnis, kann sie wie folgt benutzt werden:

```
C-Kermit>set dial dir ckermit.kdd     (Telefonbuch-Datei angeben)
C-Kermit>dial zuhauspuls               (Namen statt Nummer benutzen)
C-Kermit>dial ZUHAUSPULS               (Groß-/Kleinschreibungs-unabhängig)
C-Kermit>dial tapir                    (Abkürzungen sind OK)
C-Kermit>dial meine sun                (Ein Eintrag aus zwei Wörtern)
C-Kermit>dial 765432                   (Eine Nummer, die nicht im Telefonbuch steht)
```

Wenn Sie eine Telefonbuch-Datei haben, können Sie den Befehl SET DIAL DIRECTORY in Ihre C-Kermit-Initialisierungsdatei aufnehmen, so daß Sie diesen Befehl nicht nach jedem C-Kermit-Start neu eingeben müssen, zum Beispiel:[12]

```
set dial directory \v(home)ckermit.kdd
```

Die Notation \v(home) steht für „mein Heimatverzeichnis". Sie wird in Kapitel 11 erklärt; Sie brauchen jetzt jedoch noch nicht dort nachzulesen – benutzen Sie sie einfach. Sie erlaubt es C-Kermit, Ihre Telefonbuch-Datei unabhängig von Ihrem aktuellen Verzeichnis zu finden. Natürlich können Sie auch systemabhängige Dateispezifikationen oder abweichende Dateinamen benutzen:

```
set dial directory ~luise/.kdd
set dial directory /usr/luise/mein-telefonbuch
set dial directory $disk1:[luise]ckermit.kdd
set dial directory :udd:luise:luise.kdd
```

Dann ist Ihre Initialisierungsdatei natürlich nicht mehr ohne weiteres zwischen UNIX, VMS, OpenVMS, AOS/VS, OS/2 und so weiter austauschbar.

C-Kermit unterstützt auch ein ausgefeilteres *Diensteverzeichnis*, das nicht nur erlaubt, eine bestimmte Nummer zu wählen, sondern Sie auch automatisch bei dem Wirtsrechner oder -dienst Ihrer Wahl einloggt. Das Diensteverzeichnis wird in den Kapiteln 11 bis 13 erläutert.

Die Feinheiten des Wählens

Wenn das Wählen für Ihre Zwecke mit dem funktioniert, was Sie bisher gelesen haben, müssen Sie nichts weiter zu seriellen Verbindungen erfahren. Gehen Sie zu den Netzwerk-Verbindungen auf Seite 88 weiter (wenn Sie diese benutzen wollen), oder lesen Sie direkt in Kapitel 4 über Terminal-Verbindungen weiter.

Wenn Sie Schwierigkeiten beim Wählen haben, hat C-Kermit einige Befehle, die Ihnen bei Diagnose und Lösung weiterhelfen können. Benutzen Sie zunächst den Befehl SHOW DIAL. Er gibt Ihnen einen schnellen Überblick über all die Einstellungen, die wahrscheinlich Ihren Wählvorgang beeinflussen, unter anderem die derzeitigen Werte für LINE, MODEM und SPEED:

```
C-Kermit>set modem telebit          (Erst einen Modemtyp wählen)
C-Kermit>set line /dev/cua          (Dann ein serielles Gerät)
C-Kermit>set speed 2400             (Dann die Geschwindigkeit)
C-Kermit>show dial                  (Dann wollen wir mal sehen...)
 Line: /dev/cua, modem: telebit, speed: 2400
 Dial directory: (none)
 Dial hangup: on, dial timeout: auto
 Dial kermit-spoof: off, dial display: on
 Dial speed-matching: off, dial mnp-enable: off
 Dial init-string: ATF1M1Q4X3S2=43\{13}
 Redial number: none
 Carrier: auto
 dev/ttyh8 modem signals:
 Carrier Detect       (CD):  Off
 Dataset Ready        (DSR): On
 Clear To Send        (CTS): On
 Ring Indicator       (RI):  Off
 Data Terminal Ready  (DTR): On
 Request to Send      (RTS): On
C-Kermit>
```

Hier ist die erste Stelle, wo Sie nach etwas offensichtlich falschem suchen: falsche Einstellungen für LINE, Geschwindigkeit oder Modemtyp. Ist einer dieser Werte fehlerhaft, benutzen Sie SET-Befehle zur Korrektur und wählen Sie erneut. (Tip: Benutzen Sie den Befehl REDIAL.)

Wenn das Wählen immer noch nicht funktioniert, müssen wir etwas tiefer graben. Der nun zu benutzende Befehl lautet SET DIAL DISPLAY ON. Er behebt keine Probleme, läßt Sie aber beobachten, was zwischen Kermit und dem Modem vor sich geht, und kann Ihnen so eine Vorstellung davon vermitteln, was geändert werden muß.

SET DIAL DISPLAY [{ OFF, ON }]

Dies bestimmt, ob C-Kermit seinen Dialog mit dem Modem während des Wählvorgangs anzeigt. Normalerweise ist die Einstellung für DIAL DISPLAY OFF; ist sie ON, können Sie Kermits Befehle an das Modem und dessen Antworten beobachten; allerdings werden Zeichen, die C-Kermit ignoriert, auch nicht angezeigt.

Lassen Sie uns unser Beispiel mit dem Telebit-Modem fortsetzen. Wir haben bereits SET MODEM, SET LINE und SET SPEED ausgeführt. Beobachten wir nun einen erfolgreichen DIAL-Befehl in Aktion:

```
C-Kermit>set dial display on        (Wählvorgang beobachten)
C-Kermit>dial P654321               (Nummer wählen)
 Dialing P654321
 Device=/dev/cua, modem=telebit, speed=2400
 The timeout for completing the call is 69 seconds.
 To cancel: type your interrupt character (normally Ctrl-C).
 Hangup OK
 ATF1M1Q4X3S2=43                    (Kermit sendet)
 OK                                 (Modem antwortet)
```

```
ATS48=1 S51=255 S52=2 S54=2 ATS7=69 S58=0      (Kermit sendet)
OK                                              (Modem antwortet)
S55=0 S66=0 S68=255 S95=0 ATS50=0 S110=0        (Kermit sendet)
OK                                              (Modem antwortet)
ATDP654321                                      (Kermit sendet)
CONNECT 1200                                    (Modem antwortet)
 Speed changed to 1200                          (Kermit-Meldung)
 Call completed.                                (Kermit-Meldung)
C-Kermit>                                       (Prompt kehrt zurück)
```

Hier gibt es viele interessante Punkte, wovon jeder den Erfolg des DIAL-Befehls beeinflussen kann. Kermit teilt uns mit, daß er dem Anruf 69 Sekunden bis zum erfolgreichen Abschluß zugesteht; hat das Modem bis dann nicht geantwortet, schließt Kermit den Anruf ab und gibt als Fehlermeldung „Timed out" an. Was passiert, wenn mehr Zeit benötigt wird?

SET DIAL TIMEOUT *Zahl*
> Wenn Sie einen DIAL-Befehl geben, wartet C-Kermit eine bestimmte Anzahl von Sekunden auf den Bericht des Modems, ob der Anruf erfolgreich war oder fehlgeschlagen ist. Die Zeitgrenze wird automatisch je nach Kommunikationsgeschwindigkeit, Länge der Telefonnummer, Modemtyp und anderen Faktoren berechnet. In einigen Fällen mag dieser Timeout nicht lang genug sein, zum Beispiel für einen internationalen Anruf oder für einen fortschrittlichen Modemtyp, der mit einem anderen Modemtyp am anderen Ende längere Verhandlungen durchführen muß. Benutzen Sie diesen Befehl, damit Kermit seine Wähl-Timeout-Berechnung unterläßt und stattdessen Ihren Wert benutzt, wie in diesem Beispiel:

```
C-Kermit>set dial timeout 200              (200 Sekunden)
```

Wenn Sie das Modem auf Hayes oder eines der Telebit-Modelle eingestellt haben, setzt Kermit außerdem den Modem-Schalter S7 (siehe Tabelle II-2 auf Seite 416) entsprechend, so daß das Modem mindestens so lange wie C-Kermit selbst auf den Abschluß des Anrufs wartet.

Die Meldung „Hangup OK" bedeutet, daß Kermit als ersten Schritt die Telefonverbindung aufgelegt hat. Dies stellt sicher, daß das Modem im Befehlsbetrieb statt nach einer eventuell vorangegangenen Verbindung im Online-Betrieb steht; sonst würde das Modem u. U. Kermits Wählbefehle vollständig ignorieren. Unglücklicherweise kann diese anscheinend sachgemäße und unschuldige Maßnahme manchmal zu Problemen führen, die durch unrichtige Konfiguration oder Verdrahtung oder die Unfähigkeit des zugrundeliegenden Betriebssystems, die Auflege-Anweisung korrekt zu behandeln, verursacht werden; in diesem Fall sehen Sie eine Nachricht wie „Hangup failed" oder schlimmeres. Hier sind nun zwei Befehle, um solche Situationen zu umgehen:

SET DIAL HANGUP *[{ OFF, ON }]*
> Dies teilt Kermit mit, ob zu Beginn des Wählvorgangs die Verbindung aufgelegt werden soll. Benutzen Sie SET DIAL HANGUP OFF nur, wenn Sie bei der Ausführung des DIAL-Befehls Fehlermeldungen im Zusammenhang mit dem Auflegen bekommen oder das Wählen mit DIAL HANGUP ON nicht funktioniert.

SET DIAL MODEM-HANGUP *[{ OFF, ON }]*
Dies ist nur bei DIAL HANGUP ON relevant. Wenn MODEM-HANGUP OFF ist, benutzt C-Kermit die „Hardware"-Methode zum Aufhängen, indem er nämlich das DTR-Signal in Richtung Modem für etwa eine halbe Sekunde abschaltet. Die Erfahrung zeigt, daß dies oft nicht den gewünschten Effekt hat; daher weist SET MODEM-HANGUP ON C-Kermit an, das Aufhängen mit einem Modem-spezifischen Befehl (wie etwa ATH0 für Hayes-Kompatible) zu versuchen und DTR nur abzuschalten, wenn daraufhin keine Bestätigung (wie etwa OK) vom Modem kommt. MODEM-HANGUP ist auf ON voreingestellt.

Kehren wir zu unserem Telebit-Beispiel zurück. Die mit AT beginnenden Zeilen sind von Kermit an das Modem gerichtet. Der hier zur Verfügung stehende Raum erlaubt es nicht, im einzelnen ihre Aufgabe zu beschreiben; wenn Sie jedoch ein Telebit-Modem haben, können Sie im Handbuch nachsehen. Die Zeilen mit OK und CONNECT sind Antworten vom Modem an Kermit.
ATF1M1Q4X3S2=43 ist der *Initialisierungs-String*, den Kermit zum Modem schickt; er versetzt das Modem in die Befehls- und Antwort-Betriebsarten, die Kermit zur Steuerung benötigt (dieser Befehl enthält größtenteils Hayes-artige Optionen, die Sie in Tabelle II-2 auf Seite 416 nachsehen können). Manchmal kann man Schwierigkeiten beseitigen, indem man diesen Initialisierungs-String ändert; das geschieht so:

SET DIAL INIT-STRING *[Text]*
Der DIAL-Befehl von C-Kermit sendet eine vorprogrammierte Zeichenfolge zwecks Initialisierung an das Modem. Jeder Modemtyp, der Kermit bekannt ist, hat seinen eigenen Initialisierungs-String. Sie können diesen Befehl benutzen, um stattdessen einen eigenen vorzugeben, etwa ATZ\13 oder AT&F&D3\13 oder ATS0=1\13. Dieser Befehl ist insbesondere sinnvoll, um Ihr Modem zum Wählen mit Benutzung bestimmter Modulations-, Fehlerkorrektur- oder Komprimierungstechniken zu zwingen. Sehen Sie dazu in Ihrem Modem-Handbuch nach. Der *Text* kann jede vernünftige Länge haben und auch eingebettete Zeilenenden (Carriage Returns) oder andere Zeichen in Backslash-Notation (etwa \13 für Carriage Return) enthalten, so daß er auch aus mehr als einem Modem-Befehl bestehen kann. Er sollte normalerweise mit \13 enden. Wenn Sie den Befehl SET DIAL INIT-STRING ohne jeden Text geben, wird Kermits Voreinstellung für diesen Parameter wiederhergestellt.

Benutzen Sie den Befehl SET DIAL INIT-STRING mit Vorsicht. Fehler können Ihr Modem in nicht gewünschte und ungern gesehene Betriebsarten versetzen. Wenn Sie dies mit einem Modem machen, das auch von anderen genutzt wird, sollten Sie es nach Abschluß Ihrer Nutzung auf jeden Fall wieder in den Ausgangszustand versetzen. (Tip: Lesen Sie den Abschnitt zum Makro ON_EXIT in Kapitel 11.)
In der nächsten Zeile unseres Beispiels setzt Kermit zahlreiche „S-Register" des Telebit-Modems. Dies sind einfach SET-Befehle in der Modem-eigenen Sprache. Dieses Modem hat viele Optionen (vielleicht sogar mehr als Kermit!); sehen Sie dazu in Ihrem Modem-Handbuch nach. Schließlich wählt Kermit die Nummer:

```
ATDP654321
```

Die Antwort des Modems, CONNECT 1200, teilt Kermit mit, daß das Wirtsmodem den Anruf entgegengenommen hat, jedoch bei einer niedrigeren Geschwindigkeit als die, bei der wir gewählt haben. Kermit hat dies bemerkt und seine eigene Übertragungsgeschwindigkeit auf 1200 geändert, indem er intern einen Befehl SET SPEED ausgeführt hat; er hat Sie mit der Nachricht „Speed changed to 1200" informiert – sehr schön!

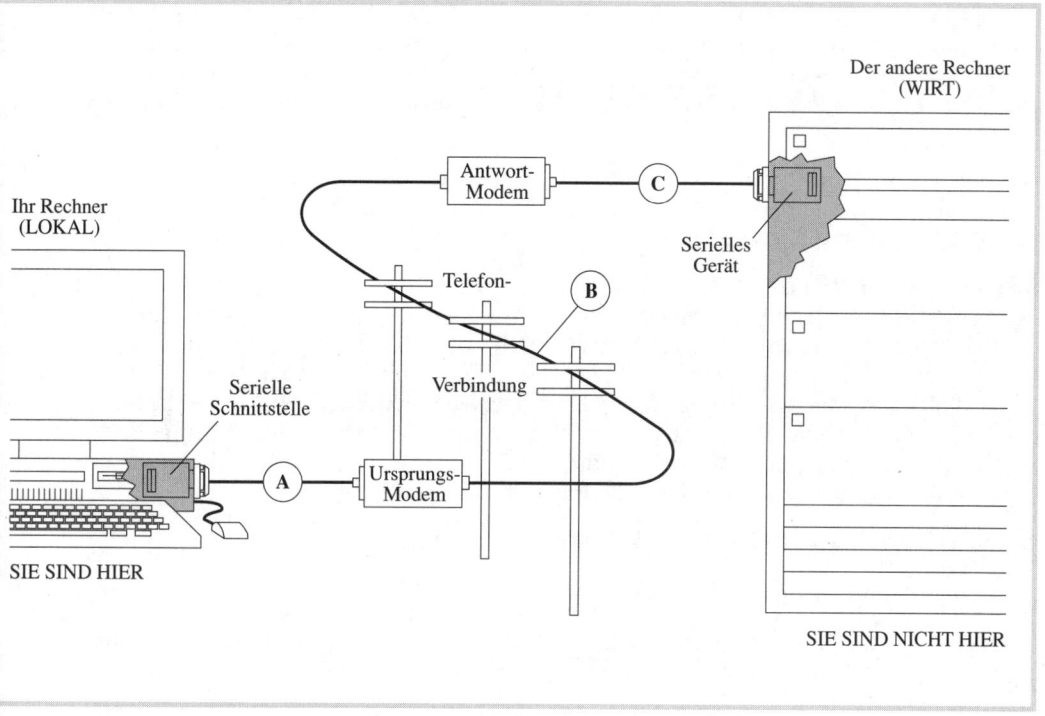

Abbildung 3-6   Anpassung der Geschwindigkeiten

Vielleicht ist es aber doch nicht so schön. Hayes-1200-Modems, Modelle mit höheren Nummern und damit Kompatible teilen die Geschwindigkeit der Verbindung (in Abbildung 3-6 mit *B* bezeichnet) zwischen ihnen und dem anderen Modem in der CONNECT-Meldung mit. Das heißt aber nicht unbedingt, daß sich auch die Schnittstellengeschwindigkeit zwischen dem Modem und C-Kermit (*A* in der Abbildung) geändert hat. Einige Modem-Modelle neueren Datums haben eine Einrichtung namens *Geschwindigkeitsanpassung*, die die Schnittstellengeschwindigkeit (*A*) konstant hält, auch wenn sich die Verbindungsgeschwindigkeit (*B*) ändert. Unglücklicherweise berichten geschwindigkeitsanpassende Modems in der CONNECT-Meldung jedoch die *Verbindungs-* statt der *Schnittstellengeschwindigkeit*. Woher weiß Kermit, wie er auf die Geschwindigkeitsangabe in der connect-Meldung des Modems reagieren soll? Das müssen Sie ihm nötigenfalls sagen:

SET DIAL SPEED-MATCHING *[{ OFF, ON }=OFF]*
Dieser Befehl sagt C-Kermit, ob er der vom Modem berichteten Verbindungsgeschwindigkeit Glauben schenken soll. Die Voreinstellung ist ON; dann ist Kermit gutgläubig und paßt seine Schnittstellengeschwindigkeit je nach CONNECT-Bericht des Modems an. SET DIAL SPEED-MATCHING OFF teilt C-Kermit mit, daß die Schnittstellengeschwindigkeit des Modems verriegelt ist, so daß er die vom Modem berichtete Geschwindigkeit ignorieren sollte. Suchen Sie in Ihrem Modem-Handbuch nach weiteren Informationen zur

Geschwindigkeitsanpassung. Zur Zeit der Drucklegung dieses Buches funktioniert dieser Befehl nur für die Modemtypen Hayes und Telebit.

Weitere Steuerung des Wählens

Der Befehl SET DIAL INIT-STRING gibt Ihnen die Möglichkeit, die in C-Kermit eingebaute Initialisierung und Einstellung des Modems zu ändern. Manchmal ist es jedoch nötig, auch andere Wähloperationen abzuändern.

SET DIAL DIAL-COMMAND *[Text]*
Dies definiert C-Kermits eingebauten Modem-Wählbefehl neu. Zum Beispiel ist der voreingestellte Wählbefehl für Hayes-Modem und -Kompatible ATD, gefolgt von der Telefonnummer. Sie können diesen Befehl benutzen, um beispielsweise ein P für erzwungenes Pulswahlverfahren (oder ein T zum Erzwingen von Frequenzwahl) hinzuzufügen, so daß Sie die Modem-spezifischen Codes nicht in Ihr Telefonbuch aufnehmen müssen. Der *Text* muß die Zeichenfolge %s enthalten, die der DIAL-Befehl von C-Kermit durch die Telefonnummer ersetzt, wie in dem folgenden Beispiel zu sehen:

```
C-Kermit>set dial dial-command ATDP%s\13
C-Kermit>dial 654321
```

Dies hat `ATDP654321`, gefolgt von einem Zeilenende (`\13`) zum Ergebnis. Natürlich können Sie diesen Befehl auch benutzen, um den Modem-Wählbefehl in jeder anderen Weise abzuändern. Wenn Sie den *Text* weglassen, wird die in C-Kermit eingebaute Methode wieder aktiviert.

SET DIAL PREFIX *[text]*
Dies weist C-Kermit an, den angegebenen *Text* jeder Telefonnummer vor dem Wählen voranzustellen – zum Beispiel eine Vorwahl oder einen Zugangscode, um in einer Nebenstellenanlage eine Amtsleitung zu erhalten. Dann kann Ihre Telefonbuch-Datei unabhängig von Ihrem Anrufort sein. Das folgende Beispiel zeigt, wie Ihr Telefonbuch an einer Nebenstellenanlage benutzt wird, die den Code 93 vor Anrufen nach außerhalb benötigt:

```
C-Kermit>set dial prefix 93
C-Kermit>dial ct
```

Mehrphasiges Wählen

Beim Anruf aus firmeninternen Netzen heraus und auch in manch anderen Fällen müssen zwei Nummern gewählt werden: eine, um den gewünschten Anruf zu tätigen, und eine, um Zugang zu einem anderen Netzträger zu erhalten oder den Anruf einem anderen Konto zu belasten.

Bei der Durchführung solcher Operationen mit dem DIAL-Befehl müssen alle Phasen des Anrufs in einem einzigen solchen Befehl abgewickelt werden. Sie können nicht mehr als einen benutzen, weil der erste fehlschlägt, wenn kein Träger erscheint – die Verbindung wird dann abgebrochen. Mehrphasiges Wählen kann in der Regel durchgeführt werden, indem spezielle Codes zur Interpretation durch das Modem in die Telefonnummer eingeschlossen werden. Zum Beispiel stellen Hayes-Modems Codes für Pausen, zum Warten darauf, daß das Klingeln aufhört, zum Warten auf einen Wählton, für kurzes Auflegen und so weiter zur Verfügung (siehe Tabelle II-2 auf Seite 416).

Allerdings dauert mehrphasiges Wählen oft länger als Kermits (oder sogar des Modems) Zeitgrenze für das Warten auf den Träger. Sie müssen dann auch den Befehl SET DIAL TIME-OUT zum Anheben dieser Grenze benutzen. Es folgt ein Beispiel, das man in den USA dazu benutzen kann, einen Fernruf über eine Telefonkarten-Nummer abzurechnen:

```
C-Kermit>set modem hayes
C-Kermit>set line /dev/cua
C-Kermit>set speed 2400
C-Kermit>set dial timeout 75
C-Kermit>dial *70-0212-555-1234,,,,,,,000 000 0000 0000
```

In diesem Beispiel sorgt jedes Komma für zwei Sekunden Pause – genug Zeit für den Fernverbindungs-Dienst, sich zum Entgegennehmen der Telefonkarten-Nummer (hier durch lauter Nullen angezeigt) bereit zu machen. Falls Sie Zugang zu einem derartigen Dienst haben, schreiben Sie die Telefonkarten-Nummer nicht in Ihr Telefonbuch – sollte jemand anders Zugang zu Ihrer Telefonbuch-Datei erhalten, kann er diese Nummer lesen und über Ihr Konto seine Anrufe abrechnen!

Besondere Eigenschaften von Modems

Kermits Befehl SET DIAL erlaubt es Ihnen auch, besondere Eigenschaften Ihres Modems an- und abzuschalten, ohne die kryptischen Modem-Befehle kennen zu müssen.

SET DIAL KERMIT-SPOOF *[{ OFF, ON }=ON]*
Einige Modems der Hersteller Telebit, US Robotics und möglicherweise auch anderer enthalten einen „Schwindel-Kermit", auf Englisch „*Kermit spoof*". Dabei führt das Modem selbst das Kermit-Dateitransfer-Protokoll aus; C-Kermit denkt, er überträgt eine Datei paketweise an den Wirtsrechner, schickt die Pakete tatsächlich jedoch nur an Ihr lokales Modem. Das Modem benutzt sein eigenes eingebautes Protokoll, um die Daten zum Wirtsmodem zu senden, das seinerseits einen Schwindel-Kermit benutzt, um die Daten zum Wirtsrechner zu bringen. Wenn Ihr Modem diese Einrichtung hat, können Sie sie mit SET KERMIT-SPOOF ON aktivieren und mit SET KERMIT-SPOOF OFF deaktivieren. Sie sollten den Schwindel-Kermit benutzen, wenn Sie damit besseren Durchsatz erreichen; wenn Dateitransfer ohne ihn schneller ist, sollten Sie ihn abschalten. Die Voreinstellung ist OFF.

SET DIAL MNP-ENABLE *[{ OFF, ON }=ON]*
Viele moderne Modems enthalten eine als *M*icrocom *N*etworking *P*rotocol, MNP, bekannte Einrichtung. Es gibt sie auf verschiedenen Niveaus; unter anderem betreffen 1 bis 4 die Fehlerkorrektur und 5 die Datenkomprimierung. Wenn beide Modems MNP unterstützen, wird normalerweise das höchste beiden gemeinsame Niveau benutzt. Die folgende Frage drängt sich auf: Woher weiß ein MNP-Modem, ob es seine MNP-Möglichkeiten nutzen soll, und wenn ja, auf welchem Niveau? Die Antwort lautet: Es „verhandelt" mit dem anderen Modem.

Problem: Wenn das anrufende Modem MNP unterstützt, das angerufene aber nicht, werden die vom angerufenen Modem gesendeten MNP-„Verhandlungs-Unterlagen" durch das angerufene Modem an den Wirtsrechner oder -dienst weitergeleitet. Der Wirtsrechner hält diese Angaben möglicherweise für Ihre Benutzerkennung. Schlimmstenfalls wartet das Wirtsgerät darauf, daß Sie ein ganz bestimmtes Zeichen, etwa ein Carriage Return, eingeben, damit es die Geschwindigkeit erkennen kann. Wenn es den MNP-Verhandlungs-Schwall erhält, wählt es die falsche Geschwindigkeit, und Sie können nicht kommunizieren, obwohl Sie eine Verbindung haben.

Lösung: SET DIAL MNP-ENABLE OFF. Wenn C-Kermit weiß, wie er die MNP-Einrichtung Ihres Modems abschalten kann, erreichen Sie das mit diesem Befehl. Wenn nicht, suchen Sie in Ihrem Modem-Handbuch den geeigneten Befehl, und benutzen Sie SET DIAL INIT-STRING, um den Initialisierungs-String für Ihr Modem neu zu definieren, so daß der Befehl dort mitgesendet wird.

Weitere DIAL-Beispiele

DENKEN SIE DARAN: Wenn Sie nach draußen wählen, müssen Sie einen Modemtyp, ein Kommunikationsgerät und eine Geschwindigkeit *in dieser Reihenfolge* angeben. Dann wählen Sie die Nummer mit Kermits DIAL-Befehl. Das folgende Beispiel zeigt, wie man SET DIAL HANGUP OFF benutzt, um Systemfehler zu umgehen, die auftreten, wenn Kermit versucht, die Leitung bei der Vorbereitung zum Wählen aufzulegen:

```
C-Kermit>set modem microcom         (Modemtyp setzen)
C-Kermit>set line /dev/ttyh9        (tty-Gerät öffnen)
C-Kermit>set speed 2400             (Gewünschte Geschwindigkeit setzen)
C-Kermit>dial 654321                (Try to dial)
Sorry, can't hang up communication device: device or data error
C-Kermit>set dial hangup off        (Noch einmal versuchen)
C-Kermit>set line /dev/ttyh9        (Gerät schließen und neu öffnen)
C-Kermit>set speed 2400             (Geschwindigkeit neu setzen)
C-Kermit>redial                     (Neu wählen)
Call completed.
C-Kermit>
```

Es folgt ein Beispiel mit Benutzung des Modemtyps UNKNOWN, bei dem Sie die gesamte Modem-Wählsequenz angeben müssen; zur Veranschaulichung wird ein Hayes-Modem benutzt:

```
C-Kermit>set modem unknown        (Unspezifisches Modem-Wählverfahren)
C-Kermit>set line /dev/ttyh9      (Gerät öffnen)
C-Kermit>set speed 2400           (Geschwindigkeit setzen)
C-Kermit>dial ATDP654321          (Wählen)
Call completed.
C-Kermit>
```

Beachten Sie, daß Kermit am Ende des Wählstrings selbst ein Carriage Return anhängt. Wenn der Modemtyp UNKNOWN ist, wartet Kermit auf das Erscheinen des Trägersignals vom Modem her, das bei richtiger Zusammenarbeit von Modem, Kabel und Betriebssystem bei Kermit ankommen sollte; wenn das Signal nicht kommt, findet ein Timeout statt, und Sie erhalten eine Fehlermeldung.

Im folgenden Beispiel führen wir einen Auslandsanruf durch, der lange bis zum Abheben braucht; wir benutzen ein Telebit-Modem, das über Geschwindigkeitsanpassung und einen Schwindel-Kermit verfügt:

```
C-Kermit>set modem pep-telebit         (Modemtyp wählen)
C-Kermit>set dial speed-match off      (Geschwindigkeitsangaben des Modems
                                        ignorieren)
C-Kermit>set dial kermit-spoof on      (Schwindel-Kermit des Modems benutzen)
C-Kermit>set dial timeout 150          (So lange auf eine Antwort warten)
C-Kermit>set line txa5:                (Kommunikationsanschluß setzen)
C-Kermit>set speed 19200               (Geschwindigkeit angeben)
C-Kermit>dial p001,212,765-4321        (Nummer im Pulswahlverfahren)
Dialing p001,212,765-4321
 Device=_TXA5:, modem=pep-telebit, speed=19200
 The timeout for completing the call is 150 seconds.
 To cancel: type your interrupt character (normally Ctrl-C).
 Call completed.
C-Kermit>
```

Im nächsten Beispiel benutzen wir C-Kermit dazu, aus dem Modem-Pool einer computerisierten Nebenstellenanlage der Marke Rolm die c't-Mailbox anzuwählen, deren Nummer in Ihrem Telefonbuch steht. Wir sehen dem Fortgang des Wählvorgangs gerne zu, deshalb setzen wir DIAL DISPLAY ON.

```
C-Kermit>set dial dir ckermit.kdd     (Telefonbuch setzen)
C-Kermit>set modem rolm               (Zuerst Modemtyp)
C-Kermit>set line txa4:               (Dann Kommunikationsleitung)
C-Kermit>set speed 1200               (Dann Geschwindigkeit)
C-Kermit>set dial display on
C-Kermit>set dial prefix 93           (Vorschaltcode für Amtsleitung)
C-Kermit>dial ct                      (Nummer wählen)
Dialing 930511/5352301
 Gerät=_TXA4:, modem=rolm, speed=2400
 The timeout for completing the call is 54 seconds.
```

```
To cancel: type your interrupt character (normally Ctrl-C).
Hangup OK
TYPE "CALL HELP" +SEVERAL RETURNS FOR INFO    (Meldungen der
                                               Nebenstellenanlage)

CALL, DISPLAY OR MODIFY? CALL 930511/5352301
CALLING 930511/5352301. MODEM 77274.
CALL COMPLETE
Call completed.                          (Kermits Meldung)
C-Kermit>
```

Die Wählanzeige zeigt uns die Modemnummer der Nebenstellenanlage, eine wesentliche Angabe bei Fehlerberichten an die Verwalter des Modem-Pools.

Wählen von Hand

Sie können mit einem Modem auch von Hand wählen. Das mag nötig sein, wenn Sie einen Modemtyp haben, den C-Kermit nicht kennt oder Sie aus irgendeinem anderen Grund direkt mit dem Modem sprechen wollen, zum Beispiel um seine Einstellungen zu ändern oder abzufragen. Im folgenden Beispiel wird ein Hayes-Modem benutzt:

```
C-Kermit>set carrier off          (Trägersignal ignorieren)
C-Kermit>set modem none           (So tun, als gebe es kein Modem)
C-Kermit>set line /dev/cua        (Kommunikationsgerät wählen)
C-Kermit>set speed 2400           (Kommunikationsgeschwindigkeit setzen)
C-Kermit>connect                  (Terminal-Verbindung beginnen)
Connecting to /dev/cua, speed 2400.
The escape character is Strg-\ (ASCII 28, FS).
Type the escape character followed by C to get back,
or followed by ? to see other options.
+++                               (Modem zur Achtung rufen)
OK                                (Modem antwortet OK)
ATDP654321                        (Wählbefehl eingeben)
CONNECT 2400                      (Modem bestätigt die Verbindung)

   (Eine Sitzung mit dem Wirtsrechner oder -dienst durchführen)

Strg-\C                           (Zurück zum Prompt gehen)
C-Kermit>
```

Fehlersuche bei Wählverbindungen

Damit Kommunikation ganz allgemein und Kermits DIAL-Befehl im besonderen funktioniert, müssen Sie sicherstellen, daß Kermit, Ihr Rechner, das Modem, das Modemkabel und die Telefonleitung richtig eingestellt und konfiguriert sind. Es ist auch nicht schlimm, wenn außerdem noch alle Sterne und Planeten perfekt an ihrem Platz stehen. Wenn Sie keinen Anruf durchbringen zu können scheinen, folgen Sie diesem Siebzehn-Stufen-Plan:

1. Überprüfen Sie, ob Ihr Modem angeschaltet und mit der Telefonleitung verbunden ist.
2. Überprüfen Sie, ob Ihr Modem mit Ihrem Rechner über ein glatt durchgeschaltetes Modemkabel (kein Nullmodem-Kabel, siehe Anhang II) verbunden ist und das Kabel sich nicht an einem oder beiden Enden gelockert hat.
3. Überprüfen Sie, ob das Modemkabel alle nötigen Signale überträgt (alle Drähte hat), unter anderem SG, TD, RD, DSR, RTS, CTS, CD und DTR (siehe Anhang II).
4. Überprüfen Sie, ob die Drähte im Kabel und die Pins im Stecker nicht angebrochen sind und alle Pins gerade stehen.
5. Überprüfen Sie, ob Kermits Träger-Einstellung mit der Modem-Konfiguration übereinstimmt. Wenn nötig, geben Sie SET CARRIER OFF. Die empfohlene Modem-Konfiguration besteht darin, das Trägersignal nur während einer erfolgreichen Verbindung mit dem anderen Modem abzugeben und die Telefonverbindung aufzulegen, wenn das DTR-Signal Ihres Rechners abgeschaltet wird. Lesen Sie in Ihrem Modem-Handbuch nach, wie Sie das Modem entsprechend konfigurieren können. Wenn das mit Befehlen vom Rechner her geht, können Sie den Kermit-Befehl SET DIAL INIT-STRING benutzen oder sich mit dem Modem per CONNECT verbinden und die Einstellung per Hand regeln. In einigen Fällen kann es nötig sein, einige (physische) Schalter-Einstellungen zu ändern – sehen Sie in Ihrem Modem-Handbuch nach.
6. Überprüfen Sie, ob Ihr Modem wenigstens eine Modulationstechnik (Bell 103, Bell 212, CCITT V.22, V.32, V.32bis, Telebit PEP usw.) mit dem anzurufenden Modem gemeinsam hat.
7. Überprüfen Sie, ob Sie SET SPEED auf einen Wert gesetzt haben, der sowohl vom anrufenden (lokalen) als auch vom angerufenen (Wirts-)Modem unterstützt wird.
8. Überprüfen Sie, ob Ihre DIAL-Einstellungen, insbesondere das SPEED-MATCHING, mit Ihrer Modem-Konfiguration übereinstimmen. Erhöhen Sie, wenn nötig, den Wert für DIAL TIMEOUT.
9. Der Auflege-Vorgang mag Schwierigkeiten bereiten. Versuchen Sie SET DIAL MODEM-HANGUP OFF oder SET DIAL HANGUP OFF vor dem Wählen.
10. Überprüfen Sie, ob Sie *zuerst* den passenden Befehl SET MODEM, dann den Befehl SET LINE für das Gerät geben, mit dem das Modem tatsächlich verbunden ist, und dann einen Befehl SET SPEED für eine Geschwindigkeit, die der Wählmechanismus Ihres Modems beherrscht. Diese Befehle müssen in der richtigen Reihenfolge gegeben werden.
11. Überprüfen Sie, ob die Rückkehrsequenz Ihres Modems nicht ein Zeichen oder eine Zeichenfolge ist, die Sie während der Terminal-Emulation (oder Kermit während des Dateitransfers) an den Wirtsrechner schicken müssen. Die voreingestellte Folge für Hayes beispielsweise ist sicher: +++ mit mindestens einer vollen Sekunde Pause davor und danach. Von anderen Modems ist bekannt, daß sie unsichere Folgen wie etwa ein einzelnes Strg-A (das ist gerade Kermits voreingestelltes Zeichen für den Paketanfang) ohne Schutzzeiten benutzen; in solchen Fällen versuchen Sie, das Rückkehrzeichen Ihres Mo-

dems zu ändern oder ganz abzuschalten. (Im angesprochenen Fall können Sie auch Kermits Paketanfangs-Zeichen ändern; siehe dazu Kapitel 6).

12. Wenn Ihr Modem MNP oder andere Fehlerkorrektur- oder Komprimierungsprotokolle aktiviert hat, versuchen Sie, diese abzuschalten. Insbesondere senden MNP-Modems einander Zeichen zur Verhandlung von Protokoll-Niveau und -Einrichtungen zu, nachdem der Träger steht; diese Zeichen können die Geschwindigkeitserkennung oder die Login-Prozedur des Wirtsrechners stören, wenn das angerufene Modem MNP nicht unterstützt. Schalten Sie Ihr Modem ganz allgemein auf das niedrigste Niveau zurück, und arbeiten Sie sich von dort wieder nach oben, indem Sie eine einzelne Sonderfunktion nach der anderen wieder hinzunehmen.
13. Lesen Sie Ihr Modem-Handbuch. Vielleicht gibt es dort Modem-spezifische Zeichen, die Sie in den Wählstring einbauen können, um den Vorgang voranzubringen. Zum Beispiel erlauben Hayes-2400-SmartModems ein W (auf Wählton warten), @ (auf Stille warten), Komma (Pause) und so weiter. Überprüfen Sie, ob die Wartezeit des Modems auf den Träger nicht zu kurz ist, daß es im Ursprungsbetrieb („originate mode") steht, und so weiter.
14. Andererseits haben Sie vielleicht Leerzeichen oder Interpunktionen in der Telefonnummer stehen, die Ihr Modem nicht zuläßt. Versuchen Sie, den DIAL-Befehl ohne derartige Zeichen auszuführen.
15. Als vorletzte Rettung lesen Sie Ihr Modem-Handbuch sorgfältig daraufhin, wie Sie die Auswahl von Modulationstechnik, Fehlerkorrektur, Komprimierung und Geschwindigkeits-Rückgriffschema im einzelnen steuern. Experimentieren Sie mit verschiedenen Kombinationen von Einstellungen, bis Sie eine finden, die funktioniert.
16. Als letzten Versuch geben Sie SET CARRIER OFF, CONNECTen Sie sich mit dem Modem und versuchen Sie, von Hand zu wählen, indem Sie ihm die Wählbefehle in seiner ureigenen Schreibweise direkt eingeben (siehe Modem-Handbuch). Wenn das nicht funktioniert, überprüfen Sie die Modem-Konfiguration und wiederholen Sie die vorigen Schritte.
17. Wenn gar nichts mehr hilft, versuchen Sie, Ihr Modem so zu konfigurieren, daß es DTR ignoriert und das Trägersignal stets setzt. Lesen Sie in Ihrem Modem-Handbuch nach, wie das geht.

Netzwerk-Verbindungen benutzen

Wenn Ihr Rechner nicht in einem TCP/IP- oder X.25-Netzwerk steht, können Sie gerne in Kapitel 4 weiterlesen, wo Sie lernen, wie man mit C-Kermit eine Terminal-Verbindung zu einem Wirtsrechner herstellt und benutzt.

C-Kermit kann in einem Rechnernetzwerk auf zwei Arten benutzt werden. Sie können ein Netzwerk verwenden, um C-Kermit auf einem Wirtsrechner anzusprechen und Dateien zu übertragen, oder Sie können C-Kermit selbst Netzwerk-Verbindungen herstellen lassen.

C-Kermit hat einige Vorteile gegenüber anderer Netzwerk-Software für virtuelle Terminals und Dateitransfer:

– Das Kermit-Dateitransfer-Protokoll kann flexibler als der Netzwerk-Dateitransfer sein. Kermit kann besser geeignet sein, Textdateien beim Transfer zwischen ungleichen Rechnern in eine nutzbare Form zu bringen. Insbesondere ist Kermit wahrscheinlich einzigartig in seiner Fähigkeit, nationale und internationale Zeichensätze während des Dateitransfers zu übersetzen (Kapitel 9).
– Kermits Terminal-Verbindung umfaßt Möglichkeiten, die die meisten Netzwerk-Programme für virtuelle Terminals nicht haben, darunter auch Zeichensatz-Umsetzungen, Tastatur-Neubelegung, Sitzungsprotokolle und Unterstützung für Shift-In/Shift-Out zur Übertragung von 8-Bit-Zeichen über 7-Bit-Verbindungen (Kapitel 4 und 9).
– Kermits eingebaute Skript-Programmiersprache kann zur Automatisierung des Netzwerk-Dateitransfers und zur Einrichtung von nicht überwachten oder wiederholt auszuführenden Aktionen genutzt werden (Kapitel 11 bis 13).
– Kermits Protokoll-Einrichtung kann zusammen mit der Skript-Programmiersprache zur Netzwerk-Überwachung und -Kontrolle genutzt werden.

Wirtsbetrieb

Die Benutzung von C-Kermit im Wirtsbetrieb über eine Netzwerk-Verbindung unterscheidet sich nicht von dem gleichen Vorgang bei direkten oder seriellen Verbindungen, außer daß Sie die Verbindung von Ihrem lokalen Kermit-Programm aus über eine Netzwerk-Kommunikationsmethode statt eine serielle vornehmen. Das folgende Beispiel benutzt MS-DOS-Kermit 3.11 (oder eine neuere Version) und nimmt an, daß bereits alle nötigen weiteren Informationen mit SET TCP/IP angegeben worden sind:

```
MS-Kermit>set port tcp/ip 128.59.39.2
MS-Kermit>connect
```

In diesem Fall übernimmt der Befehl SET PORT TCP/IP die Stelle von SET PORT COM1 (oder COM2 usw.) und DIAL. Wenn die Verbindung einmal hergestellt ist, können Sie eine Terminal-Sitzung und Dateitransfer wie üblich durchführen.

Lokaler Betrieb

Eine Netzwerk-Verbindung von C-Kermit zu einem anderen Netzwerk-Wirt herzustellen ist der Herstellung einer Wählverbindung ähnlich, allerdings sind die Befehle unterschiedlich. C-Kermit unterstützt derzeit mehrere Netzwerktypen, TCP/IP [17], X.25 [11] und DECnet.[13] Die Befehle SET MODEM, SET CARRIER, SET SPEED, SET DIAL und DIAL haben bei Netzwerk-Verbindungen keine Wirkung. Die einzigen Befehle, die für die Herstellung einer Netzwerk-Verbindung benötigt werden, sind die folgenden:

SET NETWORK { TCP/IP, X.25, DECNET }

Dieser Befehl teilt C-Kermit mit, welchen Netzwerktyp er benutzen soll. Dies entspricht dem Befehl SET MODEM, der auf seriellen Wählverbindungen für die Mitteilung an Kermit benutzt wird, welche Art von Modem er benutzen soll. Die zur Verfügung stehenden Netzwerktypen hängen von Ihrem Rechner und Betriebssystem und natürlich davon ab, ob Sie überhaupt mit einem Netzwerk verbunden sind:

```
C-Kermit>set network ? One of the following:
 tcp/ip     x.25
C-Kermit>set network tcp
```

Wenn Sie den Befehl SET HOST ohne vorangegangenes SET NETWORK geben, wird ein TCP/IP-Netzwerk angenommen, falls es unterstützt wird.

SHOW NETWORK

Dieser Befehl zeigt die zur Verfügung stehenden Typen von Netzwerk-Verbindungen und -Protokollen sowie ggf. Informationen über die derzeit aktive Netzwerk-Verbindung:

```
C-Kermit>sho net
Supported networks:
 X.25
 TCP/IP, TELNET protocol

SET TELNET parameters
 echo: local
 newline-mode: on
 terminal-type: vt100

Current network type:
 TCP/IP

Active SET HOST connection:
 None

C-Kermit>
```

SET HOST [Wirt]

Dieser Befehl teilt C-Kermit mit, daß Sie eine Netzwerk-Verbindung herstellen wollen, anstatt ein serielles Kommunikationsgerät zu benutzen. Er gibt außerdem den Namen oder die Adresse des anderen Rechners, mit dem Sie über den derzeit gewählten Netzwerktyp kommunizieren wollen, an. Wenn Sie eine Netzwerk-Verbindung herstellen, benutzen Sie SET HOST anstelle von SET LINE und DIAL. *Wirt* steht hier für einen Netzwerk-Wirtsnamen oder seine Nummer. Wenn kein Wirtsname angegeben wird, wird eine ggf. derzeit offene Netzwerk-Verbindung geschlossen, und Kermit kehrt zu seinem voreingestellten Kommunikationsgerät zurück. Der Befehl SET HOST versucht, sofort eine Verbindung zu dem angegebenen Wirt herzustellen. Kann die Verbindung nicht errichtet werden, wird eine Fehlermeldung ausgegeben.

HANGUP

Wenn die aktuelle Verbindung über TCP/IP, X.25 oder einen anderen Netzwerktyp läuft, schließt dieser Befehl die Netzwerk-Verbindung.

TCP/IP-Netzwerke

TCP/IP-Netzwerk-Wirte sprechen sich gegenseitig unter Benutzung eines Protokolls namens IP (*Internet Protocol*) an. Jeder Rechner auf einem TCP/IP-Netzwerk hat eine 32-Bit-IP-Adresse, die als vier durch Punkte getrennte Dezimalzahlen geschrieben wird, von denen jede zwischen 0 und 255 (einschließlich) liegen kann, zum Beispiel:

```
128.59.39.2
```

Die IP-Adresse enspricht der Adresse auf einem Brief; sie erlaubt es einer IP-Nachricht, über ein kompliziertes Netzwerk an ihren Bestimmungsort zu gelangen.

Menschen können nicht gut lange Zahlen behalten, daher können IP-Wirte auch Namen tragen, die für ihre numerischen Adressen stehen. Ein IP-Wirtsname besteht normalerweise aus einer Folge von Wörtern, die durch Punkte getrennt sind, zum Beispiel:

```
watsun.cc.columbia.edu
```

Die Felder in dem Namen haben keine ausgezeichnete Beziehung zu den Feldern in der numerischen Adresse. Die durch Punkte abgetrennten Felder stellen von rechts nach links eine Hierarchie dar, die *Bereichsname* (*domain name*) genannt wird. Das Beispiel identifiziert den Rechner namens „watsun" im Netzwerk Computer Center (cc), das viele Rechner umfaßt, an der Columbia University (columbia), die viele lokale Netzwerke hat, im Ausbildungsteil (edukativ) des Internets (edu), der auch noch viele andere Ausbildungsinstitutionen umfaßt. Das Internet hat außer „edu" noch andere große Teile, darunter „com" für den kommerziellen Teil, „gov" für den Regierungs-bezogenen Teil, „de" für den deutschen Teil und so weiter.

Wirtsnamen werden von Netzwerk-Servern, die *Bereichsnamen-Auflöser* oder kürzer *Nameserver* genannt werden, in numerische IP-Adressen übersetzt. Der Nameserver kann auf Ihrem eigenen Rechner, auf einem anderen Rechner in Ihrem Netzwerk oder sogar auf einem weit entfernten Rechner außerhalb Ihrer Organisation stehen.

Menschen bevorzugen oft kurze Namen statt langer. Deswegen können IP-Wirte Kurznamen (*nicknames*) haben, etwa „watsun" oder „w" für `watsun.cc.columbia.edu`. Kurznamen sind im allgemeinen nur innerhalb des lokalen Netzwerks einer Organisation gültig und werden von einem lokalen Nameserver in IP-Nummern übersetzt.

Der C-Kermit-Befehl SET HOST akzeptiert jede dieser Formen. Wenn Sie einen Namen angeben, versucht C-Kermit, einen Nameserver zu finden, der die entsprechende Adresse angibt. Wenn Sie eine numerische Adresse angeben, benutzt C-Kermit sie unmittelbar ohne den Versuch, einen Nameserver anzusprechen. Wenn Sie daher Schwierigkeiten haben, eine TCP/IP-Verbindung zu einem Wirt per Namen herzustellen, versuchen Sie stattdessen seine IP-Adresse, wenn Sie sie kennen. Es folgen einige Beispiele dafür, wie man mit dem Befehl SET HOST Verbindungen herstellt:

```
C-Kermit>set net tcp                        (Netzwerktyp wählen)
C-Kermit>set host ? IP host name or number,
  or carriage return to close an open Connection
C-Kermit>set host watsun                    (Unbekannter Kurzname)
  Can't get address for watsun
C-Kermit>set host watsun.cc.columbia.edu    (Voller Bereichsname)
C-Kermit>set host 128.59.39.2               (IP-Adresse)
```

```
C-Kermit>set host                    (Verbindung schließen)
 Closing Connection
C-Kermit>
```

Sie sollten Namen statt Nummern benutzen, wann immer dies möglich ist, weil Nummern sich ohne Ihr Wissen ändern können. Der Nameserver jedoch sollte für jeden Namen stets die aktuelle Nummer kennen.

C-Kermit verbindet standardmäßig mit dem TELNET-Server (TCP-Anschluß 23) auf dem Wirtsrechner; Sie können aber auch jeden anderen gewünschten TCP-Anschluß oder -Dienst hinter IP-Wirtsname oder -adresse angeben:

SET HOST *Wirt Dienst*

oder mit einem Doppelpunkt (ohne Leerzeichen) direkt an das *Wirt*sfeld anhängen:

SET HOST *Wirt:Dienst*

Wie auch bei Adressen verläßt sich Kermit zur Übersetzung eines Dienstenamens (wie telnet) in eine TCP-Anschlußnummer auf das Betriebssystem. Geben Sie eine Anschlußnummer an, wird sie wie angegeben verwendet. Es folgen einige Beispiele:

```
C-Kermit>set host watsun                           (Standard ist Anschluß 23)
C-Kermit>set host watsun 23                        (Anschluß 23 angegeben)
C-Kermit>set host 128.59.39.2 telnet               (TELNET ist Anschluß 23)
C-Kermit>set host martini.eecs.umich.edu:3000      (Anschluß 3000)
C-Kermit>set host 141.212.196.79 3000              (Anschluß 3000)
C-Kermit>set host marvin.cs.buffalo.edu:2000       (Anschluß 2000)
```

Der Befehl SET HOST zeigt die Übersetzung vom IP-Wirtsnamen in die numerische IP-Adresse an:

```
C-Kermit>set host marvin.cs.buffalo.edu:2000
 Trying 128.205.32.4...
```

und versucht dann, die Verbindung herzustellen. Kann die Verbindung nicht hergestellt werden, erhalten Sie eine aussagekräftige Fehlermeldung, wie in den folgenden Beispielen:

```
C-Kermit>set host 123.123.123.123
 Trying 123.123.123.123...
Sorry, can't open connection: Network is unreachable
C-Kermit>set host watsun murx
 Trying 128.59.39.2...
Sorry, can't open connection: Cannot find port for service murx
C-Kermit>set host watsun 2345
 Trying 128.59.39.2...
Sorry, can't open connection: Connection refused
```

Die erste Meldung bedeutet, daß es entweder diese IP-Adresse nicht gibt oder daß das durch sie bezeichnete Netzwerk nicht lokalisiert oder erreicht werden kann. Die zweite Meldung bedeutet, daß die TCP-Dienstnamen-Datenbank keinen Eintrag für einen Dienst namens *murx* enthält. Die letzte Meldung schließlich zeigt an, daß es keinen Server auf dem Anschluß 2345 beim Wirt watsun gibt.

Benutzen Sie den Befehl SHOW NETWORK, um Namen, Adresse, Dienst, Netzwerk und Verbindung einer aktiven Verbindung anzuzeigen:

```
C-Kermit>sho net
Supported networks:
 X.25
 TCP/IP, TELNET protocol

SET TELNET parameters:
 echo: local
 newline-mode: on
 terminal-type: vt300

Current network type:
 TCP/IP

Active SET HOST connection:
 marvin.cs.buffalo.edu:3000 [128.205.32.4]
 Via: TCP/IP (sockets)
 TELNET protocol

C-Kermit>
```

Der TELNET-Befehl kombiniert die Funktionen von SET NETWORK TCP/IP, SET HOST und CONNECT (in Kapitel 4 erläutert) in einem einzigen praktischen Befehl:

TELNET *[Wirt [Dienst=23]]*
Dieser Befehl öffnet eine Verbindung zu dem angegebenen IP-*Wirt* auf dem angegebenen TCP-*Dienst*e-Anschluß (Voreinstellung ist 23 für den TELNET-Dienst). Bei Erfolg geht C-Kermit automatisch in den Terminalbetrieb; anderenfalls gibt er eine entsprechende Fehlermeldung aus und bleibt beim Prompt. Wenn kein *Wirt* angegeben ist, wird ggf. die derzeit aktive TCP/IP-Verbindung wieder aufgenommen. Hier sind einige Beispiele dafür:

```
C-Kermit>telnet ? IP host name or number,
 or carriage return to resume an open connection
C-Kermit>telnet watsun ? TCP service name or number,
 or carriage return for telnet (23)
C-Kermit>telnet watsun 2000
C-Kermit>telnet          (Eine offene Verbindung wieder aufnehmen)
```

C-Kermit führt automatisch das TELNET-Options-Verhandlungsprotokoll [51] durch. Diese Verhandlungen werden dazu benutzt, den Wirtsrechner über Ihren Terminal-Typ zu informieren und zu entscheiden, welche Seite das Echo übernimmt. Wenn der TCP-Dienste-Anschluß TELNET (23) ist, sendet Kermit den Anfang der Verhandlung. Anderenfalls sendet Kermit keine TELNET-Verhandlung, ist aber zu deren Behandlung bereit, falls sie vom Wirtsrechner her ankommen. Verhandlungen können jederzeit während der Verbindung stattfinden: im Terminalbetrieb (zum Beispiel um das Echo vor einer Paßwort-Eingabe ab- und danach wieder anzuschalten), während einer Skript-Programm-Ausführung und so weiter.

Der Befehl SET TELNET kann benutzt werden, um C-Kermits anfängliche TELNET-Konfiguration abzuändern:

SET TELNET ECHO { REMOTE, LOCAL }
In Übereinstimmung mit der Spezifikation für virtuelle TELNET-Netzwerk-Terminals [51] beginnt C-Kermit eine TELNET-Verbindung mit lokalem Echo, was bedeutet, daß C-Kermit die von Ihnen auf der Tastatur eingegebenen Zeichen selbst auf den Bildschirm bringt. In den seltenen Fällen, bei denen dies Probleme verursacht (zum Beispiel mit einem Wirts-Server, der das TELNET-Protokoll nicht ordentlich befolgt), können Sie diesen Befehl benutzen, um C-Kermits anfänglichen Echo-Zustand zu ändern.

SET TELNET NEWLINE-MODE { ON, OFF }
Die TELNET-Spezifikation legt auch fest, daß an den TELNET-Server ein Carriage-Return-Linefeed-Paar (CRLF) gesendet werden sollte, wenn Sie die Eingabetaste drücken. So verhält C-Kermit sich auch, solange Sie nicht den Befehl SET TELNET NEWLINE-MODE OFF geben, nach dem C-Kermit einen Druck auf die Eingabetaste als Carriage Return mit nachfolgendem NUL-Zeichen sendet. Benutzen Sie diesen Befehl nur, wenn Ihre TELNET-Sitzung sich sonst nicht normal benimmt.

SET TELNET TERMINAL-TYPE *Text*
Der Wirts-TELNET-Server fordert von C-Kermit mitunter Ihren lokalen Terminal-Typ an. Solange Sie nichts anderes angeben, sendet C-Kermit, was er für Ihren Terminal-Typ hält. Unter UNIX, VMS und OpenVMS zum Beispiel beruht dies auf dem Wert der Umgebungsvariablen TERM. Wenn das Wirtssystem Ihren Terminal-Typ jedoch nicht unterstützt oder den Namen nicht erkennt, kann es Ihren Terminal-Typ nicht automatisch setzen. Benutzen Sie diesen Befehl, um C-Kermit den in TELNET-Verhandlungen zu benutzenden Namen mitzuteilen, wie in diesem Beispiel:

```
C-Kermit>set telnet term vt100
```

Dieser Befehl hat keine Auswirkungen auf Ihren lokalen Terminal-Typ.

Das folgende Beispiel zeigt nun, wie Sie C-Kermit benutzen, um sich von einem TCP/IP-Wirt aus mit dem *N*etwork *I*nformation *C*enter (NIC), einer Informationsquelle über das Internet, zu verbinden.

```
$ kermit                                 (Kermit starten)
C-Kermit 5A(189) 23 Jul 93, SunOS 4.1
Type ? or HELP for help
C-Kermit>telnet nic.ddn.mil              (Mit dem Wirt verbinden)
 Trying 192.112.36.5...
Connecting to host nic.ddn.mil:23
The escape character is Strg-\ (ASCII 28, FS).
Type the escape character followed by C to get back,
or followed by ? to see other options.

SunOS UNIX (nic.ddn.mil) (ttyp0)
*
* For TAC news, type:                    TACNEWS <return>
* For user and host information, type:   WHOIS <return>
```

```
* For NIC information, type:        NIC <return>
*
* Please report system problems to ACTION@NIC.DDN.MIL

NIC, SunOS Release 4.1.1 (NIC) #1:
Cmdinter Ver 1.2 Sun Jun  7 18:55:09 1992 EST

                                    (Sitzen Sie's aus)

@logout
Communication disconnect (Back at Local System)
C-Kermit>exit                       (Kermit verlassen)
$                                   (Zurück am Startort)
```

Mehrere besondere Einrichtungen stehen zum Testen und zur Verwaltung Ihrer TCP/IP-Verbindung zur Verfügung. Beim C-Kermit-Prompt können Sie den PING-Befehl benutzen:

PING *[Wirt]*

um eine IP-Nachricht abzuschicken, mit der Sie sehen können, ob der *Wirt* erreichbar und antwortbereit ist. Wenn der *Wirt* nicht angegeben ist, wird die Nachricht an den Wirt aus dem letzten Befehl SET HOST bzw. TELNET gesendet. Dieser Befehl führt einfach den PING-Befehl Ihres Systems aus; daher hängt die Form der Antwort von Ihrem System ab:

```
C-Kermit>set host spacelink.msfc.nasa.gov
C-Kermit>ping
spacelink.msfc.nasa.gov is alive
C-Kermit>
```

Die anderen Spezialeinrichtungen stehen als Rückkehr-Befehle im Terminalbetrieb zur Verfügung und sind in Kapitel 4 beschrieben, der Vollständigkeit halber aber auch hier aufgeführt:

A   Sendet den TELNET-Befehl "Are You There?".
B   Sendet den TELNET-Befehl BREAK.
I   Sendet den TELNET-Befehl Unterbrechungs-Aufforderung.

Wie man über einen TCP/IP-Modem-Server wählt

Wenn Ihre Einrichtung auf einem „umgekehrten Terminal-Server"' in Ihrem TCP/IP-Netzwerk einen Pool von Modems zum Wählen nach draußen bereithält, können Sie C-Kermit zum Wählen benutzen, wenn Sie die folgenden Schritte in der angegebenen Reihenfolge ausführen:

1. Geben Sie den Befehl SET HOST (nicht TELNET), wobei Sie den IP-Wirtsnamen oder die numerische Adresse des Terminal-Servers angeben.
2. Geben Sie den Befehl SET MODEM, um den Modemtyp festzulegen.
3. Geben Sie die nötigen SET DIAL-Befehle.
4. Geben Sie den DIAL-Befehl für die gewünschte Telefonnummer.

Wenn die Verbindung gelingt, aber das Echo nicht korrekt arbeitet, können Sie versuchen, als ersten Schritt den Befehl SET TELNET ECHO REMOTE (bzw. LOCAL) oder den Befehl SET TERMINAL ECHO REMOTE (bzw. LOCAL) zu geben, nachdem die Verbindung hergestellt worden ist.

X.25-Netzwerke

Bei Drucklegung dieses Buches werden X.25-Verbindungen nur für Sun-Rechner unterstützt, die das Paket SunLink X.25 und eine Verbindung zu einem X.25-Netzwerk haben, wie sie etwa die öffentlichen Datennetzwerke in vielen Ländern sind. Benutzen Sie den Befehl SHOW NETWORK, um herauszufinden, ob X.25 in Ihrer Version von C-Kermit zur Verfügung steht.

Für X.25-Verbindungen wird eine X.121-Adresse [14] im Befehl SET HOST verwendet; dies ist eine vielstellige Zahl, die normalerweise aus einer einstelligen Anfangszahl, einem vierstelligen DNIC (*D*ata *N*etwork *I*dentification *C*ode, Datennetzwerk-Identifikationscode), gefolgt von einer NTN (*N*etwork *T*erminal *N*umber, Netzwerk-Terminal-Nummer) von bis zu zehn Ziffern Länge besteht, oder auch aus einem dreistelligen DCC (*D*ata *C*ountry *C*ode, Datenlandescode) gefolgt von einer landesabhängigen NN (*n*ationale *N*ummer) von bis zu elf Ziffern Länge. Zum Beispiel könnte die folgende Folge eine Verbindung zu einem hypothetischen Wirt in Brasilien (Ländercode 724) herstellen):

```
C-Kermit>set parity mark
C-Kermit>set net x.25
C-Kermit>set host 07240987654321
```

In den meisten Fällen sollten Sie SET PARITY MARK (oder einen anderen Wert außer NONE) setzen, bevor Sie Dateien über eine X.25-Verbindung zu übertragen versuchen.

Bevor Sie den Befehl SET HOST für eine X.25-Verbindung geben, können Sie die folgenden Befehle ausführen, um anzugeben, wie die Verbindung gemacht werden soll:

SET X.25 CALL-USER-DATA { OFF, ON *Text* }
Dies erlaubt es Ihnen, bis zu 12 Zeichen „Call User Data", Anrufbenutzerdaten, anzugeben, normalerweise ein Identifikationsmerkmal oder ein Paßwort, das der angerufene Wirt verlangt. Sehen Sie in den Unterlagen Ihres Dienste-Anbieters nach, um zu erfahren, ob Sie Anrufbenutzerdaten senden müssen und wie sie ggf. lauten.

SET X.25 CLOSED-USER-GROUP { OFF, ON *n* }
Mitgliedschaft in einer geschlossenen Benutzergruppe gibt Ihnen Zugang zu Adressen, die sonst möglicherweise außerhalb Ihrer Reichweite lägen. C-Kermit nimmt zunächst keine Benutzergruppe an. Wenn Sie einen Dienst ansprechen müssen, der in einer geschlossenen Benutzergruppe ist, benutzen Sie den Befehl SET X.25 CLOSED-USER-GROUP ON *n*, um die Nummer (0 bis 99) einer geschlossenen Benutzergruppe anzugeben.

SET X.25 REVERSE-CHARGE { OFF, ON }
Normalerweise bezahlt der Anrufer für einen X.25-Anruf. Wenn der Wirtsrechner oder -dienst bereit ist, den Anruf zu bezahlen, benutzen Sie SET X.25 REVERSE-CHARGE ON. Die Voreinstellung ist OFF.

Eine X.25-Terminal-Verbindung geht durch einen PAD (**P**acket **A**ssembler **D**isassembler), der einem Selbstwählmodem oder Terminal-Server ähnlich ist. Sie können direkt mit ihm sprechen (im *Befehlsbetrieb*) oder Ihre Daten zum ausgewählten Wirt durchreichen lassen (*Datenbetrieb*). Wenn Ihr lokaler Rechner direkt mit dem X.25-Netzwerk verbunden ist (statt erst einen PAD anzuwählen), nimmt er die Stelle des PAD ein, und Sie müssen C-Kermit-Befehle benutzen, um den simulierten PAD zu steuern:

PAD CLEAR
  Dies löscht den virtuellen X.25-Schaltkreis. Alle ggf. noch im Transit befindlichen Informationen werden fallengelassen.

PAD INTERRUPT
  Dies sendet ein X.25-Unterbrechungspaket.

PAD RESET
  Dies setzt den virtuellen X.25-Schaltkreis zurück.

PAD STATUS
  Dies fordert einen Zustandsbericht von dem PAD an.

C-Kermit setzt die PAD-Parameter auch selbst; jeder der folgenden Befehle steuert einen anderen. Die Nummern entsprechen den CCITT-X.3-Parametern [10]. X.3-Parameternummern oberhalb von 12 stehen nicht unbedingt auf allen X.25-Netzwerken zur Verfügung.

SET PAD BREAK-ACTION *n*
  X.3-Parameter 7, d. h. was der PAD tun sollte, wenn er ein BREAK-Signal (Escape-Zeichen mit nachfolgendem B) von C-Kermit erhält. *n* ist eine Summe aus den folgenden Zahlen: 0 bedeutet „Tue nichts", 1 bedeutet „Sende ein X.25-Unterbrechungspaket", 2 bedeutet „Setze die Verbindung zurück", 4 bedeutet „Sende eine BREAK-Anzeige-Nachricht" (Indication of Break), 8 bedeutet „Kehre zum PAD zurück", 16 bedeutet „Lasse wartendes Ausgabematerial fallen". Die Voreinstellung ist 21 (= 16 + 4 + 1).

SET PAD CHARACTER-DELETE *n*
  X.3-Parameter 16. *n* (im Bereich 0 bis 127) ist der ASCII-Wert des Zeichens, das zum Löschen eines Zeichens während der Terminal-Emulation verwendet werden soll. Die Voreinstellung ist 8 (Strg-H, Rücktaste).

SET PAD CR-PADDING *n*
  X.3-Parameter 9, Auffüllen nach Carriage Return (CR). *n* (im Bereich 0 bis 255) ist die Anzahl von Füllzeichen, die der PAD nach dem Senden eines CR an C-Kermit senden sollte; Voreinstellung ist 0.

SET PAD DISCARD-OUTPUT *{ 0, 1 }*
  X.3-Parameter 8. 0 bedeutet normale Datenauslieferung, 1 läßt das Ausgabematerial fallen; Voreinstellung ist 0.

SET PAD ECHO *{ 0, 1 }*
  X.3-Parameter 2. 0 bedeutet, daß der PAD kein Echo gibt, 1 das Gegenteil. Die Voreinstellung ist 1 (Kermit nimmt an, daß der PAD ein Echo gibt). Dieser Befehl ändert auch Kermits DUPLEX-Einstellung.

SET PAD EDITING { 0, 1 }
X.3-Parameter 15. 0 bedeutet, daß Sie die Zeilen nicht beim PAD edieren können, bevor er sie an den Wirt sendet, 1 bedeutet „Edieren erlaubt". Die Voreinstellung ist 1.

SET PAD ESCAPE { 0, 1 }
X.3-Parameter 1. 0 bedeutet, daß eine Rückkehr zum PAD nicht möglich ist; 1 bedeutet, daß Sie mit Strg-P zum PAD zurückkehren können. Die Voreinstellung ist 1.

SET PAD FORWARD *n*
X.3-Parameter 3, Daten-Weiterreichungszeichen. Der PAD reicht empfangene Zeichen an den Wirtsrechner weiter, sobald er das Paket-Weiterreichungszeichen sieht. $n = 0$ bedeutet keines, 2 steht für Carriage Return. Die Voreinstellung ist 2, damit X.25-Pakete so genau wie möglich Kermit-Paketen entsprechen.

SET PAD LF-PADDING *n*
X.3-Parameter 14. *n* (im Bereich 0 bis 255) ist die Anzahl von Füllzeichen, die der PAD senden soll, nachdem er einen Zeilenvorschub gesendet hat. Die Voreinstellung ist 0.

SET PAD LF-INSERT *n*
X.3-Parameter 13, Linefeed-(LF)-Einfügung nach Carriage Return (CR). $n = 0$ bedeutet keine LF-Einfügung, 1 bedeutet, der PAD fügt ein LF nach jedem an C-Kermit gesendeten CR ein, 2 bedeutet, der PAD fügt ein LF nach jedem von C-Kermit erhaltenen CR ein, 4 bedeutet, der PAD gibt LF als CRLF zurück. Die Voreinstellung ist 0.

SET PAD LINE-DELETE *n*
X.3-Parameter 17. *n* (im Bereich 0 bis 127) ist der ASCII-Wert des Zeichens, das zum Löschen einer Zeile verwendet werden soll. Die Voreinstellung ist 21 (Strg-U).

SET PAD LINE-DISPLAY *n*
X.3-Parameter 18. *n* (im Bereich 0 bis 127) ist der ASCII-Wert des Zeichens, das Sie zum Neuanzeigen einer edierten Zeile verwenden können. Die Voreinstellung ist 18 (Strg-R).

SET PAD LINE-FOLD *n*
X.3-Parameter 10, Zeilenumbruch, d. h., was geschehen soll, wenn eine Zeile zu lang ist, um auf Ihren Bildschirm zu passen. $n = 0$ bedeutet keinen Zeilenumbruch, 1 bis 255 gibt die Anzahl von darstellbaren Zeichen je Zeile an, nach denen der PAD Umbruchzeichen einfügen sollte. Die Voreinstellung ist 0 und sollte während des Dateitransfers 0 bleiben, um Beschädigung von Kermits Dateitransfer-Paketen zu vermeiden.

SET PAD PAD-FLOW-CONTROL { 0, 1 }
X.3-Parameter 5. 0 bedeutet keine Flußkontrolle durch den PAD, 1 bedeutet, der PAD kann Xon/Xoff-Flußkontrolle an C-Kermit senden. Die Voreinstellung ist 0, was Xon/Xoff-Flußkontrolle zwischen den Endgeräten erlaubt.

SET PAD SERVICE-SIGNALS { 0, 1 }
X.3-Parameter 6, PAD-Dienst- und Befehls-Signale. 0 bedeutet, PAD-Dienstsignale werden nicht an C-Kermit gesendet, 1 bedeutet das Gegenteil. Die Voreinstellung ist 1.

SET PAD TIMEOUT *n*

X.3-Parameter 4, Timeout für Datenweiterleitung. *n* (im Bereich 0 bis 255) gibt die Zeit in Zwanzigstel-Sekunden an, die der PAD darauf warten sollte, ob sein Paketpuffer voll wird oder ein Weiterleitungszeichen erscheint, bevor er ein Timeout hat und das bisher angesammelte Material überträgt. Die Voreinstellung ist 0, keine Datenweiterleitung bei Timeout.

SET PAD USER-FLOW-CONTROL { 0, 1 }

X.3-Parameter 12. 0 bedeutet, der PAD soll alle von C-Kermit gesendeten Flußkontroll-Zeichen ignorieren, 1 bedeutet, er soll sie beachten. Die Voreinstellung ist 0.

Während des Terminalbetriebs stehen die folgenden X.25-spezifischen Tastatur-Rückkehr-Optionen zur Verfügung. Geben Sie einen dieser Buchstaben ein, nachdem Sie das Terminalbetriebs-Rückkehrzeichen (normalerweise Strg-Backslash) eingegeben haben:

I   Sende ein X.25-Unterbrechungspaket (gleichbedeutend mit PAD INTERRUPT).
R   (nur unter X.25) Setze die X.25-Verbindung zurück (gleichbedeutend mit PAD RESET).

Es übersteigt den Rahmen dieses Buches, die Einzelheiten von X.25-Netzwerken weiter zu erörtern. Sehen Sie im Handbuch Ihres X.25-Dienst-Anbieters, in den entsprechenden CCITT-Empfehlungen [10, 11, 12, 13, 14] oder in *Kermit, A File Transfer Protocol* [18, Seiten 98-102] nach.

4 Terminalbetrieb

Wenn Sie C-Kermit nicht im lokalen Betrieb benutzen wollen, um Verbindung zu anderen Rechnern herzustellen, überspringen Sie dieses Kapitel und lesen Sie in Kapitel 5 ab Seite 117, wie man Dateien überträgt.

Der C-Kermit-Befehl CONNECT erlaubt es Ihnen, einen interaktiven Dialog mit einem Wirtsrechner oder Wirtsdienst zu führen. Er unterstützt 7-Bit- und 8-Bit-Kommunikationsumgebungen und beherrscht Voll- und Halbduplex-Verbindungen. Es ist möglich, zwischen Wirts- und lokalem Rechner hin- und herzuschalten, die Arbeit auf dem Wirt zu protokollieren, Zeichensätze zu übersetzen und die Tastatur neu zu belegen.

Wenn Sie C-Kermit im lokalen Betrieb verwenden, ist das Vorgehen, wie Sie zwischen den beiden Rechnern hin- und herschalten, stets dieselbe, unabhängig von der Art Ihrer Verbindung – Wählverbindung, direkt oder im Netzwerk: Benutzen Sie beim C-Kermit-Prompt den CONNECT-Befehl, um zum Wirtsrechner zu gelangen, und tippen Sie eine Folge von Sonderzeichen, um zurück zu C-Kermit zu gelangen.

Der CONNECT-Befehl

Der CONNECT-Befehl läßt C-Kermit als Terminal arbeiten, das mit dem Wirtsrechner verbunden ist. Die Buchstaben, die Sie auf der Tastatur eingeben, werden an den Wirtsrechner gesendet und alle vom Wirtsrechner her ankommenden Buchstaben zu Ihrem Bildschirm geschickt, wie in Abbildung 4-1 dargestellt. *TIP:* Der CONNECT-Befehl kann mit dem einzelnen Buchstaben C abgekürzt werden, obwohl mehrere andere Kermit-Befehle ebenfalls mit C anfangen.

Der CONNECT-Befehl **101**

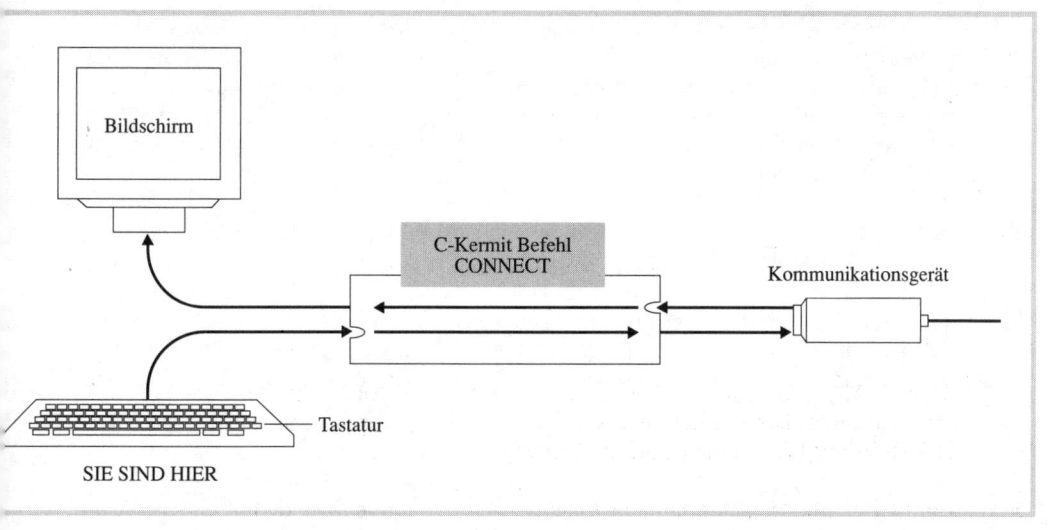

Abbildung 4-1   Terminal-Verbindung

Das Rückkehrzeichen

Die Eingabe des Rückkehrzeichens bringt das lokale C-Kermit-Programm während einer Terminal-Sitzung wieder ins Spiel. Wenn Sie den Befehl CONNECT geben, teilt C-Kermit Ihnen mit, was das Rückkehrzeichen ist:

```
C-Kermit>connect                        (Terminalbetrieb starten)
Connecting to ttxa0:, speed 19200.      (Nachrichten von C-Kermit...)
The escape character is Ctrl-\ (ASCII 28, FS).
Type the escape character followed by C to get back,
or followed by ? to see other options.
```

Strg-\ (Steuerung-Backslash) ist das übliche Rückkehrzeichen für C-Kermit. Sie erzeugen es normalerweise, indem Sie die Taste Strg (oder Steuerung, Ctrl oder Control) gedrückt halten und dann den umgekehrten Schrägstrich (\) drücken.[14] Damit erwecken Sie die Aufmerksamkeit von C-Kermit. Dann geben Sie ein zweites Zeichen ein, das C-Kermit mitteilt, was er tun soll – etwa den Buchstaben *C*, um zum C-Kermit-Prompt zurückzukehren, ohne die Verbindung abzubrechen.

SET ESCAPE *Zahl*

Ändert das Rückkehrzeichen auf ein Steuerzeichen Ihrer Wahl; *Zahl* ist der numerische Wert eines ASCII-Steuerzeichens, wie in Tabelle VIII-2 aufgeführt. Beispiel:

```
C-Kermit>set esc 2
C-Kermit>show escape
CONNECT-mode escape character: Ctrl-B (ASCII 2, STX)
C-Kermit>
```

Dies ändert das Zeichen zur Rückkehr aus dem Terminalbetrieb auf Strg-B (ASCII-Zeichen Nummer 2, STX genannt). Nur 7-Bit-Zeichen (Codes 0 bis 31 und 127) können für diesen Zweck verwendet werden. Sie sollten ein Zeichen wählen, das Sie auf dem Wirtsrechner wahrscheinlich nicht brauchen werden und das Sie auf Ihrer Tastatur erzeugen können. Sie können SHOW ESCAPE oder SHOW TERMINAL benutzen, um Ihr aktuelles Rückkehrzeichen zu erfahren.

Der technische Umgang mit Terminal-Verbindungen ist nach wenigen Minuten Übung ganz leicht. Benutzen Sie CONNECT, um zum Wirtsrechner zu gelangen; benutzen Sie Strg-Backslash C (Strg-Taste gedrückt halten, den umgekehrten Schrägstrich (\) drücken, dann beide Tasten loslassen, dann die C-Taste drücken), um zum lokalen C-Kermit zurückzukehren. Wenn Ihr Rückkehrzeichen nicht Strg-Backslash ist, setzen Sie das passende ein. Nun üben Sie das Hin- und Zurückgehen ein paarmal. Im folgenden Beispiel haben wir eine direkte Verbindung von einer VAX-Workstation zu einem Zentralrechner:

```
C-Kermit>set line ttxa0:          (Direkte Verbindung)
C-Kermit>set speed 19200          (Geschwindigkeit setzen)
C-Kermit>connect                  (Terminalbetrieb starten)
Connecting to ttxa0:, speed 19200.
The escape character is Ctrl-\ (ASCII 28, FS).
Type the escape character followed by C to get back,
or followed by ? to see other options.

WILLKOMMEN IN DIETERS AKADEMIE FÜR GEHIRNCHIRURGIE
PROBIEREN GEHT ÜBER STUDIEREN!

Username: juergen                 (Einloggen)
Password: _____                 (Paßwort eingeben)
$ Strg-\c                         (Zurückkehren)
C-Kermit>pwd                      (Einen C-Kermit-Befehl geben)
  $DUA0:[JUERGEN]
C-Kermit>set esc 22               (Rückkehrzeichen ändern)
C-Kermit>c                        (Noch einmal verbinden)
Connecting to ttxa0:, speed 19200.
The escape character is Ctrl-V (ASCII 22, SYN).
Type the escape character followed by C to get back,
or followed by ? to see other options.
$                                 (Zurück bei Dieter)
$ show time                       (Einen Befehl geben)
  10-JUN-93 07:34:00
$ Strg-Vc                         (Erneut zurückkehren)
C-Kermit>run fortune              (Einen C-Kermit-Befehl geben)
Das Gehirn ist ein wundervolles Organ; morgens fängt es im Moment des
Aufwachens an zu arbeiten und hört nicht auf, bis man am Schreibtisch sitzt.
C-Kermit>c                        (Wieder verbinden)
```

Sie können so oft zum Wirtsrechner und wieder zurück gehen, wie Sie wollen. Die Rückkehr unterbricht die Verbindung nicht. Wenn Zeichen vom Wirtsrechner ankommen, während Sie gerade nicht im aktiven Terminalbetrieb sind, werden sie im Rahmen der Kapazitäten des zugrundeliegenden Betriebssystems gespeichert. Wenn der Puffer Ihres Betriebssystems zu voll wird, sollte die Flußkontrolle jeden Datenverlust vermeiden, sofern sie aktiviert ist.

Die Verbindung beenden

Wenn Sie die Benutzung des Wirtsrechners beendet haben, sollten Sie die Verbindung schließen. Sie können dies auf mehrere Arten tun; versuchen Sie sie in dieser Reihenfolge:

1. Wenn Sie auf dem Wirtsrechner oder -Dienst eingeloggt waren, loggen Sie sich aus. Dies sollte Sie automatisch zum C-Kermit-Prompt zurückbringen. Beispiel:

```
$ logout
Communications disconnect (Back at local system)
C-Kermit>
```

2. Wenn Sie nach einigen Sekunden noch nicht zurück beim C-Kermit-Prompt sind, geben Sie *Strg-\H* (Ihr Rückkehrzeichen, gefolgt vom Buchstaben *H*) ein, um die Verbindung durch Auflegen zu unterbrechen:

```
Strg-\h
Communications disconnect (Back at local system)
C-Kermit>
```

3. Wenn Sie immer noch nicht zurück beim C-Kermit-Prompt sind, geben Sie *Strg-\C* ein, um zum C-Kermit-Prompt zurückzukehren, und geben Sie den Befehl SET LINE, um das Kommunikationsgerät zu schließen:

```
Strg-\c
(Back at local system)
C-Kermit>set line
C-Kermit>
```

Tastatur-Sonderbefehle im Terminalbetrieb

Die Rückkehrzeichen-Funktionen von C-Kermit sind in Tabelle 4-1 aufgeführt. Wenn der CONNECT-Befehl gegeben wurde, überwacht C-Kermit die Tastatur auf sein Rückkehrzeichen hin, das (in den meisten Versionen) Strg-Backslash ist, wenn Sie es nicht mit dem Befehl SET ESCAPE geändert haben (OS/2-C-Kermit versteht auch einige Alt-Tasten-Äquivalente; siehe Anhang V). Wenn Kermit das Rückkehrzeichen sieht, interpretiert er das nächste Zeichen als besonderen Terminalbetriebs-Befehl. Wenn Sie eine Taste drücken, die kein gültiger Terminalbetriebs-Befehl ist, beept Kermit, ignoriert die Taste und bleibt im Terminalbetrieb.

Zeichen	Beschreibung
?	Hilfe – gibt die zulässigen Rückkehr-Optionen des Terminalbetriebs aus.
!	(auch @) Startet einen neuen Befehlsprozessor des lokalen Systems. Benutzen Sie EXIT oder LOGOUT, um in den C-Kermit-Terminalbetrieb zurückzukehren.
0	(Ziffer 0) Überträgt ein NUL-Zeichen (ASCII **0**).
A	Sendet Anfrage „Are You There?" (nur auf TELNET-Verbindungen).
B	Sendet ein **B**REAK-Signal.
C	Kehrt zum C-Kermit-Prompt zurück, ohne die Verbindung abzubrechen.
H	Legt das Telefon oder die Netzwerk-Verbindung auf (**H**angup).
I	Sendet eine Netzwerk-Unterbrechungs-Aufforderung (**I**nterrupt Request).
L	Sendet ein **L**anges BREAK-Signal.
Q	Legt auf, schließt die Verbindung und beendet C-Kermit.
R	(nur X.25) Re-initialisiert eine X.25-Verbindung.
S	Zeigt den **S**tatus der Verbindung: Gerätename, Geschwindigkeit, Parität usw.
Z	(nur UNIX) Suspendiert Kermit. Benutzen Sie den UNIX-Befehl fg, um die Kermit-Terminal-Sitzung wieder aufzunehmen.
\<LEERZEICHEN\>	(Leerzeichen) Sendet nichts, kehrt zum Terminalbetrieb zurück.
\	(Backslash) Beginnt einen Backslash-Code, der auf ein einzelnes Zeichen umgesetzt wird, zum Beispiel \127 oder \xff.
Strg-	(oder was sonst Ihr Rückkehrzeichen ist) Geben Sie das Rückkehrzeichen *zweimal* ein, um es *einmal* an den Wirtsrechner zu senden.

Tabelle 4-1 *C-Kermit-Rückkehrbefehle im Terminalbetrieb*

Wenn Sie das Rückkehrzeichen getippt haben und sich dann überlegen, daß Sie das gar nicht wollten, drücken Sie die Leertaste. C-Kermit ignoriert das Rückkehrzeichen und die Leertaste und beept Sie nicht an. Kein Zeichen wird an den Wirtsrechner gesendet, und Kermit bleibt im Terminalbetrieb.

Kermits Tastatur-Sonderbefehle für den Terminalbetrieb sind in den folgenden Abschnitten beschrieben. Buchstaben sind hier groß geschrieben, können aber groß oder klein geschrieben werden. Jedem Befehl muß das Rückkehrzeichen für den Terminalbetrieb vorangehen.

Hilfe holen: ?

Die Eingabe des Rückkehrzeichens mit nachfolgendem Fragezeichen führt die zur Verfügung stehenden Rückkehr-Optionen für den Terminalbetrieb auf. Diese können davon abhängen, welche C-Kermit-Version vorliegt, und mit welchen Eigenschaften sie erzeugt wurde. Die Nachricht sagt Ihnen, welche in Ihrer Version zur Verfügung stehen. Beispiel:

```
Strg-\?
Press C to return to the C-Kermit prompt, or:
  ? for this message
  0 (zero) to send a null
  B to send a BREAK
  L to send a Long BREAK
  H to hangup and close the connection
  Q to hangup and quit Kermit
  S for status
  ! to push to local shell
  Z to suspend
  \ backslash code:
    \nnn  decimal character code
    \Onnn octal character code
    \Xhh  hexadecimal character code
    terminate with carriage return.
 Type the escape character again to send the escape character, or
 press the space-bar to resume the CONNECT command.
Command>
```

Nach Ausgabe des Hilfe-Texts zeigt C-Kermit den Prompt Command> an und wartet darauf, daß Sie eine der soeben angezeigten Auswahlen eingeben.

Rückkehr zum C-Kermit-Prompt: C

Die Eingabe des Rückkehrzeichens mit nachfolgendem Buchstaben *C* bringt Sie zum C-Kermit-Prompt zurück, ohne die Verbindung zum Wirtsrechner zu unterbrechen. Dies wird *Zurückkehren* genannt. Nach der Rückkehr können Sie dem C-Kermit Befehle geben, um seine Einstellungen zu verändern, Dateien zu übertragen usw. Geben Sie einen weiteren CONNECT-Befehl, um zurück zum Wirtsrechner zu gelangen. Beispiel:

```
C-Kermit>connect            (Mit dem Wirtsrechner verbinden)
$                           (Prompt des Wirtsrechners)
$ ^\c                       (Zurückkehren zu C-Kermit)
C-Kermit>                   (C-Kermit-Prompt)
C-Kermit>connect            (Zum Wirtsrechner zurückkehren)
$                           (Prompt des Wirtsrechners)
```

Status-Anfrage: S

Das Rückkehrzeichen mit nachfolgendem Buchstaben *S* fordert Kermit auf, eine kurze Nachricht anzuzeigen, die den Status der Verbindung angibt, und dann die Terminal-Sitzung wieder aufzunehmen. Beispiel:

```
C-Kermit>connect
$
$ ^\s
Connected through /dev/ttyh8, speed 9600
Terminal bytesize: 7, Command bytesize: 7, Parity: none
Terminal echo: remote
  Carrier Detect       (CD):  On
  Dataset Ready        (DSR): Off
  Clear To Send        (CTS): Off
  Ring Indicator       (RI):  Off
  Data Terminal Ready  (DTR): On
  Request to Send      (RTS): On
$
```

Der Bericht umfaßt den Gerätenamen und die relevanten Parameter und außerdem (nur für serielle Geräte, und nur wenn Ihr System dies unterstützt) einen Bericht über die RS-232-Modemsignale (aufgeführt und kurz erläutert in Tabelle II-1 auf Seite 413). Der Status-Bericht ist nützlich, wenn Sie Kommunikationsprobleme im Terminalbetrieb haben. Die hier gegebenen Informationen könnten den Grund anzeigen: falsches Gerät, falsche Geschwindigkeit, ein fehlendes Modemsignal und so weiter.

Zum lokalen Betriebssystem gehen: !, @

Die Eingabe des Rückkehrzeichens mit nachfolgendem Ausrufezeichen (!) oder Klammeraffen (At-Zeichen, @) fordert C-Kermit auf, eine „untergeordnete" Ausgabe des Befehlsprozessors Ihres Systems zu starten, wie etwa die UNIX-Shell oder den VMS- oder AOS/VS-Befehlszeilen-Interpreter, wobei Ihre Verbindung bestehen bleibt.[15] Dies entspricht bei Telefon-Anlagen dem Druck auf die Erd-Taste, um eine Verbindung vorübergehend zu unterbrechen. Sie können dann so lange, wie Sie wollen, einen interaktiven Dialog mit Ihrem lokalen System führen, ohne daß Ihre Kermit-Verbindung dadurch gestört wird. Um zu Ihrer Kermit-Terminal-Sitzung zurückzukehren, benutzen Sie den passenden Befehl, um Ihren System-Befehlsprozessor zu beenden (EXIT in UNIX oder OS/2, LOGOUT in VMS, POP in AOS/VS usw.). Beispiel:

```
$ kermit                              (Kermit starten)
C-Kermit>set line /dev/tty1           (Kommunikationsgerät auswählen)
C-Kermit>set speed 19200              (Geschwindigkeit auch)
C-Kermit>connect                      (Terminal-Verbindung starten)
Connecting to /dev/tty1:, speed 19200, usw...

login: gudrun                         (Einloggen)
Password: _____                     (Paßwort eingeben)
%
% send andrea Hallo, bestellst Du Rhabarberkuchen zum Kaffee?
% message from andrea: OK, aber ich brauche die Telefonnummer.
% send andrea Gut, warte mal eben...
%
% ^\!                                 (Zur lokalen Shell gehen)
$
$ grep "Schnabulierstube" telefon.txt (Telefonnummer nachsehen)
Schnabulierstube: 65 43 21
$ exit                                (Lokale Shell beenden)
%                                     (Terminal-Sitzung fortführen)
% send andrea Das ist 65 43 21.
%
```

Nur in UNIX können Sie nach dem Rückkehrzeichen auch den Buchstaben *Z* drücken, um Kermit zu suspendieren, wenn SUSPEND auf ON geSETzt ist. Siehe Anhang III zu den Details.

BREAK-Signale senden: B und L

Die Eingabe des Rückkehrzeichens mit nachfolgendem Buchstaben *B* fordert C-Kermit auf, ein BREAK-Signal zu senden. Auf seriellen Verbindungen (Terminal-Gerät oder Modem) ist BREAK ein Nullzustand (0), der ungefähr 275 Millisekunden (etwas mehr als eine Viertelsekunde) dauert, und der von einigen Wirten, Diensten und sonstigen Kommunikationsprozessoren benötigt wird, damit sie die Übertragungsgeschwindigkeit erkennen, damit man ihre Aufmerksamkeit erhält oder ein endlos laufender oder festgefahrener Prozeß unterbrochen wird. Das folgende Beispiel zeigt, wie man sich auf einem IBM-VM/CMS-Großrechner über eine zeilenorientierte Verbindung einloggt, wobei man die Aufforderung „press BREAK key" erhält. Die Einzelheiten der Einstellung und der Verbindung sind hier fortgelassen.

```
C-Kermit>connect
Connecting to /dev/cua, speed 9600...

VIRTUAL MACHINE/SYSTEM PRODUCT-CUVMB    -PRESS BREAK KEY
^\b
!
Enter one of the following commands:
   LOGON userid              (Example:   LOGON VMUSER1)
   LOGOFF
.logon sandra
Enter password: _____
.
```

Die Eingabe des Buchstabens *L* anstelle von *B* nach dem Rückkehrzeichen fordert C-Kermit auf, ein Langes Break-Signal zu senden. Auf seriellen Verbindungen ist dies ein Nullzustand von ungefähr 1,5 Sekunden Länge, der benutzt wird, um die Aufmerksamkeit einiger besonderer Kommunikationsgeräte zu wecken.

Netzwerk-Funktionen

Auf Netzwerk-Verbindungen verhalten sich einige Rückkehr-Optionen des Terminalbetriebs anders, und es gibt einige zusätzliche. Geben Sie das Rückkehrzeichen ein und dann:

- **A** (nur TELNET) Sendet eine TELNET-Nachricht „Are you there". Wenn der Wirts-TELNET-Server aktiv ist, antwortet er mit einer Nachricht wie „[Yes]". Dies funktioniert normalerweise nur auf echten Port-23-TELNET-Verbindungen, nicht aber bei TELNET-Verbindungen zu Nicht-TELNET-Ports.
- **I** Sende eine Unterbrechungsnachricht (X.25: Interrupt; oder TELNET: Interrupt Process). Eine TELNET-Unterbrechung zu senden ist normalerweise gleichbedeutend damit, das Unterbrechungszeichen des Wirtsrechners zu tippen.
- **B** Sende ein Netzwerk-BREAK. Auch hier hängt die Interpretation vom Wirtsrechner ab. Auf TELNET-Verbindungen wird eine Break-Nachricht gemäß dem TELNET-Protokoll gesendet, was von dem Wirts-TELNET-Server als Ersatz für das auf seriellen Verbindungen benutzte BREAK-Signal oder als Unterbrechungsbefehl interpretiert werden kann.
- **L** Auf Netzwerk-Verbindungen wird L genau wie B behandelt.

Sonderzeichen senden

Es gibt mehrere Arten, Sonderzeichen während einer Terminal-Sitzung an den Wirtsrechner zu schicken. Geben Sie das Rückkehrzeichen für den Terminalbetrieb ein, gefolgt von:

0 (die Ziffer 0) Übertrage ein NUL-Zeichen (ASCII 0). Dies ist nützlich, wenn Ihr Wirtsrechner oder eine Anwendung von Ihnen ein NUL-Zeichen erwartet, aber Ihre Tastatur diese Eingabe nicht erlaubt.

^ (Strg-Backslash, oder was Sie als Rückkehrzeichen gesetzt haben) Geben Sie das Rückkehrzeichen zweimal hintereinander ein, um ein solches Zeichen an den Wirtsrechner zu senden.

Eine allgemeinere Technik erlaubt es Ihnen, beliebige Zeichen zu senden. Wenn Sie nach dem Rückkehrzeichen für den Terminalbetrieb einen Backslash (\\) (*nicht* Steuerung-Backslash) eingeben, dann können Sie eine Zahl eingeben, die für einen beliebigen 7- oder 8-Bit-Code steht, den Kermit senden soll.

Dem Backslash folgt wahlweise ein Basis-Indikator: *d* für dezimal, *o* für oktal oder *x* für hexadezimal, und dann eine ein-, zwei- oder dreistellige Zahl zu der angewählten Basis (Hexadezimalzahlen müssen genau zwei Zeichen lang sein), die Kermit als Zeichencode zwischen 0 und 255 (einschließlich) interpretiert. Wenn keine Basis angegeben ist, wird Basis 10 angenommen.

Schließen Sie den Code mit der Eingabe- oder Return-Taste ab, und Kermit sendet das Zeichen, das durch den Code repräsentiert wird. Der „Wagenrücklauf" selbst wird nicht gesendet. Wenn Sie einen grammatisch falschen Backslash-Code eingeben, beept Kermit und sendet gar nichts. In jedem Falle bringt Kermit Sie wieder in den normalen Terminalbetrieb zurück, nachdem der Backslash-Code abgehandelt worden ist.

Nehmen wir an, Ihre Tastatur hätte eine defekte B-Taste. Der ASCII-Code für das große B ist dezimal 66, 102 oktal oder 42 hexadezimal (siehe Tabelle VIII-1). Während einer Terminal-Verbindung können Sie diesen Code auf jede der folgenden Weisen eingeben:

```
^\66
^\d66
^\o102
^\x42
```

Zum Beispiel:

```
Ich wünschte, meine ^\66
-Taste funktionierte.
```

Der Wirtsrechner erhält dann:

```
Ich wünschte, meine B-Taste funktionierte.
```

Auflegen und Beenden: H und Q

Eingabe des Rückkehrzeichens gefolgt von dem Buchstaben *H* fordert C-Kermit auf, die Verbindung aufzulegen. Wenn auf seriellen Wählverbindungen DIAL MODEM-HANGUP ON ist, versucht Kermit, das Modem in den Befehlsbetrieb zu setzen, und dann, das Telefon aufzulegen. Wenn MODEM-HANGUP OFF ist oder das eben genannte nicht funktioniert oder der Modemtyp DIRECT ist, schaltet Kermit das Datenterminal-Bereit-Signal (DTR) für etwa eine halbe Sekunde ab. Ist Ihr serielles Kommunikationsgerät mit einem Modem verbunden, müßte dies das Signal sein, das Ihr Modem zum Auflegen veranlaßt. Netzwerk-Verbindungen werden einfach unterbrochen. Wenn Sie C-Kermit im interaktiven Betrieb laufen lassen, sollte ein erfolgreiches Auflegen Sie automatisch zum C-Kermit-Prompt zurückbringen. Wenn Sie C-Kermit mit der Befehlszeilen-Option -c oder -n gestartet haben, müßte das Auflegen Sie zum System-Prompt zurückbringen (siehe Kapitel 14).

Eingabe von *Q* anstelle von *H* nach dem Rückkehrzeichen fordert C-Kermit zum Aufhängen und dann zur Beendigung (Exit) auf, was Sie zum System-Prompt zurückbringt, unabhängig davon, wie Sie C-Kermit gestartet haben.

Terminal-Emulation

Die OS/2-Version von C-Kermit hat ihren eigenen eingebauten Emulator für DEC-Terminals der Reihen VT102, VT100 und VT52 und umschließt einige Fähigkeiten, die nicht in diesem Kapitel beschrieben sind (siehe Anhang V zu OS/2-spezifischen Informationen). In anderen C-Kermit-Versionen werden die meisten Bildschirm-Formatierungen und sonstigen Terminal-spezifischen Operationen außerhalb von C-Kermit abgehandelt.

Wenn Sie eine UNIX-, VMS-, OpenVMS-, OS-9-, Atari- oder Amiga-Workstation auf dem Schreibtisch haben, wird die spezielle Terminal-Emulation von Workstation-Diensten geleistet. Auf einer DEC-VAXstation zum Beispiel, die unter VMS, OpenVMS oder ULTRIX mit DECwindows läuft, läuft Ihr Zugang zum System-Befehlsprozessor (VMS DCL oder UNIX-Shell) über ein zeichenorientiertes Terminal-Emulations-Fenster, das ein DEC-VT-Terminal emuliert. Wenn Sie C-Kermit in diesem Fenster laufen lassen, bleibt die VT-Terminal-Emulation in Betrieb, so daß vom Wirtsrechner gesendete Escape-Sequenzen im Terminalbetrieb korrekt behandelt werden. Die Terminal-Fenster von Workstations können auch Dienste wie Rollbalken (um Material anzusehen, das bereits vom Bildschirm weggerollt ist), Drucken, Größenveränderungen, Ausschneiden und Einfügen, Schriftart-Auswahl usw. anbieten.

Ähnliche Kommentare gelten für Sun-Workstations (unter Benutzung des Standard-Konsoltreibers oder der Programme VTTOOL oder CTTOOL unter Open Window), NeXT-Workstations (unter Benutzung des TERMINAL- oder des STUART-Fensters), X-Window-System-Stationen (unter Benutzung von *xterm*) [49], IBM RS/6000 mit AIX-Windows und so weiter. System-V-Konsolen auf PC-basierten oder anderen Workstations befolgen im allgemeinen die VT100-(ANSI-)Konventionen mittels eines TERMINFO-Eintrags. Auf dem Commodore Amiga bietet das Konsolgerät automatisch ANSI-Terminal-Emulation, ähnlich dem VT100. Auf dem Atari ST bietet der Konsoltreiber eine Obermenge der VT52-Emulation.

Terminal-Parameter einstellen

Die folgenden Befehle steuern die Anzahl der Daten- und Paritätsbits, die während des C-Kermit-Terminalbetriebs und anderer Terminal-bezogener Operationen benutzt werden.

SET COMMAND BYTESIZE { 7, 8 }
Bestimmt, ob 7 oder 8 Bit für die Zeichen auf der Verbindung zwischen C-Kermit und Ihrer Tastatur bzw. Ihrem Bildschirm verwendet werden; in Abbildung 4-2 mit (A) markiert. Die Voreinstellung ist, 7 Datenbits zu benutzen und das achte Bit zu ignorieren. Diese Einstellung bezieht sich sowohl auf den Befehlsbetrieb (wenn Sie den C-Kermit-Prompt sehen) als auch auf den Terminalbetrieb.

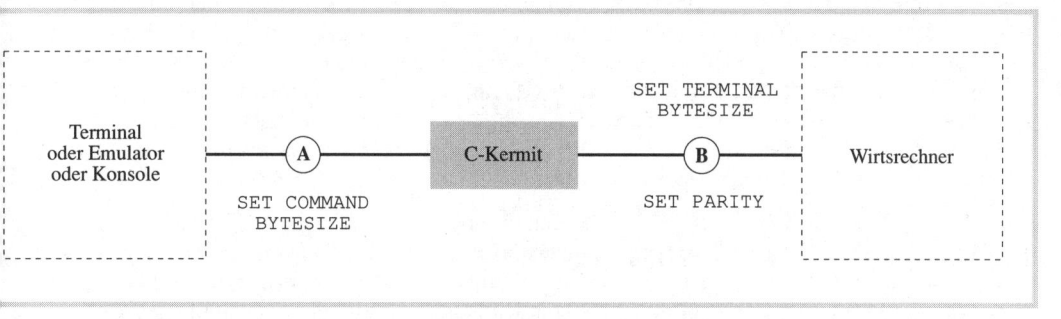

Abbildung 4-2   *Bytegröße für Befehle und Terminal*

SET TERMINAL BYTESIZE { 7, 8 }
Bestimmt, ob der CONNECT-Befehl 7 oder 8 Bit für die Zeichen auf der Verbindung zwischen C-Kermit und dem anderen Rechner verwendet werden; in Abbildung 4-2 mit (B) markiert. Die Voreinstellung ist, 7 Datenbits zu benutzen. Wenn Sie einen Wert von 8 angeben, werden 8-Bit-Zeichen benutzt, wenn PARITY (siehe nächster Abschnitt) auf NONE steht; sonst werden 7-Bit-Zeichen benutzt.

SET PARITY [{ EVEN, ODD, MARK, SPACE, NONE }]
Bestimmt, welche Art von Parität auf der Verbindung zwischen C-Kermit und dem Wirtsrechner (also an der Stelle (B)) benutzt wird. Die Voreinstellung ist NONE. Eine Paritäts-Einstellung von EVEN, ODD, MARK oder SPACE veranlaßt C-Kermit, unabhängig von der Einstellung mit TERMINAL BYTESIZE 7 Datenbits je Zeichen zu verwenden. Eine Paritäts-Einstellung von NONE erlaubt es hingegen der Einstellung von TERMINAL BYTESIZE, die Anzahl von Datenbits je Zeichen festzulegen.

Denken Sie daran, daß die Voreinstellung für PARITY NONE und sowohl für COMMAND als auch für TERMINAL BYTESIZE 7 ist. Dies ist so eingerichtet, weil sehr häufig Wirtsrechner oder -Dienste oder die für die Verbindung benutzten Geräte die Parität benutzen, indem sie sie hinzufügen oder entfernen. Und ebenso häufig sind sich Benutzerinnen dessen nicht bewußt.

Wären die Byte-Größen auf 8 statt auf 7 voreingestellt, würden die Paritätsbits vom Wirtsrechner oder -Dienst her kommender Zeichen diese in andere Zeichen verwandeln, und Sie würden ein Durcheinander auf dem Bildschirm erhalten. Wenn die voreingestellte Parität von C-Kermit nicht NONE wäre, könnte dies Verbindungen ohne Parität unmöglich machen.

Die Voreinstellungen erlauben es demnach, in den meisten Fällen eine Verbindung herzustellen. Wenn Ihre Verbindung Parität benötigt, dann stellen Sie die passende Art mit SET ein. Wenn Sie 8-Bit-Zeichen benutzen müssen, lesen Sie bitte auch Kapitel 9.

SET TERMINAL CHARACTER-SET *Wirts-ZSatz [Lokal-ZSatz]*
Gibt den Wirts- und den lokalen Zeichensatz an, so daß C-Kermit während der Terminal-Sitzungen geeignet übersetzen kann. Der voreingestellte Terminal-Zeichensatz ist TRANSPARENT, was bedeutet, daß Zeichen während der Terminal-Verbindung nicht übersetzt werden. Dieser Befehl und Zeichensätze im allgemeinen werden in Kapitel 9 erläutert.

SET TERMINAL ECHO *{ LOCAL, REMOTE }*
Bestimmt, ob C-Kermit die von Ihnen eingegebenen Zeichen selbst lokal auf den Bildschirm bringen (LOCAL) oder ob der Wirt dies übernehmen soll (REMOTE). Die Voreinstellung ist REMOTE, außer für TELNET-Verbindungen, die mit LOCAL beginnen, solange dies nicht über das TELNET-Protokoll anders verhandelt oder durch einen Befehl SET TELNET ECHO außer Kraft gesetzt wird (siehe Kapitel 3). Wenn Sie eingegebene Zeichen nicht sehen, sollten Sie SET TERMINAL ECHO LOCAL geben. Wenn Sie Zeichen bei der Eingabe doppelt sehen, dann geben Sie SET TERMINAL ECHO REMOTE. Die Befehle SET DUPLEX und SET LOCAL-ECHO steuern die gleiche Funktion.

SET TERMINAL LOCKING-SHIFT *{ ON, OFF }*
Gibt an, ob C-Kermit die Steuerzeichen Shift-In und Shift-Out (Strg-N und Strg-O) während einer Terminal-Sitzung für die Übertragung von 8-Bit-Zeichen über eine 7-Bit-Verbindung zwischen C-Kermit und dem Wirtsrechner benutzen sollte (siehe Kapitel 9 zu einer vollständigeren Darstellung dieser Möglichkeit). Diese Einstellung gilt für beide Richtungen: für Zeichen, die Sie auf der Tastatur eingeben, und für Zeichen, die von dem Wirtsrechner oder -Dienst her ankommen.

SET TERMINAL NEWLINE-MODE *{ ON, OFF }*
Gibt an, ob C-Kermit auf der Tastatur eingegebene Carriage-Return-Zeichen (Wagenrücklauf, CR, ASCII 13) vor der Übertragung automatisch in Kombinationen von Carriage Return und Zeilenvorschub (CR und LF, ASCII 13 und 10) konvertieren sollte. Normalerweise abgeschaltet (OFF). Benutzen Sie diese Einstellung nicht, solange Ihre Terminalbetriebs-Bildschirme nicht so aussehen, als bräuchten sie es. Normalerweise äußert sich das so, daß der Wirtsrechner nicht auf Ihre Befehle reagiert oder Ihre Befehle einander überschreiben.

SET TERMINAL CR-DISPLAY *{ CRLF, NORMAL }*
Dies ist genau wie SET TERMINAL NEWLINE-MODE, aber in der anderen Richtung. Es bestimmt, ob vom Kommunikationsgerät her erhaltene Carriage-Return-Zeichen als reine

Wagenrückläufe (NORMAL, die Voreinstellung) oder als Wagenrücklauf plus Zeilenvorschub (CRLF) dargestellt werden sollen. Benutzen Sie die Einstellung CRLF, wenn Sie mit einem Gerät verbunden sind, das seine Ausgabezeilen mit einem reinen Carriage Return beendet.

SHOW TERMINAL
Zeigt Ihre aktuellen Terminal-Einstellungen an:

```
C-Kermit>sho term
  Command bytesize:     7 bits
  Terminal bytesize:    7 bits
  Terminal echo: remote
  Terminal locking-shift: off
  Terminal newline-mode:  off
  Terminal cr-display:     cr-only
  Terminal character-set: transparent
  CONNECT-mode escape character: Ctrl-\ (ASCII 28, FS)
  Suspend: on
C-Kermit>
```

In diesem Beispiel führt die Anzeige von SHOW TERMINAL alle Terminal-Voreinstellungen von UNIX-C-Kermit auf. Die Zeile *Suspend: on* betrifft nur UNIX-Systeme (siehe Anhang III) und tritt in anderen Betriebssystemen nicht auf.

Tastaturbelegung

C-Kermit kann jedes Zeichen oder jede Folge von Zeichen für jede Taste einsetzen, die Sie während einer Terminal-Verbindung drücken. Für Tasten, die 7- oder 8-Bit-Codes produzieren, ist die Voreinstellung für jede Taste sie selbst, d. h., die Taste überträgt tatsächlich den Code, den sie produziert, wenn Sie sie drücken. Sie können die folgenden Befehle benutzen, um die Voreinstellungen zu ändern.

SHOW KEY
Nach diesem Befehl bittet Kermit Sie, eine Taste zu drücken. Wenn Sie dies tun, zeigt Kermit Ihnen den Codewert der Taste und die aktuelle Belegung der Taste. Die Codes und ihre Zeichenzuweisungen sind naturgemäß systemabhängig. Ein Beispiel von einer NeXT-Workstation:

```
C-Kermit>set command bytesize 8
C-Kermit>show key
 Press key: Alt-s
 Key code \251 => Character: ß \251 (self, no translation)
```

Der Benutzer gibt Alt-s ein (die mit „Alternate" oder „Alt" beschriftete Taste gedrückt halten und die s-Taste drücken). Auf dem NeXT produziert dies ein ß, ein „scharfes deutsches s". 251 ist der Code dieses Zeichens. In den meisten C-Versionen sind nur 7-Bit- und 8-Bit-Zeichen zugänglich. Unter OS/2 gibt es zusätzliche Codes für Alt-Kombinationen und Funktions- und Pfeil-Tasten.

SET KEY *Tastencode [Definition]*
Dies weist die angegebene Definition allen Tasten zu, die den angegebenen Tastencode produzieren. Der *Tastencode* kann eine einfache Zahl in dezimaler, oktaler oder hexadezimaler Schreibweise sein (Tabelle I-2). Normalerweise würden Sie dieselbe Notation für die Taste verwenden, die SHOW KEY dafür anzeigt. Die Definition kann ein einzelnes Zeichen, das (wenn möglich) buchstäblich oder auch in Backslash-Notation angegeben ist, oder eine Folge von Zeichen (die mitunter Backslash-Codes enthält) sein. Bei Weglassen der Definition wird die Voreinstellung für die Taste wiederhergestellt. Hier sind einige Beispiele, in denen wir der Alt-s-Taste des NeXT verschiedene Werte zuweisen:

```
C-Kermit>set key \251 \29            (Strg-Rechte-Eckige-Klammer)
C-Kermit>set key \251 x              (Das einzelne Zeichen 'x')
C-Kermit>set key \251 ss             (Doppeltes 's')
C-Kermit>set key \251 Ach je, ist das eine wortreiche Taste!\13
C-Kermit>set key \251                (Voreinstellung wiederherstellen)
```

Der C-Kermit-Befehl SET KEY hat mehrere Beschränkungen:

- Um 8-Bit-Tastencodes zu verwenden, müssen Sie vorher SET COMMAND BYTESIZE 8 ausführen. Die Methode für die Eingabe von 8-Bit-Zeichen hängt von Ihrem Rechner, vom Betriebssystem, vom Terminal-Emulator (falls vorhanden), von der Tastatur und vom Tastaturtreiber ab.
- Wenn Sie SET KEY benutzen, um Terminalbetriebs-Rückkehrzeichen einzelnen Tasten zuzuweisen, werden die der Taste zugewiesenen Zeichen übertragen und nicht als Rückkehrzeichen behandelt.
- Wenn Sie einen NUL-Wert (ASCII 0, \0) in einer Tastendefinition stehen haben, beendet er die Definition, und der NUL-Wert selbst wird nicht übertragen, wenn Sie die Taste drücken.

Ein gängiger Gebrauch für den Befehl SET KEY ist es, ungünstig plazierte Tasten für einfacheres Tippen umzulegen. Zum Beispiel haben einige Tastaturen die Esc- bzw. Escape-Taste ganz weit rechts außerhalb des normalen Bereichs liegen, die Accent-Grave-Taste (`, umgekehrtes einfaches Anführungszeichen) jedoch an einer günstigeren Stelle. Benutzen Sie SET KEY, um die beiden zu vertauschen:

```
C-Kermit>set key \96 \27
C-Kermit>set key \27 \96
```

Eine andere gängige Verwendung von SET KEY ist die Änderung dessen, was Ihre BACKSPACE- bzw. RÜCKtaste sendet. Einige Wirtsrechner erwarten DEL (Delete, ASCII 127), andere BS (Backspace, Strg-H, ASCII 8). Das folgende Beispiel weist den ASCII-Code BS der Rücktaste des NeXT zu, deren Tastencode (und damit auch voreingestellte Belegung) 127 ist:

```
C-Kermit>set key \127 \8
C-Kermit>set key \8 \127
```

Auch hier vertauschen wir Tasten. Falls wir tatsächlich einmal ein echtes DEL senden müssen, wird es der Taste Strg-H zugewiesen. C-Kermits Zuweisungen mit SET KEY sind nur aktiv, wenn der CONNECT-Befehl aktiv ist. Wenn Sie eine Taste drücken, die mit SET KEY definiert worden ist, werden alle Terminal- und Kommunikationseinstellungen auf die in der Definition enthaltenen Zeichen angewendet, bevor sie gesendet werden, genau als wenn Sie die Zeichen während des Terminalbetriebs selbst eingegeben hätten.

Die Terminal-Sitzung protokollieren, Fehler suchen

Sie können C-Kermit alle Zeichen, die während einer Terminal-Sitzung auf dem Bildschirm erscheinen, in eine Datei kopieren lassen, die Sitzungsprotokoll (*session log*) genannt wird. Sie können C-Kermit Steuerzeichen auch sichtbar darstellen lassen, statt sie dem Terminal-Emulator oder Konsoltreiber zu übergeben. Hier folgen die Befehle dazu:

LOG SESSION *[[Dateiname] {* **APPEND, NEW** *}]*

Dieser Befehl fordert C-Kermit auf, alle zum Bildschirm gesendeten Zeichen in die Datei des angegebenen Namens zu kopieren. Wenn kein Name angegeben ist, legt Kermit eine neue Datei mit Namen `SESSION.LOG` im aktuellen Verzeichnis an. Das am Ende stehende Schlüsselwort APPEND oder NEW bestimmt, ob das Sitzungsprotokoll ggf. an das Ende einer bestehenden Datei angehängt oder eine neue Datei angelegt wird. Die Voreinstellung ist NEW (unter VMS und OpenVMS wird immer eine neue Dateiversion angelegt). Zeichen werden in ihrer 8-Bit-Form aufgezeichnet, wenn PARITY NONE und TERMINAL BYTESIZE 8 ist; sonst werden nur 7-Bit-Zeichen protokolliert. Wenn der Terminal-Zeichensatz nicht TRANSPARENT ist, werden die Zeichen nach der Übersetzung aufgezeichnet. Die Einstellung wird auch in der Meldung nach CONNECT und bei der Statusanzeige-Anfrage im Terminalbetrieb angezeigt:

```
C-Kermit>log ses              (Sitzungsprotokoll starten)
C-Kermit>connect              (Starte Terminal-Verbindung)
Connecting to /dev/ttyh8, speed 9600
...
(Session logged to session.log, text)
login: Strg-\S                (Status-Anfrage)
...
Logging to: session.log
```

CLOSE SESSION
Beendet das Sitzungsprotokoll und schließt die Protokoll-Datei. Die Protokoll-Datei wird auch automatisch geschlossen, wenn Sie C-Kermit beenden.

SET SESSION-LOG { BINARY, TEXT }
(Nur UNIX und AOS/VS) Ein Sitzungsprotokoll im Binärmodus enthält jedes Zeichen, das vom Wirtsrechner ankommt, einschließlich der Füllzeichen NUL und DEL, der Flußkontroll-Zeichen XON und XOFF und der Carriage Returns. Wenn der Protokoll-Typ TEXT ist, läßt C-Kermit die Zeichen NUL, XON, XOFF, DEL und CR weg, so daß das Ergebnis wahrscheinlich besser als UNIX- oder AOS/VS-Textdatei zu verwenden ist. (Dieser Befehl hat unter VMS, OS/2 und den anderen Betriebssystemen keine Wirkung.) TEXT ist der voreingestellte Sitzungsprotokoll-Typ.

SET DEBUG { SESSION, OFF }
Der Befehl SET DEBUG SESSION macht Ihren Bildschirm im Terminalbetrieb zu einer Art Daten-Analysegerät. Steuer- und 8-Bit-Zeichen werden darstellbar angezeigt. Zum Beispiel wird Strg-A als ^A, ESC als ^[usw. angezeigt (siehe Tabelle VIII-2). Ein 8-Bit-Zeichen wird als Tilde (~) dargestellt, der die 7-Bit-Version des Zeichens folgt; der Buchstabe A mit gesetztem Paritätsbit sieht also so aus: ~A. Auf Netzwerk-Verbindungen werden TELNET-Protokoll-Verhandlungen auf dem Bildschirm dargestellt. Terminal-Zeichensätze werden während dieser Art von Fehlersuche nicht umgesetzt. Normalerweise ist die Sitzungs-Fehlersuche OFF.

Es folgt ein Beispiel einer Debug-Anzeige auf einer TELNET-Verbindung, in der sowohl TELNET-Verhandlungen als auch Steuerzeichen darstellbar angezeigt werden:

```
C-Kermit>set debug session
C-Kermit>telnet tapir.soft.com
[WILL TERMINAL TYPE][DO SUPPRESS GO AHEAD]<DO TERMINAL TYPE><WIL
L SUPPRESS GO AHEAD><SB TERMINAL TYPE 01 IAC SE>[SB TERMINAL TYP
E 00 VT300 IAC SE]<WILL ECHO>[DO ECHO]<DO ECHO>^M^J^M^JSunOS UNI
X (watsun)^M^J^M^@^M^J^M^@login: olaf^M^JPassword:^M^JLast login
: Sat Jul  4 16:20:45 from tapir^M^JSunOS Release 4.1.1 (TAPIR)
#1: Mon Sep 23 20:11:19 EDT 1991^M^J^M^J^[[1;24r^[[24;1H^M^@Will
kommen auf /dev/ttyp6^M^J$ exit^M^J[WONT ECHO]<DONT ECHO>
```

Die TELNET-Optionen, die Kermit sendet, sind in eckige Klammern eingeschlossen, die erhaltenen in spitze Klammern. ^[[1;24r^[[24;1H ist ein Initialisierungs-Befehl für ein VT-Terminal. ^M^J ist eine Folge aus Carriage Return und Zeilenvorschub, und ^@ ist ein NUL-Zeichen.

5 Grundlagen des Dateitransfers

Dieses Kapitel erläutert die grundlegende Methode zum Übertragen von normalen Text- wie von Binärdateien mit Hilfe des Kermit-Protokolls. Sollten Sie auf Schwierigkeiten stoßen, lesen Sie in Kapitel 6 nach, wie man sie behebt. Müssen Sie Textdateien übertragen, die nationale oder internationale Sonderzeichen (z. B. Umlaute) enthalten, lesen Sie bitte auch Kapitel 9. VMS- und OpenVMS-Benutzerinnen, die mit besonderen Dateiformaten umgehen können müssen, sollten auch Anhang IV lesen. Um Dateien mit anderen Rechnern oder Diensten auszutauschen, auf denen kein Kermit-Dateitransfer zur Verfügung steht, ziehen Sie Kapitel 10 zu Rate. Nachdem Sie den grundlegenden Dateitransfer gemeistert haben, können Sie eine Zeitlang mit dem Lesen aufhören. Merken Sie später, daß Sie leichtere oder schnellere Arten des Datentransfers benötigen, lesen Sie die Kapitel 7 und 8. Wollen Sie sich selbst durch Automatisierung wegrationalisieren, lesen Sie die Kapitel 11 bis 13 zum Thema Skript-Programmierung.

Grundlegende Dateitransfer-Befehle

Das Kermit-Protokoll dient dem Dateitransfer von einem Rechner zu einem anderen und benötigt Kermit-Software auf beiden Computern. Kermit-Programme kommunizieren über formatierte Nachrichten, die *Pakete* genannt werden, miteinander. Wenn Pakete während der Übertragung verloren gehen, dupliziert oder beschädigt werden, meldet der empfangende Kermit dies dem sendenden Kermit, woraufhin dieser automatisch geeignete Aktionen ausführt, die sicherstellen, daß Ihre Dateien ohne Fehler übertragen werden. Eine detaillierte Beschreibung des Kermit-Protokolls finden Sie in dem Buch *Kermit, A File Transfer Protocol* [18]. Wir nehmen im folgenden an, daß Sie die Ausdrücke „lokaler Rechner" und „Wirtsrechner" kennen und Ihren lokalen mit dem Wirtsrechner unter Benutzung von Kermit-Kommunikations-Software verbinden können. Wenn nötig, lesen Sie bitte noch einmal in Kapitel 3 nach, bzw. ziehen Sie die Dokumentation für Ihr lokales Kermit-Programm zu Rate, falls dies kein C-Kermit ist.

Die grundlegenden Dateitransfer-Befehle sind SEND und RECEIVE (*empfangen*). Der Kermit des einen Rechners muß angewiesen werden, eine Datei zu senden, dem des anderen muß gesagt werden, er solle sie empfangen.

Der SEND-Befehl

SEND *Dateispezifikation*

Der SEND-Befehl sendet die Datei(en), die durch *Dateispezifikation* gegeben sind, an das Kermit-Programm des anderen Rechners, dem ein RECEIVE-Befehl gegeben werden muß.

Die *Dateispezifikation* darf „Jokerzeichen" enthalten, um alle „passenden" Dateien zu senden. Ein Jokerzeichen ist ein in Dateinamen benutztes Sonderzeichen, um Dateigruppen zu bezeichnen, deren Namen auf ein gegebenes Muster passen. Jokerzeichen werden unter UNIX auch *Metazeichen*, unter AOS/VS auch *Schablonen* (*Templates*) genannt. Die Benutzungsregeln für Jokerzeichen können sich von System zu System unterscheiden. Tabelle 5-1 gibt einen Überblick über die Sonderzeichen, die in Dateinamen auf den Systemen verwendet werden können, die von C-Kermit unterstützt werden; Die mit einem Sternchen (*) in der ersten Spalte markierten Einträge werden als Jokerzeichen betrachtet. Die Einzelheiten erfahren Sie aus den System-spezifischen Anhängen dieses Buches.

Feld oder Muster	UNIX	VMS	AOS/VS	OS/2	OS-9	Amiga	Atari
Benutzername	~			~			~
Verzeichnistrenner	/	[.]	:	\ oder /	/	/	\
Aktuelles Verzeichnis	.	[]	=	.	.		.
Übergeordnetes Verzeichnis	..	-	^	..	..	/	.
* Untergeordnete Verzeichnisse		...	#				
* Beliebige Zeichenfolge	*		+			*	
* Beliebige Zeichenfolge ohne „."		*	-	*			*
* Beliebiges einzelnes Zeichen	?					?	
* Beliebiges Zeichen außer „."		%	*	?			?
* Beliebiges Zeichen aus einer Menge	[abc] [a-z]						
* Beliebiger String aus einer Menge	{foo,bar}						
* Ausgenommener String		\					

Tabelle 5-1   Sonderzeichen in Datei-Spezifikationen für C-Kermit

Der Name jeder Datei wird, ggf. in Großbuchstaben umgesetzt, an das empfangende Kermit-Programm gesendet, so daß die Datei bei ihrer Ankunft automatisch unter ihrem eigenen Namen gespeichert werden kann. SEND kann mit dem einzelnen Buchstaben s abgekürzt werden, obschon andere C-Kermit-Befehle ebenfalls mit diesem Buchstaben beginnen. Hier sind einige Beispiele für die Benutzung dieses Befehls:

```
C-Kermit>send tapir.txt        (Eine einzelne Datei)
C-Kermit>sen tapir.+           (Alle tapir-Dateien unter AOS/VS)
C-Kermit>sen tapir.*           (Alle tapir-Dateien auf anderen Systemen)
C-Kermit>s \?\?                (UNIX-Dateien mit zweibuchstabigen Namen)
C-Kermit>s %%                  (VMS-Dateien mit zweibuchstabigen Namen)
```

Das Standardverzeichnis für Dateinamen ist das, in dem Sie beim Starten von C-Kermit gestanden haben, bzw. das zuletzt mit dem CD-Befehl angegebene. Sie können Platten- und/oder Verzeichnis-Informationen in der *Dateispezifikation* für Dateien außerhalb Ihres aktuellen Verzeichnisses mit angeben. Für die Übertragung werden Angaben zu Gerät (Platte), Verzeichnis oder Version normalerweise aus dem Dateinamen entfernt. Wenn zum Beispiel die folgende Datei von VMS-C-Kermit gesendet wird:

```
C-Kermit>send $disk1:[immanuel]login.com;5
```

wird dem Empfänger als Dateiname einfach LOGIN.COM mitgeteilt.

Der RECEIVE-Befehl

RECEIVE [Dateiname]
Der RECEIVE-Befehl weist C-Kermit an, darauf zu warten, daß eine oder mehrere Dateien von dem anderen Kermit-Programm, dem ein SEND-Befehl gegeben werden muß, ankommen.

Die Namen ankommender Dateien werden in das für das jeweils zugrundeliegende Betriebssystem typische Format konvertiert; zum Beispiel wandelt UNIX-C-Kermit Großbuchstaben im Dateinamen in Kleinbuchstaben um. Enthält der ankommende Dateiname eine Geräte- oder Verzeichnisangabe, versucht C-Kermit, die Datei dort zu speichern. Der RECEIVE-Befehl kann durch den einzelnen Buchstaben R abgekürzt werden. Typische Benutzungsbeispiele sehen wie folgt aus:

```
C-Kermit>receive               (Empfange eine oder mehrere Dateien)
C-Kermit>r                     (Empfange eine oder mehrere Dateien)
```

Ist der optionale *Dateiname* angegeben, wird die ankommende Datei unter diesem Namen statt unter dem mitgesendeten abgelegt:

```
C-Kermit>receive tapir.txt     (Lege ankommende Datei als tapir.txt ab)
```

Der hier angegebene Name kann Angaben zu Platte und Verzeichnis enthalten, so daß die ankommende Datei an einer anderen Stelle als in Ihrem aktuellen Verzeichnis gespeichert werden kann, und kann auch ein Gerät – etwa einen Drucker – bezeichnen, wenn Ihr Betriebssystem dies erlaubt. Er darf keine Jokerzeichen enthalten. Kommt mehr als eine Datei an, wird nur die erste umbenannt; die restlichen werden unter ihren eigenen Namen gespeichert. UNIX legt die Datei genau unter dem angegebenen Namen an; VMS, OpenVMS, AOS/VS und andere Systeme erzeugen die Datei jedoch mit einem großbuchstabigen Namen, selbst wenn Sie ihn in Kleinbuchstaben angegeben haben.

Der RECEIVE-Befehl verlangt, daß Sie Schreibrechte auf dem Gerät und in dem Verzeichnis haben, in dem die ankommende Datei gespeichert werden soll. C-Kermit legt keine Datei für Sie an, die Sie nicht auch selbst anders erzeugen könnten.

Weitere Befehle zum Senden von Dateien

Eine Variante des SEND-Befehls erlaubt es Ihnen, eine zu sendende Dateiliste statt nur einer Dateispezifikation anzugeben:

MSEND *Dateispezifikation [Dateispezifikation [...]]*
Dieser Befehl steht für **Mehrfaches Senden**. Er sendet alle in der Liste angegebenen Dateien mit einer einzigen Operation, so daß Sie dem anderen Kermit nur einen einzigen RECEIVE-Befehl geben müssen. Die Namen werden durch Leerzeichen voneinander getrennt. Jede Datei wird unter ihrem eigenen Namen gesendet. Jedes Element der Liste kann der Name einer einzelnen Datei oder eine Dateigruppenspezifikation mit Jokerzeichen sein. Die Dateien können sich auf verschiedenen Geräten und in verschiedenen Verzeichnissen befinden. Hier sind einige Beispiele für die Anwendung:

```
C-Kermit>msend tapir.txt tapir.neu      (Zwei Dateien oder ...)
C-Kermit>mse ~john/*.c ~paul/*.h        (mehr aus verschiedenen Verzeichnissen)
C-Kermit>ms [george]*.c [ringo]*.h      (Ebenfalls, VMS und OpenVMS)
C-Kermit>ms ckc*.c cku*.c ckw*.c ck*.h makefile
```

Mit einer letzten Variante des SEND-Befehls können Sie Dateien unter einem anderen Namen senden:

SEND *Dateiname [Wirts-Dateiname]*
Dieser Befehl sendet die Datei namens *Dateiname*, der keine Jokerzeichen enthalten darf, und teilt dem Empfänger *Wirts-Dateiname* als Namen mit, wie in diesem Beispiel gezeigt:

```
C-Kermit>send nacht.txt tag.txt
```

Dies sendet die Datei `nacht.txt`, behauptet dem empfangenden Kermit gegenüber jedoch, ihr Name sei `tag.txt`. Der *Wirts-Dateiname* sollte sich nach den Dateinamens-Regeln auf dem Wirtsrechner richten. Er kann beliebige darstellbare Zeichen und sogar Leerzeichen enthalten. C-Kermit prüft die formale Richtigkeit nicht (und kann dies auch gar nicht) und wandelt ihn in keiner Weise um. Geben Sie das Feld *Wirts-Dateiname* nicht an, wird die Datei unter ihrem eigenen Namen gesendet.

Einfache Beispiele für Dateitransfer

Führen wir zunächst einmal zwei neue Wörter ein, die sich mittlerweile auch im deutschen Sprachraum eingebürgert haben und in Abbildung 5-1 dargestellt sind: *Upload* und *Download*. Upload bedeutet, daß eine Datei von Ihrem lokalen Rechner zum Wirtsrechner gesendet („hinaufgeladen", wie es die Pfeilrichtungen in der Abbildung andeuten) wird; Download bedeutet, daß eine Datei vom Wirtsrechner zu Ihrem lokalen Rechner übertragen („heruntergeladen") wird.

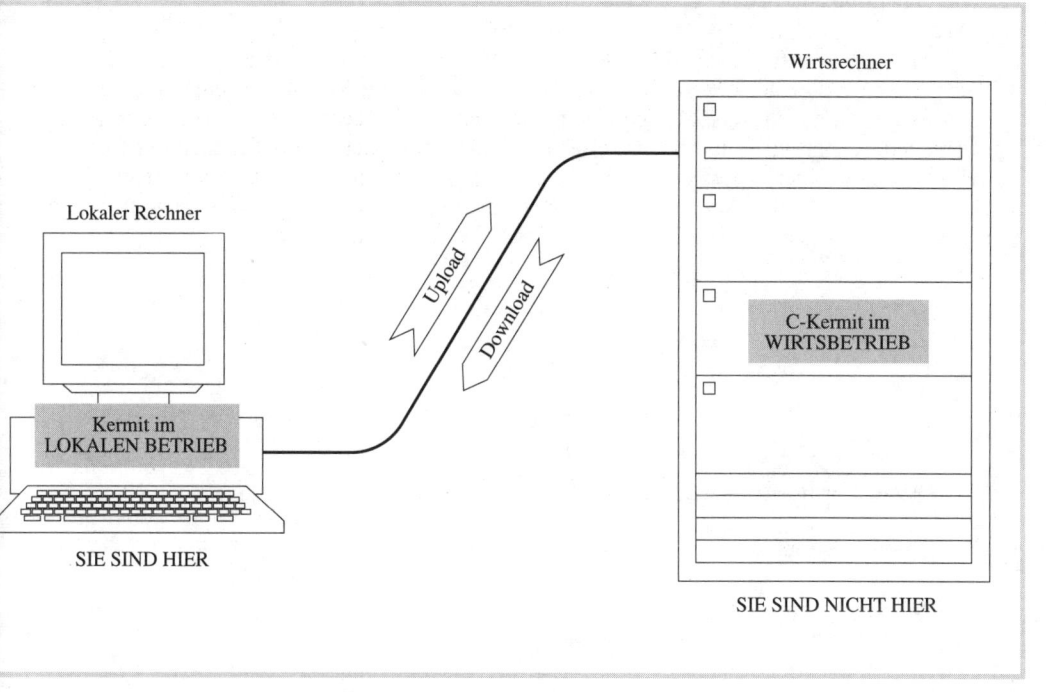

Abbildung 5-1   Upload und Download

Solange Sie nichts anderes eingestellt haben, sind alle Kermit-Programme zunächst so eingestellt, daß zumindest normale Textdateien mit Standard-ASCII-Text (ohne Umlaute usw.) übertragen werden können. Fangen wir also damit an; der Ablauf beim *Upload* sieht im einzelnen so aus:

1. Starten Sie Kermit auf Ihrem lokalen Rechner.
2. Stellen Sie eine Verbindung zum Wirtsrechner her.
3. Machen Sie Ihren lokalen Rechner mit CONNECT zu einem Terminal für den Wirtsrechner, und loggen Sie sich ein.
4. Starten Sie Kermit auf dem Wirtsrechner, und weisen Sie ihn mit RECEIVE an, die gewünschte Datei zu empfangen.

5. Wenn nötig, kehren Sie zu dem Kermit auf dem lokalen Rechner zurück.
6. Weisen Sie den lokalen Kermit an, die Datei zu SENDen.
7. Beobachten Sie die Dateitransfer-Anzeige.
8. Warten Sie auf den Beep bzw. die Meldung, die den Abschluß des Dateitransfers anzeigt.
9. Gehen Sie mit CONNECT wieder zum Wirtsrechner, erledigen Sie dort nach Bedarf weitere Aufgaben, und loggen Sie sich aus, wenn Sie damit fertig sind.
10. Kehren Sie zu Ihrem lokalen Kermit zurück (falls nötig), und verlassen Sie ihn mit EXIT.

In unserem ersten Beispiel, das in Abbildung 5-2 gezeigt ist, sitzen Sie an einem mit MS-DOS-Kermit ausgestatteten PC. Sie verbinden sich über eine direkte Leitung mit einem VAX-Rechner und „uploaden" eine Datei zu C-Kermit auf der VAX.

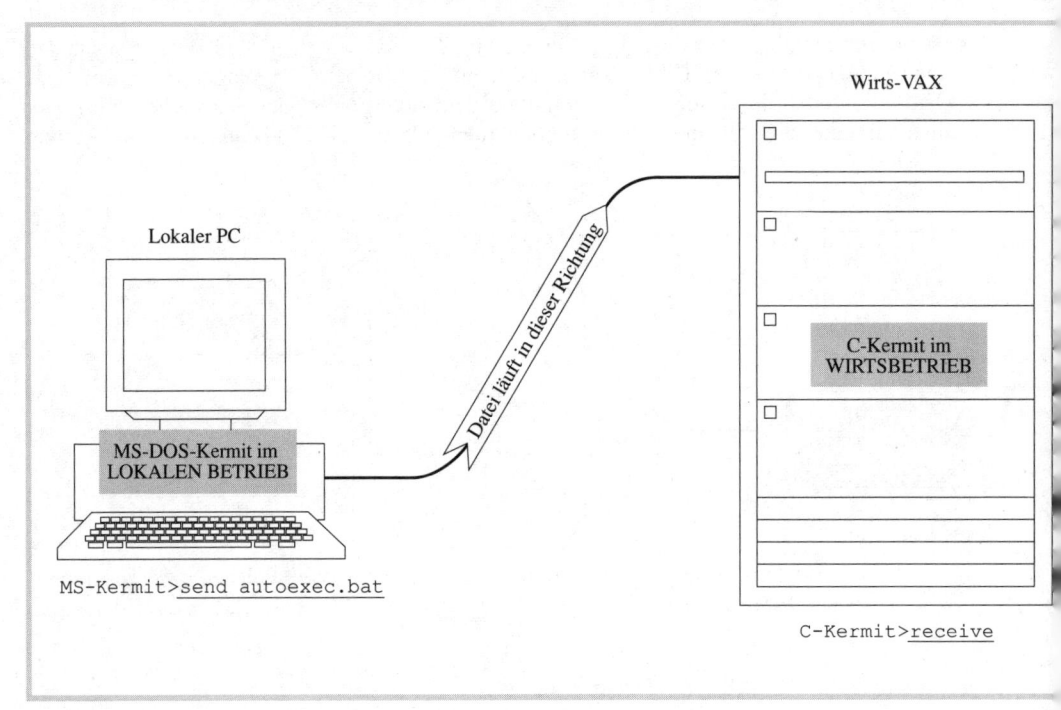

Abbildung 5-2 Eine Datei senden (Upload)

```
C:\>kermit                    (Kermit auf dem PC starten)
MS-Kermit>set speed 9600      (Gewünschte Geschwindigkeit einstellen)
MS-Kermit>connect             (Terminal-Emulation beginnen)

Username: bertrand            (Auf der VAX einloggen)
Password: _____               (Ihr Paßwort eingeben)

$ kermit                      (Kermit auf der VAX starten)
```

```
C-Kermit 5A(189), 23 Jul 93, OpenVMS VAX
Type ? or HELP for help
C-Kermit>receive                        (C-Kermit empfängt die Datei)
Return to your local Kermit and give a SEND command.

KERMIT READY TO RECEIVE...
Alt-X                                   (Zum PC zurückkehren)
                                        (Alt-Taste gedrückt halten und X drücken)
MS-Kermit>send autoexec.bat             (PC zum Senden der Datei veranlassen)

  (Die Datei wird transferiert ...)

MS-Kermit>                              (Beep, alles erledigt)
```

Na bitte, die Datei ist transferiert. Beachten Sie, daß Sie nur dem sendenden Kermit den Namen der zu sendenden Datei nennen müssen. Er teilt dem empfangenden Kermit das Nötige mit, so daß die Datei automatisch unter dem richtigen Namen gespeichert wird. Der Vollständigkeit halber kehren wir noch eben zur VAX zurück und beenden unsere Sitzung ordentlich:

```
MS-Kermit>connect                       (Wieder mit der VAX verbinden)
C-Kermit>dir /size/date autoexec        (Ist die Datei wirklich da?)
Directory $DISK1:[BERTRAND]
AUOTEXEC.BAT;1    3  31-DEC-93 23:59:59
C-Kermit>exit                           (C-Kermit auf der VAX beenden)
$ logout                                (Aus der VAX ausloggen)
Alt-X                                   (Zum PC zurückkehren)
MS-Kermit>exit                          (MS-DOS-Kermit beenden)
C:\>                                    (Zurück beim DOS-Prompt)
```

Nun sind Sie wieder da, wo Sie begonnen haben. Übrigens ist *Alt-x* eine handliche MS-Kermit-Abkürzung für *Strg-\C*.

Tip: War der Dateitransfer nicht erfolgreich, liegt das wahrscheinlich an einem Kommunikationsparameter namens *Parität*. Versuchen Sie, C-Kermit auf dem Wirtsrechner den Befehl

```
C-Kermit>set parity even
```

(oder SET PARITY SPACE) zu geben, bevor Sie ihm den RECEIVE-Befehl geben, und geben Sie denselben SET-Befehl auch Ihrem lokalen Kermit, bevor Sie ihm den SEND-Befehl geben. Wir werden Parität und andere Schwierigkeiten in Kapitel 6 behandeln.

Download

Ein *Download* ist genau dasselbe wie ein Upload, nur daß die Befehle SEND und RECEIVE miteinander vertauscht werden. In diesem Beispiel, das in Abbildung 5-3 dargestellt ist, verbinden wir uns von einem CP/M-Microcomputer auf Ihrem Schreibtisch mit einer Data General MV unter AOS/VS als Wirtssystem. Der Micro ist der lokale Rechner, die MV ist der Wirt, und beide sind direkt miteinander verbunden:

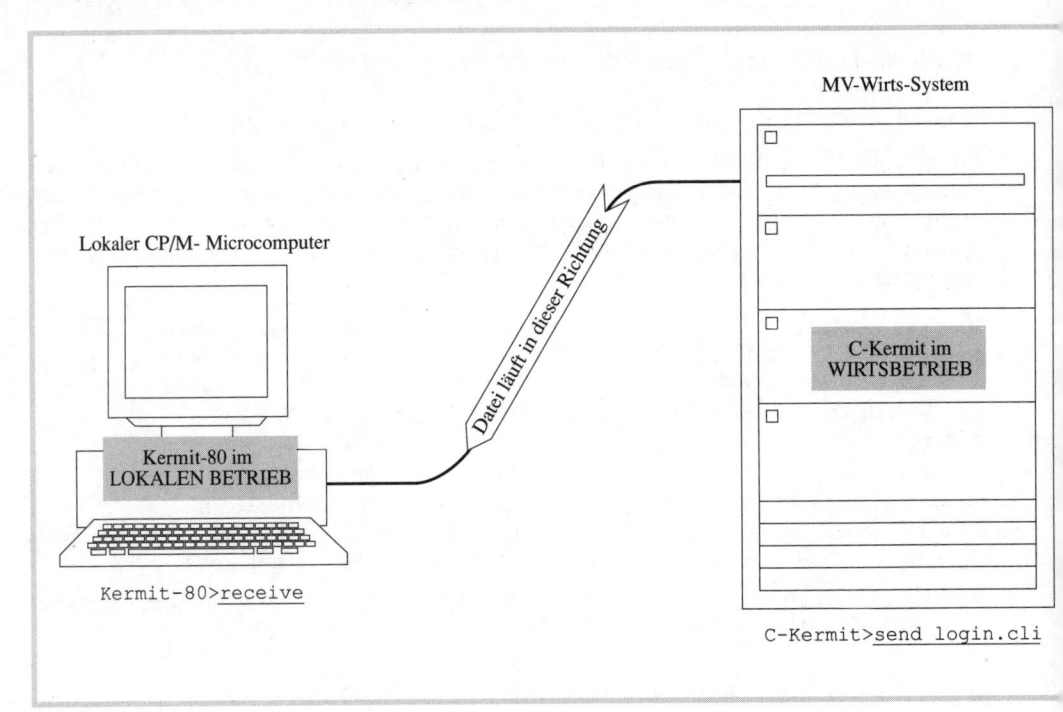

Abbildung 5-3 Eine Datei empfangen (Download)

```
B>a:kermit                          (Kermit auf dem Micro starten)
Kermit-80 v4.11
Kermit-80>set speed 9600            (Gewünschte Geschwindigkeit einstellen)
Kermit-80>connect                   (Terminal-Emulation beginnen)
Username: gottlob                   (Auf dem MV-System einloggen)
Password: _____                     (Ihr Paßwort eingeben)
) kermit                            (Kermit auf dem MV-System starten)
C-Kermit 5A(189), 23 Jul 93, AOS/VS
Type ? or HELP for help
C-Kermit>                           (AOS/VS-C-Kermit-Prompt)
C-Kermit>send login.cli             (C-Kermit sendet die Datei)
Return to your local Kermit and give a RECEIVE command.
```

```
KERMIT READY TO SEND...
Strg-]C                          (Zum Micro zurückkehren)
Kermit-80>rec                    (Der Micro empfängt die Datei)

  (Die Datei wird transferiert ...)

Kermit-80>                       (Gebeept, getan)
Kermit-80>dir login              (Nachsehen)
LOGIN CLI    3
Kermit-80>
```

Sehen Sie, die Datei steht wirklich auf der Platte Ihres Micros und wurde automatisch unter dem richtigen Namen abgespeichert. Nun verbinden Sie sich erneut mit dem Wirtsrechner, beenden Sie Ihre Sitzung, und loggen Sie sich aus:

```
Kermit-80>c                      (Zum Wirt)
C-Kermit>exit                    (C-Kermit verlassen)
) bye                            (Aus AOS/VS ausloggen)
Strg-]C                          (Zurückkehren)
Kermit-80>
```

Was bedeuten diese Schlängel?

Wenn Sie dem Wirts-Kermit wie in dem vorigen Beispiel den SEND-Befehl geben, wartet er einige Sekunden, um Ihnen Zeit zu geben, zum lokalen Kermit-Programm zurückzukehren und einen RECEIVE-Befehl zu geben. Dann sendet er sein erstes Dateitransfer-Paket. Die Wartezeit beträgt normalerweise etwa fünf Sekunden. Schaffen Sie es nicht, schnell genug zurückzukehren, sehen Sie auf Ihrem Bildschirm das erste Paket, das etwa so aussieht:

```
C-Kermit>send tapir.txt
Return to your local Kermit and give a RECEIVE command.

KERMIT READY TO SEND...
^A0 Sz* @-#Y1~*   yE
```

Das ist nichts Schlimmes; Sie haben insgesamt eine volle Minute Zeit, zurückzukehren und den empfangenden Kermit an die Arbeit zu bekommen, ehe der Wirts-Kermit die Geduld verliert und zu seinem Prompt zurückkehrt. Sind Sie jedoch vom Erscheinen dieses Pakets auf Ihrem Bildschirm beunruhigt, können Sie das Verzögerungs-Intervall verlängern:

SET DELAY *Zahl*
> Dies teilt einem C-Kermit im Wirtsbetrieb mit, wie viele Sekunden er warten soll, bevor er sein erstes Paket sendet, nachdem er einen SEND-Befehl erhalten hat. Ein Beispiel für die Anwendung sieht so aus:

```
C-Kermit>set delay 10
```

Wenn Sie dann einmal ganz erfahren und professionell darin sind, zurückzukehren und RE-
CEIVE einzugeben, kann die normale Fünf-Sekunden-Lücke erstaunlich störend werden; deswegen können Sie C-Kermits Wartezeit auch verkürzen:

C-Kermit>set delay 1

Der Befehl SET DELAY hat keine Auswirkung beim Empfangen von Dateien und beim Upload von C-Kermit auf Ihrem lokalen Rechner aus.

Netzwerk-Dateitransfer

Greifen Sie auf den Wirtsrechner mit einer echten Hochgeschwindigkeits-Netzwerkverbin-
dung zu, arbeitet C-Kermit genau wie in den vorangegangenen Beispielen, nur viel schneller. Im folgenden Beispiel greifen wir von MS-DOS-Kermit auf einem PC über eine
TCP/IP-Ethernet-Verbindung auf einen UNIX-Wirtsrechner zu und holen uns eine Datei
von dort (Downlaod):

```
MS-Kermit>set port tcp kermit.cc.columbia.edu
MS-Kermit>connect

login: moritz
Password: _____


$ kermit                            (UNIX-Kermit starten)
C-Kermit 5A(189), 23 Jul 93, SunOS 4.1
Type ? or HELP for help
C-Kermit>send rundbrf.lst           (Datei senden)
Alt-X                               (Zum PC zurückkehren)
MS-Kermit>r                         (Datei empfangen)

  (Die Datei wird transferiert ...)

MS-Kermit>c                         (Wieder mit UNIX verbinden)
C-Kermit>exit                       (C-Kermit verlassen)
$ exit                              (Aus UNIX ausloggen)
```

Ist der Dateitransfer fehlgeschlagen, versuchen Sie SET PARITY SPACE (für TELNET) bzw.
MARK, EVEN oder ODD (auf anderen Verbindungsarten), und starten Sie den Dateitransfer
neu.

Dateitransfer über Terminalserver hinweg

Haben Sie eine serielle Verbindung zu einem Terminalserver oder einem ähnlichen Gerät hergestellt, das seinerseits eine Netzwerk-Verbindung zu dem Rechner, auf dem C-Kermit läuft, hergestellt hat, kennt das Wirts-Betriebssystem die wahre Geschwindigkeit Ihrer Verbindung vermutlich nicht ... und C-Kermit daher auch nicht. Nehmen wir beispielsweise an, Sie haben bei 2400 bps einen Terminalserver angewählt und diesen dann dazu benutzt, auf einen UNIX-Wirtsrechner zuzugreifen. Der Wirtsrechner hält Ihre Geschwindigkeit wahrscheinlich für viel höher, ziemlich sicher nämlich für 38400 bps. Kermit benutzt die Vorstellung des Wirtsrechners von der Geschwindigkeit dazu, die Länge der Paket-Timeouts zu berechnen; daher sollten Sie sicherstellen, daß der Wirtsrechner Ihre wahre Verbindungsgeschwindigkeit kennt, bevor Sie C-Kermit starten – sonst schlägt der Dateitransfer möglicherweise fehl.

```
$ stty 2400                         (UNIX)
$ set terminal /speed=2400          (VMS und OpenVMS)
```

Hier ist ein Beispiel, in dem wir MS-DOS-Kermit zum Anwählen eines Terminalservers benutzen, von dem aus wir uns mit einer IBM RS/6000 als Wirtsrechner verbinden und dann eine Datei vom PC zu der RS/6000 übertragen:

```
C:\>kermit                          (Kermit auf dem PC starten)
MS-Kermit>set speed 2400            (Gewünschte Geschwindigkeit setzen)
MS-Kermit>dial 654321               (Terminalserver anwählen)
MS-Kermit>connect                   (Terminal-Emulation beginnen)

Please enter a hostname             (Begrüßung durch den Terminalserver)

Hostname? unixa                     (Wirtsnamen eingeben)
Trying UNIXA...                     (Verbindung wird hergestellt)

Welcome to UNIXA.  AIX 3.2          (Begrüßung durch UNIX)

login: otto                         (Unter UNIX einloggen)
Password: _____                   (Ihr Paßwort eingeben)

$ stty 2400                         (Vor dem Start von C-Kermit!)
$
$ kermit                            (Kermit unter UNIX starten)
C-Kermit 5A(189), 23 Jul 93, IBM RS/6000
Type ? or HELP for help
C-Kermit>receive                    (C-Kermit empfängt die Datei)
Return to your local Kermit and give a SEND command.
```

```
KERMIT READY TO RECEIVE...
Alt-X                                   (Zum PC zurückkehren)
MS-Kermit>send liesmich.txt             (MS-DOS-Kermit sendet die Datei)

  (Die Datei wird transferiert ...)

MS-Kermit>                              (Alles erledigt)
```

Dateitransfer im lokalen Betrieb

Im folgenden Beispiel läuft C-Kermit auf Ihrem *lokalen* Rechner, einer Workstation oder einem Timesharing-System unter UNIX, und Sie wählen einen Wirtsrechner an, um einige Dateien von dort zu holen. Beachten Sie die Verwendung des Jokerzeichens * zur Bezeichnung einer Dateigruppe.

```
$ kermit                                (Kermit unter UNIX starten)
C-Kermit 5A(189), 23 Jul 93, SunOS 4.1
Type ? or HELP for help
C-Kermit>set modem hayes                (Modemtyp angeben)
C-Kermit>set line /dev/ttyh8            (und Kommunikationsgerät)
C-Kermit>set speed 2400                 (und Geschwindigkeit)
C-Kermit>dial 654321                    (Nummer wählen)
Connection completed.                   (Anruf durchgestellt)
C-Kermit>connect                        (Terminal-Emulation beginnen)
Connecting through /dev/ttyh8, speed 2400.
The escape character is Ctrl-\ (ASCII 28, FS).
Type the escape character followed by C to get back,
oder followed by ? to see other options.
ELEKTRONENHIRN 9000
LOGIN: raimund                          (Benutzernamen ...)
PASSWORD: _____                       (und Paßwort eingeben)

WILLKOMMEN. AUSWAHL:
1. Schach
2. Weltherrschaft
3. Kermit
4. Logout

IHRE WAHL? 3                            (Kermit natürlich)
Elektro-Kermit>send plan*.txt           (Einige Dateien senden)
Strg-\C                                 (Zurück zu C-Kermit)
```

```
C-Kermit>receive                    (Dateien empfangen)


  (Die Dateien werden transferiert ...)


C-Kermit>connect                    (Wieder zum Wirtsrechner)
Elektro-Kermit>exit                 (Wirts-Kermit beenden)
IHRE WAHL? 4                        (Ausloggen)
ELEKTRONENHIRN 9000 HAT IHRE SITZUNG BEENDET.
AUF WIEDERSEHEN.
Communications disconnect (back at local system)
C-Kermit>dir plan*.txt              (Empfangene Dateien listen)

-rw-rw--  1 raimund      42378 Aug  8 19:21 plan1.txt
-rw-rw--  1 raimund       5986 Aug  8 19:21 plan2.txt
-rw-rw--  1 raimund      12873 Aug  8 19:21 plan3.txt


C-Kermit>exit                       (C-Kermit beenden)
$
```

Hier ist ein weiteres Beispiel, in dem Sie C-Kermit zur Herstellung einer TCP/IP-TELNET-Verbindung zu einem Internet-Wirtsrechner benutzen und einige Dateien dorthin senden. Beide Rechner verfügen über einen C-Kermit; daher benutzen Sie den Befehl SET PROMPT, um die Orientierung zu behalten:

```
C-Kermit>set prompt Lokal>          (Prompt für lokalen Kermit)
Lokal>telnet hq                     (Zum Wirtsrechner gehen)

login: thomas                       (Einloggen)
Password: _____                   (Paßwort eingeben)


$ kermit                            (Kermit auf Wirtsrechner starten)
C-Kermit 5A(189), 23 Jul 93, HP 9000 Series HP-UX
Type ? or HELP for help
C-Kermit>set prompt Wirt>           (Prompt für Wirts-Kermit)
Wirt>r                              (Einige Dateien empfangen)
Strg-\C                             (Zurück zum lokalen C-Kermit)
Lokal>s /usr/include/t*.h           (Einige Dateien senden)

  (Die Dateien werden transferiert ...)

Lokal>c                             (Wieder zum Wirtsrechner)
Wirt>exit                           (Wirts-Kermit verlassen)
$ exit                              (Aus Wirtsrechner ausloggen)
Communications disconnect (back at local system)
Lokal>
```

Die Dateitransfer-Anzeige

Wenn C-Kermit im lokalen Betrieb benutzt wird, zeigt er das Voranschreiten des Dateitransfers auf Ihrem Bildschirm in einem von mehreren möglichen Formaten an: Vollbild, seriell, Bildschirm oder gar nicht. Der Befehl zur Auswahl der Anzeigeart lautet:

SET FILE DISPLAY { CRT, FULLSCREEN, NONE, SERIAL }

Die voreingestellte Anzeigeart ist SERIAL (seriell).

Die Vollbild-Anzeige (FULLSCREEN), die in den VMS-, OpenVMS-, OS/2-, OS-9-, Amiga- und den meisten UNIX-C-Kermit-Versionen zur Verfügung steht, führt zu einem formatierten Bericht auf einem Bildschirm von 24 Zeilen und 80 Spalten:

```
C-Kermit 5A(189), 23 Jul 93, MYVAX

    Current Directory: $DISK1:[HILARY.TMP]
 Communication Device: _TXA5:
  Communication Speed: 2400
               Parity: none

              Sending: TAPIR.TMP;6 => TAPIR.TMP => tapir.tmp
            File Type: text
            File Size: 40918
         Percent Done: 39
   Estimated Time Left: 00:01:44
         Window Slots: 3 of 4
          Packet Type: D
         Packet Count: 20
        Packet Length: 1000
   Packet Retry Count: 1
   Packet Block Check: 2

           Last Error:
         Last Message:

X to cancel file, Z to cancel group, <CR> to resend packet,
E to send Error packet, or Ctrl-C to quit immediately.
```

Die Felder auf der rechten Seite werden ständig aktualisiert, um Sie über das Voranschreiten des Transfers auf dem Laufenden zu halten. Die oberste Zeile zeigt die Nummer der Kermit-Version, das Erscheinungsdatum und den Namen Ihres lokalen Rechners, sofern bekannt. Die Zeitschätzung für die weitere Übertragung der Datei wird ständig aktualisiert und kann schwanken, je nachdem, wie die Transfergeschwindigkeit wechselt. Die mit „Sending" beginnende Zeile zeigt den lokalen Dateinamen, den im Paket angegebenen und den auf dem Wirtsrechner verwendeten Namen. Am Ende eines erfolgreichen Transfers ändert sich das mit „Last Message" beginnende Feld zu einem Überblicks-Bericht; es ertönt ein Beep, und der C-Kermit-Prompt erscheint wieder:

```
        Last Error:
        Last Message: Files: 4, Total Bytes: 1432371, 229 cps
C-Kermit>
```

„cps" steht für Zeichen pro Sekunde (*characters per second*) und gibt ungefähr die Effizienz des Dateitransfers an. (Dies wird in Kapitel 8 ausführlicher erläutert.) Um herauszufinden, ob die FULLSCREEN-Anzeige verfügbar ist, benutzen Sie den CHECK-Befehl:

```
C-Kermit>check fullscreen
 Available
C-Kermit>
```

Auch wenn sie verfügbar ist, funktioniert sie nicht, falls Ihr Terminaltyp nicht richtig eingestellt ist oder nicht unterstützt wird.

Die serielle Dateitransfer-Anzeige (SERIAL), die benutzt wird, solange Sie nichts anderes angeben, funktioniert mit allen Arten von Anzeigegeräten, auch mit Video- und Drucker-Terminals sowie Braille- und Sprachausgabe-Einheiten. Diese Anzeige sieht wie folgt aus:

```
SF
X to cancel file,  CR to resend current packet
Z to cancel group, A for status report
E to send Error packet, Ctrl-C to quit immediately:
A
Receiving: PLAN1.TXT => plan1.txt
Size: 8113, Type: text
........Z [OK]
F A
Receiving: PLAN2.TXT => plan2.txt
Size: 12341, Type: text
..........T%..N%..Z [OK]
F A
Receiving: PLAN3.TXT => plan3.txt
Size: 10001, Type: text
..........Z [OK]
B
```

Die einzelnen Buchstaben wie S, F, A, Z und B sind Pakettypen des Kermit-Protokoll, die in Tabelle 5-2 aufgeführt sind. Sind irgendwelche vorzeigbaren Informationen dabei, werden sie nach dem Paket-Buchstaben angezeigt. Beispielsweise berichtet C-Kermit bald nach dem F-Paket den Dateinamen, etwa PLAN1.TXT. Wenn das A-Paket ankommt, das die Dateigröße enthält, zeigt C-Kermit die übermittelte Größe an. „=> plan1.txt" zeigt den lokalen Namen der Datei an.

Typ	Name	Funktion
A	Attributes	Attribute der Datei.
B	Bye	Ende der Übertragung.
C	Command	Wirtsbefehl für einen Server.
D	Data	Daten der Datei.
E	Error	Nicht behebbarer Fehler; Meldung ist enthalten.
F	File Header	Dateianfang, enthält Dateinamen.
G	Generic	Dateiverwaltungsbefehl für einen Server.
I	Information	Protokoll-Parameter.
N	NAK	Negative Bestätigung – Neuübertragung angefordert
R	Receive Initiate	Bittet Server, eine Datei zu senden.
S	Send Initiate	Handelt Parameter aus und beginnt das Senden.
T	Timeout	(Pseudopaket) Zeigt einen Timeout beim Warten auf ein Paket.
Y	ACK	Bestätigung.
X	Text Header	Geht Bildschirm-Daten voran.
Z	End of file	Weist den Empfänger an, die Datei zu schließen.
%	Retransmission	(Pseudopaket) Zeigt an, daß ein Paket neu übertragen wurde.

Tabelle 5-2   Kermit-Paket-Typen

Wenn die Datei einzutreffen beginnt, gibt C-Kermit einen Punkt für jedes Kilobyte (1024 Zeichen) erfolgreich erhaltener Daten aus. Trifft ein erwartetes Paket nicht innerhalb eines bestimmten paketbezogenen Timeout-Intervalls ein, wird ein T ausgegeben. Wird eine negative Bestätigung gesendet oder erhalten, wird ein N angezeigt. Wird ein Paket neu übertragen, erscheint ein Prozent-Zeichen (%).

Ist FILE DISPLAY auf CRT (Bildschirm) gesetzt, werden die Punkte durch eine Zeile ersetzt, die ständig die bisher erhaltenen Bytes (Zeichen), den erledigten Prozentsatz, die aktuelle Transfer-Rate in Zeichen pro Sekunde (CPS) und die Länge des aktuellen Pakets angibt. Diese Zeile wird aktualisiert, indem sie einfach überschrieben wird, und müßte daher auf jedem (Video-)Bildschirm (*Cathode Ray Tube*, CRT) laufen:

```
Sending: ckuxla.h => CKUXLA.H
Size: 2599, Type: text
    File   Percent            Packet
    Bytes  Done        CPS    Length
    2599   89%         229      998
```

Wenn FILE DISPLAY schließlich OFF (aus) ist, unterläßt C-Kermit die Anzeige und überträgt die Dateien in der Stille. Die Dateitransfer-Unterbrechungszeichen (X, Z, E – siehe den nächsten Abschnitt) sind dann außer Betrieb; Sie können jedoch weiterhin durch Eingabe von Strg-C zum C-Kermit-Prompt zurückkehren. Die Dateitransfer-Anzeige wird automatisch abgeschaltet, wenn C-Kermit Dateien im Hintergrund überträgt.

Unterbrechung eines Dateitransfers

Während Dateien übertragen werden, können Sie den Transfer unterbrechen oder das Fortschreiten überprüfen. Dies geschieht von dem *lokalen* Kermit-Programm aus, indem Sie eine Taste, eine Tastenkombination, eine Tastenfolge oder in einigen Fällen (wie im Macintosh-Kermit) einen Mausknopf drücken.

Wenn das lokale Kermit-Programm ein C-Kermit ist, müssen Sie in den meisten Fällen nur eine einzige Taste, wie zum Beispiel das X, drücken. In anderen, hauptsächlich in den auf AT&T System V UNIX aufbauenden, müssen Sie das Terminalbetriebs-Rückkehrzeichen (normalerweise Strg-Backslash) eingeben, bevor Sie die Unterbrechungstaste drücken.

C-Kermits Dateitransfer-Unterbrechungstasten stehen für Sie bereit, wenn C-Kermit im lokalen Betrieb läuft und seine Dateitransfer-Anzeige aktiviert ist. Wenn der Dateitransfer beginnt, teilt C-Kermit Ihnen mit, wie die verfügbaren Unterbrechungstasten lauten. In den meisten C-Kermit-Version sieht diese Nachricht etwa so aus:

```
X to cancel a file,  CR to resend current packet
Z to cancel group, A for status report
E to send Error packet, Ctrl-C to quit immediately.
```

In Versionen, die von Ihnen die Eingabe des Terminalbetriebs-Rückkehrzeichens vor der Unterbrechungstaste verlangen, könnte die Nachricht etwa so aussehen:

```
Type escape character (^\) followed by:
X to cancel a file,  CR to resend current packet
Z to cancel group, A for status report
E to send Error packet, Ctrl-C to quit immediately.
```

oder etwa so:

```
<^\>X to cancel file, <^\>Z to cancel group, <^\><CR> to resend packet,
<^\>E to send Error packet, or Ctrl-C to quit immediately.
```

Die meisten der Unterbrechungstasten haben auch Entsprechungen als Steuerzeichen und möglicherweise noch weitere Synonyme. Zum Beispiel können Sie zur Unterbrechung der Übertragung einer einzelnen Datei X, F, Strg-X oder Strg-F eingeben. Das X oder F kann groß oder klein geschrieben werden.

Dieselben Unterbrechungen können auch von dem Kermit-Programm auf Ihrem lokalen PC, Macintosh oder sonstigen Rechner an einen *Wirts*-C-Kermit gesendet werden. Sie funktionieren auf dieselbe Weise, Sie müssen sie jedoch mitunter anders eingeben; zum Beispiel enthält die Dateitransfer-Anzeige des Macintosh-Kermit Unterbrechungs-Boxen, die Sie mit Ihrer Maus anklicken können. Sehen Sie in der Dokumentation Ihres lokalen Kermit-Programms die Einzelheiten nach.

Beenden einer einzelnen Datei: X

Die X-Taste (bzw., falls erforderlich, das Rückkehrzeichen mit nachfolgendem X) beendet die gerade laufende Übertragung einer Datei. Wird eine Dateigruppe gesendet, geht Kermit zur nächsten Datei über.

```
C-Kermit>s ckuusr.*
SF
X to cancel file,  CR to resend current packet
Z to cancel group, A for status report
E to send Error packet, Ctrl-C to quit immediately:
A
Sending: ckuusr.c => CKUUSR.C,
Size: 41152, Type: text
.......X
Cancelling File  [discarded]
F A
Sending: ckuusr.h => CKUUSR.H
Size: 17773, Type: text
...............Z [OK]
C-Kermit>
```

Sendet C-Kermit eine Datei, fordert er den empfangenden Wirt auf, die Datei zu schließen und zu löschen. Empfängt C-Kermit eine Datei, bittet er den Absender, die Übertragung zu beenden, schließt die Datei dann und löscht den bisher empfangenen Teil der Datei.

Beenden einer Dateigruppe: Z

Geben Sie Z anstelle von X ein, und wird mehr als eine Datei übertragen, wird die ganze Dateigruppe beendet; C-Kermit sollte dann zu seinem Prompt zurückkehren. Wird nur eine einzelne Datei übertragen, hat Z genau dieselbe Wirkung wie X.

Neuübertragung eines Pakets: Carriage Return

Scheint der Dateitransfer hängengeblieben zu sein, können Sie ein Carriage Return (drücken Sie die Eingabe-, Enter- bzw. Return-Taste) eingeben, um das zuletzt gesendete Paket erneut zu senden. Dadurch kann kein Schaden entstehen, weil die Pakete numeriert sind und Dubletten automatisch ignoriert werden.

Anfrage nach einem Zustandsbericht: A

Geben Sie den Buchstaben A ein, gibt C-Kermit einen kurzen Überblick darüber, wie der Transfer bisher vorangegangen ist, und setzt den Transfer dann fort:

```
........................A
Status report:
  file type: text            block check: 1
  file number: 1             compression: 1
  size:  50532               8th-bit prefixing: 0
  characters so far: 20761   packet length: 89
  percent done: 41           window slots: 1
........................ [OK]
```

Der A-Befehl wird übergangen, wenn Sie die FULLSCREEN-Dateitransfer-Anzeige benutzen, da die meisten dieser Angaben bereits auf dem Bildschirm stehen.

C-Kermit suspendieren: Strg-Z

Auf UNIX-Rechnern mit Job-Steuerung können Sie Strg-Z eingeben, um Kermit während des Dateitransfers im lokalen Betrieb dergestalt zu suspendieren, daß der Dateitransfer wahlweise im Vorder- oder im Hintergrund fortgesetzt werden kann. Lesen Sie die Einzelheiten in Anhang III nach.

C-Kermit unterbrechen: Strg-C

Sie können stets Strg-C eingeben, um jeglichen Dateitransfer zu unterbrechen. Im lokalen Betrieb müssen Sie nur einmal Strg-C eingeben, um sofort wieder zum Prompt zurückzukehren. Ein C-Kermit im Wirtsbetrieb kann zu seinem Prompt zurückgebracht werden, indem Sie zwei (normalerweise) *Strg-C*s unmittelbar hintereinander eingeben.

```
C-Kermit>send mich.weg          (Datei senden)
^A0 Sz* @-#Y1~*   yE            (Kermit-Paket sehen)
Strg-C Strg-C                   (Zweimal Strg-C eingeben)
^C...                           (Kermit bestätigt ihr Ankommen)
C-Kermit>                       (und kehrt zum Prompt zurück)
```

Unterbrechen Sie einen Dateitransfer im lokalen Betrieb mit Strg-C, wird keine entsprechende Protokoll-Meldung an den Wirts-Kermit (falls vorhanden) gesendet, und er bleibt im Paket-Betrieb. Benutzen Sie diese Methode daher nur als letzte Zuflucht, oder falls Sie vergessen haben, das Kermit-Programm am anderen Ende zu starten. (Vergleiche hierzu auch Kapitel 7, Seite 175.)

Ein Fehler-Paket senden: E

Sie können jede Übertragungsart unterbrechen und den Wirts-Kermit in einen bekannten Zustand zurückbringen, indem Sie den Buchstaben E (bzw. das Rückkehr-Zeichen mit nachfolgendem E) eingeben, während Ihr Dateitransfer-Anzeige-Bildschirm aktiviert ist. C-Kermit sendet daraufhin ein Fehler-Paket (E, *Error*).

Dies ist zum Beispiel nützlich, wenn der Wirts-Kermit nicht auf die Unterbrechungsmeldungen mit X oder Z reagiert; die meisten beliebten Kermit-Programme tun dies allerdings (siehe Tabelle 1-1 auf Seite 25). Wurde der Wirts-Kermit interaktiv gestartet und ihm ein SEND- oder RECEIVE-Befehl gegeben, sollte das Fehler-Paket ihn zu seinem Prompt zurückbringen. Ist der Wirts-Kermit im Server-Betrieb (näher erläutert in Kapitel 7), macht ihn das Fehler-Paket dazu bereit, einen neuen Befehl zu erhalten.

Sie können auch ein Fehler-Paket senden, indem Sie den folgenden Befehl beim C-Kermit-Prompt oder in einer Befehlsdatei angeben:

E-PACKET
Dieser Befehl sendet ein Fehler-Paket an den anderen Kermit, wie in diesem Beispiel gezeigt:

```
C-Kermit>e-packet            (Ein Fehlerpaket senden)
```

Dieser Befehl ist nützlich, wenn Sie versehentlich Strg-C gedrückt haben, um einen Dateitransfer im lokalen Betrieb zu unterbrechen. Befindet C-Kermit sich nicht im lokalen Betrieb, erscheint das Fehler-Paket auf Ihrem Bildschirm und enthält den Text „User cancelled" (*Vom Benutzer unterbrochen*). Dies verursacht keinerlei Beschwerden.

Übertragung von Textdateien

Die Übertragung von Textdateien, die Umlaute, Buchstaben mit Akzenten, nichtlateinische Buchstaben oder andere nationale oder internationale Zeichen enthalten, wird in Kapitel 9 beschrieben.

Das Dateisystem von VMS und OpenVMS ist erheblich komplexer als das hier vorgestellte einfache Modell und die Behandlung dieses Dateisystems durch VMS-C-Kermit deutlich anders. VMS-C-Kermit-Benutzer sollten auf jeden Fall Anhang IV zusätzlich zu diesem und den nächsten Kapiteln lesen.

Eine *Textdatei* sieht so aus, daß Sie sie auf Ihrem Bildschirm ohne Zuhilfenahme besonderer Formatierungs-Software wie Textverarbeitungssysteme oder Desktop-Publishing-Pakete lesen können. Sieht das Ergebnis richtig aus, wenn Sie eine Datei mit dem TYPE-Befehl (oder

der Entsprechung) Ihres Rechners anzeigen, dann handelt es sich sehr wahrscheinlich um eine Textdatei. (Beachten Sie jedoch den ersten Absatz dieses Abschnitts!)

Textdateien bestehen aus Zeilen, die normale druckbare Zeichen wie Buchstaben, Ziffern, Leerzeichen und Satzzeichen enthalten, jedoch keine Spezialeffekte wie Fett- und Kursivschrift. Verschiedene Rechner stellen Textdateien unterschiedlich dar: verschiedene Codes zur Darstellung der Zeichen (der *Zeichensatz*) und verschiedene Arten, Zeilen voneinander zu trennen (das *Satzformat*). In einem ASCII-Datenstrom-basierten Dateisystem etwa bestehen Textdateien im allgemeinen aus druckbaren ASCII-Zeichen (mitunter mit nationalen oder internationalen Zeichen), und Zeilen werden durch Carriage Return, Zeilenvorschub oder beides voneinander getrennt. Sie enthalten keine anderen Steuerzeichen oder Formatierungscodes, außer vielleicht Tabulator, Rückschritt und Seitenvorschub.

Kermit wandelt normale Textdateien automatisch in ein benutzbares, angemessenes Format um, wenn Sie sie zwischen verschiedenartigen Rechnern austauschen. Dies wird erreicht, indem eine Standard-Darstellung des Textes innerhalb der Dateitransfer-Pakete verwendet wird, die normalerweise dem ASCII-Zeichencode (ISO 646, US-Version, dargestellt in Tabelle VIII-1 auf Seite 509) entspricht und Carriage Return mit Linefeed (CRLF) als Zeilentrenner benutzt. Der sendende Kermit übersetzt aus den Textdatei-Konventionen seines Rechners in diese Form, und der empfangende Kermit wandelt dies gemäß seinen eigenen örtlichen Konventionen um, wie in dem Beispiel in Abbildung 5-4 dargestellt ist.

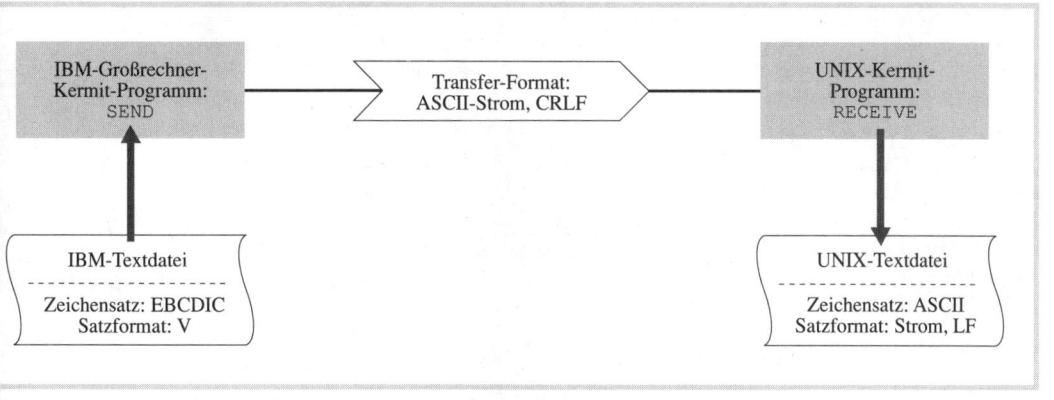

Abbildung 5-4   *Kermit-Textdatei-Umwandlung*

Es sind keine besonderen Befehle nötig, um Kermits Textdatei-Umwandlung zu nutzen. Sie geschieht automatisch, solange Sie nichts anderes verlangen. Um sicher zu sein, daß Kermit Dateien im Text-Modus überträgt, können Sie allerdings diesen Befehl verwenden:

SET FILE TYPE TEXT

Dieser Befehl weist Kermit an, während des Dateitransfers Zeichensatz- und Satzformat-Umwandlung durchzuführen und Dateien im üblichen und benutzbaren Textformat auf dem empfangenden Rechner zu speichern. Dies ist Kermits Voreinstellung für den Dateiübertragungs-Modus.

Übertragung binärer Dateien

Dateien, die nicht Textdateien sind, heißen *binäre Dateien*. Unsere ureigene Definition einer binären Datei lautet, daß es eine Datei ist, die während des Transfers in keiner Weise umgewandelt werden darf. Ein gutes Beispiel wäre die Repräsentation eines ausführbaren Programms in Dateiform. Kermit weiß nicht, welche Dateien Sie gerne umgewandelt haben möchten und welche nicht – er kann das auch (außer unter VMS und OpenVMS) nicht erraten. Sie müssen es ihm schon mitteilen; der Befehl dazu lautet:

SET FILE TYPE BINARY
 Dieser Befehl teilt Kermit mit, daß keinerlei Umwandlungen während des Transfers mit der Datei durchgeführt werden sollen.

Sehen wir uns ein Beispiel eines binären Dateitransfers an; hier wird eine Kopie eines PC-ZIP-Archivs auf einem UNIX-Rechner abgelegt, von wo aus andere sie sich etwa wieder auf ihre eigenen PCs kopieren können:

```
C>kermit                           (Kermit auf dem PC starten)
MS-DOS Kermit 3.13
Type ? or HELP for help
MS-Kermit>dir tapir.zip            (Dateigröße prüfen)
 TAPIR    ZIP     172032   9-09-93  3:28
MS-Kermit>set speed 2400           (Wählgeschwindigkeit setzen)
MS-Kermit>dial 654321              (UNIX-Rechner anwählen)
MS-Kermit>connect                  (Terminal-Emulation beginnen)
                                   (Eingabetaste zum Start drücken)
login: saul                        (Benutzernamen ...)
Password: _____                  (und Paßwort eingeben)

Willkommen unter UNIX.

$ kermit                           (C-Kermit starten)
C-Kermit 5A(189), 23 Jul 93, UNIX System V R4
Type ? or HELP for help
C-Kermit>set file type binary      (Binärmodus benutzen)
C-Kermit>receive                   (C-Kermit zum Empfang der Datei anweisen)
Alt-X                              (Zurück zu MS-DOS-Kermit)
MS-Kermit>set file type binary     (Binärmodus benutzen)
MS-Kermit>send tapir.zip           (Datei senden)

   (Die Datei wird transferiert ...)

MS-Kermit>connect                  (Wieder zu UNIX)
C-Kermit>dir tapir.zip             (Dateigröße prüfen)
-rw-rw-r-  1 saul       172032 Sep 9 03:28 tapir.zip
C-Kermit>
```

Die beiden Verzeichnis-Listings zeigen, daß die empfangene Datei unter UNIX exakt dieselbe Größe wie das Original hat, was ein recht gutes Zeichen dafür ist, daß keine Umwandlungen stattgefunden haben.

Um einen Download von UNIX mit der Datei durchzuführen, befolgen Sie dieselben Schritte, geben aber zuerst dem UNIX-C-Kermit einen SEND-Befehl und dann dem MS-DOS-Kermit einen RECEIVE-Befehl:

```
C-Kermit>set file type binary      (Binärmodus benutzen)
C-Kermit>send tapir.zip            (C-Kermit zum Senden der Datei anweisen)
Alt-X                              (Zurück zum PC)
MS-Kermit>set file type binary     (Hier ebenfalls Binärmodus)
MS-Kermit>receive                  (MS-DOS-Kermit zum Empfangen auffordern)
```

Es ist nicht immer nötig, den Befehl SET FILE TYPE beiden Kermit-Programmen zu geben. Oft reicht es, ihn nur dem Absender zu geben; daraufhin informiert der Absender den Empfänger automatisch über den Dateityp mittels eines *Attribut-Pakets*, das in Kapitel 8 erläutert wird. Attribut-Pakete sind ein wahlweises Merkmal des Kermit-Protokolls und werden nicht von allen Kermit-Programmen unterstützt (siehe Tabelle 1-1 auf Seite 25).

Dateinamen

Kermit überträgt nicht nur den Inhalt einer Datei sondern auch ihren Namen. Laut Voreinstellung werden Dateinamen in eine einfache Standard-Form gebracht, weil zunächst angenommen wird, daß die Datei auf einen Rechner mit abweichenden Namens-Konventionen transferiert werden könnte. Kermits Namens-Normalform sollte harmlos genug sein, um für alle Rechnerarten akzeptabel zu sein. Sie können Kermits Dateinamens-Behandlung mit dem Befehl SET FILE NAMES ändern:

SET FILE NAMES CONVERTED
Beim Senden von Dateien übersetzt C-Kermit den Dateinamen in Großbuchstaben (falls er Kleinbuchstaben enthält) und stellt sicher, daß er nicht mehr als einen Punkt enthält. Zusätzliche Punkte oder unübliche Zeichen wie Leerzeichen oder Interpunktions-Zeichen werden in ein X oder einen Unterstrich(_) umgewandelt, und wenn das erste Zeichen ein Punkt ist, wird ein X vorangestellt. Zusätzlich werden alle Geräte-, Verzeichnis- und Pfadnamen sowie Versionsnummern entfernt. Hier sind einige Beispiele für solche Umwandlungen:

```
Die Datei:                   wird gesendet als:
tapir.txt                    TAPIR.TXT
/usr/willard/tapir.txt       TAPIR.TXT
$DISK1:[DONALD]TAPIR.TXT;3   TAPIR.TXT
tapir.txt.neu                TAPIR.TXTXNEU
tapir.txt.~3~                TAPIR.TXTXX3X
.login                       X.LOGIN
```

Beim Empfang von Dateien wandelt UNIX-C-Kermit den Namen in Kleinbuchstaben um, ändert ihn sonst aber nicht. Andere C-Kermit-Implementierungen versuchen, den Namen unverändert zu verwenden.

SET FILE NAMES LITERAL
Nach diesem Befehl läßt C-Kermit Dateinamen in Frieden. Die Graphie der Buchstaben bleibt unverändert, zusätzliche Punkte werden nicht ausgetauscht, Geräte-, Verzeichnis oder Pfadnamen sowie Versionsnummern werden nicht entfernt. Diese Option sollte nur zwischen ähnlichen Systemen benutzt werden und auch nur dann, wenn sie dieselbe Verzeichnisstruktur haben und Sie geeignete Zugriffsrechte auf die angegebenen Verzeichnisse besitzen.

In beiden Fällen versucht C-Kermit, die Geräte-, Verzeichnis- oder Versionsinformationen in ankommenden Dateinamen zu benutzen. Nehmen wir beispielsweise an, Sie wollten eine Datei von UNIX aus auf ein bestimmtes Gerät und Verzeichnis unter VMS oder OpenVMS senden. Sie geben nun den folgenden Befehl zum Senden der Datei:

```
C-Kermit>send tapir.txt $disk1:[alfred.new]tapir.txt;7
```

VMS-C-Kermit versucht, die Datei auf dem genannten Gerät in dem genannten Verzeichnis mit dem genannten Namen und der genannten Versionsnummer abzulegen. Existiert das Gerät oder Verzeichnis nicht oder haben Sie dort keine Schreibrechte, würde der Transfer mit einer Meldung wie „Can't open file" fehlschlagen.

Unabhängig von Ihrer Einstellung für FILE NAMES muß der empfangende Rechner vielleicht immer noch einige Änderungen an dem Namen vornehmen. Zum Beispiel beschränkt MS-DOS einen Dateinamen auf acht Zeichen vor und drei nach dem Punkt; daher kürzt MS-DOS-Kermit den Namen ggf. Hier sind einige Variationen auf dieses Thema:

Die als ... gesendete Datei	*wird unter MS-DOS gespeichert als:*
TAPIR.TXT	TAPIR.TXT
TAPIR.TXTXNEU	TAPIR.TXT
TAPIR.TXTXX3X	TAPIR.TXT
X.LOGIN	X.LOG
DATEIMITSEHRLANGEMNAMEN.UNDLANGEMTYP	DATEIMIT.UND

Eine Datei kann auf der Reise mithin bis zu drei Namen haben: ihren ursprünglichen Namen, den Namen, unter dem sie gesendet wird, und den Namen, unter dem sie auf dem empfangenden System gespeichert wird. Daher rühren die drei Namen, die in der Vollbild-Dateitransfer-Anzeige angezeigt werden:

```
Sending: TAPIR.TMP;6 => TAPIR.TMP => tapir.tmp
```

Um Wirkungen zu erzielen, die mit dem einfachen SET FILE NAMES nicht möglich sind, benutzen Sie die Alias-Option des SEND- oder des RECEIVE-Befehls, wie in diesem Beispiel gezeigt wird:

```
C-Kermit>receive tapir.neu Tapir.Old
```

Dateinamens-Kollisionen

Was soll C-Kermit tun, wenn er eine Datei empfängt, die denselben Namen wie eine schon bestehende Datei trägt? Sollte er die bestehende Datei ohne weiteres überschreiben? Sollte er versuchen, die bestehende Datei zu bewahren? Sollte er die ankommende Datei zurückweisen? All diese Möglichkeiten werden Dateikollisions-Aktionen genannt; Sie können unter sechs Möglichkeiten wählen:

SET FILE COLLISION BACKUP
Diese Einstellung, die C-Kermits voreingestellte Dateikollisions-Aktion ist, erlaubt der Datei, anzukommen und unter dem Namen, unter dem sie gesendet wurde, abgelegt zu werden, ohne daß eine vorher schon bestehende Datei gleichen Namens dabei gelöscht wird. Der bestehenden Datei wird ein neuer, eindeutiger Name gegeben, der zu den Dateinamensbeschränkungen des Betriebssystems paßt, und zwar im allgemeinen durch Anhängen von Ziffern an den Namen. Zum Beispiel wird unter UNIX aus `tapir.txt` im Konfliktfall `tapir.txt.~1~`. Siehe zu den Einzelheiten auch den entsprechenden Anhang.

SET FILE COLLISION OVERWRITE
Diese Option überschreibt (ersetzt) die bestehende Datei. Benutzen Sie diese Einstellung mit Vorsicht.

SET FILE COLLISION APPEND
Diese Option hängt die ankommende Datei an das Ende der bestehenden Datei an. Diese Option ist nützlich, um Informationen an eine Protokolldatei anzuhängen, sollte jedoch mit Vorsicht benutzt werden, um zum Beispiel zu verhindern, daß zwei Dateien unterschiedlichen Typs (etwa Text und binär) miteinander verknüpft werden.

SET FILE COLLISION DISCARD
Diese Option weist die ankommende Datei zurück und/oder ignoriert ankommende Teile; die bestehende Datei wird bewahrt. Diese Option ist praktisch, um abgebrochene Übertragungen von Übertragungen größerer Dateimengen wieder aufzunehmen: Nur die Dateien, die nicht schon ein Gegenstück auf dem empfangenden System haben, werden übertragen.

SET FILE COLLISION RENAME
Dies entspricht genau der BACKUP-Option, außer daß die *ankommende* statt der bestehenden Datei den neuen Namen erhält.

SET FILE COLLISION UPDATE
Diese Einstellung nimmt die ankommende Datei nur an, wenn sie neuer als die bestehende Datei ist; in diesem Fall wird die bestehende Datei überschrieben. Diese Möglichkeit hängt vom Datei-Anlegedatums-Feld im Attribut-Paket (in Kapitel 8 erläutert) ab und erfordert daher, daß der andere Kermit diese Pakete unterstützt (siehe Tabelle 1-1, Seite 25). Die UPDATE-Option ist nützlich, um einen parallelen Satz von Dateien auf einem anderen Rechner nachzuhalten: Nur die Dateien, die seit der letzten Aktualisierung geändert wurden, werden gesendet.

Der Befehl SET FILE COLLISION hat nur Wirkung, wenn er dem Datei*empfänger* gegeben wird. Die VMS- und OpenVMS-Versionen von C-Kermit legen stets eine neue Version einer ankommenden Datei an, die nicht zurückgewiesen wird, wobei frühere Versionen je nach der Versionsgrenze der Datei bewahrt bleiben; daher sind die Optionen BACKUP, OVERWRITE, APPEND und RENAME unter diesen Betriebssystemen identisch.

Unvollständiger Dateitransfer

Schlägt ein Dateitransfer mitten in der Datei aus irgendeinem Grunde fehl – die Verbindung wurde unterbrochen oder eine Platten-Schreiboperation schlug fehl –, gibt es keine Möglichkeit, ihn wiederaufzunehmen, und die bisher übertragenenen Daten sind verloren. Das kann frustrierend sein, wenn Sie eine sehr lange Datei übertragen; es ist jedoch korrektes Vorgehen: Sie sollten nicht in dem Glauben gelassen werden, eine unvollständige Datei sei das Ergebnis eines erfolgreichen Transfers. Dessen ungeachtet gibt C-Kermit Ihnen die Möglichkeit, unvollständig erhaltene Dateien stehen zu lassen. Allerdings müssen Sie ausdrücklich danach fragen:

SET FILE INCOMPLETE { KEEP, DISCARD }
Diese Einstellung entscheidet, ob eine teilweise empfangene Datei erhalten bleiben soll, wenn der Transfer aus irgendeinem Grunde unterbrochen wird, auch bei gezieltem Abbruch. Um unvollständige Dateien stehen zu lassen, geben Sie ein:

C-Kermit>set file incomplete keep

Der Befehl SET FILE INCOMPLETE hat nur Wirkung, wenn er dem Datei*empfänger* gegeben wird; wird er dem Dateiabsender gegeben, hat er keinerlei Wirkung. Synonym kann verwendet werden: **SET INCOMPLETE**.

Wenn Sie zu dem System zurückkehren können, von dem aus Sie die Datei gesendet haben, den nicht gesendeten Teil der Datei (mit einem Texteditor oder sonstigen geeigneten Hilfsprogramm) herausholen und den Rest mit der Einstellung SET FILE COLLISION APPEND (auf dem Empfängerende gesetzt) senden, müßte das Ergebnis ziemlich dicht an dem liegen, was Sie ursprünglich wollten.

Übersicht über transferierte Dateien behalten

Während eines langen Transfers vieler Dateien haben Sie wahrscheinlich Besseres zu tun, als Ihre Augen auf dem Bildschirm kleben zu lassen. Woher wissen Sie dann aber, was geschehen ist? Sie können C-Kermit bitten, eine Aufzeichnung für Sie anzufertigen, die *Transaktions-Protokoll* (*transaction log*) genannt wird:

LOG TRANSACTIONS *[Dateiname [{* **APPEND, NEW** *}]]*
  Nach diesem Befehl werden Informationen über den Dateitransfer einschließlich Datum und Uhrzeit des Transfers, Dateiname, Dateityp (Text oder binär), Statistiken und Fehlermeldungen in der angegebenen Protokolldatei aufgezeichnet. Der voreingestellte Name für diese Datei lautet TRANSACT.LOG (unter UNIX Kleinbuchstaben) auf der aktuellen Platte im aktuellen Verzeichnis. C-Kermit legt eine neue Protokolldatei an und überschreibt dabei ggf. eine schon bestehende Datei gleichen Namens, es sei denn, Sie stellen das Schlüsselwort APPEND hinter den Dateinamen. Beispiele sind etwa:

```
C-Kermit>log trans                 (transact.log, neu)
C-Kermit>log t dienstag.log new    (Ein neues Tagesprotokoll)
C-Kermit>log t februar.log append  (An ein Monatsprotokoll anhängen)
```

CLOSE TRANSACTIONS
  Dieser Befehl schließt ggf. die aktuelle Transaktions-Protokoll-Datei. Sie wird beim Verlassen von C-Kermit außerdem automatisch geschlossen.

Zusammenfassung

Erstmalige Kermit-Benutzerinnen finden die Abläufe beim Dateitransfer mitunter verwirrend. Es ist jedoch nicht sehr schwierig, wenn Sie ein paar grundlegende Punkte im Kopf behalten. Zunächst einmal stellen Sie eine Verbindung von dem Kermit-Programm auf Ihrem lokalen Rechner zu dem Wirtsrechner her; wenn nötig, loggen Sie sich auf dem Wirtsrechner außerdem ein.

Als zweites starten Sie das Kermit-Programm auf dem Wirtsrechner. Ein Kermit-Programm kann keine Datei transferieren, solange es kein anderes Kermit-Programm hat, mit dem es den Transfer durchführen kann! Nun befolgen Sie einfach noch diese drei leichten Anweisungen:

1. Während Sie noch mit dem Wirtsrechner verbunden sind, teilen Sie dem *Wirts*-Kermit mit, was er tun soll: SEND oder RECEIVE (empfangen).

2. Kehren Sie zu Ihrem lokalen Kermit-Programm zurück, indem Sie seine Terminalbetriebs-Rückkehrsequenz eingeben, etwa `Strg-\C` (üblicherweise) für C-Kermit oder `Alt-X` für MS-DOS Kermit. Beachten Sie, daß einige Kommunikations-Software-Programme sich stets im Terminalbetrieb befinden und daher nicht darauf angewiesen sind, daß Sie zurückkehren.
3. Weisen Sie Ihren lokalen Kermit bei seinem Prompt an, was er tun soll: RECEIVE (empfangen) oder SEND, bzw. wählen Sie RECEIVE oder SEND vom Dateitransfer-Menu Ihrer lokalen Software. Dies ist das Gegenteil von dem, wozu Sie den Wirts-Kermit aufgefordert haben: Haben Sie jenen zum SENDen aufgefordert, sollten Sie diesen um das RECEIVE bitten, und umgekehrt.

Haben Sie die Benutzung des Wirtsrechners beendet, denken Sie daran, mit CONNECT wieder zu ihm hinzugehen (falls nötig) und sich auszuloggen.

Sie können Dateigruppen transferieren, indem Sie Jokerzeichen in die Dateispezifikation des SEND-Befehls aufnehmen, Sie können das Voranschreiten Ihrer Dateitransfers in einem Transaktions-Protokoll aufzeichnen und die Varianten des Befehls SET FILE benutzen, um Text- oder Binär-Transfers, die Behandlung der Dateinamen, das Umgehen mit Dateinamens-Kollisionen und die Aktion bei unvollständigen Transfers auszuwählen. Es folgt ein kurzer Überblick über die in diesem Kapitel vorgestellten Varianten des Befehls SET FILE:

SET FILE COLLISION
Optionen: APPEND, BACKUP, DISCARD, OVERWRTE, RENAME, UPDATE. Voreinstellung: BACKUP. Funktion: Dieser Befehl gibt die auszuführende Aktion an, wenn eine Datei mit demselben Namen wie eine schon bestehende ankommt. Geben Sie diesen Befehl dem Datei*empfänger*.

SET FILE DISPLAY
Optionen: CRT, FULLSCREEN, SERIAL oder NONE. Voreinstellung: SERIAL. Funktion: Dieser Befehl wählt das Format der Dateitransfer-Anzeige aus und wird benutzt, wenn C-Kermit im *lokalen* Betrieb läuft.

SET FILE INCOMPLETE
Optionen: DISCARD, KEEP. Voreinstellung: DISCARD. Funktion: Dieser Befehl legt fest, was mit einer unvollständig empfangenen Datei geschehen soll. Geben Sie diesen Befehl dem Datei*empfänger*.

SET FILE NAMES
Optionen: CONVERTED, LITERAL. Voreinstellung: CONVERTED. Funktion: Dieser Befehl legt fest, wie Dateinamen beim Transfer zu behandeln sind, und hat Bedeutung sowohl dem Datei*absender* wie auch dem Datei*empfänger* gegenüber.

SET FILE TYPE
Optionen: TEXT, BINARY. Voreinstellung: TEXT. Funktion: Dieser Befehl wählt Text- oder Binärmodus für den Dateitransfer aus. Geben Sie diesen Befehl dem Dateiabsender und, falls nötig, auch dem Datei*empfänger*.

Probleme: Schlägt ein Dateitransfer fehl, benutzen Sie den Befehl SET PARITY, und versuchen Sie es erneut. Schlägt er immer noch fehl, lesen Sie Kapitel 6. Funktioniert der Dateitransfer, hat die übertragene Datei jedoch das falsche Format, geben Sie den passenden Befehl SET FILE TYPE, und versuchen Sie es erneut. Funktioniert der Dateitransfer, scheint jedoch einen geringen Durchsatz zu haben, lesen Sie Kapitel 8.

Benutzen Sie den Befehl SHOW FILE, um C-Kermits Einstellungen für Dateityp, Kollisionsaktion, Dateibenennung, Behandlung unvollständiger Dateien, Transaktions-Protokoll, Name der Initialisierungsdatei und andere dateibezogenen Dinge anzuzeigen:

```
C-Kermit>sho file

File parameters:
 Attributes: on
 Names:      converted    Debugging Log:      none
 Type:       text         Packet Log:         none
 Collide:    backup       Session Log:        none
 Display:    fullscreen   Transaction Log:    none
 Incomplete: discard      Init file:          .kermrc
C-Kermit>
```

Dies ist das ABC des Dateitransfers mit Kermit und eignet sich zur Benutzung zwischen zwei beliebigen Kermit-Programmen. Fortgeschrittene und einfachere Techniken, die Sie benutzen können, nachdem Sie die grundlegenden Techniken gemeistert haben, sind in den folgenden Kapiteln beschrieben.

6 Probleme beim Dateitransfer beheben

Hatten Sie beim Dateitransfer mit den in Kapitel 5 dargestellten grundlegenden Techniken keine Schwierigkeiten, tun Sie sich keinen Zwang an, dieses Kapitel zu lesen. Fangen Sie aber nicht an, diese Seiten aus dem Buch herauszureißen und zu winzigen Schnipseln zu zerfetzen; zum einen senkt das den Wiederverkaufswert des Buches, zum anderen brauchen Sie diese Seiten vielleicht eines Tages. Im Moment jedoch können Sie bis Kapitel 7 auf Seite 166 weiterblättern, wo Ihnen gezeigt wird, wie Sie C-Kermit zu einem Dateiserver machen, und wie Sie C-Kermit als Klienten eines anderen C-Kermit-Servers benutzen – viel einfacher als die SEND/RECEIVE-Betriebsweise, die Sie bisher benutzt haben. Lesen Sie dann weiter in Kapitel 8, um zu lernen, wie Dateien effizienter übertragen werden können.

Genau wie Menschen haben Rechner verschiedene Sprachen und Gebräuche, miteinander im Streit liegende Ideologien, Eigentümlichkeiten, Macken und schlechte Angewohnheiten. Telekommunikationssysteme hauen Löcher in unsere Daten. Vernünftige Daten auf einem Rechner werden auf einem anderen zu unverständlichem Gebabbel. Um Dateien in verschiedensten, manchmal auch feindseligen, Rechner- und Kommunikations-Umgebungen übertragen zu können, benutzen Programme der Kermit-Software das *Kermit-Protokoll*, einen Satz von Regeln und Vorgehensweisen zum Austausch strukturierter, fehlergeprüfter Nachrichten miteinander.

Kermits Voreinstellungen für alle möglichen Kommunikations-, Datei- und Protokoll-bezogenen Einzelheiten beruhen auf den häufigsten Situationen. Es gibt jedoch Hunderte verschiedener Rechnerarten auf der Welt mit je unterschiedlichem Kommunikations-Gebaren und unterschiedlichen Dateiformaten, und außerdem gibt es viele verschiedene Methoden, diese Rechner miteinander zu verbinden. Da muß man erwarten, daß einem einige Kombinationen begegnen, in denen die Voreinstellungen nicht funktionieren.

Weil C-Kermit Sie so gut wie jeden Aspekt seiner Betriebsweise steuern läßt, können Sie ihm beibringen, wie er Rechner-bezogene Inkompatibilitäten und Kommunikations-Hemmnisse überwindet, und ihm dabei helfen, unter beliebigen Bedingungen die jeweils höchstmögliche Effizienz zu erreichen. Sehen wir uns also die Auswirkungen der Kommunikationsumgebung auf den Dateitransfer und die Möglichkeiten des SET-Befehls zur Anpassung von C-Kermit an.

Parität

Der häufigste Grund für Fehlschlag des Dateitransfers ist *Parität*. Wiederholen wir das mit gebührendem Nachdruck:

Der häufigste Grund für Fehlschlag des Dateitransfers ist Parität.

Rechner speichern Zeichen in 8-Bit-„Bytes". Einige Rechner ziehen es vor, diese Bytes als 7 Bits Daten plus ein Bit Fehlerprüf-Information, Paritäts-Bit genannt, zu senden. Das Paritätsbit *ersetzt* eines der Datenbits und wird je nach den Werten der übrigen sieben Datenbits auf 0 oder 1 gesetzt.[19] Es gibt fünf Arten von Parität: EVEN, ODD, MARK, SPACE und NONE. Gerade Parität (EVEN) setzt das Paritätsbit so, daß die Gesamtzahl der 1-Bits im übertragenen Zeichen gerade ist. Ungerade Parität (ODD) macht die Gesamtzahl der 1-Bits ungerade. Parität MARK setzt das Paritätsbit immer auf 1, und Parität SPACE setzt es stets auf 0.

Parität ist eine unerquickliche Lebenstatsache in der Datenkommunikation. Der Empfänger eines gesendeten Zeichens kann vom bloßen Hinsehen nicht entscheiden, ob es 7 Datenbits und 1 Paritätsbit oder aber 8 Datenbits hat. (Siehe Abbildung 6-1.) Könnten Sie es besser machen? – Parität verhindert die Übertragung von 8-Bit-Datenbytes, wie wir sie in binären Daten oder internationalen Zeichensätzen finden.

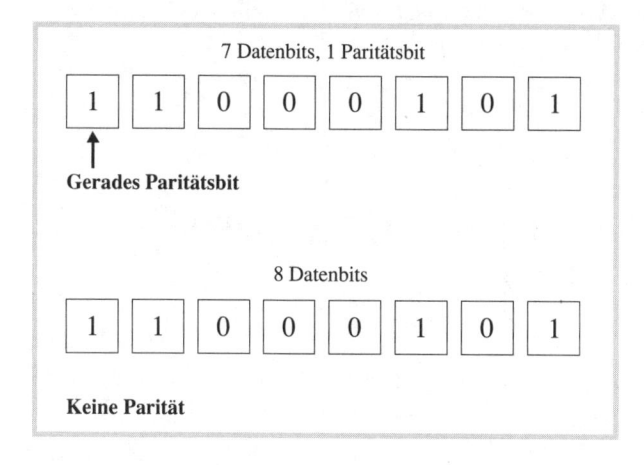

```
      7 Datenbits, 1 Paritätsbit
    ┌───┬───┬───┬───┬───┬───┬───┬───┐
    │ 1 │ 1 │ 0 │ 0 │ 0 │ 1 │ 0 │ 1 │
    └───┴───┴───┴───┴───┴───┴───┴───┘
      ↑
    Gerades Paritätsbit


              8 Datenbits
    ┌───┬───┬───┬───┬───┬───┬───┬───┐
    │ 1 │ 1 │ 0 │ 0 │ 0 │ 1 │ 0 │ 1 │
    └───┴───┴───┴───┴───┴───┴───┴───┘

    Keine Parität
```

Abbildung 6-1
Zeichenformate

Während der Terminal-Emulation ignoriert C-Kermit die Parität einfach – solange Sie ihm nichts anderes sagen – unter der Annahme, daß nur 7-Bit-ASCII- oder nationale ISO-646-Zeichen übertragen werden und das achte Bit keine nützliche Information enthält. Mit anderen Worten: C-Kermit nimmt an, daß Parität wahrscheinlich ohne Wissen des Benutzers aktiv ist.

Während des Dateitransfers versetzt C-Kermit die Kommunikationsleitung in den 8-Bit-Betrieb ohne Parität, so daß er 8-Bit-Daten senden kann, wobei er annimmt, daß das andere Kermit-Programm – wie der überwiegende Teil der Kermit-Software – dies ebenfalls kann. Die größte Ausnahme bildet hier wegen Einschränkungen in der IBM-Großrechner-Kommunikationsarchitektur der IBM-Großrechner-Kermit.

Allerdings kann es passieren – und dies geschieht tatsächlich öfter –, daß ein Netzwerk- oder Kommunikationsgerät zwischen C-Kermit und dem anderen Rechner Parität benutzt, auch wenn die beiden Rechner selbst dies nicht tun.

Dateitransfers können fehlschlagen, wenn Parität benutzt wird, die Kermit-Programme dies aber nicht wissen, da Kermit dann die Paritäts-Bits unter Umständen als Daten-Bits mißversteht. Zum Glück wird dies von C-Kermits eigener Fehlerprüf-Prozedur abgefangen; Parität kann also nicht dazu führen, daß Dateien fehlerhaft übertragen werden – stattdessen wird überhaupt verhindert, daß die Datei übertragen wird. Normalerweise lautet die Fehlermeldung etwa „*Failure to receive acknowledgement*" („Bestätigung nicht erhalten") oder „*Too many retries*" („Zu viele Versuche"). In diesem Fall benutzen Sie den Befehl SET PARITY, um Kermit mitzuteilen, wie die Parität lautet:

SET PARITY { EVEN, ODD, MARK, SPACE, NONE }
Wenn dieser Befehl mit einem anderen Argument als NONE gegeben wird, erfährt Kermit daraus, daß der angegebene Typ des Paritäts-Bits allen zu sendenden Zeichen bei Terminalbetrieb und Dateitransfer hinzugefügt und das achte Bit bei ankommenden Zeichen entfernt werden soll.

Falls Sie nicht wissen, welche Art von Parität Sie benutzen sollen, beunruhigen Sie sich nicht. Wählen Sie einfach eine aus. EVEN ist eine gute erste Wahl für serielle Verbindungen; versuchen Sie SPACE für TCP/IP-TELNET- oder -RLOGIN-Verbindungen. Geben Sie den beiden Kermit-Programmen entsprechende Werte mit SET PARITY an; dann sollte der Dateitransfer glatt gehen:

```
C-Kermit>receive                    (Datei empfangen)
Alt-X                               (Zurück zum PC)
MS-Kermit>set file type binary      (Binärer Transfer-Modus)
MS-Kermit>send budget.wks           (Eine Rechenblatt-Datei senden)
                                    (Viele Neuversuche, und schließlich ...)
?Unable to receive acknowledgement from host

MS-Kermit>connect                   (Erneut versuchen)
C-Kermit>set parity even            (Noch einmal mit Parität)
C-Kermit>receive
Alt-X                               (Wieder zurück)
MS-Kermit>set parity even           (Hier ebenfalls)
MS-Kermit>send budget.wks           (Erneut senden)

  (Die Datei wird transferiert ...)

Transfer complete.                  (Diesmal klappt's)
MS-Kermit>
```

Wenn die Paritäten EVEN oder SPACE das Problem nicht lösen, versuchen Sie MARK oder ODD. MARK wird von einigen Großrechnern und auf X.25-Netzwerken benutzt. ODD wird selten oder nie in der Datenkommunikation benutzt.

Wenn Parität während des Dateitransfers benutzt wird, werden Zeichen, deren achtes Bit 1 ist, als 2-Zeichen-Sequenzen übertragen: Im Datenzeichen selbst wird das achte Bit durch ein Paritätsbit ersetzt und dem Ergebnis wird ein kaufmännisches Und-Zeichen (&), auch

Ampersand genannt, vorangestellt, an dem ebenfalls das passende Paritäts-Bit angebracht worden ist. Der empfangende Kermit entfernt das achte Bit von jedem Zeichen und formt die besonderen Zwei-Zeichen-Folgen wieder in einfache 8-Bit-Zeichen um. Sie können sich vorstellen, daß das viel Übertragungsaufwand kostet; andererseits ermöglicht dies Kermit, 8-Bit-Daten über 7-Bit-Verbindungen zu übertragen, was andere Protokolle nicht von sich behaupten können.

Tip: Einige Kermit-Programme, darunter auch C-Kermit und MS-DOS-Kermit, versuchen, die Parität *automatisch* während der Paket-Operationen herauszufinden – auch wenn Sie vergessen, den Befehl SET PARITY zu benutzen. Diese Technik ist nicht ganz verläßlich, da es nicht ohne weiteres möglich ist, zwischen Parität SPACE und gar keiner Parität zu unterscheiden. Es ist also immer noch sicherer, SET PARITY auf *beiden* Transfer-Enden ausdrücklich zu benutzen, wenn Ihre Verbindung 8-Bit-Daten nicht durchläßt. Hatten Sie aber die Parität einmal auf NONE eingestellt und fanden sie nach einem Dateitransfer etwa mit dem Wert EVEN vor, kennen Sie jetzt den Grund.

Geschwindigkeit und Flußkontrolle in Vollduplex-Umgebungen

Während des Dateitransfers setzen Kermit-Programme ein Paket zusammen und senden es als Einheit, alles auf einmal. Der empfangende Rechner ist jedoch mitunter nicht fähig, so viele Bytes auf einen Bissen hinunterzuschlucken; dann könnte der Dateitransfer fehlschlagen. Bei Ihrem Waschbecken kann das gleiche passieren, wenn der Abfluß sich zuzusetzen beginnt – das Wasser fließt nicht so schnell ab, wie es aus dem Hahn kommt, und läuft schließlich auf den Boden. Bei Computern nennt man diesen Zustand *Pufferüberlauf*.

Pufferüberläufe kommen auf Netzwerk-Verbindungen selten vor, sind aber auf seriellen (direkten oder gewählten) Verbindungen durchaus gängig. Eine Methode, mit ihnen fertig zu werden, besteht darin, die Rechner bei einer niedrigeren Geschwindigkeit miteinander zu verbinden: Je langsamer die Bytes ankommen, desto mehr Zeit hat der Rechner, sie zu verarbeiten. Andererseits erhöht eine verringerte Übertragungsgeschwindigkeit die Zeit zum Übertragen einer Datei und damit auch Ihre Telefonrechnung und Ihren Ärger.

Ist Ihre Übertragungsgeschwindigkeit zu groß, können Pufferüberläufe zu verlorenen Zeichen und damit auch zu Paket-Neuübertragungen und verringertem Durchsatz führen. Ist die Geschwindigkeit zu niedrig, wird Übertragungskapazität verschwendet. Es gibt jedoch keine Methode, die perfekte Geschwindigkeit zu wählen – Geschwindigkeiten gibt es, genau wie Kleidung, nur in festen Größen: 1200, 2400, 4800, ... (Das sind Geschwindigkeiten, keine Hüftumfänge.) Außerdem ändern sich die Bedingungen fortwährend: Rechner können je nach den sonst gerade laufenden Aktivitäten langsamer und theoretisch auch schneller werden (wobei der letztere Fall wegen Parkinsons Gesetz praktisch nie eintritt).

Verfügen Sie über eine *Vollduplex-Verbindung* zwischen Ihren Rechnern, haben Sie mitunter Glück. Während der eine Rechner ein Paket sendet, kann der andere ihm zurückmelden: „Halt!" „OK, ich habe aufgeholt, mach weiter." Dies ist die sogenannte Flußkontrolle. Sie funktioniert, wenn beide Rechner mit ihr umgehen können und beiden vorher mitgeteilt wird, sie tatsächlich zu *benutzen*. Es gibt zwei Hauptarten der Flußkontrolle:

Software-Flußkontrolle
wird erzielt, indem bestimmte Sonderzeichen in den Datenstrom eingestreut werden. Es handelt sich hier üblicherweise um Strg-S (XOFF) und Strg-Q (XON). Der Datenempfänger sendet ein XOFF, damit der Absender aufhöre, und ein XON, auf daß er fortfahre.

Hardware-Flußkontrolle
geschieht zwischen dem Rechner und dem Gerät, mit dem er unmittelbar verbunden ist, zum Beispiel einem Terminal-Server oder einem Hochgeschwindigkeits-Modem. Sie ist mit gesonderten Leitungen realisiert, und zwar normalerweise mit den RS-232-Schaltkreisen *Sendeanforderung* (RTS, *Request To Send*, RTS) und *Frei zum Senden* (CTS, *Clear To Send*, CTS). Wenn beide Geräte richtig für dieselbe Art Hardware-Flußkontrolle konfiguriert sind, tritt die Wirkung unmittelbar ein.

Zur Veranschaulichung zeigt Abbildung 6-2 eine Modem-Verbindung zwischen zwei Rechnern. Rechner A wird mit seinem Modem bei 19200 bps verbunden, die zwei Modems untereinander jedoch nur bei 1200 bps. Modem A korrigiert den Geschwindigkeitsunterschied über seine Geschwindigkeitsanpassungs-Vorrichtung. Nun kann Rechner A jedoch viel schneller Daten an Modem A senden, als dieses sie an Modem B weitersenden kann. Daher dämmt Modem A den Datenfluß von Rechner A ein, indem es sein CTS-Signal abschaltet, und schaltet es wieder an, wenn es zu weiteren Daten bereit ist. Diese Art von Flußkontrolle wird häufig von fehlerkorrigierenden Modems verwendet; ist die Telefonverbindung gestört, übertragen die Modems Daten untereinander neu und müssen daher die Ankunft weiterer Daten vom Rechner blockieren.

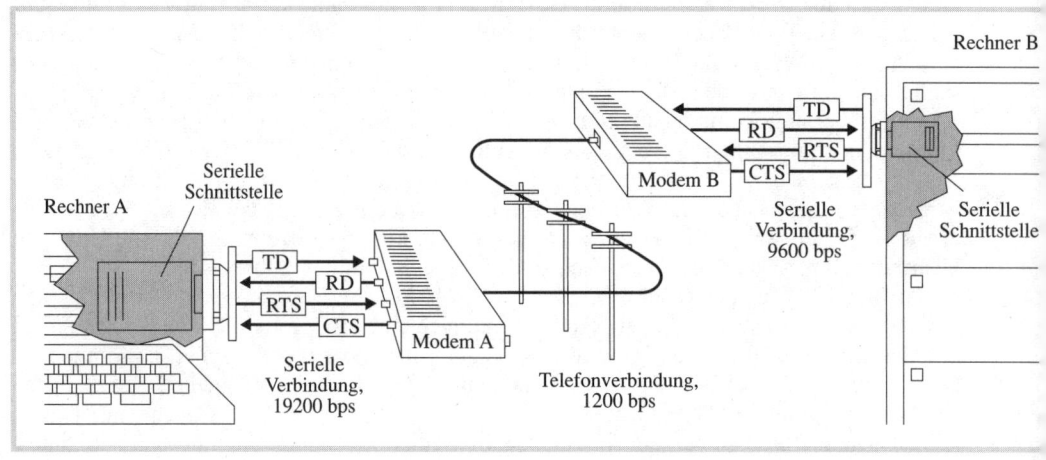

Abbildung 6-2   *Hardware-Flußkontrolle*

Drehen wir den Spieß nun um. Nehmen wir an, Rechner A ist nicht schnell genug, mit den von Modem A ankommenden Daten mitzuhalten. Rechner A schaltet sein RTS-Signal ab, damit das Modem mit dem Senden aufhört. Rechner B weiß hiervon jedoch nichts und sendet daher kräftig weiter. Irgendwie muß Modem A dem Modem B mitteilen, daß es aufhören soll zu senden, und dann muß dieses es dem Rechner B weitersagen. Damit all das funktioniert, muß irgendein höheres Protokoll (etwa MNP oder V.42) zwischen den beiden Modems vereinbart sein; zudem muß irgendeine lokale Flußkontrolle zwischen Modem B und Rechner B aktiviert sein. Damit Hardware-Flußkontrolle wirklich funktioniert, muß sie demnach in allen Verbindungssegmenten stattfinden und sich außerdem schnell von einem Ende zum anderen fortpflanzen.

Wenn Flußkontrolle aktiviert ist und ordentlich funktioniert, können Sie die Übertragungsgeschwindigkeit auf den höchsten Wert einstellen, den die physische Verbindung bietet, und sollten sich nicht um Pufferüberläufe kümmern müssen. Vorausgesetzt, daß die Flußkontroll-Signale augenblicklich und ordnungsgemäß abgesetzt werden, ist die Datenrate dann jederzeit so hoch wie nur irgend möglich und paßt sich eigenständig an wechselnde Lastzustände auf den beiden Rechnern und dem Kommunikationsmedium an. Der Befehl zur Steuerung der Flußkontrolle lautet:

SET FLOW-CONTROL { DTR/CD, DTR/CTS, KEEP, NONE, RTS/CTS, XON/ XOFF }
Dieser Befehl legt den gewünschten Flußkontroll-Typ fest: Xon/Xoff (Software), DTR/CD, DTR/CTS oder RTS/CTS (Hardware), unverändert (KEEP) oder überhaupt keine (NONE). Xon/Xoff-Flußkontrolle wird während des Dateitransfers durchgeführt, sofern das zugrundeliegende Betriebssystem dies unterstützt und Sie Kermit nichts Gegenteiliges gesagt haben. Hardware-Flußkontroll-Optionen stehen nur in C-Kermit-Implementierungen zur Verfügung, für die das zugrundeliegende Betriebssystem dies unterstützt, und wirken nur bei seriellen Verbindungen. Geben Sie nach SET FLOW ein Fragezeichen ein, um zu erfahren, welche Optionen Ihre Version von C-Kermit anbietet:

```
C-Kermit>set flow ? One of the following:
 none     keep     rts/cts    xon/xoff
```

Software-Flußkontrolle gilt normalerweise zwischen den beiden *Endpunkten*, d. h. zwischen C-Kermit und dem Rechner am anderen Ende der Verbindung. Die Zeichen Xon und Xoff können verzögert oder gestört werden, genau wie andere übertragene Zeichen auch. Haben Sie eine Verbindung mit langen Verzögerungen, auf der es vielleicht ein oder zwei Sekunden dauert, bis Sie eingetippte Zeichen sehen, ist Software-Flußkontrolle wahrscheinlich nicht sehr ergiebig.

Hardware-Flußkontrolle löst diese Probleme und sollte benutzt werden, wenn sie zur Verfügung steht. Selbst wenn der C-Kermit-Befehl SET FLOW-CONTROL RTS/CTS oder andere Methoden der Hardware-Flußkontrolle nicht anbietet, können Sie diese Art der Steuerung vielleicht dennoch auf Ihrer Verbindung benutzen, indem Sie vor dem Starten von C-Kermit einen geeigneten Betriebssystem-Befehl geben oder einen besonderen Gerätenamen im Befehl SET LINE angeben und dann die C-Kermit-Option SET FLOW-CONTROL KEEP benutzen. Siehe hierzu den Anhang zu Ihrem Betriebssystem (Anhang III für UNIX, IV für VMS und OpenVMS und so weiter).

Auf den meisten Netzwerk-Verbindungen, insbesondere für TCP/IP, ist es wohl am günstigsten, SET FLOW NONE einzustellen. Das Netzwerk achtet selbst auf die Flußkontrolle, und daher braucht Kermit (oder der Terminal-Gerätetreiber des zugrundeliegenden Betriebssystems) diesen Aufwand nicht zu wiederholen; dies kann Ihre Dateitransfers beschleunigen.

Halbduplex-Kommunikation

Halbduplex-Kommunikation müßte jedem bekannt sein, der einmal CB-Funk benutzt hat, erscheint uns übrigen allerdings vielleicht als unnatürlich, da wir es gewohnt sind, jeden Gedanken, der uns in den Kopf kommt, sofort hinauszutrompeten. Aber sie funktioniert wirklich genau wie CB-Funk: Während Sie sprechen, kann Ihre Gesprächspartnerin nichts sagen, bis Sie Ihren Sprechknopf loslassen. Sobald die Gesprächsrichtung umgekehrt ist, müssen Sie warten, bis Ihre Partnerin fertig ist. Sprechen Sie, während Sie nicht an der Reihe sind, hört Ihre Partnerin Sie nicht.

Der Sprechknopf ist der Schlüssel zu diesem Vorgang. Wenn Rechner über einen Halbduplex-Kommunikationskanal miteinander verbunden sind, haben sie ebenfalls einen Sprechknopf. Dies ist normalerweise ein bestimmtes Steuerzeichen. Ein Rechner kann eine Nachricht beliebiger Länge senden, und die Kommunikationsleitung kann nicht „umgedreht" werden, solange dieses Zeichen, das *Handshake* (Handschüttel-Zeichen) genannt wird, nicht gesendet wird.

Bestimmte Großrechnerarten verkehren mit ihren Terminals im Halbduplex-Verfahren. Der Mensch am Terminal gibt einen Befehl ein und beendet ihn mit der Enter-Taste (die ein Carriage-Return-Zeichen sendet). Das Carriage Return übergibt den Kommunikationskanal dem Großrechner. Der Großrechner antwortet auf den Befehl, indem er möglicherweise viele Zeilen oder ganze Bildschirme voller wer weiß was sendet, und sendet nach Beendigung sein eigenes Handshake-Zeichen, etwa das Xon-Zeichen (Strg-Q). Das Carriage Return ist der Handshake des Terminals, Xon der des Großrechners.

Dies sind die Kermit-Befehle für die Halbduplex-Kommunikation:

SET DUPLEX HALF
Dieser Befehl schaltet lokales Echo während der Terminal-Verbindung ein. Er betrifft nicht den Dateitransfer, ist hier aber der Vollständigkeit halber aufgeführt. Synonyme sind: **SET LOCAL-ECHO ON**, **SET TERMINAL ECHO ON**.

SET FLOW-CONTROL NONE
Diese Option schaltet Vollduplex-Flußkontrolle ab. Von C-Kermit außerhalb der Reihe an einen Rechner gesendete Xon- oder Xoff-Zeichen können erfolgreiche Kommunikation behindern. Es mag allerdings immer noch möglich sein, Hardware-Flußkontrolle wie etwa RTS/CTS zu benutzen, wenn Sie ein Hochgeschwindigkeits-Modem haben, das dies unterstützt.

SET HANDSHAKE [{ BELL, CR, ESC, LF, NONE, XOFF, XON, CODE *Zahl* **}]**
Während des Dateitransfers soll C-Kermit nach dem Empfang eines Pakets auf das angegebene Zeichen warten, bevor er sein nächstes eigenes Paket absendet, damit dieses nicht auf die Reise geht, bevor das andere Kermit-Programm aufnahmebereit ist. C-Kermits voreingestellter HANDSHAKE-Wert ist NONE. Das gebräuchlichste Handshake-Zeichen auf Halbduplex-Verbindungen ist XON.

Haben Sie eine Verbindung zu einem Wirtsrechner hergestellt und bemerkt, daß Sie SET DUPLEX HALF ausführen mußten, ehe Sie Ihre Zeichen im Terminalbetrieb auf dem Bildschirm sehen konnten, und stellen später fest, daß Dateitransfer nicht funktioniert und dies nicht an der Einstellung der Parität liegt, versuchen Sie SET HANDSHAKE XON oder eine der anderen HANDSHAKE-Optionen. Zum Beispiel sind die folgenden Einstellungen typisch für eine Zeilenmodus-Verbindung zu einem IBM-Großrechner:

C-Kermit>set parity mark   (Parität ist Mark)
C-Kermit>set duplex half   (Lokales Echo nötig)
C-Kermit>set flow none   (Keine Vollduplex-Flußkontrolle)
C-Kermit>set handshake xon   (Handshake ist Xon)

Woher wissen Sie, wie das Handshake-Zeichen lautet? Eine Methode, dies herauszufinden, besteht in der Benutzung der C-Kermit-Einrichtung des Sitzungs-Debuggens, die während des Terminalbetriebs empfangene Steuerzeichen in darstellbarer Form auf Ihrem Bildschirm anzeigt. Wir zeigen hier ein Beispiel, in dem wir einem IBM-Großrechner einen Befehl geben und das letzte Zeichen, das er nach der Ausführung des Befehls sendet, beachten. Dies ist sehr wahrscheinlich das Handshake-Zeichen:

C-Kermit>set debug session
C-Kermit>connect
.query time^J^M^@TIME IS 07:28:00 MSZ THURSDAY 06/10/93^M^J^@
Ready; T=0.01/0.01 07:28:01^M^J^@.^Q

Das abschließende Zeichen lautet „^Q" – Strg-Q (XON), und das ist auch Ihr Handshake-Zeichen: SET HANDSHAKE XON.

Störungen und Interferenzen

Nachdem Sie einmal eine gemeinsame „Sprache" für die beiden Rechner gefunden haben, ist es immer noch nicht garantiert, daß sie kommunizieren können, genauso wenig, wie die bloße Tatsache, daß zwei Leute dieselbe Sprache sprechen, schon sicherstellt, daß sie miteinander reden können, wenn sie auf einem knatternden Motorrad sitzen und Lastwagen an ihnen vorbeirauschen. Sage ich zu Ihnen, „Ihr Schutzblech klappert!", und Sie antworten, „150 Meilen bis Chicago, und der Tank ist halbvoll!", dann weiß ich, daß Sie mich nicht richtig verstanden haben, und wiederhole meine Frage.

Datensignale sind Verzerrungen, Interferenzen und Verlusten unterworfen, während sie durch die Drähte reisen. Eine von Kermits wichtigsten Aufgaben ist es, derlei Geschehnisse zu bemerken und sämtliche beschädigten Teile Ihrer Daten erneut zu senden. Kermit erreicht dies, indem er einen *Blockprüfwert* in jedes Kermit-Paket schreibt. Der Paketabsender berechnet den Prüfwert beim Aufbauen des Pakets, und der Paketempfänger berechnet seine eigene Version beim Lesen des Pakets. Stimmen der empfangene und der berechnete Prüfwert nicht miteinander überein, wird das Paket vom Empfänger zurückgewiesen und erneut angefordert.

Blockprüfwert-Optionen

Solange Sie nichts anderes sagen, schreibt Kermit nur ein einziges Blockprüfwert-Zeichen in jedes Paket. Auch wenn dies für die meisten Gelegenheiten ausreicht, besteht immer eine gewisse Wahrscheinlichkeit, daß bestimmte Arten von Beschädigungen auftreten, die mit dieser Methode nicht entdeckt werden. Diese Wahrscheinlichkeit wächst mit der Paketlänge und ist für 8-Bit-Daten größer als für 7-Bit-Daten. Daher bietet Kermit eine Auswahl von Blockprüfwerten an:

SET BLOCK-CHECK 1
Ein Blockprüfwert aus einem einzelnen Zeichen, die 8-Bit-Summe aller anderen in dem Paket enthaltenen Zeichen, auf 6 Bits zurückgestutzt. Dies ist die Voreinstellung.

SET BLOCK-CHECK 2
Ein Blockprüfwert mit zwei Zeichen, die 12-Bit-Summe aller anderen Zeichen in dem Paket.

SET BLOCK-CHECK BLANK-FREE-2
Ein Blockprüfwert mit zwei Zeichen, die 12-Bit-Summe aller anderen Zeichen in dem Paket, genau wie Typ 2, allerdings so codiert, daß keines der beiden Zeichen ein Leerzeichen sein kann. Dies ist für die Benutzung auf Verbindungen gedacht, die am Zeilenende stehende Leerzeichen entfernen können.

SET BLOCK-CHECK 3
Ein Blockprüfwert mit drei Zeichen, die zyklische 16-Bit-Redundanzprüfung (CRC, *Cyclic Redundancy Check*, [47]) aller anderen Zeichen in dem Paket.

Je höher die Blockprüf-Typ-Nummer, desto mächtiger die Fehlerentdeckung; andererseits – ein jedes Ding hat seinen Preis – wird der Dateitransfer dadurch etwas ineffizienter. Die Blockprüf-Werte 2, B oder 3 werden zur Benutzung mit langen Paketen, zum Transfer von 8-Bit-Daten oder bei besonders stark gestörten Verbindungen empfohlen.

Die Ein-Zeichen-Blockprüfung wird von jedem Kermit-Programm unterstützt. Sie reicht für vergleichsweise saubere serielle Verbindungen sowie solche über Netzwerke oder fehlerkorrigierende Modems aus. Die Zwei- und Drei-Zeichen-Blockprüfungen sind wahlweise Einrichtungen des Kermit-Protokolls, werden jedoch von den meisten Kermit-Programmen unterstützt – siehe Tabelle 1-1 auf Seite 25; unterstützt der andere Kermit sie nicht, wird automatisch die Ein-Zeichen-Blockprüfung benutzt, selbst wenn Sie eine höhere angefragt haben.

Die Höchstzahl von Wiederholungsversuchen

Beschädigte Pakete werden durch automatische Neuübertragung kompensiert. Es gibt jedoch eine Grenze für die Anzahl von Malen, die jedes einzelne Paket neu übertragen werden kann. Wird diese Grenze überschritten, schließt Kermit daraus, daß die Verbindung unbenutzbar ist, und gibt mit einer Fehlermeldung wie „Too many retries" („Zu viele Versuche") oder „Unable to receive acknowledgement" („Bestätigung nicht erhalten") auf. C-Kermit erlaubt als Voreinstellung bis zu zehn Versuche. Sie können den folgenden Befehl benutzen, um diesen Wert zu ändern:

SET RETRY *Zahl*
>   Dieser Befehl gibt die maximale Anzahl von Wiederholungsversuchen, die für jedes einzelne Paket erlaubt sind, an. Ein Beispiel ist:

```
C-Kermit>set retry 20
```

Der Zweck des Befehls SET RETRY ist es, Kermit bei der Entscheidung zu unterstützen, wann eine Verbindung unbenutzbar ist. Erhöhen Sie die Wiederholungsgrenze, wenn Sie wissen, daß die Verbindung sehr schlecht ist, und Sie Kermit jede Anstrengung unternehmen lassen wollen, die Datei durchzubekommen, selbst wenn die Kosten an Neuübertragungen (und daher auch Ihre Telefonrechnung) hoch sind. Senken Sie die Zahl, wenn Sie erreichen wollen, daß Kermit schlechte Verbindungen schnell erkennt und aufgibt.

Timeouts

C-Kermit erwartet, jedes Paket innerhalb einer vernünftigen Zeit (dem *Timeout-Intervall*) zu erhalten. Zu Beginn eines Dateitransfers teilt jedes Kermit-Programm dem anderen mit, welches Timeout-Intervall benutzt werden soll. Daher wird C-Kermits Timeout-Intervall normalerweise von dem anderen Kermit festgelegt. Das Timeout-Intervall, das C-Kermit dem anderen Kermit mitteilt, hängt von der Art der Verbindung ab.

Wenn Sie eine Netzwerk-Verbindung mit SET HOST oder TELNET herstellen, kann C-Kermit die Verbindungsgeschwindigkeit nicht kennen und benutzt daher einen eingebauten Standard-Wert von zehn Sekunden.

Auf einer seriellen Verbindung berechnet C-Kermit ein Timeout-Intervall auf der Basis von Kommunikationsgeschwindigkeit und Paketlänge. Ist die Geschwindigkeit zum Beispiel 1200 bps (also 120 Zeichen je Sekunde)[20] und die Paketlänge 6000, dauert die Übertragung eines Pakets

$$\frac{6000 \; Zeichen}{120 \; Zeichen/Sekunde} = 50 \; Sekunden$$

C-Kermit fügt 10 Prozent als Sicherheitsmarge hinzu, was das Intervall auf 55 Sekunden verlängert.

Einige Verbindungen sind jedoch vielleicht langsamer, als Kermit erwartet. Zum Beispiel wird eine serielle Verbindung von 9600 bps vielleicht durch ein verstopftes Großflächen-Netzwerk (WAN) geleitet, wo jedes Paket sich an aufeinanderfolgenden überlasteten Paketschalt-Knoten anstellen und auf seine Übertragung zum nächsten Knoten warten muß, bis es seinen endgültigen Bestimmungsort erreicht, was zu einer deutlich niedrigeren Transfer-Rate als 9600 bps führen kann.

Kommt ein Paket nicht rechtzeitig an, schrillt die Alarmglocke. Der Dateiabsender überträgt das vorige Paket neu, bzw. der Dateiempfänger sendet eine Anforderung für das erwartete, aber nicht erhaltene Paket. War das säumige Paket jedoch schon auf der Reise, kommt es schließlich an, und nach ihm kommt eine überflüssige identische Kopie, die aus dem Timeout resultiert. Dieser Vorgang kann sich während des Transfers wiederholen und den Fortgang bis zum Kriechen abbremsen oder sogar die Übertragung fehlschlagen lassen. Die Lösung besteht darin, das Timeout-Intervall einzustellen:

SET { SEND, RECEIVE } TIMEOUT *Zahl*

Dieser Befehl weist C-Kermit an, das Timeout-Intervall auf die angegebene Anzahl von Sekunden zu setzen, statt sie automatisch zu berechnen. SET RECEIVE TIMEOUT weist C-Kermit an, dem anderen Kermit zu sagen, welches Timeout-Intervall er benutzen soll, und umgeht somit C-Kermits eigene Timeout-Berechnung. SET SEND TIMEOUT läßt C-Kermit den angegebenen Wert benutzen, unabhängig vom Vorschlag des anderen Kermit.

Hier ist ein Beispiel aus dem wirklichen Leben, in dem wissenschaftliche und Überlebens-Daten von einer antarktischen Außenstelle über einen alternden Satelliten an eine Relais-Station in Florida gesendet werden; der Satellit fällt gelegentlich bis zu eineinhalb Minuten aus, und die Übertragung geht durch so exotische Quellen von Stör-Interferenzen wie etwa das Südlicht [20]:

```
C-Kermit>set send timeout 120      (Ein 2-Minuten-Timeout)
C-Kermit>set rec time 120          (In beide Richtungen)
C-Kermit>set retry 100             (Viele Neuversuche zulassen)
C-Kermit>set block 3               (Stärkste Fehlerprüfung benutzen)
C-Kermit>send ozon.dat             (Ozonschicht-Daten senden)
```

Vorzeitige Timeouts können auch auftreten, wenn C-Kermit Ihre wahre Kommunikationsgeschwindigkeit nicht kennt. Ein üblicher Fall ist in Abbildung 6-3 dargestellt, in der Sie sich bei 1200 bps in einen Terminal-Server eingewählt haben, der Ihre wahre Verbindungsgeschwindigkeit vor C-Kermit geheim hält. Sie können das Betriebssystem vor dem Starten von C-Kermit über Ihre wahre Geschwindigkeit informieren, wie in Kapitel 5 erläutert, oder C-Kermit einen längeren Timeout-Wert benutzen lassen, der auf der Paketlänge und Ihrer wahren Kommunikationsgeschwindigkeit beruht, zum Beispiel:

```
C-Kermit>set receive timeout 10    (Für 1000-Byte-Pakete)
```

10 Sekunden müßten ausreichen, um ein 1000-Zeichen-Paket bei 120 Zeichen je Sekunde zu übertragen.

Um die von *beiden* Kermit-Programmen errechneten Timeout-Werte außer Kraft zu setzen, können Sie entweder (a) beiden Kermits den Befehl SET RECEIVE TIMEOUT geben oder (b) einem von beiden die zwei Befehle SET RECEIVE TIMEOUT und SET SEND TIMEOUT geben.

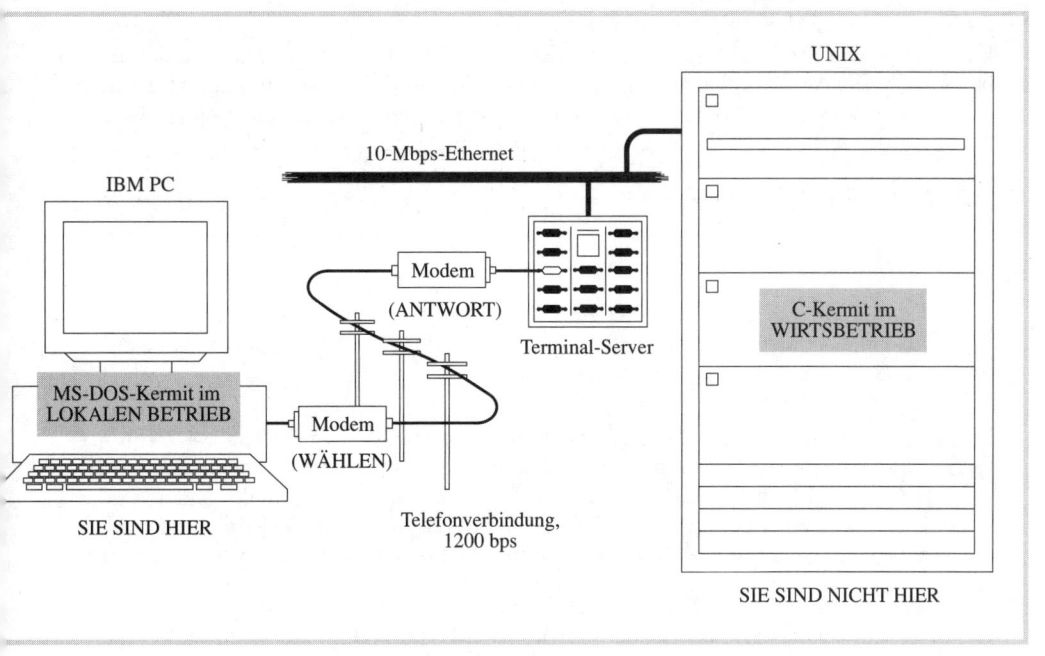

Abbildung 6-3   Verbindung mit einem Terminal-Server

Probleme mit der Transparenz

Kermit-Pakete werden normalerweise von einem Strg-A-Zeichen (ASCII-Code SOH, *Start of Header*, Kopf-Anfang) am Anfang und einem Strg-M (Carriage Return) am Ende eingerahmt. Dazwischen stehen keinerlei Steuerzeichen. In Ihrer Datei als Daten enthaltene Steuerzeichen werden als darstellbare Sequenzen codiert (zum Beispiel wird Strg-S als `#S` wiedergegeben), um zu verhindern, daß sie von Geräten oder Treibern im Verlauf des Kommunikationspfades abgefangen werden. (Daher kann Xon/Xoff-Flußkontrolle beim Dateitransfer verwendet werden, obwohl Xoff gleich Strg-S ist.)

Einige Rechner oder Kommunikations-Verarbeiter lassen jedoch nicht einmal diese beiden unschuldigen Steuerzeichen ungeschoren durch. Zum Beispiel soll es mindestens einen Modem-Typ geben, der Strg-A als sein Escape-Zeichen verwendet: Sie senden Ihr erstes Kermit-Paket, und schon sprechen Sie wieder mit der Wähleinheit Ihres Modems statt mit dem anderen Rechner! Für derlei abartige Fälle erlaubt C-Kermit es Ihnen, die Paket-Einrahmungs-Zeichen anzupasen:

SET { SEND, RECEIVE } START-OF-PACKET *Zahl*
Dieser Befehl ändert das Paket-Anfangszeichen von Strg-A auf etwas anderes, das jedes beliebige 7-Bit-ASCII-Zeichen sein darf. Hier sollte ein Steuerzeichen benutzt werden, es sei denn, der Kommunikationspfad läßt überhaupt keine Steuerzeichen durch. Geben Sie als *Zahl* den ASCII-Code für das Zeichen an (siehe Tabelle VIII-1, Seite 509), zum Beispiel 2 für Strg-B, 5 für Strg-E. Sie müssen beiden Kermit-Programmen entsprechende (komplementäre) Befehle geben:

```
MS-Kermit>set send start-of-packet 7      (PC sendet Strg-G)
MS-Kermit>connect                          (Mit dem Wirt verbinden)
C-Kermit>set receive start 7               (C-Kermit empfängt Strg-G)
C-Kermit>send tapir.txt                    (Transfer starten)
Alt-X                                      (Zurück zum PC)
MS-Kermit>receive                          (Datei empfangen)
```

Hier ändern wir das Paket-Anfangszeichen nur für Pakete, die vom PC an C-Kermit gesendet werden; Strg-A wird weiterhin benutzt, um die von C-Kermit an den PC gesendeten Pakete zu beginnen. Sie können auch das Paket-Anfangszeichen in der anderen oder in beide Richtungen ändern; denken Sie nur daran, beiden Kermit-Programme komplementäre Befehle SET SEND START-OF-PACKET und SET RECEIVE START-OF-PACKET zu geben.

SET { SEND, RECEIVE } END-OF-PACKET *Zahl*
Dieser Befehl ändert das Paket-Endezeichen von Carriage Return auf etwas anderes, das ein ASCII-7-Bit-Steuerzeichen sein muß. *Zahl* ist der ASCII-Wert des gewünschten Zeichens. Geben Sie beiden Kermits entsprechende (komplementäre) Befehle, wie in diesem Beispiel gezeigt:

```
MS-Kermit>set send end-of-packet 10        (PC sendet Strg-J)
MS-Kermit>connect                          (Mit dem Wirt verbinden)
C-Kermit>set receive end 10                (C-Kermit empfängt Strg-J)
C-Kermit>receive                           (Auf Dateien warten)
Alt-X                                      (Zurück zum PC)
MS-Kermit>send *.txt                       (Einige Dateien senden)
```

Dies ändert das Paket-Endezeichen in der Richtung vom PC zu C-Kermit.

Zusätzlich zum Wechseln der Paket-Start- und -Ende-Zeichen können Sie C-Kermit auch anweisen, zusätzliche Zeichen *zwischen* den Paketen zu senden:

SET { SEND, RECEIVE } PAD-CHARACTER *Zahl*
Dieser Befehl gibt ein zusätzliches Zeichen an, das vor dem Paket-Anfangszeichen gesendet werden soll und ein anderes als dieses sein muß. Die Füllzeichen werden vom Kermit-Protokoll ignoriert, können aber sinnvoll sein, um dem empfangenden Rechner Zeit zu geben, sich auf das Lesen eines Paketes einzustellen. So gibt es etwa (mindestens) einen Fall, in dem das Füllzeichen benutzt wird, um die Kommunikations-Schnittstelle des Paket-Empfängers in einen besonderen „Transparenz-Modus" zu versetzen, ohne den das Paket selbst nicht hindurch gelangte. SET SEND PAD-CHARACTER teilt C-Kermit mit, welches Zeichen *er* zum Füllen senden soll; SET RECEIVE PAD-CHARACTER weist C-Kermit an, dem Kermit-Programm *des anderen Rechners* zu sagen, welches Zeichen zum Füllen verwendet werden soll. *Zahl* ist der ASCII-Code des gewünschten Füllzeichens.

SET { SEND, RECEIVE } PADDING *Zahl*
Dieser Befehl legt fest, wie oft das Füllzeichen vor jedem Paket eingefügt werden soll.

Hier ist zum Beispiel die Befehlsfolge, die es C-Kermit gestattet, Dateien mit einem Cray-Superrechner unter dem Betriebssystem CTSS und dem dort laufenden Cray-Kermit auszutauschen:

C-Kermit>set parity even   (Gerade Parität benötigt)
C-Kermit>set send end 23   (Paket-Ende ist Strg-W)
C-Kermit>set send padding 1   (Benutze 1 Füllzeichen)
C-Kermit>set send pad-char 26   (Füllzeichen ist Strg-Z)
C-Kermit>send animation.txt   (Nun sende die Datei)

Kommunikation mit IBM-Großrechnern im Zeilenmodus

Es gibt zwei Verbindungsarten zu IBM-Großrechnern: Vollbild- und Zeilenmodus. Eine Vollbild-Verbindung geht durch ein Gerät, das zwischen einem EBCDIC-Blockmodus-Terminal IBM 3270 und asynchronem ASCII-Zeichenmodus-Terminal hin- und herkonvertiert. Der Kürze halber nennen wir dieses Gerät im folgenden einen 3270-Protokollkonverter. Er schirmt den Benutzer von all den Besonderheiten im Kommunikationsstil der IBM-Großrechner ab und kann (normalerweise) ohne nennenswerten Zusatzaufwand benutzt werden.

IBM-Großrechner-Zeilenmodus-Verbindungen erfordern andererseits von Kermit, mehr als nur ein paar kleine Sprünge zu machen. Fast jeder Kommunikationsparameter – Duplex, Parität, Flußkontrolle, Handshake – läuft C-Kermits Voreinstellungen zuwider und muß daher ausdrücklich gesetzt werden.

Das folgende zeigt ein Beispiel eines Dateitransfers zwischen C-Kermit im lokalen Betrieb und einem IBM-Großrechner, der unter dem Betriebssystem VM/CMS läuft. Um noch etwas Würze hinzuzufügen, fängt das Modem das Zeichen Strg-A ab, so daß Kermits Paket-Anfangszeichen geändert werden muß. (Der hier verwendete Modem-Name ist fiktiv, um gerichtlichen Klagen aus dem Weg zu gehen.)

Um die Angelegenheit noch etwas komplizierter zu machen, zeigt der Login-Vorgang, daß die Verbindung stark gestört ist; daher paßt die Benutzerin die Kommunikationsparameter klugerweise so an, daß etwas mehr Robustheit gegenüber Störungen entsteht.

$ kermit   (Kermit unter UNIX starten)
C-Kermit 5A(189) 23 Jul 93, SunOS 4.1
Type ? or HELP for help
C-Kermit>set modem xyz   (Modemtyp angeben)
C-Kermit>set line /dev/ttyh8   (und Kommunikationsgerät)

```
C-Kermit>set speed 2400              (und Geschwindigkeit)
C-Kermit>set parity mark             (Großrechner benötigt Parität Mark)
C-Kermit>set duplex half             (Verbindung ist Halbduplex)
C-Kermit>set flow none               (Keine Vollduplex-Flußkontrolle)
C-Kermit>set handshake xon           (Benutze Xon zur Leitungsumschaltung)
C-Kermit>set send start 2            (Gesendete Pakete beginnen mit ^B)
C-Kermit>dial 654321                 (Nummer wählen)
Connection completed.                (Anruf wird entgegengenommen)
C-Kermit>connect                     (Mit dem Großrechner verbinden)
VIRTUAL MAC~xINE/S{{TEM PRODU=T      (Beachten Sie die gestörte Begrüßung)
.login karl                          (Einloggen)
Enter password:xxxxxxxx
LOGON AT 22:00:52 MSZ SU~~{Y 06/10/93
VM/SP REL 5 04/19/88 19:39
.
Ready; T=0.07/0.11 2~~{{:55
CMS
.
.kermit                              (Kermit auf dem Großrechner starten)
Kermit-CMS Versi%x 4.2.4
Enter ? for a ~~st of valid commands

Kermit-CMS>set retry 20              (Viele Neuversuche zulassen)
Kermit-CMS>set block 3               (Stärkste Fehlerprüfmethode)
Kermit-CMS>set receive start 2       (Ankommende Pakete starten mit ^B)
Kermit-CMS>send profile exec         (Datei senden)
Kermit-CMS ready to send.
Please escape to local Kermit now to RECEIVE the file(s).

KERMIT READY TO SEND...
Strg-\C                              (Zurück zu C-Kermit)

C-Kermit>set retry 20                (Viele Neuversuche zulassen)
C-Kermit>receive                     (Zum Empfangen der Datei auffordern)
SF
PROFILE.EXEC A Size: 18113
=> profile.exec ..N%N%..T%..N%..T%T%T%N%......T%..N%..Z [OK]
B
C-Kermit>connect                     (Wieder mit dem Großrechner verbinden)

Kermit-CMS>exit                      (Großrechner-Kermit beenden)
Ready; T=0.02/0.08 22:01:37
.logoff                              (Ausloggen)
Strg-\c                              (Zurück zu C-Kermit)
C-Kermit>exit                        (C-Kermit beenden)
$
```

Kommunikation mit IBM-Groß-
rechnern im Vollbildmodus

Vollbild-Kermit-Verbindungen zu IBM-Großrechnern laufen über 3270-Protokollkonverter. Diese Geräte übersetzen zwischen dem normalen ASCII- und dem IBM-EBCDIC-Zeichensatz, sie übersetzen weiterhin IBM-3270-Bildschirm-Steueranweisungen in Escape-Sequenzen für Ihr Terminal, und sie machen den Teilnehmern an beiden Enden der Verbindung weis, sie hätten lediglich mit der ihnen vertrauten Umgebung zu tun.

Die Techniken, die C-Kermit dazu benutzt, Dateien mit einem IBM-Großrechner durch einen Protokollkonverter hindurch auszutauschen, hängen davon ab, ob der Protokollkonverter vom IBM-Großrechner-Kermit in den transparenten Betrieb versetzt werden kann. „Transparent" bedeutet hier, daß die Protokoll-Übersetzungsfunktionen abgeschaltet sind und Daten das Gerät ohne jede Modifikation durchlaufen. Einige Protokollkonverter, etwa der IBM 7171, lassen dies zu. Andere, wie der IBM 3708 oder bestimmte Terminal-Server mit eingebauter 3270-Emulation, erlauben es nicht.

Eine Verbindung zu einem Protokollkonverter entspricht einer Verbindung zu einem Vollduplex-Wirtsrechner oder -dienst, abgesehen davon, daß normalerweise Parität verlangt wird.

Dateitransfer mit transparentem Betrieb

Die meisten 3270-Protokollkonverter erlauben den transparenten Betrieb, der bevorzugt verwendet wird, weil er für einfacheren und effizienteren Dateitransfer sorgt. Gängige Beispiele sind die ASCII-Subsysteme IBM Series/1, 7171, 4994, 3174 AEA und 938x wie auch viele Nicht-IBM-Produkte. Kermit-370 auf dem IBM-Großrechner versucht automatisch, die Fähigkeit zum transparenten Betrieb zu überprüfen, und benutzt sie gegebenenfalls. Wenn automatische Erkennung nicht funktioniert, kann der IBM-Großrechner-Kermit-Befehl SET CONTROLLER dazu benutzt werden, eine bestimmte Transparenz-Methode zu erzwingen, sofern sie tatsächlich vorhanden ist.

Wenn der Protokollkonverter in den transparenten Betrieb versetzt werden kann, läuft der Dateitransfer genau wie gewohnt:

```
C-Kermit>set parity even
C-Kermit>show communications
 Line: ttx4, speed 19200, parity: even
 duplex: full, flow: xon/xoff, handshake: none, ...
C-Kermit>connect                   (Mit dem Großrechner verbinden)
.
.kermit                            (Großrechner-Kermit starten)
Kermit-CMS Version 4.2.4
Enter ? for a list of valid commands
Kermit-CMS>send maketape exec      (Datei senden)
```

```
Please escape to local Kermit now to RECEIVE the file(s).

KERMIT READY TO SEND...
```
Strg-\C   *(Zurückkehren)*
`C-Kermit>`<u>`receive`</u>   *(Datei empfangen)*

Funktioniert dieses Beispiel bei Ihnen nicht, benutzen Sie den IBM-Großrechner-Kermit-Befehl SHOW CONTROLLER, um herauszufinden, welche Art von Transparenz – falls überhaupt – benutzt wird, und benutzen Sie dann verschiedene Variationen über das Thema SET CONTROLLER, um Transparenz zu erreichen:

`Kermit-CMS>`<u>`set controller series1`</u>
`Kermit-CMS>`<u>`set controller graphics`</u>
`Kermit-CMS>`<u>`set controller aea`</u>

Versuchen Sie den Dateitransfer dann erneut. Funktioniert keine dieser Einstellungen, schlagen Sie in der IBM-Großrechner-Kermit-Dokumentation weitere Informationen nach, oder fragen Sie den Systemverwalter Ihres IBM-Großrechners um Rat. Schlägt alles andere fehl, können Sie auf den Großrechner im Zeilen- (falls das in Ihrer Einrichtung möglich ist) statt im Vollbild-Modus zugreifen, wenn Sie Dateien transferieren müssen, oder Sie benutzen die im folgenden beschriebene nicht-transparente Technik.

Dateitransfer ohne transparenten Betrieb

Wenn der Protokollkonverter *nicht* in den transparenten Modus versetzt werden kann, ist es unmöglich, ein normales Kermit-Paket hindurchzusenden, weil *alle* Steuerzeichen herausgefiltert werden, darunter auch Kermits Paket-Anfangs- und -Ende-Zeichen. Zeilen (Pakete), die länger als die Bildschirmbreite sind, werden umbrochen, Leerzeichen werden mitunter entfernt, der Protokollkonverter unternimmt möglicherweise Bildschirm-Optimierungen, die die vom Großrechner gesendeten Pakete stören, und jedes an den Großrechner gesendete Paket kann ein-, zweimal oder noch häufiger vom Protokollkonverter zurückgegeben werden.

Indem man auf eine leicht modifizierte Fassung des Kermit-Protokolls umschaltet, in der es keine besonderen Zeichen zum Markieren von Anfang und Ende eines Pakets, aber dafür eine besondere Variante des Blockprüfwerts, die nie Leerzeichen enthält, gibt, können sogar diese Hindernisse bewältigt werden. Dazu bedarf es der IBM-Großrechner-Kermit-Version 4.2.3 oder neuer.

Der Trick besteht darin, den IBM-Großrechner-Kermit anzuweisen, im Vollbild- statt im transparenten Modus zu arbeiten, dann das Paketanfangszeichen auf ein druckbares ASCII-Zeichen zu setzen, die Benutzung von Handshake-Zeichen zu vermeiden und schließlich den Blockprüfwert BLANK-FREE-2 zu verwenden:

`C-Kermit>`<u>`set parity even`</u>   *(Gerade Parität)*
`C-Kermit>`<u>`set send start 58`</u>   *(Paket-Anfang ist ":")*
`C-Kermit>`<u>`set receive start 58`</u>   *(in beide Richtungen)*
`C-Kermit>`<u>`set block-check b`</u>   *(Typ-B-Blockprüfwert)*
`C-Kermit>`<u>`set handshake none`</u>   *(Kein Handshake)*
`C-Kermit>`<u>`connect`</u>   *(Nun zum Großrechner gehen)*

```
. kermit                            (Großrechner-Kermit starten)
Kermit-CMS Version 4.2.3
Enter ? for a list of valid commands
Kermit-CMS>set controller fullscreen  (Kein transparenter Modus)
Kermit-CMS>set send start 58          (Paket-Anfang ist ":")
Kermit-CMS>set receive start 58       (in beide Richtungen)
Kermit-CMS>set block-check b          (Typ-B-Blockprüfwert)
Kermit-CMS>set handshake 0            (Kein Handshake)
Kermit-CMS>send data sas b            (Datei senden ...)
```

Hinweis: Alle vier Paket-Anfangszeichen müssen identisch sein.

Die Datei wird langsamer als im transparenten Betrieb übertragen, aber zumindest funktioniert es überhaupt. Es werden automatisch kurze Pakete benutzt, um die „Formatierunterstützung" des Protokollkonverters zu umgehen, und einige weitere Tricks laufen hinter den Kulissen. In einigen Fällen müssen die ASCII/EBCDIC-Übersetzungstabellen des Großrechner-Kermit abgeändert werden, je nach Hersteller, Modell und Konfiguration des Protokollkonverters. Detaillierte Informationen darüber, welche Protokollkonverter transparent sind und welche nicht, sowie zum Dateitransfer über nicht-transparente 3270-Protokollkonverter erhalten Sie in der Dokumentation zum IBM-Großrechner-Kermit [15].

Nur für X.25-Benutzer

Haben Sie sich mit dem Wirtsrechner durch ein X.25-Netzwerk-PAD verbunden, ist Ihre Anwendung wahrscheinlich für zeichenorientierten interaktiven Betrieb eingerichtet. Im Normalfall wird jedes von Ihnen eingegebene Zeichen in einem eigenen X.25-Paket an den Wirtsrechner gesendet, so daß es sofort verarbeitet und zurückgegeben werden kann. Das ist Ihnen auch ganz recht, wenn Sie eine interaktive Sitzung mit dem Wirtsrechner durchführen. Diese Betriebsart kann während des Kermit-Dateitransfers jedoch sehr ineffizient sein. Der Transfer kann sehr viel schneller voranschreiten, wenn Sie Ihre Netzwerk-Verbindung so abändern, daß Ihre Kermit-Pakete so gut wie möglich mit X.25-Paketen übereinstimmen. Eine detaillierte Erörterung der Arbeit mit X.25-Netzwerken übersteigt den Rahmen dieses Buches,[21] aber Sie können zumindest versuchen, zum PAD zurückzugehen (normalerweise geben Sie dazu Strg-P ein) und X.3-Befehle zu geben, die den PAD in einen für die Kermit-Paket-Übertragung geeignete Betriebsart zu versetzen:

```
Kermit-11>send report.txt           (Datei vom Wirts-Kermit her senden)
Strg-P                              (Auf den PAD zugreifen)
@PAR?                               (Aktuelle PAD-Einstellungen ansehen)
PAR1:1,2:1,3:0,4:80,5:0,6:1,7:0,8:0,9:0,10:80,11:3,12:0
@SET 2:0,3:2,4:0,5:1,6:0,10:0,12:1  (Ändern)
@continue                           (Zurück zum Wirtsrechner)
```

Strg-\C (Und zurück zu C-Kermit)
C-Kermit>receive (Datei empfangen)

Diese Befehle weisen den PAD an, kein Echo zu geben, vom Terminal (das heißt, von Kermit) her ankommende Zeichen erst nach einem Carriage Return (Kermits normales Paket-Endezeichen) weiterzugeben, kein Timeout beim Weiterleiten von Paketen zu benutzen, Xon/Xoff-Flußkontrolle zwischen Terminal und PAD (statt zwischen den Endpunkten) zu aktivieren, Netzwerk-Meldungen, die die Kermit-Pakete stören könnten, zu unterdrücken und Zeilen nicht zu umbrechen. Hat Ihr lokaler Kermit eingebaute X.25-Netzwerkunterstützung, können Sie stattdessen die entsprechenden Kermit-Befehle SET PAD ... benutzen.

Wenn Sie sich nach dem Dateitransfer wieder „normal" verbinden wollen, ist die PAD-Einstellung nicht mehr gut für den interaktiven Betrieb geeignet; daher müssen Sie die ursprünglichen PAD-Parameter wiederherstellen, wie das folgende Beispiel zeigt:

C-Kermit>connect (Wieder mit dem Wirt verbinden)
Strg-P (Auf den PAD zugreifen)
@SET 2:1,3:0,4:80,5:0,6:1,10:80,12:0 (Alte Einstellungen wiederherstellen)
@continue (Zurück zum Wirtsrechner)
Kermit-11>

Wiederum können Sie die eingebauten Befehle SET PAD ... verwenden, wenn Sie eine X.25-fähige Kermit-Version haben. *Tip:* Nachdem Sie das Kapitel über Makros und Skripten gelesen haben, können Sie Makro-Befehle schreiben, die dieses Vorgehen um vieles erleichtern und beschleunigen können. *Noch ein Tip:* Bestimmte Netzwerke haben eingebaute Befehle, um Ihre Verbindung besser auf den Dateitransfer einzustellen – im SprintNet etwa den DTAPE-Befehl. Sehen Sie dazu in der Literatur Ihres Netzwerk-Dienst-Anbieters nach.

Beweisstücke sammeln

Haben Sie Schwierigkeiten beim Dateitransfer, überprüfen Sie Ihre Protokoll-bezogenen Einstellungen mit dem Befehl SHOW PROTOCOL:

```
C-Kermit>show proto
Protocol Parameters:   Send      Receive
  Timeout (used= 8):    10         7
  Padding:               0         0        Block Check:     2
  Pad Character:         0         0        Delay:           1
  Packet Start:          1         1        Max Retries:    10
  Packet End:           13        13
C-Kermit>
```

Führen Sie alle gewünschten Änderungen durch, und versuchen Sie es erneut. Die Timeout-Werte sind die aktuellen Einstellungen von SEND bzw. RECEIVE TIMEOUT; der mit „used="

angegebene Wert ist das (möglicherweise angepaßte) Intervall, das C-Kermit tatsächlich im letzten Transfer verwendet hat. Ein Sternchen (*) steht hinter dem SEND-Timeout, wenn Sie einen Befehl SET SEND TIMEOUT gegeben haben.

Wenn alles andere fehlschlägt, können Sie C-Kermits (Fehl)Verhalten in zwei Arten von Protokoll-Dateien aufzeichnen:

LOG PACKETS *[Dateiname*=**PACKET. LOG** *[{* **APPEND, NEW** *} =***NEW** *]]*
   Nach diesem Befehl werden Kermits Dateitransfer-Pakete in der angegebenen Datei aufgezeichnet. Benutzen Sie diese Option, um Schwierigkeiten einzukreisen. Zeigen Sie das Paket-Protokoll einem Kermit-Guru, oder entziffern Sie die Pakete selbst, wenn Sie eine Ausgabe von *Kermit, A File Transfer Protocol* [18] zur Verfügung haben; in diesem Buch sind die Einzelheiten des Paket-Formats und der protokollarischen Regeln von Kermit dargelegt.

LOG DEBUG *[Dateiname*=**DEBUG. LOG** *[{* **APPEND, NEW** *}=***NEW** *]]*
   Nach diesem Befehl werden Informationen über die internen Abläufe von C-Kermit in der angegebenen Datei aufgezeichnet. Dies ist nur für Kermit-Gurus von Nutzen und wird bevorzugt zusammen mit dem C-Kermit-Quellcode für ernsthafte, mitternächtliche Marathon-Debugging-Sitzungen benutzt. Die Kenntnis der Programmiersprache C [46] ist hier von Nutzen.

Diese Protokolldateien werden automatisch geschlossen, wenn Sie C-Kermit mit EXIT verlassen. Sie können Sie auch jederzeit mit den Befehlen CLOSE PACKETS bzw. CLOSE DEBUG selbst schließen.

7 Der Kermit-Server

Mittlerweile müßten Sie ein As im Kermit-Dateitransfer sein. Sie können SET-Befehle benutzen, um Kermit-Programme an alle möglichen unterschiedlichen Bedingungen anzupassen, und Sie können Dateien erfolgreich in beide Richtungen senden. In diesem Kapitel lernen Sie eine einfachere Art, Dateien zu transferieren, bei der Sie nicht *beiden* Kermit-Programmen Befehle geben müssen. Sie werden dabei sehen, daß Kermit nicht nur Dateien überträgt, sondern Sie auch bei deren Verwaltung unterstützen kann.

In Kermits grundlegender Betriebsweise sagen Sie dem Wirts-Kermit, was er tun soll, kehren dann zum lokalen Kermit zurück und geben ihm einen Befehl. Transferieren Sie nur eine einzige Datei oder -gruppe, ist dies keine größere Unbequemlichkeit – nicht mehr als etwa vergleichsweise die Zubereitung einer einfachen Mahlzeit für den eigenen Bedarf. Wollen Sie jedoch einige Dateien senden, andere empfangen, wieder andere löschen, einige ausdrucken und so weiter, kann das fortwährende Verbinden und Rückkehren lästig werden. Das entspricht dann etwa dem Kochen für eine Abendessens-Gesellschaft. Bei solchen Gelegenheiten würden Sie es vielleicht vorziehen, Ihre Freunde zum Essen in ein Restaurant einzuladen.

Ein *Kermit-Server* ist ein Kermit-Programm, das in einer besonderen Betriebsweise läuft. Sie sagen Ihrem lokalen Kermit-Programm, was Sie wollen, und es teilt dem Kermit-Server mit, was er tun soll – genau wie ein Kellner Ihre Bestellung an den Koch weitergibt. Der Server – wörtlich ja der *Diener* – erledigt die gestellten Aufgaben unauffällig außer Sichtweite in der Küche und leitet die Ergebnisse wieder Ihrem lokalen Kermit-Programm zu, genau wie der Kellner Ihr Abendessen bringt, nachdem der Koch es zubereitet hat.

Der Unterschied zwischen der Benutzung eines Kermit-Servers und dem Essen in einem Restaurant besteht abgesehen vom Preisunterschied darin, daß Sie vor der Bestellung kurz in die Küche gehen und den Koch auf Trab bringen müssen. Ist er einmal aktiviert, spricht Ihr Koch nicht mehr direkt mit Ihnen, sondern nur noch durch Vermittlung des Kellners, der Ihre Bestellung in den farbenreichen Restaurant-Argot übersetzt, den der Koch spricht.

Bevor Sie „Essen gehen" können, benötigen Sie also zweierlei: ein Kermit-Programm (den Koch), das als Server arbeiten kann, und eines (den Kellner), das mit dem Server sprechen kann. Der Computer-Jargon für den Kellner lautet *Client*. Der Kermit-Client ist normalerweise der lokale Kermit, und der Server sitzt üblicherweise am Wirtsende. C-Kermit kann sowohl als Client als auch als Server arbeiten.

Den Server starten

Dies ist der einzige Befehl, den Sie brauchen, um Ihren Koch ans Arbeiten zu bringen:

SERVER
Dieser Befehl teilt dem Kermit-Programm mit, es solle unter Benutzung der aktuellen Kommunikations- und Protokolleinstellungen in den Server-Betrieb übergehen. Der Prompt verschwindet, und jede weitere Kommunikation findet mit Hilfe von Kermit-Protokoll-Paketen statt.

Im folgenden Beispiel ist Ihr lokaler Rechner ein PC, auf dem MS-DOS-Kermit läuft, und Sie starten einen C-Kermit-Server auf einem UNIX-*Wirts*rechner:

```
@ü14 = MS-Kermit>connect        (Mit dem Wirtsrechner verbinden)
login: friedrich                (Einloggen, falls nötig)
Password: _____

$ kermit                        (Kermit starten)
C-Kermit>server                 (In den Serverbetrieb versetzen)

Entering server mode.  If your local Kermit software is menu driven, use
the menus to send commands to the server.  Otherwise, enter the escape
sequence to return to your local Kermit prompt und issue commands from
there.  Use SEND und GET for file transfer.  Use REMOTE HELP for a list of
other available services.  Use BYE or FINISH to end server mode.

KERMIT READY TO SERVE...
Alt-X                           (Zurück zum PC)
MS-Kermit>
```

Von dieser Stelle an können Sie alle weiteren Verrichtungen vom Prompt Ihres lokalen Kermit aus erledigen. Sollten Sie versuchen, vor der Rückkehr zum lokalen PC Befehle einzugeben, passiert gar nichts: Die Zeichen, die Sie eingeben, sind mit ziemlicher Sicherheit keine gültigen Kermit-Befehle, und daher ignoriert der Server sie. Im Notfall können Sie jedoch den C-Kermit-Befehlsprompt wieder erhalten, indem Sie zweimal direkt hintereinander Strg-C eingeben (siehe auch den Abschnitt „Server-Operationen unterbrechen" auf Seite 175):

```
C-Kermit>server                 (C-Kermit zum Server machen)

Entering server mode.  If your local Kermit software is menu driven, use
the menus to send commands to the server.  Otherwise, enter the escape
sequence to return to your local Kermit prompt und issue commands from
there.  Use SEND und GET for file transfer.  Use REMOTE HELP for a list of
other available services.  Use BYE or FINISH to end server mode.

KERMIT READY TO SERVE...
```

```
Strg-C Strg-C                 (Zweimal Strg-C drücken)
^C...
C-Kermit>                     (Der Prompt kehrt zurück)
```

Befehle an Kermit-Server senden

Um den Server zu benutzen, müssen Sie wissen, welche Dienste er anbietet:

REMOTE HELP
Auf diesen Befehl hin fragt der lokale Kermit den Wirts-Server nach einer Aufstellung der angebotenen Dienste. In diesem Beispiel fragt ein MS-DOS-Kermit einen C-Kermit-Server:

```
MS-Kermit>remote help
C-Kermit Server REMOTE Commands:

GET files    REMOTE CD [dir]        REMOTE DIRECTORY [files]
SEND files   REMOTE SPACE [dir]     REMOTE HOST command
MAIL files   REMOTE DELETE files    REMOTE WHO [user]
BYE          REMOTE PRINT files     REMOTE TYPE files
FINISH       REMOTE HELP            REMOTE SET parameter value
```

Wenn der Client-Kermit diese Befehle kennt, reagiert der C-Kermit-Server auf sie. Andere Kermit-Server können unterschiedliche Menus anbieten.

Der erste interaktive Kermit-Befehl, den Sie kennengelernt haben, war EXIT. Der erste Befehl zur Steuerung eines Kermit-Servers, den Sie lernen sollten, ist der, der ihn wieder aus dem Server-Betrieb herausholt:

FINISH
Dieser Befehl sendet ein Befehlspaket von einem Kermit-Client an einen Kermit-Server. Dieses Paket beauftragt den Server, den Server-Betrieb zu beenden und zu seinem interaktiven Kermit-Prompt zurückzukehren, wie dieses Beispiel zeigt:

```
MS-Kermit>finish            (Server beenden)
MS-Kermit>connect           (Zurück zum Wirt)
C-Kermit>                   (C-Kermit-Prompt ist wieder da)
```

Ein ähnlicher Befehl beendet die Wirtssitzung vollständig:

BYE
Auf diesen Befehl hin sendet das Client-Programm ein Befehlspaket an einen Kermit-Server. Dieses Paket teilt dem Server mit, er solle sich selbst vernichten und die Sitzung bzw. den Job ausloggen, unter dem er läuft, sowie die Verbindung auflegen.

Befehle an Kermit-Server senden   **169**

Lassen Sie uns einige Male üben, wie man von einem PC aus einen Wirts-C-Kermit-Server startet und stoppt:

```
MS-Kermit>connect              (Mit dem Wirtsrechner verbinden)
login: soeren                  (Einloggen)
Password: _____               (Paßwort angeben)

$ kermit                       (Kermit starten)
C-Kermit>server                (In den Serverbetrieb versetzen)
```

Entering server mode. If your local Kermit software is menu driven, use the menus to send commands to the server. Otherwise, enter the escape sequence to return to your local Kermit prompt und issue commands from there. Use SEND und GET for file transfer. Use REMOTE HELP for a list of other available services. Use BYE or FINISH to end server mode.

```
KERMIT READY TO SERVE...
help                           (Befehle an den Server eingeben)
exit                           (Aber er ignoriert sie)

Alt-X                          (Zurück zum PC)
MS-Kermit>finish               (Server beenden)
MS-Kermit>connect              (Wieder verbinden)
C-Kermit server done           (Ende-Meldung des Servers)
C-Kermit>                      (Der Prompt ist wieder da)
C-Kermit>server                (Server erneut starten)
```

Entering server mode. If your local Kermit software is menu driven, use the menus to send commands to the server. Otherwise, enter the escape sequence to return to your local Kermit prompt und issue commands from there. Use SEND und GET for file transfer. Use REMOTE HELP for a list of other available services. Use BYE or FINISH to end server mode.

```
KERMIT READY TO SERVE...
Strg-C Strg-C                  (2 Strg-Cs eingeben)
^C...
C-Kermit>                      (Prompt erscheint wieder)
C-Kermit>server                (Server erneut starten)
```

Entering server mode. If your local Kermit software is menu driven, use the menus to send commands to the server. Otherwise, enter the escape sequence to return to your local Kermit prompt und issue commands from there. Use SEND und GET for file transfer. Use REMOTE HELP for a list of other available services. Use BYE or FINISH to end server mode.

```
KERMIT READY TO SERVE...
Alt-X                          (Zurück zum PC)
MS-Kermit>bye                  (Wirtssitzung beenden)
C>
```

Dateien mit einem Server austauschen

Da Sie nun wissen, wie man den Server startet und beendet, wollen wir ihn arbeiten lassen. Hier sind die grundlegenden Befehle, die Sie beim Prompt Ihres *lokalen* Client-Kermit eingeben können, *nachdem* Sie das *Wirts*-Kermit-Programm in den Serverbetrieb versetzt haben und zum lokalen Kermit-Programm zurückgekehrt sind:

SEND *Dateispezifikation [Wirts-Dateiname]*
Dieser Befehl sendet eine Datei oder -gruppe, die durch *Dateispezifikation* angegeben wird, an den Server. Das ist derselbe und identisch funktionierende Befehl, den Sie zum Senden von Dateien an ein Kermit-Programm verwenden (siehe Kapitel 5).

MSEND *Dateispezifikation [Dateispezifikation [. . .]]*
Sie können auch diesen Befehl benutzen, um eine ausgewählte Gruppe von Dateien unter ihrem jeweiligen Namen an den Server zu senden.

GET *Dateispezifikation*
Mit diesem Befehl bitten Sie den Kermit-Server, eine durch die *Dateispezifikation* gegebene Datei oder -gruppe zu senden. Die *Dateispezifikation* wird in der Schreibweise des Server-Rechners ausgedrückt.

Der GET-Befehl unterscheidet sich deutlich vom RECEIVE-Befehl. Während dieser passiv darauf wartet, daß eine Datei von einem anderen Kermit ankommt, dem ein SEND-Befehl gegeben worden ist, fordert der GET-Befehl aktiv eine bestimmte Datei mit einer "Bitte sende mir"-Protokollbotschaft an, die den Dateinamen enthält. Geben Sie stattdessen einen RECEIVE-Befehl, weiß der Server nicht, welche Datei Sie haben wollen:

```
MS-Kermit>receive                    (Das hätte GET heißen sollen)
Protocol Error: Did you say RECEIVE instead of GET?
MS-Kermit>
```

Eine besondere Form des GET-Befehls erlaubt es Ihnen, um eine Datei zu bitten und sie unter einem anderen Namen abzuspeichern. Drücken Sie einfach unmittelbar hinter dem Wort GET die Eingabetaste; dann fordert Kermit sie getrennt zur Eingabe des Wirts- und des lokalen Namens auf:

```
MS-Kermit>get
 Remote source file: tapir huf b
 Local destination file: tapir.huf
```

Sie können sowohl im SEND- als auch im GET-Befehl Jokerzeichen verwenden. Jokerzeichen im GET-Befehl müssen der Schreibweise des Rechners folgen, auf dem der Server läuft.
   Arbeitet C-Kermit selbst als Server, kann Ihr GET-Befehl einen einzelnen Dateinamen, einen Jokerzeichen-Dateinamen oder eine gemischte Liste von beiden enthalten. Der C-Kermit-Server sendet alle bezeichneten Dateien in einem einzigen Arbeitsgang:

```
MS-Kermit>get ck*.c *.h ~sokrates/tapir.doc
```

Die Dateispezifikationen werden durch Leerzeichen voneinander getrennt. Benötigen Sie ein Leerzeichen innerhalb eines Dateinamens, benutzen Sie \32 (Backslash und danach den

ASCII-Code für das Leerzeichen), wie in diesem Beispiel, das einen VMS-C-Kermit-Server bittet, eine Datei zu senden, die auf einem anderen DECnet-Knoten liegt:

MS-Kermit>get node"USER\32PASSWD"::dev:[dir]name.ext

Müssen Sie einen Backslash innerhalb eines Dateinamens benutzen, verdoppeln Sie ihn.

Sind beide Kermit-Programme zur Übertragung des Dateityps in einem Attribut-Paket (siehe Kapitel 8) in der Lage, können Sie beliebig oft zwischen Text- und Binärmodus umschalten, wenn Sie Dateien an den Server senden:

MS-Kermit>set file type text   (Textdateien)
MS-Kermit>send tapir.txt   (Eine Datei senden)
MS-Kermit>send a:mskermit.ini   (Noch eine Datei senden)
MS-Kermit>send \autoexec.bat   (Und noch eine)
MS-Kermit>set file type binary   (Ab hier Binärdateien)
MS-Kermit>send *.exe   (Alle meine EXE-Dateien senden)
MS-Kermit>send *.com   (Alle meine COM-Dateien senden)

Läuft der C-Kermit-Server auf einem VMS- oder OpenVMS-System, kann er eine Mischung von Text- und Binärdateien in einem einzigen Vorgang senden:

MS-Kermit>get kermit.*   (Eine Mischung)

Beim Senden von Dateien auf einen GET-Befehl hin kann der C-Kermit-Server unter anderen Betriebssystemen (wie UNIX) nicht zwischen Text- und Binärdateien unterscheiden und sendet sie daher stets im aktuell eingestellten Modus, sei es TEXT, sei es BINARY.

Der Befehl SET SERVER

Normalerweise wartet der C-Kermit Server still darauf, daß Befehle vom Client-Programm her ankommen. Sie können jedoch für ihn auch ein Timeout-Intervall einstellen, so daß er nach bestimmten Zeitintervallen jweils ein NAK-Paket (siehe Seite 181) sendet:

SET SERVER TIMEOUT *Sekunden*

Dies ist nützlich, wenn das Client-Programm selbst kein Timeout kennt. Wenn 0 *Sekunden* angegeben sind, werden die Timeouts beim Warten auf Server-Befehle abgeschaltet.

Wenn C-Kermit im lokalen Betrieb läuft und einen SERVER-Befehl erhält, erzeugt er normalerweise keine Dateitransfer-Anzeige. Wollen Sie dennoch eine solche Anzeige sehen, sagen Sie ihm das mit:

SET SERVER DISPLAY ON

Danach wird die Anzeigeart aktiviert, die Sie in Ihrem letzten Befehl SET FILE DISPLAY angewählt haben. (Die Voreinstellung ist SERIAL.)

Dateiverwaltungsdienste

Bisher haben wir den Kermit-Server nur als neue Art betrachtet, die alten Sachen zu machen: Dateien zu übertragen. Sie können den Server jedoch auch zur Wirtsdatei-Verwaltung nutzen, genau wie Sie C-Kermit für die lokale Dateiverwaltung benutzen können, indem Sie Befehle wie DIRECTORY, DELETE und andere geben. Der Unterschied liegt in dem Wort REMOTE: Dieser Vorsatz erlaubt es Ihnen, Befehle an den Wirtskermit-Server zu senden, statt sie lokal auszuführen:

```
MS-Kermit>delete daten.tmp          (lokale Datei löschen)
MS-Kermit>remote delete daten.tmp   (Wirtsdatei löschen)
```

Der Befehl DELETE löscht eine Datei auf Ihrem lokalen Rechner; der Befehl REMOTE DELETE fordert den Wirtskermit-Server auf, eine Datei auf *seinem* Rechner zu löschen.

REMOTE HELP
Dieser Befehl fordert den Server auf, eine Liste aller Befehle zu senden, auf die er hört, wie in dem Beispiel auf Seite 168 gezeigt.

REMOTE CD [*Verzeichnis*]
Dieser Befehl läßt das Client-Kermit-Programm den Kermit-Server bitten, sein aktuelles (Arbeits-)Verzeichnis wie angegeben zu ändern. Ist keines angegeben, wechselt es in Ihr Heimat- oder Login-Verzeichnis auf dem Rechner des Servers. Hier sind einige Beispiele:

```
MS-Kermit>remote cd /usr/include    (UNIX)
MS-Kermit>remote cd sys$system      (VMS oder OpenVMS)
MS-Kermit>remote cd                 (Heimatverzeichnis)
```

REMOTE DELETE *Dateispezifikation*
Dieser Befehl läßt das Client-Kermit-Programm den Kermit-Server bitten, die angegebene(n) Datei(en) auf dem Server-Rechner zu löschen. Die üblichen Zugriffsbeschränkungen gelten weiterhin – der Server kann keine Datei löschen, die Sie nicht auch selbst löschen könnten. Hier ist ein Benutzungsbeispiel:

```
MS-Kermit>remo del *.tmp            (Alle meine .tmp-Dateien löschen)
```

REMOTE DIRECTORY [*Dateispezifikation*]
Dieser Befehl läßt das Client-Kermit-Programm den Kermit-Server bitten, eine Verzeichnisliste der angegebene(n) Datei(en) auf Ihren Bildschirm zu übertragen. Die *Dateispezifikation* folgt der Schreibweise des Betriebssystems auf dem Server-Rechner. Ist keine *Dateispezifikation* angegeben, sendet der Server eine Liste aller Dateien in seinem aktuellen Verzeichnis. Das Format der Liste hängt von dem Betriebssystem ab, das dem Server-Kermit zugrunde liegt.

```
MS-Kermit>remo dir *.txt            (Alle meine .txt-Dateien listen)
MS-Kermit>rem dir                   (Alle Dateien im aktuellen Verzeichnis)
MS-Kermit>rem dir [plato]           (Ein anderes Verzeichnis)
```

Ist der Server ein C-Kermit unter UNIX, VMS, OpenVMS oder OS/2, können Sie Verzeichnis-Befehl-Optionen nach den Wörtern REMOTE DIRECTORY und vor der Dateispezifikation (falls vorhanden) angeben:

```
MS-Kermit>remo dir -t *.txt        (UNIX, umgekehrt nach Zeit sortiert)
MS-Kermit>rem dir /o-d *.txt       (OS/2, umgekehrt nach Zeit sortiert)
MS-Kermit>rem dir /size /date      (VMS, Zeit und Größe mit aufführen)
```

REMOTE SPACE *[Gerät/Verzeichnis]*
Dieser Befehl läßt das Client-Kermit-Programm den Kermit-Server bitten, einen kurzen Bericht über den belegten oder den noch verfügbaren Platz auf dem angegebenen Gerät oder Verzeichnis auszugeben; ist nichts anderes angegeben, wird das aktuelle Gerät oder Verzeichnis des Servers benutzt. Hier sind einige Beispiele zu diesem Befehl:

```
MS-Kermit>remot space /usr         (UNIX, Partition /usr)
MS-Kermit>remo spac sys$login      (VMS, Login. Platte)
MS-Kermit>rem spa a:               (OS/2, Laufwerk A:)
MS-Kermit>rem spa                  (Beliebiges System, aktuelle Platte)
```

REMOTE TYPE *Dateispezifikation*
Dieser Befehl läßt das Client-Kermit-Programm den Kermit-Server bitten, die angegebene Datei auf dem lokalen Bildschirm anzuzeigen. Es sollte sich um eine Textdatei handeln, wie in diesem Beispiel:

```
MS-Kermit>remote type tapir.txt
```

Diese Befehle bleiben gleich, unabhängig vom Maschinen- oder Betriebssystem-Typ des Servers. Sie werden von Ihrem lokalen Kermit in Standard-Protokollbotschaften übersetzt, die alle Kermit-Server verstehen, die diese Befehle unterstützen. Senden Sie einen Befehl, der nicht im Leistungsumfang des Servers enthalten ist, antwortet der Server mit einer Meldung wie „Unimplemented server command".

Spaß mit Servern

Kermit-Server haben einige weitere Möglichkeiten zusätzlich zur normalen Dateiübertragung und -Verwaltung. Sie können die folgenden Befehle benutzen, wenn sowohl Ihr lokaler als auch der Wirts-Server sie unterstützen:

REMOTE WHO *[Benutzerin]*
Dieser Befehl läßt das Client-Kermit-Programm den Kermit-Server bitten, Informationen über eine bestimmte *Benutzerin* seines Rechners zu senden oder, falls der Rechner in einem Netzwerk steht, über irgendeine Benutzerin in diesem Netzwerk. Ist keine *Benutzerin* angegeben, sendet der Server eine Liste aller derzeit eingeloggten Benutzer, wie die folgenden Beispiele veranschaulichen:

```
MS-Kermit>remote who                    (Alle eingeloggten Benutzer)
MS-Kermit>remote who diotima            (Eine bestimmte Benutzerin)
MS-Kermit>remote who kermit@watsun      (Ein Benutzer im Netzwerk)
```

REMOTE HOST *Befehl*
Dieser Befehl läßt das Client-Kermit-Programm den Kermit-Server bitten, sein Wirts-Betriebssystem den angegebenen *Befehl* ausführen zu lassen und die Ergebnisse an Ihren Bildschirm zurückzusenden. Der *Befehl* darf keinen Dialog erfordern; es muß die Art von Befehlen sein, die Sie dem Wirts-Betriebssystem vollständig auf einer Zeile geben können. Falls der Befehl eine Antwort produziert, muß sie aus einer reinen Textmeldung auf den Bildschirm (ohne Grafiken) bestehen; danach muß der Befehl beendet sein. Hier sind einige Beispiele:

```
MS-Kermit>remote host copy tapir.old tapir.new
MS-Kermit>remo hos date                   (UNIX-Datum und -Zeit)
   Sun Jul  4 18:42:43 EDT 1993
MS-Kermit>rem ho show time                (VMS-Datum und -Zeit)
      4-JUL-1993 18:42:43
MS-Kermit>remote host mkdir temp          (UNIX-Verzeichnis anlegen)
MS-Kermit>remo ho create/dir temp         (VMS-Verzeichnis anlegen)
```

Rufen Sie irgendeine andere Art von Programm mit REMOTE HOST auf, ist das Ergebnis unvorhersehbar, vermutlich jedoch nicht das gewünschte.

REMOTE KERMIT *Text*
Dieser Befehl läßt das Client-Kermit-Programm den *Text* an den Kermit-Server senden, der ihn so verstehen soll, als sei es ein auf seinen eigenen Prompt hin eingegebener Kermit-Befehl. C-Kermit kann diesen Befehl als Client senden; ein C-Kermit-Server kann ihn zwar nicht beantworten, einige andere Kermits können dies jedoch.

REMOTE LOGIN *Name Paßwort [Account]*
Dieser Befehl läßt das Client-Kermit-Programm eine Benutzerkennung und ein Paßwort (und wahlweise Account-Information) an einen Kermit-Server senden. Einige Kermit-Server (nicht jedoch C-Kermit selber) können so eingerichtet werden, daß sie ein Login erfordern, ehe sie auf andere Befehle antworten.

REMOTE LOGOUT
Dieser Befehl beendet den Zugriff unter Ihrem Namen auf einen Kermit-Server, auf den Sie vorher mit REMOTE LOGIN zugegriffen haben.

REMOTE PRINT *Dateispezifikation [Optionen]*
Dieser Befehl sendet die angegebene lokale Datei an den Kermit-Server und bittet diesen, die Datei (ggf. mit den angegebenen Optionen) auszudrucken. Die Optionen folgen der Schreibweise des Wirts-Betriebssystems des Servers. Sind keine Optionen angegeben, werden die Standardwerte des Server-Systems benutzt:

```
MS-Kermit>remote print tapir.txt /queue=laser /copies=3      (VMS)
MS-Kermit>remo prin tapir.txt -Plaser -#3                    (UNIX)
MS-Kermit>rem pri tapir.txt
```

MAIL *Dateispezifikation Adresse*
Dieser Befehl sendet die angegebene Datei an den Kermit-Server und bittet diesen, sie als elektronische Post (*E-Mail*) an die angegebene Adresse zu senden, statt sie auf der Platte zu speichern. Hier sind zwei Beispiele dazu:

```
MS-Kermit>mail tapir.txt baker, hacker
MS-Kermit>mail nachricht.txt info-kermit@watsun
```

Server-Operationen unterbrechen

SEND, MSEND und GET können wie üblich unterbrochen werden: X zum Abbrechen einer Datei, Z zum Abbrechen einer Dateigruppe und so weiter (siehe Kapitel 5). Die meisten REMOTE-Befehle können ebenfalls auf diese Weise unterbrochen werden. Sie können sich auch durch CONNECT mit dem C-Kermit-Server verbinden und (normalerweise) zwei *Strg-C*s eingeben. Diese Zeichenfolge können Sie auch dann verwenden, wenn der Wirts-Kermit anderweitig im „Paket-Betrieb" steht, also etwa, wenn Sie einen Dateitransfer mit der Taste C abgebrochen haben (siehe Kapitel 5, Seite 135). Auf manchen stark gestörten Kommunikationsleitungen kann dieses Zeichenpaar allerdings zufällig einmal auftreten. Deswegen gibt es den folgenden Befehl:

SET TRANSFER CANCELLATION { OFF, ON *[Zahl1 [Zahl2]]* }
Mit der Option OFF schalten Sie die Möglichkeit ab, durch manuelle Operationen den Paket-Betrieb eines Wirts-Kermits zu unterbrechen. Mit ON stellen Sie sie wieder her. *Zahl1* ist der ASCII-Code des Zeichens im Bereich 0 bis 31 oder 127), das zur Unterbrechung benutzt werden soll, und es muß *Zahl2*mal (Voreinstellung: zweimal) hintereinander eingegeben werden. Zum Beispiel muß nach SET TRANSFER CANCELLATION ON 6 5 das Zeichen Strg-F fünfmal eingegeben werden, damit der Wirts-Kermit den Paket-Betrieb beendet. Die Voreinstellung ist SET TRANSFER CANCELLATION ON 3 2.

Ändern der Server-Einstellungen

Wenn Ihr Server dies erlaubt (wie C-Kermit es tut) und Ihr lokales Kermit-Programm die Befehle dafür hat (das gilt sowohl für C-Kermit als auch für MS-DOS-Kermit), können Sie die Einstellungen des Wirts-Servers ändern, indem Sie dem Client-Programm Befehle geben:

REMOTE SET *Parameter Wert*
Dieser Befehl läßt das Client-Kermit-Programm den Kermit-Server bitten, den angegebenen *Parameter* auf den genannten *Wert* zu setzen. Die möglichen Parameter umfassen viele der gleichnamigen des SET-Befehls, wie BLOCK-CHECK, FILE TYPE und so weiter. Den Befehl REMOTE SET Ihrem lokalen Kermit-Programm zu geben, bedeutet genau das-

selbe, wie dem Wirts-Kermit-Programm den entsprechenden SET-Befehl im interaktiven Befehlsbetrieb zu geben. Hier ist ein Beispiel, in dem wir einen Kermit-Server vom Dateisenden im Textmodus auf den Binärmodus umschalten (denken Sie daran, daß es der Datei-*Absender* ist, der den Transfer-Modus steuert):

```
MS-Kermit>get *.txt                              (Textdateien holen)
MS-Kermit>remote set file type binary
MS-Kermit>get *.bin                              (Binärdateien holen)
```

Um eine vollständige Aufstellung der Parameter für REMOTE SET, die Ihr lokales Client-Kermit-Programm unterstützt, zu erhalten, geben Sie einfach REMOTE SET mit nachfolgendem Leerzeichen und danach einem Fragezeichen ein. Dies ist ein Beispiel für MS-DOS-Kermit:

```
MS-Kermit>remote set ? One of the following:
 attributes    file      incomplete   block-check    receive     retry
 server        transfer  window-slots
MS-Kermit>remote set attributes date off
```

Dies sind die Befehle der Gruppe REMOTE SET, die ein MS-DOS-Kermit-Client an einen Kermit-Server senden kann. Wie beim lokalen SET-Befehl auch können einige dieser Befehle weitere Optionen tragen:

```
MS-Kermit>remote set receive ? One of the following:
 packet-length    timeout
MS-Kermit>remote set receive timeout 8
MS-Kermit>
```

Ist C-Kermit selbst der Client, kann er die folgenden Befehle der Gruppe REMOTE SET an einen Kermit-Server senden:

```
C-Kermit>remote set ? One of the following:
 attributes       block-check      file             incomplete
 receive          retry            server           transfer
 window
C-Kermit>
```

Arbeitet C-Kermit als Server, erlaubt er auch, diese Befehle an ihn zu schicken. Senden Sie einen Befehl der Gruppe REMOTE SET an einen Kermit-Server, der dieses Merkmal nicht unterstützt, antwortet er mit einer Fehlermeldung wie „Unimplemented server function" (*nicht implementierte Server-Funktion*) oder „Unknown REMOTE SET parameter" (*Unbekannter Parameter für REMOTE SET*).

Server-Sicherheit

Sie können den Zugriff auf die Dienste des C-Kermit-Servers sehr detailliert mit den Befehlen DISABLE (*verbieten*) und ENABLE (*zulassen*) kontrollieren. In der Voreinstellung sind alle Dienste zugelassen.

DISABLE *Dienst*
  Dies legt fest, daß der Server den genannten *Dienst* nicht ausführen soll.

ENABLE *Dienst*
  Dies läßt einen vorher verbotenen *Dienst* wieder zu.

Im folgenden sind die Dienste, die verboten und zugelassen werden können, aufgeführt. Bei jedem Dienst wird aufgeführt, was das Verbot jeweils umfaßt. Das Zulassen eines Dienstes nimmt alle Beschränkungen zurück, die durch das entsprechende DISABLE auferlegt worden sind. Wollen Sie bestimmte Funktionen verbieten, müssen Sie das natürlich *vor* dem Ausführen des SERVER-Befehls tun.

DISABLE BYE
  Ignoriere BYE-Befehle; bleibe im Serverbetrieb. Hier ist ein Beispiel, in dem dieser Befehl benutzt wird:

```
C-Kermit>disable bye            (Ich lasse mich nicht ausloggen)
C-Kermit>server                 (Serverbetrieb beginnen)
C-Kermit server starting, bla bla bla ...
Alt-X                           (Zurück zum lokalen Rechner)
MS-Kermit>bye                   (Den Server auszuloggen versuchen)
Protocol Error: BYE disabled
MS-Kermit>
```

  Der Server bleibt im Serverbetrieb und ist bereit, weitere zugelassene Befehle anzunehmen.

DISABLE CD
  Lasse keinen Wechsel des aktuellen Geräts und/oder Verzeichnisses zu. Lasse keinen Dateitransfer in oder aus anderen als dem aktuellen Gerät/Verzeichnis zu. Lasse kein Auflisten, Löschen oder Anzeigen von Dateien außerhalb des aktuellen Geräts/Verzeichnisses zu.

DISABLE DELETE
  Ignoriere den Befehl REMOTE DELETE.

DISABLE DIRECTORY
  Ignoriere den Befehl REMOTE DIRECTORY.

DISABLE FINISH
  Ignoriere FINISH-Befehle; bleibe im Serverbetrieb.

DISABLE GET
Ignoriere GET-Befehle; sende keine Dateien.

DISABLE HOST
Ignoriere den Befehl REMOTE HOST.

DISABLE SEND
Nimm keine Dateien an, die der Client-Kermit zu SENDen versucht.

DISABLE SET
Ignoriere Befehle der Gruppe REMOTE SET.

DISABLE SPACE
Ignoriere den Befehl REMOTE SPACE.

DISABLE TYPE
Ignoriere den Befehl REMOTE TYPE.

DISABLE WHO
Ignoriere den Befehl REMOTE WHO.

Sie können mit dem Befehl SHOW SERVER herausfinden, welche Befehle zugelassen bzw. verboten sind. Für C-Kermit sieht das zum Beispiel so aus:

```
C-Kermit>sho server
Function              Status:
  GET                 enabled
  SEND                enabled
  REMOTE CD/CWD       enabled
  REMOTE DELETE       enabled
  REMOTE DIRECTORY    enabled
  REMOTE HOST         enabled
  REMOTE SET          enabled
  REMOTE SPACE        enabled
  REMOTE TYPE         enabled
  REMOTE WHO          enabled
  BYE                 disabled
  FINISH              enabled
Server timeout: 0
Server display: off
```

Vorsicht: Einige dieser Befehle, unter anderem DELETE, DIRECTORY, SPACE, TYPE und WHO, sind auch durch REMOTE HOST zugänglich. Wollen Sie den Zugriff von Benutzern auf diese Dienste über den Server verhindern, müssen Sie zusätzlich den Befehl DISABLE HOST ausführen.

Das Spiel umdrehen

Können Sie sich nun, da Sie einen Wirts-Kermit-Server von Ihrem lokalen Rechner aus bedienen können, einen Grund denken, warum Sie einen *lokalen* Kermit-Server möglicherweise von einem *Wirts*-Kermit-Client aus bedienen wollen? Nehmen wir an, Sie wollten eine Mischung aus Text- und binären Dateien von einem UNIX-Wirtsrechner an Ihren lokalen PC schicken. Wir beschreiben hier eine Methode dafür: Verbinden Sie sich von Ihrem lokalen PC aus mit dem Wirtsrechner und loggen Sie sich ein. Benutzen Sie dann Ihren UNIX-Texteditor, um eine Befehlsdatei für UNIX-C-Kermit zu erzeugen, die die nötigen Befehle (SET FILE TYPE ... und SEND ...) enthält, wie in der folgenden Datei `transfer.tak` beispielhaft gezeigt:

```
echo Kehren Sie zu Ihrem lokalen Kermit zurück, und geben Sie den SERVER-Befehl.
set delay 5                   ; Zeit fürs Heimkehren
set file type binary          ; Binär für Objekt- und ausführbare Dateien
msend *.o wermit
set file type text            ; Text für Quelldateien
msend *.c *.h
finish                        ; PC zurück in den Normalbetrieb
```

Der FINISH-Befehl läßt nach der Übertragung aller Dateien den Prompt von MS-DOS-Kermit wieder erscheinen.

    Nun starten Sie C-Kermit auf der UNIX-Maschine, lassen ihn die Befehlsdatei mit TAKE ausführen, kehren dann zum PC zurück und versetzen MS-DOS-Kermit in den Serverbetrieb:

C-Kermit>take transfer.tak   (TAKE die Befehlsdatei)
Kehren Sie zu Ihrem lokalen Kermit zurück, und geben Sie den SERVER-Befehl.
Alt-X   (Zurück zum PC)
MS-Kermit>serve   (In den Serverbetrieb)

Jetzt können Sie in die Mittagspause gehen, während sämtliche Dateien übertragen werden. Dies war unser erster vorsichtiger Blick auf Kermits Fähigkeiten, ohne Überwachung zu laufen. Sollten Sie neugierig geworden sein, übersehen Sie die Kapitel 11 bis 13 nicht.

8

Power-Tools für den Dateitransfer

In diesem Kapitel werfen wir einen Blick auf einige fortgeschrittene Möglichkeiten des Kermit-Protokolls, die Ihnen Zeit und Mühe sparen können: Effizienz-Verbesserungen – lange Pakete, gleitende Fenster und Einrast-Shifts – sowie den Attribut-Paket-Mechanismus, den ein Kermit benutzt, um dem anderen einige zentrale Tatsachen über die transferierten Dateien mitzuteilen. Bevor Sie diese Möglichkeiten jedoch nutzen können, müssen Sie ein wenig über das Kermit-Protokoll selbst lernen.

Überblick über das Kermit-Protokoll

Wenn Sie eine Datei transferieren, zerteilt Kermit sie in eine Folge von Nachrichten, die *Pakete* genannt werden. Jedes Paket besteht aus eindeutigen Start- und Ende-Markierungen; einem Längenfeld; einer laufenden Nummer, um fehlende, duplizierte oder in falscher Reihenfolge eintreffende Pakete erkennen zu können; einem Pakettyp; einigen Daten; und einer Prüfsumme zur Fehlererkennung, wie in Abbildung 8-1 dargestellt.

| <START> | LEN | SEQ | TYP | DATEN | CHK | <ENDE> |

Abbildung 8-1   Format der Kermit-Pakete

Außer den Start- und Ende-Markierungen (normalerweise Strg-A bzw. Carriage Return) werden die Pakete im allgemeinen vom Absender als einfache Zeilen druckbaren Textes codiert, damit sie auch die feindlichsten Kommunikationsumgebungen überleben, und vom Empfänger in die passende Form decodiert.

Der Dateiabsender sendet Pakete verschiedener Typen, und der Dateiempfänger beantwortet jedes Paket mit einer Empfangsbestätigung (ACK für *Acknowledgement*), um anzuzeigen, daß das Paket korrekt empfangen wurde, oder einer negativen Bestätigung (NAK für *Negative Acknowledgement*), um dem Absender mitzuteilen, daß das Paket beschädigt – oder überhaupt nicht – angekommen ist und daher erneut übertragen werden muß. Da der Absender auf eine Bestätigung wartet, ehe er das nächste Paket sendet, wird die Paketaustausch-Rate durch den Empfänger gesteuert, was einen schnellen Absender daran hindert, einen langsamen Empfänger zum Überlaufen zu bringen. Diese Standardmethode des Paketaustauschs wird „Anhalten und Warten" genannt und ist in Abbildung 8-2 dargestellt. Natürlich hält keiner der Kermits an, um bis in in alle Ewigkeit zu warten. Wenn ein erwartetes Paket nicht innerhalb einer gewissen Zeit ankommt, findet ein Timeout statt, und es wird ein Paket gesendet, um die gegenseitige Verriegelung zu durchbrechen.

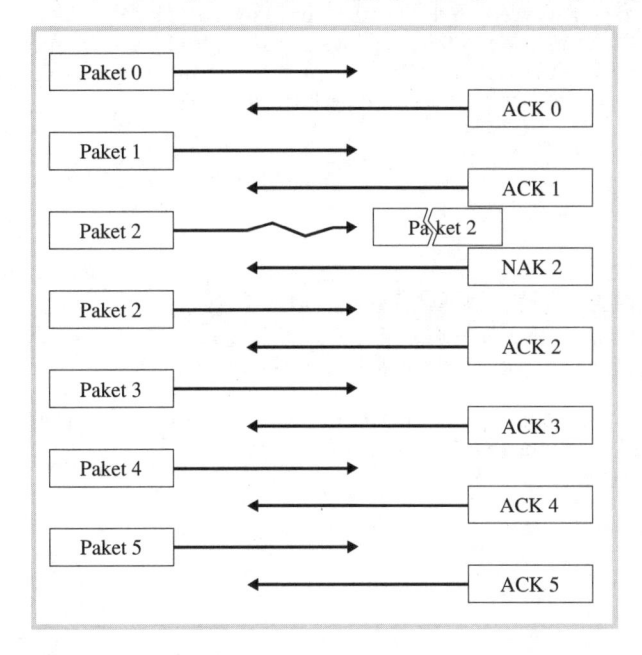

Abbildung 8-2
Paketaustausch mit Anhalten und Warten

Der Paketaustausch durchläuft die folgenden Phasen, deren jede mit einem bestimmten, hier in Klammern angegebenen Pakettyp einhergeht (Tabelle 5-2 auf Seite 132 enthält eine vollständigere Aufstellung der Kermit-Pakettypen):

1. (S) Verhandlung der Eigenschaften. Indem sie eine Reihe von Spezialpaketen miteinander austauschen, bestimmen die beiden Kermits, über welche Eigenschaften sie gemeinsam verfügen, und kommen überein, diese zu benutzen. Das erlaubt es der neuesten, vollständigsten Kermit-Version, automatisch auch mit der ältesten, magersten zusammenzuarbeiten.

2. (F) Der Dateiabsender sendet den Dateinamen, so daß der Empfänger die neue Datei unter dem gleichen Namen anlegen kann.
3. (A) Der Dateiabsender sendet Informationen über die Datei (Dateiattribute), so daß der Dateiempfänger die Datei mit den passenden Attributen anlegen kann, unter anderem Größe, Erzeugungsdatum, Typ (Text oder binär), Zeichensatz und so weiter.
4. (D) Der Dateiabsender sendet den Inhalt (die Daten) der Datei, was normalerweise viele Pakete erfordert. Während der Datenphase erledigt das Kermit-Protokoll die notwendigen Umsetzungen, indem zwischen dem Zeichensatz und den Dateiformaten des jeweiligen Rechners und den durch das Protokoll spezifizierten Standards hin- und herübersetzt wird; daher braucht jeder Rechner lediglich die eigenen örtlichen Gegebenheiten und die Standards zu kennen.
5. (Z) Wenn alle Daten in der Datei übertragen worden sind, sendet der Dateiabsender ein Dateiende-Paket, damit der empfangende Rechner erfährt, daß er die Datei vollständig empfangen hat und sie schließen kann.

   Sind noch weitere Dateien zu senden, werden die Schritte 2 bis 5 für jede der Dateien wiederholt.
6. (B) Sobald alle Dateien übertragen worden sind, beendet der Dateiabsender den Vorgang, indem er ein „Bye"-Paket sendet; daraufhin verlassen beide Kermit-Programme den Paketbetrieb und geben die Kontrolle an die Benutzerin zurück, wobei der lokale Kermit sie darüber informiert, daß die Datei(en) vollständig übertragen wurde(n).

Effizienz-Analyse für Kermit

Nachdem der Dateitransfer beendet ist, können Sie den Befehl STATISTICS benutzen, um Informationen über die Effizienz und die benutzten Parameter zu erhalten:

```
C-Kermit>stat
Most recent transaction -
 files: 6
 characters last file   : 109313
 total file characters  : 452992
 communication line in  : 25989
 communication line out : 489226
 packets sent           : 5180
 packets received       : 5187
 damaged packets rec'd  : 4
 timeouts               : 2
 retransmissions        : 7
 parity                 : none
 8th bit prefixing      : no
 locking shifts         : no
```

```
window slots used       : 1 of 1
packet length           : 94 (send), 94 (receive)
compression             : yes [~] (79010)
block check type used   : 1
elapsed time            : 681 sec
transmission rate       : 9600 bps
effective data rate     : 665 cps
efficiency (percent)    : 69
C-Kermit>
```

Sehen wir uns diese Zusammenstellung kurz an, denn sie enthält alle Informationen, die wir benötigen, um Kermit auf Effizienz zu trimmen.

```
files: 6
characters last file    : 109313
total file characters   : 452992        (f)
```

Hieraus ersehen Sie, wie viele Dateien transferiert wurden, wie viele Zeichen in der letzten Datei und wie viele in allen Dateien der letzten Dateigruppe insgesamt enthalten waren. Nennen wir diese letzte Größe f.

```
communication line in   : 25989         (p_i)
communication line out  : 489226        (p_o)
```

Hier können Sie sehen, wie viele Zeichen über das Kommunikationsgerät empfangen (p_i) und wie viele gesendet (p_o) wurden. Die Anzahl der durch das Kermit-Protokoll zusätzlich eingeführten Zeichen beträgt demnach

$p_i + p_o - f$

Die Codierungseffizienz ist als das Verhältnis der Dateigröße zur Gesamtzahl der gesendeten und empfangenen Zeichen definiert:

$$\frac{f}{p_i + p_o}$$

was bei den oben angeführten Zahlen zu dem Ergebnis 452992/(25989+489226) ≈ 0,88 führt. Ist diese Zahl kleiner als 1, hat netto eine Datenausweitung vorgelegen, mithin also ein Effizienzverlust. Ist sie jedoch größer als 1, sind die Daten stärker komprimiert worden, als zur Kompensierung des Paket-Zusatzaufwands nötig gewesen wäre.

```
packets sent            : 5180
packets received        : 5187
damaged packets rec'd   : 4
timeouts                : 2
retransmissions         : 7
```

Hier sehen wir, wie viele Pakete gesendet und empfangen wurden. Die Anzahl der beschädigten Pakete ist ein gutes Maß für die Sauberkeit der Verbindung; bei einer vollständig sauberen Verbindung sollte hier 0 stehen. Timeouts können entweder auf eine sehr schlechte Verbindung (so schlecht, daß Pakete und Leitungsstörungen nicht mehr klar auseinanderzuhalten sind), lange Verzögerungen oder einen Timeout-Wert hindeuten, der auf einer fehlerhaften Annahme über die Kommunikationsgeschwindigkeit beruht. Die Anzahl der Neuübertragungen gibt an, wie oft Pakete erneut gesendet werden mußten, weil ein Timeout stattfand, ein NAK oder ein beschädigtes Paket empfangen wurde.

```
parity                 : none
8th bit prefixing      : no
locking shifts         : no
```

Dieser Abschnitt informiert darüber, ob C-Kermit im 7- oder 8-Bit-Betrieb läuft. Wenn die Parität nicht NONE ist, liegt eine 7-Bit-Verbindung vor; daher werden 8-Bit-Daten mit Einfach-Shifts (vorangestelltes Zeichen für das 8. Bit) oder Einrast-Shifts (weiter unten erläutert) übertragen, falls die beiden Kermits sich auf diese Möglichkeiten geeinigt haben (siehe Tabelle 8-1 auf Seite 200). Beide Methoden bringen zusätzlichen Aufwand mit sich und sollten, wo möglich, vermieden werden.

```
window slots used      : 1 of 1
packet length          : 94 (send), 94 (receive)
compression            : yes [~] (79010)
```

Dies sind die Möglichkeiten, Kermits Effizienz zu steigern. Lesen Sie weiter, um zu sehen, wie man sie nutzt.

```
elapsed time           : 681 sec        (t)
transmission rate      : 9600 bps       (r)
effective data rate    : 665 cps
efficiency (percent)   : 69             (e)
```

Dies ist Kermits Leistungsnachweis: 69 Prozent. Wir werden unser Ergebnis gleich steigern, wollen jedoch zuerst sehen, wie es berechnet wurde [19]:

$$e = \frac{f \times b}{r \times t}$$

mit den folgenden Notationen:
- e : Effizienz (1,0 ist perfekt);
- f : Dateigröße in Zeichen;
- b : Anzahl der übertragenen Bits je Byte (auf seriellen Leitungen in aller Regel 10);
- t : benötigte Zeit (in Sekunden)
- r : Übertragungsrate (in Bits pro Sekunde)

Die Formel berechnet also das Verhältnis der tatsächlich übertragenen Dateibits zur Anzahl der Bits, die in der gegebenen Zeit theoretisch hätten übertragen werden können. In unserem Beispiel ist dies

$$\frac{452992 \times 10}{9600 \times 681} \approx 0{,}6929$$

oder ungefähr 69 Prozent.

Kermits kleine Paketgröße und die Technik des „Anhalten und Warten" beim Paketaustausch führen häufig zu derartigen Ergebnissen. Allerdings läuft das Kermit-Protokoll eben dieses Ansatzes wegen auch auf vielen Arten von Verbindungen, auf denen andere Protokolle gar nicht mehr funktionieren. Natürlich müssen auch andere Faktoren bei der Betrachtung des Durchsatzes berücksichtigt werden: die Geschwindigkeit der Rechner (CPU-Leistung, Systemlast, Plattenzugriffszeit und so weiter), die Verbindungsqualität (Anzahl der Neuübertragungen) und die Verzögerungseigenheiten der Verbindung.

Erhöhung der Dateitransfer-Effizienz

Es gibt mehrere Wege, den Durchsatz des Dateitransfers mit Kermit zu erhöhen:
- Abschalten der Dateitransfer-Anzeige
- Verbesserung des Verhältnisses von echten Daten zu Paketverwaltungs-Zeichen
- Beseitigung des Wartens zwischen Paketen
- Komprimierung der Daten
- Lockerung der Regeln für die Übertragung von Steuerzeichen

In diesem Abschnitt zeigen wir Ihnen die Hilfsmittel, die Sie brauchen werden, um jedes dieser Ziele zu erreichen, und zwar einzeln oder in Verbindung miteinander.

Die Dateitransfer-Anzeige

Die FULLSCREEN-Dateitransfer-Anzeige von C-Kermit im lokalen Betrieb kann den Transfer merklich abbremsen, besonders auf Hochgeschwindigkeits-Netzwerkverbindungen. Sie können den Transfer daher oft beschleunigen, indem Sie eine einfachere Anzeige-Art wählen, etwa CRT oder SERIAL oder für maximale Transfergeschwindigkeit NONE. Wird C-Kermit als Wirt betrieben, versuchen Sie ähnliche Techniken mit Ihrem lokalen Kermit-Programm; bei MS-DOS-Kermit wählen Sie zum Beispiel SET DISPLAY QUIET.

Lange Pakete

Kermit-Datenpakete können jede Länge zwischen etwa 20 und 9000 Zeichen[22] haben. Normale Kermit-Pakete sind ungefähr 94 Zeichen lang, und C-Kermit benutzt diesen Wert auch, solange ihm nichts anderes gesagt wird. Wie Abbildung 8-1 zeigt, umfaßt jedes Paket zusätzlich zu den Daten fünf Steuerfelder, und jedes Paket muß mit einem anderen Paket bestätigt werden, das fünf eigene Steuerfelder, (normalerweise) aber keine Daten trägt.

Kermits Paketlänge beeinflußt den Datendurchsatz nachhaltig. Je länger das Paket, desto besser das Mengenverhältnis der Nutzdaten zu den Protokoll-Verwaltungszeichen, und desto weniger Bestätigungen werden benötigt. Unter gewissen Bedingungen können Sie Kermits Dateitransfer-Effizienz durch die Benutzung langer Pakete um bis zu 800 Prozent steigern (siehe [19], Seite 13, Tabelle 4). Der Trick besteht darin, die ideale Paketlänge für eine gegebene Verbindung zu finden. Der Befehl, der Kermits Paketlänge regelt, lautet wie folgt:

SET RECEIVE PACKET-LENGTH *Zahl*
Geben Sie diesen Befehl dem Dateiempfänger, bevor der Transfer startet. Der Dateiempfänger gibt dem Dateiabsender die Erlaubnis, Pakete mit einer Länge bis zu *Zahl* Bytes (Zeichen) Länge zu senden. Wenn Sie lange Pakete benutzen, sollten Sie auch eine robustere Fehlerprüf-Methode verwenden, da die Wahrscheinlichkeit unentdeckter Fehler zusammen mit der Paketlänge steigt. Hier ist ein Beispiel für dieses Vorgehen:

```
C-Kermit>set rec pack 2000      (Paketlänge setzen)
C-Kermit>receive                (Datei empfangen)
Alt-X                           (Zurück zum PC)
MS-Kermit>set block-check 3     (Robuste Fehlerprüfung wählen)
MS-Kermit>send tapir.txt        (Datei senden)
```

Beachten Sie, daß Sie nur beim *Dateiempfänger* die Benutzung langer Pakete veranlassen können. Natürlich kann der Dateiabsender immer noch beschließen, kürzere Pakete zu senden, etwa wenn seine maximale Paketlänge geringer als der vom Empfänger angefragte Wert ist oder er die Kermit-Protokollerweiterung für lange Pakete überhaupt nicht unterstützt; siehe dazu Tabelle 1-1 auf Seite 25. Übrigens können Sie den Dateiabsender auch selbst entsprechend instruieren:

SET SEND PACKET-LENGTH *Zahl*
Geben Sie diesen Befehl dem Dateiabsender. Dies ist die maximal beim Senden zu verwendende Paketlänge. Wenn der Dateitransfer beginnt, teilt der Dateiempfänger dem Sender die größte Paketlänge mit, die zu empfangen er bereit ist. Benutzt wird dieser Wert oder aber der mit dem hier besprochenen Befehl festgesetzte, falls dieser geringer ist.

Es ist also unmöglich, ein Kermit-Programm dazu zu zwingen, längere Pakete zu senden, als der Empfänger angefragt hat; kürzere zu erzwingen ist jedoch durchaus möglich.
Um die optimale Paketlänge auf einer gegebenen Verbindung herauszufinden, wählen Sie eine Datei mittlerer Größe und transferieren Sie sie unter Benutzung unterschiedlicher Paketlängen. Notieren Sie nach jedem Dateitransfer die Effizienz (oder, falls die Geschwindigkeit nicht exakt bekannt ist – wie z. B. auf einer Netzwerkverbindung –, die effektive Datenrate), die der C-Kermit-Befehl STATISTICS ausgibt. Benutzen Sie die Paketlänge, die den höchsten Durchsatz ergibt. Im folgenden Beispiel benutzen wir 2000-Byte-Pakete, um eine 53-KB-Textdatei zu übertragen:

```
C-Kermit>set receive packet-len 2000   (2000-Byte-Pakete probieren)
C-Kermit>r                             (Datei empfangen)
Alt-X                                  (Zurück zum PC)
MS-Kermit>set block 2                  (2-Byte-Prüfsumme benutzen)
```

```
MS-Kermit>s test.txt          (Datei senden)

(Die Datei wird transferiert ...)

MS-Kermit>c                   (Wieder verbinden)
C-Kermit>stat                 (Statistik holen)
...
  packet length          : 94 (send), 2000 (receive)
  elapsed time           : 61 sec
  transmission rate      : 9600 bps
  effective data rate    : 870 cps
  efficiency (percent)   : 90         (Besser als 69!)
C-Kermit>
```

Dynamische Paketlänge

In einer idealen Welt wäre es sinnvoll, stets Pakete größtmöglicher Länge zu benutzen. Dies hier ist jedoch die real existierende Welt. Auf einer gestörten Verbindung können lange Pakete die Effizienz eines Dateitransfers tatsächlich *verringern*.

> **Je länger ein Paket, desto wahrscheinlicher wird es beschädigt, und desto länger benötigt eine erneute Übertragung.**

Wenn C-Kermit eine Datei sendet, versucht er, Störungen auf der Kommunikationsleitung zu berücksichtigen, indem er die Paketlänge automatisch anpaßt, wenn ein Paket beschädigt wird oder ein Timeout vorkommt; danach vergrößert er die Paketlänge langsam, aber stetig mit jedem Paket, das erfolgreich gesendet wird: Die Paketlänge paßt sich an das Störungsniveau an [15]. Dieser Trick ist jedoch nicht narrensicher. Wenn ein Paket definitiv und unabänderlich zu lang für die Puffer des Empfängers oder des Netzwerks ist, kommt es nie durch. Dann besteht die einzige Abhilfe darin, mit einer kürzeren maximalen Paketlänge neu zu beginnen.

Gleitende Fenster

Auf einer sauberen direkten oder Wählverbindung reichen lange Pakete wahrscheinlich vollständig aus, um guten Durchsatz zu erreichen. Nehmen wir jedoch an, Sie hätten eine Fernverbindung über ein Paket-orientiertes Netzwerk oder einen Satelliten. Es könnte eine ganze Sekunde oder auch länger dauern, bis ein Paket seinen Zielort erreicht, und ebenso lang, bis die Bestätigung die umgekehrte Reise gemacht hat. Oder nehmen wir an, Sie hätten eine Verbindung ohne Verzögerungen, die jedoch Störungen aufweist oder Puffergrößen-Beschränkungen hat. Für solche Situationen ist Kermits Option für *gleitende Fenster* gedacht.

Kermits normales Paketprotokoll lautet: Sende Paket Nummer *n*, warte auf eine Bestätigung für Paket *n*, sende dann Paket *n*+1 und so weiter, wie Sie in Abbildung 8-2 gesehen haben. Wenn die Verbindung eine lange Verzögerung für den Hin- und Rückweg aufweist, macht die Wartezeit die Protokoll-Effizienz zunichte. Zum Beispiel hätten auf einer 9600-bps-Verbindung mit einer Verzögerung von einer Sekunde, auf der die Übertragung eines 94-Byte-Pakets eine Zehntelsekunde benötigt, in der Wartezeit neun weitere Pakete gesendet werden können. Die Effizienz geht auf etwa 10 Prozent in die Knie, wie das folgende Beispiel zeigt, das dieselbe 53-KB-Datei wie eben benutzt:

```
C-Kermit>set rec pack 94       (Keine langen Pakete)
C-Kermit>c                     (Datei empfangen)
Alt-X                          (Zurück zum PC)
MS-Kermit>send test.txt        (Datei senden)

(Die Datei wird transferiert ...)

MS-Kermit>c                    (Wieder verbinden)
C-Kermit>stat                  (Statistik holen)
...
 packet length         : 94 (send), 94 (receive)
 elapsed time          : 686 sec
 transmission rate     : 9600 bps
 effective data rate   : 77 cps
 efficiency (percent)  : 8            (Fürchterlich!)
C-Kermit>
```

Das sind elf Minuten, um bei acht Prozent Effizienz eine Datei zu übertragen, die Sie eigentlich in ungefähr einer Minute zu übertragen erwarten könnten. Falls Sie ein Modem benutzen, können Sie die Sende- und Empfangslämpchen beobachten, um zu erfahren, was hier geschieht: Das Sendelämpchen geht für einen kurzen Augenblick an, dann sind beide Lämpchen dunkel. Nach einer langen Pause blinkt das Empfangslämpchen kurz auf, woraufhin das Sendelämpchen sofort kurz aufleuchtet, dann eine weitere lange Pause. Und so weiter ... Mehr als 90 Prozent der Zeit werden verschwendet.

Versuchen wir denselben Transfer noch einmal mit 1000-Zeichen-Paketen, um zu sehen, inwieweit lange Pakete dem abhelfen können. Wir zeigen hier nur die Statistik:

```
C-Kermit>stat                  (Statistik holen)
...
 packet length         : 94 (send), 1000 (receive)
 window slots used     : 1 of 1
 elapsed time          : 117 sec
 transmission rate     : 9600 bps
 effective data rate   : 451 cps
 efficiency (percent)  : 47
C-Kermit>
```

Das ist schon viel besser, aber immer noch weniger als die halbe Übertragungsgeschwindigkeit. Die langen Zwischenräume mit Sendepausen zwischen den Paketen sind immer noch da, wir haben jetzt nur weniger solcher Pausen.

Erhöhung der Dateitransfer-Effizienz 189

Die Wartezeit zwischen den Paketen kann beseitigt werden, wenn die normale Anhalten- und-Warten-Regel etwas gelockert wird, so daß Kermit das Paket *n*+1 senden kann, bevor die Bestätigung für Paket *n* angekommen ist. C-Kermit sieht diese Regel sogar so locker, daß er mit ungetrübter Schaffensfreude bis zu 31 noch ausstehende Bestätigungen hinnimmt, indem er die Technik der gleitenden Fenster [18] benutzt, die in Abbildung 8-3 dargestellt ist.

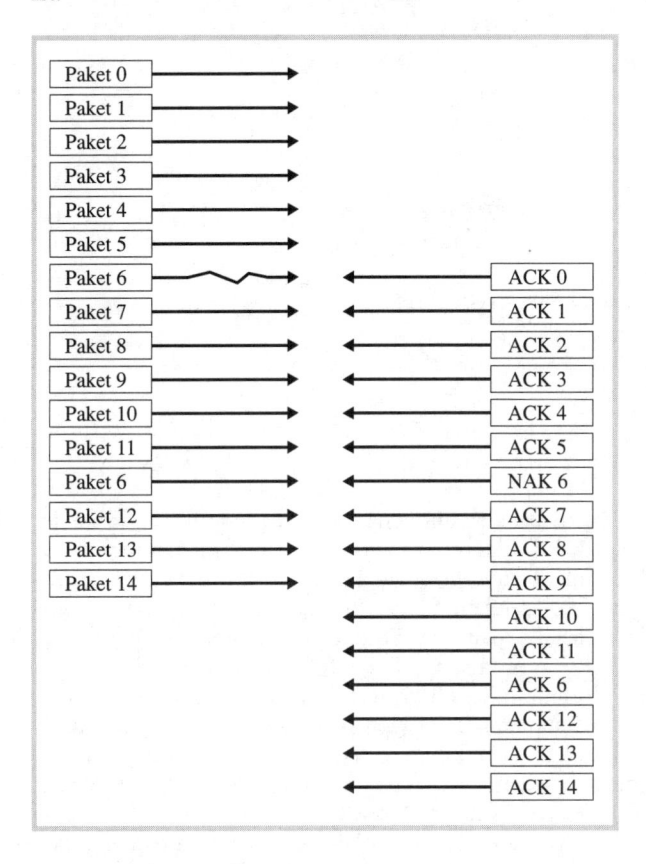

Abbildung 8-3
Gleitende Fenster

SET WINDOW *Zahl*

Dieser Befehl legt fest, wie viele Pakete (1 bis 31) übertragen werden dürfen, bevor die erste Bestätigung ankommt. Bei hinreichender Fenstergröße kann Kermit (normalerweise) ununterbrochen Pakete übertragen. Der Befehl SET WINDOW muß unbedingt *beiden* Kermits gegeben werden, damit diese Möglichkeit genutzt werden kann. Weichen die Fenstergrößen voneinander ab, wird der kleinere der beiden Werte benutzt. Unterstützt eines der beiden Kermit-Programme überhaupt keine gleitenden Fenster, wird automatisch der normale Anhalten-und-Warten-Paket-Austausch benutzt, was einer Fenstergröße von 1 entspricht.

Sehen wir zu, ob wir unsere Verbindung mit einer Kombination aus langen Paketen und gleitenden Fenstern etwas flotter bekommen. Wieder übertragen wir hier dieselbe Datei über dieselbe Fernverbindung:

```
C-Kermit>set rec pack 500          (Paketlänge ist 500)
C-Kermit>set window 4              (Vier Fensterplätze benutzen)
C-Kermit>r                         (Datei empfangen)
Alt-X                              (Zurück zum PC)
MS-Kermit>set window 4             (Fenstergröße wählen)
MS-Kermit>send test.txt            (Datei senden)

 (Die Datei wird transferiert ...)

MS-Kermit>c                        (Wieder verbinden)
C-Kermit>stat                      (Statistik holen)
 ...
 packet length             : 94 (send), 500 (receive)
 window slots used         : 2 of 4
 elapsed time              : 65 sec
 transmission rate         : 9600 bps
 effective data rate       : 816 cps
 efficiency (percent)      : 85
C-Kermit>
```

Das sieht ja deutlich besser aus! Sie brauchen sich übrigens nicht zu beunruhigen, wenn der Dateiempfänger eine kleinere Anzahl von Fensterplätzen als der Dateiabsender angibt; das ist ganz normal. Der Dateiabsender sendet Pakete, so schnell er kann, bis entweder das Fenster voll ist oder ein ACK ankommt; der Dateiempfänger hingegen erhält die Pakete eins nach dem anderen und bestätigt jedes nach Erhalt. Das Empfänger-Fenster wird nur soweit benutzt, wie Pakete beschädigt werden oder in falscher Reihenfolge ankommen.

Gleitende Fenster können auch Vorteile mit sich bringen, wenn die Verbindung überhaupt keine Verzögerungen aufweist. Zum einen beseitigen sie den Aufwand für die ACKs und NAKs, denn diese befinden sich zur gleichen Zeit wie die Datenpakete auf der Leitung, so daß sie keine zusätzliche Zeit beanspruchen. Zum anderen können gleitende Fenster auf gestörten Verbindungen bessere Ergebnisse als lange Pakete erbringen. Denken Sie an die Regel für lange Pakete: *Je länger ein Paket, desto wahrscheinlicher wird es beschädigt, und desto länger benötigt eine erneute Übertragung.*

Wenn gleitende Fenster aktiviert sind und ein Paket beschädigt wird oder verloren geht (Vielleicht treibt ein Kofferklau sein Unwesen?), erholt sich das Kermit-Protokoll durch selektive Neu-Übertragung, das heißt, es wird nur das betroffene Paket neu gesendet, wie etwa Paket 6 in Abbildung 8-3. Sind die Pakete kurz, ist die Wahrscheinlichkeit einer Beschädigung *geringer* und die Zeit für die Neu-Übertragung *kürzer*.

Ist die Verbindung jedoch sauber und ohne Hemmnisse, können wir lange Pakete und gleitende Fenster zusammen benutzen, um beste Ergebnisse zu erzielen, wie in diesem Beispiel mit einer Fenstergröße von 2 und einer Paketlänge von 4000:

```
C-Kermit>stat
...
packet length          : 94 (send), 4000 (receive)
window slots used      : 2 of 2
elapsed time           : 57 sec
transmission rate      : 9600 bps
effective data rate    : 921 cps
efficiency (percent)   : 96
C-Kermit>
```

Für typische Textdateien sind 96 Prozent so etwa die bestmögliche Kermit-Dateitransfer-Effizienz. Um dieses Niveau auf einer bestimmten Verbindung zu erreichen, probieren Sie verschiedene Kombinationen von Paketlängen und Fenstergrößen durch. Beachten Sie jedoch auch den Abschnitt „Lockerung der Regeln …" auf Seite 196, in dem beschrieben wird, wie die Effizienz weiter gesteigert werden kann; dabei wird die Tatsache ausgenutzt, daß Kermits Standard-Einstellungen vielfach vorsichtiger als nötig sind.

Fenster und Puffer

Wenn gleitende Fenster so vorteilhaft sind, fragen Sie sich vielleicht, warum der Befehl SET WINDOW überhaupt nötig ist. Warum nicht immer eine Fenstergröße von 31 verwenden? Zunächst einmal könnten viele Pakete, die in ununterbrochener Folge gesendet werden, dieselbe üble Folge wie sehr lange Pakete haben, wenn Rechner oder Netzwerke kleine Puffer haben: Verstopfung mit Todesfolge.

Des weiteren haben die meisten Kermit-Programme eine begrenzte Speichergröße für Paketpuffer. Um gleitende Fenster zu benutzen, muß Kermit alle im Fenster befindlichen Pakete gleichzeitig im Speicher halten, so daß ausgewählte Pakete erneut gesendet bzw. in falscher Reihenfolge eingetroffene Pakete vor dem Schreiben auf die Platte sortiert werden können. Ist der gesamte Paketpuffer-Speicherbereich geringer als das Produkt aus maximaler Paketgröße und maximaler Fenstergröße (9024 ∗ 31 = 279744 Bytes plus ein paar zusätzliche), dann muß die Fenster- oder aber die Paketgröße verringert werden.

Die meisten Implementierungen von C-Kermit sind so durchgeführt, daß Paketpuffer dynamisch angelegt werden können. Sie können die gesamte Paketpuffer-Größe mit folgendem Befehl erhöhen:

SET BUFFERS *Sendelänge Empfangslänge*
   Dieser Befehl legt die Speicher der angegebenen Größen für Sende- bzw. Empfangspuffer fest, wie dieses Beispiel zeigt:

```
C-Kermit>set receive packet-len 9000
C-Kermit>set window 31
 Adjusting receive packet-length to 286 for 31 window slots
C-Kermit>show protocol
 Receive packet-length: 286, Windows: 31, Buffers: 9065 9065
C-Kermit>set buffers 280000 280000
```

```
C-Kermit>set rec pack 9000
C-Kermit>show protocol
 Receive Packet-length: 9000, Windows: 31, Buffers: 280015 280015
C-Kermit>
```

Kann Kermit die gewünschte Speichermenge nicht erhalten, bleibt der Befehl erfolglos. Führt der Befehl SET BUFFERS dagegen zu einer Syntaxfehler-Meldung, hat Ihre Version von C-Kermit diese Einrichtung überhaupt nicht:

```
C-Kermit>set buffers 280000 280000
?No keywords match - buffers
C-Kermit>check dynamic
 Not available
C-Kermit>
```

Nun fragen Sie sich vielleicht, warum der Befehl SET BUFFERS nötig ist. Warum sollte man nicht immer 279744 Bytes Speicherplatz für jede Pufferart anlegen und sich dann um nichts mehr kümmern müssen? Die Antwort ist ganz einfach: Verschiedene Rechner haben verschiedene Mengen verfügbaren Speichers, verschiedene Speicherzuweisungsstrategien, verschiedene Strategien für Speicherauslagerung (Paging und Swapping) und so weiter. Auf einigen Rechnern (nicht jedoch auf vielen anderen) kann die Zuweisung von viel Speicherplatz für Paketpuffer zu äußerst schlechtem Durchsatz führen: genau das Gegenteil des Gewünschten. Einmal mehr liegt also bei Ihnen die Pflicht – und die Möglichkeit! –, die Werte herauszufinden, die *gerade richtig* für Ihren Rechner sind.

Einfach-Shifts

Wenn Kermit 8-Bit-Daten über eine 7-Bit-Verbindung überträgt, benutzt er die Einfach-Shift-Methode. Jedem 8-Bit-Zeichen wird ein besonderes Vorschaltzeichen vorangestellt, normalerweise das kaufmännische Und (& oder *Ampersand*), das den empfangenden Kermit anweist, das achte Bit wieder hineinzubasteln. Diese Technik für 8-Bit-Transparenz wird von praktisch allen Kermit-Versionen unterstützt (siehe Tabelle 1-1 auf Seite 25). Sie wird automatisch ausgehandelt; C-Kermit bietet die Benutzung dieser Option an, wenn die Parität irgendeinen anderen Wert als NONE hat, und stimmt der Benutzung zu, wenn der andere Kermit darum bittet. Anderenfalls wird das achte Bit beibehalten. C-Kermit hat keinen Befehl außer SET PARITY, um die Benutzung von Einfach-Shifts zu steuern.

Da 8-Bit-Zeichen in den meisten Arten von Dateien entweder überhaupt nicht oder aber mehr oder weniger zufällig verstreut auftreten, erlaubt diese einfache Vorrichtung, die Daten ohne zuviel zusätzlichen Verwaltungsaufwand zu übertragen. Der Malus ist fast 0 für einfachen ASCII-Text, etwa 5 Prozent für Text in den meisten europäischen Sprachen (mit Umlauten usw.) und ungefähr 50 Prozent für binäre Nicht-Text-Dateien, in denen Byte-Werte mit gesetztem achtem Bit gleichförmig verteilt sind.

Einrast-Shifts

Einige Arten von Dateien können lange Folgen von Byte-Folgen mit gesetztem achtem Bit enthalten. Die gebräuchlichsten Beispiele sind Textdateien mit nichtlateinischem Alphabet, die in Zeichensätzen wie Lateinisch/Kyrillisch, Lateinisch/Griechisch, Lateinisch/Hebräisch, Lateinisch/Arabisch und ganz besonders in der EUC-Codierung für das japanische Kanji geschrieben sind[23]. Der Malus für Codierung mit Einfach-Shifts beträgt für einen typischen kyrillischen Text etwa 80 Prozent und liegt für EUC-Kanji sehr dicht bei 100 Prozent. Wenn Sie diese Art von Datei über eine 7-Bit-Verbindung übertragen wollen, benutzt C-Kermit sowohl Einrast-Shifts [31] als auch Einfach-Shifts, sofern das andere Kermit-Programm einverstanden ist. Ein Einrast-Shift ist ein besonderes Zeichen (Strg-N; Name im ASCII-Schema Shift-Out, SO), das anzeigt, daß bei allen nachfolgenden Zeichen bis zum nächsten Strg-O (Shift-In, SI) beim Empfang das achte Bit gesetzt werden soll[24]:

```
Sieben-Bit-Text<SO>Acht-Bit-Text<SI>Sieben-Bit-Text
```

Während der Codierung der Daten für den Versand entscheidet C-Kermit in jedem Einzelfall, ob Einfach- oder Einrast-Shifts effizienter sind.

Die Benutzung dieser Option bringt fast nie Nachteile mit sich. Im schlimmsten Fall führt sie zum gleichen Durchsatz wie vorher (zum Beispiel bei 7-Bit-Textdateien und 8-Bit-Binärdateien). In einigen Fällen (insbesondere für kyrillischen und Kanji-Text) führt sie jedoch zu einem dramatischen Anstieg der Effizienz um bis zu 100 Prozent. Die Benutzung von Einrast-Shifts wird durch einen SET-Befehl gesteuert:

SET TRANSFER LOCKING-SHIFT { OFF, ON, FORCED }
   Mit diesem Befehl wird festgelegt, ob bzw. wie Kermit bei der Codierung und Decodierung Einrast-Shifts verwenden soll. Synonym ist der Befehl **SET XFER LOCKING-SHIFT**. Die Optionen haben die folgenden Bedeutungen:

   ON: Dies ist die Voreinstellung. Wenn die Parität *nicht* NONE ist, versucht C-Kermit, die Benutzung des Einrast-Shift-Protokolls mit dem anderen Kermit auszuhandeln, und benutzt es im Fall der Zustimmung. *Ist* die Parität jedoch NONE, werden Einrast-Shifts nicht benutzt, außer wenn der andere Kermit sie verlangt.

   OFF: Benutze keine Einrast-Shifts, unabhängig von der Paritäts-Einstellung. Bittet der andere Kermit um Einrast-Shifts, lehnt C-Kermit ab.

   FORCED: Benutze Einrast-Shifts, unabhängig von Paritäts-Einstellung und Aushandlung. Dies erlaubt es einem Dateiabsender, Daten an einen Empfänger zu senden, der das Einrast-Shift-Protokoll nicht versteht; dort werden die eingebetteten Zeichen SO und SI in der empfangenen Datei gespeichert und können von Programmen (siehe z. B. Anhang XI), Terminals, Druckern und anderen Geräten berücksichtigt werden. Einen Dateiempfänger zwingt dieser Befehl, die Zeichen SO und SI in den Daten als Shift-Befehle zu behandeln. Diese Option schaltet gleichzeitig die Verwendung von Einfach-Shifts aus.

Um die Nützlichkeit von Einrast-Shifts zu demonstrieren, versuchen wir, ohne sie eine Datei mit japanischem Kanji-Text über eine 7-Bit-Verbindung zu übertragen. (Beachten Sie, daß dem STATISTICS-Befehl zu entnehmen ist, ob Einrast-Shifts tatsächlich benutzt wurden):

```
C-Kermit>set parity even
C-Kermit>set file character-set shift-jis
C-Kermit>set xfer character-set japanese
C-Kermit>set xfer locking-shift off
C-Kermit>send kanji.txt
 ...
C-Kermit>statistics
 total file characters   : 29440
 communication line out  : 58451
 8th bit prefixing       : yes [&]
 locking shifts          : no
 elapsed time            : 61 sec
 efficiency (percent)    : 50
C-Kermit>
```

Nun versuchen wir es mit Einrast-Shifts:

```
C-Kermit>set parity even
C-Kermit>set file character-set shift-jis
C-Kermit>set xfer character-set japanese
C-Kermit>set xfer locking-shift on
C-Kermit>send kanji.txt
 ...
C-Kermit>stat
 total file characters   : 29440
 communication line out  : 32404
 8th bit prefixing       : yes [&]
 locking shifts          : yes
 elapsed time            : 34 sec
 efficiency (percent)    : 90
C-Kermit>
```

Das ist fast doppelt so schnell!

Datenkomprimierung

Für lange Pakete, gleitende Fenster und Einrast-Shifts gibt es SET-Befehle, die das Ob, Wie und Wieviel ihrer Benutzung regeln, weil jede dieser Optionen Vor- wie auch Nachteile hat. Eine Einrichtung bekommen Sie aber ganz umsonst: *Datenkomprimierung*. Sie bringt fast nie Nachteile mit sich; meistens lohnt es sich nicht, sie abzuschalten. Jedes Mal, wenn Sie einen Dateitransfer starten, fragt der sendende Kermit den empfangenden, ob er komprimierte Daten verarbeiten kann. Bei Übereinstimmung schiebt der Dateiabsender wiederholte Bytes zu einer Sequenz zusammen, die aus einem besonderen Komprimierungs-Vorschaltzeichen, einem Wiederholungszähler und dann dem Zeichen selbst besteht. Zum Beispiel steht

~@C

für 32 Cs hintereinander (~ ist das Vorschaltzeichen, @ ist der codierte Wiederholungszähler und C der Buchstabe C selbst).

Es zeigt sich, daß Textdateien, die lange Folgen von aufeinander folgenden Blanks enthalten, und Binärdateien mit vielen Nullen hintereinander ziemlich häufig vorkommen. Die durchschnittliche – ob Text- oder binäre – Datei wird durch diese einfache Methode während der Übertragung um ungefähr 15 Prozent komprimiert ([18], Seiten 248 bis 250), was häufig dazu ausreicht, den übrigen durch das Kermit-Protokoll bedingten Verwaltungsaufwand auszugleichen. Als Extrembeispiel transferieren wir das klassische ausführbare Sun-SPARC-Programm („Hello World"), das 24576 Bytes lang ist:

```
C-Kermit>set file type binary
C-Kermit>s hello
 ...
C-Kermit>statistics
 total file characters   : 24576
 communication line out  : 3032
 compression             : yes [~] (23504)
 elapsed time            : 4 sec
 transmission rate:      : 9600 bps
 effective data rate:    : 6144 cps
 efficiency (percent)    : 647
```

Zur Feinsteuerung der Datenkomprimierung gibt es die folgenden beiden Befehle:

SET REPEAT PREFIX *Code*
Normalerweise dient eine Tilde (~, ASCII-Code 126) als Komprimierungs-Vorschaltzeichen. Enthalten Ihre Daten zufälligerweise viele Tilden, müssen diese für die Zwecke der Übertragung in den Paketen jeweils „entschärft" werden. Dadurch passiert kein Unheil – es ist jedoch nicht sehr effizient. Mit diesem Befehl können Sie daher ein anderes Zeichen als Vorschaltzeichen festlegen, indem Sie seinen ASCII-Code angeben, der im Bereich 33 bis 63 oder 96 bis 126 liegen muß. Er darf nicht mit einem der anderen Vorschaltzeichen identisch sein.

SET REPEAT COUNTS *{ OFF, ON }*
Normalerweise komprimiert Kermit die Daten wie oben beschrieben. Übertragen Sie jedoch vorkomprimierte Dateien (etwa ZIP-Archive oder mit dem UNIX-Hilfsprogramm `compress` o. ä. gepackte Daten, die typischerweise an der Endung .z oder .Z erkennbar sind), bleibt der Versuch einer weiteren Komprimierung ohne Erfolg. Die zusätzliche Reservierung eines Vorschaltzeichens vermindert die Effizienz sogar. In diesen Fällen sollten Sie SET REPEAT COUNTS OFF ausführen. Dies behebt auch Probleme, die durch einige fehlerhafte Shareware- und kommerzielle Implementationen des Kermit-Protokolls verursacht werden.

Lockerung der Regeln für die Übertragung von Steuerzeichen

C-Kermit gibt Ihnen ab Version 5A(189) ein weiteres Hilfsmittel zur Feinsteuerung der Effizienz. Normalerweise werden alle Steuerzeichen (ASCII-Codes 0 bis 31, 127 bis 159 und 255) durch ein spezielles Vorschaltzeichen „entschärft": Zunächst wird das Vorschaltzeichen gesendet, dann das in den ASCII-Bereich 63 bis 95 verschobenen Steuerzeichen. Dies ist ein sicheres Vorgehen, da viele Kommunikationsgeräte, Terminalserver usw. Steuerzeichen für ihre eigenen Zwecke reserviert haben. Kennen Sie die Einzelheiten Ihrer Datenverbindung sehr gut, können Sie die Effizienz allerdings weiter verbessern, indem Sie gezielt einzelne Steuerzeichen von der geschilderten Entschärfung ausnehmen. Enthalten Ihre Daten viele solcher Steuerzeichen – dies liegt zum Beispiel bei vorkomprimierten Daten normalerweise vor –, kann das durchaus etliche Prozent Gewinn bringen. Im folgenden sind die entsprechenden Befehle aufgeführt.

SET { SEND, RECEIVE } CONTROL-PREFIX *Zahl*
Dieser Befehl legt das Zeichen fest, das C-Kermit den Steuerzeichen vorschaltet. Es wird über seinen ASCII-Wert angegeben, der im Bereich 33 bis 63 oder 96 bis 126 liegen muß. Die Voreinstellung ist 35, das „Schweinegitter" (#). Mit dem Schlüsselwort SEND wird das Zeichen festgelegt, das C-Kermit beim Senden von Paketen benutzt. Es dürfte niemals nötig sein, das Schlüsselwort RECEIVE zu benutzen, außer wenn der andere Kermit eine fehlerhafte (Shareware- oder kommerzielle) Implementation des Kermit-Protokolls enthält. Synonym läßt sich **SET { SEND, RECEIVE } QUOTE** verwenden.

SET CONTROL-CHARACTER UNPREFIXED *{ Zahl ..., ALL }*
Dieser Befehl teilt C-Kermit mit, welche (mit ihrem ASCII-Code angegebenen) Steuerzeichen Sie für *sicher* halten, d. h., welche Steuerzeichen Ihrer Kenntnis nach kein Vorschaltzeichen benötigen. Die *Zahl*en sind ASCII-Werte im Bereich 1 bis 31, 127 bis 159 oder 255. Beispielsweise wird der Zeilenvorschub (ASCII-Code 10) normalerweise als zwei druckbare Zeichen gesendet, nämlich #J. Nach dem Befehl SET CONTROL UNPREFIXED 10 wird der Zeilenvorschub hingegen ohne Umwandlung gesendet. Geben Sie das Schlüsselwort ALL an, werden alle Steuerzeichen (außer 0) ohne Vorschaltung gesendet. Sie können auch eine Liste mehrerer Codes angeben, die durch Leerzeichen getrennt sind, wie in diesem Beispiel:

```
SET CONTROL UNPREFIXED 2 4 5 18 20
```

Falls Sie viele Steuerzeichen als sicher deklarieren können, können Sie Binärdateien (insbesondere vorkomprimierte) bis 20 oder gar 25 % schneller senden. Nehmen Sie jedoch ein Steuerzeichen in diese Klasse auf, das Ärger verursacht, schlägt der Transfer fehl; hier ist also ein wenig Experimentieren vonnöten. Dieser Befehl erlaubt es Ihnen nicht, das NUL-Zeichen (ASCII-Code 0) ohne Vorschaltung zu senden, und auch keines der folgenden Zeichen, sofern FLOW-CONTROL XON/XOFF ist: 17, 19, 145, 147. Auf TELNET-Verbindungen können Sie auch das Zeichen 255 hier nicht angeben.

SET CONTROL-CHARACTER PREFIXED *{ Zahl ..., ALL }*
Mit diesem Befehl erreichen Sie, daß die angegebenen Zeichen in Kermit-Paketen ein Vorschaltzeichen erhalten. Als Voreinstellung werden alle Steuerzeichen (0 bis 31, 127 bis 159 und 255) mit Vorschaltzeichen versehen.

SHOW CONTROL-PREFIXING
Dieser Befehl zeigt das aktuelle Vorschaltzeichen und eine Tabelle aller Steuerzeichen an, wobei eine 1 solche markiert, die mit Vorschaltzeichen gesendet werden, und eine 0 die übrigen.

Die Benutzung dieser Befehle erfordert einige sorgfältige Vorbereitungen und Tests, indem zum Beispiel eine Testdatei übertragen wird, die sämtliche vorkommenden ASCII-Zeichen enthält. Die Datei CKCKER.BWR enthält ein Programm, das eine solche Datei erzeugt, sowie eine Aufstellung von Zeichen, die in diesem Zusammenhang häufiger einmal Schwierigkeiten machen.

Datei-Attribute

Die Effizienz des Kermit-Protokolls haben wir ausführlich behandelt. Verwenden wir nun einige Seiten auf *Ihre* Effizienz, indem wir Vorrichtungen präsentieren, die es dem sendenden Kermit erlauben, dem empfangenden einige Fakten über die Datei mitzuteilen (dann brauchen Sie es nicht selbst zu tun), und die verhindern können, daß Dateien unnötigerweise oder in der falschen Betriebsart übertragen werden.

Das Kermit-Protokoll besitzt die Fähigkeit, zusätzlich zu Namen und Inhalt der Datei Informationen über sie zu übertragen und zu verarbeiten, sofern beide Kermit-Programme diese Option unterstützen und sich auf ihre Benutzung einigen. Diese Informationen werden Datei-*Attribute* genannt und in einem besonderen *Attribut-Paket* (A-Paket) gesendet. Die Attribut-Informationen enthalten den Namen des Dateizeichensatzes (siehe Kapitel 9), das Erzeugungsdatum, die Länge, den Typ (Text oder binär), die Disposition (s. u.) und eine Kennung für das sendende System. Attribut-Pakete werden (zumindest) von C-Kermit, MS-DOS-Kermit, Macintosh-Kermit und dem IBM-Großrechner-Kermit unterstützt (siehe Tabelle 1-1 auf Seite 25).

Wenn die Datei bei dem anderen Kermit ankommt, stellt sie sich selbst mit einer Biographie *en miniature* vor: „Hallo, mein Name ist TRACTA.TUS, Ich wurde unter MS-DOS am 26. April 1989 um 10.28.00 Uhr geboren; ich bin 12345 Bytes lang, bestehe aus reinem ASCII-Text und möchte, daß Du mich ausdruckst." oder, übersetzt in die Attribut-Paket-Sprache:

```
A+!P1%12345!!1#119890426 10:28:00."U8"#AMJ*!A
```

Auf der Basis dieser Information kann der Empfänger entscheiden, ob er die Datei annimmt oder ablehnt, wie er sie interpretiert und was er mit ihr macht. Im folgenden sind die Attribute aufgeführt, die C-Kermit unterstützt:

TYPE

Der sendende Kermit teilt dem empfangenden mit, ob die Datei im Text- oder im Binärmodus (A bzw. B) gesendet wird. Dies erlaubt es dem empfangenden Kermit, automatisch zwischen diesen beiden Modi umzuschalten. Die UNIX- und die meisten anderen C-Kermit-Versionen senden das Text- bzw- das Binär-Dateityp-Attribut je nach Ihrem letzten Befehl SET FILE TYPE. Beim Empfang von Dateien hat ein ankommendes Dateityp-Attribut Vorrang vor einem von Ihnen gesetzten Dateityp. Zu VMS und OpenVMS vergleiche Anhang IV.

DATE

Beim Senden einer Datei führt C-Kermit ihr Erzeugungs- bzw. letztes Änderungsdatum samt Uhrzeit (als Ortszeit ausgedrückt) im Attribut-Paket mit auf. Beim Empfang einer Datei, deren Erzeugungsdatum und -uhrzeit im Attribut-Paket angegeben sind, speichert C-Kermit die Datei mit dem angegebenen Datum samt Uhrzeit (oder lehnt die Annahme ab, wenn FILE COLLISION auf UPDATE gesetzt und die ankommende Datei nicht neuer als eine schon existierende Datei gleichen Namens ist). Zeitzonen-Information wird nicht übertragen.

LENGTH

Beim Senden einer Datei gibt C-Kermit ihre Länge im Attribut-Paket mit an. Bemerkt der empfangende Rechner, daß die Datei größer als der verfügbare Plattenplatz oder die dem Benutzer zugestandene Plattenquote ist, kann er die Datei zurückweisen, was Ihnen viel vergeudete Zeit und Telefongebühren ersparen kann. Steht ausreichender Plattenplatz zur Verfügung, kann der empfangende Kermit (im lokalen Betrieb) diese Information dazu benutzen, während des Dateitransfers den derzeitigen Übertragungsstand als Prozentwert anzuzeigen. Beim Empfang einer Datei weisen die OS/2-, VMS-, Commodore-Amiga- und Atari-ST-Versionen von C-Kermit eine Datei zurück, die zu groß für den verfügbaren Plattenplatz ist (unter VMS wird die Benutzer-Quote nicht überprüft). Die UNIX-, AOS/VS- und OS/9-Versionen von C-Kermit überprüfen derzeit die gemeldete Dateigröße nicht anhand des verfügbaren Plattenplatzes, sondern nehmen die Datei ausnahmslos an.

CHARACTER-SET

Der Zeichensatz ist der in Kapitel 9 erläuterte Transfer-Zeichensatz. Falls dieser nicht TRANSPARENT ist (so lautet die Voreinstellung), übersetzt C-Kermit beim Senden einer Datei im Textmodus aus dem aktuellen Dateizeichensatz in den Transfer-Zeichensatz und schreibt einen Code in das Attribut-Paket, der den Transfer-Zeichensatz kenntlich macht. Diese Codes enthalten die Registrierungsnummern des ISO-Registers [42]; unter anderem gibt es die folgenden:

I6/100	ISO 8859-1 Lateinisches Alphabet 1
I6/101	ISO 8859-2 Lateinisches Alphabet 2
I6/144	ISO 8859-5 Lateinisch/Kyrillisches Alphabet
I14/13/87	Japanisches EUC

Beim Empfang einer Textdatei erfährt C-Kermit den Transfer-Zeichensatz aus dem Attribut-Paket und übersetzt aus ihm in den aktuellen Dateizeichensatz.

DISPOSITION

Dies gibt an, was mit der Datei geschehen soll. Normalerweise werden empfangene Dateien einfach auf der Platte gespeichert. Dieses Attribut wird von den Befehlen MAIL und REMOTE PRINT, die in Kapitel 7 vorgestellt wurden, dazu benutzt, eine Datei als elektronische Post versenden oder aber ausdrucken zu lassen, statt sie auf der Platte abzuspeichern.

SYSTEM-ID
Der Dateiabsender gibt einen Code an, der den Rechner und das Betriebssystem kenntlich macht – für den Fall, daß der Dateiempfänger diese Information irgendwie verwerten will. C-Kermit sendet diesen Eintrag beim Versenden einer Datei, ignoriert ihn aber beim Empfang. Die System-Identifikationen sind in [18] auf den Seiten 275 bis 278 aufgeführt.

Unterstützt der andere Kermit den Austausch von Attribut-Paketen nicht, sendet C-Kermit sie auch nicht. Dies wird automatisch geregelt, wenn die beiden Kermits sich mit dem S- oder I-Paket begrüßen.

Einigen sich die beiden Kermits jedoch auf den Austausch von Attribut-Informationen, kann es vorkommen, daß das Ergebnis nicht das Gewünschte ist. Zum Beispiel wollen Sie mitunter nicht, daß ankommende Dateien mit dem Originaldatum abgespeichert werden, weil sie dann von Ihrem Backup-System übersprungen werden. Oder Sie bemerken vielleicht, daß Kermits Schätzung des verfügbaren Plattenplatzes zu konservativ ist und er daher eine Datei zurückweist, von der Sie glauben, daß sie noch paßt. Daher gibt C-Kermit Ihnen die Möglichkeit, jedes der Attribute an- oder abzuschalten:

SET ATTRIBUTE { CHARACTER-SET, DATE, DISPOSITION, LENGTH, SYSTEM-ID, TYPE, ALL } {ON, OFF }
Dieser Befehl schaltet ein bestimmtes Attribut an oder ab und läßt die anderen unverändert. Davon abweichend können Sie ALL angeben, um alle Einzel-Attribute gemeinsam an- oder abzuschalten, ohne daß der Attribut-Mechanismus als solcher davon betroffen ist; um zum Beispiel alle Attribute außer TYPE abzuschalten, könnten Sie das folgende benutzen:

```
C-Kermit>set attr all off      (Alle abschalten)
C-Kermit>set attr type on      (Diesen einen wieder anschalten)
```

Die einzelnen Einstellungen werden nur zu Rate gezogen, wenn der Attribut-Mechanismus als ganzes aktiviert ist (siehe den folgenden Befehl).

Wenn jedoch der gesamte Attribut-Mechanismus selbst – nicht nur eines oder mehrere bestimmte Attribute – Probleme verursacht, können Sie ihn mit diesem Befehl desaktivieren bzw. wieder aktivieren:

SET ATTRIBUTE { ON, OFF }
Dieser Befehl schaltet den gesamten Attribut-Mechanismus an bzw. ab. Wenn er OFF ist, läßt C-Kermit sich auf keinen Attribut-Paket-Austausch mit dem anderen Kermit ein.

Der Befehl SHOW ATTRIBUTES zeigt die aktuellen Einstellungen für die Attribut-bezogenen Einstellungen an.

Anzeige und Steuerung der Dateitransfer-Optionen

Benutzen Sie den Befehl SHOW PROTOCOL, um die aktuellen C-Kermit-Einstellungen, die sich auf das Dateitransfer-Protokoll beziehen, anzuzeigen:

```
C-Kermit>show protocol
Protocol Parameters:  Send    Receive
    Timeout:            10        7     Server Timeout:   0
    Padding:             0        0     Block Check:      3
    Pad Character:       0        0     Delay:            4
    Packet Start:        1        1     Max Retries:     10
    Packet End:         13       13     8th-bit Prefix:  '&'
    Packet Length:      90     1000     Repeat Prefix:   '~'
    Maximum Length:   9024     9024     Window Size:     2 set, 1 used
    Buffer Size:      9065     9065     Locking-Shift:   enabled, used
C-Kermit>
```

Einige der Protokoll-Optionen werden vom Dateiabsender, andere vom Dateiempfänger gesteuert, einige können von beiden ausgewählt werden, wieder andere erfordern, daß beide sich einig sind. Dahinter stehen einige Prinzipien, die es aber nicht wert sind, hier ausgebreitet zu werden. Um die Verwirrung zu verringern, stellt stattdessen Tabelle 8-1 zusammen, welches die Haupt-Protokoll-Optionen sind, wer sie steuert und mit welchen Befehlen Sie sie beeinflussen können. Die Einträge für Dateityp und Transfer-Zeichensatz erfordern aktivierten Attribut-Paket-Mechanismus; liegt er nicht vor, müssen die entsprechenden SET-Befehle *beiden* Rechnern und nicht nur dem Dateiabsender gegeben werden.

Eigenschaft	Gesteuert durch	Befehl
Dateikollision	Empfänger	SET FILE COLLISION bei *empfangendem* Kermit
Dateityp	Absender	SET FILE TYPE bei *sendendem* Kermit
Dateizeichensatz	Beide	SET FILE CHARACTER-SET bei *beiden* Kermits
Unvollständige Transfers	Empfänger	SET FILE INCOMPLETE bei *empfangendem* Kermit
Transfer-Zeichensatz	Absender	SET XFER CHARACTER-SET bei *sendendem* Kermit
Prüfsummen-Methode	Absender	SET BLOCK-CHECK bei *sendendem* Kermit
8-Bit-Vorschaltzeichen	Beliebig	SET PARITY bei *einem* der Kermits
Einrast-Shifts	Beliebig	SET PARITY bei *einem* der Kermits
Paketlänge	Empfänger	SET RECEIVE PACKET-LENGTH bei *empfangendem* Kermit
Gleitende Fenster	Beide	SET WINDOW bei *beiden* Kermits
Komprimierung	Absender	SET REPORT bei *sendendem* Kermit
Attribute	Automatisch	SET ATTRIBUTE ... OFF zum Ausschalten
Kontroll-Vorschaltzeichen	Absender	SET CONTROL CHARACTER bei *sendendem* Kermit

Tabelle 8-1 Übersicht über die Einstellungen für den Dateitransfer

9 Internationale Zeichensätze

Wenn Sie nie Textdateien transferieren müssen, die Umlaute, Buchstaben mit Akzenten oder solche aus nichtlateinischen Alphabeten enthalten, und solche Zeichen auch nie auf der C-Kermit-Befehlsebene oder im Terminalbetrieb anzeigen müssen, können Sie dieses Kapitel überspringen und in Kapitel 10 auf Seite 234 weiterlesen.

All die verschiedenen von C-Kermit unterstützten Rechner und Betriebssysteme verwenden den ASCII-Zeichensatz, den Amerikanischen Standard-Code für Informationsaustausch (*American Standard Code for Information Interchange*, [1]), der in Tabelle VIII-1 auf Seite 509 dargestellt ist[25].

Der ASCII-Code enthält die lateinischen Groß- und Kleinbuchstaben, Dezimalziffern und Interpunktionszeichen, die für englischsprachigen Text und die meisten Computer-Befehle und -Programmiersprachen ausreichen. Er enthält jedoch keine Buchstaben mit diakritischen Zeichen (Akzente, Umlaut-Pünktchen usw.) und Sonderzeichen, die für Deutsch, Französisch, Italienisch, Norwegisch und viele andere Sprachen mit auf dem lateinischen aufbauenden Alphabet benötigt werden, ganz zu schweigen von den nichtlateinischen Buchstaben in Sprachen wie Russisch und Japanisch.

Auch wenn C-Kermits Benutzer-Oberfläche durchweg in Englisch und ASCII gehalten ist, können Sie C-Kermit dazu benutzen, Terminal-Sitzungen unter Benutzung vieler verschiedener lateinischer und nichtlateinischer Zeichensätze durchzuführen und Textdateien zu transferieren, die in einem von vielen lateinischen, kyrillischen, hebräischen oder japanischen Zeichensätzen abgefaßt sind. Dieses Kapitel zeigt Ihnen, wie das geht.

Hersteller-spezifische Zeichensätze

Es gibt Hunderte verschiedener Sprachen auf der Welt, Hunderte verschiedener Rechnerarten und unüberschaubar viele Wege, die Zeichen jeder Sprache in jedem Rechner darzustellen. Berücksichtigen wir nur die auf dem lateinischen Alphabet beruhenden Schriftsprachen, etwa Deutsch, Italienisch, Norwegisch oder Portugiesisch, sehen wir sogleich, daß unterschiedliche Rechner wie IBM PC, Apple Macintosh, das Data-General-MV-System, die DECstation und die NeXT Workstation die Buchstaben mit diakritischen Zeichen und anderen Sonderzeichen intern auf ganz unterschiedliche Arten darstellen. Tabelle 9-1 zeigt für den Großbuchstaben A mit verschiedenen Akzenten die Codes, die von jedem dieser Rechner benutzt werden.

Zeichen		IBM PC CP 850	Macintosh Quickdraw	Data General DGI	DECstation DEC MCS	NeXT Workstation
A-Gravis	À	183	231	193	192	129
A-Akut	Á	181	203	192	193	130
A-Zirkumflex	Â	182	229	194	194	131
A-Tilde	Ã	199	204	196	195	132
A-Umlaut	Ä	142	128	195	196	133
A-Kringel	Å	143	129	197	197	134

Tabelle 9-1   *Dezimale Zeichencodes für großes A mit Akzent*

CP850 ist die ASCII-basierte mehrsprachliche Code-Seite für den IBM PC, Macintosh QuickDraw ist der gebräuchlichste Zeichensatz für den Apple Macintosh, DGI ist der Zeichensatz Data General International, DEC MCS ist der multinationale Zeichensatz von DEC, und der NeXT-Zeichensatz wird auf dem NeXT-Rechner verwendet (siehe Tabelle VIII-4 auf Seite 512 mit einer vollständigeren Aufstellung). Dies sind nur einige wenige der vielen derzeit benutzten Hersteller-spezifischen Zeichensätze.

Die meisten modernen Geräte unterstützen irgendeine Form von nationalem oder internationalem Text. Solange Sie bei der Ausrüstung eines einzelnen Herstellers – Anzeige, Tastatur, Drucker – bleiben, können Sie damit Texte in jeder von Ihren Geräten unterstützten Sprache erzeugen, lesen und drucken. Das ist schon ein großer Sprung nach vorn seit den alten Nur-ASCII-Tagen. Was geschieht jedoch, wenn Sie von Ihrer eigenen Rechnerumgebung aus auf andere Arten von Ausrüstung zugreifen müssen? Was machen Sie, wenn Sie Text mit Benutzern anderer Geräte austauschen müssen?

Es gibt mehrere Wege, mit diesem Problem umzugehen. Die herkömmliche Lösung bestand darin, die Benutzung von lateinischen Buchstaben mit diakritischen Zeichen ebenso wie alle Buchstaben aus Sprachen mit nichtlateinischen Alphabeten wie Russisch oder Hebräisch zu verbieten. Da Rechner stets die Buchstaben A bis Z unterstützen, ist die Übertragbarkeit der Daten gewährt; die Grundgesamtheit dieser Daten ist jedoch empfindlich eingeschränkt, und nicht-englischsprachige Rechnerbenutzer lieben dieses Vorgehen verständlicherweise nicht besonders.

Am anderen Extrem läge der Versuch, unmittelbar zwischen jedem möglichen Paar von Zeichensätzen direkt zu übersetzen. Das geht recht gut, wenn die Anzahl der Zeichensätze klein ist, wird aber bei wachsender Anzahl sehr schnell unpraktikabel. Bei n Zeichensätzen ist die Anzahl der notwendigen Übersetzungen $n * (n-1)$ (die Anzahl der Paare bei einer Grundmenge der Größe n, die durch Ziehen ohne Zurücklegen entstehen, wie jedes Statistik- oder Kombinatorik-Buch zeigt [54]).

Haben wir also zwei Zeichensätze A und B, benötigen wir zwei Übersetzungen, eine von A nach B und eine von B nach A. Haben wir drei Zeichensätze – A, B und C –, benötigen wir schon 3 * 2 = 6 Übersetzungen: AB, BA, AC, CA, BC und CB; und so weiter. Jede Übersetzung besteht typischerweise aus einem Tabellenpaar von je 256 Bytes.

Bedenken wir nun, daß allein IBM schon 276 verschiedene Zeichensatz-Identifikationscodes in der Registrierungsliste aufführt. Bräuchten wir Übersetzungen zwischen jedem Paar von IBM-Zeichensätzen, wären das 75 900 Stück oder ungefär 4 Megabyte an Tabellen. Jetzt nehmen Sie noch all die anderen Hersteller und ihre Zeichensätze hinzu, um eine Vorstellung von der Größenordnung des Problems zu bekommen.

Ein vernünftigerer Ansatz ist es da, Zeichen während der Übersetzung in einem *standardisierten* Zwischen-Zeichensatz darzustellen. Der Absender übersetzt von seinen lokalen Codes in die standardisierten, der Empfänger von diesen in die lokalen. Dies verkleinert das Problem auf eine handliche Größe; jeder Rechner muß nur noch seine eigenen und eine Handvoll von Standard-Zeichensätzen kennen.

Standard-Zeichensätze

Standard-Zeichensätze gibt es in 7- und 8-Bit-Varianten (1 Byte) und außerdem als Multibyte-Sätze.

Die 7-Bit-Sätze umfassen US-ASCII und andere nationale Sätze, die durch den ISO-Standard 646 [36] festgelegt sind. Die flexibleren internationalen 8-Bit-Standard-Zeichensätze enthalten unter anderem die Alphabete Lateinisch-1 und Lateinisch-2 nach ISO 8859 für west- bzw. osteuropäische Sprachen und das Lateinisch-Kyrillische[26] Alphabet ISO 8859-5 [39]. Multibyte-Zeichensätze sind unter anderem die nationalen Zeichensätze für Chinesisch, Japanisch und Koreanisch.

ISO 646 ist der internationale Standard für 7-Bit-Zeichensätze. Er ist im wesentlichen mit ASCII identisch, außer daß zwölf seiner Positionen für die Zeichen, die jede der nationalen Sprachen benötigt, reserviert sind. In ASCII selbst, der US-Version von ISO 646, werden diese zwölf Positionen von eckigen und geschweiften Klammern, senkrechten Strichen usw., die in vielen Programmiersprachen benötigt werden, belegt. In anderen nationalen Varianten von ISO 646 sind diese Zeichen von nationalen Sonderzeichen belegt. Zum Beispiel wird die Position 91, in ASCII die linke eckige Klammer ([ ), auf Dänisch durch Æ, auf Niederländisch durch ÿ, auf Finnisch durch Ä, auf Isländisch durch Þ und so weiter ersetzt, wie in Tabelle 9-2 dargestellt ist.

Internationale Zeichensätze

dezimal	2/03 35	4/00 64	5/11 91	5/12 92	5/13 93	5/14 94	5/15 95	6/00 96	7/11 123	7/12 124	7/13 125	7/14 126
ASCII (US)	#	@	[	\	]	^	_	`	{	|	}	~
Britisch	£	@	[	\	]	^	_	'	{	|	}	~
Chinesisch-Lateinisch	#	@	[	¥	]	^	_	'	{	|	}	‾
Dänisch	#	@	Æ	Ø	Å	^	_	'	æ	ø	å	~
Deutsch	#	§	Ä	Ö	Ü	^	_	'	ä	ö	ü	ß
Finnisch	#	@	Ä	Ö	Å	Ü	_	é	ä	ö	å	ü
Franko-Kanadisch	#	à	â	ç	ê	î	_	ô	é	ù	è	û
Französisch	£	à	°	ç	§	^	_	µ	é	ù	è	¨
Isländisch	#	Þ	Ð	\	Æ	Ö	_	þ	ð	|	æ	ö
Italienisch	£	§	°	ç	é	^	_	ù	à	ò	è	ì
Japanisch-Lateinisch	#	@	[	¥	]	^	_	'	{	|	}	‾
Niederländisch	£	¾	ÿ	½	|	^	_	'	¨	f	¼	'
Norwegisch	§	@	Æ	Ø	Å	^	_	'	æ	ø	å	|
Portugiesisch	#	'	Ã	Ç	Õ	^	_	'	ã	ç	õ	~
Schwedisch	#	É	Ä	Ö	Å	Ü	_	é	ä	ö	å	ü
Schweizerisch	ù	à	é	ç	ê	î	è	ô	ä	ö	ü	û
Spanisch	£	§	¡	Ñ	¿	^	_	'	°	ñ	ç	~
Ungarisch	#	Á	É	Ö	Ü	^	_	ú	é	ö	ü	˝

Tabelle 9-2   Nationale Zeichensätze nach ISO 646, Unterschiede zu ASCII

Zeichensatz	Standard	Sprachen
Lateinisch-1	ISO 8859-1	Dänisch, Deutsch, Englisch, Faeröisch, Finnisch, Französisch, Irisch, Isländisch, Italienisch, Niederländisch, Norwegisch, Portugiesisch, Schwedisch, Spanisch
Lateinisch-2	ISO 8859-2	Albanisch, Deutsch, Englisch, Polnisch, Rumänisch, Kroatisch, Slowakisch, Slowenisch, Tschechisch, Ungarisch
Lateinisch-3	ISO 8859-3	Afrikaans, Deutsch, Englisch, Esperanto, Französisch, Galizisch, Italienisch, Katalanisch, Maltesisch, Türkisch
Lateinisch-4	ISO 8859-4	Dänisch, Deutsch, Englisch, Estnisch, Finnisch, Grönländisch, Lappisch, Lettisch, Litauisch, Norwegisch, Schwedisch
Lateinisch/Kyrillisch	ISO 8859-5	Bulgarisch, Englisch, Mazedonisch, Russisch, Serbisch, Ukrainisch, Weißrussisch
Lateinisch/Arabisch	ISO 8859-6	Arabisch, Englisch
Lateinisch/Griechisch	ISO 8859-7	Englisch, Griechisch
Lateinisch/Hebräisch	ISO 8859-8	Englisch, Hebräisch
Lateinisch-5	ISO 8859-9	Deutsch, Englisch, Faeröisch, Finnisch, Französisch, Irisch, Italienisch, Niederländisch, Norwegisch, Portugiesisch, Spanisch, Schwedisch, Türkisch

Tabelle 9-3   Die Lateinischen ISO-Alphabete

Die lateinischen Alphabete sind 8-Bit-256-Zeichensätze. Wie in Abbildung 9-1 gezeigt, ist die linke Hälfte (die ersten 128 Zeichen) jedes lateinischen Alphabets mit ASCII identisch. Sie umfaßt 32 7-Bit-Steuerzeichen (C0), das Leerzeichen (SP), 94 darstellbare 7-Bit-Zeichen (GL) und ein zusätzliches Steuerzeichen, DEL. Die rechte Hälfte enthält 32 8-Bit-Steuerzeichen (C1) und 96 druckbare Zeichen für jeweils eine Gruppe von Sprachen. Tabelle 9-3 führt die lateinischen Alphabete auf.

	C0		GL					C1		GR				
	00	01	02	03	04	05	06	07	08	09	10	11	12	13	14	15
00	NUL	DLE	SP	0	@	P	`	p								
01	SOH	DC1	!	1	A	Q	a	q								
02	STX	DC2	"	2	B	R	b	r								
03	ETX	DC3	#	3	C	S	c	s								
04	EOT	DC4	$	4	D	T	d	t								
05	ENK	NAK	%	5	E	U	e	u								
06	ACK	SYN	&	6	F	V	f	v								
07	BEL	ETB	'	7	G	W	g	w								
08	BS	CAN	(	8	H	X	h	x			Grafik-Sonderzeichen
09	HT	EM	)	9	I	Y	i	y								
10	LF	SUB	*	:	J	Z	j	z								
11	VT	ESC	+	;	K	[	k	{								
12	LF	FS	'	<	L	\	l	|								
13	CR	GS	–	=	M	]	m	}								
14	SO	RS	.	>	N	^	n	~								
15	SI	US	/	?	O	_	o	DEL								
	C0		GL					C1		GR						

Abbildung 9-1   *Struktur eines lateinischen 8-Bit-Alphabets*

Tabelle 9-4 auf der nächsten Seite zeigt die darstellbaren Zeichen (Spalten 10 bis 15) der rechten Hälfte des Alphabets Lateinisch-1 an. Der Multinationale DEC-Zeichensatz ist dem Lateinisch-1 sehr ähnlich, wie Sie im Vergleich der Tabellen 9-4 und 9-5 sehen.

	10	11	12	13	14	15
00		°	À	Ð	à	ð
01	¡	±	Á	Ñ	á	ñ
02	¢	2	Â	Ò	â	ò
03	£	3	Ã	Ó	ã	ó
04	¤	'	Ä	Ô	ä	ô
05	¥	µ	Å	Õ	å	õ
06	¦	¶	Æ	Ö	æ	ö
07	§	·	Ç	×	ç	÷
08	¨	,	È	Ø	è	ø
09	©	1º	É	Ù	é	ù
10	ª	º	Ê	Ú	ê	ú
11	«	»	Ë	Û	ë	û
12	¬	¼	Ì	Ü	ì	ü
13		½	Í	Ý	í	ý
14	®	¾	Î	Þ	î	þ
15	¯	¿	Ï	ß	ï	y

Tabelle 9-4
Die rechte Hälfte des Alphabets Lateinisch-1

	10	11	12	13	14	15
00		°	À		à	
01	¡	±	Á	Ñ	á	ñ
02	¢	2	Â	Ò	â	ò
03	£	3	Ã	Ó	ã	ó
04			Ä	Ô	ä	ô
05	¥	µ	Å	Õ	å	õ
06		¶	Æ	Ö	æ	ö
07	§	·	Ç	Œ	ç	œ
08	¤		È	Ø	è	ø
09	©	1º	É	Ù	é	ù
10	ª	º	Ê	Ú	ê	ú
11	«	»	Ë	Û	ë	û
12		¼	Ì	Ü	ì	ü
13		½	Í	Ÿ	í	y
14			Î		î	
15		¿	Ï	ß	ï	

Tabelle 9-5
Der Multinationale DEC-Zeichensatz

Internationale Zeichen in Befehlen

Haben Sie eine 8-Bit-Kommunikationsstrecke (keine Parität) zwischen Ihrem Terminal (Tastatur und Bildschirm) und C-Kermit oder läuft C-Kermit auf Ihrer Workstation, benutzen Sie den folgenden Befehl, damit C-Kermit 8-Bit-Zeichen in Ihren Befehlen zuläßt:

SET COMMAND BYTESIZE { 7, 8 }
   Dieser Befehl legt die (in Bits ausgedrückte) Zeichengröße fest, die C-Kermit für Befehle und Meldungen benutzen soll. Die Voreinstellung ist 7, so daß dann nur 7-Bit-Zeichensätze zulässig sind.

Nehmen wir zum Beispiel an, Sie haben eine deutsche Tastatur und eine 8-Bit-Verbindung zu C-Kermit: Mit SET COMMAND BYTESIZE 8 können Sie dann die typisch deutschen Buchstaben in Ihren Befehlen benutzen. Die korrekte Anzeige von 8-Bit-Zeichen hängt natürlich auch von Ihrem Terminal-Emulator oder Konsoltreiber ab.

```
C-Kermit>set command bytesize 8
C-Kermit>echo Grüße aus Köln!
Grüße aus Köln!
C-Kermit>
```

Internationale Zeichen in der Terminal-Emulation

Die meisten C-Kermit-Versionen bieten keine spezielle Terminal-Emulation während des Terminalbetriebs. Kermit reicht einfach alle vom Wirtsrechner empfangenen Zeichen an Ihren Bildschirm und umgekehrt all Ihre Tastendrücke an den Wirtsrechner weiter. Die Verantwortung für die meisten Terminal-orientierten Funktionen – Interpretation von Escape-Sequenzen, Funktionstasten, Bildschirm-Rückrollen und so weiter – liegt bei Ihrem Terminal, -emulator oder Workstation-Fenster.

Die Übersetzung von Zeichensätzen bildet eine Ausnahme zu dieser Regel. Benutzt der Wirtsrechner oder -dienst einen anderen Zeichensatz als Ihr lokaler Rechner und kennt C-Kermit ihn, können Sie C-Kermit dazu auffordern, zwischen dem Wirts-Zeichensatz und dem von Ihrem Terminal oder -emulator benutzten zu übersetzen; dann werden die vom Wirtsrechner gesendeten Zeichen auf Ihrem Bildschirm korrekt dargestellt und die von Ihnen eingegebenen Zeichen vor dem Absenden in den Wirtsrechner-Zeichensatz übersetzt.

Die Auswahl des Terminal-Zeichensatzes

C-Kermit kann im Normalfall nicht wissen, welche Zeichensätze benutzt werden. Sie müssen ihm das daher mit dem folgenden Befehl mitteilen:

SET TERMINAL CHARACTER-SET *Wirts-Zsatz* [*Lokal-Zsatz*]
Hiermit werden der auf dem Wirtsrechner (*Wirts-Zsatz*) und der von Ihrem Terminal oder -emulator (*Lokal-Zsatz*) benutzte Zeichensatz angegeben. Wenn *Lokal-Zsatz* nicht angegeben ist, wird C-Kermits derzeitiger FILE CHARACTER-SET (auf Seite 214 erläutert) benutzt. Um Terminal-Zeichensatz-Übersetzung zu unterdrücken, benutzen Sie SET TERMINAL CHARACTER-SET TRANSPARENT; dies ist auch die Voreinstellung.

Um herauszufinden, welche Zeichensätze zur Verfügung stehen, geben Sie in einem der Zeichensatz-Namensfelder ein Fragezeichen ein:

```
C-Kermit>set terminal character-set ?
remote terminal character-set, one of the following:
 ascii             british           canadian-french   cp437
 cp850             cp852             cp862             cp866-cyrillic
 cyrillic-iso      danish            dec-multinational dg-international
 dutch             finnish           french            german
 hebrew-7          hebrew-iso        hungarian         italian
 koi8-cyrillic     latin1-iso        latin2-iso        macintosh-latin
```

```
next-multinational  norwegian       portuguese          short-koi
spanish             swedish         swiss               transparent
C-Kermit>set terminal character-set spanish
C-Kermit>
```

Tabelle 9-7 auf Seite 213 sagt Ihnen genau, auf welche Zeichensätze sich diese Namen beziehen. Die Sätze mit „nationalen" Namen wie Finnisch, Französisch, Holländisch und so weiter sind 7-Bit-Zeichensätze nach ISO 646, die in Tabelle 9-2 auf Seite 204 dargestellt sind. Lateinische 8-Bit-Sätze (Lateinisch-1, DEC-Multinational, NeXT usw.) sind in den Tabellen VIII-4 und VIII-5, die kyrillischen Codes in Tabelle VIII-6 dargestellt. Diese Tabellen beginnen auf Seite 512. Bei Angabe eines hebräischen Terminal-Zeichensatzes unternimmt C-Kermit keine Versuche, die Schreibrichtung umzukehren, da C-Kermit selbst keine eigentliche Terminal-Emulation durchführt; MS-DOS-Kermit beispielsweise bietet hierfür geeignete Möglichkeiten.

In dem folgenden Beispiel wählen wir uns von C-Kermit auf einem PC unter SCO-UNIX bei Benutzung der IBM-Codeseite 437 in eine Kölner Mailbox ein, die den deutschen ISO-646-Zeichensatz benutzt.

```
C-Kermit>connect
Gr}~e aus K|ln!

F}r Mailbox "gast" eingeben...
login:
```

Wenn Ihnen das nicht sonderlich deutsch vorkommt, liegt das daran, daß der Wirtsrechner einen von Ihrem lokalen verschiedenen Zeichensatz benutzt. Versuchen wir es noch einmal, wobei C-Kermit jetzt jedoch die Übersetzung liefert:

```
C-Kermit>set terminal char german cp437
C-Kermit>connect
Grüße aus Köln!

Für Mailbox "gast" eingeben...
login:
```

Wenn Terminal-Zeichensatz-Übersetzung aktiviert ist, benutzt C-Kermit einen Standard-Zeichensatz (wie etwa Lateinisch-1) als Zwischenschritt zwischen dem lokalen und dem Wirtssatz, sofern nötig. Anderenfalls würden C-Kermits 32 Terminal-Zeichensätze 992 Übersetzungsfunktionen erfordern! Wählen wir jedoch einen passenden Zwischensatz für jedes Paar, brauchen wir nur noch etwa 100, und das sind gerade die, die wir auch zum Dateitransfer benutzen. Als Nebeneffekt dieses ökologisch sinnvollen Vorgehen können jedoch Zeichen verlorengehen, die der lokale und der Wirtszeichensatz nicht mit dem Zwischensatz gemeinsam haben. Zum Beispiel haben sowohl der Macintosh- als auch der NeXT-Zeichensatz ein Gulden-Zeichen (ƒ); da aber Lateinisch-1 dieses Zeichen nicht hat (siehe Tabelle VIII-4), wird es irgendwo zwischendurch auf etwas anderes umgesetzt, in der Regel auf ein Fragezeichen.

Benutzung eines 7-Bit-Terminal-Zeichensatzes

Sind sowohl der Wirts- als auch der lokale Terminalzeichensatz 7 Bits breit (ASCII, Kurz-KOI oder einer der nationalen ISO-646-Sätze wie Deutsch, Italienisch, Norwegisch oder Portugiesisch), sollten Sie in 7- wie 8-Bit-Kommunikationsumgebungen gleichermaßen gut arbeiten können.

Allerdings muß hier ein warnendes Wort gesprochen werden. Sendet der Wirtsrechner Escape-Sequenzen zur Steuerung der Bildschirm-Darstellung, können diese Sequenzen darstellbare 7-Bit-Zeichen enthalten, die normalerweise vor dem Eintreffen auf Ihrem Bildschirm übersetzt würden. Zum Beispiel enthalten viele ANSI- und daher auch VT100-, VT200- und VT300-Escape-Sequenzen [4, 53] die linke eckige Klammer als Zeichen, wie etwa in[27]

```
ESC [ 24 ; 40 H
```

Dies setzt den Cursor auf Spalte 40 der Bildschirmzeile 24. Die linke eckige Klammer ist jedoch ein nationales Sonderzeichen nach ISO 646 und würde entsprechend der Tabelle 9-2 auf Seite 204 übersetzt, wobei die Escape-Sequenz zerstört und Ihre Bildschirm-Anzeige durcheinandergebracht werden.

Einleitung	Typ	Beendigung
ESC [	Steuersequenz	64-126
ESC P	Gerätesteuerungssequenz	ESC \
ESC]	Betriebssystembefehl	ESC \
ESC ^	Private Meldung	ESC \
ESC _	Anwendungsprogramm-Befehl	ESC \
ESC *sonstige*	Escape-Sequenz	48-126

Tabelle 9-6   Format der ANSI-Escape-Sequenzen

C-Kermit bemüht sich nach Kräften, diesen Effekt zu vermeiden, indem er im Terminalbetrieb Zeichen innerhalb von ANSI-Sequenzen bei der Übersetzung überspringt. ANSI-Escape-Sequenzen beginnen mit dem ESC-Zeichen (englisch *escape*, Flucht, Entkommen, Rückkehr), das den ASCII-Code 27 hat, und werden auf verschiedene Weise beendet, je nachdem, welches Zeichen unmittelbar auf das Escape-Zeichen folgt, wie in Tabelle 9-6 dargestellt ist. Wann immer C-Kermit unter diesen Umständen ein Escape-Zeichen sieht, liest er die folgenden Zeichen bis einschließlich dem letzten Zeichen der Sequenz, das in der Spalte „Beendigung" der Tabelle aufgeführt ist, und sendet sie ohne Übersetzung zum Bildschirm. In dem Beispiel

```
ESC [ 24 ; 40 H
```

ist `ESC [` die Einleitung, an der man erkennt, daß die Escape-Sequenz bis zu einem Beendigungszeichen im Bereich 64 bis 126 läuft. Das erste derartige Zeichen in dem Beispiel ist das `H`.

Diese Technik wird nur benutzt, wenn die Übersetzung eines 7-Bit-Zeichensatzes gefordert ist; daher werden 8-Bit-Escape-Sequenzen nicht gesondert behandelt – es ist ja tatsächlich auch nicht nötig. C-Kermit unternimmt keinen Versuch, Nicht-ANSI-Terminalsteuerungssequenzen zu behandeln.

Benutzung eines 8-Bit-Terminal-Zeichensatzes

Im C-Kermit-Terminalbetrieb besteht die Verbindung zwischen Ihrem Desktop-Terminal oder -Rechner und dem Wirtsrechner oder -dienst aus zwei Komponenten: einer zwischen C-Kermit und Ihrer Tastatur und Ihrem Bildschirm sowie einer zwischen C-Kermit und dem Wirtsrechner oder -dienst. Beide Komponenten können 7- oder 8-Bit-Verbindungen sein. Solange Sie C-Kermit nichts anderes mitteilen, behandelt er beide als 7-Bit-Verbindungen. Dadurch wird verhindert, daß Parität versehentlich als echtes Datenbit behandelt wird – eine sinnvolle Voreinstellung, wenn man bedenkt, daß häufig Parität benutzt wird und dies ebenso häufig nicht bedacht wird. Diese Voreinstellung verhindert jedoch die Benutzung von 8-Bit-Zeichensätzen während einer Terminal-Sitzung.

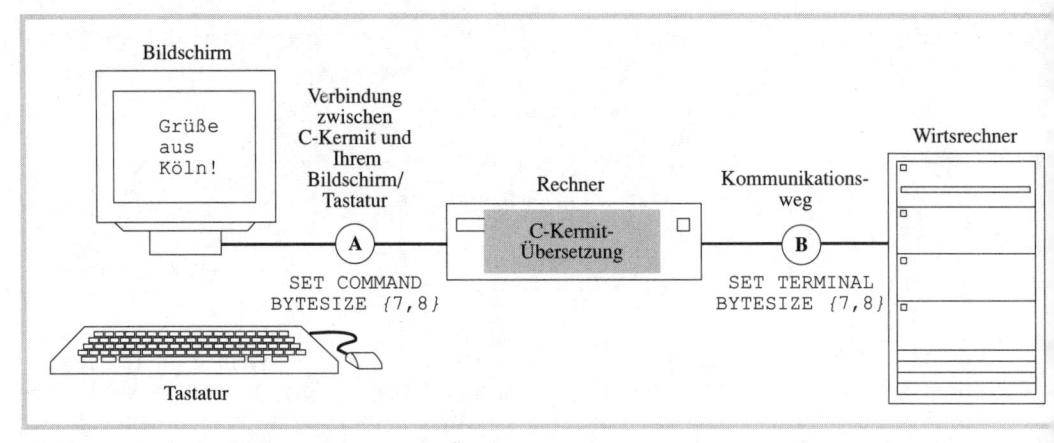

Abbildung 9-2 *Terminal-Zeichensatz-Übersetzung*

Abbildung 9-2 zeigt zwei Bestandteile der Terminalbetriebs-Verbindung. Ist der Kommunikationspfad zwischen Ihrem Terminal und C-Kermit (A in der Abbildung) wirklich 8 Bits breit und ohne Parität, können Sie den Befehl SET COMMAND BYTESIZE 8 geben, um C-Kermit dazu aufzufordern, das achte Bit eines jeden auf Ihrer Tastatur eingegebenen oder an Ihren Bildschirm gesendeten Zeichens *nicht* zu entfernen.

Ist entsprechend der Pfad zwischen C-Kermit und dem Wirtsrechner (B in der Abbildung) tatsächlich 8 Bits breit, geben Sie die Befehle SET TERMINAL BYTESIZE 8 und (wenn nötig) SET PARITY NONE, um Kermit daran zu hindern, das achte Bit von Zeichen, die zu Ihrem Kommunikationsgerät gehen oder von dort ankommen, zu entfernen. Fortan können Sie ohne weitere Umstände 8-Bit-Terminal-Zeichensätze verwenden.

Benutzung eines 8-Bit-Terminal-Zeichensatzes auf einer 7-Bit-Verbindung

Ist die Verbindung zwischen C-Kermit und dem Wirtsrechner (B) eigentlich sieben Bits breit und müssen Sie dennoch 8-Bit-Zeichen senden und empfangen, können Sie das vielleicht doch noch erreichen. Erkunden Sie die Wirtsrechner-Befehle, die sich auf Terminal und Kommunikation beziehen, und berücksichtigen Sie auch sämtliche unterwegs sonst noch beteiligten Kommunikationsgeräte und Netzwerke: SET TERMINAL TERMINAL /EIGHT unter VMS oder OpenVMS, `stty pass8` oder `stty -parity` auf einigen UNIX-Systemen, rlogin -8 *Wirt* beim Herstellen einer "`rshell`"-Verbindung von einem UNIX-System zu einem anderen; überprüfen Sie die Konfiguration Ihres Modems, Terminalservers, Netzwerk-PADs und so weiter. Tun Sie, was Sie können, um eine echte 8-Bit-Verbindung zu erhalten.

Schlägt alles andere fehl, unterstützt der C-Kermit-Befehl CONNECT ein als Shift-In/Shift-Out bekanntes Terminal-orientiertes Protokoll, mit dessen Hilfe 8-Bit-Daten über eine 7-Bit-Terminalverbindung ausgetauscht werden können. Dazu muß der Wirtsrechner dieses Protokoll ebenfalls benutzen. Das ganze funktioniert so: Soll ein 8-Bit-Zeichen (also ein Zeichen, dessen achtes Bit den Wert 1 hat) über eine 7-Bit-Verbindung gesendet werden, wird zuerst ein SO-Zeichen (*Shift-Out*, Strg-N, ASCII 14) gesendet und dann das 8-Bit-Zeichen, wobei sein achtes Bit durch das benötigte Paritätsbit ersetzt wird. Erhält der Empfänger das SO, weiß er, daß bei den nachfolgenden Zeichen vor der Weiterverarbeitung das achte Bit auf 1 gesetzt werden muß. Vor dem nächsten zu übertragenden 7-Bit-Zeichen wird zunächst ein SI-Zeichen (*Shift-In*, Strg-O, ASCII 15) gesendet. Dies teilt dem Empfänger mit, daß bei künftig empfangenen Zeichen das achte Bit auf 0 gesetzt werden soll. Ein SO gilt demnach für alle nachfolgenden Zeichen bis zum nächsten SI und umgekehrt; deswegen heißt diese Shift-Methode *Locking Shift*: der Shift rastet ein. Zur Veranschaulichung nehmen wir noch einmal den deutschen Ausdruck

Grüße aus Köln!

im Alphabet Lateinisch-1. Bei Benutzung von SO/SI würde das wie folgt übertragen werden:

Gr<SO>|_<SI>e aus K<SO>v<SI>ln!

wobei hier `<SO>` und `<SI>` die Steuerzeichen Shift-Out und Shift-In repräsentieren. Die „komischen" Zeichen erhält man, indem man das achte Bit von den jeweiligen Lateinisch-1-Sonderzeichen entfernt – das bedeutet also, 128 vom Code-Wert abzieht – und das entstehende 7-Bit-Zeichen des Lateinisch-1- bzw. ASCII-Alphabets nimmt. Zum Beispiel ist der Lateinisch-1-Code für ü 252; Abzug von 128 ergibt 124, was der Code des senkrechten Striches (|) ist.

Hier ist nun der C-Kermit-Befehl, der die Benutzung von Shift-In/Shift-Out während der Terminal-Verbindung steuert:

SET TERMINAL LOCKING-SHIFT *{ OFF, ON }*
Diese Einstellung, normalerweise OFF (aus), bezieht sich auf den zwischen C-Kermit und dem Wirtsrechner liegenden Teil der Verbindung. Wollen Sie einen 8-Bit-Zeichensatz auf dem Wirtsrechner benutzen, haben aber nur eine 7-Bit-Verbindung, wobei der Wirts-

rechner jedoch die Codes Shift-In und Shift-Out zum Umschalten zwischen 7- und 8-Bit-Zeichen benutzen kann, setzen Sie diese Einstellung auf ON. In dieser Einstellung interpretiert C-Kermit ankommende Zeichen je nach dem derzeitigen Shift-Zustand und shiftet automatisch die von Ihnen auf der Tastatur eingegebenen Zeichen, bevor sie an den Wirtsrechner gesendet werden.

Benutzt der Wirtsrechner einen 8-Bit-Zeichensatz, können Sie aber keine 8-Bit-Verbindung zu ihm herstellen und unterstützt er kein Shift-In/Shift-Out, ist immer noch nicht unbedingt alles verloren. Zum Beispiel können Sie auf einem UNIX-Wirtsrechner Ihre 8-Bit-Dateien durch einen Shift-In/Shift-Out-Filter (wie dem in Anhang XI aufgelisteten) „pipen":

```
$ cat lateinisch1.txt | so | more
```

Tastaturbelegung

C-Kermit übersetzt die von Ihnen gedrückten Tasten vor dem Senden in den Wirtsrechner-Zeichensatz, je nach Ihrem letzten Befehl SET TERMINAL CHARACTER-SET. Diese Übersetzungen betreffen auch alle Tasten-Umbelegungen, die Sie mit dem Befehl SET KEY durchgeführt haben.

Nationale oder internationale Zeichen in Ihren Tasten-Definitionen sollten nach Ihrem *lokalen* Zeichensatz codiert sein, nicht nach dem Wirtszeichensatz. Das ist der natürliche Ansatz und erlaubt Ihnen zudem, ohne Wechsel der Tastaturbelegung auf verschiedene Wirtsrechner zuzugreifen, die verschiedene Zeichensätze benutzen.

Transfer von Dateien mit internationalen Texten

Das Kermit-Protokoll unterscheidet zwischen Hersteller-spezifischen Codes, die bei Speicherung und Anzeige auf jedem der Rechner benutzt werden, und den beim Dateitransfer innerhalb der Kermit-Pakete benutzten Codes [30]. Die Hersteller-spezifische Datei-Codierung wird *Dateizeichensatz* (*File Character-Set*) genannt; die Dateizeichensätze, die C-Kermit kennt, sind in Tabelle 9-7 aufgeführt. Der beim Transfer benutzte Zeichensatz heißt *Transfer-Zeichensatz* (*Transfer Character-Set*). Das Kermit-Protokoll unterstützt nur eine kleine Zahl von Transfer-Zeichensätzen, nämlich die als internationale Standards fest etablierten wie Lateinisch-1 und -2 (ISO 8859-1 bzw. -2), Lateinisch/Kyrillisch (ISO 8859-5) und Lateinisch/Hebräisch (ISO 8859-8).[28] Der Absender übersetzt die Datei von seinem lokalen Code in den Standard-Transfer-Code und der Empfänger aus dem Transfer-Code in seinen eigenen lokalen Code, wie in Abbildung 9-3 dargestellt.

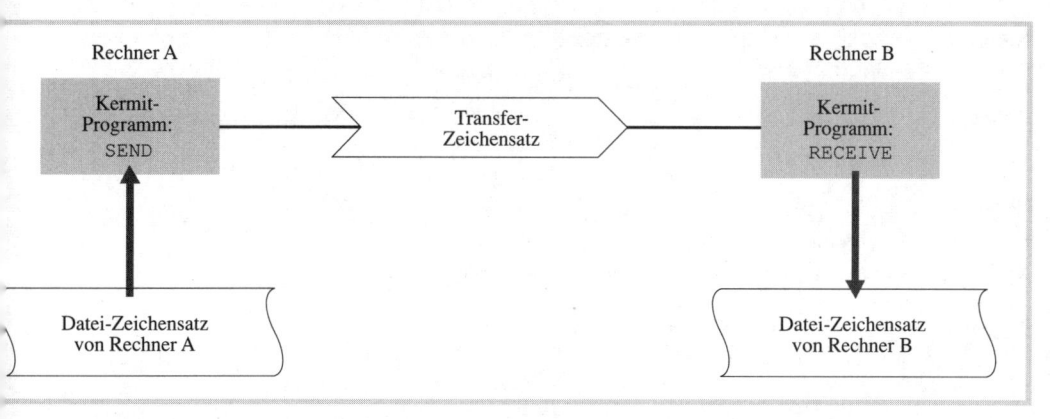

Abbildung 9-3   *Transfer internationaler Texte*

Name	Bits	Beschreibung
ascii	7	ISO 646, US-amerikanische Version, ASCII, ANSI X3.4-1986[1]
british	7	ISO 646, Britische Version, BSI 4730 [7]
canadian-french	7	Franko-kanadischer NRC (DEC) [26]
cp437	8	IBM-Codeseite 437, auf PCs benutzt [34]
cp850	8	IBM/Microsoft-Codeseite 850, auf PCs benutzt [34]
cp852	8	IBM/Microsoft-Codeseite 852 für Osteuropa [34]
cp862	8	IBM/Microsoft-Codeseite 862 Hebräisch [34]
cp866	8	Microsoft-Codeseite 866 Kyrillisch, auf PCs benutzt [48]
cyrillic-iso	8	ISO 8859-5 Lateinisch/Kyrillisches Alphabet [39]
danish	7	(Wie Norwegisch) [42]
dec-multinational	8	Multinationaler DEC-Zeichensatz [26]
dg-international	8	Internationaler Data-General-Zeichensatz [23]
dec-kanji	M	Japanisches Multibyte-Kanji (DEC)
dutch	7	Niederländischer NRC (DEC) [26]
finnish	7	Finnischer NRC (DEC) [26]
french	7	ISO 646, Französische Version, NF Z 62010-1982 [42]
german	7	ISO 646, Deutsche Version, DIN 66083 [42]
hebrew-7	7	DEC-7-Bit-Hebräisch (VT100) [39]
hebrew-iso	8	ISO 8859-8 Lateinisch/Hebräisches Alphabet [39]
hungarian	7	ISO 646, Ungarische Version, HS 7795/3 [42]
italian	7	ISO 646, Italienische Version [42]
japanese-euc	M	Japanischer Erweiterter UNIX-Code, JIS X 0201 + JIS X 0208
jis7-kanji	M	Japanische 7-Bit-JIS-Codierung
koi8-cyrillic	8	„Altes KOI-8" Kyrillisch (GOST 19768-74) [50]
latin1-iso	8	ISO 8859-1 Lateinisches Alphabet 1 [39]
latin2-iso	8	ISO 8859-2 Lateinisches Alphabet 2 [39]
macintosh-latin	8	Apple Quickdraw Erweitert
next-multinational	8	NeXT-Workstation
norwegian	7	ISO 646, Norwegische Version, NS 4551 [42]
portuguese	7	ISO 646, Portugiesische Version [42]

Name	Bits	Beschreibung
shift-jis-kanji	M	Codeseite 932, auf PCs benutzt
short-koi	7	7-Bit-Lateinisch und -Kyrillisch, nur Großbuchstaben [50]
spanish	7	ISO 646, Spanische Version [42]
swedish	7	ISO 646, Schwedische Version, SEN 850200 [42]
swiss	7	Schweizer NRC (DEC) [26]

M   bezeichnet Multibyte-Zeichensätze.
NRC   sind *National Replacement Character Sets*, Nationale Ersatzzeichensätze.

Tabelle 9-7   C-Kermit-Datei-Zeichensätze

Festlegen der Zeichensätze für den Dateitransfer

Falls Ihr Rechner internationale Zeichensätze überhaupt unterstützt, so ist das wahrscheinlich erst im Nachhinein so eingerichtet worden. Die meisten Rechner und Betriebssysteme wurden für die Unterstützung eines einzigen Zeichencodes entworfen, etwa für ASCII oder EBCDIC, die zur Darstellung englischen Texts geeignet sind. Als Rechner-Benutzer in nicht-englischsprachigen Ländern Unterstützung für ihre eigenen Sprachen einzufordern begannen, führten IBM, DEC, Apple und andere Hersteller Terminals, Drucker und PCs ein, die Arabisch, Deutsch, Französisch, Hebräisch, Italienisch, Japanisch, Russisch und andere Sprachen anzeigen konnten; meistens geschah dies jedoch ohne eine wesentliche Änderung am Rechner selbst. Text wird auf der Festplatte immer noch unterschiedslos in 8-Bit-Bytes gespeichert, und Terminal oder Drucker müssen instruiert werden, wie diese Bytes zu verstehen sind. Dateien werden auf den meisten Rechnern ohne jeglichen Hinweis auf den Zeichensatz gespeichert.

Um eine Datei mit internationalen Zeichen zu senden oder zu empfangen, müssen Sie C-Kermit daher zunächst mitteilen, welche Zeichensätze benutzt werden sollen: in welchem Zeichensatz die Datei ursprünglich gespeichert ist, welcher Standard-Zeichensatz beim Transfer verwendet werden soll und in welchem Zeichensatz die neu erzeugte Kopie der Datei abgelegt werden soll. Dies ist der erste Befehl, den Sie dazu benötigen:

SET FILE CHARACTER-SET *Name*
    Dies identifiziert den Zeichensatz, der für Datei-Ein- oder -Ausgabe verwendet werden soll. Der Dateiabsender übersetzt aus *seinem* Dateizeichensatz in den Transfer-Zeichensatz und der Dateiempfänger aus dem Transfer-Zeichensatz in *seinen* Datei-Zeichensatz. Meistens ist der voreingestellte Datei-Zeichensatz ASCII. In einigen Versionen von C-Kermit ist der lokale Zeichensatz bekannt, so daß dieser als Voreinstellung verwendet wird. Zum Beispiel ist dies auf dem NeXT der NeXT-Zeichensatz; auf AOS/VS-Systemen ist es DG-International und unter OS/2 Ihre aktuelle PC-Codeseite.

Ihre Version von C-Kermit unterstützt nicht unbedingt alle der in Tabelle 9-7 aufgeführten Datei-Zeichensätze; C-Kermit kann so konfiguriert werden, daß eine oder mehrere Zeichensatz-Familien fortgelassen werden: Osteuropäisch, Kyrillisch, Hebräisch oder Japanisches Kanji. Sie können die Befehle SHOW FEATURES und CHECK benutzen, um Informationen über die Konfiguration zu erhalten:

```
C-Kermit>show features
...
 No Kanji character-set translation
C-Kermit>check latin2
 Available
C-Kermit>
```

Andererseits sind möglicherweise auch zusätzliche Zeichensätze verfügbar; um eine Aufstellung der unterstützten Datei-Zeichensätze zu erhalten, geben Sie ein Fragezeichen im Befehl SET FILE CHARACTER-SET ein:

```
C-Kermit>set file char ? local file code, one of the following:
 ascii            british         canadian-french   cp437
 cp850            cp852           cp862             cp866-cyrillic
 cyrillic-iso     danish          dec-kanji         dec-multinational
 dg-international dutch           finnish           french
 german           hebrew-7        hebrew-iso        hungarian
 italian          japanese-euc    jis7-kanji        koi8-cyrillic
 latin1-iso       latin2-iso      macintosh-latin   next-multinational
 norwegian        portuguese      shift-jis-kanji   short-koi
 spanish          swedish         swiss
C-Kermit>set file char hungarian
```

Diese konkrete Aufstellung würden Sie in einem voll konfigurierten C-Kermit der Version 189 sehen.

Auf beiden Rechnern die geeigneten Datei-Zeichensätze zu wählen, löst Zwei Drittel des Problems. Um die Lösung zu vervollständigen, müssen Sie den Transfer-Zeichensatz wählen, der so gut wie möglich die Zeichen in Ihren beiden Datei-Zeichensätzen wiedergeben kann:

SET TRANSFER CHARACTER-SET *Name*
Dieser Befehl legt den Zwischen-Zeichensatz fest, der in der Kermit-Kermit-Kommunikation, also in den Kermit-Datenpaketen, verwendet werden soll. Synonym hierzu ist **SET XFER CHARACTER-SET**.

Der voreingestellte Transfer-Zeichensatz ist TRANSPARENT, mit anderen Worten, es findet keine Übersetzung beim Dateitransfer statt.

C-Kermit unterstützt die folgenden Transfer-Zeichensätze:

LATIN1-ISO
ist ISO 8859-1 Latin Alphabet 1 [39], oder kürzer Lateinisch-1. Dies ist der normale Wert für auf dem lateinischen Alphabet beruhende westeuropäische Sprachen, etwa Deutsch, Französisch, Italienisch, Norwegisch, Portugiesisch und Spanisch, weil es sämtliche Zeichen in etwa 15 dieser Sprachen darstellen kann (siehe Tabelle 9-3). Das Alphabet Lateinisch-1 ist in Tabelle VIII-4 dargestellt.

LATIN2-ISO
ist ISO 8859-2 Latin Alphabet 2, oder kurz Lateinisch-2. Dies wird normalerweise für auf dem lateinischen Alphabet beruhende osteuropäische Sprachen benutzt, etwa Polnisch, Rumänisch, Tschechisch und Ungarisch (siehe Tabelle 9-3). Lateinisch-2 ist in Tabelle VIII-5 dargestellt.

CYRILLIC-ISO
ist ISO 8859-5, das Lateinisch/Kyrillische Alphabet [39], auch unter dem Namen ECMA-113 [27] bekannt, das Russisch, Ukrainisch und andere in Kyrillisch geschriebene Sprachen darstellen kann, und außerdem Englisch (weil es ASCII als linke Hälfte enthält). Dieser Zeichensatz ist in Tabelle VIII-6 dargestellt.

HEBREW-ISO
ist ISO 8859-8, das Lateinisch/Hebräische Alphabet.

JAPANESE-EUC
sollte für japanischen Text verwendet werden.

ASCII
führt dazu, daß jedes Zeichen durch seine beste ASCII-Entsprechung ersetzt wird, indem zum Beispiel Umlaut-Pünktchen entfernt oder kyrillische Zeichen „nach dem Lautbild" umgesetzt werden. Benutzen Sie diese Option, wenn Ihr Rechner keine Möglichkeit bietet, die Zeichen in der Datei korrekt anzuzeigen. (Diese Umsetzungen funktionieren für japanischen Text allerdings nicht.)

TRANSPARENT
bedeutet, daß keine Zeichen-Übersetzungen stattfinden; jeder Code wird ohne Änderung gesendet. Um der Kompatibilität mit früheren C-Kermit-Versionen willen ist dies die Voreinstellung. Diese Option kann auch benutzt werden, wenn beide Rechner den gleichen Zeichensatz benutzen.

Mitunter ist Ihre C-Kermit-Version abweichend konfiguriert. So finden Sie heraus, welche Transfer-Zeichensätze Ihnen zur Verfügung stehen:

```
C-Kermit>set transfer char ?
 ascii     latin1-iso     transparent
```

Wenn Sie die Datei- und Transfer-Zeichensätze angeben, wählt Kermit die geeignete Übersetzungsfunktion und benutzt sie, wie in Abbildung 9-4 gezeigt, die illustriert, was geschieht, wenn Sie eine Textdatei in italienischer Sprache von einem PC mit MS-DOS-Kermit zu einer Aviion-Workstation von Data General mit C-Kermit senden.

Es ist Ihre Aufgabe, die Befehle SET FILE CHARACTER-SET und SET TRANSFER CHARACTER-SET zu benutzen, um die benötigte Übersetzung auszuwählen. Kermit kann dies nicht für Sie tun, weil er nicht weiß, was Sie erreichen wollen. Um dies zu illustrieren, nehmen wir an, Sie wollen eine Textdatei in französischer Sprache mit C-Kermit auf einem SCO-UNIX-System auf einem IBM PC (oder -Kompatiblen) empfangen. Der Transfer-Zeichensatz ist LATIN1. Ihr PC benutzt Codeseite 437. Sie können Ihren Datei-Zeichensatz nun wie folgt auswählen:

- CP437, wenn Sie wollen, daß die Datei unter DOS korrekt auf Ihrem PC-Bildschirm dargestellt wird.
- CP850, wenn Sie die Datei auf ein Cartridge zur Weiterverwendung auf einer IBM RS/6000 kopieren wollen.
- LATIN1, wenn Sie die Codierung nach Lateinisch-1 intakt lassen wollen, weil Sie die Datei auf dem PC mit einer Anwendung weiterbearbeiten wollen, die Lateinisch-1 statt CP437 benutzt.
- FRENCH, wenn Sie die Datei auf Ihrem PC-Drucker ausgeben wollen, der aber nur den französischen ISO-646-Zeichensatz unterstützt.
- ASCII, wenn Sie die Sonderzeichen in reines ASCII verwandeln wollen, weil zum Beispiel Ihr PC-basiertes E-Mail-System nur ASCII unterstützt.
- NEXT, wenn Sie die Datei auf eine Diskette im DOS-Format kopieren wollen, die auf einer NeXT-Workstation gelesen werden soll

und so weiter ...

Lokale MS-DOS-Kermit-Befehle

MS-Kermit>set file char cp437
MS-Kermit>set transfer char latin1
MS-Kermit>send linguini.txt

Wirts-C-Kermit-Befehle

C-Kermit>set file char dg
C-Kermit>set xfer char latin1
C-Kermit>receive

IBM PC → MS-DOS-Kermit → Übersetzungsfunktion von CP 437 nach Lateinisch-1 → SEND LINGUINI.TXT

Transfer-Zeichensatz: Lateinisch-1

DG Aviion → C-Kermit → Übersetzungsfunktion von Lateinisch-1 nach DGI → RECEIVE

PC-Datenträger
Dateizeichensatz: CP 437

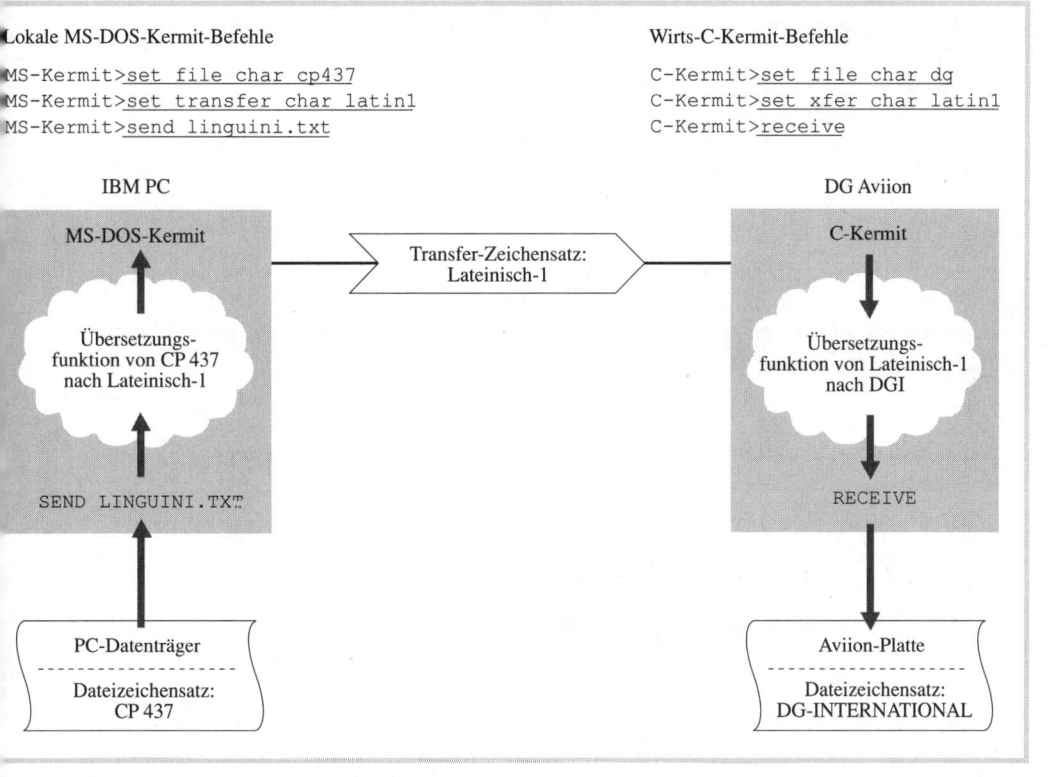

Aviion-Platte
Dateizeichensatz: DG-INTERNATIONAL

Abbildung 9-4   *Linguini-Transfer*

Benutzen Sie den Befehl SHOW CHARACTER-SETS, um C-Kermits derzeit eingestellte Terminal-, Datei- und Transfer-Zeichensätze zu erfahren:

```
C-Kermit>sho char

File Character-Set: US ASCII (7-bit)
Transfer Character-Set: Transparent
Unknown-Char-Set: Keep
Terminal Character-Set: Transparent
```

  (Jetzt ändern wir das ...)

```
C-Kermit>set file char next
C-Kermit>set xfer char latin1
C-Kermit>set term char dg next
C-Kermit>set unkn discard
C-Kermit>sho char

File Character-Set: NeXT Multinational (8-bit)
Transfer Character-Set: LATIN1, ISO 8859-1
Unknown-Char-Set: Discard
Terminal Character-Sets:
   Remote: dg-international
   Local:  next-multinational
   Via:    latin1-iso

C-Kermit>
```

Die UNKNOWN-CHAR-SET-Einstellung teilt C-Kermit mit, was zu tun ist, wenn eine ankommende Datei sich mit einem Zeichensatz ankündigt, den C-Kermit nicht unterstützt. Normalerweise wird die Datei ohne Übersetzung akzeptiert (KEEP); Sie können C-Kermit jedoch auffordern, solche Dateien zurückzuweisen:

```
C-Kermit>set unknown-char-set discard
```

Dieser Befehl hat natürlich nur eine Wirkung, wenn er dem Dateiempfänger gegeben wird.

Übertragung von Text in lateinischen Buchstaben

Versuchen wir ein einfaches Beispiel. Nehmen wir an, wir haben eine deutschsprachige Datei auf einem IBM PC unter Codeseite 437 gespeichert. Die Datei heißt `modem.txt` und sieht wie folgt aus:

Wer ein Selbstwähl-Modem hat, muß zur Herstellung der Verbindung mit dem anderen Rechner die Wählkommandos eintippen. Man kann durch Eintippen der 'Rück-kehrsequenz' zur Kermit-Kommandoebene zurückgelangen.

Wir wollen nun diese Datei von dem PC zu einem UNIX-System übertragen, das den deutschen 7-Bit-Zeichensatz benutzt. Nehmen wir am, wir sind bereits eingeloggt. Auf jedem der Rechner muß dem Kermit-Programm mitgeteilt werden, welcher Datei-Zeichensatz benutzt werden soll, aber nur dem Dateiabsender muß der Transfer-Zeichensatz bekannt gemacht werden, weil der Absender den Empfänger mit Hilfe des Attribut-Pakets automatisch informiert. Teilen Sie also zunächst dem MS-DOS-Kermit auf dem PC mit, welche Zeichensätze zu benutzen sind:

```
MS-Kermit>set file character-set cp437
MS-Kermit>set transfer character-set latin1
```

Nun gehen Sie zum UNIX-System, starten C-Kermit, teilen ihm mit, welchen Datei-Zeichensatz er benutzen soll, und lassen ihn dann auf die Datei warten:

```
MS-Kermit>connect
$ kermit
C-Kermit>set file character-set german
C-Kermit>receive
```

Nun gehen Sie zum PC zurück und senden die Datei. MS-DOS-Kermit teilt dem C-Kermit automatisch mit, daß der Transfer-Zeichensatz Lateinisch-1 ist.

```
Alt-X                                (Zurück zum PC)
MS-Kermit>send modem.txt             (Die Datei senden)
   (Die Datei wird transferiert ...)
```

Nun wird die Datei auf dem UNIX-System in der deutschen ISO-646-Codierung gespeichert. Zur Überprüfung, ob die Datei korrekt transferiert wurde, informieren Sie MS-DOS-Kermits Terminal-Emulator über den Zeichensatz und verbinden sich dann erneut mit UNIX und zeigen die Datei auf Ihrem Bildschirm an:

```
MS-Kermit>set terminal character-set german
MS-Kermit>connect
C-Kermit>type modem.txt
```

Wer ein Selbstwähl-Modem hat, muß zur Herstellung der Verbindung mit dem anderen Rechner die Wählkommandos eintippen. Man kann durch Eintippen der 'Rück-kehrsequenz' zur Kermit-Kommandoebene zurückgelangen.
$

Wie Sie sehen, ist die Datei mit unversehrten Sonderzeichen angekommen. Nun wollen wir dieselbe Datei von UNIX auf einen anderen PC übertragen. Dieses Mal jedoch soll die Datei auf einem altertümlichen Gerät gedruckt werden, das keine deutschen Zeichen hat. Hier wählen wir ASCII als Transfer-Zeichensatz, um die Sonderzeichen so gut wie möglich in ASCII-Zeichen statt in irgendwelchen Nonsens umzusetzen:

```
C-Kermit>set file char german          (Von hier ...)
C-Kermit>set xfer char ascii           (nach hier übersetzen)
C-Kermit>send modem.txt                (Die Datei von UNIX aus senden)
Alt-X                                  (Zurück zum PC)
MS-Kermit>receive                      (Die Datei auf dem PC erwarten)
   (Die Datei wird transferiert ...)
MS-Kermit>type modem.txt               (Mal reinsehen ...)
```

```
Wer ein Selbstwahl-Modem hat, mus zur Herstellung der Verbindung mit dem ande-
ren Rechner die Wahlkommandos eintippen. Man kann durch Eintippen der 'Ruck-
kehrsequenz' zur Kermit-Kommandoebene zuruckgelangen.
$
```

Beachten Sie, daß *ä* einfach zu *a*, *ü* zu *u* und *ß* zu *s* geworden sind. Ohne diese Übersetzungen wäre der Text so ausgedruckt worden:

```
Wer ein Selbstw{hl-Modem hat, mu~ zur Herstellung der Verbindung mit dem ande-
ren Rechner die W{hlkommandos eintippen. Man kann durch Eintippen der 'R}ck-
kehrsequenz' zur Kermit-Kommandoebene zur}ckgelangen.
```

(Beachten Sie aber auch den Abschnitt über sprachspezifische Umsetzungen ab Seite 225.)

Die Übertragung von Text in kyrillischen Buchstaben

Für die Codierung kyrillischen Texts (Russisch, Ukrainisch, Weißrussisch und so weiter) wird eine ganze Anzahl verschiedener, zueinander inkompatibler Zeichensätze verwendet, darunter zumindest die folgenden:

- Microsoft-Codeseite 866 [48], auf PCs benutzt, hat – wie alle anderen PC-Codeseiten auch – ASCII in der linken Hälfte und die Sonderzeichen in der rechten. Dieser Code wird von MS-DOS-Kermit und C-Kermit unterstützt.
- Alternativ-Kyrillisch, ein Vorläufer der Codeseite 866, in der Sowjetunion von Brjabin u.a. entwickelt [6].
- IBM-Codeseite 855 für PCs [34]. Wie Codeseite 866, aber mit abweichender Codierung.
- Altes KOI-8, ein offizieller sowjetischer 8-Bit-Standard-Zeichensatz (GOST 19768-74) [50], der aus den vollständigen lateinischen und kyrillischen Alphabeten besteht, wobei die kyrillischen 8-Bit-Buchstaben parallel zu ihren phonetischen 7-Bit-ASCII-Entsprechungen laufen. KOI steht für Код для Обмена Информации (Code für Informationsaustausch, genau wie das „CII" in ASCII).
- Neues KOI-8, ein neuerer Standard (GOST 19768-87), der das alte KOI-8 ersetzen soll. Altes KOI-8 wird jedoch noch weithin benutzt.
- Kurz-KOI [50], ein 7-Bit-Code, der die lateinischen und kyrillischen Groß-, aber keine Kleinbuchstaben enthält. Die lateinischen Buchstaben sind in ASCII-Reihenfolge, die kyrillischen dazu phonetisch parallel.
- DKOI [50], ähnlich wie KOI-8, aber mit EBCDIC-artiger Anlage; dies wird auf IBM-kompatiblen Großrechnern benutzt und vom IBM-Großrechner-Kermit [16] unterstützt.
- IBM-Codeseite 880 [34], IBMs EBCDIC-basierte kyrillische mehrsprachliche Codeseite für IBM-Großrechner, unterscheidet sich vollkommen von DKOI und wird vom IBM-Großrechner-Kermit [16] unterstützt.
- IBM-Codeseite 1025, eine neuere Ausgabe der IBM-Codeseite 880.
- ISO-8859-5 Lateinisch/Kyrillisch, ähnlich wie Lateinisch-1, aber mit kyrillischen Buchstaben in der rechten Hälfte. Dies ist der internationale kyrillische Standard-Zeichensatz.

Jeder dieser Zeichensätze kann sowohl lateinische als auch kyrillische Buchstaben darstellen. Das Kermit-Protokoll benutzt ISO-8859-5 Lateinisch/Kyrillisch als Transfer-Zeichensatz für kyrillischen Text; zum Zeitpunkt der Drucklegung dieses Buches wird dies von MS-DOS-Kermit, IBM-Großrechner-Kermit und C-Kermit unterstützt. Benutzen Sie diesen Befehl:

SET TRANSFER CHARACTER-SET CYRILLIC

um den lateinisch/kyrillischen Transfer-Zeichensatz auszuwählen.

C-Kermit unterstützt die folgenden kyrillischen Datei-Zeichensätze:

SET FILE CHARACTER-SET CYRILLIC
ISO-8859-5 Lateinisch/Kyrillisch.

SET FILE CHARACTER-SET CP866
Microsoft-PC-Codeseite 866.

SET FILE CHARACTER-SET KOI8
Altes KOI-8.

SET FILE CHARACTER-SET SHORT-KOI
Kurz-KOI.

Diese Zeichensätze sind in Tabelle VIII-6 auf Seite 517 aufgeführt. Die Vorgehensweise bei der Übertragung kyrillischer Dateien ist genau wie bei lateinischem Text. Sie müssen den Datei-Zeichensatz angeben, der auf jedem der beiden Rechner benutzt werden soll, und dem Dateiabsender außerdem den zu benutzenden Transfer-Zeichensatz nennen. Hier ist ein Beispiel, in dem wir eine KOI-8-Datei von C-Kermit an einen IBM-kompatiblen Großrechner senden, wo er mit der Codeseite EBCDIC-CECP 880 gespeichert werden soll:

```
Kermit-CMS>set file char cp880      (In IBM-Codeseite übersetzen)
Kermit-CMS>receive                   (Datei empfangen)
Strg-\C                              (Zurück zu C-Kermit)
C-Kermit>set file char koi8          (Datei-Zeichensatz angeben)
C-Kermit>set xfer char cyrillic      (In Lateinisch/Kyrillisch übersetzen)
C-Kermit>send icsti.txt              (Datei senden)
```

C-Kermit teilt dem IBM-Großrechner-Kermit mit, daß der Transfer-Zeichensatz Lateinisch/Kyrillisch ist, und der IBM-Großrechner-Kermit übersetzt hieraus in die Codeseite 880.

Nehmen wir an, Sie müßten kyrillischen Text auf einem Rechner ansehen, auf dem kein kyrillisches Anzeigegerät verfügbar ist. Benutzen Sie Kurz-KOI, wobei alle lateinischen Buchstaben in Großbuchstaben und kyrillische Buchstaben in ihre phonetischen Entsprechungen bei den lateinischen Kleinbuchstaben umgesetzt werden, wie in Tabelle VIII-6 auf Seite 517 aufgeführt. In diesem Beispiel senden wir eine Kopie von Puschkins Gedicht *Der eherne Reiter* von einem PC, wo es in CP866 gespeichert ist, an C-Kermit, der es in Kurz-KOI ablegt.

```
MS-Kermit>type reiter.txt            (Auf Russisch lesen)

На берегу пустынных волн
Стоял он, дум великих полн,
И вдаль глядел. Пред ним широко
Река неслася; бедный чёлн
По ней стремися одиноко.
...

MS-Kermit>connect                    (Nach UNIX gehen)
C-Kermit>set file char short-koi     (In Kurz-KOI übersetzen)
C-Kermit>receive                     (Auf die Datei warten)
Alt-X                                (Zurück zum PC)

MS-Kermit>set file char cp866        (Von hier ...)
MS-Kermit>set transf char cyr        (nach hier übersetzen)
MS-Kermit>send reiter.txt            (Datei senden)

  (Die Datei wird transferiert ...)

MS-Kermit>connect                    (Wieder zu UNIX gehen)
C-Kermit>type reiter.txt             (Ergebnis ansehen)

   na beregu pustynnyh woln
stoql on, dum welikih poln,
i wdalx glqdel. pred nim {iroko
reka neslasq; bednyj ~eln
po nej stremilsq odinoko.
  ...
```

Sie können 8-Bit-Zeichensätze auf lateinischer und auf kyrillischer Grundlage beim Dateitransfer mischen, verlieren dann jedoch die kyrillischen Zeichen. Wenn Sie zum Beispiel von KOI-8 nach Lateinisch-1 übersetzen, überlebt der ASCII-Text samt allen Umlauten usw. dies; die kyrillischen Zeichen werden jedoch alle zu Fragezeichen. (Siehe allerdings Seite 227, bevor Sie das Vorhaben ganz aufgeben.)

Wenn Sie umgekehrt von Lateinisch-1 nach Lateinisch/Kyrillisch übersetzen, entspricht das einer Übersetzung von Lateinisch-1 nach ASCII: Alle Umlaute und sonstige diakritische Zeichen gehen verloren.

Die Übertragung von hebräischem Text

Zur Codierung werden im wesentlichen drei verschiedene Systeme verwendet:

- ISO 8859-8 Lateinisch/Hebräisch, ähnlich wie Lateinisch-1, aber mit hebräischen Buchstaben in der rechten Hälfte. Dies ist der internationale hebräische Standard-Zeichensatz.
- DEC-7-Bit-Hebräisch, ein Zeichensatz, der auf VT100-Terminals (und Kompatiblen) benutzt wird.

- Microsoft-Codeseite 862, auf PCs benutzt, hat ASCII in der linken Hälfte und die Sonderzeichen in der rechten.

Alle drei Codierungs-Schemata werden von C-Kermit und auch von MS-DOS-Kermit (ab Version 3.13) und dem IBM-Großrechner-Kermit (ab Version 4.2) unterstützt.

Benutzen Sie den Befehl

SET TRANSFER CHARACTER-SET HEBREW-ISO

um den lateinisch/hebräischen Transfer-Zeichensatz auszuwählen.

Zur Auswahl eines hebräischen Datei-Zeichensatzes können Sie einen der folgenden Befehle verwenden:

SET FILE CHARACTER-SET HEBREW-ISO
    ISO-8859-8 Lateinisch/Hebräisch.

SET FILE CHARACTER-SET CP862
    Microsoft-PC-Codeseite 862.

SET FILE CHARACTER-SET HEBREW-7
    Hebräischer 7-Bit-Zeichensatz der Firma DEC zur Darstellung auf VT100-Terminals.

Diese Befehle wirken in entsprechender Weise wie die im vorigen Abschnitt beschriebenen; auch hier ist es möglich, nicht nur zwischen zwei verschiedenen hebräischen Zeichensätzen zu übersetzen, sondern zwischen einem hebräischen und einem lateinischen oder kyrillischen, wobei natürlich die hebräischen oder sonstigen nichtlateinischen Zeichen verlorengehen.

Beim Empfang von Dateien erkennt C-Kermit hebräische Dateien automatisch als solche, wenn der Dateiabsender die entsprechende Information im Attribut-Paket sendet; er schaltet jedoch nicht selbsttätig auf einen der hebräischen Datei-Zeichensätze um – Sie müssen ihm mitteilen, welchen Sie bevorzugen. Beim Senden von Dateien informiert C-Kermit den Empfänger ggf. im Attribut-Paket über den verwendeten Transfer-Zeichensatz.

Beim Dateitransfer wird nötigenfalls wie bei der Terminal-Emulation eine invertierbare Übersetzungstabelle zwischen dem lateinisch/hebräischen ISO-Zeichensatz und der Codeseite 862 verwendet; zwischen 7-Bit-Hebräisch und Lateinisch/Hebräisch kann nicht eineindeutig übersetzt werden, da die Zeichensätze unterschiedliche Größen haben.

Es folgt ein Beispiel dafür, wie man eine hebräische Datei von einem PC an C-Kermit sendet. Die PC-Datei sei hier in der hebräischen PC-Codeseite dargestellt, und die ankommende Datei soll in einem 7-Bit-Zeichensatz gespeichert werden, damit sie als E-Mail in einem Netzwerk weitergesendet werden kann:

```
C-Kermit>set file character-set hebrew-7    (7-Bit-Version wg. E-Mail)
C-Kermit>receive                            (Auf die Datei warten)
Alt-X                                       (Zurück zum PC)
MS-Kermit>set file type text                (Auf jeden Fall Textmodus)
MS-Kermit>set file character-set cp862      (Hebräische PC-Codeseite)
MS-Kermit>set xfer character-set hebrew     (Zum Transfer: ISO-Lateinisch/
                                             Hebräisch)
MS-Kermit>send foo.bar                      (Datei senden)
```

Die Übertragung von Text in japanischen Buchstaben

Die japanische Schrift faßt verschiedene Elemente zusammen:
- Kanji: Ideogramme, die den in China und Korea gebrauchten ähnlich sind, wobei jedes Ideogramm für ein Wort steht. Mehr als 6 000 Kanji-Symbole werden ständig gebraucht.
- Kana: ein lautschriftliches System, das etwa 50 bis 60 Zeichen, darunter auch Satzzeichen und Lautsymbole, enthält. Kana existiert in zwei Hauptvarianten, Katakana und Hiragana, von denen die letztere in stärkerem Maße eine stilisierte Schreibschrift ist.
- Lateinische Buchstaben, Ziffern und Satzzeichen.

Wie Sie wohl schon erwarten, gibt es mehr als einen Zeichensatz zur Darstellung japanischer Texte:

- JIS (*Japanischer Industrie-Standard*) X 0201 [43] kombiniert Lateinisch und Katakana in einem dem lateinischen Alphabet ähnlichen 8-Bit-Zeichensatz aus einzelnen Bytes. Dieser Zeichensatz weicht von einem lateinischen Alphabet darin ab, daß die linke Hälfte nicht genau ASCII ist (der Backslash ist durch das Yen-Zeichen, die Tilde durch den Überstrich ersetzt) und die rechte Hälfte einige leere Positionen hat.
- JIS X 0208 [44] ist ein Satz von 6877 Zwei-Byte-Zeichen, der die Zeichen von Lateinisch, Kyrillisch, Griechisch, Katakana, Hiragana und Kanji sowie einige Sondersymbole und Liniengrafik-Zeichen enthält.
- JIS X 0212 [45] ist eine neuere Ausgabe von JIS X 0208.
- Japanischer EUC (*Erweiterter UNIX-Code*) kombiniert JIS X 0201 und 0208 zu einem einheitlichen Code, in dem bei lateinischen Ein-Byte-Zeichen das achte Bit auf 0 gesetzt ist, bei JIS-X-0208-Zwei-Byte-Codes das achte Bit den Wert 1 hat und JIS-X-0201-Ein-Byte-Katakana-Codes über einen Einfach-Shift-Mechanismus aufgerufen werden.
- Shift-JIS (Codeseite 932) wird auf PCs benutzt und umfaßt lateinische und Katakana-Codes von einem Byte sowie 2-Byte-Kanji-Codes, jedoch an anderen Code-Punkten als die Standard-Zeichensätze oder EUC.
- DEC-Kanji wird unter VMS und OpenVMS benutzt und ist äquivalent mit EUC, hat jedoch keine 1-Byte-Katakana-Zeichen.
- Verschiedene „EBCDIC"-Kanji-Codes werden auf IBM-, Hitachi- und Fujitsu-Großrechnern benutzt und vom IBM-Großrechner-Kermit [16] unterstützt.

Um die Angelegenheit weiter zu verwirren, müssen wir mit 7-Bit-Übertragungsmedien und -E-Mail zurechtkommen. Dafür wird eine Abart von EUC namens JIS-7 benutzt, in der alle Zeichen durch 7-Bit-Bytes dargestellt werden, wobei zwischen JIS-Lateinisch, JIS-Katakana und JIS X 0208 mit Einrast-Shifts [30, 37], die in den Datenfluß eingebettet sind, umgeschaltet wird.

C-Kermit benutzt Japanischen EUC als Transfer-Zeichensatz für japanischen Text, weil er die drei Haupt-Schriftarten unterstützt und dennoch zwischen einfach und doppelt breiten lateinischen und Katakana-Zeichen unterscheidet:

SET TRANSFER CHARACTER-SET JAPANESE-EUC

C-Kermit unterstützt die folgenden japanischen Datei-Zeichensätze:

SHIFT-JIS
Shift-JIS (CP932) auf PCs.

DEC-KANJI
DEC-Kanji, hauptsächlich unter VMS und OpenVMS benutzt.

JIS-7
Der Code, der in elektronischer Post (E-Mail) am häufigsten verwendet wird.

JAPANESE-EUC
Der Japanische Erweiterte UNIX-Code selbst, der häufig auf UNIX-Rechnern gefunden wird.

Hier benutzen wir C-Kermit auf einem PC-basierten UNIX-System (das Shift-JIS benutzt), um eine Kanji-Datei an C-Kermit auf einer Wirts-VAX (die DEC-Kanji benutzt) zu senden. Wir benutzen außerdem den Befehl SET PROMPT, um zwischen den beiden C-Kermit-Prompts zu unterscheiden.

```
C-Kermit>set prompt Kyoto>           (Lokaler PC-Kermit-Prompt)
Kyoto>set file char shift-jis        (Von hier ...)
Kyoto>set xfer char japan            (nach hier übersetzen)
Kyoto>connect                        (Zur VAX gehen)

$ kermit                             (Kermit starten)

C-Kermit>set prompt Tokyo>           (Den Prompt ändern)
Tokyo>set file char dec-kanji        (Hierher übersetzen)
Tokyo>r                              (Datei empfangen)

Strg-\C                              (Zurück zum PC)
Kyoto>send genji.txt                 (Datei senden)
```

Es gibt keine Vorrichtung zur Übersetzung japanischer in lateinische Zeichen oder umgekehrt. C-Kermit erlaubt es Ihnen, japanische und nicht-japanische Transfer- und Datei-Zeichensätze zu kombinieren, nur die lateinischen Zeichen bleiben jedoch erhalten. C-Kermit unterstützt bei der Terminal-Emulation keine japanische Zeichensatz-Übersetzung.

Sprachspezifische Umsetzungen

Wenn C-Kermit eine Datei empfängt, die im Transfer-Zeichensatz Lateinisch-1 codiert ist, diese Datei jedoch als ASCII-Text ablegen soll, oder wenn er eine Datei sendet, die in einem nationalen oder internationalen Zeichensatz codiert ist, aber ASCII als Transfer-Zeichensatz benutzen soll, entfernt er diakritische Zeichen und speichert bzw. sendet die nackten Buchstaben; zum Beispiel wird aus *à côté* schlicht *a cote* (Französisch), und deutsche *Füße* werden zu *Fuse*. Für die meisten romanischen Sprachen (Italienisch, Spanisch usw.) kann man daran nicht viel ändern.

Sprachen wie Dänisch, Deutsch, Niederländisch, Norwegisch und Schwedisch kennen jedoch Regeln, nach denen Umlaute und sonstige Sonderzeichen in die einfachen Buchstaben A bis Z umgewandelt werden können. Diese Regeln sind in Tabelle 9-8 dargestellt, wo Skandinavisch abkürzend für Dänisch, Finnisch, Norwegisch oder Schwedisch steht. Da Kermit schlecht wissen kann, in welcher Sprache eine Datei abgefaßt ist, müssen Sie ihm das mitteilen; dazu benutzen Sie den folgenden Befehl:

SET LANGUAGE *Name*

Dieser Befehl nennt C-Kermit die Sprache, in der Textdateien geschrieben sind, so daß er sprachspezifische Umsetzungsregeln anwenden kann, wenn er zwischen ASCII und einem nationalen oder internationalen Zeichensatz übersetzt. Geben Sie ein Fragezeichen ein, um zu erfahren, welche Sprachen von Ihrem C-Kermit-Programm unterstützt werden, zum Beispiel:

```
C-Kermit>set language ? One of the following:
  danish         dutch          finnish        french
  german         icelandic      norwegian      none
  russian        swedish
C-Kermit>set language finnish
```

NONE, die Voreinstellung, bedeutet, daß keine besonderen Sprachregeln angewendet werden sollen.

Zeichen	Niederländisch	Französisch	Deutsch	Isländisch	Skandinavisch
Å	-	-	-	-	Aa
å	-	-	-	-	aa
Ä	-	-	Ae	-	Ae
ä	-	-	ae	-	ae
Æ	-	-	-	Ae	Ae
æ	-	-	-	ae	ae
Ö	-	-	Oe	Oe	Oe
ö	-	-	oe	oe	oe
Œ	-	Oe	-	-	-
œ	-	oe	-	-	-
Ø	-	-	-	-	Oe
ø	-	-	-	-	oe
Ü	-	-	Ue	-	Ue
ü	-	-	ue	-	ue
ÿ	ij	-	-	-	-
ß	-	-	ss	-	-
Ð	-	-	-	D	-
ð	-	-	-	d	-
Þ	-	-	-	Th	-
þ	-	-	-	th	-

Tabelle 9-8   *Sprachspezifische Zeichenumsetzungs-Regeln*

Wenn Sie den Befehl SET LANGUAGE für eine der Sprachen DUTCH (Niederländisch), FRENCH (Französisch), GERMAN (Deutsch), ICELANDIC (Isländisch) oder eine der skandinavischen Sprachen DANISH (Dänisch), FINNISH (Finnisch), NORWEGIAN (Norwegisch) oder SWEDISH (Schwedisch) geben, erhalten Sie die in Tabelle 9-8 angegebenen Ergebnisse bei der Übersetzung *aus* einem 8-Bit-Zeichensatz oder *aus* einer nationalen (7-Bit-)ISO-646-Version *nach* ASCII, nicht jedoch in der anderen Richtung. Die sprachspezifischen Übersetzungen sind nicht umkehrbar.

Sie können Ihre derzeitigen Einstellungen für Zeichensätze und Sprache mit den Befehlen SHOW FILE, SHOW LANGUAGES oder SHOW CHARACTER-SETS anzeigen lassen, zum Beispiel:

```
C-Kermit>set xfer ch latin1
C-Kermit>show lang

  Language-specific translation rules: Icelandic
  File Character-Set: ASCII
  Transfer Character-Set: Latin-1

C-Kermit>
```

Um die Benutzung des Befehls SET LANGUAGE zu demonstrieren, wollen wir noch einmal unsere deutsche Beispiel-Datei übertragen und wiederum annehmen, die Datei solle auf einem Gerät gedruckt werden, das keine deutschen Sonderzeichen hat. Wir können die deutschen Zeichen fast ohne Informationsverlust umsetzen, indem wir unsere besonderen Sprachregeln benutzen:

```
MS-Kermit>set file character-set cp437
MS-Kermit>set transfer character-set latin1
MS-Kermit>connect
$ kermit
C-Kermit>set file character-set ascii
C-Kermit>set language german
C-Kermit>receive
\Alt-X
MS-Kermit>send modem.txt
MS-Kermit>connect
C-Kermit>type modem.txt

Wer ein Selbstwaehl-Modem hat, muss zur Herstellung der Verbindung mit dem anderen Rechner die Waehlkommandos eintippen. Man kann durch Eintippen der 'Rueckkehrsequenz' zur Kermit-Kommandoebene zurueckgelangen.
$
```

Die „ä"s sind zu „ae"s geworden, die „ü"s sind jetzt „ue"s und das „ß" ist jetzt ein Doppel-„s" – ganz und gar akzeptables, gutes Deutsch. Wir sehen hier allerdings auch, daß diese Regeln nicht in der umgekehrten Richtung angewendet werden können. Würde zum Beispiel *ue* immer als *ü* übersetzt, würde aus der *Rueckkehrsequenz* eine *Rückkehrseqünz*.

SET LANGUAGE RUSSIAN hat eine besondere Bedeutung. Ist C-Kermits Datei-Zeichensatz einer der kyrillischen (KOI8, Kyrillisches ISO usw.), der Transfer-Zeichensatz jedoch ASCII, benutzt C-Kermit Kurz-KOI statt ASCII in den Kermit-Paketen. Dies erlaubt es

Ihnen beispielsweise, eine lateinisch-kyrillische Datei in Kurz-KOI-Form zu senden oder eine Datei in Kurz-KOI-Form zu empfangen und in einem ordentlichen kyrillischen 8-Bit-Zeichensatz abzuspeichern. Dies ist nützlich, wenn einer der beiden Rechner kyrillische Zeichen nicht unterstützt. Hier senden wir etwa eine kurze Datei, die sowohl lateinische als auch kyrillische Zeichen enthält, von einem russischen Rechner mit C-Kermit an einen CP/M-Microcomputer mit Kermit-80:

```
C-Kermit>set file character-set koi8          (Von hier ...)
C-Kermit>set xfer character-set ascii         (nach hier übersetzen)
C-Kermit>set language russian                 (und Kurz-KOI benutzen)
C-Kermit>send kepmit.txt                      (Datei senden)
Strg-C]                                       (Zurück zum Micro)
Kermit-80>receive                             (Datei empfangen

  (Die Datei wird transferiert ...)

Kermit-80>type kepmit.txt                     (Einmal ansehen)
protokol pereda~i fajlow KERMIT.

ppf razrabotan w sootwetstwii so standartom ISO 7498 "|talonnaq
modelx wzaimodejstwiq otzayplh sistemy princip raboty ppf
zakl´~aetsq w obmene paketami KERMIT mevdu kompxywerami. format
paketow KERMIT:

+------+-----+-----+------+------------+-------+
? MARK ? LEN ? SEQ ? TYPE ?    DATA    ? CHECK ?
+------+-----+-----+------+------------+-------+
MARK       - marker paketow KERMIT;
LEN        - dlina paketa;
SEQ        - nomer paketa;
TYPE       - tip paketa;
DATA       - dannye;
CHECK      - kontrolxnaq summa.
Kermit-80>
```

In dem Kurz-KOI-Ergebnis sind die großbuchstabigen Wörter Englisch (sie könnten auch Deutsch sein, dürften allerdings keine Umlaute enthalten), die kleinbuchstabigen Russisch. Fragezeichen markieren die Stellen, die nicht übersetzt werden konnten; beispielsweise hatte der Originaltext senkrechte Striche (|) in dem Diagramm; da aber der vertikale Strich die Kurz-KOI-Notation für den kyrillischen Buchstaben Э ist (siehe Tabelle VIII-6 auf S. 518), können wir senkrechte Striche nicht zur Darstellung ihrer selbst verwenden.

Übertragung von 8-Bit-Textdateien in 7-Bit-Umgebungen

Die Transfer-Zeichensätze Japanischer EUC und Lateinisch/Kyrillisch enthalten typischerweise überwiegend 8-Bit-Zeichen. Bedeutet das, daß Sie eine schwerwiegende Leistungseinbuße bei der Übertragung von japanischem oder russischem Text über eine 7-Bit-Verbindung erleiden?

Als Teil seiner Fähigkeit, internationalen Text zu transferieren, ist das Kermit-Protokoll mit einem Einrast-Shift-Mechanismus ausgestattet worden, der in Kapitel 8 auf den Seiten 193 und 194 erläutert wird. Statt jedem 8-Bit-Byte ein zusätzliches Zeichen voranzustellen, „shiftet" Kermit in 8-Bit-Zeichen-Sequenzen hinein und wieder heraus, etwa so, wie Sie die Umschalt-Feststell-Taste (neogermanisch auch *Caps-Lock* genannt) auf Ihrer Tastatur benutzen. Einrast-Shifts werden immer dann automatisch benutzt, wenn Sie die Parität auf etwas anderes als NONE eingestellt haben und der andere Kermit der Benutzung zustimmt.[29]

Übersetzen ohne Transfer

Da die Einrichtungen zur Übersetzung für Terminalsitzungen und Dateitransfer ohnedies schon vorhanden sind, enthält C-Kermit – gratis – einen Befehl, der eine lokale Datei von einem Zeichensatz in einen anderen übersetzt:

TRANSLATE *Datei1 zsatz1 zsatz2 [Datei2]*
Dieser Befehl übersetzt die lokale Datei *Datei1* aus dem Zeichensatz *zsatz1* in den Zeichensatz *zsatz2*. Beide Zeichensätze können aus C-Kermits Repertoire an Datei-Zeichensätzen ausgewählt werden. Das Ergebnis wird in *Datei2* gespeichert oder (falls *Datei2* nicht angegeben worden ist) auf Ihrem Bildschirm angezeigt. Synonym kann der Befehl **XLATE** verwendet werden.

Wie bei Terminalverbindung und Dateitransfer wird ein Standard-Zwischenzeichensatz bei der Übersetzung verwendet. Wenn der Ziel-Zeichensatz (*zsatz2*) kyrillisch (CP866, KOI8, Kurz-KOI usw.) ist, ist Lateinisch/Kyrillisch der Zwischen-Zeichensatz. Japanischer EUC wird verwendet, wenn einer der beiden Zeichensätze japanisch ist. Ist einer der beiden Zeichensätze Lateinisch-2 oder CP852, wird Lateinisch-2 benutzt. Ist einer der beiden Zeichensätze Hebräisch, wird Hebräisch-ISO verwendet. Wenn anderenfalls beide Zeichensätze lateinisch sind, wird Lateinisch-1 verwendet.

Hier ist ein Beispiel, in dem eine schwedisch-sprachige E-Mail-Nachricht empfangen und auf der Platte gespeichert worden ist. Sie ist in schwedischem (7-Bit-)ISO-646 abgespeichert, muß zum Ausdrucken aber in Lateinisch-1 umgesetzt werden:

```
C-Kermit>xla diab.msg swedish latin1 diab.lat    (Übersetzen)
C-Kermit>type diab.lat                            (Überprüfen)
From: bl@diab.se (Benny Lofgren)
Subject: C-Kermit 5a(177)
Date: Thu, 30 Jan 92 12:55:58 MET


Är det annonserat någon nyare C-Kermit än 5A(177)? Jag har
kompilerat upp den med TCP/IP-stöd på DS90, och det verkar
fungera bra.  Kan lägga upp binären på klubben.  Följande
entry har jag lagt till i makefilen:
========= cut ========= cut ========= cut ======== cut =========
#DIAB DS90, DNIX 5.3 oder later, with HDB UUCP, nap, rdchk, TCP/IP
dnix5r3net:
...
C-Kermit>print diab.lat         (Sieht gut aus; drucken wir es)
```

Sollten Sie keinen Lateinisch-1-fähigen Drucker Ihr Eigen nennen dürfen, können Sie zusätzlich den Befehl SET LANGUAGE mit dem TRANSLATE-Befehl in genau derselben Weise wie beim Dateitransfer benutzen. Hier setzen wir die schwedische Nachricht zum Ausdruck auf einem reinen ASCII-Drucker um:

```
C-Kermit>set language swedish
C-Kermit>xla diab.msg swedish ascii diab.asc      (Übersetzen)
C-Kermit>type diab.asc                            (Überprüfen)
From: bl@diab.se (Benny Loefgren)
Subject: C-Kermit 5a(177)
Date: Thu, 30 Jan 92 12:55:58 MET


Aer det annonserat naagon nyare C-Kermit aen 5A(177)? Jag har
kompilerat upp den med TCP/IP-stoed paa DS90, och det verkar
fungera bra.  Kan laegga upp binaeren paa klubben.  Foeljande
entry har jag lagt till i makefilen:
========= cut ========= cut ========= cut ======== cut =========
#DIAB DS90, DNIX 5.3 oder later, with HDB UUCP, nap, rdchk, TCP/IP
dnix5r3net:
...
C-Kermit>print diab.asc         (Sieht OK aus; drucken wir es)
```

Beachten Sie, wie die Sonderzeichen anhand der Regeln in Tabelle 9-8 auf S. 226 umgesetzt wurden: a-Kringel nach aa und so weiter.

Einseitige Übersetzung

Die Unterstützung internationaler Zeichensätze ist eine vergleichsweise junge Erweiterung des Kermit-Dateitransfer-Protokolls, und Sie werden sie nicht in jedem Kermit-Programm antreffen. Beim Schreiben dieser Zeilen finden Sie sie in MS-DOS-Kermit 3.0 und neuer, in Kermit-370 4.2 und neuer für die wichtigeren IBM-Großrechner-Betriebssysteme und in C-Kermit selbst.

Das bedeutet nicht, daß Sie C-Kermits Übersetzungsvorrichtungen mit anderen Kermit-Programmen, die nicht darüber verfügen, nicht benutzen könnten. Wann immer Sie eine Datei von C-Kermit an einen nicht-internationalisierten Kermit auf einem Rechner senden, der gerade einen von Kermits Transfer-Zeichensätzen unterstützt, lassen Sie C-Kermit die Datei einfach ganz wie üblich übersetzen, beispielsweise:

```
C-Kermit>set file char cp437
C-Kermit>set xfer char latin1
C-Kermit>sen tapir.txt
```

Der andere Kermit übersetzt nicht, braucht das aber auch nicht.

Ist eine lokale Datei in einem Zeichensatz codiert, der ebenfalls von dem anderen Rechner unterstützt wird, können Sie den Transfer-Zeichensatz TRANSPARENT zum Senden von C-Kermit aus verwenden, woraufhin Ihre aktuelle Datei-Zeichensatz-Einstellung ignoriert wird.

Sie können auch C-Kermits TRANSLATE-Befehl zur Vor- und/oder Nachbehandlung übertragener Dateien verwenden. Im folgenden Beispiel sendet C-Kermit auf einem Apple Macintosh unter A/UX eine isländisch-sprachige Datei an eine Mailbox, in die das Kermit-Protokoll eingebaut ist, die aber keine Zeichensatz-Übersetzung unterstützt. Die Mailbox liegt auf einem PC, der Codeseite 850 benutzt. C-Kermit übersetzt die Datei von Macintosh-Lateinisch in CP850 und sendet die Datei dann ohne weitere Übersetzung:

```
C-Kermit>type kermit.txt
Af hverju er Kermit svona vinsæll? Hann er ódýr og góður. Með
Kermit getur þú tengst tölvum, stórum eða litlum, nær og fjær.
Þú getur skiptst á upplýsingum, á þægilegan og öruggan hátt, við
næstum hvaða tölvu sem er. Þú getur tengst fréttakerfum,
verslunum, póstkerfum, bönkum, verðbréfabönkum og sent og tekið á
móti skrám. Þú getur skiptst á gögnum við vini og nágranna, þó
þeir eigi öðruvísi tölvu en þú. Þú getur unnið heiman frá þér.
Kermit getur tengt þig við "netið." Notið ímyndunaraflið. Með
nútíma alþjóðlegu símakerfi og ört vaxandi tækni í síma
og tölvumálum eru ykkur engin takmörk sett.

C-Kermit>translate kermit.txt macintosh-latin cp850 kermit.850
C-Kermit>set transfer character-set transparent
C-Kermit>send kermit.850
```

Wenn der Wirtsrechner nur ASCII unterstützt, kann C-Kermit unter Benutzung von ASCII als Transfer-Zeichensatz Dateien an ihn senden, gegebenenfalls in Verbindung mit dem C-

Internationale Zeichensätze

Kermit-Befehl SET LANGUAGE für sprachspezifische Regeln. Im folgenden Beispiel senden wir dieselbe isländische Textdatei an eine andere Mailbox, die weder das Kermit-Protokoll noch einen der 8-Bit-Zeichensätze unterstützt; daher benutzen wir die Regeln aus Tabelle 9-8 zur Übersetzung der isländischen Buchstaben in ASCII:

```
C-Kermit>set file char mac           (Macintosh-Lateinisch)
C-Kermit>set xfer char asc           (ASCII)
C-Kermit>set lang icelandic          (Isländische Regeln)
C-Kermit>transmit kermit.txt         (Ungeschützter Upload)

Af hverju er Kermit svona vinsaell? Hann er odyr og godur. Med
Kermit getur thu tengst toelvum, storum eda litlum, naer og fjaer.
Thu getur skiptst a upplysingum, a thaegilegan og oeruggan hatt, vid
naestum hvada toelvu sem er. Thu getur tengst frettakerfum,
verslunum, postkerfum, boenkum, verdbrefaboenkum og sent og tekid a
moti skram. Thu getur skiptst a goegnum vid vini og nagranna, tho
their eigi oedruvisi toelvu en thu. Thu getur unnid heiman fra ther.
Kermit getur tengt thig vid "netid." Notid imyndunaraflid. Med
nutima althjodlegu simakerfi og oert vaxandi taekni i sima
og toelvumalum eru ykkur engin takmoerk sett.

C-Kermit>
```

Schließlich ist noch vorstellbar, daß ein Kermit-Programm eine Zeichensatz-Umsetzung durchzuführen versucht, dies jedoch nur fehlerhaft oder zumindest nicht Ihren Wünschen gemäß gelingt. Sie können zwei Kermit-Programme daran hindern, automatische Übersetzung untereinander auszuhandeln, indem Sie den Befehl SET ATTRIBUTES CHARACTER-SET OFF geben; dies erzwingt TRANSPARENT als Transfer-Zeichensatz.

Arbeitsparende Tricks

Arbeiten Sie stets in einer bestimmten Sprach- und Zeichensatz-Umgebung, können Sie sich selbst einige Arbeit ersparen, indem Sie die entsprechenden Befehle in Ihre C-Kermit-Initialisierungsdatei aufnehmen, so daß sie stets aktiviert sind, sobald Sie C-Kermit starten. Nehmen wir etwa an, Sie benutzen grundsätzlich den deutschen Zeichensatz auf dem Rechner, auf dem Sie C-Kermit verwenden, und wollen häufig deutschsprachige Textdateien auf Ihren MS-DOS-PC übertragen, wo sie im PC-Zeichensatz CP437 codiert vorliegen müssen. Nehmen Sie die folgenden Befehle in Ihre C-Kermit-Initialisierungsdatei (CKERMIT.INI oder .kermrc) auf:

```
set file character-set german
set transfer character-set latin1
```

Wenn Sie nun noch die entsprechenden Befehle der Initialisierungsdatei für Kermit auf Ihrem PC (MSCUSTOM.INI) hinzufügen

```
set file character-set cp437
set transfer character-set latin1
set terminal character-set german
```

dann brauchen Sie sich nie mehr um Zeichensätze zu kümmern und können alles vergessen, was Sie in diesem Kapitel gelesen haben.

10 Dateitransfer ohne Kermit-Protokoll

Nicht auf allen Rechnern steht Kermit-Software zur Verfügung. Zum Beispiel bieten einige telefonische Datendienste, Mailboxen und Fotosatz-Dienste keine Möglichkeit, Daten nach dem Kermit-Protokoll zu übertragen. Das gilt auch für verschiedene Meß- und Laborgeräte sowie manche Anwendungs-Software – insbesondere Text-Editoren und elektronische Post-Systeme (*E-Mail*) –, die bei Wirtsrechnern und -diensten angesiedelt ist, auf die Sie mit C-Kermit zugreifen.

Auch in solchen Situationen erlaubt C-Kermit es, Dateien zu Rechnern, Diensten oder Anwendungen zu schicken oder von dort zu empfangen, obwohl sie Kermit-Dateitransfer nicht unterstützen. Dies geschieht allerdings *ohne jegliche Fehler-Erkennung und -Korrektur*:

Daten, die ohne Fehler-Korrektur übertragen werden, erleiden mitunter Veränderungen, Verluste, falsche Umsetzungen, Verdoppelungen und andere Arten von Beschädigungen.

In den meisten Fällen können nur Textdaten mit den hier beschriebenen Methoden übertragen werden, oft sogar nur 7-Bit-Text (also ohne Umlaute usw.). Im allgemeinen funktionieren diese Verfahren nur für je einzelne Dateien, nicht aber für Dateigruppen.

Bevor Sie fortfahren, überdenken Sie die möglichen Alternativen. Können Sie einen Kermit für den anderen Rechner bekommen? Gibt es eine Netzwerk-Verbindung mit eigenem Protokoll oder gemeinsamen Dateinutzungs-Methoden? Gibt es irgendein transportables Speichermedium, das beide Rechner nutzen können – kompatible Disketten oder Bänder? Wenn Ihnen keine dieser Optionen offen steht, lesen Sie bitte weiter.

Empfangen mit C-Kermit (Downloading)

Ungeschütztes („rohes") Downloading bedeutet, eine Datei von einem Wirtsrechner ohne dessen Wissen „aufzufangen". Der andere Rechner denkt, er zeigt die Datei lediglich auf einem Bildschirm an; Sie aber zeichnen die Bildschirm-Zeichen während der C-Kermit-Bildschirmsitzung hinterrücks auf Ihrer Platte auf. Dies sind die dafür zu benutzenden Befehle:

LOG SESSION [*Dateispezifikation* [{ **APPEND, NEW** }]]
Die Zeichen, die während des Terminal-Betriebs an C-Kermit gesendet werden, werden in der angegebenen Datei aufgezeichnet. Der voreingestellte Dateiname lautet SESSION.LOG. Alle aktuellen Kommunikationseinstellungen werden benutzt, insbesondere Duplex, Flußkontrolle, Shift-In/Shift-Out und Parität. Xon/Xoff-Flußkontrolle kann benutzt werden, um Datenverluste zu vermeiden. Wenn Parität benutzt wird oder die Terminal-Bytegröße auf sieben gesetzt ist, wird das achte Bit jedes Zeichens entfernt. Zeichensatz-Umsetzungen werden je nach Ihren Einstellungen mit SET TERMINAL CHARACTER-SET durchgeführt. Normalerweise wird eine neue Sitzungsprotokoll-Datei angelegt. Geben Sie hingegen die Option APPEND an, wird das aufgezeichnete Material an das Ende einer bestehenden Datei angehängt, falls diese schon existiert; wenn nicht, wird sie neu angelegt. Wenn eine neue Protokoll-Datei angelegt wird, wird eine ggf. vorher schon existierende Datei gleichen Namens (natürlich nur auf demselben Gerät, im selben Verzeichnis auf demselben Rechner) zerstört, es sei denn, das zugrundeliegende Betriebssystem unterstützt mehrere Versionen der gleichen Datei (wie es in VMS und OpenVMS der Fall ist).

SET SESSION-LOG { **BINARY, TEXT** }
Dieser Befehl gibt (nur unter UNIX) das Format des Sitzungsprotokolls an. Bei TEXT, der Voreinstellung, werden einige Steuerzeichen entfernt, unter anderem Carriage Return (ASCII 13), NUL (ASCII 0) und Delete (ASCII 127). BINARY bedeutet, daß jedes ankommende Zeichen gespeichert wird. Zeichensatz-Umsetzungen werden in beiden Fällen durchgeführt, sofern Sie sie nicht per SET TERMINAL CHARACTER-SET transparent abgeschaltet haben. SET SESSION-LOG BINARY bedeutet *nicht*, daß Sie Binärdateien – etwa ausführbare Programme – auffangen können.

Um eine Wirtsdatei aufzufangen, lassen Sie sie auf dem Wirtsrechner anzeigen, während Sie Ihre Sitzung von C-Kermit aufzeichnen lassen. Der Trick besteht darin, zu verhindern, daß zu viele Fremddaten wie etwa Befehle, System-Prompts und so weiter mit aufgefangen werden. Im folgenden Beispiel benutzen Sie C-Kermit zum Einloggen auf einer VAX und kopieren von dort ein begehrtes Rezept. Die SET-Befehle für FLOW, PARITY und SESSION-LOG sind nur der Betonung willen angegeben; die angegebenen Werte entsprechen den Voreinstellungen, so daß Sie sie nicht angeben müssen, sofern Sie sie vorher nicht geändert haben:

```
C-Kermit>set modem hayes        (Modemtyp wählen)
C-Kermit>set line /dev/ttyh8    (Kommunikationsgerät wählen)
```

```
C-Kermit>set speed 2400            (und Geschwindigkeit)
C-Kermit>set flow xon/xoff         (und Flußkontrolle)
C-Kermit>set parity even           (und Parität)
C-Kermit>set session-log text      (und Sitzungsprotokoll-Format)
C-Kermit>dial 654321               (Telefonnummer wählen)
Connection completed.
C-Kermit>connect                   (Terminal-Emulation beginnen)
BON GIORNO!

Username: garfield                 (Einloggen)
Password: _____                  (Paßwort eingeben)
```

Im Westen nichts Neues bis hierher; jetzt kommt der Trick. Sie müssen den Befehl eingeben, die aufzufangende Textdatei anzuzeigen, *vorerst jedoch ohne die Eingabe-Taste am Ende*. (Unter UNIX heißt der Befehl `cat`, auf den meisten anderen Systemen TYPE.) Kehren Sie dann zu Ihrem lokalen Rechner zurück, schalten Sie das Sitzungsprotokoll an, setzen den Terminal-Betrieb durch CONNECT fort und drücken *dann* die Eingabetaste. Wenn der System-Prompt wieder erscheint, kehren Sie erneut zurück und schließen das Sitzungsprotokoll; nun haben Sie die Datei, jedenfalls soweit sie auf Ihrem Bildschirm angezeigt wurde, und zusätzlich einen System-Prompt am Ende, den Sie mit einem Text-Editor entfernen können.

```
type lasagne.rezept                (Noch nicht die Eingabetaste drücken!)
Strg-\C                            (Zurückkehren)
C-Kermit>log sess lasagne.rezept   (Sitzungsprotokoll starten)
C-Kermit>connect                   (Wieder hinüber)
<RETURN>                           (und die Eingabetaste drücken)
Zutaten:                           (Die auf Ihrem Bildschirm)
1 Pfund Mozzarella                 (erscheinenden Zeichen)
1 Pfund Ricotta                    (werden im Sitzungsprotokoll)
1 Pfund Fleischbällchen            (aufgezeichnet)
...                                (usw. usw.)
$                                  (Prompt erscheint wieder)
Strg-\C                            (Erneut zurück)
C-Kermit>close session             (Sitzungsprotokoll schließen)
C-Kermit>type lasagne.rezept       (Nachprüfen)
Zutaten:                           (Sieht gut aus, hmhmhm!)
1 Pfund Mozzarella
1 Pfund Ricotta
1 Pfund Fleischbällchen
...                                (usw. usw.; gut, daß es geklappt hat)
$                                  (Beachten Sie den System-Prompt)
C-Kermit>
```

Nun edieren Sie die Datei, um alles unerwünschte Material – Systemdialoge, Prompts, Nachrichten, Leitungsstörungen usw. – zu entfernen.

Um sicherzustellen, daß die aufgefangene Datei so genau wie möglich dem Original entspricht, sollten Sie sicherstellen, daß der Wirt keine Zeichen sendet, die nicht zur Datei gehören. Zum Beispiel sollten Sie vom Wirt angebotene Maßnahmen ergreifen, um Dienstleistungen wie Zeilen- oder Wortumbruch, Tabulator-Entwicklung, Pausen nach jeder Bildschirmseite und so weiter abzuschalten, ebenso andere mögliche Störquellen wie Nachrichten von anderen Benutzerinnen, E-Mail-Benachrichtigungen, Wecker oder vom Wirt erzeugte Statuszeilen.

Tip: Dieser Vorgang umfaßt einige Routine-Schritte, die leicht mit einem Skript-Programm automatisiert werden können. Kapitel 11 bis 13 decken dieses Thema ab.

Senden von C-Kermit aus (Uploading)

Wie erzeugen Sie eine Textdatei auf einem Rechner? Sie starten einen Prozeß auf dem Rechner, der Ihre Tastatur-Eingaben in einer Plattendatei aufzeichnet. Das könnte ein einfacher Kopierprozeß oder auch ein Texteditor sein. Wenn Sie die Eingabe von Zeichen in die Datei beendet haben, geben Sie ein besonderes Zeichen oder eine Spezialsequenz ein, um dem Kopierprozeß oder dem Texteditor mitzuteilen, daß er die Datei schließen soll. Die einfachste Art, eine Datei zu erzeugen, sieht unter UNIX so aus:

```
$ cat > datei.neu                 (Kopierprozeß starten)
Ich gebe jetzt ein paar Zeichen ein.
Sie werden in die Datei
datei.neu kopiert.
Strg-D                            (Strg-D schließt die Datei)
$                                 (und bringt Sie zum Prompt zurück)
```

Und unter VMS und OpenVMS:

```
$ create > datei.neu              (Kopierprozeß starten)
Ich gebe jetzt ein paar Zeichen ein.
Sie werden in die Datei
datei.neu kopiert.
Strg-Z                            (Strg-Z schließt die Datei)
$                                 (und bringt Sie zum Prompt zurück)
```

Andere Systeme haben natürlich andere Methoden.
    Nehmen wir nun an, Sie hätten eine Textdatei auf Ihrem Rechner, die Sie an einen Wirtsrechner senden wollen, der selbst keinen Kermit hat. Anstatt die Zeichen in der Textdatei eigenhändig noch einmal abzutippen, können Sie den Wirtsrechner zum Erzeugen einer Datei vorbereiten, wie es in den vorangegangenen Beispielen dargestellt ist; dann können Sie C-Kermit nachahmen lassen, was Sie tun würden, wenn Sie selbst die Datei auf Ihrer Tastatur eingäben. Der Wirtsrechner dürfte den Unterschied nie bemerken. Der Befehl dazu ist der folgende:

TRANSMIT *Dateiname*
Dies sendet die Zeichen in der Datei über das aktuelle Kommunikationsgerät, genau so, als gäben Sie sie im Terminalbetrieb ein. Der TRANSMIT-Befehl beachtet alle aktuellen relevanten Kommunikations- und Terminal-Einstellungen, unter anderem die für Echo, Parität, Flußkontrolle und Shift-In/Shift-Out. Sofern Sie nichts anderes angeben, zeigt der TRANSMIT-Befehl die übertragenen Daten auch auf Ihrem Bildschirm an, je nach der aktuellen Einstellung für TERMINAL ECHO. Synonym gebraucht werden kann **XMIT**.

Der wichtigste Faktor, der die Arbeitsweise des TRANSMIT-Befehls beeinflußt, ist die aktuelle Einstellung für FILE TYPE:

SET FILE TYPE TEXT
Wenn der aktuelle Dateityp TEXT ist, behandelt der TRANSMIT-Befehl jede Textzeile als eigenen Satz. Er liest eine Zeile, entfernt die Zeilenenende-Zeichen (also LF für UNIX und AOS/VS, CRLF für VMS und OS/2, CR für OS-9) und sendet ein einzelnes Carriage Return am Ende jeder Zeile, genau wie Sie es täten, gäben Sie die Zeile selbst ein. Dann wartet er vor dem Senden der nächsten Zeile eine gewisse Zeit darauf, daß das Wirtssystem einen Zeilenvorschub liefert. (Wenn Ihre Datei lange Zeilen enthält, stellen Sie sicher, daß der Wirtsrechner oder -dienst keine Umbrüche vornimmt.) Zeichen werden je nach der aktuellen Einstellung von TERMINAL CHARACTER-SET umgesetzt. Wenn Sie keine Umsetzung wünschen, führen Sie SET TERMINAL CHARACTER-SET TRANSPARENT vor dem TRANSMIT-Befehl aus.

SET FILE TYPE BINARY
Die Bytes der Datei werden ohne jede Umsetzung genau so gesendet, wie sie auf der Platte stehen, und es gibt keine Synchronisierung zwischen den beiden Seiten wie im Fall der Textdatei-Übertragung. Benutzen Sie Binärübertragung mit Vorsicht und Mißtrauen.

Die Standard-Prozeduren für Text- und Binärübertragung funktionieren vielleicht nicht in jedem Fall; daher bietet C-Kermit auch spezielle SET-Befehle an, um ihre Betriebsweise nach Bedarf abzuändern:

SET TRANSMIT ECHO { OFF, ON }
Dieser Befehl teilt C-Kermit mit, ob Sie die übertragenen Zeichen auf Ihrem Bildschirm dargestellt sehen wollen. Die Voreinstellung ist ON; in diesem Fall wird das Echo je nach der aktuellen Einstellung für TERMINAL ECHO (DUPLEX) durchgeführt. Wenn der Rechner bzw. das Gerät am anderen Ende der Verbindung kein Echo liefert, sollten Sie SET TERMINAL ECHO ON (bzw. das gleichbedeutende SET DUPLEX HALF) ausführen, wenn C-Kermit selbst jedes gesendete Zeichen darstellen soll, oder SET TRANSMIT ECHO OFF, wenn Sie die Zeichen nicht sehen wollen. Fehlendes Echo ist effizienter. Synonym ist der Befehl SET XMIT ECHO[30].

SET TRANSMIT EOF *[Text]*
Dieser Befehl teilt C-Kermit das oder die nach dem Dateiende zu sendenden Zeichen mit; sie werden auch gesendet, wenn Sie Strg-C zur Unterbrechung einer Übertragung drücken. Normalerweise wird am Dateiende nichts gesendet. Um Steuerzeichen in den *Text* einzufügen, benutzen Sie Backslash-Codes wie etwa \4 für Strg-D oder \26 für Strg-Z (siehe Tabelle VIII-2 auf Seite 510). Um eine frühere Einstellung für TRANSMIT

EOF wieder aufzuheben, geben Sie diesen Befehl ohne Angabe eines TEXTes an. Hier sind einige Beispiele:

```
C-Kermit>set transmit eof \4        (Sende Strg-D am Dateiende)
C-Kermit>set transm eof \26         (Sende Strg-Z am Dateiende)
C-Kermit>set xmit eof               (Sende nichts am Dateiende)
```

Das nächste Beispiel zeigt eine typische Sequenz, die an einen Texteditor gesendet werden könnte, um den Einfüge-Modus zu verlassen, die Datei abzuspeichern und das Programm zu beenden:

```
C-Kermit>set xm eof \26save\13\exit\13
```

Die Einstellung von TRANSMIT EOF bezieht sich sowohl auf Text- als auch auf Binärübertragungen.

SET TRANSMIT FILL *Zahl*

Der TRANSMIT-Befehl sendet Leerzeilen normalerweise als zwei aufeinanderfolgende Carriage Returns. Einige Texteingabe-Systeme auf Rechnern interpretieren diese Folge jedoch als Dateiende. Dieser Befehl erlaubt es Ihnen in solchen Fällen, ein einzelnes Zeichen in jede Zeile einzufügen, so daß sie nicht mehr ganz leer ist. Die *Zahl* ist der numerische Code des gewünschten Zeichens, etwa 32 für das ASCII-Leerzeichen. Diese Einstellung betrifft nur den Textmodus. Zwei Beispiele hierfür sind:

```
C-Kermit>set transmit fill 32       (Leerzeichen in leere Zeilen einfügen)
C-Kermit>set transm fill            (Leere Zeilen nicht füllen)
```

SET TRANSMIT LINEFEED { OFF, ON }

SET TRANSMIT LINEFEED ON fordert C-Kermit auf, sowohl Carriage Return (Wagenrücklauf) als auch Linefeed (Zeilenvorschub) am Ende jeder Zeile zu senden. Die Voreinstellung ist OFF, d. h., es wird lediglich ein Carriage Return gesendet. Dieser Befehl betrifft nur den Textmodus. Beispiele hierfür sind:

```
C-Kermit>set transmit linefeed on
C-Kermit>set xm li off
```

SET TRANSMIT LOCKING-SHIFT { OFF, ON }

Wenn Sie 8-Bit-Daten über eine 7-Bit-Verbindung senden wollen und der Wirtsrechner oder -dienst Shift-In und Shift-Out (Strg-N und Strg-O) als Möglichkeit der Umschaltung zwischen Daten mit gesetztem bzw. nicht gesetztem 8. Bit unterstützt, können Sie SET TRANSMIT LOCKING-SHIFT ON ausführen, damit Kermit die Shifts benutzt. Benutzen Sie SET TRANSMIT LOCKING-SHIFT OFF, um ein vorangegangenes ON wieder rückgängig zu machen. Dies betrifft nur den Textmodus.

SET TRANSMIT PAUSE *Zahl*

Wenn Sie den Dateityp TEXT eingestellt haben, läßt dieser Befehl C-Kermit nach jeder Zeile die angegebene Anzahl von Millisekunden (1/1000 Sekunden) warten. Bei Binärdateien erfolgt die Pause nach jedem Zeichen.

SET TRANSMIT PROMPT *Zahl*

Benutzen Sie diesen Befehl, damit C-Kermit auf ein anderes Zeichen als Linefeed (Zeilenvorschub) als Genehmigung zum Senden der nächsten Zeile wartet. Die *Zahl* ist der

Code des abzuwartenden Zeichens, etwa 17 für Strg-Q (Xon). Der Wert 0 läßt C-Kermit auf gar kein Zeichen warten, sondern alle Zeichen der Datei ohne Erwartung einer Antwort senden; dies ist nützlich zum Übertragen von Text an Geräte, die kein geeignetes, eindeutiges Zeichen am Ende jeder Zeile zurückschicken. Dieser Befehl betrifft nur den Textmodus; im Binärmodus wartet der TRANSMIT-Befehl nie auf eine Antwort.

```
C-Kermit>set file type text         (Textmodus benutzen)
C-Kermit>set transmit prompt 17     (Auf Xon warten)
C-Kermit>set transm pr 0            (Auf nichts warten)
```

Sie können die TRANSMIT-Einstellungen mit dem Befehl SHOW TRANSMIT (oder SHOW XMIT) überprüfen:

```
C-Kermit>show xmit
 File type: text
 Terminal echo: remote
 Terminal character-set: transparent
 Transmit EOF: none                              (kein Dateiende-Zeichen)
 Transmit Fill: none                             (kein Füllzeichen für leere Zeilen)
 Transmit Linefeed: off
 Transmit Prompt: 10 (host line end character)   (Zeilenende-Zeichen des Wirts)
 Transmit Echo: on
 Transmit Locking-Shift: off
 Transmit Pause: 0 milliseconds
C-Kermit>
```

TRANSMIT-Beispiele

Nun wollen wir zwei Beispiele durcharbeiten. Im ersten senden wir eine Textdatei ungeschützt an einen UNIX-Rechner. Am UNIX-Ende benutzen wir einfach `cat` zur Eingabe einer Datei über die Tastatur. C-Kermit soll die Datei mit TRANSMIT roh übertragen, gefolgt von Strg-D zum Schließen der Datei.

```
$ kermit                            (Kermit starten)
C-Kermit>set modem hayes            (Modemtyp wählen)
C-Kermit>set line /dev/ttyh8        (Kommunikationsgerät wählen)
C-Kermit>set speed 2400             (und Geschwindigkeit)
C-Kermit>set flow xon/xoff          (und Flußkontrolle)
C-Kermit>dial 654321                (Telefonnummer wählen)
C-Kermit>connect                    (Terminal-Emulation beginnen)
HERZLICH WILLKOMMEN BEI DER GEISELGASTEIG-DREHBUCH-AGENTUR

login: christian                    (Einloggen)
Password: _____
```

```
$ cat > sturm.nacht              (Kopierproseß starten)
Strg-\c                          (Zurückkehren zu C-Kermit)
C-Kermit>set transm eof \4       (Am Ende Strg-D senden)
C-Kermit>transmit sturm.nacht
DIE DUNKLE STURMNACHT            (Die Zeilen werden angezeigt)
```

Die Nacht war dunkel und windig in Kleckersdorf. Alle Bewohner hockten trocken
und geborgen an ihren Kaminen. Aus dem Dachfenster des alten verlassenen Hauses
am Dorfplatz schien ein unheimliches Licht...
usw. usw.

```
C-Kermit>                        (C-Kermit-Prompt erscheint wieder)
C-Kermit>connect                 (Nun zurück zum Wirtssystem)
$ cat sturm.nacht                (Datei ansehen)
DIE DUNKLE STURMNACHT            (Die Zeilen werden angezeigt)
```

Die Nacht war dunkel und windig in Kleckersdorf. Alle Bewohner hockten trocken
und geborgen an ihren Kaminen. Aus dem Dachfenster des alten verlassenen Hauses
am Dorfplatz schien ein unheimliches Licht...
usw. usw.

```
$
$ exit                           (Ausloggen)
Communication disconnect.
C-Kermit>exit                    (Fertig)
$
```

Dieses Beispiel war leicht, weil die Voreinstellungen von C-Kermit für eine einfache Telefonverbindung zum Wirts-UNIX-System gut geeignet sind. Das UNIX-System kennt eine einfache Vorrichtung zur Texteingabe von der Tastatur her in eine Datei; es reagiert nicht empfindlich auf leere Zeilen; es gibt einen Zeilenvorschub zurück, wenn es ein Carriage Return erhält, und zeigt so an, daß es für die nächste Zeile bereit ist.

Nun wollen wir zusehen, wozu wir C-Kermit bringen können, indem wir versuchen, dieselbe Datei an einen IBM-Großrechner mit dem Betriebssystem VM/CMS zu senden, wobei wir auf dem Großrechner einen Texteditor verwenden. Die Verbindung läuft im Zeilenmodus im Halbduplex-Betrieb, weswegen wir auf den Prompt des Editors (einen Punkt, gefolgt von einem Xon, d. h. Strg-Q) warten müssen, ehe wir die nächste Zeile senden – sonst gehen Daten verloren. Der Texteditor, Xedit, verläßt den Einfüge-Modus, sobald er eine leere Zeile erhält, und muß daher ein Füllzeichen erhalten, wenn die Datei eine Leerzeile enthält. Das Füllzeichen wird hier als großes X (ASCII 88) gewählt, weil es ein druckbares Zeichen sein muß – ein Leerzeichen reicht nicht. Der Dateiende-Text wird auf ein Carriage Return (\13) gesetzt, was eine Leerzeile sendet, so daß der Editor in den Befehlsmodus zurückgeht; dann werden die Befehle zum Abspeichern der Datei (save\13) und zur Programmbeendigung (qq\13) gesendet.

```
$ kermit                              (C-Kermit starten)
C-Kermit>set modem hayes              (Modemtyp wählen)
C-Kermit>set line /dev/ttyh8          (Kommunikationsgerät wählen)
C-Kermit>set speed 2400               (und Geschwindigkeit)
```

```
C-Kermit>set duplex half            (Verbindung ist Halbduplex)
C-Kermit>set flow none              (Keine Xon/Xoff-Flußkontrolle)
C-Kermit>set parity mark            (Großrechner benutzt gesetzte Parität)
C-Kermit>dial 765432                (Telefonnummer wählen)
 Connection completed.
C-Kermit>connect                    (Terminal-Emulation beginnen)

VIRTUAL MACHINE/SYSTEM PRODUCT-CUVMB -PRESS BREAK KEY

Strg-\B                             (BREAK senden)
!
.login peter                        (Einloggen)

Enter password: xxxxxxxx            (Halbduplex; Echo des Paßworts)

LOGON AT 07:28:14 EDT MONDAY 06/10/93
VM/SP REL 5 04/19/88 19:39
.
CMS
.xedit sturm nacht                  (Editor starten)
.i                                  (... und in den Eingabe-Modus setzen)
DMSXMD573I Input mode:
Strg-\C                             (Zu C-Kermit zurückkehren)
C-Kermit>set transm fill 88         (Leere Zeilen mit X füllen)
C-Kermit>set transm prompt \17      (Auf Xon warten)
C-Kermit>set transm eof \13save\13qq\13  (siehe Text)
C-Kermit>transmit sturm.nacht       (Datei senden)
DIE DUNKLE STURMNACHT               (Die Zeilen werden als Echo angezeigt)
X
Die Nacht war dunkel und windig in Kleckersdorf. Alle Bewohner hockten trocken
und geborgen an ihren Kaminen. Aus dem Dachfenster des alten verlassenen Hauses
am Dorfplatz schien ein unheimliches Licht...
usw. usw.

C-Kermit>                           (Prompt erscheint am Ende wieder)
C-Kermit>connect                    (Zum Großrechner zurückkehren)
.
Ready; T=0.02/0.06 07:29:11
.listfile sturm * *                 (Überprüfen, ob die Datei da ist)
STURM    NACHT                      (Ja!)
Ready; T=0.01/0.01 07:29:16
.type sturm nacht                   (Mal hineinsehen)
DIE DUNKLE STURMNACHT
X
Die Nacht war dunkel und windig in Kleckersdorf. Alle Bewohner hockten trocken
und geborgen an ihren Kaminen. Aus dem Dachfenster des alten verlassenen Hauses
am Dorfplatz schien ein unheimliches Licht...
usw. usw.
```

```
Ready; T=0.01/0.01 07:29:20
.logout                              (Vom Großrechner ausloggen)
CONNECT= 00:01:11 VIRTCPU= 000:00.12 TOTCPU= 000:00.32
LOGOFF AT 07:29:25 EDT THURSDAY 06/10/93
Strg-\C                              (Zu C-Kermit zurückkehren)
C-Kermit>exit
$
```

Die *X*e können mit einem Texteditor entfernt werden, etwa mit Xedit selbst, also demselben Programm, um dessentwillen Sie sie überhaupt einfügen mußten.

Codieren von Dateien mit 8-Bit-Daten für die Übertragung

Ungeschützter Transfer von binären oder 8-Bit-Textdateien ist zumindest eine zweifelhafte Angelegenheit; das gilt insbesondere auch für Texte mit Umlauten. Bei Binärdateien kann schon der Verlust oder die Beschädigung eines einzelnen Bytes fürchterlichen Schaden hervorrufen; außerdem ist es normalerweise nicht so leicht wie bei einer Textdatei, eine beschädigte Binärdatei mit einem Texteditor zu reparieren. Es ist daher oft besser, eine solche Datei in einfache Zeilen druckbaren ASCII-Textes umzuwandeln, sie dann im Textmodus zu übertragen und schließlich in ihre ursprüngliche Form zurückzuverwandeln. Das einfachste, verläßlichste und am allgemeinsten zu verwendende Format wird „Hex" (*hexadezimal*) genannt; hier wird jedes 8-Bit-Byte in zwei druckbare Hexadezimalziffern aus der Menge 0123456789ABCDEF übersetzt. Es werden kurze Zeilen gebildet, die nur aus diesen Zeichen bestehen. Eine Datei in dieser Form ist etwas mehr als doppelt so groß wie das Original, ist jedoch gegen alle bekannten Umsetzungs- und Transparenzprobleme immun. Ein Paar kurzer in C geschriebener Programme zur „Hexifizierung" und „Enthexifizierung" ist in Anhang X aufgeführt.

Andere Codiermethoden können effizienter sein. Zum Beispiel gibt es auf den meisten UNIX-Rechnern das Programmpaar uuencode und uudecode, nicht unbedingt aber auf anderen Systemen. Die Codierung ist effizienter als beim Hex-Format, benutzt aber ein größeres Alphabet, das Transparenz- oder Umsetzungsprobleme verursachen kann, zum Beispiel bei EBCDIC-Wirten. Hier bietet sich das Programmpaar xxencode/xxdecode an, das diese Probleme weitgehend vermeidet; es ist aber weniger weit verbreitet als das vorgenannte.

Es gibt noch viele andere Dateicodierungs-, -komprimierungs- und -archivierungs-Techniken. Benutzen Sie, was für Sie am besten funktioniert; die Hauptüberlegungen sind die Transparenz (Können die codierten Daten den Übergang zu dem anderen Rechner überleben?) und Übertragbarkeit (Können Sie die Originaldaten nach der Übertragung zu dem anderen Rechner wieder rekonstruieren?).

11

Befehlsdateien, Makros und Variablen

Wenn Sie das Material in den vorangegangenen Kapiteln verdaut und die Beispiele auf Ihre eigenen Verbindungen angewendet haben, müßten Sie mittlerweile gut daran gewöhnt sein, C-Kermit zur Erledigung Ihrer alltäglichen Kommunikationsaufgaben zu benutzen. Die Handbedienung von Kommunikations-Software nutzt Ihre Arbeitszeit jedoch nicht optimal; in den folgenden drei Kapiteln werden Sie erfahren, wie Sie alle bisher erlernten Vorgänge automatisieren können. Am Ende von Kapitel 13 werden Sie Befehle erzeugen und benutzen können, die die Verbindung für Sie herstellen, Drehbuch-gesteuerte Dialoge mit Wirtsrechnern oder -diensten durchführen und Daten übertragen, selbst wenn Sie gar nicht anwesend sind.

Dieses Kapitel zeigt Ihnen, wie man Befehle in *Befehlsdateien* und *Makros* zusammenfaßt, so daß Sie viele Befehle ausführen können, indem Sie nur einen einzigen eingeben. Außerdem führen wir den Begriff der *Variablen* ein und beschreiben die von C-Kermit zur Verfügung gestellten Variablen.

Kapitel 12 zeigt Ihnen, wie man C-Kermit „programmiert", so daß er Entscheidungen trifft, Befehle in Schleifen wiederholt ausführt, Dateien liest und schreibt und so weiter, dadurch daß man C-Kermit-Befehle benutzt, die denen sehr ähnlich sind, mit denen Sie bereits vertraut sind. Schließlich werden in Kapitel 13 diese etwas abstrakten Begriffe praktisch verwendet.

Noch einmal Befehlsdateien

Sie haben Befehlsdateien zum ersten Mal in Kapitel 2 angetroffen. Dort haben Sie gelernt, daß Sie ganz beliebige Kermit-Befehle in einer Datei ablegen und dann alle zusammen ausführen können, indem Sie einen einzigen Befehl, nämlich TAKE, beim Prompt von C-Kermit angeben. In diesem Beispiel bauen wir eine kurze Befehlsdatei auf einer VAX auf, wo der VMS-Befehl CREATE die leichteste Art ist, eine kurze Textdatei zu erzeugen. Natürlich könnten Sie auch einen beliebigen Texteditor oder ein Textverarbeitungssystem nehmen, das eine Datei mit einfachem Text erzeugen kann.

```
$ create zurueck.tak           (Eine Befehlsdatei anlegen)
set escape 18                  (Text über die Tastatur eingeben)
show escape
^Z                             (Strg-Z schließt die Datei)
$
```

Nun führen wir die Befehlsdatei aus, indem wir C-Kermit zum TAKE (*nehmen*) auffordern:

```
$ kermit                       (C-Kermit starten)
C-Kermit 5A(189), 23 Jul 93, OpenVMS VAX
Type ? or HELP for help
C-Kermit>take zurueck.tak
 Escape character: Ctrl-R (ASCII 18, DC2)
C-Kermit>
```

Wenn die Befehlsdatei nicht in Ihrem aktuellen Verzeichnis steht, müssen Sie die vollständige Dateispezifikation angeben:

```
C-Kermit>take $disk1:[bettina]zurueck.tak
```

Eine Befehlsdatei kann so viele C-Kermit-Befehle enthalten, wie Sie wollen, einschließlich weiterer TAKE-Befehle für andere Befehlsdateien. Normalerweise führt TAKE alle Befehle in der Datei vom Anfang bis zum Ende oder bis zu dem ersten Befehl aus, der ihn stoppen läßt, wie zum Beispiel EXIT oder QUIT. Wenn ein Befehl zu einem Syntax- oder Ausführungsfehler führt, gibt C-Kermit eine Fehlermeldung aus und fährt mit dem nächsten Befehl in der Datei fort. Führten Sie zum Beispiel eine Befehlsdatei namens TOAST.TAK aus, die wie folgt aussieht:

```
echo Toast zubereiten...           ; Gültiger Befehl
set toaster dunkel                 ; Ungültiger Befehl
toast zwei Scheiben                ; Ungültiger Befehl
echo Zeit zum Frühstücken.         ; Gültiger Befehl
```

dann sähe das Ergebnis so aus:

```
C-Kermit>take toast.tak
Toast zubereiten
?No keywords match - toaster
?Invalid: toast zwei Scheiben
Zeit zum Frühstücken.
C-Kermit>
```

Es mag jedoch sein, daß Sie C-Kermit diese Toleranz gegenüber fehlschlagendem Befehl nicht zugestehen wollen.

Der Befehl SET TAKE kann dazu benutzt werden, die Arbeitsweise des TAKE-Befehls zu ändern:

SET TAKE ECHO { ON, OFF }

OFF bedeutet, daß die Zeilen der Befehlsdatei nicht auf Ihrem Bildschirm dargestellt werden. Dies ist der Normalfall und auch die Voreinstellung. ON bedeutet, daß jeder Befehl auf Ihrem Bildschirm dargestellt wird, während C-Kermit ihn aus der Datei liest. Dies ist nützlich, um Fehler in Befehlsdateien lokalisieren zu können.

SET TAKE ERROR { ON, OFF }
   OFF, der Normalfall und auch die Voreinstellung, bedeutet, daß Fehler in Befehlsdateien keinen Abbruch verursachen; ON bedeutet, daß jeder Befehl in der Datei, der einen Syntax-Fehler enthält oder zu einem Ausführungsfehler führt, die Bearbeitung der Datei abbricht.

Ausführungsfehler entstehen, wenn ein Befehl syntaktisch (grammatisch) korrekt ist, C-Kermit ihn aber nicht erfolgreich ausführen kann, etwa wenn Sie C-Kermit einen Befehl wie TAKE, TYPE oder SEND für eine Datei geben, für die Sie keine Leseberechtigung haben.

Befehlsdatei-Beispiel

Um die Nützlichkeit des TAKE-Befehls zu veranschaulichen, nehmen wir einmal an, Sie müßten an einem bestimmten Tag eine eigenwillige Mischung von Text- und Binärdateien senden und empfangen, die insgesamt mehrere Millionen Bytes umfaßt. Wie lange möchten Sie mit dieser Aufgabe zubringen? Wenn Sie sie interaktiv erledigen, müssen Sie sitzenbleiben, ständig Ihren Bildschirm beobachten und immer zur richtigen Zeit einen neuen Befehl eingeben. Das kann einen ganzen Tag lang dauern. Bei einer Befehlsdatei wird jeder Befehl ausgeführt, wenn der vorige beendet ist, weder früher noch später; es wird keine Zeit verschwendet, und während all dies geschieht, können Sie an einem anderen Ort Dinge tun, die *vielleicht* sogar mehr Spaß machen, als Kermits Dateitransfer-Anzeige zu überwachen. Hier ist eine beispielhafte Befehlsdatei für diese Aufgabe; nennen wir sie DICKERJOB.TAK:[31]

```
set take error on            ; Nach einem Fehler aufhören
log transactions             ; Aufzeichnen, was geschieht
set file type text           ; Textdateien übertragen
send tag.*                   ; Tagesberichte senden
send woche.*                 ; Wochenberichte senden
send monat.*                 ; Monatsberichte senden
get auftrag.neu              ; Neue Aufträge empfangen
set file type binary         ; In Binärmodus umschalten
send haushalt.wks            ; Haushalts-Rechenblatt senden
send gehalt.wks              ; Gehalts-Rechenblatt senden
set file type text           ; Wieder in den Textmodus
mail ok.txt chef             ; Am Ende ein elektronischer Brief
bye                          ; Wirts-Job ausloggen
```

Nachdem Sie diese Datei mit einem Texteditor zusammengestellt und auf der Platte abgespeichert haben, können Sie Kermit starten, die Verbindung zum Wirtsrechner herstellen, sich einloggen, den dortigen Kermit starten, ihn in den Server-Betrieb versetzen, zu C-Kermit zurückgehen und die Befehlsdatei mit TAKE ausführen:

```
$ kermit                     (C-Kermit starten)
Ready to dial...             (Meldung aus der Initialisierungs-Datei)
C-Kermit>dial 654321         (Die Nummer wählen)
```

```
C-Kermit>c                         (Mit dem Wirtsrechner verbinden)
. login hans                       (Benutzernamen eingeben)
Password: _____                  (Paßwort eingeben)

. kermit                           (Kermit auf dem Wirtsrechner starten)
Kermit-CMS>server                  (und zum Server machen)
Strg-\C                            (Zurück zu C-Kermit)
C-Kermit>take dickerjob.tak        ("TAKE" die Befehlsdatei)
```

Wenn Sie später von woanders zurückkommen, können Sie im Transaktions-Protokoll nachsehen, was geschehen ist. Ihr (vorher zusammengestellter und in der Datei OK.TXT abgespeicherter) elektronischer Brief wird nur an den Chef gesendet, wenn alle Dateien erfolgreich übertragen worden sind. Der Befehl SET TAKE ERROR ON stellt sicher, daß jeder Fehler die Befehlsdatei beendet, bevor die Nachricht gesendet wird, so daß Sie nicht lächerlich gemacht werden können.

Geschachtelte Befehlsdateien

Wenn eine Befehlsdatei ihrerseits TAKE-Befehle enthält, nennt man die Befehlsdateien *geschachtelt* (eine in der anderen). Jeder C-Kermit-Befehl ist in einer Befehlsdatei erlaubt, einschließlich TAKE. Tatsächlich kann eine Befehlsdatei eine andere mit TAKE aufrufen, diese wiederum eine andere, diese noch eine weitere, bis zu einer Schachtelungstiefe von etwa 20. Diese Vorrichtung erlaubt es Ihnen, Baustein-artige Befehlsdateien zu erzeugen, die auf verschiedene Weisen zusammengesetzt werden können, was Ihnen über die Jahre hinweg möglicherweise viel doppelte Arbeit erspart.

Es kann aber noch viel elementarere, wenn auch weniger offensichtliche, Gründe für das Schachteln von Befehlsdateien geben. Nehmen wir etwa an, bei DICKERJOB.TAK träte ein Fehler auf. Die Befehlsdatei würde sofort beendet, der C-Kermit-Prompt erschiene wieder, aber die Verbindung zum Wirtsrechner wäre nicht unbedingt abgebrochen worden. Wenn Sie nun länger als erwartet von Ihrem Arbeitsplatz wegblieben, sammelte sich ganz überflüssigerweise eine beträchtliche Telefonrechnung an. Rufen Sie hingegen DICKERJOB.TAK von einer übergeordneten TAKE-Datei aus auf, erhält diese die Kontrolle sofort nach Beendigung von DICKERJOB.TAK zurück – unabhängig von Erfolg oder Mißerfolg. Eine solche Datei könnte etwa so aussehen:

```
take dickerjob.tak          ; Die Befehlsdatei mit TAKE ausführen
hangup                      ; Am Ende das Telefon auflegen
```

Nennen Sie diese übergeordnete Befehlsdatei DICKERERJOB.TAK, und starten Sie sie so:

```
C-Kermit>take dickererjob.tak
```

Egal wie DICKERJOB.TAK nun beendet wird: C-Kermit legt jetzt am Ende ohne Verzögerung das Telefon auf.

Die C-Kermit-Initialisierungsdatei

C-Kermit führt jedes Mal beim Start einen automatischen TAKE-Befehl für Ihre Initialisierungsdatei aus. Diese Datei sollte Befehle enthalten, die stets ausgeführt werden sollen, wenn Sie Kermit aufrufen. Um zum Beispiel bestimmte Werte für Modemtyp, Kommunikationsgerät und Geschwindigkeit auszuwählen und Kermit zu sagen, wo er Ihr Telefonbuch findet, benutzen Sie die folgenden Befehle:

```
set modem ccitt                              ; Meine Workstation hat ein CCITT-Modem
set line /dev/cua                            ; Angeschlossen über dieses Gerät
set speed 2400                               ; Meine Wählgeschwindigkeit ist 2400 bps
set dial directory /usr/menschen/ziegler/tel-nummern
```

In vorangegangenen Kapiteln sind einige weitere Befehle als gute Kandidaten für Initialisierungsdateien vorgeschlagen worden. Nehmen wir zum Beispiel an, Sie wollten immer lange Pakete, gleitende Fenster und Blockchecks vom Typ 3 während des Dateitransfers benutzen. Normalerweise ist es ungefährlich, diese Protokollparameter stets zu setzen, weil C-Kermit sie automatisch herunterhandelt, wenn das andere Kermit-Programm mit ihnen nicht umgehen kann. Sie könnten also diese Zeilen hinzufügen:

```
set receive packet-length 1000;              ; Lange Pakete
set window 4                                 ; Vier Fensterplätze
set block 3                                  ; 3-Zeichen-CRC zur Fehlerprüfung
```

Sprach- und Zeichensatz-bezogene Punkte können sich ebenfalls für Ihre Initialisierungsdatei eignen. Wenn z. B. alle Ihre Texte in Finnisch unter Benutzung der finnischen Version von ISO 646 geschrieben sind, würden Sie die folgenden Zeilen einfügen, um sicherzustellen, daß Ihre Textdateien während des Dateitransfers immer korrekt übersetzt werden:

```
set file character-set finnish               ; Ich benutze Finnisch auf meinem Rechner
set xfer character-set latin1                ; Lateinisch-1 für den Transfer
```

und die folgenden, um Terminal-Emulation für einen Data-General-Wirt zu bewerkstelligen:

```
set term character-set dg                    ; DG International für Terminal-Betrieb
set term byte 8                              ; 8-Bit-Pfad zum Wirtsrechner
set command byte 7                           ; und 7 Bits zu meinem Terminal
```

Praktisch jeder SET-Befehl eignet sich für Ihre Initialisierungsdatei, solange es sich um eine Einstellung handelt, die Sie jederzeit aktiviert haben wollen, unabhängig von den Rechnern oder Diensten, mit denen Sie gerade kommunizieren. Hier sind einige Beispiele:

```
set delay 1                                  ; Ich komme schnell zurück
set attrib date off                          ; Neue Dateien bekommen aktuelles Datum
set dial hangup off                          ; "ON" bringt mein Modem durcheinander
set escape 31                                ; Rückkehrzeichen ist Strg-Unterstrich
```

Verwenden Sie C-Kermit jedoch, um sich mit vielen verschiedenen Wirten oder Diensten zu verbinden, und verwenden dabei vielfältige Verbindungsmethoden, reicht eine einzige Ansammlung von Einstellungen nicht hin. Stattdessen brauchen Sie eine Methode, schnell zwischen einer entsprechenden Vielfalt von Umgebungen hin- und herzuschalten – und hier kommen *Makros* ins Spiel.

Befehls-Makros

„Makro" bedeutet eigentlich „groß", in der Computersprache jedoch etwas kleines, das für etwas größeres steht. Kermit-Makros sind neue Befehle, die Sie erzeugen, indem Sie bestehende Befehle (oder sogar andere Makros) miteinander kombinieren. Wie Befehlsdateien eröffnen Makros Ihnen die Möglichkeit, Befehle zu Gruppen zusammenzufassen, so daß Sie einen ganzen Satz von Befehlen mit einem einzigen Wort ausführen können. Der Befehl zur Erstellung von Makros lautet:

DEFINE *Name [Text]*
Dieser Befehl legt ein Makro namens *Name* an. Die Definition dieses Makros ist der *Text*, der seinem Namen folgt. Dies ist normalerweise eine Liste von C-Kermit-Befehlen (die möglicherweise Namen anderer Makros enthält), die durch Kommata getrennt sind; sie kann jedoch beliebiger anderer Text sein. Es wird keine Deutung, Auswertung oder Prüfung der Befehle vorgenommen; die Definition wird wörtlich genommen. Wenn ein Makro des gegebenen Namens bereits existiert, wird seine Definition durch die hier genannte ersetzt. Wenn dem Makro-*Name*n kein *Text* folgt, wird das genannte Makro (sofern es existiert) aus dem „Makro-Wörterbuch" von C-Kermit entfernt und nimmt den Zustand „undefiniert" an.

Sie können den DEFINE-Befehl beim C-Kermit-Prompt geben, DEFINE-Befehle in Befehlsdateien aufnehmen und sogar innerhalb von anderen Makro-Definitionen schreiben. Wenn Sie sich die Mühe gemacht haben, ein Makro zu schreiben, das Sie häufig benutzen wollen, ist die beste Stelle, an der Sie die Definition unterbringen können, Ihre C-Kermit-Initialisierungsdatei.

Der Makroname kann jede vernünftige Zeichenkette sein, die keine Leer- oder Steuerzeichen enthält. Es wird kein Unterschied zwischen Groß- und Kleinbuchstaben gemacht. Die Makro-Definition kann bis zu etwa 1000 Zeichen lang sein. Hier ist ein Beispiel, das Sie ausprobieren können, wenn C-Kermit direkt neben Ihrem Bett läuft oder Sie Ihren Büroschlaf antreten wollen:

```
define wecker echo Gute Nacht!, sleep 28800, echo \7\7\7Aufwachen!
```

Der Makroname ist:

```
wecker
```

Die Definition lautet:

```
echo Gute Nacht!, sleep 28800, echo \7\7\7Aufwachen!
```

Der DEFINE-Befehl schreibt das WECKER-Makro in das Makro-Wörterbuch von C-Kermit und macht es damit zu einem neuen C-Kermit-Befehl:

```
C-Kermit>wecker
Gute Nacht!
```

(Acht Stunden später:)

```
<BEEP><BEEP><BEEP>Aufwachen!
C-Kermit>
```

Der folgende Befehl zerstört die Definition des WECKER-Makros, so daß Sie es nicht mehr benutzen können (und Ihr Chef es nicht mehr finden kann):

```
C-Kermit>define wecker
```

Das ist so, als würfen Sie Ihren Wecker zum Fenster hinaus.

Wie das Beispiel schon andeutet, können Sie gängige C-Kermit-Befehle auf diese Art auch eindeutschen; eine umsichtige Systemverwalterin kann anderen Benutzern den Einstieg weiter erleichtern, indem sie eine Initialisierungsdatei mit entsprechenden Makro-Definitionen zur Verfügung stellt. Die Funktion der zugrundeliegenden englisch-sprachigen Befehle bleibt dadurch unbeeinträchtigt.

Eine übliche und unmittelbar einleuchtende Verwendung für Makros besteht darin, SET-Befehle zusammenzufassen, um schnelles Umschalten zwischen verschiedenen Verbindungsarten zuzulassen, wie dieses Beispiel zeigt:

```
define vax set parity none, set duplex full,-
  set flow xon/xoff, set handshake none
def ibm-zeilenmodus set parity mark, set dupl half,-
  set handsh xon, set flow none
```

Hier werden zwei Makros erzeugt, das erste unter dem Namen VAX, das zweite unter dem Namen IBM-ZEILENMODUS.

Achten Sie sorgfältig auf die Zeichensetzung: Benutzen Sie Kommata, um Befehle voneinander zu trennen, und Bindestriche, um eine Zeile fortzusetzen. Die letzte Zeile der Definition darf natürlich nicht mit einem Bindestrich enden. Lassen Sie versehentlich einen Bindestrich weg, wird die nächste Zeile als neuer Befehl statt als Teil der Makro-Definition verstanden.

Steht Ihre Makro-Definition in einer Befehlsdatei (das umfaßt auch Ihre Initialisierungsdatei), können Sie einen Kommentar an das Ende einer jeden Zeile stellen:

```
define vax -                   ; Makro für die Verbindung zu einer VAX
set parity none,-              ; Keine Parität
set command byte 8,-           ; 8-Bit-Daten
set terminal byte 8,-          ; auf dem ganzen Weg
set terminal echo remote,-     ; Die VAX macht das Echo
set flow xon/xoff,-            ; Benutze Xon/Xoff-Flußkontrolle
set handshake none             ; Kein Leitungs-Umschalt-Handshake
```

Wenn eine Zeile fortgesetzt wird, muß ein Kommentar am Zeilenende *hinter* dem Fortsetzungszeichen kommen, nicht davor, und es muß mindestens ein Leer- oder Tabulatorzeichen vorangehen. Wenn Sie einen Bindestrich an das Ende eines Zeilenend-Kommentars schreiben, wird die nächste Zeile als Teil desselben Kommentars betrachtet.

Sie können die Definition eines Makros mit dem Befehl SHOW MACRO herausbekommen:

```
C-Kermit>show macro ibm-zeilenmodus
ibm-zeilenmodus = set parity mark,-
  set dupl half,-
  set handsh xon,-
  set flow none
```

Die Definition wird mit einem Befehl je Zeile angezeigt, wobei Kommata die Befehle voneinander trennen und Bindestriche Fortsetzungszeilen andeuten. Wenn Sie SHOW MACRO ohne Angabe eines Namens eingeben, zeigt C-Kermit Ihnen alle derzeit definierten Makros und ihre Definitionen. Selbst wenn Sie keine Makros definiert haben, bekommen Sie immer noch die Definitionen einiger von C-Kermit *vordefinierter* Makros zu sehen wie z. B. FATAL. (Dies wird in Kapitel 12 erläutert.)

Benutzung von Makros

Da Sie nun wissen, wie Sie Makros erzeugen, möchten Sie vielleicht auch wissen, wie Sie sie benutzen. Es gibt zwei Arten, ein Makro zu benutzen (aufzurufen). Die erste und natürlichste Methode besteht darin, einfach seinen Namen beim C-Kermit-Prompt einzugeben, entweder in voller Länge:

```
C-Kermit>ibm-zeilenmodus
```

oder unverwechselbar abgekürzt:

```
C-Kermit>ib
```

Dies funktioniert, solange Ihr Makro nicht denselben Namen wie ein eingebauter C-Kermit-Befehl hat und auch keine Abkürzung davon ist.

Die zweite Methode benutzt den DO-Befehl:

DO *Makroname*
> Dies ruft das Makro auf, dessen Name angegeben ist. Der Makroname kann beliebig abgekürzt werden, soweit er noch von den Namen aller anderen definierten Makros zu unterscheiden ist. Beispiele hierfür sind:
>
> ```
> C-Kermit>do ibm-zeilenmodus
> C-Kermit>do ibm
> ```

Der DO-Befehl beseitigt jede mögliche Verwechslung zwischen Makros und eingebauten Befehlen, weil er nur im Makro-Wörterbuch nachsieht. Wenn Sie ein Fragezeichen beim C-Kermit-Prompt eingeben, werden die Makronamen nicht aufgeführt. Wenn Sie aber DO gefolgt von einem Leer- und einem Fragezeichen eingeben, werden die Namen aller definierten Makros ausgegeben.

```
C-Kermit>do ? Macro, one of the following:
 ibm-zeilenmodus     vax
C-Kermit>
```

Wenn Sie ein Makro mit demselben Namen wie ein eingebauter Befehl definiert haben, bietet der DO-Befehl die einzige Möglichkeit, es aufzurufen, weil C-Kermit seinen eingebauten Befehlen höhere Priorität gibt. (Das ist wichtig, um das Schreiben portabler Makros zu ermöglichen; man muß sich darauf verlassen können, daß ein eingebauter Befehl auf zwei verschiedenen Systemen tatsächlich dasselbe leistet.) Wenn Sie stets unverwechselbare Namen für Ihre Makros wählen, gibt es keine Mehrdeutigkeiten und auch keinen Bedarf für die Benutzung des DO-Befehls; außerdem erhöht diese Praxis die Verständlichkeit.

Die Makro-Ausführung kann in der gleichen Weise wie die Befehlsdatei-Ausführung gesteuert werden:

SET MACRO ECHO { OFF, ON }
Dies steuert, ob die Befehle aus der Makro-Definition auf Ihrem Bildschirm ausgegeben werden, während C-Kermit sie bearbeitet. MACRO ECHO ist normalerweise OFF, d. h., die Befehle werden nicht angezeigt. Sie können SET MACRO ECHO ON für die Fehlersuche verwenden.

SET MACRO ERROR { OFF, ON }
Dieser Befehl steuert, ob ein Syntax- oder Ausführungsfehler in einem Befehl dazu führt, daß C-Kermit die Ausführung des Makros abbricht. Normalerweise ist MACRO ERROR OFF.

Die Makro-Ausführung kann jederzeit durch die Eingabe von Strg-C unterbrochen werden.

Makros, die Makros aufrufen

Wie Befehlsdateien können auch Makros in vernünftigem Rahmen geschachtelt werden. Genau wie Befehlsdateien andere Befehlsdateien mit TAKE aufrufen können, können Makros andere Makros aufrufen, wie in diesem Beispiel:

```
define modem set modem hayes, set speed 2400
define rechner set parity even, set flow xon
define kommunikation modem, rechner
define protokoll set window 4, set rec packet-len 2000, set block 3
define einrichten kommunikation, protokoll
```

Nachdem Sie diese Definitionen ausgeführt haben, ruft ein Aufruf des Makros EINRICHTEN die Makros KOMMUNIKATION und PROTOKOLL auf. Das Makro KOMMUNIKATION ruft seinerseits die Makros MODEM und RECHNER auf.

Makros, die Makros definieren

Bevor wir fortfahren, lassen Sie uns innehalten, um die lebenswichtige Frage zu stellen: Können wir ein Makro definieren, das andere Makros definiert? Nehmen wir an, Sie benutzen C-Kermit auf einem PC unter OS/2 für den Zugang zu zwei verschiedenen Wirtsrechnern, von denen einer unter dem Betriebssystem VMS und der andere unter UNIX läuft. Nehmen wir weiter an, daß Sie auf jedem Rechner zwischen deutschem und russischem Text umschalten. Die beiden Rechner benutzen jedoch verschiedene Zeichensätze für jede dieser beiden Sprachen. Sie wollen demnach einen Makro-Satz namens VMS bzw. UNIX haben, um zwischen den beiden Rechnersystemen umzuschalten, und einen weiteren namens DEUTSCH und RUSSISCH, um auf jeder der beiden Maschinen in geeigneter Weise zwischen den beiden Sprachen umschalten zu können. Zur Veranschaulichung, wie man Makros konstruiert, die Makros definieren, wollen wir die Makros VMS und UNIX jeweils ihre eigenen, passenden Makros DEUTSCH und RUSSISCH definieren lassen. Zunächst jedoch müssen wir ein kleines Syntax-Problem lösen. Betrachten wir den folgenden Befehl:

```
def unix def deutsch set xfer char latin1, set file char german
```

Zu welchem Makro gehört der Befehl SET FILE CHAR GERMAN – zu UNIX oder zu DEUTSCH? Wir benötigen ein Verfahren, wie wir Befehle innerhalb einer Makro-Definition gruppieren können, so daß Kermit weiß, zu welcher Definition die Befehle gehören. Dazu benutzen wir geschweifte Klammern. Zuerst also das Makro VMS:

```
define vms -
  set parity none, -
  set terminal display 8, -
  define deutsch { -
    set terminal character-set dec-mcs, -
    set file character-set cp850, -
    set transfer character-set latin1 -
  }, -
  define russisch { -
    set terminal character-set koi8 cp866, -
    set file character-set cp866, -
    set transfer character-set cyrillic -
  }
```

Wenn Sie das Makro VMS ausführen, setzt es sofort die Parameter für Parität und Bildschirm-Anzeige und definiert die Makros DEUTSCH und RUSSISCH zur späteren Benutzung. Die geschweiften Klammern teilen Kermit mit, welche Befehle Teil des VMS-Makros sind und welche zu den Makros DEUTSCH und RUSSISCH gehören. Hier folgt nun das UNIX-Makro:

```
define unix -
  set parity even, -
  set terminal display 7, -
  define deutsch { -
    set terminal character-set german, -
    set file character-set cp850, -
    set transfer character-set latin1 -
  }, -
```

```
define russian { -
  set terminal character-set short-koi cp866, -
  set file character-set cp866, -
  set transfer character-set cyrillic -
}
```

Zuerst rufen Sie das VMS- oder das UNIX-Makro auf, um mitzuteilen, mit was für einem System Sie sprechen wollen. Danach können Sie DEUTSCH oder RUSSISCH aufrufen, um die passenden Zeichensätze für die jeweilige Sprache auf dem von Ihnen benutzten Rechner einzurichten.

Das Makro ON_EXIT

Genau wie C-Kermit eine Initialisierungsdatei für Befehle, die Sie bei jedem Start von Kermit ausführen lassen wollen, hat, gibt es auch eine Möglichkeit, Befehle Ihrer Wahl bei jedem Programm-Ende automatisch auszuführen. Wenn Sie ein Makro namens ON_EXIT definiert haben, führt Kermit es aus, wenn Sie einen der Befehle EXIT oder QUIT geben, unmittelbar bevor er seine letzten Aktionen zum Aufräumen und zur Selbstvernichtung unternimmt. Das Makro ON_EXIT sollte am besten in Ihrer C-Kermit-Initialisierungsdatei definiert werden. Es folgt ein Beispiel für jemanden, der C-Kermit immer zum Wählen nach außerhalb benutzt:

```
define on_exit hangup, echo Denke ans Ausschalten des Modems!
```

Seine Verwendung sieht dann etwa so aus:

```
$ kermit                          (C-Kermit starten)

(Einige Dateien übertragen usw...)

C-Kermit>exit                     (EXIT legt das Telefon auf)
Denke ans Ausschalten des Modems! (und gibt eine Erinnerung aus)
$
```

Makros und Befehlsdateien

Befehlsdateien und Makros können auf jede erdenkliche Weise miteinander gemischt werden. Makros können in Befehlsdateien definiert werden (und *werden* normalerweise dort definiert), Makros können aus Befehlsdateien heraus aufgerufen werden, Befehlsdateien können aus Makros heraus mit TAKE ausgeführt werden, ein Makro kann ein anderes Makro definieren und so weiter. Was sind die Unterschiede zwischen Befehlsdateien und Makros?

- Eine Befehlsdatei kann beliebig lang sein, während eine Makro-Definition auf die Länge von C-Kermits Befehlspuffer beschränkt ist, der etwa 1000 Zeichen faßt.
- Makros stehen nach ihrer Definition während der ganzen Laufzeit von C-Kermit zur Verfügung und können einfach über ihren Namen aufgerufen werden, unabhängig von C-Kermits aktuellem Verzeichnis, während der Befehl zum Aufruf einer Befehlsdatei sich beim Ändern des aktuellen Verzeichnisses ebenfalls ändert.
- Die Makro-Ausführung ist schneller, weil C-Kermit Makros aus dem eigenen Speicher heraus ausführt, statt eine Plattendatei zu öffnen und zu lesen.
- Sie können alle Ihre Makros in einer einzigen Befehlsdatei definieren, was normalerweise der Verstopfung Ihrer Platte durch viele Befehlsdateien vorzuziehen ist.
- Der wichtigste Punkt ist, daß Makros für *Argumente* zu haben sind.

Makro-Argumente

Sie können einem Makro zusätzliche Informationen in Form von Operanden oder *Argumenten* auf den Weg geben, indem Sie sie beim Aufruf nach dem Makronamen angeben und die einzelnen Argumente durch Leerraum (ein oder mehrere Leer- oder Tabulatorzeichen) voneinander absetzen. Sie können sich ein Makro als Verb vorstellen, dem Sie verschiedene Objekte geben können, etwa „iß Spaghetti", „iß Mais", „iß Salat". Essen ist ein Routinevorgang, kann aber mit einer Vielfalt von Nahrungsmitteln durchgeführt werden.

```
C-Kermit>define iß echo Danke für das \%1. Das schmeckt gut.
C-Kermit>iß Brot
Danke für das Brot. Das schmeckt gut.
C-Kermit>iß Müsli
Danke für das Müsli. Das schmeckt gut.
C-Kermit>
```

Die Argumente sind echte Daten – Wörter, Zahlen, Dateinamen und so weiter –, die in besondere Platzhalter in der Makro-Definition (\%1 im vorangegangenen Beispiel) eingefügt werden, bevor die Befehle im Makro ausgeführt werden.

Hier ist eine vollständigere, formale und exakte Beschreibung des Makro-Aufrufs:

[**DO**] *Makroname [arg1 [arg2 [... [arg9]]]]*
Dies setzt die Variable \%0 auf den Namen des Makros und kopiert den Text der Argumente in die Variablen \%1, \%2, ..., \%9. Die Variable \v(argc), unten in diesem Kapitel, wird auf die Anzahl der Argumente plus 1 gesetzt; dann werden die für das angegebene Makro definierten Befehle ausgeführt, wobei alle Vorkommen dieser Variablen in der Makro-Definition durch die soeben zugewiesenen Werte ersetzt werden.

Probieren wir das noch einmal auf Deutsch. Wenn Sie ein Makro aufrufen, können Sie noch einiges anderes Material – bis zu neun Wörter – hinter dem Makronamen angeben. Jedes dieser Wörter wird einer *Variablen* zugewiesen, die einen komisch aussehenden Namen hat: Backslash-Prozent-Ziffer, zum Beispiel \%2. Die Ziffer gibt die Position des Wortes in dem gerade von Ihnen eingegebenen Befehl an: 0 für den Namen des Makros selbst, 1 für das erste Wort danach (das erste Argument), 2 für das zweite Wort und so weiter. Wenn es mehr als neun Wörter gibt, werden die überzähligen Wörter ignoriert. Gibt es weniger als neun Wörter, erhalten die überzähligen Variablen den leeren Wert. Die Namen von Argument-Variablen (\%0, \%1 usw.), die an beliebigen Stellen in Ihrer Makro-Definition auftreten, werden durch die zugewiesenen Werte ersetzt, wenn die Befehle in dem Makro ausgeführt werden.

Vielleicht hilft ein weiteres Beispiel. Hier ist eine Makro-Definition, die der UNIX-Version von C-Kermit zu einem KOPIERE-Befehl verhilft:

```
C-Kermit>define kopiere run cp \%1 \%2
```

(Für VMS oder OS/2 ersetzen Sie einfach `cp` durch `copy`).[32] Rufen Sie dieses Makro durch Eingabe seines Namens auf, gefolgt vom Namen der Datei, die Sie kopieren wollen, und dem Dateinamen, unter dem die Kopie erzeugt werden soll:

```
C-Kermit>kopiere tapir.alt tapir.neu
```

Wenn das Makro ausgeführt wird, wird \%1 durch `tapir.alt` und \%2 durch `tapir.neu` ersetzt; also ist der Befehl, den Kermit wirklich ausführt, der folgende:

```
run cp tapir.alt tapir.neu
```

Kermits Argument-Weitergabe-Schema müßte Ihnen jetzt kristallklar sein – so klar, daß Sie zwischen dem letzten Absatz und diesem hier das Buch zur Seite gelegt haben, zu Ihrem Terminal gelaufen sind, noch ein paar weitere neue Befehle hinzugefügt und dann alle eingebauten Kermit-Befehle ins Ungarische übersetzt haben, indem Sie einfach Makros dafür definiert haben. Haben Sie das nicht alles bereits getan, tun Sie's jetzt.

Format der Makro-Argumente

Ein Makro-Argument ist eine Zeichenkette (String), die von Leerraum (Leer- oder Tabulatorzeichen) umgeben ist. Das letzte Makro-Argument kann der letzte Leerraum-freie String von Zeichen auf der Befehlszeile sein; es kann aber auch ein Zeilenende-Kommentar folgen, der ignoriert wird. Zur Veranschaulichung definieren wir ein Makro ARGLIST, das – trotz seinem mißtrauisch machenden Namen – lediglich seine ersten vier Argumente ausgibt, und rufen es dann auf verschiedene Arten auf:

```
C-Kermit>def arglist echo 1= (\%1) 2=(\%2) 3=(\%3) 4=(\%4)
C-Kermit>arglist schmockelesbraun blau rot gelb grün
1=(schmockelesbraun) 2=(blau) 3=(rot) 4=(gelb)
C-Kermit>arglist eins zwei
1=(eins) 2=(zwei) 3=() 4=()
```

```
C-Kermit>arglist eins zwei ; mit einem Kommentar
1=(eins) 2=(zwei) 3=() 4=()
C-Kermit>
```

Wenn ein Argument Leerzeichen enthalten soll, schließen Sie es in geschweifte Klammern ein:

```
C-Kermit>arglist {Dieses hat vier Wörter} abc xyz
1=(Dieses hat vier Wörter) 2=(abc) 3=(xyz) 4=()
```

Wie Sie sehen, sind die Klammern entfernt worden. Wenn Sie die Klammern beibehalten wollen, benutzen Sie zwei Paare:

```
C-Kermit>arglist {{abc def}} xyz
1=({abc def}) 2=(xyz) 3=() 4=()
```

Der Befehl SHOW ARGUMENTS zeigt, wenn er innerhalb von einem Makro ausgeführt wird, die Argumente des Makros an:

```
C-Kermit>define zeigargs show arguments
C-Kermit>zeigargs heinz entzwei {dreist und} frier
Macro arguments at level 0
 \%0 = zeigargs
 \%1 = heinz
 \%2 = entzwei
 \%3 = dreist und
 \%4 = frier
C-Kermit>
```

Geltungsbereich von Makro-Argumenten

Die Argument-Variablen \%0 bis \%9 werden erzeugt, wenn das Makro aufgerufen wird, und stehen dem Makro während seiner gesamten Ausführung zur Verfügung. Nicht angegebene Argumente werden auf den leeren Wert gesetzt, wie in den vorangegangenen Beispielen gezeigt.

Wenn Makro A Makro B aufruft, erhält Makro B einen vollständig neuen Satz von Argumenten \%0 bis \%9 und hat keinerlei Zugang zu den Argumenten von Makro A. Wenn Makro B beendet wird, hat Makro A immer noch seinen ursprünglichen Satz von Variablen. Dieser Vorgang setzt sich so tief fort, wie Makro-Aufrufe geschachtelt werden können. Veranschaulichen wir dies einmal:

```
C-Kermit>def oben show arg, mitte Test, show arg
C-Kermit>def mitte show arg, unten XXX, show arg
C-Kermit>def unten show arg
C-Kermit>oben Hallo            (Makro OBEN mit Argument "Hallo" aufrufen)
Macro arguments at level 0     (Jetzt sind wir im Makro OBEN)
 \%0 = oben                    (Makro OBEN bringt seine Argumente vor)
```

```
  \%1 = Hallo                      (Das habe ich eingegeben)
  Macro arguments at level 1       (Makro OBEN ruft Makro MITTE auf)
   \%0 = mitte                     (Makro MITTE zeigt seinen Namen)
   \%1 = Test                      (und seine Argumente)
  Macro arguments at level 2       (MITTE ruft UNTEN auf)
   \%0 = unten                     (Makro UNTEN zeigt seinen Namen)
   \%1 = XXX                       (und seine Argumente)
  Macro arguments at level 1       (Jetzt zurück zu Makro MITTE)
   \%0 = mitte                     (Sein Name ist unverändert)
   \%1 = Test                      (und sein Argument auch)
  Macro arguments at level 0       (Jetzt zurück zu Makro OBEN)
   \%0 = oben                      (Sein Name ist unverändert)
   \%1 = Hallo                     (und sein Argument ebenfalls)
  C-Kermit>
```

Wenn eine Makro-Definition zufällig einen TAKE-Befehl enthält, stehen die Argumente des Makros auch der Befehlsdatei zur Verfügung. Nehmen wir zur Veranschaulichung an, die Datei HAYES.TAK enthalte das folgende:

```
set modem hayes              ; Modemtyp angeben
set line /dev/cua            ; Kommunikationsgerät angeben
set speed 2400               ; Geschwindigkeit setzen
dial \%1
```

Nehmen wir weiter an, Sie definieren das folgende Makro und rufen es dann auf:

```
C-Kermit>define hayes take hayes.tak
C-Kermit>hayes 654321
```

C-Kermit führt alle Befehle in dem Makro HAYES aus und ersetzt dabei alle Backslash-Prozent-Variablen durch die tatsächlichen Argumente des Makros. Da das Makro HAYES noch aktiv ist, wenn die Befehlsdatei ausgeführt wird, steht die Variable \%1 auch innerhalb der Befehlsdatei zur Verfügung, und aus dem Befehl

```
dial \%1
```

in der Datei HAYES.TAK wird

```
dial 654321
```

bevor C-Kermit ihn ausführt.

Ein Makro-Album

Um die Begriffe Makro und Argumente auf den Boden herunterzuholen, stellen wir hier eine kleine Sammlung von Makros für Verbindungen und Dateitransfer zusammen, die richtige C-Kermit-Benutzer im Alltagsleben wirklich benutzen.

Wählmakros

Nehmen wir an, Sie benutzen zum Wählen nach draußen immer ein bestimmtes Modem an einem bestimmten Gerät. Hier ist ein Makro namens MEINEWAHL, das alle benötigten SET-Befehle gibt, die Telefonnummer für Sie wählt und Sie nach erfolgter Verbindung in den Terminalbetrieb setzt. Nehmen Sie diese Befehle in Ihre C-Kermit-Initialisierungsdatei auf, und setzen Sie dabei Ihre eigenen Werte für Modemtyp, Gerätenamen und Geschwindigkeit ein.

```
; MEINEWAHL - In einem Befehl alle Schritte zum Wählen nach draußen
define meinewahl -
    set macro error on,-            ; Bei Fehler abbrechen
    set modem hayes,-               ; Modemtyp
    set line /dev/cua,-             ; Gerätename
    set speed 2400,-                ; Geschwindigkeit
    dial \%1,-                      ; Nummer wählen
    connect,-                       ; Nur bei erfolgreicher Verbindung
    set macro error off             ; Zurück zum Normalzustand
```

Sie können dieses Makro zum Wählen jeder beliebigen Nummer verwenden:

```
C-Kermit>meinewahl 654321           ; Eine Telefonnummer
C-Kermit>meinewahl 001-800-234-1998 ; Eine andere Telefonnummer
```

Hier sind Beispiel-Makros, die MEINEWAHL dazu benutzen, bestimmte Nummern anzurufen: (Die angegebenen Nummern sind erfunden, bis auf die letzte.)

```
define compuserve meinewahl 654321
define wetteramt  meinewahl 765432
define dax        meinewahl 876543
define c't        meinewahl 0511/5352301
```

(Sie können auch Namen aus Ihrem Kermit-Telefonbuch statt der tatsächlichen Nummern verwenden.) Sie können diese Makros dazu verwenden, einen Wirt oder Dienst anzurufen, indem Sie einfach beim C-Kermit-Prompt den Makronamen eingeben, und den können Sie sogar noch abkürzen:

```
C-Kermit>wette
```

Passen Sie die Makros in diesem Abschnitt an Ihre eigenen Gegebenheiten und die von Ihnen benutzten Wirte oder Dienste an, und nehmen Sie die Definitionen in Ihre C-Kermit-Initialisierungsdatei auf. Dann lassen Sie *Kermits* Hände die Arbeit erledigen!

Netzwerk-Makros

Sind Sie eine Netzwerk-Benutzerin, können Sie ähnliche Makros für die Netzwerk-Verbindungen, die Sie häufig machen, Ihrer C-Kermit-Initialisierungsdatei hinzufügen. Hier sind einige Makros, die die passenden Einstellungen für TCP/IP- und X.25-Netzwerke vornehmen.

```
define tcp -
  set net tcp/ip, set flow none, set parity none, -
  set receive packet-length 2000, set window 4, -
  telnet \%1

define x25 -
  set net x.25, set flow xon/xoff, set parity mark, -
  set receive packet-length 250, set window 8, -
  set host \%1, if success connect
```

IF SUCCESS wird im nächsten Kapitel erläutert. Die Parameter für Kommunikation und Dateitransfer sind nur als Beispiele zu verstehen und nicht unbedingt für jede Verbindung optimal.

Hier sind Makros, um die gewünschten Verbindungen einfach durch Eingabe eines Namens herzustellen: (Die Wirtsnamen und -nummern sind frei erfunden.)

```
define chemvax tcp vax.chem.uni-xxxx.de
define katalog tcp bibliothek.uni-xxxx.de
define belwue x25 1234567890
```

Dateitransfer-Makros

Hier sind schließlich zwei Makros für Anwahl und Start eines Dateitransfers im Binär- bzw. Textmodus:

```
define bsend set file type binary, send \%1 \%2
define tsend set file type text, send \%1 \%2
```

Das zweite Argument, \%2, ist der Name, unter dem die Datei gesendet werden soll. Wenn das zweite Argument fehlt, wird die Datei unter ihrem eigenen Namen gesendet.

Variablen

Variablen sind Dinge, die für andere Dinge stehen. Zu verschiedenen Zeiten kann dieselbe Variable verschiedene Werte annehmen. Ihr Wert kann *variieren* – deswegen heißt sie Variable –, aber ihr Name bleibt stets derselbe. Makro-Argumente sind eine Art von C-Kermit-Variablen, die nur dem Makro zugänglich sind, dem sie mitgegeben wurden. Dieser Abschnitt beschreibt mehrere andere Arten von Variablen, die im Gegensatz zu Makro-Argumenten *global* sind, d. h., sie sind Befehlen auf allen Ebenen zugänglich: beim C-Kermit-Prompt, in Befehlsdateien und in Makros, unabhängig von der Schachtelungstiefe.

Globale Variablen

Globale Variablennamen sind wie Makro-Argumentnamen, werden aber mit einfachen lateinischen Buchstaben (keine Umlaute usw.) anstelle der Ziffern geschrieben: \%a, \%b, \%c, ..., \%z. Groß- und Kleinschreibung dieses Buchstabens tut nichts zur Sache: \%a ist dieselbe Variable wie \%A; also stehen 26 globale Variablen zu Ihrer Verfügung. Alle diese Variablen haben den leeren Wert, bis ihnen mit einem der Befehle DEFINE oder ASSIGN ein Wert zugewiesen worden ist:

```
C-Kermit>define \%n Alfons Tegtmeier
C-Kermit>defin \%t 01234/567890
C-Kermit>def \%f tapir.txt
```

Sie können mit dem Befehl SHOW GLOBALS herausfinden, welche globalen Variablen definiert sind und welche Werte sie haben:

```
C-Kermit>show glob
Global variables:
 \%f = tapir.txt
 \%n = Alfons Tegtmeier
 \%t = 01234/567890
C-Kermit>
```

Sie können eine Variable fast überall in jedem beliebigen Kermit-Befehl verwenden. Schreiben Sie sie einfach dorthin, wo Sie ihren Wert eingefügt haben wollen:

```
C-Kermit>echo \%n ruft \%t zur Übertragung von \%f...
Alfons Tegtmeier ruft 01234/567890 zur Übertragung von tapir.txt...
C-Kermit>dial \%t              (Wähle 01234/567890)
C-Kermit>send \%f              (Sende tapir.txt)
C-Kermit>
```

Die Auswertung der Variablen besteht einfach in einer Ersetzung des Textes. Variablen haben keinen bestimmten Typ, etwa *numerisch* im Gegensatz zu *String*. Sie werden zu der

Zeit, da sie ausgewertet werden, an Ort und Stelle eingesetzt. Wenn das Ergebnis dort nicht erlaubt ist, wird genauso ein Fehler festgestellt, als hätten Sie den unerlaubten Wert unmittelbar eingegeben, wie das folgende Beispiel zeigt:

```
C-Kermit>define \%x tapir          (Ein nicht-numerischer Wert)
C-Kermit>set block-check \%x       (Benutzen Sie ihn in numerischem Kontext)
?Invalid - set block tapir         (Kermit versteht das nicht)

C-Kermit>define \%x 2              (Versuchen Sie einen numerischen Wert)
C-Kermit>set block-check \%x       (Benutzen Sie ihn in demselben Kontext)
C-Kermit>                          (Keine Klagen)
```

Wenn Sie den eigentlichen Variablennamen in einem Befehl wörtlich verwenden wollen, stellen Sie seinem Namen einen Backslash voran:

```
C-Kermit>define \%a Hallo Du da
C-Kermit>echo Ich heiße "\\%a". Ich habe den Wert "\%a".
Ich heiße "\%a". Ich habe den Wert "Hallo Du da".
C-Kermit>
```

Sie sollten eine Einschränkung für C-Kermits Textersetzung im Hinterkopf behalten: Sie können eine Variable, die in mehrere Wörter aufgelöst wird, nicht in ein Befehlsfeld einsetzen, das aus einem einzelnen Wort bestehen muß. Das folgende Beispiel illustriert dies:

```
C-Kermit>def \%a file type binary
C-Kermit>set \%a
?More fields required
C-Kermit>
```

Aber:

```
C-Kermit>def \%b file              (Jedes Wort getrennt definieren)
C-Kermit>def \%c type
C-Kermit>def \%d binary
C-Kermit>set \%b \%c \%d
C-Kermit>                          (Keine Klagen)
```

Zuweisung und Definition (ASSIGN und DEFINE)

Variablendefinitionen können geschachtelt sein, d. h., die Definition einer Variablen kann die Namen anderer Variabler enthalten:

```
C-Kermit>define \%a Ich heiße \%b.
C-Kermit>define \%b nicht \%c
C-Kermit>define \%c Jochen
C-Kermit>echo \%a
Ich heiße nicht Jochen.
C-Kermit>
```

Hier ergibt sich eine interessante Frage: Was passiert, wenn wir eine Variable durch sich selbst definieren?

```
C-Kermit>define \%a 5            (\%a wird als "5" definiert)
C-Kermit>define \%a -\%a         (\%a wird als "-\%a" definiert)
C-Kermit>echo \%a                (Was passiert nun?)
```

Zum Glück werden Sie das nie herausbekommen. Dies wird als *zirkuläre Definition* bezeichnet und würde zur Konstruktion einer unendlich langen Kette von Minuszeichen vor der 5 führen, was den Speicher des Rechners schnell anfüllen würde, wenn C-Kermit das nicht bemerkte und ihm ein Ende setzte:

```
?Definition circular or too deep
C-Kermit>
```

Was machen wir aber, wenn wir eigentlich nur die Definition von \%a durch den augenblicklichen Wert mit einem vorangestellten Minuszeichen hatten ersetzen wollen, um beispielsweise eine positive Zahl durch eine negative zu ersetzen? Wir brauchen eine Methode, C-Kermit mitzuteilen, er solle den Wert der in der Definition genannten Variablen kopieren und nicht ihren Namen. Diese Fähigkeit liefert der ASSIGN-Befehl:

ASSIGN *Name [Text]*
Dieser Befehl ähnelt dem DEFINE-Befehl und kann wie dieser zum Anlegen oder zur Zuweisung eines anderen Wertes an Makros oder Variablen benutzt werden. Im Gegensatz zu DEFINE wertet er alle Variablen im *Text* aus, bevor er diesen zur Wert der Variablen oder des Makros macht. Synonym kann **ASG** verwendet werden. Es folgt ein Beispiel:

```
C-Kermit>define \%a 5
C-Kermit>assign \%a -\%a
C-Kermit>echo \%a
-5
C-Kermit>
```

Der Unterschied zwischen DEFINE und ASSIGN ist wichtig, wenn der Definitionstext Elemente mit vorangestelltem Backslash wie z. B. Variablennamen, deren Werte sich vor ihrer Benutzung noch ändern können, enthält. DEFINE kopiert sie wörtlich und verschiebt ihre Auswertung, bis ein Befehl sich tatsächlich auf sie bezieht, so daß zukünftige Bezugnahmen die neuen Werte aufgreifen können, während ASSIGN sie zur Zeit der Zuweisung auswertet und ihre *dann aktuellen* Werte bewahrt.

Makros als Variablen

Makros können auch als Variablen benutzt werden. Definieren Sie wie üblich ein Makro; wenn Sie jedoch vorhaben, es als Variable statt als Befehlsliste zu verwenden, kann es beliebigen Text enthalten:

```
C-Kermit>define telefonnummer 01234/567890
```

Sie können sich mit einer besonderen Schreibweise darauf beziehen: Stellen Sie seinem Namen ein \m voran, und schließen Sie den Namen in (runde) Klammern ein. C-Kermit ersetzt diese Konstruktion durch die Makro-Definition:

```
C-Kermit>echo \m(telefonnummer)
01234/567890
C-Kermit>dial \m(telefonnummer)
```

Ein auf diese Weise benutztes Makro verhält sich genau wie eine globale Variable, außer daß das Makro einen langen, beschreibenden Namen tragen kann. Offensichtlich lassen sich Makros, deren Definitionen keine Kermit-Befehle sind, nicht ausführen:

```
C-Kermit>telefonnummer
?Invalid: 01234/567890
C-Kermit>
```

Es ist normalerweise besser, Variablen in dieser Weise zu benennen, als die globalen Variablen \%a bis \%z zu verwenden, weil so die Gefahr geringer ist, daß sie versehentlich durch eine neue Definition überschrieben werden. In der normalen C-Kermit-Initialisierungsdatei, CKERMIT.INI oder .kermrc, finden Sie Beispiele dafür.

Felder

Ein Feld ist eine globale Variable, die eine Liste von Werten hat, von denen jeder seinen eigenen *Index* hat, eine Nummer zwischen 0 und einem von Ihnen gewählten Maximum. Ein Feldname sieht wie ein globaler Variablenname aus, außer daß statt eines Prozentzeichens das kaufmännische Und (englisch: *Ampersand*) benutzt wird: \&a, \&b, ..., \&z. Wie bei anderen Variablennamen auch macht Groß- oder Kleinschreibung keinen Unterschied: \&a ist dasselbe Feld wie \&A. Der Index steht in eckigen Klammern direkt hinter dem Namen: \&a[0] ist das „nullte" Element, \&a[1] das erste und so weiter.

Bevor Sie ein Feld verwenden können, müssen Sie seine Größe deklarieren, so daß Kermit ihm Speicher zuweisen kann:

DECLARE *Feldname*[*Zahl*]
　　Dieser Befehl legt ein Feld des gegebenen Namens mit *Zahl*+1 Elementen mit den Indizes 0 bis *Zahl* an. Zum Beispiel erzeugt der Befehl

```
C-Kermit>declare \&x[200]
```

　　ein Feld namens \&x mit 201 Elementen, die von 0 bis 200 numeriert sind. Synonym kann **DCL** verwendet werden.

Feldelemente können wie jede andere Variable mit den Befehlen DEFINE oder ASSIGN erzeugt werden. Ein Feldindex kann eine Konstante oder jede beliebige Variable, insbesondere ein weiteres Feldelement, sein:

```
C-Kermit>decl \&x[1023]           (Feld \&x deklarieren, Größe 1024)
C-Kermit>def \&x[100] HUNDERT     (Definiere das 100. Element von \&x)
C-Kermit>def \%i 100              (Definiere eine globale Variable)
C-Kermit>ech \&x[\%i]             (Benutze sie als Index)
HUNDERT
C-Kermit>asg \&x[99] \%i          (Definiere ein weiteres Feldelement)
C-Kermit>ech \&x[\&x[99]]         (Benutze es als Index)
HUNDERT
C-Kermit>
```

C-Kermit-Felder sind eindimensional. Das bedeutet, daß Sie kein Feld erzeugen oder benutzen können, das mehr als einen Index hat. Eine Deklaration für ein bereits existierendes Feld zerstört dieses und legt ein neues, leeres unter demselben Namen mit der gegebenen Größe an. Eine Definition mit der Größe null zerstört das Feld und gibt seinen Speicherplatz frei:

```
C-Kermit>declare \&x[0]
```

Sie können mit dem Befehl SHOW ARRAYS herausfinden, welche Felder deklariert sind:

```
C-Kermit>sho arra
Declared arrays:
 \&@[4]
 \&a[3]
 \&x[200]
```

Wir werden in den kommenden Kapiteln einige Beispiele für Felder sehen.

Das C-Kermit-Argument-Vektor-Feld

Das Feld \&@ ist etwas besonderes. Es wird automatisch angelegt, wenn Kermit startet, und enthält den „Argument-Vektor" des Programms – den Befehl, den Sie zum Starten von C-Kermit gegeben haben. Nehmen wir zum Beispiel an, Sie haben C-Kermit mit dem folgenden Befehl vom UNIX-Shell-Prompt aus gestartet:[33]

```
$ kermit -l /dev/ttya
C-Kermit>echo \&@[0]
kermit
C-Kermit>echo \&@[1]
-l
C-Kermit>echo \&@[2]
/dev/ttya
C-Kermit>
```

Kermit erlaubt Ihnen nicht, die Werte des Feldes \&@ zu ändern; es ist nur zum Lesen da.

Eingebaute Variablen

C-Kermit bietet eine Auswahl von eingebauten, nur zum Lesen bestimmten benannten Variablen an. „Nur zum Lesen bestimmt" (*read-only*) bedeutet, daß C-Kermit selbst ihnen ihre Werte zuweist. Sie können das nicht selbst mit DEFINE oder ASSIGN tun; Sie können nur die von Kermit zugewiesenen Werte benutzen oder mit IF DEFINED testen. Eingebaute Variablen haben Namen, die so aussehen:

\v(*Name*)

also ein Backslash, der Buchstabe v und dann der Variablenname in Klammern. Groß- und Kleinbuchstaben sind beliebig austauschbar. Die eingebauten Variablen von C-Kermit umfassen unter anderem:

\v(argc)
Die Anzahl der Argumente des aktuellen Makros, wobei der Name mitgezählt wird, wie das folgende Beispiel zeigt:

```
C-Kermit>define wortzahl echo Argumente: \v(argc)
C-Kermit>wortzahl Hier sind einige Wörter
Argumente: 5
C-Kermit>
```

\v(args)
Die Anzahl der „Wörter", die Sie beim Aufruf von C-Kermit eingegeben haben:

```
$ kermit -p e -l /dev/acu -b 2400
C-Kermit>echo \v(args)
7
C-Kermit>
```

\v(cmdlevel)
Aktuelles Befehlsniveau; 0 bedeutet interaktiv. Alle Werte größer als 0 bedeuten, daß C-Kermit seine Befehle aus einer Befehlsdatei oder einer Makro-Definition erhält.

\v(cmdfile)
Ggf. der Name der aktiven Befehlsdatei. (Wenn gerade ein Makro ausgeführt wird, ist dessen Name als \%0 erhältlich.) Hier ist ein Beispiel für die Verwendung:

```
Echo Grüße aus \v(cmdfile)!
```

\v(cmdsource)
Die aktuelle Herkunft der Befehle: `prompt` (falls interaktiv), `file` (falls aus einer Befehlsdatei) oder `macro` (falls aus einer Makro-Definition).

\v(count)
Der aktuelle Wert von SET COUNT (in Kapitel 12 erläutert).

\v(cpu)
Der CPU-Typ, für den C-Kermit gebaut wurde (und der nicht unbedingt mit dem Typ der CPU identisch ist, auf der er gerade läuft). Beispiele umfassen `mc68000` für die

Motorola-68000-Serie, `i386` für den Intel 80386, `sparc` für den Sun-SPARC-RISC-Processor und so weiter. Falls der Wert unbekannt ist, ist der Wert `unknown`.

`\v(date)`
Das aktuelle Datum, zum Beispiel `27 Jun 1993`. Als Monat werden die ersten drei Buchstaben des Monatsnamens angegeben, wobei die Namen je nach Konfiguration des Betriebssystems auch in der jeweiligen Landessprache stehen können. Der Datums-String enthält Leerzeichen (siehe `\v(ndate)` zu einer Alternative). Ein Beispiel für die Verwendung ist dies:

```
C-Kermit>echo Heute ist der \v(date).
Heute ist der 27 Jun 1993.
C-Kermit>
```

`\v(day)`
Der Wochentag, angegeben durch seine ersten drei Buchstaben: `Sun`, `Mon`, ..., `Sat`. (Ihr Betriebssystem ist mitunter so konfiguriert, daß die Wochentagsnamen in der jeweiligen Landessprache geliefert werden.) Ein Beispiel hierfür ist:

```
C-Kermit>echo Heute ist \v(day), der \v(date).
Heute ist Sun, der 27 Jun 1993.
C-Kermit>
```

`\v(directory)`
Das aktuelle (voreingestellte) Verzeichnis, wie in diesem Beispiel:

```
C-Kermit>set prompt [\v(dir)] C-Kermit>
[/usr/frank/korrespondenz] C-Kermit>
```

`\v(exitstatus)`
Der numerische Rückkehr-Code, den C-Kermit dem Betriebssystem Ihres Rechners zurückgeben würde, wenn Sie ihm gerade jetzt den Befehl EXIT gäben. Dieser Code zeigt Erfolg oder Mißerfolg bei verschiedenen Operationen an. (s. Seite 371).

`\v(filespec)`
Die Dateispezifikation aus Ihrem letzten Dateitransfer. Sie kann benutzt werden, um sich erneut auf die gleiche Dateigruppe für andere Zwecke zu beziehen, wie dieses Beispiel zeigt:

```
C-Kermit>send x*.*
C-Kermit>echo \v(filespec)
x*.*
C-Kermit>remote dir \v(filespec)
```

`\v(fsize)`
Die Größe der zuletzt transferierten Datei.

`\v(home)`
Ihr Heimat- bzw. Login-Verzeichnis. Unter UNIX etwa in der Form `/usr/wolfgang/`. Unter VMS etwa `$DISK1:[WOLFGANG]`. `\v(home)` ist eine zwischen verschiedenen Rechnersystemen übertragbare Konstruktion, an die ohne weitere einzuschiebende

Zeichen ein Dateiname angehängt werden kann; eine Konstruktion wie
`\v(home)tapir.txt` sollte unter allen Betriebssystemen, die C-Kermit unterstützt,
korrekt sein.

`\v(host)`

Ggf. der Netzwerk-Wirtsname des Rechners, auf dem C-Kermit läuft:

```
C-Kermit>set prompt Kermit-auf-\v(host)>
Kermit-auf-watsun>
```

`\v(inchar)`

Das zuletzt mit dem INPUT-Befehl (in Kapitel 13 erläutert) gelesene Zeichen.

`\v(incount)`

Die Anzahl der mit dem letzten INPUT-Befehl (in Kapitel 13 erläutert) gelesenen Zeichen.

`\v(input)`

Der Inhalt des INPUT-Puffers (in Kapitel 13 erläutert).

`\v(line)`

Die aktuelle Zuweisung von Kommunikationsleitung, -gerät, Netzwerk-Wirtsname oder -nummer (der Wert des letzten SET LINE oder SET HOST).

`\v(local)`

1, wenn sich Kermit im lokalen Betrieb befindet, das heißt, wenn Sie einen der Befehle SET LINE, SET HOST oder TELNET gegeben haben, um eine Verbindung von dem Rechner, auf dem C-Kermit läuft, zu einem anderen (Wirts-)Rechner herzustellen. Sonst 0.

`\v(ndate)`

Das aktuelle Datum in numerischem Format *jjjjmmtt*, z. B. 19930627, das zum Sortieren oder zum Vergleichen mit IF EQUAL, IF LLT, IF LGT (in Kapitel 12 erläutert) oder zur Erzeugung von Dateinamen geeignet ist, wie in dem folgenden Beispiel:

```
C-Kermit>log transactions \v(ndate).log
```

`\v(nday)`

Der numerische Wert des Wochentages. 0 ist Sonntag, 1 ist Montag und so weiter bis Samstag, der 6 ist.

`\v(ntime)`

Die numerische Zeitangabe, d. h. die Zeit in Sekunden seit Mitternacht in der Ortszeit. Zum Beispiel stünde 79200 für 22.00 Uhr.

`\v(platform)`

Die spezielle Rechner-Plattform, für die Ihre C-Kermit-Version gebaut worden ist, wie etwa `AT&T_System_V_R4`, `NeXT` usw. Dies entspricht genau der Versionsmeldung gleich nach dem Start von C-Kermit, wobei allerdings die Leerzeichen durch Unterstriche ersetzt sind, um einfache Benutzung dieser Variablen in Befehlen ohne Einführung unerwünschter Feldtrenner zu gestatten.

\v(program)
: Der Name dieses Programms, C-Kermit.

\v(return)
: Der Rückgabe-Wert des zuletzt aufgerufenen Makros bzw. der Benutzer-definierten Funktion (in Kapitel 12 erläutert).

\v(speed)
: Die Kommunikationsgeräte-Geschwindigkeit, falls bekannt. Seien Sie hier vorsichtig, der gelieferte Wert ist irreführend, wenn das Kommunikationsgerät kein echtes serielles ist. Zum Beispiel berichten die meisten UNIX-Systeme als Geschwindigkeit eines Pseudoterminalgerätes 38400 bps.

\v(status)
: Null, wenn der vorangegangene Befehl erfolgreich war; nach einem Fehler ungleich null. Benutzen Sie diese Variable, um auf den Status eines Befehls zuzugreifen, so daß Sie ihn für spätere Bezugnahme sichern können, wie in diesem Beispiel gezeigt wird:

```
send tapir.a
assign \%a \v(status)
send tapir.b
assign \%b \v(status)
echo Status: tapir.a \%a, tapir.b \%b.
```

\v(system)
: Der allgemeine Name des Wirts-Betriebssystems oder der Umgebung: UNIX, VMS, OS/2 oder OS-9.

\v(tfsize)
: Die Gesamtzahl von Datenbytes, die im letzten Dateitransfer übertragen wurden. Wenn eine Dateigruppe übertragen wurde, gibt \v(tfsize) ihre Gesamtgröße an, während \v(fsize) nur die Größe der letzten übertragenen Datei angibt.

\v(time)
: Die aktuelle Ortszeit im 24-Stunden-Format (*hh:mm:ss*), zum Beispiel 15:17:00.

\v(ttyfd)
: (Nur unter UNIX) Der File-Descriptor des zuletzt mit einem der Befehle SET LINE oder SET HOST ausgewählten Kommunikationsgeräts. Benutzen Sie diese Variable, um Befehlszeilen zu konstruieren, die externe Protokoll- oder Kommunikationsprogramme mit dem RUN-Befehl aufrufen, zum Beispiel:

```
C-Kermit>set modem microcom
C-Kermit>set line /dev/cua
C-Kermit>set speed 2400
C-Kermit>dial 654321
C-Kermit>run xyzcom -f \v(ttyfd)
```

\v(version)
: Die numerische Versionsnummer des Kermit-Programms. Zum Beispiel hat Version 5A(189) die Nummer 501189. Benutzen Sie diese Variable in den Anweisungen IF

EQUAL, IF LLT, IF LGT (erläutert in Kapitel 12), um Skripten zu konstruieren, die Befehle in neueren C-Kermit-Fassungen nutzen können, die in älteren Versionen noch nicht vorhanden sind.

C-Kermits eingebaute Variablen können in jedem Zusammenhang benutzt werden, in dem sie einen Sinn haben:

```
C-Kermit>echo Es ist \v(time) am \v(date)
Es ist 15:17:00 am 27 Jun 1993
C-Kermit>
```

Sie können mit dem Befehl SHOW VARIABLES herausfinden, welche eingebauten Variablen zur Verfügung stehen und welche Werte sie derzeit haben: (Dieses Beispiel zeigt keine vollständige Auflistung.)

```
C-Kermit>show var
 \v(argc) = 0
 \v(args) = 2
 \v(cmdfile) =
 \v(cmdlevel) = 0
 \v(cmdsource) = prompt
 \v(cpu) = sparc
 \v(date) = 10 Jun 1993
 \v(day) = Thu
 \v(directory) = /usr/klaus
 \v(home) = /usr/klaus/
 \v(host) = watsun
 \v(line) = /dev/tty
 \v(local) = 0
 \v(ndate) = 19930610
 \v(nday) = 0
 \v(ntime) = 82463
 \v(platform) = SunOS_4.1_(BSD)
 \v(program) = C-Kermit
 \v(speed) = 38400
 \v(status) = 0
 \v(system) = UNIX
 \v(time) = 22:54:24
C-Kermit>
```

Umgebungsvariablen

Umgebungsvariablen sind Variablen, die einige Rechner-Betriebssysteme oder Anwendungsumgebungen der Anwendungs-Software (wie etwa C-Kermit) während der Laufzeit zur Verfügung stellen. Eine Umgebungsvariable hat einen Namen und einen Wert. C-Kermit gewährt Ihnen auf folgende Weise Zugriff auf die Variablen Ihrer Rechnerumgebung (wenn es welche gibt):

\$(*Name*)

Also ein Backslash mit nachfolgendem Dollar-Zeichen, gefolgt vom in Klammern eingeschlossenen Namen der Umgebungsvariablen. Ob und, wenn ja, welche Variablen zur Verfügung stehen, hängt von Ihrem Rechnersystem und Ihrer eigenen Einrichtung ab, über die C-Kermit gar nichts weiß. Die üblicherweise unter UNIX und VMS verfügbaren Umgebungsvariablen sind unter anderem:

\$(HOME)   Ihr Heimat-(Login-)Verzeichnis
\$(USER)   Ihr (Login-)Benutzername
\$(TERM)   Ihr Terminal-Typ

Beachten Sie, daß Groß- und Kleinschreibung bei den Namen von Umgebungsvariablen bedeutsam ist. Hier ist ein Beispiel (mit Ergebnissen sowohl von UNIX als auch von VMS):

```
C-Kermit>echo HOME=\$(HOME), USER=\$(USER), TERM=\$(TERM)
HOME=/usr/michael, USER=michael, TERM=vt300         (UNIX)
HOME=$disk1:[michael], USER=MICHAEL, TERM=vt300     (VMS)
```

Unter UNIX und OS/2 können Sie herausfinden, welche Umgebungsvariablen derzeit definiert sind, indem Sie den Befehl set vom Shell-Prompt aus ausführen, oder indem Sie den folgenden C-Kermit-Befehl benutzen:

```
C-Kermit>run set
```

Unter UNIX können Sie so eine Umgebungsvariable definieren:

```
$ MEINNAME=Ursel ; export MEINNAME       (sh oder ksh)
% setenv MEINNAME Ursel                  (csh)
```

Unter VMS und OpenVMS behandelt C-Kermit logische Namen als Umgebungsvariablen:

```
C-Kermit>echo \$(SYS$SYSTEM)
SYS$SYSROOT:[SYSEXE]
```

Sie können Ihre logischen Namen mit dem VMS-Befehl SHOW LOGICALS herausfinden und neue mit dem VMS-Befehl DEFINE definieren:

```
$ define MEINNAME "Brigitte"
$ show logical meinname
   "MEINNAME" = "Brigitte" (LNM$PROCESS_TABLE)
$ kermit
C-Kermit>echo Hallo, \$(MEINNAME).
Hallo, Brigitte.
C-Kermit>
```

Noch einmal Zuweisung und Definition
(ASSIGN und DEFINE)

Einige von C-Kermits \v()-Variablen ändern sich je nach den Bedingungen. Zum Beispiel ändert sich \v(directory) jedes Mal, wenn Sie einen CD-Befehl geben; die Variable \v(time) ändert sich jede Sekunde ganz von selbst. Diese Variablen zeigen sehr schön den Unterschied zwischen DEFINE und ASSIGN, falls er noch nicht ganz klar sein sollte. Lassen Sie uns eine Variable \%a anlegen, die sich in ihrem Wert auf \v(time) bezieht. Benutzen wir zuerst den DEFINE-Befehl, der den *Namen* der Variablen \v(time) in die Definition von \%a hineinkopiert:

```
C-Kermit>DEFINE \%a Es ist jetzt \v(time) Uhr
C-Kermit>show globals                (Den Wert von %a prüfen)
 \%a = Es ist jetzt \v(time) Uhr
C-Kermit>echo \%a                    (Den Ausdruck auswerten)
Es ist jetzt 13:25:03 Uhr
C-Kermit>sleep 60                    (Warten wir eine Minute)
C-Kermit>echo \%a                    (Noch einmal nachsehen)
Es ist jetzt 13:26:03 Uhr            (Da, sie hat sich geändert)
```

Und jetzt noch einmal, aber mit dem ASSIGN-Befehl, der die Variable \v(time) auswertet und ihren *Wert* in die Definition von \%a hineinkopiert:

```
C-Kermit>ASSIGN \%a Es ist jetzt \v(time) Uhr
C-Kermit>sho globals                 (Den Wert überprüfen)
 \%a = Es ist jetzt 13:31:47 Uhr     (Kein \v(time) mehr zu sehen)
C-Kermit>echo \%a                    (\%a auswerten)
Es ist jetzt 13:31:47 Uhr
C-Kermit>sleep 60                    (Eine Minute schlafen)
C-Kermit>echo \%a                    (Noch einmal prüfen)
Es ist jetzt 13:31:47 Uhr            (Die Zeit steht still!)
```

Auch hier ist also die Regel: Benutzen Sie ASSIGN, um den aktuellen Wert einer Variablen zu erhalten, deren Wert sich vielleicht ändert, bevor Sie sie benutzen. Benutzen Sie DEFINE, um sicherzustellen, daß Sie bei jeder Bezugnahme auf sie ihren aktuellen Wert erhalten. Wenn der Definitionstext keine Variablen enthält, sind DEFINE und ASSIGN äquivalent.

12 Befehle zum Programmieren

Befehlsdateien, Makros und Variablen sind nützliche Werkzeuge, für sich genommen jedoch nur wenig mehr als kleine Annehmlichkeiten. Werden sie aber im Rahmen einer Programmiersprache benutzt, können sie vielfältige neue Möglichkeiten eröffnen. *Programmiersprache?* Sind Sie kein Programmierer, bekommen Sie keinen Schreck! Die Sprache, über die wir hier reden, ist nichts anderes als die Gesamtheit der Kermit-Befehle, mit denen Sie bereits vertraut sind, zuzüglich einiger weniger zusätzlicher Elemente: Befehle zum Treffen von Entscheidungen, zum Überspringen anderer Befehle, für wiederholtes Ausführen von Befehlsgruppen, zum Lesen und Schreiben von Dateien und zur direkten Interaktion mit der Benutzerin.

Der IF-Befehl

Beginnen wir mit der Einführung von Kermits Befehl zum Treffen von Entscheidungen.

IF *Bedingung Befehl*
  Wenn die *Bedingung* wahr ist, wird der *Befehl* ausgeführt. Wenn die *Bedingung* nicht wahr ist, wird der *Befehl* ignoriert, genauer gesagt, er wird wie ein Kommentar behandelt.

IF NOT *Bedingung Befehl*
  Wenn die *Bedingung* nicht wahr ist, wird der *Befehl* ausgeführt. Wenn die *Bedingung* wahr ist, wird der *Befehl* ignoriert.

Der *Befehl* kann jeder beliebige C-Kermit-Befehl sein, einschließlich eines weiteren IF-Befehls, nicht jedoch ein ELSE-Befehl (s. Seite 275); insbesondere kann er ein Makro-Aufruf oder ein TAKE-Befehl sein. Er steht auf derselben Zeile wie der IF-Befehl und wird von diesem durch ein oder mehrere Leerzeichen getrennt, nicht aber durch Kommata oder andere Satzzeichen. Die *Bedingung* ist ein Ausdruck, der wahr oder falsch sein kann und aus ein bis vier Wörtern besteht, die durch Leerzeichen voneinander getrennt sind, wie in dem Beispiel auf der nächsten Seite:

if equal "\%a" "Rumpelstilzchen" echo Du hast meinen Namen erraten!

Die *Bedingung* ist hier:

equal "\%a" "Rumpelstilzchen"

und der *Befehl* lautet:

echo Du hast meinen Namen erraten!

Die folgenden Abschnitte beschreiben C-Kermits IF-Bedingungen.

Vergleich von Zahlen

Fangen wir mit den IF-Befehlen an, die Zahlen miteinander vergleichen. Die Zahlen in den folgenden Bedingungen können Konstanten (wörtlich angegebene Zahlen) oder Variablen derart, daß ihre Werte positive oder negative ganze Zahlen sind, sein. Werden diese Vergleiche mit nichtnumerischen Werten oder mit Zahlen mit Dezimalpunkt benutzt, wird eine Syntax-Fehlermeldung ausgegeben, und der Befehl schlägt fehl.

IF = *Zahl1 Zahl2 Befehl*
    Wenn *Zahl1* gleich *Zahl2* ist, wird der *Befehl* ausgeführt, wie dieses Beispiel zeigt:

```
C-Kermit>define \%a 2
C-Kermit>if = ? First number or variable name
C-Kermit>if = \%a ? Second number or variable name
C-Kermit>if = \%a 3 echo Sie sind gleich      (Nichts geschieht)
C-Kermit>if = \%a 2 echo Sie sind gleich      (Bedingung ist wahr)
Sie sind gleich                               (Befehl wird ausgeführt)
C-Kermit>
```

IF NOT = *Zahl1 Zahl2 Befehl*
    Wenn *Zahl1* ungleich *Zahl2* ist, wird der *Befehl* ausgeführt, wie das folgende Beispiel zeigt:

```
C-Kermit>define \%a 2
C-Kermit>if not = \%a 2 echo Nicht gleich     (Nichts geschieht)
C-Kermit>if not = \%a 3 echo Nicht gleich     (Bedingung ist wahr)
Nicht gleich                                  (Befehl wird ausgeführt)
C-Kermit>
```

IF < *Zahl1 Zahl2 Befehl*
    Wenn *Zahl1* kleiner als *Zahl2* ist, wird der *Befehl* ausgeführt, wie dieses Beispiel zeigt:

```
C-Kermit>define \%a 2
C-Kermit>if < \%a -5 echo Es ist kleiner      (Nichts geschieht)
C-Kermit>if < \%a 100 echo Es ist kleiner     (Bedingung ist wahr)
Es ist kleiner                                (Befehl wird ausgeführt)
C-Kermit>
```

IF NOT < *Zahl1 Zahl2 Befehl*
Wenn *Zahl1* nicht kleiner als *Zahl2* ist (also größer oder gleich), wird der *Befehl* ausgeführt, wie das folgende Beispiel zeigt:

```
C-Kermit>define \%a 2
C-Kermit>if not < \%a 1 echo Nicht kleiner    (Bedingung ist wahr)
Nicht kleiner                                  (Befehl wird ausgeführt)
C-Kermit>if not < \%a 2 echo Nicht kleiner    (Nichts geschieht)
C-Kermit>
```

IF > *Zahl1 Zahl2 Befehl*
Wenn *Zahl1* größer als *Zahl2* ist, wird der *Befehl* ausgeführt, wie dieses Beispiel zeigt:

```
C-Kermit>define \%a 2
C-Kermit>if > \%a 1 echo Größer               (Bedingung ist wahr)
Größer                                         (Befehl wird ausgeführt)
C-Kermit>if > \%a 2 echo Größer               (Nichts geschieht)
C-Kermit>
```

IF NOT > *Zahl1 Zahl2 Befehl*
Wenn *Zahl1* nicht größer als *Zahl2* ist (also kleiner oder gleich), wird der *Befehl* ausgeführt, wie das folgende Beispiel zeigt:

```
C-Kermit>define \%a 2
C-Kermit>if not > \%a 2 echo Nicht größer     (Bedingung ist wahr)
Nicht größer                                   (Befehl wird ausgeführt)
C-Kermit>if not > \%a 1 echo Nicht größer     (Nichts geschieht)
C-Kermit>
```

Hier ist ein Beispiel, wie man die Konstruktion „IF <" zur Konstruktion einer zeitgemäßen Begrüßungsmeldung verwendet:

```
if < \v(ntime) 43200 def \%x Morgen           (Vormittags)
if not < \v(ntime) 43200 def \%x Tag          (Vor 6 Uhr abends)
if not < \v(ntime) 64800 def \%x Abend        (Ab 6 Uhr abends)
echo Guten \%x!
```

Der ELSE-Befehl

Dem IF-Befehl kann auf der folgenden Zeile ein ELSE-Befehl folgen:

ELSE *Befehl*
Dies führt den *Befehl* aus, wenn der vorhergehende Befehl ein IF-Befehl war, dessen Bedingung nicht wahr war.

Folgendes Beispiel kann dies veranschaulichen:

```
C-Kermit>if = 1 2 echo 1 = 2          (Nicht wahr)
C-Kermit>else echo 1 ist nicht 2      (Also wird ELSE ausgeführt)
1 ist nicht 2
C-Kermit>
```

Der ELSE-Befehl ruft einen Fehler hervor, wenn er nach einem anderen Befehl als IF ausgeführt wird. IF und ELSE sind zwei verschiedene Befehle, nicht zwei Teile desselben Befehls. Sie sind in erster Linie zur Benutzung innerhalb von Befehlsdateien und Makros gedacht, können aber auch vom C-Kermit-Prompt aus ausgeführt werden; in diesem Fall sollten Sie nicht erschreckt sein, wenn nach der IF-Bedingung plötzlich ein weiterer Prompt erscheint:

```
C-Kermit>if = 1 2 echo Komisch...     (Falsch, nichts passiert)
C-Kermit>if = 1 1                     (Wahr, neuer Prompt erscheint)
C-Kermit>echo Wie erwartet...         (ECHO-Befehl wird ausgeführt)
Wie erwartet...
C-Kermit>
```

Ist die Bedingung wahr, fordert C-Kermit Sie zur Eingabe eines auszuführenden Befehls auf. Ist die Bedingung nicht wahr, behandelt C-Kermit den Rest des IF-Befehls als Kommentar. Hier ist ein Beispiel, das IF und ELSE in einem Makro benutzt:

```
C-Kermit>def add if = \%1 1 if = \%2 1 echo 2, else echo Zu schwer!
C-Kermit>add 1 1
2
C-Kermit>add 2 2
Zu schwer!
```

Das Komma, das die Befehle IF und ELSE trennt, ist nötig, weil IF und ELSE getrennte Befehle sind. Dieses Beispiel zeigt auch, wie ein UND-Effekt erzielt werden kann, indem mehrere IF-Befehle auf derselben Zeile zusammengefaßt werden. Ein stärker strukturierter Befehl „erweitertes IF" wird weiter unten vorgestellt.

String-Vergleiche

Die folgenden Befehle vergleichen Zeichenketten (Strings), genau wie die Befehle IF =, IF < und IF > Zahlen vergleichen; Sie können NOT in diesen Befehlen auf dieselbe Weise gebrauchen.

IF EQUAL *String1 String2 Befehl*
  Dies führt den *Befehl* aus, wenn die beiden Strings gleich sind, d. h., wenn sie dieselbe Länge haben und die gleichen Zeichen in der gleichen Reihenfolge enthalten. Ein *String* kann entweder ein wörtlich angegebener String oder eine Variable, die einen String enthält, sein. Hier sind Beispiele dazu:

```
if equal \%1 geheim echo Sie haben das Geheimwort erraten!
if not equ \%1 geheim echo Schade, wieder falsch.
```

Wenn eine Variable nicht definiert ist oder einen leeren Wert hat, fehlt ein Befehlsfeld, was zu einem Befehlsfehler führt:

```
C-Kermit>define \%1                    (\%1 ist undefiniert)
C-Kermit>if equal \%1 ?Text required
C-Kermit>
```

Um diese Situation in den Griff zu bekommen, schließen Sie *String1* und *String2* in identische Anführungszeichen oder Klammern ein:

```
C-Kermit>define \%1                    (\%1 ist undefiniert)
C-Kermit>if equal "\%1" "tapir" echo Sie haben das Geheimwort erraten!
C-Kermit>
```

Wenn \%1 nicht definiert ist, bekommt C-Kermit dies so zu sehen:

```
if equal "" "tapir" echo Sie haben das Geheimwort erraten!
```

was genau den gewünschten Vergleich durchführt, und nicht etwa dies:

```
if equal tapir echo Sie haben das Geheimwort erraten!
```

was „tapir" mit „echo" vergleicht.

IF LLT *String1 String2 Befehl*

Dies führt den *Befehl* aus, wenn *String1* „lexikalisch" kleiner (*Lexically Less Than*) als *String2* ist, mit anderen Worten: wenn *String1* im Alphabet vor *String2* eingeordnet werden würde. So sieht ein Beispiel für diesen Befehl aus:

```
if llt "\%a" "zyzzniak" echo Es ist kleiner.
```

IF NOT LLT bedeutet entsprechend „lexikalisch größer als oder gleich".

IF LGT *String1 String2 Befehl*

Dies führt den *Befehl* aus, wenn *String1* lexikalisch größer (*Lexically Greater Than*) als *String2* ist, wie das folgende Beispiel zeigt:

```
if lgt "\%a" "aardvark" echo Es ist größer.
```

IF NOT LGT bedeutet entsprechend „lexikalisch kleiner als oder gleich".

In diesen Befehlen dürfen wörtlich angegebene Strings keine Leerzeichen enthalten, sonst denkt C-Kermit, die Zeichen nach dem Leerzeichen seien der Beginn des auszuführenden Befehls. Zum Beispiel vergleicht der folgende Befehl den Wert der Variablen \%a mit dem Wort *The* und versucht, falls sie gleich sind, den END-Befehl auszuführen – wohl nicht das, was beabsichtigt war:

```
if equal \%a The End echo Ganz fertig.
```

Sie können diese Beschränkung umgehen, indem Sie Strings mit mehreren Worten in Variablen ablegen:

```
C-Kermit>define \%b The End
C-Kermit>if equal \%a \%b echo Ganz fertig.
```

Die Behandlung von Groß- und Kleinschreibung bei String-Vergleichen wird durch den folgenden Befehl festgelegt:

SET CASE OFF
In allen C-Kermit-Befehlen für String-Vergleiche und Abgleich-(Matching-)Befehle – IF und andere, weiter unten vorgestellte – behandeln nach diesem Befehl Groß- und Kleinbuchstaben als gleichbedeutend: „A" ist dasselbe wie „a", „nasobem" ist gleich „NASOBEM" usw.

SET CASE ON
Nach diesem Befehl werden Groß- und Kleinbuchstaben als verschieden behandelt: „A" und „a" sind unterschiedliche Zeichen.

Sofern Sie Kermit nichts anderes sagen, wird die Graphie (Groß- bzw. Kleinschreibung) ignoriert. *WARNUNG:* Graphie-unabhängige String-Vergleiche, zum Beispiel in den Befehlen IF EQUAL, IF LLT und IF LGT funktionieren nur für 7-Bit-ASCII-Zeichen. Für internationale Zeichen (Umlaute, Zeichen mit Akzenten und andere nicht-lateinische Zeichen) müssen Sie graphie-abhängige Vergleiche benutzen. Auch dann gibt es keine Garantie dafür, daß IF LLT und IF LLGT ordnungsgemäß arbeiten (IF EQUAL funktioniert in diesem Fall jedoch).

Erfolg und Mißerfolg überprüfen

Eines der nützlichsten Merkmale von C-Kermits Programmiersprache ist die Fähigkeit, unterschiedlich zu handeln, je nachdem, ob ein einzelner Befehl erfolgreich war oder nicht. Hat ein Befehl zum Beispiel nicht das erwartete Ergebnis erbracht, möchten Sie vielleicht eine Meldung ausgeben oder einen anderen Befehl versuchen, statt einfach zum nächsten weiterzugehen.

IF SUCCESS *Befehl*
Hier wird der *Befehl* nur ausgeführt, wenn der vorangegangene Befehl erfolgreich war. Dies ist gleichbedeutend mit IF NOT FAILURE. Hier ist ein Beispiel für die Verwendung:

```
send tapir.txt
if success echo Der SENDe-Befehl war erfolgreich.
else echo Der SENDe-Befehl ist fehlgeschlagen.
```

Jeder C-Kermit-Befehl außer COMMENT setzt die Erfolgsanzeige SUCCESS, wenn er beendet ist. Sie können sich über Erfolg oder Mißerfolg des vorangegangenen Befehls mit dem Befehl SHOW STATUS informieren:

```
C-Kermit>type tapir.txt
?File not found - tapir.txt
C-Kermit>show status
FAILURE
C-Kermit>set file type binary
```

```
C-Kermit>show status
SUCCESS
C-Kermit>
```

IF FAILURE *Befehl*
In dieser Konstruktion wird der *Befehl* ausgeführt, wenn der vorangegangene Befehl fehlgeschlagen ist; dies ist gleichbedeutend mit IF NOT SUCCESS. Ein Befehl kann nicht nur fehlschlagen, weil er aus externen Gründen nicht funktioniert hat, sondern auch wegen eines Syntaxfehlers. Ein Synonym ist **IF ERROR**.

Andere IF-Befehle

Mit den IF-Befehlen von C-Kermit lassen sich auch Existenz und Format von Variablen und Dateien sowie verschiedene Einzelheiten von Kermits Operationsweise prüfen.

IF DEFINED *Name Befehl*
Der *Befehl* wird nur ausgeführt, wenn *Name* der Name eines Makros, eines (formalen) Makro-Arguments, einer globalen Variablen, einer eingebauten Variablen, oder einer Umgebungsvariablen, der Aufruf einer eingebauten Funktion oder ein Feldelement ist; das benannte Objekt muß existieren und einen nicht-leeren Wert haben. Einige Beispiele sind im folgenden aufgeführt:

```
C-Kermit>define \%a Murks            (Definiere eine Variable)
C-Kermit>if def \%a echo Das ist definiert
Das ist definiert
C-Kermit>define \%a                  ("Undefiniere" sie)
C-Kermit>if def \%a echo Das ist definiert
C-Kermit>if not def \%a echo Nicht definiert
Nicht definiert
C-Kermit>
```

IF NUMERIC *Name Befehl*
Der *Befehl* wird ausgeführt, wenn der *Name* nur aus Ziffern besteht oder eine Variable ist, deren Wert nur aus Ziffern besteht; ein führendes Plus- oder Minus-Zeichen ist jeweils auch zugelassen.

IF EXIST *Dateiname Befehl*
Der *Befehl* wird ausgeführt, wenn eine einzelne normale, lesbare Datei des gegebenen Namens existiert, kein Verzeichnis und nicht als Dateispezifikation mit Jokerzeichen gegeben ist. Hier ist ein Beispiel, in dem wir den UNIX-Befehl `more` der UNIX-Version von C-Kermit hinzufügen:

```
define more -
  if exist \%1 run more \%1, -
  else echo Datei \%1 nicht gefunden
```

IF FOREGROUND *Befehl*

Der *Befehl* wird ausgeführt, wenn Kermit im Vordergrund läuft, d. h., wenn seine Standard-Eingabe von der Tastatur kommt und seine Standard-Ausgabe auf den Bildschirm geht. Hier ist ein Anwendungsbeispiel:

```
send tapir.txt
if success if foreground echo Transfer erfolgreich.
```

Dieser Befehl kann zur Steuerung benutzt werden, ob Meldungen während der Ausführung von Befehlsdateien und Makros auf dem Bildschirm ausgegeben werden. Wenn Kermit im Hintergrund läuft, wollen Sie wahrscheinlich keine störenden Meldungen in Ihrer Vordergrund-Arbeit.

IF BACKGROUND *Befehl*

Der *Befehl* wird ausgeführt, wenn Kermit im Hintergrund läuft und/oder sein Standard-Input und/oder -Output umgeleitet ist. IF BACKGROUND ist dasselbe wie IF NOT FOREGROUND.

IF COUNT *Befehl*

Dieser Befehl wird für abgezählte Schleifen benutzt; die Erläuterung zu diesem Befehl findet sich weiter unten in diesem Kapitel (s. S. 288). Die COUNT-Variable darf nur als Teil dieser IF-Bedingung benutzt werden, während die Variable \v(count) überall benutzt werden kann.

IF VERSION *Zahl Befehl*

Der *Befehl* wird ausgeführt, wenn C-Kermits numerische Versionsnummer größer oder gleich der angegebenen Nummer ist. Die numerische Versionsnummer wird mit dem VERSION-Befehl angezeigt:

```
C-Kermit>version
C-Kermit 5A(189), 23 Jul 93
 Numeric: 501189
C-Kermit>
```

Der Befehl IF VERSION macht C-Kermit-Befehlsdateien und -Makros unabhängig von der Programm-Version. Nehmen wir zum Beispiel an, eine künftige C-Kermit-Fassung – sagen wir, 502200 – kennt den neuen Befehl SET BLOCK-CHECK 6, den die derzeit aktuelle Fassung nicht kennt. Wenn Sie neue Befehle durch IF VERSION schützen, werden ältere C-Kermit-Fassungen diese nicht auszuführen versuchen:

```
if version 502200 set block-check 6
else set block-check 3
```

Dann läuft dasselbe Makro bzw. dieselbe Befehlsdatei sowohl unter neueren als auch unter älteren Versionen von C-Kermit und wählt jeweils den höchstmöglichen Block-Check-Typ. Sie können sich auf C-Kermits numerische Versionsnummer in anderen Zusammenhängen auch mittels der eingebauten Variablen \v(version) beziehen; das folgende Beispiel hat eine dem vorangegangenen ähnliche Wirkung:

```
if not < \v(version) 502200 set block-check 6
else echo Kein Block-Check 6 in Version \v(version).
```

Ein EDIT-Makro

Nun haben wir alle Werkzeuge zusammen, die wir für die Konstruktion eines etwas klügeren Makros, das sowohl nützlich als auch benutzerfreundlich ist, benötigen. Das Makro heißt EDIT und erlaubt es Ihnen, unmittelbar von der C-Kermit-Befehlsebene aus eine Datei zu edieren, und bringt Sie nach Beendigung des Edierens sofort wieder zum C-Kermit-Prompt zurück.[34] Benutzen Sie es zum ersten Mal, müssen Sie den Namen der zu edierenden Datei angeben; lassen Sie beim nächsten Mal den Dateinamen weg, benutzt das Makro denselben Namen wie beim letzten Mal. Geben Sie jedoch einen neuen Dateinamen an, wird dieser statt des alten benutzt.

```
define meineditor emacs           (Name meines Editors)
define meinedatei                 (Noch keine Edit-Datei angegeben)
define edit -                     (Das EDIT-Makro definieren)
  if = \v(argc) 2 assign meinedatei \%1,-
  if not defined meinedatei echo Was edieren?,-
  else run \m(meineditor) \m(meinedatei)
```

Was geschieht hier nun? Zunächst definieren wir ein Makro MEINEDITOR als Namen des System-Befehls, der unseren Lieblingseditor startet. Sollte Ihrer (seltsamerweise) nicht EMACS heißen, ersetzen Sie das Wort `emacs` durch ein passendes anderes. Dann sorgen wir dafür, daß das Makro MEINEDATEI undefiniert anfängt.

Der nächste Befehl, der sich über mehrere Zeilen erstreckt, definiert das EDIT-Makro selbst. Wenn die Argumentzahl `\v(argc)` genau 2 ist – der Makroname selbst plus ein Argument –, wird das Argument `\%1` als Name der zu edierenden Datei genommen und der Wert dieser Variablen dem Makro MEINEDATEI zugewiesen, das unseren Dateinamen auch dann noch speichert, wenn unser EDIT-Makro zu Ende ist. Als nächstes prüfen wir, ob die (Makro-)Variable MEINEDATEI definiert ist; wenn nicht, muß die Benutzerin EDIT ohne Angabe eines Dateinamens eingegeben haben und kann auch nicht in einem früheren EDIT-Aufruf einen Dateinamen angegeben haben. In diesem Fall geben wir nur eine Meldung aus und hören auf. Ist MEINEDATEI jedoch definiert, führen wir den ELSE-Befehl aus, der den von uns gewählten Editor für die Datei aufruft. Hier ist ein Ablauf-Beispiel:

```
kermit                            (Kermit starten)
C-Kermit>edit                     (Kein früherer Dateiname)
Was edieren?                      (Fehlermeldung)
C-Kermit>edit tapir.txt

          (tapir.txt wird ediert...)

C-Kermit>edit                     (Kein Dateiname angegeben)

   (tapir.txt wird ediert, Makro EDIT erinnert den letzten Dateinamen ...)

C-Kermit>
```

Beachten Sie, daß wir nicht IF EXIST benutzt haben, um zu prüfen, ob das Argument eine real existierende Datei bezeichnet. Das war Absicht, um es dem EDIT-Befehl zu ermöglichen, neue Dateien anzulegen.

Der STOP- und der END-Befehl

Makros und Befehlsdateien werden normalerweise beendet, nachdem C-Kermit ihren letzten Befehl gelesen und ausgeführt hat, oder bei Ausführung eines EXIT-Befehls, oder wenn ein Fehler auftritt und Sie den Befehl SET MACRO ERROR ON bzw. SET TAKE ERROR ON gegeben haben. Es gibt noch zwei weitere Arten, ein Makro oder eine Befehlsdatei ausdrücklich vorzeitig zu beenden:

STOP *[Zahl [Text]]*
Dieser Befehl bringt Sie von jeder Ebene der Befehlsdatei- oder Makro-Ausführung sofort zum C-Kermit-Befehlsprompt zurück, unabhängig von der Schachtelungstiefe. Bei Eingabe beim C-Kermit-Prompt hat der STOP-Befehl keine Auswirkung. Läuft C-Kermit nicht interaktiv, hält dieser Befehl das Programm endgültig an. Ist eine *Zahl* angegeben, wird sie als Rückkehr-Code verwendet. Ist auch ein *Text* angegeben ist, wird er auf dem Bildschirm ausgegeben. Hier ist als Beispiel eine Datei namens TESTSTOP.TAK:

```
echo Teste den STOP-Befehl...
stop 1 Dies ist eine Fehlermeldung des STOP-Befehls.
echo Das hier dürften Sie nie sehen.
```

Nun führen wir sie aus:

```
C-Kermit>take teststop.tak
Teste den STOP-Befehl...
Dies ist eine Fehlermeldung des STOP-Befehls.
C-Kermit>show status
 FAILURE
C-Kermit>
```

END *[Zahl [Text]]*
Dieser Befehl veranlaßt C-Kermit zur sofortigen Rückkehr auf die Befehlsebene, von der aus die aktuelle Befehlsdatei bzw. das aktuelle Makro aufgerufen wurde. Die wahlweise anzugebende *Zahl* ist ein Rückkehr-Code und der wahlweise *Text* ein auszugebender Text.

Die voreingestellte *Zahl* ist 0 (also Erfolg) für beide Befehle. Ein Meldungs-*Text* kann nicht ausgegeben werden, wenn nicht vorher eine Nummer angegeben ist.
Der Rückkehr-Code erlaubt es einem Makro oder einer Befehlsdatei, zu melden, ob die Ausführung erfolgreich war. Nehmen wir zum Beispiel an, Sie haben ein einfaches Makro namens SENDEVIELEDATEIEN ohne STOP und END definiert und rufen es aus einer Befehlsdatei heraus auf:

```
sendevieledateien
if success echo Makro erfolgreich.
```

Diese Meldung wird stets erscheinen, selbst wenn das Makro einen fehlgeschlagenen Befehl enthielt; der (implizite) DO-Befehl selbst war nämlich erfolgreich. DO- oder TAKE-Befehle schlagen nur fehl, wenn das Makro bzw. die Befehlsdatei nicht gefunden werden kann.

Damit das Makro einen Mißerfolgs-Code weiterreichen kann, benutzen Sie einen der Befehle END oder STOP mit einem von null verschiedenen Rückkehr-Code, wie in dieser Makro-Definition gezeigt:

```
define sendevieledateien -
  send tapir.txt, -
  if failure end 1 Ich kann tapir.txt nicht senden, -
  set file type binary, -
  send tapir.exe, -
  if fail end 1 Ich kann tapir.exe nicht senden,-
  else end 0
```

Um den Unterschied zwischen STOP und END zu veranschaulichen, nehmen wir einmal an, wir hätten eine Befehlsdatei namens TAG.TAK, die wir jeden Tag aufrufen. Diese Befehlsdatei führt ihre täglichen Aufgaben aus und prüft dann (unter Benutzung von \v(day) oder \v(nday)), ob es ein Freitag ist. Wenn ja, ruft sie mit TAKE eine weitere Befehlsdatei, WOCHE.TAK, auf, die ihrerseits prüft, ob es die erste Woche des Monats ist[35]; wenn ja, wird MONAT.TAK ausgeführt. Unsere Befehlsdateien sind also drei Ebenen tief geschachtelt. Nehmen wir nun an, MONAT.TAK träfe auf einen Fehler und könnte nicht weiterlaufen. Wenn dort ein END-Befehl ausgeführt wird, wird WOCHE.TAK hinter dem Befehl TAKE MONAT.TAK fortgesetzt; führt MONAT.TAK jedoch einen STOP-Befehl aus, bricht C-Kermit alle Befehlsdateien ab und kehrt zum Prompt zurück, wie in Abbildung 12-1 gezeigt ist.

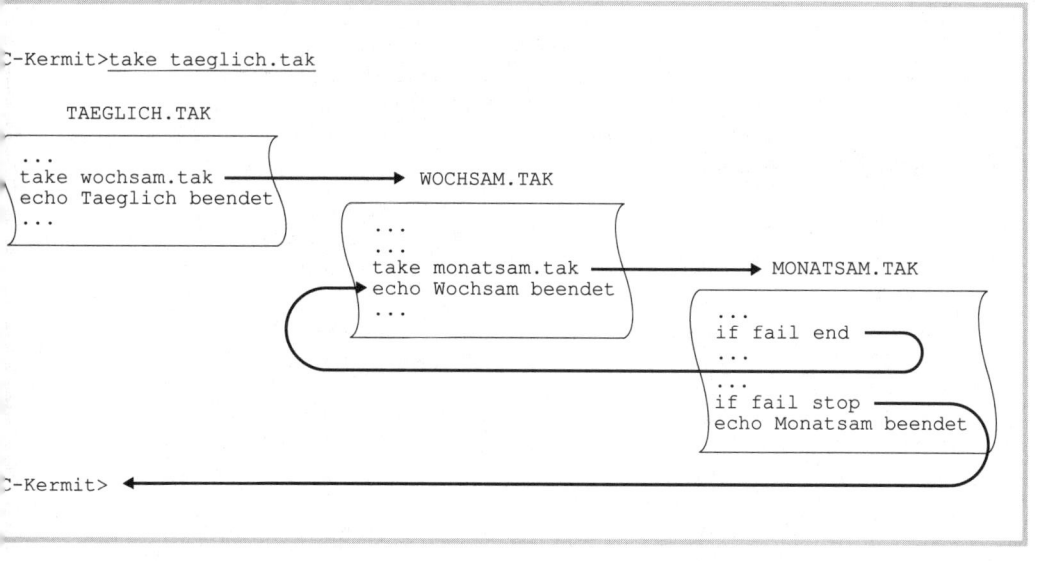

```
C-Kermit>take taeglich.tak

    TAEGLICH.TAK
...
take wochsam.tak  ──────►  WOCHSAM.TAK
echo Taeglich beendet
...
                           ...
                           take monatsam.tak  ──────►  MONATSAM.TAK
                           echo Wochsam beendet
                           ...
                                                       ...
                                                       if fail end
                                                       ...
                                                       if fail stop
                                                       echo Monatsam beendet

C-Kermit> ◄────
```

Abbildung 12-1   *Rückkehr aus geschachtelten Befehlsdateien*

Ein nützliches KOPIERE-Makro

Erinnern Sie sich an unser früheres KOPIERE-Makro von Seite 256?

```
define kopiere run cp \%1 \%2
```

Das war so leicht zu schreiben, daß es vielleicht eine Schande ist, es zu verkomplifizieren. Nichtsdestoweniger kann in der ursprünglichen Fassung viel danebengehen. Zunächst einmal ist sie nicht übertragbar: Das ideale C-Kermit-Makro KOPIERE sollte auf jedem Rechner funktionieren, auf dem C-Kermit läuft: UNIX, VMS, OpenVMS, OS/2, AOS/VS und so weiter. Diese Systeme können verschiedene Namen für ihre Kopierbefehle haben (UNIX nennt es cp, die anderen jedoch COPY), und die Dateinamen müssen vielleicht in unterschiedlicher Reihenfolge angegeben werden (AOS/VS stellt die Zieldatei an den Anfang, dann die Quelle; die anderen haben die Quelldatei zuerst, dann das Ziel). Machen wir also ein neues KOPIERE-Makro, das das benutzt, was wir über das Treffen von Entscheidungen und über eingebaute Variablen gelernt haben. Es hat die folgende Form, unabhängig davon, wo es läuft:

KOPIERE *Dateiname1 Dateiname2*
Das KOPIERE-Makro erstellt eine Kopie der Datei mit dem Namen *Dateiname1*, die existieren und eine einzelne, lesbare Datei sein muß. Die Kopie ist eine neue Datei namens *Dateiname2*. Wenn eine Datei namens *Dateiname2* bereits existiert, schlägt das KOPIERE-Makro fehl.

Hier ist unser neues KOPIERE-Makro. Schauen Sie es sich als ein nicht vollständig ernst gemeintes Beispiel zwanghafter Überprüfung von Benutzer-Eingaben genau an. Informative Fehlermeldungen werden für jede vorstellbare Bedingung ausgegeben, in denen die Kopieroperation fehlschlagen könnte.

```
define KOPIERE -
  if > \v(argc) 3 -                     ; Zu viele Argumente angegeben?
    end 1 \%0: zu viele Argumente,-     ;   Zu viele; Fehlschlag.
  if not def \%1 -                      ; War eine Quelldatei angegeben?
    end 1 Was kopieren?,-               ;   Nein, nichts zu kopieren.
  if not exist \%1 -                    ; Existiert die Quelldatei?
    end 1 Datei "\%1" existiert nicht,-
                                        ;   Nein, kann nicht kopiert werden.
  if not def \%2 -                      ; Zieldatei angegeben?
    end 1 \%1 wohin kopieren?,-         ;   Nein, kann nicht angelegt werden.
  if not = \ffiles(\%2) 0 -             ; Existiert sie schon?
    end 1 Datei \%2 existiert schon;-   ;   Ja; nicht überschreiben.
  if equal "\v(system)" "AOS/VS" -      ; Für AOS/VS:
    run COPY \%2 \%1,-                  ;   COPY Ziel Quelle
  else if equal "\v(system)" "UNIX" -   ; COPY-Befehl für UNIX:
    run cp \%1 \%2,-                    ;   cp Quelle Ziel
  else run COPY \%1 \%2,-               ; Andere: COPY Quelle Ziel
  if exist \%2 end 0 \%1 erfolgreich kopiert.,-
                                        ; Arbeit prüfen, SUCCESS liefern
    else end 1 KOPIEREn fehlgeschlagen. ;   oder aber FAILURE.
```

Installieren Sie dieses Makro, rufen Sie es mit jeder vorstellbaren Art und Kombination fehlerhafter Argumente auf, und sehen Sie zu, ob es Sie damit davonkommen läßt.

Der GOTO-Befehl

Bisher haben wir die Fähigkeit zur Entscheidung mit Hilfe der IF-Anweisung in sehr beschränkter Weise benutzt, nämlich dazu, einen einzelnen Befehl auszuführen oder eben nicht. Im allgemeinen möchten wir jedoch entscheiden können, ob wir ganze Befehlsgruppen ausführen. Dafür gibt es zwei Methoden; die Ihnen schon bekannte besteht darin, Anweisungen in Makros oder Befehlsdateien zusammenzufassen, denn DO und TAKE zählen als einzelne Befehle. Das kann zum Beispiel so aussehen:

```
if equal \%a ja do etwas          ; "etwas" ist ein Makroname
else take etwas.tak               ; "etwas.tak" ist eine Befehlsdatei
```

Die neue Methode ist der GOTO-Befehl. Er ändert die Reihenfolge, in der Kermit Befehle in einer Befehlsdatei oder einem Makro ausführt:

GOTO *Marken-Name*
>Bei diesem Befehl geht Kermit in einer Befehlsdatei oder einem Makro zu dem ersten Befehl nach dem ersten Vorkommen der angegebenen Marke in der aktuellen Befehlsdatei bzw. dem aktuellen Makro und fährt mit der Befehlsausführung an dieser Stelle fort. Wenn die Marke nicht gefunden wird, kehrt er auf die vorige Ebene (Makro oder Befehlsdatei) zurück und sucht dort. Dieser Vorgang wird so lange wiederholt, bis die Marke gefunden ist oder alle Ebenen durchsucht sind. Wenn die Marke nirgends gefunden wird, kehrt C-Kermit zum Prompt zurück und gibt eine Fehlermeldung aus. Gibt es dieselbe Marke mehrfach in einer Befehlsdatei oder einem Makro, benutzt Kermit das früheste Auftreten.

Der GOTO-Befehl hat im interaktiven Betrieb keine Wirkung. Wenn er von der Standard-Eingabe her an den Befehlsprozessor von C-Kermit gegeben wird, führt er lediglich zu einer Fehlermeldung:

```
C-Kermit>goto sleep
?Sorry, GOTO only works in a command file or macro
C-Kermit>
```

Eine *Marke* (englisch *Label*) ist ein String (Zeichenkette) Ihrer Wahl. Sie muß mit einem Doppelpunkt (:) beginnen und in einer Befehlsdatei allein auf einer Zeile stehen (sie kann jedoch einen Zeilenend-Kommentar tragen). Hier ist ein Beispiel für eine Befehlsdatei, die GOTO-Befehle und Marken benutzt:

```
send tapir.txt
if failure goto schlecht
echo tapir.txt ist erfolgreich gesendet worden.
echo Lösche tapir.txt.
delete tapir.txt
goto fertig
:schlecht
echo tapir.txt ist nicht gesendet worden.
echo tapir.txt bleibt stehen.
:fertig
echo Fertig.
```

In diesem Beispiel sind SCHLECHT und FERTIG Marken. Wurde die Datei erfolgreich gesendet, wird sie gelöscht, und die Meldungen in dem Abschnitt SCHLECHT werden übersprungen. Wenn die Datei nicht gesendet wurde, wird sie nicht gelöscht, und die Meldungen in dem Abschnitt SCHLECHT werden angezeigt. In beiden Fällen wird die FERTIG-Meldung angezeigt.

In Makros muß unmittelbar auf den Marken-Namen ein Komma zur Trennung vom nächsten Befehl folgen. Hier ist das gleiche Beispiel in Form eines Makros, das den Dateinamen als Argument erwartet:

```
define versende send \%1,-
  if failure goto schlecht,-
  echo \%1 ist erfolgreich gesendet worden.,-
  echo Lösche \%1., delete \%1,-
  goto fertig,-
:schlecht,-
  echo \%1 ist nicht gesendet worden., echo \%1 bleibt stehen.,-
:fertig,-
  echo Fertig.
```

Sie können das Makro VERSENDE zum Senden und Löschen beliebiger Dateien benutzen:

```
C-Kermit>versende tapir.txt
C-Kermit>versende ckermit.ini
```

Der *Marken-Name*, über den sich der GOTO-Befehl auf die Marke bezieht, sollte derselbe sein wie in der betreffenden Marken-Anweisung, außer daß der Doppelpunkt weggelassen werden kann. Groß- und Kleinschreibung werden bei der Marken-Suche nie unterschieden. Die folgenden GOTO-Anweisungen sind alle äquivalent, d. h., sie suchen alle dieselbe Marke ANFANG:

```
goto anfang
GoTo :anfang
GOTO :ANFANG
```

GOTO-Marken-Bezüge können auch Variablen sein. So können Sie unterschiedliche Befehlsgruppen ausführen, je nach dem Wert einer Variablen:

```
define sprichzahl if not def \%1 end,-
  else if not numeric \%1 end 1 { Schade, keine Zahl},-
  else if > \%1 9 end 1 { Schade, zu schwer},-
  else if < \%1 0 end 1 { Schade, negative Zahlen kann ich nicht aussprechen},-
```

```
    else goto \%1,-
:0,echo null,end,-
:1,echo eins,end,-
:2,echo zwei,end,-
:3,echo drei,end,-
:4,echo vier,end,-
:5,echo fünf,end,-
:6,echo sechs,end,-
:7,echo sieben,end,-
:8,echo acht,end,-
:9,echo neun,end
```

Führen Sie diese Definition aus; danach probieren Sie das folgende:

```
C-Kermit>sprichzahl 0
null
C-Kermit>sprichzahl 8
acht
```

und so weiter.

Schließlich ist hier ein Beispiel, das demonstriert, wie Kermit Makro-Aufrufs-Ebenen „abblättert", um die GOTO-Marke zu finden:

```
define erstens :schleife, echo \%0, do zweitens
  define zweitens echo \%0, do drittens
  define drittens echo \%0, goto schleife
  do erstens
```

Wenn Sie die eben genannten Befehle in eine Befehlsdatei schreiben und diese dann mit TAKE ausführen, merken Sie bald, daß sie ewig wiederholt wird: erstens, zweitens, drittens, erstens, zweitens, drittens, erstens und so weiter. Dies wird *Schleife* genannt. Programmierer nennen Schleifen, die ewig wiederholt werden, *Endlosschleifen*. Sie können diese Endlosschleife beenden, indem Sie Strg-C drücken. Aber man braucht auch eine Möglichkeit, Schleifen automatisch und ohne menschlichen Eingriff zu beenden.

Abgezählte Schleifen

Eine etwas praxisnähere Benutzung des GOTO-Befehls erlaubt es Ihnen, ausgewählte Teile einer Befehlsdatei oder eines Makros eine angegebene Anzahl von Malen zu wiederholen. Bevor Sie das können, benötigen Sie eine Zählvorrichtung, von denen C-Kermit mehrere anbietet. Die einfachste ist die Konstruktion mit SET COUNT/IF COUNT:

SET COUNT *Zahl*
> Dies setzt die eingebaute Variable COUNT auf die angegebene *Zahl*, die größer als null sein muß, wie in diesem Beispiel:
>
> ```
> C-Kermit>set count 5
> ```

IF COUNT *Befehl*
Dies vermindert die eingebaute Variable COUNT um eins. Wenn der neue Wert von COUNT größer als null ist, wird der *Befehl* ausgeführt.

Die Befehle SET COUNT und IF COUNT können mit dem GOTO-Befehl kombiniert werden, um abgezählte Schleifen zu bilden:

```
set count 10
:schleife
echo \v(count)
if count goto schleife
echo Null!
```

Wenn Sie die eben genannten Befehle in eine Befehlsdatei schreiben und diese mit TAKE ausführen, geben sie „10, 9, 8, 7, 6, 5, 4, 3, 2, 1, Null!" aus. Sie können dasselbe auch mit einem Makro erreichen:

```
def countdown -
   set count 10,:schleife,echo \v(count),if count goto schleife,echo Null!
```

Die „Variable" COUNT ist in dieser Form nur als Bedingung einer IF-Anweisung benutzbar. In anderen Zusammenhängen können Sie, wie gezeigt, die Variable \v(count) benutzen. Bezugnahme auf die Variable \v(count) ändert ihren Wert nicht; das kann nur IF COUNT.

Strukturierte Programmierung

Der Mechanismus SET COUNT/IF COUNT/GOTO ist einfach benutzbar, Programmier-Puristen ziehen jedoch vielleicht eine stärker strukturierte Lösung vor. C-Kermit bietet drei strukturierte Programmier-Konstruktionen: den Befehl XIF (*extended IF*, erweitertes IF), die FOR-Schleife und die WHILE-Schleife. Jede erlaubt es, Anweisungsgruppen bedingt oder wiederholt auszuführen, ohne Marken und GOTO benutzen zu müssen.

XIF *Bedingung* { *Befehl* [, *Befehl*...] } [**ELSE** { *Befehl* [, *Befehl*...] }]
Wenn die *Bedingung* wahr ist, werden der oder die im ersten Paar von geschweiften Klammern stehenden *Befehle* ausgeführt. Ist ein ELSE-Teil vorhanden und die *Bedingung* nicht wahr, werden die im zweiten Paar von geschweiften Klammern stehenden BEFEHLE ausgeführt. Die möglichen Bedingungen sind dieselben wie für den normalen IF-Befehl (s. S. 273). Beispiele sind etwa:

```
xif not exist tapir.txt { echo Kein tapir.txt!, stop } -
   else { send tapir.txt, echo tapir.txt wurde gesendet. }
xif < \%a \%b { echo \%a } else { echo \%b }
```

Die Unterschiede zwischen den Befehlen XIF und IF sind in Tabelle 12-1 zusammengefaßt.

Bestandteil	IF-Befehl	XIF-Befehl
Geschweifte Klammern	Nicht erlaubt. Beispiel: IF = \%a 1 echo Gleich	Vorgeschrieben. Beispiel: XIF = \%a 1 { echo Gleich }
ELSE-Teil	Gesonderter Befehl, wahlweise. IF = \%a 1 echo Gleich ELSE echo Ungleich	Teil des XIF-Befehls, wahlweise. XIF = \%a 1 { echo Gleich} - ELSE { echo Ungleich }
Objekt-Befehle	Nur einer erlaubt. IF = \%a 1 echo Gleich ELSE echo Ungleich	Mehrere erlaubt. XIF = \%a 1 { echo Gleich, - goto xxx - } ELSE { - echo Ungleich, stop }

Tabelle 12-1   *Vergleich der Befehle IF und XIF*

FOR *Variable Anfang Ende Schritt* **{** *Befehl* **[,** *Befehl...***] }**

Dies führt die *Befehle*, die in die geschweiften Klammern eingeschlossen sind, eine bestimmte Anzahl von Malen aus. Betrachten wir zunächst den Fall, daß *Schritt* positiv ist. Zuerst wird der *Anfang*swert der *Variable*n zugewiesen werden. Ist der Wert nicht größer als der *Ende*-Wert, werden die *Befehle* ausgeführt. Dann wird der *Schritt*-Wert zur Variablen addiert und der Vorgang wiederholt, bis die *Variable* schließlich den Wert *Ende* übersteigt. – Ist *Schritt* negativ, funktioniert die Schleife genauso, wobei die Ende-Bedingung darin besteht, daß die *Variable* kleiner als der Wert *Ende* ist.

Die Anzahl von Malen, die die Befehle ausgeführt werden, berechnet sich demnach zu

$$n = \left[\frac{ende - anfang}{schritt} \right] + 1$$

Wenn *n* null oder weniger ist, werden die Befehle gar nicht ausgeführt. – Übrigens ist es erlaubt, die Schleifenparameter *innerhalb* der Schleife zu ändern; diese Art von Mißbrauch ist allerdings nicht gerade ratsam.

Hier sind einige Beispiele für FOR-Schleifen:

```
for \%i 1 5 1 { echo Hallo }         ; Gibt fünfmal "Hallo" aus
```

Sie können das so lesen: „Während du von eins bis fünf in Einer-Schritten zählst, gib das Wort ‚Hallo' aus."

```
for \%j 2 10 2 { echo \%j }          ; Zähle in Zweierschritten bis 10
```

Das bedeutet: „Während du von zwei bis zehn in Zweierschritten zählst, gib den jeweiligen Zählstand aus." Dies gibt 2, 4, 6, 8 und 10 aus.

```
for \%k 10 0 -1 { echo \%k }         ; Zählt rückwärts
```

Dies bedeutet „Während du rückwärts von zehn bis null (also in Schritten von -1) zählst, gib den jeweiligen Zählstand aus." Dies gibt 10, 9, 8, ... 0 aus.

Im folgenden Beispiel haben wir ein Feld \&f[], das die Namen von Dateien enthält, die gesendet und dann gelöscht werden sollen. Es gebe \%n Dateinamen in dem Feld. Eine Datei wird nur gelöscht, wenn sie erfolgreich gesendet wurde.

```
for \%i 1 \%n 1 { send \&f[\%i], if success delete \&f[\%i] }
```

Schließlich ist hier eine Schleife, die die Befehlszeile des C-Kermit-Programms, die im Argumentvektor-Feld \&@[] vorliegt, ausgibt. Die Größe des Argumentvektor-Feldes wird durch die eingebaute Variable \v(args) angegeben:

```
for \%k 0 \v(args) 1 { echo \\&@[\%k] = "\&@[\%k]" }
```

Die letzten beiden Beispiele zeigen, wie man eine Variable dazu benutzt, die Elemente eines Feldes zu indizieren. Der Wert der Schleifen-Variablen ändert sich bei jedem Durchgang durch die Schleife und greift dabei auf das jeweils nächste Feldelement zu.

Der WHILE-Befehl

Die Schleifenkonstruktionen mit SET COUNT/IF COUNT und FOR erlauben es Ihnen, Befehlsgruppen eine bestimmte Anzahl von Malen auszuführen. Manchmal ist es jedoch auch wünschenswert, Schleifen anhand eines anderen Kriteriums auszuführen, etwa je nach dem, ob eine bestimmte Bedingung erfüllt ist. Der WHILE-Befehl befriedigt diesen Bedarf:

WHILE *Bedingung* { *Befehl [, Befehl...]* }
   Dies führt die *Befehle* aus, solange die *Bedingung* wahr ist.

Hier ist ein Beispiel für eine „Abfrageschleife", die periodisch die Uhrzeit nachsieht, bis eine bestimmte Zeit erreicht ist:

```
while not llt \v(time) 01:30:00 { echo \v(time), pause 3600 }
while not lgt \v(time) 07:30:00 { echo \v(time), pause 60 }
dial 654321
hangup
```

Dieses Beispiel führt morgens um halb acht einen Weckruf aus. Starten Sie es, wenn Sie Ihren Arbeitsplatz verlassen; es prüft bis kurz nach Mitternacht einmal pro Stunde die Uhrzeit und danach einmal pro Minute bis morgens um 7.30 Uhr. Dann ruft es Ihre Telefonnummer an.
   Bei den Befehlen XIF, FOR und WHILE wird der in geschweiften Klammern stehende Teil die *Objektbefehls-Liste* genannt. Falls Sie neugierig sind, die Befehle XIF, FOR und WHILE sind als Kermit-Makros implementiert. (SHOW MACROS zeigt ihre Definitionen an – versuchen Sie nicht, sie zu verstehen, oder Sie bekommen Kopfschmerzen.) Die Objektbefehls-Liste ist ein einziges Makro-Argument. (Nun wissen Sie auch, warum sie in geschweifte Klammern eingeschlossen wird.)

Die Schleifen-Ausführung abändern

Die folgenden Befehle erlauben es Ihnen, FOR- oder WHILE-Schleifen vorzeitig zu verlassen oder auch einen Teil zu überspringen und die Ausführung fortzusetzen:

BREAK
Dies beendet eine FOR- oder WHILE-Schleife augenblicklich. Das folgende Beispiel versucht, eine Datei zu senden, bis dies entweder erfolgreich abgeschlossen wird oder aber zehnmal hintereinander fehlschlägt – je nachdem, was zuerst eintritt:

```
for \%i 1 10 1 { send tapir.txt, if success break }
```

Wenn Schleifen geschachtelt sind, verläßt BREAK die innerste Schleife. BREAK ist ein außerhalb von FOR- und WHILE-Schleifen nicht zulässiger Befehl.

CONTINUE
Dies führt dazu, daß sofort der nächste Durchlauf der (innersten) FOR- oder WHILE-Schleife beginnt, wobei alle weiteren Befehle zwischen der CONTINUE-Anweisung und dem Ende der Schleife übersprungen werden. Hier ist ein Beispiel, in dem das Feld \&f[50] die Namen von Dateien enthält, von denen einige vielleicht existieren, andere nicht. Diese Schleife überträgt die existierenden Dateien:

```
for \%i 1 50 1 { if not exist \&f[\%i] continue, send \&f[\%i] }
```

Wie BREAK ist auch CONTINUE außerhalb von FOR- und WHILE-Befehlen unzulässig.

Beispiele für strukturierte Programmierung

FOR- und WHILE-Schleifen können viele Befehle enthalten, die auch geschachtelt sein dürfen. Dieses Beispiel, das der Ordentlichkeit und Verständlichkeit wegen über mehrere Zeilen verteilt und sauber eingerückt geschrieben worden ist, sortiert das Feld \&x, das \%n Textelemente enthält, mit dem Bubblesort-Algorithmus „Programmierübung 101". Achten Sie sorgsam auf die Benutzung von Kommata, geschweiften Klammern und Bindestrichen (und erinnern Sie sich daran, daß ASG unsere geschmackvolle Abkürzung für ASSIGN ist):

```
for \%i 1 \%n 1 { -                  ; Äußere Schleife: %i von 1 bis \%n
  for \%j \%i \%n 1 { -              ; Innere Schleife: %j von %i bis \%n
    xif lgt \&x[\%i] \&x[\%j] { -    ; Vergleiche Feldelemente
      asg \%t \&x[\%i], -            ; Wenn verkehrt herum,
      asg \&x[\%i] \&x[\%j], -       ; vertauschen
      asg \&x[\%j] \%t -
    } -
  } -
}
```

Schließlich ist hier noch ein wahrhaft albernes Beispiel für ein Makro, das einen geschachtelten, mehrteiligen XIF-Befehl benutzt, um das kleinste seiner drei Argumente herauszufinden:

```
def kleinstes xif < \%1 \%2 {-         ; Vergleiche die ersten beiden Argumente
  echo \%1 ist kleiner als \%2,-       ; Das erste ist kleiner
  xif < \%1 \%3 {-                     ; Vergleiche es mit dem dritten
    echo \%1 ist kleiner als \%3,-     ; Das erste ist kleiner
    def \%a \%1-                       ; Kopiere es nach \%a
  } else {-                            ; Das dritte ist kleiner (oder gleich)
    echo \%1 ist nicht kleiner als \%3,-
    def \%a \%3-                       ; Kopiere es nach \%a
  }-
} else {-                              ; Anderenfalls
  echo \%1 ist nicht kleiner als \%2,- ; Das zweite ist kleiner (oder gleich)
  xif < \%2 \%3 {-                     ; Vergleiche es mit dem dritten
    echo \%2 ist kleiner als \%3,-     ; Das zweite ist kleiner
    def \%a \%2-                       ; Kopiere es nach \%a
  } else {-                            ; Das dritte ist kleiner (oder gleich)
    echo \%2 ist nicht kleiner als \%3,-
    def \%a \%3-                       ; Kopiere es nach \%a
  }-
}, echo Also ist \%a das kleinste.     ; Verkünde den Gewinner
```

Wenn Sie diese Makro-Definition in einer Datei namens `kleinstes.tak` gespeichert haben, führen Sie einen TAKE-Befehl aus, um die Definition zu lesen; dann können Sie das Makro ausprobieren:

```
C-Kermit>take kleinstes.tak      (Das definiert das Makro)
C-Kermit>kleinstes 6 4 9         (Ausprobieren)
6 ist nicht kleiner als 4
4 ist kleiner als 9
Also ist 4 das kleinste.
C-Kermit>
```

C-Kermits strukturierte Programmier-Möglichkeiten sind für die Benutzung in Befehlsdateien oder Makros gedacht und nicht sehr geeignet für die interaktive Eingabe, aber Sie können sie natürlich auch dort benutzen. Sie werden bemerken, daß die Fragezeichen-Hilfe für Objektbefehle nicht funktioniert, weil sie einfach Text sind, der einem Makro als Argument übergeben wird.

Eingebaute Funktionen

Sie sind jetzt schon fast ein voller Kermit-Programmierer. Sie haben das Treffen von Entscheidungen, Sprünge mit GOTO, Schleifen und die strukturierte Programmierung gemeistert. Als nächstes kommt der *Funktionsaufruf*. Alle Programmiersprachen bieten eine Auswahl eingebauter Funktionen an, um Operationen mit Zahlen oder Strings auszuführen, und die Sprache von C-Kermit stellt hier keine Ausnahme dar.

Eine Funktion ist eine Art „Black Box", in die Sie einige Daten hineinstecken und die ein Ergebnis in Abhängigkeit von diesen Daten zurückliefert. Die Elemente, die Sie der Funktion übergeben, heißen *Funktionsargumente*. Es kann null, ein, zwei oder mehr Argumente geben, aber stets nur ein Ergebnis. Die Argumente selbst bleiben auf jeden Fall unverändert.

Die eingebauten Funktionen von C-Kermit haben Namen der folgenden Form:

`\f`*Name*`()`

Sie bestehen also aus einem Backslash, dem Buchstaben F, dem Namen der Funktion und danach einem Paar (runder) Klammern, zwischen denen die Argumente stehen. Das F und der Name können in Groß- oder Kleinbuchstaben stehen. Der Name kann beliebig abgekürzt werden, solange er eindeutig gegenüber den Namen anderer eingebauter Funktionen zu erkennen ist. Die *Argumente* werden durch Kommata voneinander getrennt. Zum Beispiel gibt es in

`\fmax(\%a,100)`

zwei Argumente, `\%a` und `100`. Die Funktionsreferenz wird durch ihr Ergebnis ersetzt. In diesem Beispiel ist `\fmax()` eine Funktion, die das größere ihrer beiden Argumente, die numerisch sein müssen, zurückliefert:

```
C-Kermit>define \%a 333
C-Kermit>echo Das Maximum von \%a und 100 ist \fmax(\%a,100).
Das Maximum von 333 und 100 ist 333.
C-Kermit>
```

Wenn der Funktionsaufruf in irgendeiner Weise ungültig ist, ist sein Ergebnis leer:

```
C-Kermit>define \%a Tapir
C-Kermit>echo Das Maximum von \%a und 333 ist "\fmax(\%a,333)".
Das Maximum von Tapir und 333 ist "".
C-Kermit>
```

Funktionsargumente können einfache Zeichenketten (Strings), Variablennamen, Makro-Argumente, Feldelemente, Backslash-Codes und Aufrufe anderer Funktionen in jeder beliebigen Kombination sein. Sie sind jedoch nur zulässig, wenn sie den Datentyp repräsentieren, der für das jeweilige Funktionsargument vorgeschrieben ist. Das Ergebnis ist stets ein String.

C-Kermit kennt Funktionen, die auf Strings, auf Zahlen und auf Dateinamen operieren. Sie können sich eine Liste der eingebauten Funktionen von C-Kermit anzeigen lassen, indem Sie den Befehl SHOW FUNCTIONS ausführen.

String-Funktionen

Die folgenden Funktionen werden zur Bearbeitung von Strings (Zeichenketten) benutzt:

\Fliteral(arg)
> Diese Funktion kopiert ihr Argument Buchstabe für Buchstabe und verhindert dabei, daß irgendwelche Variablen (oder andere Funktionen) ausgewertet werden. Dies zeigt das folgende Beispiel:

```
C-Kermit>def \%a stuss
C-Kermit>echo \flit(\%a) = \%a
\%a = stuss
C-Kermit>
```

\Fcharacter(Zahl)
> Diese Funktion liefert das einzelne Zeichen, das seinem Argument entspricht, welches numerisch sein muß. Zum Beispiel ist \fchar(65) der ASCII-Buchstabe A, \fchar(193) ist im Alphabet Lateinisch-1 der Buchstabe A-Akut. Wenn Sie eine negative Zahl oder eine Zahl oberhalb von 255 eingeben, werden nur die unteren 8 Bits benutzt. Ein Beispiel ist dies:

```
C-Kermit>echo \fchar(84)\fchar(65)\fchar(80)\fchar(73)\fchar(82)!
TAPIR!
C-Kermit>
```

Zeichen im Bereich 128 bis 255 hängen vom Zeichensatz ab. Das folgende zeigt, wie Sie den 8-Bit-Zeichensatz Ihres Terminals anzeigen können, falls Sie eine 8-Bit-Verbindung zu C-Kermit haben:

```
set command bytesize 8
for \%i 0 255 1 { echo \%i: [\fchar(\%i)] }
```

\Fcode(Zeichen)
> Diese Funktion liefert den Zahlenwert des angegebenen Zeichens; zum Beispiel ist \fcode(A) 65, der ASCII-Wert des Großbuchstabens A. Wenn das Argument länger als ein Zeichen ist, wird der Zahlenwert des ersten Buchstabens zurückgeliefert. Wenn kein Argument angegeben ist, wird der leere Wert zurückgeliefert.

\Fsubstring(Text,Start,Länge)
> Das Ergebnis dieser Funktion ist das Stück des Arguments *Text*, das bei Position *Start* beginnt und *Länge* Zeichen lang ist. *Text* kann jeder beliebige Text und auch ein Variablenname, eine andere Funktion usw. sein oder solche enthalten; *Start* und *Länge* müssen Zahlen oder Variablen mit numerischem Wert sein. Die Startposition ist 1 für das erste Zeichen, 2 für das zweite usw. Hier ist ein Beispiel:

```
C-Kermit>echo \fsubst(Hallo ihr da,7,3)
ihr
C-Kermit>
```

Wenn das Argument *Länge* fehlt, werden alle Zeichen von der Startposition bis zum Ende geliefert:

```
C-Kermit>def \%a 123456789
C-Kermit>ech \fsub(\%a,4)
456789
C-Kermit>
```

\Fright(*Text,Länge*)

Dies wird durch die letzten *Länge* Zeichen des *Text*es bzw. durch den ganzen *Text* ersetzt, falls er weniger Zeichen enthält. Hier ist ein Beispiel dazu:

```
C-Kermit>echo "\Fright(kermit.exe,4)"
".exe"
C-Kermit>
```

\Flower(*Text*)

Diese Funktion setzt alle Großbuchstaben des einfachen ASCII-Alphabets im Argument *Text* auf Kleinbuchstaben um; ob auch Umlaute usw. umgesetzt werden, hängt von Ihrem System und Ihrer C-Kermit-Version ab. Hier ist ein Beispiel:

```
C-Kermit>define \%a HERRLICHES
C-Kermit>echo Das ist \Flower(EiN \%a) Durcheinander.
Das ist ein herrliches Durcheinander.
```

\Fupper(*Text*)

Diese Funktion setzt alle Kleinbuchstaben im Argument *Text* auf Großbuchstaben um (zur Behandlung von Umlauten vgl. den vorigen Eintrag).

\Freverse(*Text*)

Diese Funktion dreht die Ordnung der Zeichen im Argument *Text* um, zum Beispiel ist \frev(Palindrom) mordnilaP.

\Frepeat(*Text,Zahl*)

Diese Funktion wiederholt das erste Argument so oft, wie das zweite Argument angibt. Beispiele sind etwa:

```
C-Kermit>echo \frepeat(=,10)
==========
C-Kermit>echo +\frep(-+,10)
+-+-+-+-+-+-+-+-+-+-+
```

\Flpad(*Text,Zahl,Zeichen*)

Füllt den Text von links her bis zur Länge *Zahl* mit dem *Zeichen* auf. Wenn das *Zeichen* fehlt, wird das Leerzeichen benutzt. Das ist nützlich zum Ausrichten von Ausgaben, wie dieses Beispiel zeigt:

```
C-Kermit>def xx echo \flpad(\%1,10)
C-Kermit>xx 20
        20
C-Kermit>xx 1992
      1992
C-Kermit>echo \flpad($50,10,*)
*******$50
C-Kermit>
```

\Frpad(*Text,Zahl,Zeichen*)
> Diese Funktion füllt den *Text* von rechts her bis zur Länge *Zahl* mit *Zeichen* auf. Wenn das *Zeichen* fehlt, wird das Leerzeichen benutzt.

\Fexecute(*Makroname Argumente*)
> Dies führt das angegebene Makro mit den aufgeführten Argumenten (falls vorhanden) aus und gibt den Rückgabewert des Makros (falls vorhanden) zurück. Diese Funktion hat ein einziges Argument, nämlich den *Makroname*n gefolgt von seinen *Argumente*n; dazwischen stehen keine Kommata. \fexec() wird später in diesem Kapitel ausführlicher behandelt, und zwar in dem Abschnitt über Benutzer-definierte Funktionen.

\Fcontents(*Variablenname*)
> Dies liefert die derzeitige Definition (den Inhalt) einer *Variable*n zurück. Wenn die Definition Variablennamen oder Funktionsreferenzen enthält, werden sie Buchstabe für Buchstabe kopiert und nicht durch ihre Werte ersetzt, wie dieses Beispiel zeigt:
>
> ```
> C-Kermit>def \%a Ich mag \%b.
> C-Kermit>def \%b Pizza
> C-Kermit>echo \%a
> Ich mag Pizza.
> C-Kermit>echo \fcont(\%a)
> Ich mag \%b.
> C-Kermit>
> ```

\Fdefinition(*Makroname*)
> Diese Funktion liefert die Definition des angegebenen Makros Buchstabe für Buchstabe. Dies ist äquivalent mit der Notation \m() für Makronamen, wie dieses Beispiel zeigt:
>
> ```
> C-Kermit>define xxx echo \%a
> C-Kermit> echo\fdef(xxx)
> echo \%a
>
> C-Kermit>echo \m(xxx)
> echo \%a
> C-Kermit>
> ```

Beachten Sie, wie verschiedene Grade von Textersetzung erreicht werden können, indem die Funktionen \fliteral() und \fcontents() benutzt werden oder eben nicht:

```
C-Kermit>def \%a Reibe              (\%a ist "Reibe")
C-Kermit>def \%b Ich mag \%akuchen. (\%b enthält \%a)
C-Kermit>echo \%b                   (Volle Ersetzung)
Ich mag Reibekuchen.                (Geschachtelte Variablen werden bearbeitet)
C-Kermit>echo \fcont(\%b)           (Inhalt von \%b)
Ich mag \%akuchen.                  (Geschachtelte Variablen unbearbeitet)
C-Kermit>echo \flit(\%b)            (Nimm's wörtlich)
\%b                                 (Gar keine Ersetzung)
C-Kermit>
```

Jede der folgenden auf Strings bezogenen Funktionen liefert einen numerischen String (eine Zeichenkette aus Ziffern) zurück. Denken Sie daran, daß die Behandlung von Groß- und Kleinbuchstaben (Graphie) durch die letzte Ausführung des Befehls SET CASE geregelt wird. Standardmäßig wird die Graphie ignoriert.

\Flength(*String*)

Diese Funktion liefert die Länge des Arguments *String*, nachdem ggf. alle Variablen oder Funktionsreferenzen ausgewertet worden sind. Hier ist ein Beispiel:

```
C-Kermit>def \%a tapir!          (Eine Variable definieren)
C-Kermit>echo \flen(\%a)         (Länge ihres Wertes)
6                                (Die Länge ist 6)
C-Kermit>
```

\Findex(*Text1*,*Text2* [,*Zahl*])

Diese Funktion sucht nach dem String *Text1* in einem anderen String, nämlich *Text2*, und liefert seine Startposition zurück:

```
C-Kermit>echo \find(ss,Mississippi)   (Finde "ss" in Mississippi)
3
C-Kermit>
```

Das bedeutet, daß das erste Auftreten des Strings „ss" an Position 3 im String „Mississippi" beginnt. Sie können diese Funktion auch dazu veranlassen, erst ab einer angegebenen Position *Zahl* statt von Anfang an nach dem String zu suchen, indem Sie das optionale dritte Argument angeben, das numerisch sein muß:

```
C-Kermit>echo \findex(ss,Mississippi,4)   (Finde zweites "ss")
6
C-Kermit>
```

Die Zeichenpositionen sind von 1 an numeriert. Das erste Zeichen ist an Stelle 1, das zweite an Stelle 2 und so weiter. Wenn der String *Arg1* nicht in *Arg2* gefunden wird, wird der Wert 0 zurückgegeben:

```
C-Kermit>echo \findex(sss,Mississippi)
0
C-Kermit>
```

Jedes der Argumente kann eine beliebige Variable (Makro-Argument, globale Variable, Feldelement oder eingebaute Variable) oder sogar Funktion sein. In diesem Beispiel finden wir die Position des ersten „i" in „Mississippi", das nach dem ersten „s" auftritt:

```
C-Kermit>def \%a Mississippi
C-Kermit>echo \findex(i,\%a,\findex(s,\%a))
5
C-Kermit>
```

Das vorige Beispiel zeigt, wie die Funktion \Findex() sich selbst aufruft, was durchaus erlaubt ist.

\Freplace(*Text1* [, *Text2* [, *Text3*]])
(Erst ab C-Kermit 5A(189) verfügbar) Diese Funktion ersetzt alle Vorkommen von *Text2* in *Text1* durch *Text3*. Die ersten beiden Argumente müssen jeweils mindestens ein Zeichen lang sein; wird das dritte kann weggelassen, werden alle Vorkommen von *Text2* in *Text1* entfernt. Fehlt auch *Text2*, wird *Text1* unverändert zurückgeliefert. Diese Funktion kann z. B. so verwendet werden:

```
\freplace(papier,p,P)    = PaPier
\freplace(papier,p,pp)   = ppappier
\freplace(papier,p)      = aier
\freplace(papier)        = papier
```

oder (praktischer für OS/2):

```
\freplace(\v(cmdfile),\\,/)      ; ersetze Backslashes durch normale
                                 ; Schrägstriche
```

Arithmetische (Ganzzahl-)Funktionen und Befehle

Diese Funktionen benötigen numerische Argumente (numerische Strings oder Variablen, deren Werte numerische Strings sind), die positive oder negative ganze Zahlen darstellen. Wenn Argumente in irgendeiner Weise unzulässig sind, liefern diese Funktionen den leeren String zurück.

\Fmax(*Arg1,Arg2*)
Diese Funktion liefert das größere ihrer beiden numerischen Argumente, wie das folgende Beispiel zeigt:

```
C-Kermit>define \%x 9
C-Kermit>echo \fmax(12,\%x)
12
```

\Fmin(*Arg1,Arg2*)
Diese Funktion liefert das kleinere ihrer beiden Argumente.

\Feval(*Ausdruck*)
Diese Funktion berechnet den arithmetischen Ausdruck. Der Vorrang der Operatoren folgt den normalen, intuitiven algebraischen (bzw. Programmier-)Regeln und kann durch die Benutzung von Klammern, die Vorrang vor allen anderen Operatoren haben, geändert werden. Leerzeichen können benutzt werden, um Operatoren von den Operanden zu trennen, werden jedoch nicht benötigt. Hier sind einige Beispiele:

```
C-Kermit>def \%x 6
C-Kermit>def \%y 10
C-Kermit>echo \feval(\%x)
6
```

```
C-Kermit>echo \feval(\%x + 2)
8
C-Kermit>echo \feval((\%x+2) * \%y)
80
C-Kermit>echo \feval(\%x + (2*\%y))
26
```

Operator \%a = 2	-fix \%b = -3,	Vorrang \%c = 7,	Operation \%d = 27	Beispiel	Ergebnis
( )	Zirkum	1	Gruppierung	(\%a + 3) * (\%b-5)	-40
!	Post	2	Fakultät	\%c!	5040
~	Prä	3	Logisches NICHT	~1	-2
-	Prä	3	Vorzeichenumkehrung	-\%a	-2
^	In	4	Exponentiation	2^\%c	128
*	In	5	Multiplizieren	\%c * 5	35
/	In	5	Dividieren	\%d / 5	5
%	In	5	Divisionsrest	\%d %% 5	2
&	In	5	Logisches UND	\%d & 7	3
+	In	6	Addition	\%a + \%c	9
-	In	6	Subtraktion	31 - \%c	24
|	In	6	Logisches ODER	\%a | 4	6
#	In	6	Exklusives ODER	\%d#7	28
@	In	6	Größter gemeinsamer Teiler	\%d @ 51	3

Tabelle 12-2 \Feval()-Operatoren

Tabelle 12-2 zeigt die von \feval() akzeptierten mathematischen Operatoren. Die Spalte, die mit *-fix* überschrieben ist, gibt an, wo der Operator in bezug auf seine Operanden steht. Die möglichen Stellungen sind *In* (der Operator steht zwischen seinen Operanden, zum Beispiel 2 + 2); *Prä* (er steht vor seinem Operanden, zum Beispiel -1, minus eins); *Post* (er steht hinter seinem Operanden, zum Beispiel 3!, drei Fakultät); oder *Zirkum* (er steht um seinen Operanden herum, zum Beispiel (2+2), zwei plus zwei in Klammern). Die Spalte *Vorrang* zeigt, wie hoch der Vorrang des Operators ist: je niedriger die Zahl, desto höher der Vorrang. Zum Beispiel hat ;* einen höheren Vorrang als +; also ist

```
\feval(2 * 3 + 4 * 5)
```

26, weil die Multiplikationen vor der Addition erledigt werden (genau wie Sie es in der Schule gelernt haben).

Wie Sie aus der Tabelle ersehen können, haben Klammern den höchsten Vorrang vor allen anderen; daher können Sie Klammern zur Abänderung der Berechnungsreihenfolge benutzen:

```
\feval(2 * (3 + 4) * 5)
```

Dann berechnet Kermit zuerst den Ausdruck in Klammern, (3+4), und damit ist das Ergebnis hier 70 statt, wie vorhin, 26.

Nur Ganzzahl-Arithmetik steht zur Verfügung: keine Brüche, keine Nachkommastellen, keine Exponentialschreibweise. Der Rest einer Ganzzahl-Division wird ignoriert (außer natürlich beim Divisionsrest-Operator, der dafür den Quotienten ignoriert).

Beachten Sie, daß der Operator für Exklusives Oder, #, genau derselbe wie eines der Kommentar-Anfangszeichen von Kermit ist; daher können Sie ihn in einem \feval()-Funktionsaufruf nicht benutzen, es sei denn, Sie haben darauf geachtet, daß ihm kein Leerzeichen folgt:

```
C-Kermit>echo \feval(7 # 2)
?Invalid - echo \feval(7 #
C-Kermit>echo \feval(7#2)
5
```

Siehe die Regeln für Kommentare auf Seite 41.

Zwei weitere Kermit-Befehle stehen ebenfalls zur Verfügung, um einfache Arithmetik auf Variablen auszuführen:

INCREMENT *Variable [Wert]*
Dies addiert den *Wert* zu der angegebenen *Variable*n. Wenn der *Wert* fehlt, wird 1 addiert. Wenn die Variable keinen numerischen Wert hat, gibt der Befehl eine Fehlermeldung aus und schlägt fehl. Beispiele für die Anwendung sind:

```
C-Kermit>def \%a 9
C-Kermit>increment \%a
C-Kermit>echo \%a
10
C-Kermit>incr \%a 5
C-Kermit>echo \%a
15
C-Kermit>incr \%a -20
C-Kermit>echo \%a
-5
C-Kermit>
```

DECREMENT *Variable [Wert]*
Dieser Befehl zieht den *Wert* von der angegebenen *Variable*n ab. Wenn der *Wert* fehlt, wird 1 abgezogen. Wenn die Variable keinen numerischen Wert hat, gibt der Befehl eine Fehlermeldung aus und schlägt fehl. Dieses Beispiel ist eine Schleife, die von 10 auf 0 herunterzählt:

```
def \%i 10
while not < \%i 0 { echo \%i, decr \%i }
```

Der in den Befehlen INCREMENT und DECREMENT angegebene *Wert* muß nicht unbedingt eine Konstante sein; Sie können auch Variablen hineinschreiben:

```
C-Kermit>define \%n 1
C-Kermit>while < \%n 5000 { echo \%n, increment \%n \%n }
1 2 4 8 16 32 64 128 256 512 1024 2048 4096
C-Kermit>
```

Sie können auch jedes andere Element verwenden, das C-Kermit in eine Zahl umrechnen kann: Backslash-Zeichen-Codes, Feldreferenzen, Funktionsaufrufe, Umgebungs- oder eingebaute Variablen.

Dateifunktionen

C-Kermit bietet zwei Funktionen zum Umgang mit Dateien. Die erste, \Ffiles(), gibt die Anzahl der Dateien zurück, die auf eine gegebene Dateispezifikation, die möglicherweise Jokerzeichen enthält, passen. Die zweite, \Fnextfile(), liefert einen nach dem anderen die Dateinamen, die auf die Dateispezifikation passen, die das letzte \Ffiles() erhalten hat.

\Ffiles(*Dateispezifikation*)
  Diese Funktion liefert die Anzahl der Dateien, die auf eine gegebene *Dateispezifikation* passen, zum Beispiel also:

```
C-Kermit>echo \ffiles(ck*.c)
37
C-Kermit>
```

  Wenn keine Dateien passen, ist das Ergebnis 0. Wenn zu viele Dateien passen, ist das Ergebnis -1.

\Fnextfile()
  Diese Funktion liefert den nächsten Dateinamen, der auf die vorher an \Ffiles() übergebene Dateispezifikation paßt, bis keine weiteren mehr da sind, bis Sie \Ffiles() erneut benutzen oder bis Sie einen Befehl ausführen (etwa SEND, TYPE oder OPEN), der einen Dateinamen analysiert. \Ffiles() und \Fnextfile erlauben es Ihnen, Schleifen zu schreiben, die eine ausgewählte Dateigruppe bearbeiten.

Hier ist ein Beispiel zur Definition eines Makros namens AUTOSEND, das Sie zum Senden einer über Jokerzeichen ausgewählten Dateigruppe an einen Kermit-Server schicken können, wobei Sie automatisch für jede Datei zwischen Text- und Binärmodus hin- und herschalten. In diesem Fall wird der Binärmodus benutzt, wenn die letzten vier Zeichen des Dateinamens .exe sind.

```
define autosend -
assign \%n \ffiles(\%1),-          ; Wie viele Dateien passen
echo Dateien = \%n,-               ; Meldung anzeigen
declare \&f[\%n],-                 ; Feld für die Namen anlegen
for \%i 1 \%n 1 { -                ; Namen in Feld kopieren
    asg \&f[\%i] \fnextfile() -
},-
```

```
for \%i 1 \%n 1 { -                        ; Schleife über alle Dateien
    xif eq ".exe" "\fright(\&f[\%i],4)" {- ; Wenn Datei auf ".exe" endet...
        set file type binary,-             ; benutze Binärmodus,
        echo Sende \&f[\%i] (binär)-       ; gib eine Nachricht aus
    } else {-                              ; Anderenfalls
        set file type text,-               ; benutze Textmodus,
        echo Sende \&f[\%i] (Text)-        ; gib eine Nachricht aus
    },-
    send \&f[\%i] -                        ; und sende die Datei
}
```

Rufen Sie dieses Makro mit einem Befehl wie diesem auf:

```
C-Kermit>autosend tapir.*
```

Ersetzen Sie `tapir.*` durch eine Dateispezifikation Ihrer Wahl. Natürlich beruht dieses Beispiel darauf, daß der empfangende Kermit anhand des von C-Kermit gesendeten Attribut-Paketes automatisch zwischen Text- und Binärmodus umzuschalten weiß (siehe Tabelle 1-1).

Können wir miteinander sprechen?

Sie können bereits einen Dialog mit C-Kermit führen. Mit seinem Prompt fordert er Sie zur Eingabe eines Befehls auf, Sie geben einen Befehl ein, er fordert Sie zum nächsten auf und so weiter. Sie können das, weil Sie ein Kermit-Experte sind. Nehmen wir aber an, Sie wollen jemandem, der kein Kermit-Experte ist, eine Prozedur zur Verfügung stellen. Hier sind die Befehle, die Sie zur Ausgabe von Prompts und zum Lesen der auf der Tastatur eingegebenen Antworten verwenden können:

ASK *Variable Text*
Dieser Befehl gibt den *Text* auf dem Bildschirm aus und liest, was die Benutzerin als Antwort eingibt, und zwar bis zum abschließenden Druck auf die Eingabetaste. Das Eingegebene wird (ohne das abschließende Return) in der angegebenen *Variable*n gespeichert. Die *Variable* kann eine globale (\%a bis \%z), ein Makro-Argument (\%1 bis \%9) oder ein Feldelement (\&a[] bis \&z[]) sein. Die eingegebenen Zeichen werden bei der Eingabe auf dem Bildschirm dargestellt.

ASKQ *Variable Text*
„*Ask Quietly*", „stille Abfrage". Dies ist genau wie ASK, gibt aber die Eingabe des Benutzers nicht auf dem Bildschirm wieder. Benutzen Sie ASKQ zur Eingabe von Paßwörtern oder anderen sicherheitsrelevanten Daten.

Betrachten wir ein Beispiel:

```
C-Kermit>ask \%n   Wie heißen Sie\?
Wie heißen Sie?Heidi
C-Kermit>askq \%p Hallo, \%n, wie lautet Ihr Paßwort\?
Hallo, Heidi, wie lautet Ihr Paßwort?_____
C-Kermit>
```

Wie Sie sehen, entfernt Kermit Leerzeichen von Anfang und Ende der Prompttexte von ASK und ASKQ und erwartet, daß Sie Fragezeichen mit einem vorgestellten Backslash „entschärfen". (Sonst wird bei der Eingabe des Fragezeichens ein Hilfetext ausgegeben.) Wollen Sie Leerzeichen am Anfang oder Ende Ihres Prompts haben, schließen Sie ihn in geschweifte Klammern ein:

```
Kermit>ask \%n {   Wie heißen Sie\? }
   Wie heißen Sie? Heidi
C-Kermit>
```

Wenn die Benutzerin auf den Prompt antwortet, sind alle besonderen Edierbefehle von Kermit aktiviert: Entf, Rückschritt, Strg-W, Strg-U, Strg-R usw.; sie muß also nicht darauf achten, unmittelbar eine makellose Antwort einzugeben. Wie stets kann das Fragezeichen benutzt werden, um einen Hilfetext anzufordern. Wenn die Benutzerin ein Fragezeichen eingibt und dies als Teil der Antwort zu verstehen sein soll, wird eine hilfreiche Nachricht ausgegeben, die (allerdings auf Englisch) darauf hinweist, man möge zur buchstäblichen Einfügung eines Fragezeichens \? eingeben:

```
C-Kermit>ask \%f { Welche Dateien wollen Sie senden\? }
 Welche Dateien wollen Sie senden? tapir.? Please respond.
 Type \? to include a question mark in your response.
 Welche Dateien wollen Sie senden? tapir.\?
C-Kermit>echo Gut, ich sende \%f
Gut, ich sende tapir.?
C-Kermit>
```

In einem interaktiven Dialog mit einem Benutzer werden häufig Fragen gestellt, die mit Ja oder Nein beantwortet werden müssen. Ein freundliches Programm kümmert sich nicht darum, ob der Benutzer diese Wörter ganz eingibt oder abkürzt und ob er sie groß oder klein schreibt. Genau das tut der C-Kermit-Befehl GETOK auch nicht:

GETOK *[Text]*
   Dies stellt dem Benutzer eine Ja/Nein-Frage. Der *Text* ist die Frage. Lassen Sie den *Text* weg, liefert Kermit selbst die Frage „Yes or no?". Der Benutzer kann durch Eingabe von Yes, No oder OK in Groß- oder Kleinbuchstaben antworten, abgekürzt oder in voller Länge. Jede andere Antwort führt zu einer Fehlermeldung und einer Wiederholung der Frage. Der Befehl GETOK hat Erfolg, wenn eine bejahende Antwort eingegeben wird, sonst schlägt er fehl. Hier ist ein Beispiel, in dem der Benutzer gefragt wird, ob temporäre Dateien gelöscht werden sollen; je nach der Antwort werden die Dateien dann tatsächlich gelöscht oder nicht:

```
getok Soll ich Ihre temporären Dateien löschen\?
xif success { -
    echo Ich lösche die temporären Dateien *.tmp...,-
    delete *.tmp -
} else {-
    echo Na gut, dann nicht.-
}
```

Um Leerzeichen am Anfang oder Ende zu haben, schließen Sie den *Fragetext* in geschweifte Klammern ein:

```
C-Kermit>getok \%a { Fortfahren? }
 Fortfahren? ok
C-Kermit>sho status
 SUCCESS
C-Kermit>
```

Taschenrechner und Addiermaschinen

Hier ist ein Makro, das Sie benutzen können, damit Kermit Rechenausdrücke interaktiv für Sie berechnet – Kermits Antwort auf den Taschenrechner:

```
define CALC -
echo Zur Beendigung Eingabetaste drücken,-     ; Info zur Beendigung
def \%1 1,-                                    ; Anfangsbedingung für Schleife
while defined \%1 { -                          ; Schleifen drehen, bis Ende gewünscht
    ask \%1 { Ausdruck: },-                    ; Ausdruck anfordern
    echo \flpad(\feval(\%1),10)-               ; Antwort berechnen und ausgeben
},-
echo Zurück bei...                             ; Alles erledigt
```

Zur Benutzung des Taschenrechners führen Sie zunächst die Makrodefinition aus.[36] Dann geben Sie einfach irgendwann beim C-Kermit-Prompt CALC ein. Sie können beliebige Ausdrücke, wie sie in Tabelle 12-2 (S. 299) aufgeführt sind, eingeben; die Operanden können dabei ganzzahlige Konstanten oder Variablen mit ganzzahligen Werten sein.

```
$ kermit                                (Kermit starten)
C-Kermit 5A(189), 23 Jul 93
Type ? or HELP for help
C-Kermit>def \%a 7                      (Einige Variablen definieren)
C-Kermit>def \%b 9
C-Kermit>calc                           (Taschenrechner starten)
Zur Beendigung Eingabetaste drücken

    Ausdruck: 1+1                       (1 und 1 addieren)
         2
    Ausdruck: 6!                        (6 Fakultät)
       720
```

```
Ausdruck:  2^16                    (2 hoch 16)
           65536
Ausdruck:  (\%a + 3) * (\%b - 5)   (Ausdruck mit Variablen)
           40
Ausdruck:                          (Zur Beendigung Eingabetaste drücken)

Zurück bei...
C-Kermit>
```

Hier ist ein kleines interaktives Programm, das eine Addiermaschine nachahmt und den Gebrauch von ASKQ, WHILE-Schleifen, Funktionen zur Ausrichtung der Ausgabe und anderen Dingen, die Sie in diesem Kapitel gelernt haben, veranschaulicht: (Der Befehl WRITE SCREEN wird weiter unten auf S. 313 eingeführt.)

```
define ADDINGMACHINE -
echo Addiermaschine.,-
echo Geben Sie Zahlen ein oder Eingabetaste zur Beendigung...,-
assign \%3 0,-                              ; Summe initialisieren
while = 1 1 {-                              ; Endlosschleife
    askq \%1,-                              ; Auf eine Zahl warten
    if not def \%1 break,-                  ; Eingabetaste beendet Schleife
    increment \%3 \%1,-                     ; Zur Summe addieren
    write screen \flpad(\%1,10)\flpad(\%3,10),- ; Ergebnis ausgeben
},-
echo Summe\flpad(\%3,15,.)
```

Ist dieses Makro einmal definiert (zum Beispiel, indem Sie die C-Kermit-Demodatei mit TAKE ausführen), können Sie jederzeit eine Reihe von Zahlen addieren (nur Ganzzahlen, positiv oder negativ): Geben Sie beim C-Kermit-Prompt einfach ADDINGMACHINE ein.

Spezialeffekte

Geben Befehle wie ECHO und ASK Ihren Text auf dem Bildschirm aus, werten sie zunächst alle Variablen und sonstigen Backslash-Codes aus. Damit können Sie auch Spezialeffekte auf den Bildschirm bringen. Zum Beispiel können Sie Escape-Sequenzen senden, die den Bildschirm löschen, den Cursorposition setzen, Text hervorheben, Farben ändern und so weiter. Kermit hat selbst kein eingebautes Wissen über Terminal-Steuersequenzen – Sie sind hier auf sich selbst gestellt. Ein gängiger Terminaltyp ist die DEC-VT100-Serie [25], und einige nützliche Escape-Sequenzen (die auch für die Serien VT200, 300 und 400 gelten) sind in Tabelle 12-3 aufgeführt. Benutzen Sie einen PC mit MS-DOS-Kermit als Terminal, lassen sich diese Codes ebenfalls verwenden. Für andere Terminaltypen sehen Sie bitte in Ihrem Terminal-Handbuch nach.

Escape-Sequenz	Kermit-Schreibweise	Beschreibung
Strg-H	\8	Cursor ein Feld nach links (Rückschritt)
Strg-I	\9	Horizontaltabulator
ESC # 3	\27#3	Zeile doppelter Höhe und Breite, obere Hälfte
ESC # 4	\27#4	Zeile doppelter Höhe und Breite, untere Hälfte
ESC # 6	\27#6	Zeile doppelter Breite und einfacher Höhe
ESC D	\27D	Index: Cursor eine Zeile nach unten, rollt ggf
ESC M	\27M	Inverser Index: Cursor eine Zeile nach oben, rollt ggf
ESC [z; s H	\27z;sH	Setzt Cursor auf Zeile z, Spalte s
ESC [o; u r	\27o;ur	Setzt oberen und unteren Rand für Rollen. ESC [r setzt Ränder auf ganzen Bildschirm zurück
ESC [0 J	\27[0J	Löscht vom Cursor bis zum Bildschirm-Ende einschließlich
ESC [1 J	\27[1J	Löscht vom Bildschirm-Anfang bis zum Cursor einschließlich
ESC [2 J	\27[2J	Löscht den ganzen Bildschirm, setzt Zeilen auf einfache Höhe zurück, bewegt den Cursor nicht
ESC [0 K	\27[0K	Löscht vom Cursor bis zum Zeilenende einschließlich
ESC [1 K	\27[1K	Löscht vom Zeilenanfang bis zum Cursor einschließlich
ESC [2 K	\27[2K	Löscht die ganze Zeile, bewegt den Cursor nicht
ESC [? 5 h	\27[\?5h	Inverse Darstellung auf gesamtem Schirm
ESC [? 5 l	\27[\?5l	Normale Darstellung auf gesamtem Schirm
ESC [0 i	\27[0i	Drucke aktuellen Bildschirminhalt
ESC [4 i	\27[4i	Beendet transparentes Drucken
ESC [5 i	\27[5i	Beginnt transparentes Drucken
ESC [0 m	\27[0m	Normale Zeichen
ESC [1 m	\27[1m	Helle Zeichen
ESC [2 m	\27[2m	Unterstrichene Zeichen
ESC [5 m	\27[5m	Blinkende Zeichen
ESC [7 m	\27[7m	Inverse Zeichen
ESC [3x m	\27[3xm	Wählt Vordergrundfarbe (siehe Tabelle V-9)
ESC [4x m	\27[4xm	Wählt Hintergrundfarbe (siehe Tabelle V-9)
ESC Z	\27Z	Identifiziert das Terminal (vom Wirt an das Terminal)
ESC [? 1 c	\27[\?1c	VT100-Terminal-Identifikation (vom Terminal an den Wirt)
ESC [? 6 c	\27[\?6c	VT102-Terminal-Identifikation (vom Terminal an den Wirt)
ESC [? 62 c	\27[\?62c	VT200-Terminal-Identifikation (vom Terminal an den Wirt)
ESC [? 63 c	\27[\?63c	VT300-Terminal-Identifikation (vom Terminal an den Wirt)
ESC [3 4 h	\27[34h	Führt das MS-DOS-Kermit-Makro TERMINALS aus (MS-DOS-Kermit 3.0 bis 3.12); sonst: Umschaltung der Schreibrichtung
ESC [3 4 l	\27[34l	Führt das MS-DOS-Kermit-Makro TERMINALR aus (MS-DOS-Kermit 3.0 bis 3.12); sonst: Umschaltung der Schreibrichtung

Tabelle 12-3   *Ausgewählte VT100-Escape-Sequenzen*

Mehrere der Einträge in der Tabelle verlangen von Ihnen, konkrete Werte einzusetzen. Die Escape-Sequenz zum Setzen des Cursors auf eine bestimmte Zeile und Spalte benötigt die Nummern von Zeile und Spalte, getrennt durch ein Semikolon (;). Die Zeilen und Spalten werden von 1 an gezählt. Um also den Cursor in die linke obere Ecke des Bildschirms zu setzen, wird die folgende Sequenz benutzt:

`\27[1;1H`

und um ihn in Zeile 17, Spalte 53 zu setzen:

`\27[17;53H`

Um den Cursor auf „Pos1" zu setzen und den Bildschirm zu löschen, läßt sich folgende Sequenz verwenden:

`\27[1;1H\27[2J`

Die Escape-Sequenz für die Einstellung der Rollregion erwartet die Nummern der oberen und unteren Zeile; um zum Beispiel die Zeilen 7 bis 24 zu nutzen, ist die Sequenz:

`\27[7;24r`

Um wieder den ganzen Bildschirm zur Rollregion zu machen, benutzt man:

`\27[r`

Die Escape-Sequenzen für die Einstellung der Vordergrund- und Hintergrundfarben gelten nur bei Benutzung der VT-Terminal-Emulatoren von MS-DOS-Kermit und OS/2-C-Kermit auf PCs mit Farbadaptern und -monitoren. Das *x* in der Escape-Sequenz wird durch eine Ziffer zwischen 0 und 7 ersetzt, um die Farbe zu wählen (0 = schwarz, 1 = rot, 2 = grün, 3 = orange, 4 = blau, 5 = violett, 6 = türkis, 7 = weiß), zum Beispiel ergibt

`\27[36m\27[45m`

türkisfarbene Zeichen auf violettem Hintergrund.

Hier ist ein Beispiel, das Sie ausprobieren können. Haben Sie einen IBM-PC oder -Kompatiblen mit einem Farbmonitor und dazu MS-DOS-Kermit 3.0 (oder eine neuere Version) oder OS/2-C-Kermit, erhalten Sie ein Ergebnis in Technicolor. Nehmen Sie diese Befehle in eine Datei auf und führen Sie sie von C-Kermit aus mit einem TAKE-Befehl aus:[37]

```
define on_exit echo \27[r\27[0m\27[1;1H\27[2JAuf Wiedersehen!
define \%g \27[0m\27[32m\27[7m\frepeat(=,80)\27[0m\27[34m
echo \27[1;1H\27[2J\%g\27[47m
ask \%n { Wie ist Ihr Name\? \27[30m\27[7m}
echo \%g
echo \27[35m\27[5m Willkommen bei Kermit, \27[30m\27[5m\%n\13\10\%g
echo \13\10\27[0J\27[7;24r\27[22;1H
set prompt {\%g\13\10 \27[33mWie lautet Ihr Befehl\? \27[34m}
```

Ohne damit ein Geheimnis zu verraten, läßt sich feststellen, daß dieses Programm einige ungewöhnliche Dinge mit Terminals der VT-Serie anstellt. Beachten Sie das Makro ON_EXIT, um das Terminal bei Beendigung von C-Kermit wieder normal einzustellen.

PC-Drucken

Hier ist ein einfaches, aber etwas nützlicheres Beispiel zur Benutzung von Escape-Sequenzen. Es erlaubt C-Kermit, eine Datei auf Ihrem lokalen Drucker auszugeben, wenn Sie ein Terminal der VT-100-Serie (VT102 oder höher) oder ein dazu kompatibles haben, oder auch einen IBM-PC oder -Kompatiblen mit MS-DOS-Kermit. Es sendet eine Escape-Sequenz, um transparentes Drucken anzuschalten, zeigt dann die Datei an, was Ihr Terminal bzw. Ihren Emulator dazu veranlassen sollte, den Text an den Drucker statt auf den Bildschirm zu senden, und sendet schließlich die Escape-Sequenz zum Abschalten des transparenten Druckens.

```
define vtprint echo \27[5i, type \%1, echo \27[4i
```

Führen Sie diese Makro-Definition aus und geben Sie dann Dateien auf Ihrem lokalen Drucker etwa so aus:

```
C-Kermit>vtprint tapir.txt
```

Abkürzungen für Dateitransfers

Hier ist ein Satz einfacher Dateitransfer-Makros, die Sie zwischen C-Kermit und einem PC mit MS-DOS-Kermit benutzen können. Sie erlauben es Ihnen, Dateitransfers von C-Kermit aus zu starten, während Sie im MS-DOS-Kermit-Terminalbetrieb sind, ohne daß Sie zu MS-DOS-Kermit zurückkehren müssen.

MS-DOS-Kermit erkennt in den Versionen 3.0 bis 3.12 ein besonderes Paar von VT-Terminal-Escape-Sequenzen, die es mit MS-DOS-Kermit-Makros namens TERMINALS und TERMINALR[38] verbindet, die Sie wie folgt definieren können:[39]

```
define TERMINALS server, connect    ; Auf PCGET antworten
define TERMINALR receive, connect   ; Auf PCSEND antworten
```

Diese Definitionen fordern MS-DOS-Kermit auf, bei Empfang der Escape-Sequenz TERMINALS oder TERMINALR automatisch in den entsprechenden Dateitransfer-Modus zu wechseln und nach Abschluß des Transfers mit CONNECT wieder zum Wirt zu gehen.

Fügen Sie außerdem die folgenden Zeilen Ihrer C-Kermit-Initialisierungsdatei hinzu:

```
define PCGET echo \27[\?34h,-        ; Sende TERMINALS-Escape-Sequenz
  get \%1,-                          ; Hole die Dateien
  finish                             ; Beende MS-DOS-Kermit-Server

define PCSEND asg \%9 \ffiles(\%1),- ; Wie viele Dateien passen?
  if = 0 \%9 end 1 {\?Datei nicht gefunden},- ; Keine, Fehlschlag
  set delay 1, echo \27[\?34l,-      ; Sende TERMINALR-Sequenz
  if = 1 \%9 send \%1 \%2,-          ; Sende einzelne Datei ggf. unter anderem
                                     ;   Namen
  else send \%1                      ; oder Dateigruppe ohne anderen Namen
```

Das PCGET-Makro sendet die TERMINALS-Sequenz an den PC, der sein TERMINALS-Makro aktiviert, das seinerseits MS-DOS-Kermit in den Server-Betrieb versetzt. Dann wird ein GET-Befehl für die gewünschten Dateien an den PC gesendet, und wenn der Transfer vollständig ist, wird ein FINISH-Befehl an MS-DOS-Kermit gesendet, um ihn wieder aus dem Server-Betrieb zu nehmen. Dann führt MS-DOS-Kermit den nächsten Befehl in der TERMINALS-Definition aus, also CONNECT, und damit sind Sie automatisch wieder da, wo Sie begonnen haben.

Das PCSEND-Makro arbeitet ganz ähnlich, prüft aber zusätzlich, ob Sie eine einzelne oder mehrere Dateien senden, so daß es die geeignete Form des SEND-Befehls verwenden kann.

Jetzt können Sie beim C-Kermit-Prompt PCSEND benutzen, um eine Datei an Ihren PC zu senden, und PCGET, um eine Datei von Ihrem PC zu holen, ohne je zum MS-DOS-Kermit-Prompt zurückkehren zu müssen. Versuchen Sie es! Denken Sie daran, daß Sie bei einem C-Kermit-Befehl, der Verzeichnisfelder in einem PC-Dateinamen angeben muß, die Backslashes verdoppeln müssen. Beispiele für die Verwendung sind:

```
C-Kermit>pcget mskermit.ini
C-Kermit>pcget c:\\dos\\config.sys
C-Kermit>pcsend ckermit.ini
C-Kermit>pcsend ckermit.ini c:\\ckermit\\ckermit.ini
```

Ab MS-DOS-Kermit Version 3.13 stehen die Makros TERMINALS und TERMINALR nicht mehr zur Verfügung, weil ihre Aufrufsequenzen inkompatibel zu einer Neuerung der DEC-Terminalserie VT400 waren. Stattdessen gibt es einen flexibleren Mechanismus, der mit dem C-Kermit-Befehl APC angesprochen wird:

APC *Lokal-Befehle [...]*

Die angegebenen *Lokal-Befehle* werden, umrahmt von speziellen Escape-Sequenzen, an das Terminal bzw. den -Emulator gesendet und von diesem ausgeführt. *APC* steht für *Applications Program Command* (*Anwendungsprogramm-Befehl*); diese Art von Steuerung des lokalen Terminals oder -Emulators wird von DEC-Terminals ab VT200 aufwärts und von MS-DOS-Kermit ab Version 3.13 verstanden. Die *Lokal-Befehle* sind für das jeweilige Terminal-Gerät spezifisch. Wie auch beim ECHO-Befehl werden Leerzeichen am Anfang oder Ende ignoriert, sofern sie nicht innerhalb von geschweiften Klammern stehen. Zu den Einzelheiten dieses Befehls vergleichen Sie die MS-DOS-Kermit-Dokumentation; eine einfache Anwendung besteht darin, MS-DOS-Kermit-Parameter von der C-Kermit-Befehlszeile aus zu setzen:

```
C-Kermit>apc set block 3, set parity even
```

Hier zeigen wir beispielhaft noch eine (vereinfachte) APC-Version des oben angegebenen PCSEND-Makros:

```
C-Kermit>define pcsend apc receive, send \%1 \%2
C-Kermit>pcsend tapir.txt
```

Bei Ausführung der zweiten Zeile geht der lokale MS-DOS-Kermit in den Empfangsbetrieb, und der Wirts-C-Kermit sendet die angegebene Datei. Danach wechselt MS-DOS-Kermit wieder in den Terminalbetrieb. Dabei ist es wichtig, daß die gewünschten Befehle in einem Makro zusammengefaßt werden: Gäben Sie einfach den Befehl APC RECEIVE, ginge MS-DOS-Kermit sofort in den Empfangsbetrieb, und Sie könnten C-Kermit den SEND-Befehl nicht mehr geben; gäben Sie umgekehrt C-Kermit zuerst den SEND-Befehl, hätten Sie keine Gelegenheit mehr, ihm den APC-Befehl zu geben.

Benutzer-definierte Funktionen

Sie haben die in Kermit eingebauten Funktionen bereits kennengelernt. Jetzt werden Sie lernen, wie Sie selber welche schreiben. Eine Benutzer-definierte Funktion ist ein Makro, das einen Wert zurückliefert. Um einen Wert zurückzuliefern, wird ein neuer Befehl benötigt:

RETURN [*Wert*]
Dieser Befehl beendet die Ausführung des aktuellen Makros bzw. der Befehlsdatei und stellt den *Wert* dem Aufrufer (d. h., der Befehlsebene, von der aus das Makro aufgerufen wurde) zur Verfügung. Wenn der RETURN-Befehl in einer Befehlsdatei benutzt wird, kann er keinen Wert zurückliefern; nur Makros können Werte zurückliefern. Der RETURN-Befehl kann nicht in der Befehlsliste eines der Befehle FOR, WHILE oder XIF verwendet werden. Hier ist eine Benutzer-definierte Funktion, die das erste Zeichen ihres Arguments zurückliefert:

```
define erstling return \fsubstr(\%1,1,1)
```

Der RETURN-Befehl kann auch ohne einen Wert benutzt werden; in diesem Fall wird ein leerer Wert zurückgeliefert. Das ist gleichbedeutend mit dem Befehl END 0.

Aber wie wird denn der Funktionswert nun genau zurückgegeben? Das geschieht auf zwei Arten: Erstens wird er in der eingebauten Variablen \v(return) zurückgegeben:

```
C-Kermit>define erstling return \fsubstr(\%1,1,1)
C-Kermit>ask \%a { Gib etwas ein: }
 Gib etwas ein: tapir
C-Kermit>erstling \%a
C-Kermit>echo Das erste Zeichen von \%a ist "\v(return)".
Das erste Zeichen von tapir ist "t".
C-Kermit>
```

Zweitens können Sie den Makro-Aufruf (d. h., den Makronamen gefolgt von seinen Argumenten ohne Kommata dazwischen) zwischen die Klammern der Funktion \fexecute() stellen; dann wird der RETURN-Wert des Makros zum Ergebnis von \fexecute():

```
C-Kermit>echo Das erste Zeichen von \%a ist "\fexec(erstling \%a)".
Das erste Zeichen von tapir ist "t".
C-Kermit>
```

Wenn ein Makro keine RETURN-Anweisung enthält oder der RETURN-Wert weggelassen ist, liefern \fexecute() und \v(return) den leeren Wert.

Funktionen, die sich selbst aufrufen

Benutzerinnen-definierte Funktionen können auf Makro-Argumente, globale und eingebaute Variablen zugreifen. Sie können eingebaute und andere Benutzerinnen-definierte Funktionen aufrufen, und sie können sich sogar selbst aufrufen. Hier ist zum Beispiel eine Funktion, die alle Zahlen von 1 bis zu ihrem Argument einschließlich addiert:[40]

```
def summe if not def \%1 return,-      ; Prüfen, ob Argument vorhanden
  if not numeric \%1 return,-          ; Prüfen, ob Argument numerisch
  if not > \%1 0 return,-              ; Prüfen, ob Argument positiv
  if = \%1 1 return 1,-                ; Wenn Argument 1 ist, ist Summe 1
  else return \feval(\%1 + \fexecute(summe \feval(\%1 - 1)))
```

Ins Deutsche übersetzt liest sich das etwa so: Wenn Du von mir willst, daß ich die Zahlen von 1 bis 1 addieren soll, kann ich Dir sofort sagen, daß die Antwort 1 lautet. Ist die Zahl größer als 1, dann ist die Antwort die Zahl, die Du mir angegeben hast, plus die Summe aller Zahlen, die kleiner sind als diese. Der Vorgang wiederholt die Berechnung der Summe „aller Zahlen, die kleiner sind als diese", bis „diese" gleich 1 ist. Dieser Vorgang wird *Rekursion* genannt. Um eine bessere Vorstellung von der Wirkungsweise zu erhalten, versuchen Sie selbst, den Vorgang für die Zahl 3 nachzuvollziehen.

Sie können ein einfaches Makro schreiben, das die Funktion SUMME aufruft und ihren Wert ausgibt:

```
C-Kermit>def machsumme echo Summe = \fexec(summe \%1)
C-Kermit>machsumme 6
Summe = 21
C-Kermit>machsumme 11
Summe = 66
C-Kermit>
```

Die Funktion SUMME funktioniert nicht mit Zahlen, die größer sind als C-Kermits maximale Aufruftiefe (die standardmäßig 20 beträgt) plus eins.

Eine abschließende Bemerkung zu Benutzer-definierten Funktionen: Jeder Kermit-Aktionsbefehl (wie SEND, MSEND, RECEIVE, CONNECT, SERVER, GET, REMOTE, FINISH, BYE oder MAIL), den Sie in ein Makro aufnehmen, das mit \fexecute() ausgeführt wird, wird ignoriert. Die \fexecute()-Funktion wird nämlich mitten in einem anderen Befehl analysiert und ausgeführt, und die ganze Angelegenheit würde ziemlich durcheinander geraten, wenn plötzlich eine Dateitransfer-Anzeige oder ein Terminalemulations-Bildschirm erscheinen würde, bevor der den \fexecute()-Aufruf enthaltende Befehl beendet wäre.

Dateien und Befehle lesen und schreiben

Wie jede konventionelle Programmiersprache auch erlaubt C-Kermit es Ihnen, Dateien zu öffnen, zu lesen, zu schreiben und zu schließen. Computerleute nennen das I/O (Input/Output), im deutschen Sprachgebrauch mitunter auch E/A (Ein-/Ausgabe). Die Befehle dafür heißen – und das wird Sie kaum wundern – OPEN, READ, WRITE und CLOSE.

OPEN { READ, WRITE, APPEND } *Dateiname*
Dieser Befehl öffnet die angegebene Datei zum Lesen (READ), Schreiben (WRITE) oder zum Anhängen (APPEND). Eine zu lesende Datei muß bereits existieren und wird nur zum Lesen geöffnet. Eine zu schreibende Datei wird neu angelegt und überschreibt dabei jede ggf. schon existierende Datei desselben Namens. An eine zum Anhängen geöffnete Datei werden neu geschriebene Daten am Ende angehängt, falls sie schon existiert; existiert sie noch nicht, wird sie neu angelegt. (Zum Vorgehen bei schon existierenden Dateien unter VMS vgl. Anhang IV).

```
open read tapir.txt          ; Lies aus der Datei tapir.txt
open write tapir.neu         ; Lege die Datei tapir.neu an
open append tapir.log        ; Schreibe an das Ende von tapir.log
```

Diese Befehle schlagen fehl, wenn die Datei (je nach Modus) nicht existiert bzw. nicht im gewünschten Modus geöffnet werden kann, etwa wenn eine Datei vor Ihnen geschützt ist.

OPEN { !READ, !WRITE } *Befehl*
Sie können auch „Dateien" öffnen, die gar keine echten Dateien sind, sondern vielmehr Systembefehle, Programme oder Anwendungen, und dann ihren Output lesen oder auf ihren Input schreiben. Ein Beispiel hierfür ist:

```
open !read dir /exclude=(*.doc,*.hlp) /after=yesterday ck*.*
```

Das Beispiel veranlaßt VMS oder OpenVMS, eine Liste aller Dateien im aktuellen Verzeichnis zu erzeugen, deren Namen mit `ck` starten, außer denen mit einem Dateityp von `.doc` oder `.hlp`, und die seit gestern angelegt worden sind. C-Kermit kann diese Liste lesen und zum Beispiel dazu benutzen, die ausgewählten Dateien zu senden.

Das nächste Beispiel zeigt, wie Kermit Textzeilen auf die Sortierdienstprogramme von UNIX, OS/2 oder OS-9 schreiben und den sortierten Output in die Datei `alpha.txt` lenken kann:

```
open !write sort > alpha.txt
```

Es kann stets nur eine READ- oder !READ-Datei offen sein, und auch immer nur eine WRITE-, !WRITE- oder APPEND-Datei. Lesen von und Schreiben zu Unterprozessen funktioniert nur unter Betriebssystemen, die direkte Methoden der Input- und Output-Umleitung unterstützen.

Nun, da wir wissen, wie wir Dateien und Prozesse zum Lesen und Schreiben öffnen, müssen wir noch Daten hinein- und herausbekommen. Dazu benutzen wir die Befehle READ und WRITE:

READ *Variablenname*
Dieser Befehl liest die nächste Zeile aus der derzeit mit OPEN READ oder OPEN !READ geöffneten Datei und macht sie zum Wert der angegebenen Variablen, wie in diesem Beispiel:

```
read \%a
```

Sind keine weiteren Zeilen mehr in der Datei, schlägt die Anweisung fehl, und die Datei wird automatisch geschlossen. Hier ist ein Beispiel, das eine ganze Datei liest und anzeigt:

```
open read tapir.txt
read \%a
while success { echo \%a, read \%a }
```

WRITE *Datei Text*
Dieser Befehl schreibt den angegebenen *Text* auf die angegebene *Datei*. Der *Text* kann Backslash-Codes, Variablen usw. enthalten, die vor dem Schreiben des Textes vollständig ausgewertet werden. Der *Text* wird in der Ausgabedatei nicht durch ein Zeilenend-Zeichen beendet, sofern Sie nicht die entsprechenden Backslash-Codes selbst ausdrücklich angeben, wie dieses Beispiel zeigt:

```
write debug-log { Hier fangen die Schwierigkeiten an...\13\10}
```

Die *Datei* kann eines der folgenden Schlüsselwörter sein, wobei die entsprechende Datei bereits geöffnet worden sein muß:

DEBUG-LOG
Die C-Kermit-Fehlersuch-Protokolldatei (geöffnet mit LOG DEBUG).

FILE
Die derzeit mit WRITE, !WRITE oder APPEND geöffnete Datei.

PACKET-LOG
C-Kermits Paket-Protokolldatei (geöffnet mit LOG PACKETS).

SCREEN
Ihr Bildschirm. WRITE SCREEN ist genau wie ECHO, außer daß WRITE kein Zeilenend-Zeichen an das Ende anhängt. Die SCREEN-„Datei" ist stets offen; daher stellt C-Kermit Ihnen keine Befehle zur Verfügung, um sie zu öffnen oder zu schließen.

ERROR
Genau wie WRITE SCREEN, aber unter Benutzung des Standard-Fehler-Kanals anstatt von Standard-Ausgabe. Dies ist auf Systemen wie UNIX, die diese beiden trennen, nützlich, und zwar insbesondere dann, wenn die Standard-Ausgabe umgeleitet wird.

SESSION-LOG
C-Kermits Sitzungs-Protokolldatei (geöffnet mit LOG SESSION).

TRANSACTION-LOG
C-Kermits Dateitransfer-Transaktionsprotokoll (geöffnet mit LOG TRANSACTIONS).

Sind Sie mit dem Lesen oder Schreiben einer Datei (oder eines Prozesses) zum Ende gekommen, sollten Sie sie schließen. Der Befehl dazu ist:

CLOSE *Name*
> Dies schließt die angegebene Datei: DEBUG-LOG, PACKET-LOG, SESSION-LOG, TRANSACTION-LOG, READ, !READ, WRITE, !WRITE oder APPEND. Eine mit READ oder !READ geöffnete Datei wird automatisch geschlossen, wenn eine Lese-Operation auf das Dateiende (EOF) trifft; es ist jedoch unschädlich, sie nochmals zu schließen. Mit WRITE, !WRITE und APPEND geöffnete Dateien sollten ausdrücklich geschlossen werden. Alle Dateien werden automatisch geschlossen, wenn Sie C-Kermit mit EXIT oder QUIT verlassen.

Hier ist ein C-Kermit-Programm, das Zeilen aus einer Datei, nämlich TAPIR.TXT, liest und sie in eine andere Datei, nämlich NUMERIERT.TXT, schreibt und dabei eine Zeilenzählung hinzufügt:

```
set take error off           ; Damit Dateiende bearbeitet werden kann
open read tapir.txt          ; Öffne Eingabedatei "tapir.txt"
open write numeriert.txt     ; Öffne Ausgabedatei "numeriert.txt"
define \%c 0                 ; Zeilenzähler am Anfang auf 0 setzen
:schleife                    ; Schleife zum Lesen aller Zeilen
read \%a                     ; Lies eine Zeile nach \%a
if fail goto fertig          ; Fange Dateiende so ab
increment \%c                ; Zähle die Zeile
write file \flpad(\%c,3). \%a\10  ; Formatieren und schreiben
goto schleife                ; Zurück und mehr holen
:fertig
close write                  ; Beendet, schließe die Ausgabedatei
echo \%c Zeilen kopiert.     ; Gib eine Meldung aus
```

Eine Massen-Drucksache

In diesem Beispiel benutzen wir C-Kermits Datei-Ein-/Ausgabe-Möglichkeit auf einem UNIX-Rechner dazu, Jahresbewertungs-Briefe über elektronische Post an unsere Angestellten zu versenden – die persönliche Note! Dazu gibt es Formbriefe, die etwa so aussehen:

```
\m(Anrede) \m(Name),
Sie haben dieses Jahr \m(Wort) Arbeit geleistet.
Machen Sie weiterhin so \m(Wort) Arbeit.
```

So ein Muster wird *Schablone* genannt, und wir haben es in einer Datei dieses Namens (`schablone`) gespeichert. Sie enthält C-Kermit-Variablen, die von unserem Programm für jeden Angestellten ausgefüllt werden, und zwar anhand von Sätzen in einer weiteren Datei namens `angestellte`, die wie folgt aussieht:

```
Name Adresse Anrede Kommentar
```

Dateien und Befehle lesen und schreiben   315

In jedem Satz ist *Name* der Name des oder der Angestellten; *Adresse* ist seine oder ihre Adresse für elektronische Post; *Anrede* ist, je nachdem, „Liebe" oder „Lieber", und *Kommentar* ist ein Wort, das die Leistung des oder der Betreffenden in diesem Jahr charakterisiert, zum Beispiel:

```
Richard  ric Lieber prima
Rita     rit Liebe  großartige
Helmut   hel Lieber entsetzliche
```

Hier ist nun das Programm, das die Sätze liest und bearbeitet und dann persönliche Briefe an jeden Angestellten schickt. Speichern Sie es in einer Datei namens bewertungen und führen Sie dann TAKE BEWERTUNGEN aus.

```
set take error off              ; Fehler behandeln wir selbst
define \%d 100                  ; Maximale Anzahl von Zeilen in einem Brief
; Brief
declare \&z[\%d]                ; Feld für Zeilen

def split asg name \%1,-        ; Makro SPLIT weist einzelne Wörter in
    asg adr    \%2,-            ; seinem Argument einzelnen Variablen zu
    asg anrede \%3,-
    asg wort   \%4

open read schablone             ; Öffne die Schablonen-Datei
if fail stop 1 Kann die Schablonen-Datei nicht öffnen

; Schleife, um jede Zeile der Schablonen-Datei zu lesen
;
for \%n 1 \%d 1 {-              ; \%n ist die Zeilennummer
    read \&z[\%n],-             ; Speichere Zeilen in dieser Datei
    if fail break-              ; Stop am Dateiende
}
if = \%n \%d -                  ; Wenn zu viele Zeilen vor dem Dateiende,
    end 1 Ihr Brief ist zu lang ; hier anhalten

; Lies Angestellten-Sätze
;
def \%m 0                       ; Angestellten-Zähler
open read angestellte           ; Öffne die Angestellten-Datei
if fail -                       ; Fehlerbehandlung
    end 1 Kann die Angestellten-Datei nicht öffnen

:schleife                       ; Schleife über Angestellte
read \%a                        ; Lies einen Satz
if fail goto fertig             ; Fehler heißt, wir haben's geschafft
increment \%m                   ; Habe einen Satz, zähle Angestellte hoch
```

```
split \%a                              ; Hole Name, Adresse, Anrede und Kommentar

; Schreibe Schablone an Mail-Programm, erledige Ersetzungen
;
open !write mail \m(adr)               ; Starte das Mail-Programm
for \%i 1 \%n 1 {-                     ; Schreibe Zeilen 1 bis \%n
    write file \&z[\%i]\10-            ; an das Mail-Programm "file"
}
close write                            ; Schließe das Mail-Programm
goto schleife                          ; Zurück für nächste Angestellte
:fertig                                ; Am Ende hierher kommen
echo Fertig; \%m Briefe geschrieben    ; Gib Ende-Meldung aus
```

Nun habe Sie alle Verpflichtungen eines Vorgesetzten erfüllt und damit nur noch Sekunden statt, wie früher, Wochen verbracht. Während Ihre Angestellten ihre Bewertungen durchdenken, können Sie jetzt weiter Space Adventure auf Ihrem Rechner spielen.

13 Skript-Programmierung

Sie fragen sich wahrscheinlich, was Kapitel 11 und 12 mit Datenkommunikation und Dateitransfer zu tun haben. Oberflächlich betrachtet, ist das nicht viel; die dort eingeführten Programmiertechniken – Schleifen, Treffen von Entscheidungen und so weiter – ähneln jedoch dem, was Sie selbst bei der Interaktion mit dem Wirtsrechner tun. In diesem Kapitel werden Sie C-Kermit mit Hilfe der erlernten Techniken beibringen, automatisch genau dasselbe wie Sie zu tun, wenn Sie sich von Hand mit einem Wirtsrechner oder -dienst verbinden, dort einloggen und dann irgendwelche Aufgaben erledigen.

Alles, was Sie mit Kermit routinemäßig oder wiederholt ausführen – sei es beim Befehlsprompt oder im Terminalbetrieb –, ist ein guter Kandidat für Automatisierung. Immer wird eine bestimmte Folge von Befehlen zum Wählen nach draußen oder zum Herstellen einer Netzwerk-Verbindung und ein bestimmter Dialog zum Einloggen bei einem gegebenen Wirtsrechner oder -dienst benötigt. Diese Routinevorgänge zu automatisieren hat mehrere Vorteile. Es vereinfacht sie, es macht sie dem Rechner-Scheuen leichter zugänglich, und es läßt Rechner miteinander sprechen, selbst wenn gar kein Mensch in der Nähe ist: in der Nacht, wenn das Telefonieren am billigsten ist und die Rechner am wenigsten ausgelastet sind, können sie sich gegenseitig anrufen und Daten automatisch austauschen.

> Das Material in diesem Kapitel ist hauptsächlich für diejenigen gedacht, die C-Kermit *lokal* betreiben, d. h., ihn zum Wählen nach draußen oder zum Herstellen von Netzwerk-Verbindungen von C-Kermit aus zu Wirtsrechnern oder -diensten gebrauchen. Wenn Sie C-Kermit nur im *Wirts*modus betreiben, können Sie dieses Kapitel überspringen.

Automatisierter Verbindungsaufbau

Bevor Sie einen Wirtsrechner oder -dienst benutzen können, müssen Sie von Ihrem lokalen Rechner aus eine Verbindung zu ihm herstellen. C-Kermit unterstützt drei Arten von Verbindungen: direkt, Netzwerk und gewählt. Diese Methoden sind in Kapitel 3 beschrieben.

Lassen Sie uns drei Mehrzweck-Makros zum Automatisieren der Verbindungsherstellung schreiben, eines für jede Verbindungsart. Nehmen wir uns zuerst direkte serielle Verbindungen vor. Dafür braucht Kermit nur den Gerätenamen und die Verbindungsgeschwindigkeit zu kennen. Wir wollen ein Makro definieren, das diese beiden Angaben als Argumente entgegennimmt, die entsprechenden Befehle ausführt und prüft, ob sie Erfolg hatten:

```
COMMENT - Makro SERIAL. Argumente:
; \%1 = Gerätename
; \%2 = Geschwindigkeit
;
define SERIAL -
  if < \v(argc) 3 -                            ; Alle Argumente angegeben?
    end 1 Aufruf: SERIAL Gerät Geschwindigkeit,-      ; Nein
  set line \%1,-                               ; OK, SET LINE versuchen
  if failure -                                 ; Bei Fehlschlag
    end 1 Kann Gerät \%1 nicht öffnen,-        ; Meldung ausgeben, Ende
  set speed \%2,-                              ; Geschwindigkeit zu setzen versuchen
  if fail end 1 Geschwindigkeit \%2 nicht unterstützt,-   ; Fehlschlag
  echo Verbindung erfolgreich.                 ; Erfolgreich
```

Der Makroparameter \%1 ist der Gerätename und \%2 die Verbindungsgeschwindigkeit in Bits pro Sekunde. Beide Parameter werden benötigt; es gibt keine voreingestellten Geräte und Geschwindigkeiten. (Es sei denn, Sie setzen in Ihrer Initialisierungsdatei solche Voreinstellungen; welche Änderungen dann an diesen Makros möglich werden, ist eine dankbare Übungsaufgabe für fortgeschrittene Leserinnen). Wenn Sie irgendwelche Argumente weglassen, gibt das Makro eine hilfreiche Nachricht aus und schlägt fehl. Geben Sie zu viele Argumente an, werden die überzähligen ignoriert. Benutzen Sie das Makro SERIAL wie folgt:

```
C-Kermit>serial /dev/tty01 9600       (Direktverbindung von UNIX aus)
C-Kermit>serial txa5 2400             (Direktverbindung von VMS aus)
C-Kermit>serial com1 19200            (Direktverbindung von OS/2 aus)
  Verbindung erfolgreich.
C-Kermit>
```

Definieren wir als nächstes ein Makro NET zum Herstellen von Netzwerk-Verbindungen. Als Angaben werden Netzwerktyp (etwa TCP/IP oder X.25) und Netzwerk-Wirtsname oder -adresse benötigt:

```
COMMENT - Makro NET. Argumente:
; \%1 = Netzwerktyp
; \%2 = Wirtsname oder -adresse
;
define NET -
if < \v(argc) 3 -                              ; Argument prüfen
    end 1 Aufruf: NET Netzwerk Wirt,-          ; Da fehlt etwas
  set network \%1,-                            ; OK, Netzwerktyp setzen
  if fail -                                    ; Hat es funktioniert?
    end 1 Netzwerk \%1 nicht unterstützt,-     ; Nein, Fehlschlag
  set host \%2,-                               ; Verbindung herstellen
  if fail -                                    ; Hat es funktioniert?
    end 1 Kann Wirt \%2 nicht erreichen,-      ; Nein, Fehlschlag
  echo Verbindung erfolgreich.                 ; Ja, fertig
```

Sie können das Makro NET so benutzen:

```
C-Kermit>net tcp/ip wido.com            (Internet)
C-Kermit>net x.25 31182120010300
Verbindung erfolgreich.
C-Kermit>
```

Für Wählverbindungen muß Kermit den Modemtyp, den Namen des Geräts, mit dem das Modem verbunden ist, die Wählgeschwindigkeit und die Telefonnummer wissen. Da die angerufene Nummer möglicherweise besetzt ist, lassen wir es unsere Wählprozedur bis zu zehnmal versuchen, wobei wir nach jedem Versuch eine ganze Minute abwarten.[41] Wenn Sie das Makro ANRUF interaktiv benutzen, können Sie während der 60-Sekunden-Pause eine beliebige Taste drücken, um die Pause zu unterbrechen und sofort den nächsten Versuch zu starten (dies ist eine Eigenschaft des PAUSE-Befehls). Hier ist nun unser Makro CALL:

```
COMMENT - Makro CALL. Argumente:
; \%1 = Modemtyp
; \%2 = Gerätename
; \%3 = Geschwindigkeit
; \%4 = Telefonnummer oder Telefonbucheintrag
;
define CALL -
    if < \v(argc) 5 -            ; Alle Argumente da?
      end 1 Aufruf: CALL Modem Gerät Geschwindigkeit Nummer,-
    set modem \%1,-              ; Modemtyp setzen
    if fail end 1 Modemtyp \%1 unbekannt,-
    set line \%2,-               ; Kommunikationsgerät
    if fail end 1 Kann Gerät \%2 nicht öffnen,-
    set speed \%3,-              ; Kommunikationsgeschwindigkeit
    if fail end 1 Geschwindigkeit \%3 nicht unterstützt,-
    for \%i 1 10 1 { -           ; Bis zu 10 Mal versuchen
        xif > \%i 1 { -          ; Nicht das erste Mal, also ...
            echo Ich wähle in 1 Minute erneut; bitte Geduld ...,-
            pause 60,-           ; Nachricht geben, warte eine Minute
            echo Ich wähle neu: Versuch Nummer \%i ...,-
        },-
        dial \%4,-               ; Nummer wählen
        if success goto ok,-     ; Bei Antwort sind wir fertig
        hangup,-                 ; Auflegen und nächster Schleifendurchgang
    } -
    end 1 Ich kann \%4 nicht anrufen,-
    :ok,-
    pause 1,-
    echo Verbindung erfolgreich.
```

Wiederum müssen alle Parameter angegeben werden:

```
C-Kermit>call
Aufruf: CALL Modem Gerät Geschwindigkeit Nummer
C-Kermit>call telebit /dev/acu 19200 987654
Verbindung erfolgreich.
C-Kermit>
```

Das Makro gibt die für das Wählen erforderlichen Befehle in der richtigen Reihenfolge, überprüft, ob jeder Schritt erfolgreich abgeschlossen wurde, und führt dann den eigentlichen Anruf aus. Wenn der Anruf Erfolg hatte, verläßt das Makro die FOR-Schleife, wartet eine Sekunde und gibt dann die Meldung „Verbindung erfolgreich" aus. Anderenfalls wird die FOR-Schleife fortgesetzt: Kermit gibt eine Meldung aus, wartet eine Minute und wählt dann erneut. Wenn die Verbindung nach zehn Versuchen noch nicht zustandegekommen ist, schlägt das CALL-Makro fehl.

Wenn Sie einen der Befehle SERIAL, NET oder CALL geben und die Meldung „Verbindung erfolgreich" als Antwort erhalten, ist Kermit bereit, mit dem Wirtsrechner oder -dienst zu kommunizieren. Jetzt können Sie einen CONNECT-Befehl geben und Ihren üblichen Login-Vorgang durchführen.

Diese drei Makros, die in ähnlicher Form in der Standard-C-Kermit-Initialisierungsdatei enthalten sind, erlauben es, auf einfache Art verschiedene Arten von Verbindungen herzustellen. Zum Beispiel müssen Sie sich nicht mehr an die genaue Reihenfolge der Befehle für das Wählen nach draußen erinnern; das CALL-Makro nimmt sich für Sie der Details an.

Synchronisierungs-Befehle

Die Makros zur Herstellung einer Verbindung sind schon für sich genommen nützlich, sie sind jedoch lediglich der erste Schritt des Automatisierungsprozesses. Tun wir jetzt den nächsten Schritt, indem wir den Vorgang des Einloggens automatisieren; hier macht man den Wirtsrechner auf sich aufmerksam und identifiziert sich. Der Vorgang ist für jede Art von Wirt oder Dienst unterschiedlich; für einen konkreten Wirt ist die Abfolge jedoch normalerweise stets die gleiche.

Woher wissen Sie, was in einem Login-Skript stehen sollte? Die beste Methode zum Aufbau eines erfolgreichen Skripts besteht darin, die Prozeduren des Verbindens und Einloggens einmal von Hand durchzugehen und in jedem Schritt genau zu beobachten, welche Zeichen gesendet und empfangen werden, in welcher Reihenfolge und in welchen zeitlichen Abständen. Benutzen wir zum Beispiel unser neues CALL-Makro dazu, einen VMS-Rechner anzuwählen, uns mit CONNECT zu verbinden und dann einzuloggen:

```
C-Kermit>call hayes /dev/cua 2400 654321
Verbindung erfolgreich.          (Bestätigungsmeldung abwarten)
C-Kermit>connect                 (Mit dem VMS-System verbinden)
<CR>                             (Eingabetaste drücken)
Willkommen in der Beschwerde-Abteilung
Wer sich beschwert, lebt laenger.

Username: anke                   (Prompt sehen, Benutzernamen eingeben)
Password: _____                (Prompt sehen, Paßwort eingeben)
```

```
Welcome to VMS V5.3

Last interactive login on Thursday, 10-JUN-1993 11:47
Last non-interactive login on Wednesday, 26-MAY-1993 20:02

$
```
                        (Systemprompt sehen)

Beobachten Sie, was Sie eingeben und was VMS als Antwort zurücksendet. Das VMS-System sendet zwei Arten von Text an Ihren Bildschirm: Meldungen zur Information oder Begrüßung sowie Prompts, auf die Sie antworten müssen. In diesem Beispiel sind die Prompts

```
Username:
```

und

```
Password:
```

Der Vorgang des Einloggens ist abgeschlossen, wenn Sie den Systemprompt sehen:

```
$
```

Das ist ein Dollarzeichen am linken Rand, gefolgt von einem Leerzeichen (\13\10$\32).

Wie können wir diesen Vorgang automatisieren? Räumen wir zuerst einmal ein Mißverständnis aus dem Weg: Sie können den CONNECT-Befehl nicht dazu verwenden, einen vorher verfaßten Text an den Wirtsrechner zu senden. Der CONNECT-Befehl liest stets von der Tastatur und nie aus einer Datei. Zur Veranschaulichung: die Befehlsdatei

```
set line /dev/ttyh8
set speed 9600
connect
anke
geheim
```

wird die Benutzerin Anke *nicht* in den Wirtsrechner einloggen. Sie sendet die Strings „anke" und „geheim" *nicht* über das Kommunikationsgerät hinaus. Wenn Sie einen CONNECT-Befehl in eine Befehlsdatei oder ein Makro aufnehmen, wirkt er dort genau wie bei der interaktiven Eingabe: Er verbindet Ihre Tastatur und Ihren Bildschirm mit dem Wirtsrechner. Das vorangegangene Beispiel tut genau das; und wenn Sie aus dem Terminalbetrieb zurückkehren, versucht Kermit, die Befehle „anke" und „geheim" auszuführen, die gar keine C-Kermit-Befehle sind.

Wir können auch nicht einfach Text zum Wirtsrechner jagen und hoffen, daß er richtig und zur rechten Zeit verarbeitet wird. Nichts garantiert uns, daß das so abläuft. Stattdessen wollen wir, daß Kermit genau dasselbe tut wie wir, wenn wir uns bei dem Wirtsrechner einloggen: auf einen bestimmten Prompt warten, den passenden Text senden, auf den nächsten Prompt warten und so weiter und dabei all die Informations- und Grußmeldungen ignorieren (genau wie wir). Wir sollten unsere Antworten mit den Prompts des Wirtsrechners *sychronisieren*; wir sollten *keinen* Text an ihn senden, solange er ihn nicht mit einem Prompt angefordert hat.

Synchronisierung ist aus vielen Gründen wichtig. Zum Beispiel dürfen Sie auf einer Halbduplex-Verbindung keine Zeichen senden, bevor das Wirtssystem Ihnen dazu Erlaubnis gegeben hat, indem es das Leitungsumschaltzeichen (etwa Strg-Q, Xon) sendet. Wenn Sie (oder Kermit) nicht auf das Xon warten, gehen die vorzeitig gesendeten Zeichen verloren.

Auch auf Vollduplex-Verbindungen kann es Zeiten geben, zu denen ein „Vorwegtippen" nicht erlaubt ist. Loggen Sie sich zum Beispiel unter UNIX ein, löscht das Login-Programm den Eingabepuffer von allen vorweg eingegebenen Zeichen, nachdem es den Prompt „Password" ausgegeben hat, aber bevor es Ihr Paßwort einliest. Dies ist eine Vorsichtsmaßnahme; jedes Paßwortstück, das Sie vor dem Erscheinen des Prompts senden, geht verloren, und Sie werden nicht eingeloggt.

Bevor wir also unsere eigenen Login-Skripten schreiben können, müssen wir lernen, wie wir Kermits Antworten mit den Prompts und Aktionen des Wirtsrechners synchronisieren.

Die Befehle OUTPUT und INPUT

Ein Skriptprogramm ist einem Filmdrehbuch, das einen Dialog zwischen zwei Schauspielern enthält, ziemlich ähnlich – daher stammt auch der englische Name *„script"*. In einem C-Kermit-Skript sind die beiden Schauspieler die zwei Rechner, und der Text wird von den C-Kermit-Befehlen OUTPUT und INPUT gesprochen bzw. gelesen. Diese Befehle vollführen das, was auch Sie tun würden, wenn Sie im Laufe einer Terminal-Sitzung von Hand mit dem anderen Rechner interagierten: CONNECT erfordert einen Menschen am Steuerpult, während INPUT und OUTPUT wie der Autopilot funktionieren. OUTPUT „tippt", was Sie eintippen würden, und INPUT liest die Antworten des anderen Rechners ein.

```
output \13                  (Sende ein Carriage Return)
input 5 login:              (Warte 5 Sekunden lang auf den Login-Prompt)
output isabel\13            (Sende meine Benutzerkennung und <CR>)
input 5 Password:           (Warte auf Paßwort-Prompt)
```

OUTPUT *Text*

Dieser Befehl sendet den *Text* an das aktuell angewählte Kommunikationsgerät (serieller Anschluß oder Netzwerk). Beispiel:

```
C-Kermit>output Diesen Text tippe ich eigentlich gar nicht.
```

Der *Text* darf alle Backslash-Codes, Variablen und Funktionen enthalten, die in den Kapiteln 11 und 12 beschrieben wurden.

```
C-Kermit>out Es ist jetzt \v(time) Ortszeit.\13
```

Er darf auch den Sondercode \B (großes oder kleines B) enthalten, der ein BREAK-Signal sendet, oder den Code \L (groß oder klein), der ein Langes BREAK sendet.[42]

```
C-Kermit>output \b          (Sende ein BREAK-Signal)
```

Wenn Sie Leerzeichen am Anfang oder Ende des Textes haben wollen, schließen Sie ihn in geschweifte Klammern ein:

```
C-Kermit>output { Hallo }
```

Die einschließenden Klammern werden von C-Kermits Befehlsprozessor entfernt; daher sendet der oben angegebene Text das Wort *Hallo* mit je einem Leerzeichen am Anfang und am Ende. Wenn Sie Text ausgeben wollen, der tatsächlich mit geschweiften Klammern beginnt und endet, benutzen Sie zwei Paare:

```
C-Kermit>output {{ Hallo }}        (Sendet "{ Hallo }")
```

Kermit fügt kein Carriage Return oder Zeilenvorschub am Ende des OUTPUT-Textes an; Sie müssen dafür den entsprechenden Backslash-Code verwenden, zum Beispiel:

```
C-Kermit>output Hallo\13           (Inklusive Carriage Return)
```

Der OUTPUT-Befehl hat stets Erfolg, außer wenn ein Geräte-Ausgabefehler auftritt, wenn z. B. die Verbindung unterbrochen war.

INPUT *Zahl [Text]*
Dieser Befehl wartet bis zu der angegebenen Anzahl von Sekunden darauf, daß der angegebene *Text* über das Kommunikationsgerät ankommt. Der *Text* kann Backslash-Codes, Variablen und Funktionen enthalten, die ausgewertet werden, bevor die ankommenden Zeichen geprüft werden; er kann jedoch keine NUL-Zeichen (ASCII 0) enthalten, die einfach den Text beenden. Um Leerzeichen am Anfang oder am Ende in den Text aufzunehmen, schließen Sie ihn in geschweifte Klammern ein. Groß- und Kleinschreibung wird nicht beachtet, solange Sie nicht SET CASE ON ausgeführt haben. Das achte Bit jedes Zeichens wird ignoriert, wenn Ihre aktuelle Paritätseinstellung von NONE abweicht (NONE ist voreingestellt) oder Ihre TERMINAL BYTESIZE auf 7 (den voreingestellten Wert) gesetzt ist. Trifft der *Text* im angegebenen Intervall ein, ist der Befehl erfolgreich. Vergeht die angegebene Anzahl von Sekunden, ohne daß der *Text* eintrifft, wird der Befehl zwangsweise beendet und schlägt fehl. Hier ist ein Beispiel, das testet, ob ein INPUT Erfolg hatte oder nicht:

```
input 10 login:                    ; Warte auf Login-Prompt
if failure end 1 Kein Login-Prompt
```

Lassen Sie den *Text* im INPUT-Befehl weg, wartet er in dem angegebenen Intervall auf ein beliebiges Zeichen (einschließlich NUL):

```
input 10                           ; Warte auf ein Zeichen
if failure end 1 Keine Eingabe
```

Das letzte mit dem INPUT-Befehl eingegebene Zeichen steht – unabhängig von Erfolg oder Mißerfolg – in der Variablen \v(inchar) zur Verfügung. Die Anzahl von Zeichen, die der je letzte INPUT-Befehl gelesen hat, wird durch die Variable \v(incount) angegeben.

Die Befehle INPUT und OUTPUT sind in das Sitzungsprotokoll mit eingebunden. Haben Sie den Befehl LOG SESSION ausgeführt, werden alle von INPUT und OUTPUT behandelten Zeichen im Sitzungsprotokoll aufgezeichnet, genauso, als wären sie im Terminalbetrieb aufgefangen worden; allerdings finden keine Umsetzungen statt (Zeichensatz-Übersetzungen, Entfernung von Zeilenvorschüben usw.).

Kombinieren Sie die Befehle INPUT und OUTPUT mit der Entscheidungskraft des IF-Befehls, und schon imitiert Kermit Ihr eigenes Verhalten: Er „tippt", was auch Sie eingetippt hätten, er liest die Antworten und trifft dieselben Entscheidungen, die auch Sie träfen.

Die Benutzung des INPUT-Puffers

Vom INPUT-Befehl eingelesene Zeichen werden an eine besondere Stelle namens *INPUT-Puffer* kopiert. Sie können sich jederzeit mit der eingebauten Variablen \v(input) auf den Inhalt des INPUT-Puffers beziehen, können aber auch mit dem REINPUT-Befehl die Ergebnisse vorangegangener INPUT-Befehle ansehen:

REINPUT *Zahl Text*
Dieser Befehl funktioniert wie INPUT, durchsucht allerdings den INPUT-Puffer nach dem *Text*, statt neue Zeichen vom Kommunikationsgerät zu lesen. Mit anderen Worten: Er überprüft erneut die Zeichen, die vorangegangene INPUT-Befehle eingelesen haben. Wenn der gewünschte *Text* vorhanden ist, wird REINPUT sofort erfolgreich beendet und schlägt im übrigen sofort fehl. Das Zeitintervall wird somit einfach ignoriert.

Hier ist ein kleines Skriptprogramm, in dem Kermit über ein Hayes-Modem wählt, die Modem-Antworten liest und je nach der Antwort verschiedene weitere Aktionen ausführt. Die Modem-Antworten sind Strings mit Zeilenvorschüben (\10) davor und dahinter.

```
set speed 2400                      ; Benutzte 2400 bps
output atdp654321\13                ; Wähle die Nummer
input 40 \10                        ; Warte 40 Sek. auf ersten Zeilenvorschub
if failure -                        ; Angekommen?
   end 1 Keine Antwort              ; Zeit abgelaufen, beenden
input 20 \10                        ; Warte 20 Sek. auf nächsten Zeilenvorschub
if failure -                        ; Angekommen?
   end 1 Unvollständige Antwort     ; Nein
reinput 0 BUSY                      ; Antwort erhalten; war es "BUSY"?
if success -                        ; Ja
   end 1 Leitung besetzt            ; Mit Meldung beenden
reinput 0 CONNECT                   ; War es "CONNECT"?
if failure -                        ; Nein
   end 1 Kein CONNECT               ; Aufgeben
reinput 0 CONNECT 1200              ; Ja; hat Modem-Geschwindigkeit gewechselt?
if success set speed 1200           ; Ja, Kermits Geschwindigkeit auch ändern
```

Ein Skriptprogramm kann beliebige Kermit-Befehle enthalten, nicht nur INPUT, REINPUT, IF, OUTPUT und ECHO, etwa den im Beispiel benutzten Befehl SET SPEED.

Der INPUT-Puffer hat eine feste Größe von 256 Zeichen. Jeder INPUT-Befehl fügt neues Material dort an, wo der letzte INPUT-Befehl aufgehört hat. Wenn das Ende des Puffers erreicht ist, wird neues Material zum Anfang herumgewickelt und überschreibt das, was dort vorher stand (Rechnerleute nennen das einen *Ringpuffer*). Gerade die Wörter oder Sequenzen, die Sie suchen, sind daher möglicherweise herumgewickelt. Die Befehle INPUT und REINPUT wissen, wie sie mit dieser Situation umgehen müssen; durchsuchen Sie die Variable \v(input) jedoch selbst mittels \findex(), können Sie einen Trick wie diesen benutzen:

```
assign \%i \findex(Enter Username:,\v(input)\v(input))
if = \%i 0 echo Nicht gefunden
else echo Bei \%i gefunden
```

Um den möglichen Fall, daß die gesuchte Sequenz, „Enter Username:", herumgewickelt ist, zu berücksichtigen, hängen wir den Input-Puffer zweimal hintereinander. Dies hängt an den am Ende des Puffers stehenden Anfang einer Sequenz das am Anfang des Puffers stehende Ende dieser Sequenz an und wird so mit der Situation fertig, daß die gesuchte Sequenz möglicherweise in zwei Teile aufgeteilt wurde (klar?). Da wir gerade von „klar" sprechen: mit dem Befehl CLEAR können Sie den ganzen INPUT-Puffer löschen:

CLEAR *{ * **INPUT-BUFFER, DEVICE-BUFFER, BOTH** *}]*
    Der CLEAR-Befehl löscht den Inhalt des Puffers für den INPUT-Befehl, den Eingabepuffer des Kommunikationsgerätes oder beide; voreingestellt ist BOTH.

Im folgenden Beispiel stellt der CLEAR-Befehl sicher, daß jede Zeile, die per INPUT vom Kommunikationsgerät gelesen wird, am Anfang des Eingabepuffers beginnt, so daß sie auf einfache Weise als Textzeile behandelt – in diesem Fall: einfach angezeigt – werden kann, ohne daß sonstige Zeichen davor oder dahinter stehen.

```
set input echo off          ; Wir zeigen Zeilen selbst an
:schleife                   ; Schleife für alle Zeilen
clear input-buffer          ; Lösche INPUT-Puffer
input 5 \10                 ; Lies eine Zeile
if eq \fsubstr(\v(input),1,1) $ -
    stop                    ; Stop, wenn Zeile mit "$" anfängt
write screen \v(input)      ; Zeile anzeigen
goto schleife               ; Zurück für weitere Zeilen
```

Die Steuerung der Befehle OUTPUT und INPUT

Sie können mit SET INPUT beginnende Befehle benutzen, um zu steuern, wie die Befehle INPUT und REINPUT Zeichenfolgen abgleichen, den Zustand anzeigen und so weiter:

SET INPUT CASE *{* IGNORE, OBSERVE *}*
    Dies legt fest, ob der INPUT-Befehl Groß- und Kleinschreibung (Graphie) berücksichtigen sollte, wenn er seinen Text mit den vom Kommunikationsgerät ankommenden Zeichen abgleicht. Voreingestellt ist IGNORE. Graphie-unabhängige Vergleiche sind nur für einfache lateinische Buchstaben (A-Z = a-z) möglich. Synonym kann **SET CASE *{* OFF, ON *}*** verwendet werden.

SET INPUT ECHO *{* OFF, ON *}*
    Dies legt fest, ob der INPUT-Befehl die vom Kommunikationsgerät empfangenen Zeichen während des Empfangs anzeigen sollte. Die Voreinstellung ist ON, d. h., ankommende Zeichen werden angezeigt.

SET INPUT SILENCE *Zahl*
Dieser Befehl teilt C-Kermit den längsten Stille-Zeitraum (in Sekunden) mit, den der INPUT-Befehl noch akzeptiert. Wenn die *Zahl* kleiner als das bei INPUT angegebene Zeitintervall ist und innerhalb der angegebenen *Zahl* von Sekunden überhaupt kein Zeichen eintrifft, ist der INPUT-Befehl erfolglos. Ist die *Zahl* null (0), was der Voreinstellung entspricht, gibt es keine Beschränkung der Stille-Zeit, und nur das INPUT-Zeitintervall hat Bedeutung. Stille wird durch jedes ankommende Zeichen unterbrochen (einchließlich NUL).

SET INPUT TIMEOUT-ACTION { PROCEED, QUIT }
Dies legt fest, ob ein Fehlschlag des INPUT-Befehls beim Versuch, innerhalb des angegebenen Intervalls seinen Text zu erhalten, zum automatischen Abbruch des derzeit aktiven Makros bzw. der Befehlsdatei führen soll. SET INPUT TIMEOUT QUIT ist gleichbedeutend damit, auf jeden INPUT-Befehl ein IF FAILURE END 1 folgen zu lassen. Die Voreinstellung ist PROCEED (*Weitermachen*), so daß Sie nach jedem INPUT-Befehl mit IF SUCCESS oder IF FAILURE entscheiden können, was geschehen soll.

Wenn eine Befehlsdatei oder ein Makro durch einen INPUT-Fehlschlag automatisch beendet wird, schlägt das jeweilige TAKE bzw. das (implizite) DO ebenfalls fehl.

SET OUTPUT PACING *Zahl*
Normalerweise werden die in einem einzigen OUTPUT-Befehl stehenden Zeichen sehr schnell hintereinander ausgegeben. Mit diesem Befehl können Sie erreichen, daß nach jedem Zeichen eine kleine Pause von (mindestens) *Zahl* Millisekunden Länge eingelegt wird. Benutzen Sie diese Option, wenn das angeschlossene Gerät die Zeichen nicht mit der vollen Kommunikationsgeschwindigkeit entgegennehmen kann. Die Voreinstellung ist 0, d. h. keine Pausen.

Internationale Zeichensätze

Internationale Zeichensatz-Umsetzung wird von den Befehlen INPUT, REINPUT und OUTPUT *nicht* geleistet. Wollen Sie ein Nicht-ASCII-Zeichen ausgeben, benutzen Sie einen Backslash-Code zur Angabe seines numerischen Wertes im OUTPUT-Befehl, zum Beispiel

```
output Gr\252\233e\13
```

um *Grüße* und ein Carriage Return an einen Wirt zu senden, der das Alphabet Lateinisch-1 benutzt. Wollen Sie dementsprechend internationale Zeichen vom Wirtsrechner her abpassen, sollten Sie ebenfalls Backslash-Codes benutzen, um die jeweiligen Werte in dem vom Wirt benutzten Zeichensatz auszudrücken; siehe Tabellen VIII-4 bis VIII-6.

Übersetzung wird in Skriptbefehlen vermieden, weil es mehr Probleme erzeugen als lösen würde: unerwünschte Fehlübersetzungen, Zeichensatz-abhängige Graphie-Umsetzungen, Zerstörung vom Wirt erzeugter Escape-Sequenzen und die Gefahr, daß der Wirt einen Zeichensatz benutzt, den Kermit nicht kennt. Da ist es besser, wenn Sie in diesem kritischen Bereich die vollständige Kontrolle behalten.

Die Befehle PAUSE und WAIT

Kermit-Skripten werden oft dazu benutzt, durch eine Reihe von Geräten hindurchzusteuern, bis das Endziel erreicht ist. Nehmen wir zum Beispiel an, Kermit wählt über das lokale Modem eine Nummer; der Anruf wird von einer Anschlußauswahleinheit (*Port Selection Unit*) entgegengenommen, die Kermit nach einem Dialog zu einem weiteren Dialog mit einem Terminalserver verbindet, von dort an ein Kommunikations-Vorschaltgerät (*front end*) – ein weiterer Dialog – und schließlich mit dem Wirtsrechner. Das Umschalten von Gerät zu Gerät kann einige Zeit in Anspruch nehmen; sendet Kermit Zeichen, bevor die Umschaltung beendet ist, gehen sie mitunter verloren. Sie können die Befehle PAUSE und WAIT benutzen, um diese Übergangszeiten zu berücksichtigen:

PAUSE *[Zahl]*
 Dieser Befehl tut die angegebene *Zahl* von Sekunden hindurch überhaupt nichts. Fehlt die *Zahl*, pausiert er 1 Sekunde lang. Ein Synonym ist **SLEEP**. Hier sind einige Beispiele:

```
C-Kermit>pause 10          (10 Sekunden Pause)
C-Kermit>paus \%s          (Benutze einen Variablen-Wert)
C-Kermit>pau               (1 Sekunde Pause)
```

Der PAUSE-Befehl kann durch Eingabe eines beliebigen Zeichens auf der Tastatur abgebrochen werden. Abbrüche können mit dem Befehl IF FAILURE erkannt werden:

```
echo Bitte 20 Sekunden warten ...
pause 20
if failure end 1 Bitte Finger weg von der Tastatur!
else echo Verbindlichen Dank für Ihre Geduld.
```

Der PAUSE-Befehl stellt sich als erstaunlich nützlich heraus. Zahlreiche nicht funktionierende Skripten können durch Einfügen einiger PAUSEn an strategischen Stellen zum Laufen gebracht werden.

MSLEEP *[Zahl]*
 Dieser Befehl schläft (pausiert) die angegebene *Zahl* von *Millisekunden* (Tausendstel Sekunden) lang. Er ist (außer durch Strg-C) nicht über die Tastatur abzubrechen. Synonym kann **MPAUSE** verwendet werden.

WAIT *[Zahl=1 [{ CD, CTS, DSR } ...]]*
 Dieser Befehl wartet bis zu der angegebenen Anzahl von Sekunden darauf, daß alle angegebenen Modemsignale auf dem derzeit (mit SET LINE) aktivierten seriellen Kommunikationsgerät erscheinen. Wenn keine Modemsignale angegeben sind, ist WAIT gleichbedeutend mit PAUSE. Erscheinen nicht alle angegebenen Modemsignale im vorgegebenen Zeitintervall oder findet ein Abbruch über die Tastatur statt, ist der WAIT-Befehl erfolglos. Beispiele hierfür sind:

```
wait 10 dsr
if fail end 1 Bitte schalten Sie Ihr Modem an.
wait 45 cd
```

```
if fail end 1 Kein Träger.
wait 5 dsr cts
if fail end 1 Modem nicht betriebsbereit.
```

Der WAIT-Befehl schlägt sofort fehl, wenn das Kommunikationsgerät kein serielles Gerät ist, das zugrundeliegende Betriebssystem den Modemsignal-Status nicht berichten kann oder ein Systemfehler bei dem Versuch auftritt, die Modemsignale zu erhalten.

Bau eines Login-Skripts für VAX/VMS

Betrachten wir noch einmal die Prozedur zum Einloggen in einen VMS-Rechner:

```
C-Kermit>call hayes /dev/cua 2400 654321
Verbindung erfolgreich.              (Bestätigungsmeldung abwarten)
C-Kermit>connect                     (Mit dem VMS-System verbinden)
<CR>                                 (Eingabetaste drücken)
Willkommen in der Beschwerde-Abteilung
Wer sich beschwert, lebt laenger.

Username: anke                       (Prompt sehen, Benutzernamen eingeben)
Password: _____                    (Prompt sehen, Paßwort eingeben)

Welcome to VMS V5.3

Last interactive login on Thursday, 10-JUN-1993 11:47
Last non-interactive login on Wednesday, 26-MAY-1993 20:02

$                                    (Systemprompt sehen)
```

Sehen wir nun einmal zu, ob wir die Befehle INPUT und OUTPUT zur Automatisierung des Vorgangs benutzen können. Wir beginnen, indem wir eine C-Kermit-Befehlsdatei namens VMS.SCR schreiben:

```
set input timeout quit       ; INPUT-Fehlschläge enden tödlich
set input echo off           ; Ruhig arbeiten
output \13                   ; Ein Carriage Return senden
input 10 Username:           ; 10 Sek. auf den Benutzernamen-Prompt warten
output anke\13               ; Benutzernamen und Carriage Return senden
input 5 Password:            ; 5 Sek. auf Paßwort-Prompt warten
output geheim\13             ; Paßwort und Carriage Return senden
input 100 {\13\10$ }         ; 100 Sek. auf Systemprompt warten
```

Das ist eine einfache Übersetzung unserer Aktionen und Entscheidungen in ein Kermit-Skriptprogramm. Wir wissen noch nicht, ob es wirklich funktioniert; aber schon bei oberflächlicher Betrachtung fällt ein *äußerst schwerwiegender* Mangel auf: Das Paßwort des Benutzers ist in der Befehlsdatei abgespeichert.

Speichern Sie nie ein Paßwort in einer Datei!

Dem ist leicht abzuhelfen. Lassen Sie das Skriptprogramm einfach nach dem Paßwort fragen:

```
askq \%p Paßwort:              ; Den Benutzer das Paßwort eingeben lassen
```

und benutzen Sie diese Variable, sobald es gebraucht wird:

```
input 5 Password:              ; 5 Sek. auf Paßwort-Prompt warten
output \%p\13                  ; Paßwort und Carriage Return senden
```

Starten wir nun unser Skript und warten ab, was passiert:

```
C-Kermit>call hayes /dev/cua 2400 654321
Verbindung erfolgreich.
C-Kermit>take vms.scr
Paßwort:_____
?Input timed out
C-Kermit>
```

Es hat nicht funktioniert – wir wissen jedoch nicht, warum.

Der erste Schritt bei der Fehlersuche in einem Skriptprogramm besteht in dem Befehl SET INPUT ECHO ON, so daß wir es bei der Arbeit überwachen können. Da der Befehl SET INPUT ECHO OFF in der Datei VMS.SCR stand, entfernen wir ihn einfach und führen die Datei erneut mit TAKE aus:

```
C-Kermit>call hayes /dev/cua 2400 654321
Verbindung erfolgreich.
C-Kermit>take vms.scr
Paßwort:_____
Willkommen in der Beschwerde-Abteilung
Wer sich beschwert, lebt laenger.

Username: anke
Password:

Welcome to VMS V5.3

Last interactive login on Thursday, 10-JUN-1993 11:48
Last non-interactive login on Wednesday, 26-MAY-1993 20:02

?Input timed out
C-Kermit>
```

Es sieht so aus, als habe das Skriptprogramm uns ordnungsgemäß eingeloggt; wir haben jedoch keinen Systemprompt erhalten. Keine Panik! Derartige Skripten funktionieren normalerweise. Der Fehlschlag in diesem speziellen Fall gibt uns die Möglichkeit, einem subtilen

Problem auf die Schliche zu kommen und es zu beheben. In diesem Fall gab es eine *unsichtbare Unterhaltung* zwischen VMS und Ihrem Terminal unter Benutzung von Steuerzeichen und Escape-Sequenzen, die nicht auf Ihrem Bildschirm erschienen, als Sie sich von Hand einloggten.

Um diese flüchtigen Fragmente zu sehen, benutzen Sie den Kermit-Befehl SET DEBUG SESSION, um Steuerzeichen in ^X-Notation zu sehen, statt sie an Ihren Terminal-Emulator durchzureichen. In diesem Beispiel loggen wir uns wieder in einen VMS-Rechner ein:

```
C-Kermit>set line /dev/cua
C-Kermit>set debug session
C-Kermit>connect
Connecting to /dev/cua, speed 9600.
The escape character is Ctrl-\ (ASCII 28).
Type the escape character followed by C to get back,
oder followed by ? to see other options.
(Debugging Display ...)
CR^M^J^G^M^J^M^JWillkommen in der Beschwerdeabteilung^M^JWer s
ich beschwert, lebt laenger.^M^J^M^JUsername: ANKE^M^J^MPass
word:_____^M^JSchon wieder Sie? Welcome to VMS V5.3^M^J^M^J
Last interactive login on Thursday, 10-JUN-1993 11:52^M^JLas
t non-interactive login on Wednesday, 26-MAY-1993 20:02^M^J^[
Z^[[c^[[0c^M^J%SET-W-NOTSET, error modifying TWA26:^M^J-SET-
I-UNKTERM, unknown Terminal type^M^J$Strg-\C
(Back at Local System)
C-Kermit>
```

^M steht für Carriage Return, ^J für Zeilenvorschub, und ^[ist Escape (siehe Tabelle VIII-1 auf Seite 509). Der Benutzer gab Benutzernamen und Paßwort ein; nachdem die Meldungen zum letzten vorigen Login ausgegeben wurden, erschienen die Zeichen ^[Z auf dem Bildschirm: Escape gefolgt von dem Buchstaben Z – dies ist die Terminal-Identifikations-Anfrage von VMS. Normalerweise bekommen Sie das nicht zu sehen; Ihr Terminal oder -Emulator fängt es ab und antwortet automatisch mit seiner Kennung (siehe Tabelle 12-3 auf Seite 306).

Diesmal jedoch hat Ihr Terminal nicht geantwortet, weil das Escape-Zeichen durch Kermits Fehlersuch-Anzeige in ^[(Zirkumflex und linke eckige Klammer) umgesetzt wurde; daher brach VMS nach einigen Sekunden ab und sendete weitere Terminal-Identifikations-Anfragen in verschiedenen Formaten. Schließlich gab VMS auf und klagte über einen unbekannten Terminal-Typ. Durch diese unerwarteten Verzögerungen war jedoch mittlerweile die Wartezeit unseres INPUT-Befehls, der auf den Systemprompt wartete, abgelaufen.

Wir haben unterdessen alles nötige gelernt, um unser Skriptprogramm zu berichtigen und unsere VMS-Logins zu automatisieren. Die neue Datei VMS.SCR behandelt die Terminal-Identifikations-Anfrage und enthält noch einige weitere Verbesserungen. Zum Beispiel versucht sie bis zu drei Mal, den VMS-Prompt `Username:` zu erhalten, falls es Störungen auf der Kommunikationsleitung gab.

```
COMMENT - C-Kermit-Befehlsdatei VMS.SCR.
;
; Einloggen in ein VMS-System
;
askq \%p Paßwort:                        ; Den Benutzer das Paßwort eingeben lassen
set count 3                              ; 3 Versuche zum Einloggen
:holelogin
output \13                               ; Carriage Return senden
input 5 Username:                        ; Auf Login-Prompt warten
if success goto einloggen                ; Wir haben ihn
if not count end 1 Kein Prompt für Benutzernamen
goto holelogin                           ; Noch einmal versuchen
:einloggen
output anke\13                           ; Meinen Benutzernamen senden
input 5 Password:                        ; Auf Paßwort-Prompt warten
if fail end 1 Kein Prompt für Paßwort
output \%p\13                            ; Paßwort und Carriage Return senden
input 10 \27Z                            ; Terminal-ID-Anfrage abwarten
if success output \27[\?6c               ; Terminal-ID für VT102 senden
input 200 {\13\10$ }                     ; Auf Systemprompt warten
echo Login erfolgreich.
```

Diese Befehlsdatei sollte es tun. Probieren wir es:

```
C-Kermit>call hayes /dev/cua 2400 654321
Verbindung erfolgreich.
C-Kermit>take vms.scr
Paßwort:_____
Login erfolgreich.
C-Kermit>
```

Es funktioniert, hat aber noch einige Mängel. Zunächst einmal funktioniert es nur für die Benutzerin Anke. Jede Benutzerin müßte diese Datei bearbeiten, um den passenden Namen einzusetzen. Zudem ist das Skript eine Befehlsdatei. Nehmen wir an, Sie wechseln Ihr Arbeitsverzeichnis und wollen es erneut aufrufen:

```
C-Kermit>cd artikel
C-Kermit>call hayes /dev/cua 2400 654321
Verbindung erfolgreich.
C-Kermit>take vms.scr
?No files match - vms.scr
C-Kermit>
```

Kermit findet das Skript nicht. Sie könnten das Problem lösen, indem Sie den vollen Pfadnamen der Befehlsdatei im TAKE-Befehl angeben; Sie können auch ein Makro dafür definieren:

```
define zuvms take ~anke/kermit/vms.scr          ; (UNIX)
define zuvms take [anke.kermit]vms.scr          ; (VMS oder OpenVMS)
define zuvms take c:\\kermit\\vms.scr           ; (OS/2)
define zuvms take :udd:anke:kermit:vms.scr      ; (AOS/VS)
usw ...
```

Nun brauchen Sie jedoch verschiedene Definitionen des Makros zuvms je nach Betriebssystem. Wenn Sie die Datei in Ihrem Heimat-(Login-)Verzeichnis halten, können Sie aber auch C-Kermits übertragbare Schreibweise nutzen:

```
define zuvms take \v(home)vms.scr        ; (Alle Systeme)
```

Diese Anweisung müßte auf allen Rechnern funktionieren, auf denen C-Kermit läuft.

Sie können die eben genannten Probleme mit der Befehlsdatei jedoch noch leichter lösen, indem Sie sie zu einem Makro umschreiben und die Definition in Ihre C-Kermit-Initialisierungsdatei aufnehmen. Auf diese Weise steht das Skript stets zur Verfügung, und Benutzername und Paßwort können dem Makro als Parameter übergeben werden.

```
COMMENT - VMSLOGIN-Makro. Argumente:
; \%1 = VMS-Benutzerkennung
; \%2 = Paßwort. Wenn nicht angegeben, wird es angefordert.
;
define VMSLOGIN -
    if < \v(argc) 2 end 1 Aufruf: \%0 Benutzerkennung Paßwort,-
    while equal "\%2" "" { -
        askq \%2 { \%1s Paßwort: } -
    },
    set parity none,-                    ; Kommunikationsparameter einstellen
    set duplex full,-
    set handshake none,-
    set flow xon/xoff,-
    set term byte 8,-
    set comm byte 8,-
    set input timeout proceed,
    for \%i 1 3 1 { -                    ; 3 Versuche für Prompt
        out \13,-                        ; Carriage Return senden
        in 5 Username:,-                 ; Nach Prompt suchen
        if success goto einloggen -      ; Erfolg, also einloggen
    },-
    end 1 Kein Prompt für Benutzernamen,-
:einloggen,-                             ; Hierher zum Einloggen
    out \%1\13,-                         ; Benutzernamen, Carriage Return senden
    inp 5 Password:,-                    ; 5 Sek. auf diesen Prompt warten
    if fail end 1 Kein Prompt für Paßwort,-
    out \%2\13,-                         ; Sende Paßwort
    def \%2,                             ; Schnell aus dem Speicher löschen
    set input echo off,-                 ; Terminal vor folgendem schützen
    inp 10 \27Z,-                        ; Nach Terminal-ID-Anfrage suchen
    if success output \27[\?6c,-         ; Antwort senden
    set input echo on,-                  ; Echo wieder anschalten
    set input timeout quit,-             ; Bei Erfolglosigkeit Abbruch
    inp 200 {\13\10$ },-                 ; Auf Systemprompt warten
    echo Login erfolgreich.
```

Sollen wir diese Makro-Definition auseinandernehmen? Der erste Befehl der Definition:

```
if < \v(argc) 2 end 1 Aufruf: \%0 Benutzerkennung Paßwort,-
```

stellt sicher, daß Sie eine Benutzerkennung angegeben haben. Wenn nicht, gibt er einen Benutzungshinweis, und das Makro schlägt fehl. Der nächste Befehl ist eine WHILE-Schleife:

```
while not defined \%2 { -
    askq \%2 { \%1s Paßwort: } -
},-
```

Wenn die Paßwort-Variable \%2 nicht schon definiert ist, fordert C-Kermit zu einer entsprechenden Eingabe auf und liest sie von der Tastatur her in die Variable \%2 ein, ohne sie anzuzeigen. Hier wird eine WHILE-Schleife anstelle eines einfachen IF-Befehls benutzt, um sicherzustellen, daß die Benutzerin wirklich ein Paßwort eingibt. Wenn sie einfach die Eingabetaste drückt, erscheint der Paßwort-Prompt aufs Neue; das wiederholt sich so lange, bis Zeichen (ausgenommen Leerzeichen) eingegeben worden sind. Der nächste Abschnitt:

```
set parity none,-
set duplex full,-
set handshake none,-
set flow xon/xoff,-
set term byte 8,-
set comm byte 8,-
```

richtet die entsprechenden Kommunikationsparameter ein. Einige davon sind zufällig mit den Voreinstellungen von C-Kermit identisch; wir setzen sie hier trotzdem ausdrücklich, um die richtigen Einstellungen zu haben, selbst wenn sie vorher geändert worden sind. Nun können wir damit beginnen, Zeichen zu senden und empfangen. Der folgende Abschnitt:

```
set input timeout proceed,
for \%i 1 3 1 { -                    ; 3 Versuche für Prompt
    out \13,-                        ; Carriage Return senden
    in 5 Username:,-                 ; Nach Prompt suchen
    if success goto einloggen -      ; Erfolg, also einloggen
},-
end 1 Kein Prompt für Benutzernamen,-
```

sendet ein Carriage Return und wartet 5 Sekunden auf den Prompt `Username:`. Wenn der Prompt innerhalb des 5-Sekunden-Intervalls nicht erscheint, wird der Vorgang bis zu drei Mal wiederholt. Erscheint der Prompt nach den drei Versuchen immer noch nicht, schlägt das VMSLOGIN-Makro fehl. Erscheint er jedoch, gehen wir zum letzten Abschnitt über:

```
:einloggen,-                         ; Hierher zum Einloggen
out \%1\13,-                         ; Benutzernamen, Carriage Return senden
inp 5 Password:,-                    ; 5 Sek. auf diesen Prompt warten
if fail end 1 Kein Prompt für Paßwort,-
out \%2\13,-                         ; Sende Paßwort
def \%2,                             ; Schnell aus dem Speicher löschen
set input echo off,-                 ; Terminal vor folgendem schützen
inp 10 \27Z,-                        ; Nach Terminal-ID-Anfrage suchen
if success output \27[\?6c,-         ; Antwort senden
set input echo on,-                  ; Echo wieder anschalten
set input timeout quit,-             ; Bei Erfolglosigkeit Abbruch
inp 200 {\13\10$ },-                 ; Auf Systemprompt warten
echo Login erfolgreich.
```

Hier werden die Benutzerkennung (\%1) und ein Carriage Return (\13) gesendet; dann wird bis zu fünf Sekunden auf den Prompt `Password:` gewartet, das vorher eingegebene Paßwort (\%2) gesendet, bis zu zehn Sekunden auf die Terminal-Typ-Anfrage (\27Z) gewartet und mit der VT102-Terminal-Kennung (\27[\?6c, d. h. Escape-linke-eckige-Klammer-Fragezeichen-sechs-c) geantwortet. INPUT ECHO ist während dieser Zeit abgeschaltet, damit Ihr Terminal die Terminal-Typ-Anfrage nicht zu sehen bekommt. Das Makro wartet dann bis zu 200 Sekunden auf das Erscheinen des Systemprompts, ein Dollarzeichen am linken Bildschirmrand mit nachfolgendem Leerzeichen ({\13\10$ }). Ist das der Fall, wird das VMSLOGIN-Makro erfolgreich beendet.

Die 200-Sekunden-Pause müßte reichlich Zeit für die Anzeige von System-Meldungen und die Ausführung Ihrer Login-Befehlsprozedur lassen. Natürlich wird das Skript fortgesetzt, sobald der Prompt erscheint; es wartet nicht prinzipiell 200 Sekunden lang (sollte das eintreten, schlüge es fehl). Sieht der Prompt auf Ihrem System anders als ein Dollarzeichen am linken Rand mit nachfolgendem Leerzeichen aus, müssen Sie den letzten INPUT-Befehl entsprechend abändern.

So haben wir nun unser erstes Login-Skript konstruiert. Bevor wir weitere schreiben, wollen wir noch einmal überlegen, wie es in das Gesamtbild paßt. Die einzige Vorbedingung für VMSLOGIN ist, daß die Verbindung schon besteht. Es ist für VMSLOGIN unerheblich, welcher Art diese Verbindung ist. Haben Sie dieses Makro definiert (zum Beispiel in Ihrer C-Kermit-Initialisierungsdatei), können Sie es nach jedem der Makros zur Herstellung einer Verbindung (SERIAL, NET oder CALL) verwenden:

```
C-Kermit>serial /dev/ttyh8 19200
Verbindung erfolgreich.
C-Kermit>vmslogin martin
 martins Paßwort:_____
Login erfolgreich.
C-Kermit>
```

In den nächsten Abschnitten werden wir einige weitere Login-Skripten für verschiedene andere Arten von Rechnern und Diensten schreiben. Haben wir das geschafft, verfügen wir über einen recht vielseitigen Satz von Bausteinen, der es uns erlaubt, viele Arten von Verbindungen zu vielen Arten von Rechnern und Diensten herzustellen – und sie sind vollständig zwischen allen Implementationen von C-Kermit übertragbar. Dann werden wir sehen, was wir mit diesen Steinen bauen können. Sehen wir aber zunächst einmal zu, wie man sich in einige weitere weitverbreitete Rechner und Dienste einloggt.

Ein UNIX-Login-Skript

Die normale Art, sich in einen UNIX-Rechner einzuloggen, besteht darin, als erstes ein Carriage Return (drücken Sie die Eingabetaste), als Antwort auf den Prompt `login:` einen Benutzernamen und auf den Prompt `Password:` schließlich das Paßwort einzugeben. Anders als VMS jedoch benutzen die meisten UNIX-Systeme Ihr einleitendes Carriage Return nicht zur Geschwindigkeitserkennung. Daher kann es geschehen, daß die Geschwindigkeiten an den beiden Enden der Leitung nicht miteinander übereinstimmen: Der Login-Prompt erscheint Ihnen als Schrott, und all Ihre Eingaben erscheinen UNIX als Schrott.

Man kann nicht von Ihnen erwarten, daß Sie die Geschwindigkeit der Verbindung an die des UNIX-Wirtssystems anpassen, weil Ihr Kommunikationsgerät die UNIX-Geschwindigkeit vielleicht gar nicht unterstützt. Zum Beispiel haben Sie vielleicht mit einem 2400-bps-Modem gewählt, während das UNIX-System bei 9600 bps geantwortet hat. Daher müssen Sie das UNIX-System dazu bringen, seine Kommunikationsgeschwindigkeit an Ihre anzupassen. Dafür gibt es ein durch lange Praxis geheiligtes Ritual: Wenn Sie ein BREAK-Signal senden, das bei jeder Geschwindigkeit als BREAK erkennbar ist, ändert UNIX seine Geschwindigkeit und gibt den Login-Prompt neu aus. Wenn Sie ihn nicht lesen können, senden Sie noch ein BREAK und so weiter, bis der Login-Prompt lesbar wird.

Hier ist unser UNIXLOGIN-Makro. Es ist dem VMSLOGIN-Makro ähnlich, benutzt allerdings den Geschwindigkeitsänderungs-Trick per BREAK und läßt dafür die Terminal-Identifizierungs-Frage samt Antwort aus, da die meisten UNIX-Systeme dies nicht durchführen. BREAK wird bis zu 15 Mal gesendet, um jede der von UNIX unterstützten Kommunikationsgeschwindigkeiten versuchen zu können, falls nötig:

```
COMMENT - UNIXLOGIN-Makro. Argumente:
; \%1 = Benutzerkennung
; \%2 = Paßwort. Wenn nicht angegeben, wird es angefordert.
;
define UNIXLOGIN -
    if < \v(argc) 2 end 1 Aufruf: \%0 Benutzerkennung Paßwort,-
    while equal "\%2" "" { -
        askq \%2 { \%1s Paßwort: } -
    },
    set terminal echo remote,-      ; Kommunikationsparameter einstellen
    set terminal byte 7,-           ; Die meisten UNIXe benutzen gerade Parität
    set command byte 7,-
    set parity none,-               ; ... jedoch nicht für Dateitransfer
    set handshake none,-
    set flow xon/xoff,-
    set case on,-                   ; Graphie ist wichtig für UNIX
    out \13,-                       ; Carriage Return senden
    for \%i 1 15 1 { -              ; Bis zu 15 Versuche,
        in 5 login:,-               ; den Login-Prompt zu erhalten
        if success goto einloggen,-
        out \B -                    ; BREAK senden zur Geschwindigkeitsänderung
    },-
    end 1 Kein Login-Prompt,-
:einloggen,-                        ; Login-Prompt erhalten
    out \%1\13,-                    ; Benutzernamen, Carriage Return senden
    inp 5 Password:,-               ; Paßwort-Prompt abwarten
    if fail end 1 Kein Paßwort-Prompt,-
    out \%2\13,-                    ; Sende Paßwort
    def \%2,                        ; Paßwort löschen
    inp 60 {\13\10$ },-             ; Auf Prompt "$ " warten
    if fail end 1 Kein Systemprompt,-
    echo Login erfolgreich.
```

Wie das VMSLOGIN-Makro kann auch das UNIXLOGIN-Makro nach jedem Makro benutzt werden, das eine Verbindung herstellt: SERIAL, NET oder CALL. Ist Ihr UNIX-Prompt kein Dollarzeichen am linken Bildschirmrand mit nachfolgendem Leerzeichen, müssen Sie den letzten INPUT-Befehl entsprechend abändern.

Ein IBM-Großrechner-Login-Skript im Zeilenmodus

Dieses Beispiel zeigt den Ablauf eines interaktiven Login auf einem IBM-Großrechner unter dem Betriebssystem VM/CMS, wobei eine Halbduplex-Leitung mit zeilenweiser Übertragung benutzt wird. Der Login-Vorgang sieht typischerweise so aus:

```
VIRTUAL MACHINE/SYSTEM PRODUCT-CUVMB    -PRESS BREAK KEY!
 (Jetzt die BREAK-Taste drücken)

  Enter one of the following commands:
     LOGON userid             (Example:  LOGON VMUSER1)
     DIAL userid              (Example:  DIAL VMUSER2)
     LOGOFF
.<Strg-Q>logon ulla
Enter password:
     *************************
     HHHHHHHHHHHHHHHHHHHHHHHHH
     SSSSSSSSSSSSSSSSSSSSSSSSS
.<Strg-Q>_____
```

Als Antwort auf die Meldung PRESS BREAK KEY müssen Sie ein BREAK-Signal senden. Beim Punkt-Prompt (der übrigens von dem Leitungsumschaltzeichen Strg-Q gefolgt wird, wie Sie mit SET DEBUG überprüfen können) geben Sie Ihre Benutzerkennung ein. Dann erhalten Sie einen Prompt für das Paßwort, der viele übereinandergeschriebene Sternchen, *H*s und *S*se enthält (für den Fall, daß Sie sich von einem Hardcopy-Terminal aus einloggen), gefolgt vom Punkt-Prompt und wiederum Strg-Q. Haben Sie das richtige Paßwort eingegeben, werden Begrüßungsmeldungen ausgegeben; dann müssen Sie als Antwort auf den Systemprompt zweimal die Eingabetaste drücken, bevor Sie richtig anfangen können. (Jedenfalls arbeitet unser hiesiges VM/CMS-System so.) Hier ist nun ein VMLINELOGIN-Makro, das für all diese Dinge sorgt:

```
COMMENT - VMLINELOGIN-Makro. Argumente:
;  \%1 = Benutzerkennung
;  \%2 = Paßwort. Wenn nicht angegeben, wird es angefordert.
;
```

```
define VMLINELOGIN -
    if < \v(argc) 2 end 1 Aufruf: \%0 Benutzerkennung Paßwort,-
    while not defined \%2 { -
        askq \%2 { \%1s Paßwort: } -
    },-
    set parity mark,-                   ; Kommunikationsparameter einstellen
    set flow none,-
    set handshake xon,-
    set duplex half,-
    set input timeout quit,-            ; IF FAILURE sparen wir uns
    input 10 BREAK KEY,-                ; Auf Prompt BREAK KEY warten
    pause 1,-                           ; Eine Sekunde warten
    output \B,-                         ; BREAK senden
    input 10 .\17, output logon \%1\13,-; Jetzt einloggen
    input 10 .\17, output \%2\13,-      ; Paßwort senden
    input 10 .\17, output \13,-         ; Carriage Return senden
    input 10 .\17, output \13,-         ; Noch eins
    echo Login erfolgreich.
```

Wenn wir uns davon überzeugt haben, daß wir die Benutzerkennung und das Paßwort haben, setzen wir die Kommunikationsparameter für den IBM-Großrechner-Zeilenmodus, die stark von Kermits Voreinstellungen abweichen. Dann senden wir das BREAK-Signal und die notwendigen Angaben als Antwort auf vier identische Prompts (Punkt mit nachfolgendem Strg-Q). Sowohl zur Abwechslung als auch der Kürze wegen haben wir das IF FAILURE nach jedem INPUT-Befehl weggelassen. Stattdessen haben wir einfach SET INPUT TIMEOUT QUIT ausgeführt, damit das ganze Makro automatisch abgebrochen wird, wenn einer der INPUT-Befehle erfolglos bleibt; daraufhin wird der Status FAILURE zurückgemeldet. Wie die anderen Logon-Makros kann auch das VMLINELOGIN-Makro zusammen mit allen Verbindungs-herstellenden Makros benutzt werden.

Ein IBM-Großrechner-Login-Skript im Vollbildmodus

Der beliebtere Kommunikationsstil mit IBM-Großrechnern heißt *Block-* oder *Vollbildmodus* (*full screen mode*), wobei der IBM-Großrechner glaubt, er sei mit einem 3270-artigen Terminal verbunden, während die Verbindung tatsächlich durch einen *Protokollkonverter* (etwa ein IBM 7171 oder 3174 AEA) geht, der die 3270-Bildschirme in Ihren ASCII-Terminaltyp umformt. Diese Geräte benutzen im allgemeinen Vollduplex-Kommunikation, Xon/Xoff-Flußkontrolle und gerade Parität.

Damit der Bildschirm richtig gezeichnet wird, muß der Protokollemulator Ihren Terminaltyp kennen. Im allgemeinen besteht der Vorgang darin, einmal die Eingabetaste zu drücken (zur Geschwindigkeitserkennung); daraufhin fragt der Protokollemulator mit einer Meldung wie der folgenden Ihren Terminaltyp bei Ihnen an:

```
ENTER TERMINAL TYPE:
```

Sie antworten darauf mit einem Terminaltyp, etwa:

```
ENTER TERMINAL TYPE: vt-100
```

Dann wird ein Login-Bildschirm wie in Abbildung 13-1 angezeigt. Der Großrechner-Login-Bildschirm enthält Felder für Benutzerkennung und Paßwort, die Sie ausfüllen müssen. Sie sollten diese Information erst dann eintragen, wenn der Bildschirm vollständig aufgebaut ist und der Großrechner auf die Eingabe wartet. Dies wird durch das Wort RUNNING irgendwo nahe der rechten unteren Ecke angezeigt, wie die Abbildung zeigt.

```
VIRTUAL MACHINE/SYSTEM PRODUCT


            CCCCCC   UU    UU VV    VV MM      MM BBBBBBB
           CCCCCCCC  UU    UU VV    VV MMM    MMM BBBBBBBB
           CC    CC  UU    UU VV    VV MMMM  MMMM BB    BB
           CC        UU    UU VV    VV MM MMMM MM BB    BB
           CC        UU    UU VV    VV MM  MM  MM BBBBBBB
           CC        UU    UU VV    VV MM      MM BB    BB
           CC    CC  UU    UU  VV  VV  MM      MM BB    BB
           CCCCCCCC  UUUUUUUU   VVVV   MM      MM BBBBBBBB
            CCCCCC    UUUUUU     VV    MM      MM BBBBBBB


             C O L U M B I A    U N I V E R S I T Y
                  Center for Computing Activities



   Fill in your USERID and PASSWORD and press ENTER
   (Your password will not appear when you type it)
   USERID    ===>
   PASSWORD  ===>

   COMMAND   ===>
                                                RUNNING CUVMB
```

Abbildung 13-1   *Muster eines IBM-3270-Login-Bildschirms*

Wenn die Meldung RUNNING unten rechts erscheint, können Sie Benutzerkennung und Paßwort und dazwischen ein Tabulatorzeichen eingeben. Wie schon in dem Zeilenmodus-Beispiel werden danach einige Carriage Returns benötigt. Hier ist das Makro VMFULLOGIN, das den Vorgang automatisiert:

```
COMMENT - VMFULLOGIN-Makro. Argumente:
; \%1 = Benutzerkennung
; \%2 = Paßwort. Wenn nicht angegeben, wird es angefordert.
;
define VMFULLOGIN -
    if < \v(argc) 2 end 1 Aufruf: \%0 Benutzerkennung Paßwort,-
    while not defined \%2 { -
        askq \%2 { \%1s Paßwort: } -
    },-
    set input timeout quit,-              ; Ende, wenn INPUT fehlschlägt
    set parity even,-                     ; Kommunikationsparameter setzen
    set duplex full,-
    set handshake none,-
    set flow xon/xoff,-
    out \13,-                             ; Carriage Return senden
    inp 5 TERMINAL TYPE:,-                ; Terminaltyp-Prompt abwarten
    out vt-100\13,-                       ; Einfach "vt-100" senden
    inp 20 RUNNING,-                      ; Meldung RUNNING abwarten
    pau 1,-                               ; Eine Sekunde warten
    out \%1\9\%2\13,-                     ; Benutzerkennung, Paßwort senden
    out \13\13,-                          ; Zwei weitere Carriage Returns
    echo Login erfolgreich.
```

Wir benutzen hier wiederum SET INPUT TIMEOUT QUIT, um das Makro kurz zu halten, und setzen ausdrücklich alle relevanten Kommunikationsparameter. Wie unsere anderen Login-Skripten funktioniert auch dieses zusammen mit allen Verbindungs-herstellenden Makros.[43] Beachten Sie, daß der Befehl SET INPUT TIMEOUT QUIT nur für die aktuelle Befehlsebene (Makro oder Befehlsdatei) gilt. Diese Einstellung wird an alle von dort aufgerufenen, tieferen Ebenen vererbt; wird das VMFULLOGIN-Makro jedoch beendet, wird die vorherige Einstellung für INPUT TIMEOUT wiederhergestellt.

Login-Skripte für kommerzielle Datendienste

Ein gängiger Zweck von Kommunikations-Software besteht darin, sich in kommerzielle Informationsdienste wie CompuServe, MCI Mail oder in Online-Literatur-Datenbanken einzuloggen. In vielen Fällen sind die Herstellung der Verbindung und der Einlog-Vorgang denen für UNIX und VMS sehr ähnlich: Telefonnummer wählen, die Eingabetaste drücken und dann auf Aufforderung Benutzerkennung und Paßwort eingeben. Ein CompuServe-Login kann zum Beispiel so aussehen:

```
C-Kermit>set modem hayes
C-Kermit>set line /dev/ttya
C-Kermit>set speed 1200
C-Kermit>dial 654321
Connection completed.
C-Kermit>connect
(Hier die Eingabetaste drücken)
 01NMS

Host Name:    CIS
User ID: 00000,0000
Password: _____
```

Danach werden Sie begrüßt, erhalten ein Menu und schließlich die Worte:

```
CompuServe Information Service
```

Das Login-Skript ist schnell geschrieben:

```
COMMENT - CISLOGIN-Makro. Argumente:
; \%1 = CompuServe-Benutzerkennung
; \%2 = Paßwort. Wenn nicht angegeben, wird es angefordert.
;
define CISLOGIN -
    if < \v(argc) 2 end 1 Aufruf: \%0 Benutzerkennung Paßwort,-
    while not defined \%2 { -
        askq \%2 { \%1s Paßwort: } -
    },-
    set input timeout quit,-          ; Keine IF FAILUREs
    output \13,-                       ; Anfängliches Carriage Return senden
    input 5 Host Name:,-              ; Auf Prompt "Host Name:" warten
    output cis\13,-                    ; "cis" und Carriage Return senden
    input 5 User ID:,-                ; Warte auf Prompt "User ID:"
    output \%1\13,-                    ; Benutzerkennung und Carriage Return
    input Password:,-                 ; Auf Prompt "Password:" warten
    output \%2\13,-                    ; Paßwort und CR senden
    input 20 CompuServe Information Service,-  ; Auf abschließende Meldung warten
    echo Login erfolgreich.
```

Manchmal ist es günstiger, durch ein öffentliches Datennetzwerk zu gehen, um den gewünschten Dienst anzusprechen, anstatt ihn direkt anzuwählen. Das folgende Beispiel ist zwar auf US-amerikanische Verhältnisse zurechtgeschnitten, veranschaulicht die Vorgehensweise aber trotzdem sehr gut. Hier wird ein SprintNet-Knoten angewählt und von dort aus die Verbindung zu Dow Jones News/Retrieval hergestellt.

```
C-Kermit>set modem hayes          (Modemtyp wählen)
C-Kermit>set line /dev/ttya       (Kommunikationsgerät)
C-Kermit>set speed 1200           (Kommunikationsgeschwindigkeit)
C-Kermit>dial 5551212             (Nummer wählen)
Connection completed.             (Anruf ist angenommen)
C-Kermit>connect                  (Mit SprintNet verbinden)
```

Login-Scripten für Komerzielle Datendienste

(Hier Eingabetaste drücken)
(Hier Eingabetaste drücken)

```
TELENET                             (SprintNet-Begrüßung)
212 517A

Terminal=D1                         (Terminaltyp eingeben)

@c dow                              (Mit Dow verbinden)

DOW CONNECTED                       (Dow-Begrüßung)

WHAT SERVICE PLEASE????             (Dow-Dienst-Prompt)
djnr                                ("djnr" eingeben)
ENTER PASSWORD                      (Paßwort-Prompt)
WWWWWWWWWWWWWWW
MMMMMMMMMMMMMM
@@@@@@@@@@@@@@<Strg-Q>    <Strg-Q>
```

Wie Sie sehen, besteht der Vorgang darin, zweimal die Eingabetaste zu drücken, eine Begrüßung und den Prompt `TERMINAL=` zu erhalten, `D1` einzugeben und dann den SprintNet-Prompt `@` zu sehen. An dieser Stelle teilen Sie mit, daß Sie mit „dow" verbunden (`c` für *connect*) werden möchten. Sind Sie vermittelt worden, fragt Dow, welchen Dienst Sie in Anspruch nehmen wollen. Sie antworten mit „djnr" (für Dow Jones News/Retrieval) und geben dann Ihr Paßwort als Antwort auf einen ziemlich trickreichen Prompt, der mit zweimal Strg-Q und dazwischen einigen Leerzeichen endet, ein.

Der Vorgang ist von unseren bisherigen Beispielen deutlich verschieden, weil wir letztlich *zwei* Anrufe machen, statt wie bisher einen: Der erste Anruf geht an SprintNet, der zweite von SprintNet zu DJNR. Natürlich lassen sich von SprintNet aus auch andere Wirtsrechner und -dienste erreichen, und auf DJNR läßt sich möglicherweise auch auf anderen Wegen als über SprintNet zugreifen. Deswegen sollten wir die beiden Funktionen voneinander trennen.

Schreiben wir zunächst das Makro, das SprintNet bittet, einen vorgegebenen Dienst anzurufen:

```
COMMENT - SPRINT-Makro. Argument:
; \%1 = Dienstname oder -adresse
;
define SPRINT -
    if < \v(argc) 2 end 1 Aufruf: \%0 Dienst,-
    set input timeout proceed,-             ; Benutze IF FAILURE
    output \13\13,-                         ; Zwei CRs senden
    input 10 TERMINAL=,-                    ; Prompt TERMINAL= abwarten
    if fail end 1 Kein Terminal-Prompt,-    ; Fehlschlag, wenn nicht gekommen
    out D1\13,-                             ; Terminaltyp und CR senden
    inp 10 @,-                              ; Auf Prompt @ warten
    if fail end 1 Kein Klammeraffen-Prompt,- ; Fehlschlag, wenn nicht gekommen
    output c \%1\13,-                       ; Mit Dienst verbinden
    input 10 CONNECTED,-                    ; Auf Bestätigung warten
    if fail end 1 Kann \%1 über SprintNet nicht erreichen
```

Hier ist nun das Dow-Login-Makro, das nach dem Erreichen des Dienstes benutzt werden kann, unabhängig von der Kommunikationsmethode:

```
COMMENT - DOWLOGIN-Makro. Argument:
; \%1 = Dow-Jones-Paßwort. Wenn nicht angegeben, wird es angefordert.
;
define DOWLOGIN -
    while not defined \%1 { -          ; Ggf. Paßwort abfragen
        askq \%1 { Dow-Jones-Paßwort: } -
    },-
    input 20 SERVICE PLEASE\?\?\?\?,-  ; Auf Dow-Prompt warten
    if fail -
        end 1 Kein Dienst-Prompt,-
    out djnr\13,-                      ; DJNR auswählen
    input 10 @@@@,-                    ; Paßwort-Prompt abwarten
    if fail -
        end 1 Kein Paßwort-Prompt,-
    pause 1,-                          ; Eine Sekunde warten, dann ...
    output \%1\13,-                    ; Paßwort und CR senden
    input 20 ENTER QUERY,-             ; DJNR-Frage-Prompt abwarten
    if fail -
        end 1 Kein Hauptabfrage-Prompt,-
    pause 1,-
    echo Login erfolgreich.
```

Die PAUSE-Befehle gegen Ende des Skripts lassen Zeit für die Ankunft der unsichtbaren (Steuer- und Leer-)Zeichen, bevor das Paßwort gesendet wird.

So benutzen wir unsere Makros, um über die Telefonleitung auf DJNR zuzugreifen:

```
C-Kermit>call hayes /dev/tty01 2400 7418100
C-Kermit>sprint dow
C-Kermit>dowlogin
 Dow-Jones-Paßwort: _____
```

Nehmen wir jedoch an, Sie wollten nur ein einziges Makro – statt deren zwei – benutzen, um sich über SprintNet bei Dow Jones einzuloggen. Gesagt, getan: Fügen Sie die folgende Definition Ihrer C-Kermit-Initialisierungsdatei hinzu:

```
define djnrsprint sprint dow, dowlogin \%1
```

Betrachten wir zu guter Letzt noch Wirte oder Dienste, die gar kein Login erfordern. Für diese definieren wir ein besonderes Makro, das gar nichts tut:

```
COMMENT - NOLOGIN-Makro.
;
define NOLOGIN comment
```

Wozu sind diese beiden letzten Dinge gut? Lesen Sie weiter ...

Ein Verzeichnis von Diensten

Wäre es nicht schön, wenn Sie eine einzige Datei hätten, die all die Rechner und Dienste beschreibt, mit denen Sie sich per C-Kermit verbinden? Eine Datei, die es Ihnen erlauben würde, auf jeden Dienst einfach mit seinem Namen zuzugreifen, und Kermit übernähme die Herstellung der Verbindung und das automatische Einloggen? Eine einfache Textdatei, die einfach anzulegen, zu lesen und zu ändern ist?

Entwerfen wir eine solche Datei und eine Reihe kurzer Makros, die sie benutzen. Nennen wir die Datei der Einfachheit halber CKERMIT.KSD (KSD = *Kermit Service Directory*, Kermit-Diensteverzeichnis) und legen sie in unserem Heimatverzeichnis ab. Tatsächlich kann die Datei verschiedene Namen haben (wie etwa .ksd unter UNIX und OS-9) und in anderen Verzeichnissen stehen. Diese Details werden in der Standard-C-Kermit-Initialisierungsdatei berücksichtigt. Unsere Diensteverzeichnis-Datei könnte etwa so aussehen:

```
XXVMA       vmlinelogin   ludwig      serial /dev/ttyh8 9600
XXVMB       vmfullogin    ludwig      call hayes /dev/cua 2400 654321
KOMMA       vmslogin      ludwig      net  tcp/ip komma
WATSUN      unixlogin     ludwig      net  tcp/ip watsun.cc.columbia.edu
COMPUSERVE  cislogin      000,0000    call hayes /dev/cua 2400 765432
DJNR        djnrsprint    xxxx        call hayes /dev/cua 2400 001-212-741-8100
GEOGRAPHIE  nologin       xxxx        net  tcp/ip 141.212.99.9:3000
KONGRESS    nologin       xxxx        net  tcp/ip dra.com
```

Die Datei hat eine Zeile für jeden Dienst und enthält vier Dinge:

1. den Namen des Rechners oder Dienstes;
2. den Namen des Makros zum Einloggen;
3. Ihre Benutzerkennung für den Rechner oder Dienst;
4. den Namen des Makros zum Herstellen der Verbindung zu dem Rechner oder Dienst, gefolgt von den jeweiligen Argumenten.

Die einzelnen Punkte in jeder Zeile sind durch ein oder mehrere Leer- oder Tabulatorzeichen voneinander getrennt. Wann immer Sie einen Dienst hinzufügen, löschen oder ändern wollen, benutzen Sie einfach einen Texteditor für die Änderungen.

Unsere Aufgabe ist es nun, ein Makro zu entwerfen, das Ihnen Zugriff auf all diese Dienste über den Namen gibt. Wir nennen es ACCESS (Zugriff) und benutzen es wie folgt:

```
C-Kermit>access compuserve
C-Kermit>access watsun
C-Kermit>access djnrsprint
```

Wie soll nun das Makro ACCESS funktionieren? Der unmittelbare, aber weniger effiziente Weg wäre, die Dienstedatei jedes Mal zu lesen, wenn Sie sie benutzen, und den Dienstenamen zu suchen. Wir wählen hier einen etwas komplizierteren, aber effizienteren Zugang. Wir werden die Datei nur einmal lesen und dabei in ein internes Feld kopieren, das schnell durchsucht werden kann.

Zunächst fügen wir die folgenden Befehle der C-Kermit-Initialisierungsdatei hinzu. Diese Befehle lassen Kermit bei jedem Start die Diensteverzeichnis-Datei in ein Feld namens \&d[] einlesen. Wir nehmen hier an, daß die C-Kermit-Initialisierungsdatei die Dateispezifikation des Diensteverzeichnisses bereits in der Variablen _servicedir abgelegt hat:

```
def max_dienst 50                        ; Maximale Anzahl Einträge
set take error off                       ; Damit wir IF FAIL benutzen können
if not exist \m(_servicedir) -           ; Verzeichnis vorhanden?
   goto keinedienste                     ; Nein
open read \m(_servicedir)                ; Ja; zu öffnen versuchen
if fail -                                ; Erfolglos?
   end 1 Kann \m(_servicedir) nicht öffnen ; Meldung anzeigen und Ende
declare \&d[\m(max_dienst)]              ; Ist offen; deklariere Feld
for \%i 1 \m(max_dienst) 1 { -           ; Lies Einträge ...
   read \&d[\%i],-                       ; in das Feld
   if fail goto fertig-                  ; Prüfe Dateiende ab
}
end 1 Zu viele Einträge im Verzeichnis
:FERTIG
asg \&d[0] \feval(\%i - 1)               ; Anzahl merken
end 0                                    ; Beendet
:KEINEDIENSTE                            ; Kein Verzeichnis
define access -                          ; Also diese Befehle ändern ...
   echo Diensteverzeichnis nicht verfügbar
define list -
   echo Diensteverzeichnis nicht verfügbar
```

In diesem Beispiel erlauben wir bis zu 50 Einträge. Wenn Sie mehr haben wollen, ändern Sie einfach die Zahl 50 in der ersten Zeile entsprechend ab. Beachten Sie, daß die Anzahl der tatsächlich im Verzeichnis gefundenen Einträge im „nullten" Element des Feldes (\&d[0]) gespeichert wird.

Außerdem definieren wir ein Makro namens LIST, das das Diensteverzeichnis auflistet. In der hier gezeigten einfachen Form gibt es alle Einträge aus. Eine etwas flexiblere Version, die auch einen Dienstenamen annimmt und dann nur den passenden Eintrag anzeigt, ist in der Standard-C-Kermit-Initialisierungsdatei enthalten. Dies ist die einfache Fassung:

```
define list echo \&d[0] Einträge im Verzeichnis:,-
   for \%i 1 \&d[0] 1 { echo \&d[\%i] }
```

Das können Sie so benutzen:

```
C-Kermit>list
8 Einträge im Verzeichnis:
XXVMA          vmlinelogin     ludwig      serial /dev/ttyh8 9600
XXVMB          vmfullogin      ludwig      call hayes /dev/cua 2400 654321
KOMMA          vmslogin        ludwig      net  tcp/ip komma
WATSUN         unixlogin       ludwig      net  tcp/ip watsun.cc.columbia.edu
COMPUSERVE     cislogin        000,0000    call hayes /dev/cua 2400 765432
DJNR           djnrsprint      xxxx        call hayes /dev/cua 2400 001-212-741-8100
GEOGRAPHIE     nologin         xxxx        net  tcp/ip 141.212.99.9:3000
KONGRESS       nologin         xxxx        net  tcp/ip dra.com
```

Nun definieren wir (endlich!) das Makro ACCESS. Seine beiden Argumente sind ein Dienstename und ein Paßwort:

```
COMMENT - ACCESS-Makro. Argumente:
; \%1 = Dienstename
; \%2 = Paßwort (optional)
;
define ACCESS -
    if not defined \%1 end 1 Auf was zugreifen?,-    ; Dienst prüfen
    lookup \%1,-                                     ; Nachsehen
    if success doaccess { \%2} \v(return),-          ; OK; ausprobieren
    else end 1 "\%1" nicht im Diensteverzeichnis,-   ; Nicht gefunden
    if fail stop 1
```

Das Makro ACCESS benutzt zwei weitere Makros, die wir sogleich definieren werden. Das Makro LOOKUP sucht einen Dienstenamen im Diensteverzeichnis. Wird er gefunden, wird der gesamte Verzeichniseintrag – d. h. die Zeile, die mit dem gesuchten Namen anfängt – zurückgegeben; dann wird das Makro DOACCESS mit dem Paßwort und dem Verzeichniseintrag aufgerufen. Wird er nicht gefunden, schlägt das Makro ACCESS fehl (STOP 1).

Aus Sicherheitsgründen enthält das Diensteverzeichnis keine Paßwörter. Das Makro ACCESS ist dafür ausgelegt, ein Paßwort als zweites Argument nach dem Dienstenamen anzunehmen:

```
C-Kermit>access compuserve meinpaßwort
C-Kermit>acces djnr meinpaßwort
C-Kermit>acc watsun meinpaßwort
```

Beachten Sie, daß die Dienstenamen abgekürzt werden können und Paßwörter auf dem Bildschirm dargestellt werden, wenn Sie sie auf der Befehlszeile für ACCESS angeben. Sie können Ihr Paßwort auf Wunsch auch weglassen:

```
C-Kermit>access compu
C-Kermit>acces djnr
C-Kermit>acc wat
```

Lassen Sie Paßwort weg, fordert das jeweilige Login-Makro Sie zur Eingabe auf und zeigt die Eingabe nicht auf dem Bildschirm an:

```
C-Kermitaccess watsun
 ludwigs Paßwort: _____
```

Lassen Sie das Paßwort weg, ist das Argument \%2 undefiniert. Deswegen setzt das Makro ACCESS ein Leerzeichen davor, bevor es an das Makro DOACCESS weitergegeben wird, um sicherzustellen, daß DOACCESS stets ein Paßwort – und sei es ein leeres – als erstes Argument erhält:

```
if success doaccess { \%2} \v(return)
```

Das zweite Argument, \v(return), wird expandiert, *bevor* es an DOACCESS weitergereicht wird; obwohl es hier wie ein einziges Argument aussieht, bekommt DOACCESS je ein Argument für jedes Wort des Verzeichniseintrags zu sehen.

Hier ist nun das LOOKUP-Makro. Es durchsucht das Feld \&d[], das das Diensteverzeichnis enthält – jede Zeile in einem eigenen Feldelement –, und liefert die erste passende Zeile zurück bzw., falls keine passende gefunden wurde, den leeren String:

```
COMMENT - LOOKUP-Makro. Argument:
; \%1 = Dienstename, der im Diensteverzeichnis gesucht werden soll
;
define LOOKUP -
    set case off,-                      ; Graphie spielt keine Rolle
    for \%i 1 \&d[0] 1 { -              ; Schleife durch das Diensteverzeichnis
        if eq \%1 \fsubstr(\&d[\%i],1,\flen(\%1)) -   ; Vergleichen
            break -
    },-
    if not > \%i \&d[0] return \&d[\%i]
```

Der Befehl

```
if eq \%1 \fsubstr(\&d[\%i],1,\flen(\%1))
```

vergleicht den von Ihnen vorgegeben Namen mit dem Anfang eines jeden Diensteverzeichnis-Eintrags, und zwar so viele Buchstaben, wie Sie aktuell eingegeben haben. Wenn die beiden Strings gleich sind (bis auf Groß-/Kleinschreibung), beendet der BREAK-Befehl die FOR-Schleife, und LOOKUP liefert die gesamte Textzeile des Verzeichniseintrags zurück.

Hier ist schließlich DOACCESS. Sein Zweck ist lediglich, die einzelnen Wörter des Diensteverzeichnis-Eintrags auseinanderzunehmen und die Makros zur Herstellung der Verbindung und zum Einloggen entsprechend aufzurufen. Es selbst wird mit einem Paßwort aufgerufen, gefolgt von einem Diensteverzeichnis-Eintrag; mithin ist das Paßwort das Argument \%1, der Dienstename ist \%2, der Login-Makro-Name \%3, die Benutzerkennung \%4, der Name des Makros zur Herstellung der Verbindung \%5, und die Argumente für dieses letzte Makro sind \%6 bis \%9:

```
define DOACCESS -
    asg \%1 \fsubstr(\%1,2),-
    do \%5 \%6 \%7 \%8 \%9,-
    if success do \%3 \%4 \%1
```

Der erste Befehl

```
asg \%1 \fsubstr(\%1,2)
```

entfernt das Leerzeichen, das dem Paßwort vorangestellt wurde, wieder, so daß das Paßwort nun entweder wirklich leer oder aber gleich dem von Ihnen auf der ACCESS-Befehlszeile eingegebenen ist. Der nächste Befehl

```
do \%5 \%6 \%7 \%8 \%9
```

führt das Makro zur Herstellung der Verbindung aus, das im Diensteverzeichnis-Eintrag angegeben ist. \%5 ist der Makro-Name, der Rest sind die Argumente laut Verzeichnis-Eintrag. Wenn die Verbindung erfolgreich hergestellt worden ist,

```
if success do \%3 \%4 \%1
```

wird das entsprechende Login-Makro (\%3) ausgeführt, und zwar mit Benutzerkennung (\%4) und Paßwort (\%1) als Argumenten. Ist das Paßwort leer, bittet das Login-Makro ggf. um Eingabe.

Die Benutzung des Dienste-Verzeichnisses

Die Datei `CKERMIT.INI`, die mit C-Kermit 5A ausgeliefert wird, enthält bereits all die Stücke, über die Sie in diesem Kapitel etwas gelesen haben (allerdings vollständig auf Englisch). Installieren Sie diese Datei als Ihre eigene C-Kermit-Initialisierungsdatei (siehe Tabelle 2-3 auf Seite 54 zum richtigen Namen und Ort).

Nun sollten Sie Ihre eigene Datei `CKERMIT.KSD` bzw. `.ksd` anlegen, indem Sie einen Text-Editor benutzen, der Dateien mit einfachem ASCII-Text erzeugen kann. Haben Sie einmal Ihr Diensteverzeichnis fertig, liest C-Kermit es beim Starten automatisch ein, und Sie können sich bei jedem gewünschten Rechner oder Dienst mit jeder auf Ihrem Rechner vorhandenen Verbindungsmethode einloggen: Geben Sie einfach ACCESS, gefolgt von dem Dienstenamen und schließlich Ihr Paßwort ein.

Automatisierter Dateitransfer

Das Herstellen der Verbindung und das Einloggen sind allerdings nur der Anfang der Geschichte. Sie können Kermit so programmieren, daß er ziemlich all das automatisch tut, was Sie von Hand tun würden, nachdem Sie einmal bei einem Wirtsrechner oder -dienst eingeloggt sind. Wählen wir uns zum Beispiel bei einem VMS-Wirtsrechner ein, starten Kermit dort, senden ihm eine Datei, loggen uns wieder aus und legen die Verbindung auf. Wir können leicht eine Befehlsdatei aus den Bausteinen der vorigen Abschnitte zusammenbauen. Nennen wir sie `SENDTAPIR.TAK`:

```
access komma                  ; Zugriff auf einen VMS-Rechner
set input timeout quit
output kermit\13              ; C-Kermit unter VMS starten
input 5 C-Kermit>             ; Seinen Prompt abwarten
out server\13                 ; In Serverbetrieb versetzen
input 5 READY TO SERVE...     ; Bereitschaftsmeldung abwarten
send tapir.txt                ; Datei senden
bye                           ; Den VMS-Job beenden
exit                          ; Fertig
```

Die erste dieser Zeilen stellt, wie oben beschrieben, die Verbindung her und loggt Sie ein.

Nächtliche Abfragen

Konstruieren wir ein ehrgeizigeres Beispiel, in dem wir alle unsere Zweigstellen des Nachts anrufen, die Bestände abrufen und unsere neuen Rezepte schicken. Mit den schon konstruierten Bausteinen ist das eine vergleichsweise einfache Angelegenheit. Wir benutzen zu diesem Zweck unser Diensteverzeichnis, das von der C-Kermit-Initialisierungsdatei bereits in den Speicher eingelesen worden ist. Die Liste der abzufragenden Zweigstellen steht in einer anderen Datei, die wir ZWEIGSTELLEN.TXT nennen wollen und die etwa so aussehen könnte:

```
Boston
Hannover
Milano
Moskwa
Nashville
Paris
Poppelsdorf
Tokio
```

Jeder Name in dieser Liste entspricht einem Eintrag im Diensteverzeichnis, zum Beispiel:

```
Boston        unixlogin    hq    call telebit  /dev/cub  19200  001-617-555-1234
Poppelsdorf   vmslogin     hq    call hayes    /dev/cua  2400   0228-225888
```

Hier ist das Skriptprogramm, als Befehlsdatei geschrieben. Nennen wir sie NACHTS.SCR:

```
open read zweigstellen.txt              ; Liste der Zweigstellen öffnen
if error  end 1 Kann zweigstellen.txt nicht öffnen
open write nachts.log                   ; Aufzeichnen, was geschieht
if error  end 1 Kann nachts.log nicht öffnen
write file  Frage Zweigstellen ab: \v(date) \v(time)

:schleife                               ; Schleife über alle Zweigstellen
read \%a                                ; Einen Zweigstellen-Namen lesen
if fail goto fertig                     ; Keine weiteren, fertig!
write file \v(time): Rufe \%a an
access \%a                              ; Zugriff auf Zweigstelle
xif fail { -                            ; Fehlerprüfung
    write file Kein Zugriff auf \%a.,-
    goto schleife -
}
output kermit\13                        ; Kermit dort starten
input 10 >                              ; Seinen Prompt abwarten
output server\13                        ; In Serverbetrieb versetzen
pause 2                                 ; Ein bißchen Zeit lassen
get bestand                             ; Bestandsdatei holen
xif success { -
```

```
  rename bestand \%a.bestand,-
  write file \v(time): Eingetroffen: \%a.bestand,-
} else { -
  write file \v(time): Bestand nicht erhalten -
}
send rezepte                        ; Neue Rezepte senden
if fail write file \v(time): Kann Rezepte nicht senden
else write file \v(time): Rezepte erfolgreich gesendet
bye                                 ; Aus Zweigstelle ausloggen
goto schleife                       ; Die nächste bitte

:fertig                             ; Am Ende hierher
write file \v(time): Fertig         ; Letzter Protokoll-Eintrag
close write                         ; Protokoll schließen
end 0                               ; Erfolg
```

Zur Abfrage der Zweigstellen starten Sie einfach C-Kermit und führen die eben erstellte Datei mit TAKE aus:

```
$ kermit                            (Kermit starten)
C-Kermit>take nachts.scr            (TAKE die Befehlsdatei)
```

Dieses Beispiel hat nur einen kleinen Schönheitsfehler: In der Protokoll-Datei werden alle Meldungen in einer einzigen riesigen Zeile hintereinander gespeichert, denn der WRITE-Befehl schreibt keine Zeilenenden-Markierungen, solange man ihn nicht ausdrücklich dazu anweist. Die Methode, ein Zeilenende zu markieren, hängt jedoch vom Betriebssystem ab; würde in dem Beispiel am Ende jeder WRITE-Zeile etwa ein Zeilenvorschub (\10) geschrieben, wäre das für ein UNIX-System korrekt, auf einem OS/2- oder einem OS-9-System sähe das Ergebnis jedoch nicht gut aus – und unser Skript-Programm soll ja systemunabhängig laufen. Für einen erfahrenen Makro-Programmierer wie Sie stellt das jedoch kein Problem mehr dar. Sie definieren kurzerhand eine Variable EOL, die für jedes System die richtigen Zeilenende-Markierungen enthält: Für UNIX ist dies \10, für OS/2 \13\10 usw. (siehe hierzu die entsprechenden Anhänge in diesem Buch). Definieren Sie diese Variable am Anfang von NACHTS.SCR oder auch in Ihrer Konfigurationsdatei, damit Sie sie für andere Skript-Programme zur Verfügung haben. Setzen Sie dann an das Ende jeder WRITE-Zeile einen Bezug auf diese Variable, also zum Beispiel:

```
write file Frage Zweigstellen ab: \v(date) \v(time)\m(EOL)
```

Die Definition der Variablen EOL bleibt Ihnen als kleine Übungsaufgabe überlassen; natürlich sollte sie systemunabhängig gelöst werden! (*TIP:* Benutzen Sie die eingebaute Variable `\v(system)` und mehrere Male den Befehl IF EQUAL.)

Paßwörter, Sicherheit und Automatisierung

Das Problem bei NACHTS.SCR ist, daß es Sie für jede Zweigstelle zur Eingabe eines Paßworts auffordert, wenn die Zweigstelle angewählt wird – das könnte Sie die ganze Nacht am Terminal festhalten! Diese Schwierigkeit könnte natürlich leicht gelöst werden, indem Sie alle Zweigstellen-Paßwörter zu den Zweigstellen-Namen hinzu in die Datei ZWEIG-STELLEN.TXT schreiben. Paßwörter in Dateien stellen jedoch ein nicht akzeptables Sicherheitsrisiko dar.

Es gibt keine perfekte Lösung für dieses Problem. Ein Weg bestünde darin, daß NACHTS.SCR die gesamte Datei ZWEIGSTELLEN.TXT in ein Feld einliest, bevor die erste Zweigstelle angerufen wird. Als Teil dieses Vorgangs werden von Ihnen die Paßwörter für jede Zweigstelle angefragt und in einem parallel aufgebauten Feld gespeichert, wie in dem folgenden Beispiel, das für höchstens 50 Zweigstellen ausgelegt ist:

```
open read zweigstellen.txt            ; Die Zweigstellenliste
if error end 1 Kann zweigstellen.txt nicht öffnen
define n_zweigstellen 50              ; Ändern, wenn Sie mehr brauchen!
declare \&f[\m(n_zweigstellen)]       ; Feld für Zweigstellen-Namen
declare \&p[\m(n_zweigstellen)]       ; Feld für Paßwörter
for \%i 1 \m(n_zweigstellen) 1 { -
    read \&f[\%i], -
    if fail break, -
    askq \&p[\%i] Paßwort für \&f[\%i]: -
}
close read                            ; Datei schließen
decrement \%i                         ; Anzahl der Einträge
assign \&f[0] \%i                     ; Hier speichern
```

Beachten Sie, wie ASKQ zur Abfrage des Paßworts ohne Darstellung auf dem Bildschirm benutzt wird. Das Paßwort anzuzeigen ist ein unsicheres Vorgehen – jemand könnte Ihr Terminal beobachten.

Jetzt können Sie die Hauptschleife von NACHTS.SCR in eine abgezählte Schleife von 1 bis \&f[0] verwandeln, und wenn Sie auf eine Zweigstelle per ACCESS zugreifen, können Sie sowohl den Dienstenamen als auch das Paßwort zur Verfügung stellen:

```
access \&f[\%i] \&p[\%i]
```

Diese Methode hat ihre Nachteile. Zunächst einmal müssen Sie immer noch jeden Abend die gesamte Paßwortliste eingeben, was ein langweiliger und fehlerträchtiger Vorgang ist, insbesondere, da sie nicht angezeigt werden! Wenn Ihnen in einem Zweigstellen-Paßwort ein Tippfehler unterläuft, kann NACHTS.SCR nicht auf die Zweigstelle zugreifen, und Ihr Geschäft könnte darunter leiden.

Zum zweiten haben wir das Sicherheitsrisiko nicht wirklich beseitigt. Die Paßwörter stehen in einem Feld in Kermits Speicher, solange NACHTS.SCR läuft. Ein Einbrecher mit

Rechner-Kenntnissen könnte nach Ihrem Weggang hereinkommen, Kermit unterbrechen und die zwei Felder mit wenigen Tastendrücken anzeigen lassen:

```
Strg-C ^C ...
C-Kermit>for \%i 1 \&f[0] 1 { echo \&f[\%i]: \&p[\%i] }
```

Verschlüsselung

Eine zweite Methode besteht darin, die Zweigstellen-Namen und Paßwörter gemeinsam in der Datei ZWEIGSTELLEN.TXT zu speichern, diese Datei jedoch mit einem nur Ihnen bekannten Schlüssel zu verschlüsseln. Legen Sie die Datei zunächst als einfache Textdatei an. In jeder Zeile steht der Name einer Zweigstelle (wie er auch in Ihrem Diensteverzeichnis steht) und dahinter das Paßwort, durch ein oder mehrere Leerzeichen abgetrennt. Nehmen wir an, Ihre Datei ZWEIGSTELLEN.TXT sieht nun so aus:

```
Boston        revere
Hannover      annablume
Milano        bongiorno
Moskwa        priwjet
Nashville     howdy
Paris         tintin
Poppelsdorf   etjehtjot
Tokio         sushi
```

Wenn das stimmt, stecken Sie schon im Schlamassel! Bevor Sie darüber nachzudenken anfangen, wie Sie Ihr C-Kermit-Skript sicherer machen, laufen Sie zum Telefon, rufen Sie Ihre Zweigstellen an und lassen die Paßwörter ändern, damit sie schwerer zu erraten sind. Zufällige Kombinationen von Groß- und Kleinbuchstaben und Ziffern sind empfehlenswert, genau wie Interpunktionszeichen, wenn das System dies zuläßt.

Der Rest dieses Abschnitts wendet sich in der hier dargestellten Form an UNIX-Benutzer. Wir hätten das auch früher sagen können, wollten jedoch, daß Sie zuerst das eben Gesagte über Paßwörter lesen. Wir leben in den 90ern!

Unter der Annahme, daß Ihre Paßwörter nicht leicht zu erraten sind, verschlüsseln Sie die Datei ZWEIGSTELLEN.TXT mit dem UNIX-Programm crypt, und löschen Sie dann die unverschlüsselte Version:

```
$ crypt Schlüsselwort < zweigstellen.txt > zweigstellen.x
$ rm zweigstellen.txt                (Das Original löschen)
$ mv zweigstellen.x zweigstellen.txt  (Umbenennen)
```

Das *Schlüsselwort* ist Ihr Verschlüsselungscode, eine Zeichenfolge, die – genau wie ein Paßwort – nicht leicht zu erraten sein sollte. Wollen Sie die Datei entschlüsseln, geben Sie einfach denselben Befehl crypt mit demselben *Schlüsselwort* erneut. Um die Datei zum Beispiel auf dem Bildschirm zu betrachten, geben Sie ein:

```
$ crypt Schlüsselwort < zweigstellen.txt
```

Nun modifizieren Sie NACHTS.SCR so, daß Sie am Anfang nach dem Schlüsselwort gefragt werden und dann die verschlüsselte Datei unter Vermittelung des crypt-Programmes lesen. Jetzt haben Sie nur noch mit *einem* Paßwort anstatt mit *vielen* zu tun; dies mildert die Konsequenzen sowohl von Irrtümern als auch von Diebstahl. Beachten Sie, daß der Schlüssel nur für einen kurzen Augenblick in Kermits Speicher bleibt, und dabei sind Sie wahrscheinlich noch anwesend und auf der Hut:

```
askq \%8 Schlüsselwort:               ; Nach Schlüssel fragen
open !read crypt \%8 < zweigstellen.txt  ; Datei mittels crypt lesen
if fail end 1 Kann zweigstellen.txt nicht entschlüsseln
define \%8                            ; Schlüssel aus dem Speicher löschen
```

Was geschieht jedoch, wenn Ihnen bei der Eingabe des Schlüssels ein Tippfehler unterläuft? Die gesamte nächtliche Abfrage wäre umsonst. Sie können das vermeiden, indem Sie Befehle hinzufügen, die den Schlüssel überprüfen, indem sie die ersten paar Zeilen der Datei ZWEIGSTELLEN.TXT anzeigen:

```
:HOLESCHLUESSEL
askq \%8 { Schluesselwort: }          ; Nach Schlüssel fragen
run crypt \%8 < zweigstellen.txt | head ; Einige Zeilen anzeigen
getok { Ist das richtig\? }           ; Korrektheit überprüfen
if fail goto holeschluessel           ; Wenn nicht, noch einmal
```

Wir kommen nur aus dieser Schleife heraus, wenn ein funktionierendes Schlüsselwort eingegeben worden ist.

Als nächstes modifizieren wir NACHTS.SCR, damit es so sicher wie möglich wird. Alle Befehle, die mit Login-Paßwörtern zu tun haben, werden in ein Makro verlagert, und wir halten das Login-Paßwort in einer temporären Variablen – einem unbenutzten Makro-Argument –, die lokal zu dem Makro ist. Sollten Einbrecher C-Kermit unterbrechen, werden automatisch alle temporären lokalen Variablen aus dem Speicher gelöscht, bevor der Prompt wieder erscheint.

Hier ist die sichere Version der Datei NACHTS.SCR, die in dieser Form nur unter UNIX läuft.

```
COMMENT - Datei NACHTS.SCR, nächtliches Zweigstellen-Abfrage-Programm

define HOLENAME -                    ; Makro zum Extrahieren des Zweigstellen-Namens
    assign zweigstelle \%1           ; aus dem Eintrag in zweigstellen.txt

define SICHERACCESS -                ; Sichere Verpackung für ACCESS
    read \%9,-                       ; Eine Zeile aus zweigstellen.txt lesen
    if fail goto fertig,-            ; Fertig, wenn keine mehr übrig
    holename \%9,-                   ; Zweigstellennamen herausholen
    write file -                     ; Protokolleintrag machen
       \v(time): Rufe \m(zweigstelle)\10,-
    access \%9,-                     ; ACCESS <Name> <Paßwort>
    xif fail { -
        write file Kein Zugriff auf \m(zweigstelle).\10,-
        goto schleife -
    }
```

```
COMMENT - Das eigentliche Programm beginnt hier.
;
open write \v(ndate).log                ; Eine Protokolldatei starten
if fail -
    end 1 Kann nicht auf \v(ndate).log schreiben

:HOLESCHLUESSEL                         ; Schlüsselwort-Abschnitt

askq \%8 { Schlüsselwort: }             ; Nach Schlüsselwort fragen
;
; Benutze das UNIX-Programm "head", um den Dateianfang anzuzeigen
; und zu fragen, ob alles richtig aussieht.
;
run crypt \%8 < zweigstellen.txt | head ; Einige Zeilen anzeigen
getok { Ist das richtig\? }             ; Fragen, ob sie gesund aussehen
if fail goto holeschluessel             ; Wenn nicht, noch einmal

; Wir haben das Schlüsselwort. Öffne und lies die Zweigstellendatei.
;
open !read crypt \%8 < zweigstellen.txt ; Datei lesen und entschlüsseln
assign \%8 \v(status)                   ; Status holen, dabei Schlüssel löschen
if not = \%8 0 -                        ; Status prüfen
    end 1 Kann zweigstellen.txt nicht lesen.

write file Frage Zweigstellen ab: \v(date) \v(time)\10

:SCHLEIFE                               ; Schleife über alle Zweigstellen
sicheraccess                            ; Zugriff auf nächste Zweigstelle
output kermit\13                        ; Kermit dort starten
input 10 Kermit>                        ; Seinen Prompt abwarten
output Server\13                        ; In Serverbetrieb versetzen
pause 2                                 ; Zeit geben zum Fertigwerden
get bestand                             ; Bestandsdatei holen
xif success { -
    rename bestand \m(zweigstelle).bestand,-
    write file \v(time): \m(zweigstelle).bestand erhalten\10,-
} else { -
    write file \v(time): Kann Bestand von \m(zweigstelle) nicht erhalten\10 -
}
send rezepte                            ; Neue Rezepte senden
if fail write file \v(time): Rezepte NICHT an \m(zweigstelle) gesendet\10
else write file \v(time): Rezepte an \m(zweigstelle) gesendet\10
bye                                     ; Aus der Zweigstelle ausloggen
goto schleife                           ; Die nächste bitte

:FERTIG                                 ; Am Ende hierher
write file \v(time): Fertig\10          ; Letzter Protokoll-Eintrag
close write                             ; Protokoll schließen
end 0                                   ; Erfolg
```

Um diese sichere Version von NACHTS.SCR auszuführen, sollte eine weitere Vorsichtsmaßnahme ergriffen werden; statt einfach

```
C-Kermit>take nachts.scr
```

einzugeben, definieren Sie ein Makro, das die Befehlsdatei mit TAKE ausführt:

```
C-Kermit>define nachts take nachts.scr      (Definiere das Makro)
C-Kermit>nachts                              (und führe es aus)
```

Auf diese Weise ist auch noch die Variable \%8, die für kurze Zeit das Schlüsselwort enthält, vor Programm-Unterbrechungen sicher. Sollte jemand das Programm an einer kritischen Stelle unterbrechen – zum Beispiel, wenn es „Ist das richtig?" fragt –, verschwindet das Schlüsselwort automatisch aus dem Speicher.

Bedenken Sie jedoch, daß kein Computerprogramm vollständig sicher sein kann; weder unser Skriptprogramm noch C-Kermit selbst noch das zugrundeliegende Betriebssystem oder seine Hilfsprogramme. Auch wenn es immer besser ist, Vorsichtsmaßnahmen wie die unseren hier zu ergreifen, ist es dennoch klug, ihnen nicht allzusehr zu vertrauen.

Der SCRIPT-Befehl

Der SCRIPT-Befehl entspricht einer Folge von INPUT- und OUTPUT-Befehlen in Stenographie, der es einem ganzen Login-Skript erlaubt, als ein einziger (allerdings schwer lesbarer) Befehl geschrieben zu werden. Streng genommen wird der SCRIPT-Befehl nicht benötigt; es gibt nichts, das er kann und das nicht auch mit einer der bisher schon beschriebenen Methoden erreicht werden kann. Der SCRIPT-Befehl ist seit 1985 in C-Kermit eingebaut und wird aus Gründen der Kompatibilität zu vorigen Versionen weiter unterstützt. Die anderen Einrichtungen, die in diesem und den vorigen Kapiteln beschrieben sind, sind neu seit C-Kermit Version 5A.

Ein SCRIPT besteht aus einer Folge von *Erwarten*- und *Senden*-Strings, die durch Leerzeichen getrennt sind. Kermit wartet auf den ersten *Erwarten*-String; ist er angekommen, sendet er den ersten *Senden*-String und wartet auf den nächsten *Erwarten*-String usw.

SCRIPT *Erwarten Senden [Erwarten Senden [...]]*
Dieser Befehl führt die angegebene Folge von Erwartungen und Sendungen aus. Wenn ein *Erwarten*-String nicht kommt, bleibt der Befehl erfolglos. Wenn alle angegebenen *Erwarten*-Strings ankommen, ist der Befehl erfolgreich.

Die *Erwarten*- und *Senden*-Strings können Sondersequenzen enthalten, die durch eine Tilde (~) eingeleitet werden und in Tabelle 13-1 zusammengestellt sind. Die meisten davon können auch leicht durch Kermits normale Backslash-Codes dargestellt werden.

Schreibweise	Beschreibung
~b	Rückschritt (Sie können auch \8 benutzen)
~s	Leerzeichen (=\32)
~q	Fragezeichen (=\?)
~n	Zeilenvorschub (=\10)
~r	Carriage Return (=\13)
~t	Tabulator (=\9)
~~	Tilde (=\126)
~x	XON (Strg-Q) (=\17)
~c	Kein Carriage Return an den *Senden*-String anhängen
~n[n[n]]	Oktaldarstellung eines ASCII-Zeichencodes (=\onnn)
~0	(zero) Bei Benutzung als *Erwarten*-String: nichts erwarten, sofort zum nächsten *Senden*-String weitergehen. Bei alleiniger Benutzung als *Senden*-String: nichts senden außer einem Carriage Return.
~d	Etwa 1/3 Sekunde mit während des Sendens warten
~w[d[d]]	Warte maximal die angegebene Anzahl von Sekunden beim *Erwarten*, brich dann ab. Die voreingestellte Wartezeit beträgt 15 Sekunden.

Tabelle 13-1   Sondernotationen für den SCRIPT-Befehl

Kermit beendet jeden *Senden*-String automatisch mit einem Carriage Return, sofern er nicht mit ~c endet. Nur die letzten sieben Zeichen in jedem *Erwarten*-String werden benutzt. Ein leerer *Erwarten*-String, ~0 oder zwei Bindestriche unmittelbar hintereinander erzeugen eine kurze Pause vor dem Übergang zum nächsten *Senden*-String. Ein leeres *Erwarten* ist stets erfolgreich.

Ist zu erwarten, daß eine *Erwarten*-Sequenz vielleicht nicht ankommt, können Sie bedingte Sequenzen der Form

```
-senden-erwarten[-senden-erwarten[ ...]]
```

angeben, wobei Sequenzen mit Bindestrichen der Reihe nach durchgegangen werden, bis ein *Erwarten* Erfolg hat. Zum Beispiel sendet

```
script ~0 login\32rudolf-ssword:-login\32rudolf-ssword:
```

auf einer gestörten Verbindung „login rudolf", gefolgt von einem Carriage Return. Wenn der Prompt „Password:" nicht innerhalb des voreingestellten Zeitintervalls ankommt, wird erneut „login rudolf" gesendet.

Erwarten-Senden-Transaktionen können mit Transaktionsprotokollen (LOG TRANSACTIONS) auf Fehler untersucht werden. Dort werden alle Interaktionen mit erwarteten und tatsächlich erhaltenen Strings aufgezeichnet. Die Ausführung von SCRIPT wird auch im Sitzungsprotokoll aufgezeichnet, sofern es aktiv ist.

Die Ausführung des SCRIPT-Befehls kann durch Eingabe des Unterbrechungszeichens, normalerweise Strg-C, abgebrochen werden.

Der Fortgang eines SCRIPT-Befehls wird normalerweise auf dem Bildschirm angezeigt; Sie können die Anzeige jedoch mit dem folgenden Befehl steuern:

SET SCRIPT ECHO { ON, OFF }
   Dieser Befehl legt fest, ob Zeichen, die während der Abarbeitung eines SCRIPT-Befehls gesendet oder empfangen werden, auf Ihrem Bildschirm dargestellt werden sollen. Die Voreinstellung, ON, zeigt die Zeichen an.

Hier ist ein Beispiel, in dem der SCRIPT-Befehl zum Einloggen in einen VMS-Rechner benutzt wird, ähnlich wie unser Makro VMSLOGIN von Seite 332:

```
script ~0 ~0 name:-name: \%1 word: \%2 \27Z \27[\?6c $-$-$
```

In diesem Beispiel erwarten wir zuerst gar nichts, senden ein Carriage Return und warten auf name: als Teil des Prompts „Username:". Erhalten wir ihn nicht, senden wir ein weiteres Carriage Return und warten wieder darauf. Haben wir ihn, senden wir unsere Benutzerkennung (die in der Variablen \%1 enthalten ist) und warten auf den Prompt „Password:". Ist er angekommen, senden wir unser Paßwort (\%2), warten auf die Terminaltyp-Anfrage, senden eine VT102-Terminalkennung und warten dann auf den Dollarzeichen-Prompt von VMS. Kommt er nicht, senden wir ein Carriage Return, warten erneut und so weiter. Das Beispiel demonstriert, wie ein einziger SCRIPT-Befehl eine lange Folge der Befehle OUTPUT, INPUT und IF SUCCESS ersetzen kann und dieselben Vorgänge in kompakterer (aber weniger gut verständlicher) Form ausführt. Der SCRIPT-Befehl erlaubt es allerdings nicht, *Erwarten-Senden*-Einträge mit normalen Kermit-Befehlen wie SET PARITY, SEND, RECEIVE und so weiter zu mischen; SCRIPT-Befehle selbst können allerdings mit allen anderen C-Kermit-Befehlen gemischt werden.

Ideen zur Skript-Programmierung

In diesem Kapitel sind nur einige der vielen Anwendungen von C-Kermits Skript-Programmiersprache beschrieben. Sollten Sie einen Drang zum Programmieren verspüren, sind hier einige weitere Ideen, die Sie vielleicht interessieren:

1. Definieren Sie ein CAPTURE-Makro, das die Benutzung von LOG SESSION vereinfacht, wenn das Protokoll zum Auffangen einer Datei von einem Wirtsrechner oder -dienst benutzt werden soll, auf dem das Kermit-Protokoll nicht implementiert ist.
2. Konstruieren Sie ein NEWDIAL-Makro, das einen neuen Modem-Typ unterstützt, der nicht direkt von Kermits eingebautem DIAL-Befehl unterstützt wird. *TIP:* Benutzen Sie SET CARRIER OFF, bevor Sie SET LINE ausführen, und nach dem Wählen SET CARRIER AUTO.
3. Ändern Sie das CALL-Makro so, daß es eine Liste von Telefonnummern statt nur einer entgegennimmt. Wenn ein Anruf fehlschlägt, lassen Sie es das nächste in der Liste versuchen. Dies ist nützlich für Dienste, die unter mehreren verschiedenen Telefonnummern zu erreichen sind.
4. Wenn Sie einen Mehrbenutzer-Rechner mit mehreren gemeinschaftlich genutzten Wählgeräten haben, versuchen Sie, das CALL-Makro so zu ändern, daß es das erste freie sucht, statt sofort aufzugeben, wenn das angegebene Gerät nicht benutzt werden kann.

5. Testen Sie Ihren Modem-Pool. Lesen Sie eine Liste von Telefonnummern aus einer Datei ein, wählen Sie sie alle an, beobachten Sie, ob sie antworten oder nicht, und fassen Sie die Ergebnisse in einer Datei zusammen.
6. Prüfen Sie Ihre Netzwerk-Wirte. Schreiben Sie ein Skript, das die Rechner auf Ihrem Netz mit SET HOST einstellt und protokolliert, welche zu erreichen waren und welche nicht.
7. Prüfen Sie Ihre Netzwerk-Gateways. Schreiben Sie ein Skript, das sich in jedes Ihrer Gateways einloggt und Statistiken über ihre Benutzung zusammenträgt; die Statistiken sollten in einer Protokolldatei zusammengefaßt werden, die von anderen Programmen gelesen werden kann, um Nutzungs-Übersichten oder -Grafiken zu erzeugen.

14 Befehlszeilen-Optionen

Bisher haben Sie stets *interaktiv* mit C-Kermit gesprochen: Sie starten Kermit, Kermit gibt seinen Prompt aus, Sie geben ihm einen Befehl, er gibt einen weiteren Prompt aus und so weiter, bis Sie das Programm verlassen. In manchen Situationen wollen – oder müssen – Sie Kermit jedoch seine Befehle als Teil des System-Befehls geben, der ihn startet. Das folgende Beispiel zeigt eine neue Möglichkeit, Kermit zum Senden der Datei tapir.exe im Binärmodus mit gerader Parität aufzufordern:

```
$ kermit -i -p e -s tapir.exe
```

Der Befehl, mit dem Sie Kermit starten, wird *Befehlszeile* genannt. Alle Angaben hinter dem Programmnamen auf der Befehlszeile werden *Befehlszeilen-Optionen* (auch *-Argumente* oder *-Parameter*) genannt. Befehlszeilen-Optionen können aus mehreren Gründen nützlich sein:

1. Manche UNIX-C-Kermit-Programme sind ausschließlich für den Befehlszeilen-Betrieb konfiguriert. Dies ist bei Systemen – hauptsächlich 286-PCs (oder niedrigere Prozessoren) –, die einen begrenzten Adreßraum haben, oder bei Compilern oder Linkern, deren Fähigkeiten zum Bau einer interaktiven Version nicht ausreichen, zwingend.
2. Nicht jeder UNIX-Benutzer ist mit interaktivem Programmdialog vertraut. Unter UNIX werden die meisten Anwendungen gestartet, indem man ihren Namen und möglicherweise einige Operanden angibt; sie kehren nach Beendigung automatisch ohne jeden Dialog zum UNIX-Prompt zurück.
3. Unter UNIX wollen Sie Kermit vielleicht in einer Befehls-Pipeline verwenden, indem Sie Dateien von Standard-Eingabe aus senden oder zur Standard-Ausgabe hin empfangen, um zum Beispiel eine Datei in komprimierter und/oder verschlüsselter Form zwischen zwei UNIX-Systemen zu übertragen.
4. Sie wollen vielleicht Kermits normale Start-Aktionen ändern, indem Sie zum Beispiel eine andere Initialisierungsdatei (oder auch gar keine) benutzen lassen.

Eine Auswahl an C-Kermit-Befehlen steht auf der Befehlszeile in Umgebungen, die das Weiterreichen von Befehlszeilen-Optionen an Programme durch den C-Sprachen-Mechanismus „argv, argc" [46] unterstützen, zur Verfügung, vorausgesetzt, Kermit ist entsprechend konfiguriert. Unter VMS muß Kermit als Fremdbefehl installiert sein, damit VMS Kermit die Befehlszeilen-Optionen zur Verfügung stellt, zum Beispiel:

```
KERMIT :== $SYS$SYSTEM:KERMIT.EXE
```

Befehlszeilen-Optionen gestatten es Ihnen, praktische Befehls-Makros oder Aliase zu definieren, die Kermit auf je besondere Weise starten. Zum Beispiel können Sie bei Benutzung der UNIX-K-Shell [5] Aliase wie die folgenden in Ihrer Datei .env vereinbaren:

```
alias "kr=kermit -r"    # Zum Erhalten von Dateien einfach 'kr' eingeben
alias "ks=kermit -s"    # Zum Senden von Textdateien 'ks Dateiname' eingeben
alias "kb=kermit -is"   # Zum Senden von Binärdateien 'kb Dateiname' eingeben
```

C-Kermits Befehlszeilen-Optionen gehorchen den normalen UNIX-Konventionen [33]:

- Befehlsnamen (wie „kermit") sollen zwischen zwei und neun Zeichen lang sein.
- Befehlsnamen sollen nur aus Kleinbuchstaben (unter UNIX) und Ziffern bestehen.
- Ein Optionsname ist ein einzelnes Zeichen.
- Optionen werden mit „ -" eingeleitet, zum Beispiel „ -q -z".
- Optionen ohne Argumente können hinter einem einzigen Einleitungszeichen gruppiert (gebündelt) werden, zum Beispiel „ -s tapir.txt -qt".
- Options-Argumente dürfen nicht optional sein.
- Eine Gruppe gebündelter Optionen kann mit einer Option enden, die ein Argument hat, zum Beispiel „ -qzs tapir.txt".
- Argumente folgen den Optionen unmittelbar, getrennt durch Leerraum (Leerzeichen oder Tabulatoren).
- Die Reihenfolge der Optionen ist beliebig.
- „-" mit vorangehendem und nachfolgendem Leerraum steht für Standard-Eingabe.

C-Kermits Befehlszeilen-Optionen sind in Tabelle 14-1 (S. 360) zusammengefaßt.

Zusammenstellung der Optionen

C-Kermit kennt zwei Kategorien von Befehlszeilen-Optionen: Aktions-Optionen und Nicht-Aktions-Optionen. Die ersteren dienen hauptsächlich dazu, den Terminalbetrieb zu beginnen und Dateien zu transferieren, die letzteren entsprechen überwiegend den SET-Befehlen. Geben Sie eine oder mehrere Aktions-Optionen auf der Befehlszeile an, wird C-Kermit nach deren Ausführung beendet, wobei ein entsprechender Status-Code an den Befehlsprozessor Ihres Systems (Shell, DCL usw.) gemeldet wird – *sofern* Sie nicht auch die „Bleibe"-Option -S (Großbuchstabe) für „*Stay*" angegeben haben. Wenn Ihre Befehlszeile keine Aktions-Optionen enthält, gibt C-Kermit nach der Abarbeitung der Befehlszeilen-Optionen seinen Prompt aus.

Unter VMS müssen aus Großbuchstaben bestehende Optionen in doppelte Anführungszeichen eingeschlossen werden, damit sie nicht in Kleinbuchstaben umgewandelt werden, ehe C-Kermit sie zu sehen bekommt.

Option	Argument	Aktion	Beschreibung
=		N	Rest der Befehlszeile ignorieren
-a	Dateiname	N	Neuer Name (*Alias*) für übertragene Datei
-b	Zahl	N	Geschwindigkeit in Bits pro Sekunde
-C	"Befehlsliste"	N	Befehle des interaktiven Kermit-Betriebs zur Ausführung
-c		J	Vor Dateitransfer eine Verbindung (*Connect*) herstellen
-d		N	Eine Log-Datei zum Debuggen, DEBUG.log, anlegen
-e	Zahl	N	Paketlänge für Dateiempfang festlegen
-f		J	Den Befehl FINISH an einen Kermit-Server senden
-g	Dateispez.	J	Einen GET-Befehl an einen Kermit-Server senden
-h		J	Eine Hilfe-Nachricht mit den möglichen Befehlszeilen-Argumenten anzeigen
-i		N	Binärer Dateitransfer
-j	Wirt	N	TCP/IP-Wirtsname oder -Adresse
-k		J	Auf Standard-Ausgabe empfangen
-l	Gerätename	N	SET LINE zum angegebenen seriellen Gerät
-m	Modemtyp	N	Modem auf angegebenen Modemtyp senden
-n		J	CONNECT nach einem Dateitransfer
-o	Zahl	N	Nummer einer geschlossenen X.25-Benutzergruppe
-p	Buchstabe	N	Parität: *even* (gerade), *odd* (ungerade), *mark* (gesetzt), *space* (gelöscht) oder *none* (keine)
-q		N	Stiller Modus; unterdrückt Meldungen und die Dateitransfer-Anzeige
-r		J	Empfange (*Receive*) Dateien
-S		N	„Bleibe!" (*Stay*), gehe in den Befehlsbetrieb, auch wenn Aktions-Optionen angegeben sind
-s	Dateispez	J	*Sende* Dateien
-t		N	Lokales Echo an, XON-Handshake für alle Dateitransfers
-U	Text	N	X.25-Benutzerdaten angeben
-u		N	X.25-R-Gespräch angeben
-v	Zahl	N	Größe der gleitenden Fenster für Dateitransfer angeben
-w		N	Ankommende Dateien überschreiben ggf. Dateien mit gleichem Namen.
-X	Zahl	N	Eine X.25-(X.121-)Wirts-Adresse
-x		J	Server-Betrieb beginnen
-Y		N	Initialisierungsdatei nicht ausführen
-y	Dateiname		Dateiname statt der üblichen Initialisierungsdatei ausführen
-Z	Zahl	N	Dateideskriptor für eine offene X.25-Verbindung angeben
-z		N	Vordergrund-Betrieb erzwingen

Tabelle 14-1   Übersicht über die Befehlszeilen-Optionen für C-Kermit

Programm-Verwaltungs-Optionen

Die erste Optionengruppe befaßt sich mit der Programm-Verwaltung:

-h Hilfe. Diese Aktions-Option zeigt eine kurze Zusammenfassung der Befehlszeilen-Optionen an, wie in diesem Beispiel:

```
$ kermit -h
```

-y *Dateiname*
Nach dieser Option werden die in der angegebenen statt in der Standard-Initialisierungsdatei stehenden Befehle ausgeführt. Dies gilt nur für interaktive Versionen. Beispiele hierfür sind:

```
% kermit -y /usr/sylvia/special.ini    (UNIX)
$ kermit -y sys$login:special.ini      (VMS oder OpenVMS)
) kermit -y :udd:sylvia:special.ini    (AOS/VS)
F:\>kermit -y c:\kermit\special.ini    (OS/2)
```

-Y (großes Y) Bei dieser Option wird keine Initialisierungsdatei gelesen und ausgeführt. Dies gilt nur für interaktive Versionen, wie in den folgenden Beispielen gezeigt:

```
$ kermit "-Y"        (VMS - Beachte die doppelten Anführungszeichen)
% kermit -Y          (Andere Systeme)
```

Dateiname
Wenn die erste Angabe auf der Befehlszeile ein Dateiname ist, werden die in der angegebenen Datei stehenden Befehle ausgeführt, nachdem die Initialisierungsdatei ggf. abgearbeitet worden ist. Dies gilt nur für interaktive Versionen. Ein Beispiel hierfür ist:

```
% kermit sendedateien
```

Nur unter UNIX können C-Kermit-Befehlsdateien so geschrieben werden, daß sie wie Programme aufgerufen werden, die automatisch C-Kermit starten. Dazu stellen Sie eine Zeile wie die folgende ganz an den Anfang der Befehlsdatei:

```
#!/usr/local/bin/kermit
```

wobei `/usr/local/bin/kermit` der volle Pfadname des Kermit-Programms auf Ihrem Rechner ist. Geben Sie der Befehlsdatei Ausführungsberechtigung:

```
% chmod +x sendedateien
```

Danach können Sie sie ausführen, als sei sie irgendein UNIX-Befehl, -Programm oder -Shell-Skript:

```
% sendedateien
```

Unter VMS können Sie praktische Alias-Einträge definieren, um Kermit sehr einfach mit verschiedenen Befehlsdateien starten zu können, indem Sie den VMS-Befehl DEFINE benutzen, zum Beispiel:

```
$ compuserve :== $sys$system:kermit.exe sys$login:compuserve.cmd
$ sprintnet   :== $sys$system:kermit.exe sys$login:sprintnet.cmd
```

-C *"Befehl, Befehl, ..."*
(großes C) Führt die angegebenen Befehle des interaktiven Befehls nach der Initialisierungsdatei, den anderen Befehlszeilen-Optionen und der Befehlsdatei (soweit jeweils vorhanden) aus. Dies gilt nur für interaktive Versionen. Die Befehle müssen in doppelte Anführungszeichen eingeschlossen und voneinander durch Kommata getrennt sein. Beispiele hierfür sind:

```
$ kermit "-C" "set block-check 3, send tapir.txt"     (VMS)
$ kermit -C "set block-check 3, send tapir.txt"       (Andere Systeme)
```

Diese Option erlaubt es Ihnen, C-Kermit beliebige Befehle von der Befehlszeile aus zu geben. Die Höchstlänge für die Befehlszeile ist durch die Größe des Befehlszeilen-Puffers Ihres Betriebssystems gesetzt; die Höchstlänge der Befehlsliste beträgt 1024.

Wenn Sie die Option -C benutzen, wird die Befehlsliste einem Makro namens CL_COMMANDS (für *Command-Line Commands*) zugewiesen; daher können Sie diese Befehle auch später während Ihrer Sitzung erneut ausführen, indem Sie einfach den Namen dieses Makros eingeben:

```
C-Kermit>cl_commands
```

Die Option -C wird nicht als Aktions-Option betrachtet, selbst wenn die Befehlsliste Aktions-Befehle enthält. Sind keine anderen Aktions-Optionen unter den Befehlszeilen-Argumenten, erscheint daher der C-Kermit-Prompt, wenn der letzte Befehl der Liste abgearbeitet worden ist. Um dieses Verhalten zu ändern, geben Sie den Befehl EXIT als letzten an, wie in dem folgenden Beispiel, das alle Register von C-Kermit zieht, um einen VT100-Terminal-Bildschirm zu löschen:

```
kermit -C "echo \27[2J\27H, exit"
```

Die Option -C steht nur zur Verfügung, wenn Ihr C-Kermit die Skript-Programmiersprache umfaßt, d. h., wenn er den Befehl DEFINE kennt.

-q Still (*Quiet*). Diese Option unterdrückt Bildschirm-Meldungen bei Dateitransfers im lokalen Betrieb und den größten Teil sonstiger Bildschirm-Ausgaben. Diese Option ermöglicht Dateitransfer im Hintergrund; sie ist gleichbedeutend mit dem Befehl SET quiet on des interaktiven Betriebs.

-z Diese Option erzwingt den Vordergrund-Betrieb. Selbst wenn Kermit denkt, er laufe im Hintergrund, soll er sich nun so benehmen, als laufe er im Vordergrund, und seine normalen Prompts und Meldungen ausgeben usw. Sie können diese Option verwenden, wenn Sie C-Kermit auf irgendeine ungewöhnliche Art starten und sein Prompt nicht erscheint. Er entspricht dem Befehl SET BACKGROUND OFF des interaktiven Betriebs.

-d *Debug*. Dies ist gleichbedeutend mit dem interaktiven Befehl LOG DEBUG. Informationen für die Fehlersuche werden in die Datei DEBUG.LOG im aktuellen Verzeichnis geschrieben. Benutzen Sie diese Option, wenn Sie glauben, Kermit verhalte sich falsch, und zeigen Sie die erzeugte Protokoll-Datei Ihrem lokalen Kermit-Pfleger.

Zusammenstellung der Optionen **363**

-S (großes S) Bleibe (*Stay*). Diese Option fordert C-Kermit auf, seinen Prompt auszugeben und den interaktiven Befehlsbetrieb zu beginnen, auch wenn die Befehlszeile Aktions-Optionen enthält. Dies gilt nur für interaktive Versionen, wie in dem folgenden Beispiel gezeigt:

```
$ kermit -s tapir.txt "-S"    (VMS oder OpenVMS)
$ kermit -r -a tapir.txt -S   (Andere Systeme)
```

= *Text*
Dies fordert C-Kermit – in interaktiven Versionen, die Skript-Programmierung bieten – auf, alle nachfolgenden Befehlszeilen-Optionen nicht auszuführen, sondern stattdessen zusammen mit allen anderen Einträgen der Befehlszeile in dem Feld \&@[] zur Verfügung zu stellen. Unter VMS muß diese Option in doppelte Anführungszeichen eingeschlossen werden, wenn sie die erste auf der Befehlszeile ist. Es folgen einige Beispiele:

```
$ kermit -z = Dies ist ein Text    (Überall)
$ kermit "=" Dies ist ein Text     (VMS oder OpenVMS)
$ kermit = Dies ist ein Text       (Andere Systeme)
```

Kommunikations-Optionen

Im folgenden sind die Optionen für das Auswählen und Konfigurieren Ihres Kommunikationsgerätes aufgeführt. Wird C-Kermit nur im Wirtsbetrieb benutzt, wird keine davon benötigt, eventuell mit Ausnahme von -p.

-l *Gerät*
Diese Option gibt ein serielles Kommunikationsgerät für Dateiübertragung und Terminalbetrieb an; sie hat die gleiche Bedeutung wie der Befehl SET LINE (s. S. 62). Einige Beispiele hierfür sind:

```
% kermit -l /dev/ttyi5     (UNIX)
$ kermit -l txa5:          (VMS oder OpenVMS)
) kermit -l @con5          (AOS/VS)
C:\>kermit -l com1         (OS/2)
```

Sie können auch einen numerischen File-Descriptor für ein bereits geöffnetes serielles Kommunikationsgerät (tty) angeben:

```
$ kermit -l 6
```

Dies ist sinnvoll, um Kermit von einem anderen Kommunikationsprogramm aus zu starten, das das Gerät bereits geöffnet hat.

Wenn ein serielles Kommunikationsgerät benutzt wird, werden zur erfolgreichen Kommunikation noch einige weitere Optionen benötigt:

-b *Zahl*
: Dies wählt die Übertragungsgeschwindigkeit in Bits pro Sekunde (ungenau auch „Baud-Rate" genannt) für das mit der Option -l angegebene serielle Kommunikationsgerät aus, wie das folgenden Beispiel gezeigt:

    $ `kermit -l /dev/ttyi5 -b 9600`

    Diese Option, die gleichbedeutend mit dem Befehl SET SPEED (S. 64) ist, sollte immer zusätzlich zur Option -l angegeben werden, denn die Geschwindigkeit eines Gerätes stimmt nicht unbedingt mit den Erwartungen des Benutzers überein.

-p *Buchstabe*
: Diese Option gibt die Parität an, die auf dem gewählten Kommunikationsgerät benutzt werden soll. Das Argument ist ein einzelner Buchstabe, und zwar e, o, m, s oder n, der für die Paritätsart steht: *even* (gerade), *odd* (ungerade), *mark* (gesetzt), *space* (leer) oder *none* (ohne Parität). Die Voreinstellung ist n, also keine Parität. Der äquivalente Befehl ist SET PARITY (S. 111).

-t Diese Option wählt lokales Echo für den Terminalbetrieb und Halbduplex-Leitungsumschaltung mit Xon als Handshake-Zeichen für den Dateitransfer aus. Sie wird z. B. für die Kommunikation mit IBM-Großrechnern im Zeilenmodus benutzt und ist äquivalent zu SET TERMINAL ECHO ON (S. 111) und SET HANDSHAKE ON (S. 152).

-m *Name*
: Hier wird der Modemtyp angegeben, also hayes, penril, vadic usw. (siehe Tabelle 3-2 auf S. 72). Geben Sie diese Option zusammen mit -l und -b an, wenn Sie C-Kermit zum Wählen nach draußen benutzen wollen. Wenn kein Modemtyp angegeben ist und das Modem kein Trägersignal gibt, kann Kermit das mit der Option -l angegebene Gerät möglicherweise nicht öffnen. Der Modem-Name muß in Kleinbuchstaben geschrieben werden, kann aber abgekürzt werdem, also etwa „hay" für „hayes". Ansonsten ist der Befehl äquivalent zu SET MODEM (S. 71). Hier ist ein Beispiel:

    $ `kermit -m telebit -l /dev/cub -b 2400`

    Mit der Option -C kann zusätzlich noch ein Wählbefehl angegeben werden:

    $ `kermit -m telebit -l /dev/cub -b 2400 -C "dial 654321"`

Wollen Sie statt eines seriellen Terminal-Gerätes eine Netzwerk-Verbindung zur Kommunikation verwenden, benutzen Sie die folgenden Optionen anstelle von -l, -b und -m. Parität wird im allgemeinen nicht benötigt, und die Geschwindigkeits-Option (-b) ist für Netzwerk-Verbindungen wirkungslos.

-j *Wirt*
: Hiermit wird ein TCP/IP-Netzwerk-Wirt angegeben, genau wie mit den Befehlen SET NETWORK TCP/IP und SET HOST. Der *Wirt* kann ein IP-Wirtsname oder eine IP-Wirtsnummer (in Punkt-Notation) sein, wobei wahlweise ein Doppelpunkt und danach ein TCP-Dienste-Name bzw. eine -Nummer folgen kann. Die Voreinstellung für den Dienst ist 23, also TELNET. Die folgenden Beispiele verbinden jeweils mit dem TCP-TELNET-Anschluß auf demselben Rechner:

```
$ kermit -j kermit.columbia.edu
$ kermit -j kermit.columbia.edu:23
$ kermit -j kermit.columbia.edu:telnet
$ kermit -j 128.59.39.2
$ kermit -j 128.59.39.2:23
$ kermit -j 128.59.39.2:telnet
```

Wenn Sie eine Meldung wie:

```
?Invalid argument, type 'kermit -h' for help
```

bekommen, so bedeutet das, daß Ihre Kermit-Version ohne TCP/IP-Netzwerk-Unterstützung gebaut worden ist.

Das folgende Beispiel verbindet mit einem Nicht-TELNET-Informations-Server:

```
$ kermit -j martini.eecs.umich.edu:3000
```

Das *Wirt*sfeld kann auch eine einfache Zahl sein, die als File-Descriptor einer bereits geöffneten TCP/IP-TELNET-Verbindung interpretiert wird:

```
$ kermit -j 4
```

Ausschließlich auf X.25-Verbindungen stehen Ihnen vier weitere Optionen zur Verfügung:

-X *Adresse*
(Großes X) Dies gibt eine X.25-Netzwerk-Adresse an.

-Z *Zahl*
(Großes Z) Dies gibt einen File-Descriptor für eine bereits bestehende X.25-Netzwerk-Verbindung an.

-o *Index*
So wird ein Anruf für eine geschlossene X.25-Benutzergruppe durchgeführt.

-u So wird ein X.25-R-Gespräch begonnen.

Es folgen nun die Terminal-Verbindungs-Optionen für C-Kermit:

-c Mit dieser Option wird eine Terminal-Verbindung über das Kommunikationsgerät hergestellt, bevor irgendwelche Aktivitäten nach dem Kermit-Protokoll stattfinden. Kehren Sie durch Eingabe des Rückkehrzeichens (z. B. Strg-Backslash) mit nachfolgendem Buchstaben c zu Ihrem lokalen Rechner zurück. Für diese Option muß außerdem ein Kommunikationsgerät angegeben worden sein; sie ist gleichbedeutend mit dem CONNECT-Befehl ab S. 100. Einige Beispiele hierfür sind:

```
% kermit -l /dev/ttya1 -b 2400 -c      (UNIX)
$ kermit -l txa4: -b 1200 -c           (VMS oder OpenVMS)
C:\>kermit -l com2 -b 9600 -c          (OS/2)
$ kermit -j watsun.cc.columbia.edu -c  (Netzwerk)
```

-n Wie -c, jedoch *nach* erfolgten Kermit-Protokoll-Aktivitäten. -c und -n können zusammen auf der Befehlszeile eingegeben werden; zum Beispiel erlaubt Ihnen die Option -c, sich mit dem anderen Rechner zu verbinden und dort einzuloggen, um dann einen Dateitransfer zu starten; die Option -n ermöglicht Ihnen dann, nach dem Dateitransfer erneut in den Terminalbetrieb zu gehen und sich auszuloggen.

Dateitransfer-Optionen

Die folgenden Befehlszeilen-Optionen sind dazu da, die grundlegenden Text- und Binärdatei-Transfer-Operationen von C-Kermit auszuführen, die in den Kapiteln 5 bis 8 vollständig beschrieben sind:

-s *Dateispezifikation*
Diese Aktions-Option sendet die angegebene(n) Datei(en) an ein Kermit-Programm, das sich im RECEIVE- oder SERVER-Betrieb befindet. Die *Dateispezifikation* kann auch eine Liste von Dateien sein, wie in diesem Beispiel:

```
kermit -s ckcmai.c ckuker.h tapir.txt
```

Diese Option ist demnach gleichbedeutend mit dem MSEND-Befehl des interaktiven Betriebs. Wenn die *Dateispezifikation* unter UNIX Joker-(Meta-)zeichen enthält, entwickelt die UNIX-Shell die Angabe in eine Liste von Dateinamen. Wenn die *Dateispezifikation* – (Bindestrich) ist, sendet Kermit seine Standard-Eingabe-Datei, die durch Umleitung aus einer Datei stammen:

```
kermit -s - < stuss.txt
```

oder aus einem anderen Prozeß „ge*pipe*t" werden kann:

```
ls -l | grep Quark | kermit -s -
```

Sie können diesen Mechanismus allerdings nicht dazu benutzen, Zeichen von der Tastatur Ihres Terminals aus zu senden. Wollen Sie eine Datei senden, die tatsächlich – heißt, können Sie einen Pfadnamen voranstellen, also etwa:

```
kermit -s ./-
```

Um unter VMS Dateien von der Standard-Eingabe her zu senden, müssen Sie SYS$INPUT auf die gewünschte Datei setzen, zum Beispiel:

```
$ define sys$input login.com
$ kermit -s "-"
$ deassign sys$input
```

Beachten Sie, daß der abschließende Bindestrich in Anführungszeichen stehen muß, da VMS ihn sonst als DCL-Fortsetzungszeilen-Zeichen auffaßt.

-r Nach dieser Aktions-Option wartet C-Kermit passiv darauf, daß Dateien von einem anderen Kermit-Programm her ankommen, das zum Senden der Datei(en) aufgefordert werden muß. Diese Option ist gleichbedeutend mit dem Befehl RECEIVE.

-k Ähnlich wie die vorige empfängt diese Aktions-Option eine oder mehrere Dateien von einem anderen Kermit, der zum Senden aufgefordert werden muß, schreibt sie jedoch auf die Standard-Ausgabe. Diese Option kann auf mehrere Arten benutzt werden:

kermit -k
So zeigen Sie ankommende Dateien auf Ihrem Bildschirm an; dies kann nur im lokalen Betrieb verwendet werden.

kermit -k > *Dateiname*
(Unter UNIX und anderen Betriebssystemen, die die Umleitung der Standard-Ausgabe mit dem Operator > unterstützen) Dieser Aufruf schreibt die ankommende(n) Datei(en) in eine Datei mit dem angegebenen *Dateinamen*. Kommen mehrere Dateien an, werden alle zusammen hintereinander dorthin geschrieben.

kermit -k | *Befehl*
(Unter UNIX und anderen Betriebssystemen, die Befehls-Pipelines mit dem Zeichen | unterstützen) Dieser Aufruf gibt die ankommende(n) Datei(en) an den angegebenen *Befehl* weiter, wie in diesem Beispiel:

kermit -k | sort > sortierter.stuss

-a *Dateiname*
Haben Sie eine Dateitransfer-Option angegeben, können Sie mit dieser Option einen Alias-Namen für eine Datei wählen; zum Beispiel sendet

kermit -s stuss -a quark

die Datei stuss und teilt dem Empfänger quark als Namen mit („sende stuss als quark"). Wenn mehrere Dateien empfangen oder gesendet werden, ist nur die erste davon von der Option -a betroffen:

kermit -ra baz

speichert die erste ankommende Datei unter dem Namen baz und die weiteren unter ihrem jeweiligen eigenen Namen.

-x Diese Aktions-Option startet einen Kermit-Server; sie ist gleichbedeutend mit dem SERVER-Befehl.

Es folgen die Optionen zum Senden von Befehlen an andere Kermit-Server:

-g *Wirts-Dateispezifikation*
Diese Aktions-Option fordert einen Kermit-Server aktiv dazu auf, die benannte(n) Datei(en) zu senden. Die *Wirts-Dateispezifikation* folgt der auf dem Wirt gebräuchlichen Syntax. Wird diese Option auf einem UNIX-System verwendet und enthält die Wirts-*Dateispezifikation* Shell-Sonderzeichen – wie das Leerzeichen, ;*, [, ~ o.ä. –, müssen

diese mit den üblichen UNIX-Shell-Mechanismen „entschärft" werden, wie in diesen Beispielen gezeigt wird:

`kermit -g x\*.\?`

oder:

`kermit -g "profile exec"`

Die Option -g hat die gleiche Funktion wie der GET-Befehl.

-f Diese Aktions-Option sendet einen FINISH-Befehl an einen Wirts-Server, genau wie der interaktive FINISH-Befehl.

Die Befehlszeile darf höchstens eine Protokoll-Aktions-Option enthalten, d. h. nur einen der folgenden Buchstaben: s, r, x, g, f oder k.

Die folgenden Modifikations-Optionen können zusätzlich zu den Dateitransfer-Optionen angegeben werden:

-i Dies wählt den Binärmodus aus und ist gleichbedeutend mit dem Befehl SET FILE TYPE BINARY. Dateien werden dann ohne jegliche Umsetzung gesendet oder empfangen; siehe Kapitel 5.

-w Wenn diese Option angegeben ist und eine ankommende Datei denselben Namen wie eine schon bestehende hat, überschreibt sie diese. Dies ändert das normale Verhalten von C-Kermit, bei dem die alte Datei unter einem leicht veränderten Namen erhalten bleibt. Der Befehl SET FILE COLLISION OVERWRITE bewirkt dasselbe.

-e *Zahl*
Mit diesem Befehl wird angegeben, daß C-Kermit Pakete bis zur angegebenen Länge empfangen darf, die zwischen 10 und einer ziemlich großen Zahl liegen kann – 1000, 2000 oder sogar 9000, je nach Konfiguration Ihres C-Kermit bei der Kompilation. Die Voreinstellung für die Maximallänge ankommender Pakete beträgt 94; längere Pakete werden nur benutzt, wenn der andere Kermit die Protokoll-Erweiterung für lange Pakete unterstützt und der Benutzung zustimmt. Der entsprechende interaktive Befehl lautet SET RECEIVE PACKET-LENGTH.

-v *Zahl*
Mit dieser Option wird die Anzahl von (Paket-)Fenstern festgelegt, die C-Kermit beim Senden und Empfangen von Dateien höchstens verwenden darf. Fenstergrößen größer als 1 beschleunigen Transfers in den meisten Fällen, besonders auf Fernverbindungen über Netzwerke. Die Voreinstellung beträgt 1, der Höchstwert 31. Werte größer als 1 werden nur dann tatsächlich benutzt, wenn der andere Kermit diese Option unterstützt und auch ihm ein entsprechender Befehl gegeben wurde. Die Option hat die gleiche Bedeutung wie der Befehl SET WINDOW.

Beispiele für Befehlszeilen

```
kermit -l /dev/ttyi5 -b 1200 -rcn
```
Dieser Befehl verbindet Sie (wegen des c in -rcn) über das Gerät ttyi5 bei 1200 bps mit einem anderen Rechner, auf dem Sie sich vermutlich einloggen, Kermit starten und diesem einen SEND-Befehl geben. Wenn Sie zurückkehren, wartet C-Kermit auf die Ankunft einer oder mehrerer Dateien (das r in -rcn). Nachdem der Dateitransfer beendet ist, werden Sie wegen des n in -rcn wieder mit dem Wirtssystem verbunden, so daß Sie sich ausloggen können. Dieses Beispiel zeigt anschaulich, daß die Reihenfolge der Optionen unwichtig ist und Optionen ohne Argumente zusammengefaßt werden können.

```
kermit -l /dev/ttyi5 -b 1200 -cntp m -r -a stuss
```
Dieser Befehl entspricht weitgehend dem vorigen, wobei das Wirtssystem hier allerdings Halbduplex-Kommunikation (das t in -cntp) bei gesetzter Parität (-...p m) benutzt. Dies zeigt, daß die letzte Option (-p) in einer Optionengruppe (-cntp) ein Argument bei sich haben kann. Die erste ankommende Datei wird wegen -a stuss unter dem Namen stuss abgelegt.

```
kermit -ix
```
Dieser Befehl startet C-Kermit als Server (beachten Sie die Zusammenfassung der Optionen -i und -x). Dateien werden binär gesendet.

```
kermit -l /dev/ttyi6 -b 9600
```
Dieser Befehl stellt Kommunikationsleitung und -geschwindigkeit ein. Da keine Aktion angegeben ist, gibt C-Kermit einen Prompt aus und beginnt den interaktiven Dialog mit Ihnen. Alle auf der Befehlszeile angegebenen Einstellungen bleiben während des Dialogs erhalten, sofern sie nicht ausdrücklich neu gesetzt werden.

```
kermit
```
Dieser Befehl startet Kermit interaktiv mit allen Voreinstellungen.

Das nächste Beispiel zeigt, wie C-Kermit dazu benutzt werden könnte, einen vollständigen Verzeichnisbaum von einem UNIX-System an ein anderes zu übertragen, wobei das Programm *tar* (*tape archiver*, ein Standard-Archivierungsprogramm unter UNIX) für die Standard-Ein- bzw. -Ausgabe von Kermit benutzt wird. Auf dem Ursprungssystem, das in diesem Fall der Wirt ist, geben Sie zum Beispiel das folgende ein:

```
tar cf - /usr/manuela | kermit -is -
```

Dann sendet tar das Verzeichnis /usr/manuela (samt allen seinen Dateien, seinen Unterverzeichnissen und deren Dateien ...) zur Standard-Ausgabe statt zu einem Bandgerät; C-Kermit nimmt dies als Standard-Eingabe entgegen und sendet es als Binärdatei. – Auf dem Empfänger-System, hier also das lokale System, geben Sie etwa ein:

```
kermit -il /dev/ttya -b 9600 -k | tar xf -
```

Kermit empfängt das „Band-Archiv" und sendet es per Standard-Ausgabe an die lokale Version von tar, das ein Duplikat des ursprünglichen Dateibaums daraus erzeugt.

Das folgende Beispiel zeigt, wie das übliche UNIX-Komprimierungs-Hilfsprogramm dazu benutzt werden könnte, Kermit-Dateitransfers zwischen zwei UNIX-Rechnern zu beschleunigen:

```
kermit -cnikl /dev/cua -b 9600 | uncompress > stuss      (lokaler Empfänger)
compress < kohl | kermit -is -                           (sendender Wirt)
```

Das abschließende Beispiel kombiniert die beiden vorangegangen und erstellt so die schnellste serielle Sicherungskopie der Welt:

```
kermit -cnil /dev/ttya -b 9600 -k | uncompress | tar xf -
tar cf - /usr/manuela | compress | kermit -is -
```

Anhang I
Befehlsreferenz für die C-Kermit-Befehle

Wenn Sie C-Kermit starten, werden Befehle in dieser Reihenfolge ausgeführt:
1. Die Befehlszeilen-Option -d, falls vorhanden.
2. Die Initialisierungsdatei. Falls ein -Y (großes Y) angegeben war, wird die Initialisierungsdatei übersprungen. Falls -y (kleines y) benutzt wurde, um eine alternative Initialisierungsdatei anzugeben, wird diese statt der Standarddatei benutzt.
3. Falls ein Dateiname als erstes Befehlszeilen-Argument angegeben wurde, die Befehle in dieser Datei.
4. Befehlszeilen-Optionen (außer -y und -C), falls vorhanden.
5. Die mit der Befehlszeilen-Option -C angegebene Befehlsliste.
6. Interaktive Befehle, falls keine Aktions-Befehle auf der Befehlszeile angegeben wurden bzw. falls die Option -S auf der Befehlszeile ebenfalls angegeben wurde.

Die interaktiven Befehle in Punkt 6 umfassen auch solche, die aus einer *Pipe* oder durch Umleitung aus einer Datei stammen; in diesem Fall wird Kermit am Ende der Datei ebenfalls beendet. Bei echt interaktiver Betriebsweise von der Tastatur aus fordert Kermit Sie weiter zur Eingabe auf, bis Sie den Befehl EXIT oder QUIT eingeben.

Wenn C-Kermit beendet wird, liefert er einen Zahlenwert zurück, der von Stapeldateien, Shell-Skripten usw. abgefragt werden kann. Die Werte sind in Tabelle I-1 angegeben. Ein von 0 verschiedener Wert kann die Summe mehrerer dieser Codes sein; zum Beispiel bedeutet ein Wert von 6, daß sowohl ein SEND- als auch ein RECEIVE-Befehl fehlgeschlagen sind. Die Rückgabe-Codes, die C-Kermit von sich aus liefert, können überschrieben werden, indem ein Rückgabe-Code zusammen mit dem Befehl EXIT oder QUIT angegeben wird. Unter VMS und OpenVMS werden diese Codes stattdessen dem Symbol CKERMIT_STATUS zugewiesen.

Code	Bedeutung
0	Erfolg auf der ganzen Linie
1	Ein Programm-Fehler ist aufgetreten
2	Ein SEND-Befehl ist fehlgeschlagen
4	Ein RECEIVE-Befehl ist fehlgeschlagen
8	Ein REMOTE-Befehl ist fehlgeschlagen

Tabelle I-1   *C-Kermit-Rückgabe-Codes*

Befehlsübersicht

Dieser Abschnitt führt die C-Kermit-Befehle in alphabetischer Reihenfolge auf, wobei die in Kapitel 2 erläuterte Schreibweise benutzt und jeweils eine knappe Beschreibung der Wirkungsweise gegeben wird. Sofern nicht ausdrücklich etwas anderes gesagt ist, setzen alle Befehle die Markierung für Erfolg oder Fehlschlag (SUCCESS bzw. FAILURE), die explizit mit den Befehlen IF SUCCESS und IF FAILURE oder implizit durch den Befehlsdatei-Interpreter (je nach der Einstellung von SET TAKE ERROR) und den Makro-Expandierer (SET MACRO ERROR) geprüft werden kann.

Variablen, Funktionen und sonstige Größen, die mit einem Backslash (\) beginnen, werden vollständig ausgewertet, ehe ein Befehl ausgeführt wird, außer in den Feldern, die einen Variablen-Namen erfordern, und einigen weiteren Stellen, auf die jeweils speziell hingewiesen wird. C-Kermits Backslash-Codes sind in Tabelle I-2 zusammengefaßt, eingebaute Variablen in Tabelle I-3 und eingebaute Funktionen in Tabelle I-4. Die Dateitransfer-Unterbrechungszeichen sind in Tabelle I-5 aufgeführt.

Code	Beispiel	Bedeutung
\		(am Befehlsende) Fortsetzung auf der nächsten Zeile
\{	\{27}3	Geschweifte Klammern zum Zusammenfassen
\%	\%a	Eine benutzerdefinierte einfache Variable
\&	\&a[4]	Eine Bezugnahme auf ein Feld
\$	\$(TERM)	Eine Umgebungsvariable
\b	\b	Das BREAK-Signal (nur im OUTPUT-Befehl)
\d	\d123	Eine Dezimalzahl
\f	\feval(2+2)	Eine eingebaute Funktion
\l	\l	Das Lange BREAK-Signal (nur im OUTPUT-Befehl)
\m	\m(tapir)	Ein als Variable benutztes Makro (eine Variable mit langem Namen)
\o	\o123	Eine Oktalzahl
\v	\v(time)	Eine eingebaute Variable
\x	\x0f	Eine Hexadezimalzahl
\\	\\	Das Backslash-Zeichen selbst
	\123	Dezimalzahl: 1 bis 3 Dezimalziffern
	\?	Alles andere: nächstes Zeichen wörtlich verstehen

Tabelle I-2   *Übersicht über die Backslash-Codes*

Name	Beschreibung
\v(argc)	Anzahl der dem gerade aktiven Makro übergebenen Argumente
\v(args)	Anzahl der Befehlszeilen-Argumente des Programms
\v(cmdfile)	Ggf. Name der aktuellen Befehlsdatei
\v(cmdlevel)	Befehlsebene, 0 = oberste Ebene
\v(cmdsource)	PROMPT, FILE oder MACRO
\v(count)	Aktueller Wert der Variablen für SET COUNT

Name	Beschreibung
\v(cpu)	CPU-Typ, für den dieser C-Kermit kompiliert wurde
\v(date)	Aktuelles Datum im Format TT MMM JJJJ
\v(day)	Wochentag: Sun, Mon, Tue, ..., Sat
\v(directory)	Aktuelles Verzeichnis
\v(exitstatus)	Programm-Beendigungsstatus (Rückgabe-Wert)
\v(filespec)	Dateispezifikation des letzten Dateitransfers
\v(fsize)	Größe der zuletzt transferierten Datei
\v(home)	Heimat-(Login-)Verzeichnis
\v(host)	Der Netzwerk-Wirtsname dieses Rechners
\v(inchar)	Das zuletzt mit INPUT gelesene Zeichen
\v(incount)	Anzahl der mit dem letzten INPUT gelesenen Zeichen
\v(input)	Aktueller Inhalt des INPUT-Puffers
\v(line)	Aktuelles Kommunikationsgerät oder Netzwerkname des angewählten Wirtsrechners
\v(local)	1 im lokalen Betrieb, 0 im Wirtsbetrieb
\v(macro)	Ggf. Name des derzeit ausgeführten Makros
\v(ndate)	Datum in numerischer Form, zum Beispiel 19930610
\v(nday)	Wochentag in numerischer Form, 0 (So) bis 6 (Sa)
\v(time)	Uhrzeit in Sekunden seit Mitternacht
\v(platform)	Die spezielle Maschine und/oder Betriebssystem, für die dieser C-Kermit gebaut wurde
\v(program)	Name dieses Programms: C-Kermit
\v(return)	Der letzte RETURN-Wert
\v(speed)	Geschwindigkeit des Übertragungsgeräts oder aber „unknown" („unbekannt")
\v(status)	0 = Erfolg, sonst = Fehlschlag des vorangegangenen Befehls
\v(system)	Allgemeines Betriebssystem, für das C-Kermit gebaut wurde
\v(tfsize)	Gesamtgröße der zuletzt transferierten Dateigruppe
\v(time)	Aktuelle Uhrzeit in 24-Stunden-Format (hh:mm:ss)
\v(ttyfd)	(nur UNIX) Datei-Deskriptor des Kommunikationsgeräts
\v(version)	Numerische C-Kermit-Versionsangabe

Tabelle I-3   *Übersicht über die eingebauten Variablen*

Name	Rückgabe	Beschreibung
\Fcharacter(n)	Zeichen	Zeichen, dessen numerischer Code angegeben ist
\Fcode(c)	Zahl	Numerischer Code-Wert des Zeichens c
\Fcontents(Variable)	Text	Wert der Variablen
\Fdefinition(Makro)	Text	Definition des Makros
\Fevaluate(Ausdruck)	Zahl	Wert des arithmetischen Ausdrucks
\Fexecute(Makro Args)	beliebig	Rückgabe-Wert der Makro-Ausführung
\Ffiles(Dateispez)	Zahl	Anzahl der Dateien, die auf *Dateispez* passen
\Findex(Text1,Text2,n)	Zahl	Position von *Text1* in *Text2* ab Position *n*
\Flength(Text)	Zahl	Länge des *Text*es

Name	Rückgabe	Beschreibung
\Fliteral(Text)	Text	Wörtlicher Text, keine Auswertung
\Flower(Text)	Text	Buchstaben in Text in Kleinbuchstaben umgesetzt
\Flpad(Text,n,c)	Text	Text von links her mit dem Zeichen c auf Länge n aufgefüllt
\Fmaximum(n1,n2)	Zahl	Größere der beiden Zahlen
\Fminimum(n1,n2)	Zahl	Kleinere der beiden Zahlen
\Fnextfile()	Text	Nächster Dateiname aus der Liste \Ffiles
\Frepeat(Text,n)	Text	n Wiederholungen des Textes
\Freplace(Text1,Text2,Text3)	Text	Alle Vorkommen von Text2 in Text1 durch Text3 ersetzt
\Freverse(Text)	Text	Text von hinten gelesen
\Fright(Text,n)	Text	Die letzten n Zeichen von Text
\Frpad(Text,n,c)	Text	Text von rechts her mit dem Zeichen c auf Länge n aufgefüllt
\Fsubstr(Text,n1,n2)	Text	Teilstring von Text, der bei n1 anfängt und die Länge n2 hat.
\Fupper(Text)	Text	Buchstaben in Text in Großbuchstaben umgesetzt

Tabelle I-4   Übersicht über die eingebauten Funktionen

Taste	Beschreibung
X	Versucht, die aktuelle Datei abzubrechen (auch Strg-X, F, Strg-F).
Z	Versucht, den Rest der Dateigruppe abzubrechen (auch B, Strg-B).
R	Sendet das vorangegangene Paket erneut (auch Carriage Return, Strg-R).
A	Zeigt einen kurzen Statusbericht an (auch Strg-A).
E	Meldet einen ernsten Fehler durch Absenden eines Fehlerpakets (auch Strg-E).
Strg-C	Kehrt sofort zum C-Kermit-Prompt zurück, ohne irgendeine Protokoll-Meldung an den anderen Rechner zu senden. Tatsächlich muß hier das Unterbrechungszeichen Ihres Systems angegeben werden, das anders als Strg-C lauten kann.
Strg-Z	Unterbricht C-Kermit derart, daß er später fortgesetzt werden kann (nur auf UNIX-Systemen mit Job Control).
Strg-Y	Unter VMS und OpenVMS gleichbedeutend mit Strg-C. Gleichbedeutend mit Strg-Z auf manchen UNIX-Systemen.

Tabelle I-5   Übersicht über die Tasten zur Unterbrechung eines Dateitransfers

; (gefolgt von mindestens einem Leerzeichen)
Beginnt einen Kommentar. Kapitel 2. Synonym: #.

! [Befehl]
Startet das Betriebssystem des lokalen Rechners bzw. das durch *Befehl* angegebene Programm. Ist kein *Befehl* angegeben, wird der Befehlsprozessor des lokalen Systems so ge-

startet, daß dessen Beendigung Sie zum Prompt von C-Kermit zurückbringt. Dieser Befehl darf überzählige Argumente, Eingabe/Ausgabe-Umleitungszeichen und so weiter enthalten, ganz wie es das zugrundeliegende Betriebssystem erlaubt. Kapitel 2. Synonyme: **@**, **RUN**, **PUSH**, **SPAWN**.

Synonym für **;**.

:*Name*
Eine Sprungmarke als Ziel für den GOTO-Befehl. Kapitel 12.

@ *[Befehl]*
Synonym für **!**, **RUN, PUSH, SPAWN**

APC *Lokal-Befehle...*
Die angegebenen Befehle werden als Anwendungsprogramm-Befehl an den lokalen Bildschirm bzw. -Emulator gesendet. Dieser Befehl kann zum Beispiel mit MS-DOS-Kermit ab Version 3.13 benutzt werden. Kapitel 12.

ASG Synonym für **ASSIGN**.

ASK *Variablenname Text*
Dieser Befehl gibt den *Text* auf dem Bildschirm aus, liest, was die Benutzerin als Antwort eingibt, und stellt die eingegebenen Zeichen auf dem Bildschirm dar. Am Anfang oder Ende stehende Leerzeichen werden von dem Prompt abgeschnitten, sofern er nicht in { geschweifte Klammern } eingeschlossen ist. Kapitel 13.

ASKQ *Variablenname Text*
Genau wie ASK, aber ohne Echo. Kapitel 13.

ASSIGN *{ Variablen-Name, Makro-Name } Text*
Der *Text* wird ausgewertet und dabei alle Variablen und/oder Funktionsreferenzen expandiert. Das Ergebnis wird zum Wert der angegebenen Variablen bzw. des Makros. Ist der Text in geschweifte Klammern eingeschlossen, werden diese entfernt. Kapitel 11. Synonym: **ASG**.

BUG
Zeigt eine kurze Meldung an, der man entnehmen kann, wie man C-Kermit-Fehler berichtet.

BYE
Dieser Befehl teilt einem Kermit-Server mit, er solle sich selbst beenden und den Job ausloggen. Wenn ein C-Kermit-Server ein BYE-Befehlspaket erhält, führt er die gleichen Aktionen wie auf einen EXIT-Befehl hin aus, loggt seinen Job dann aus und legt die Verbindung auf. Kapitel 7.

C Synonym für **CONNECT**.

CAT *Dateiname*
Zeigt die angegebene Datei auf dem Bildschirm an. Synonym ist **TYPE**.

CD *[Verzeichnis]*
Wechselt C-Kermits aktuelles (Arbeits-)Verzeichnis. Kapitel 2. Dateispezifikationen, die keine vollen Geräte- und Verzeichnisnamen tragen, beziehen sich auf das hier angegebene Verzeichnis. Wird *Verzeichnis* weggelassen, kehren Sie im allgemeinen zu Ihrem Heimat- oder Wurzelverzeichnis zurück. Auf einigen Systemen wird stattdessen der Name des aktuellen Verzeichnisses ausgegeben. Synonyme: **CWD**, **SET DEFAULT**.

CHECK *Merkmals-Name*
Prüft, ob C-Kermit so konfiguriert wurde, daß er das angegebene Merkmal enthält; beispielsweise testet CHECK IF-COMMAND das Vorhandensein der Skript-Programmiersprache. Ist das Merkmal vorhanden, hat der Befehl Erfolg; sonst schlägt er fehl. Wird der CHECK-Befehl von der obersten Ebene aus aufgerufen, wird eine Meldung ausgegeben, der sich entnehmen läßt, ob das Merkmal vorhanden ist. Wird er aus einer Befehlsdatei oder einem Makro her ausgeführt und das Merkmal ist nicht verfügbar, schlägt der Befehl fehl. Geben Sie CHECK ? ein, um eine Aufstellung der abprüfbaren Merkmals-Namen zu erhalten. Benutzen Sie diesen Befehl, wenn Sie Befehlsdateien konstruieren wollen, die vom Betriebssystem und den Besonderheiten des konkreten C-Kermit-Programms unabhängig sind.

CLEAR *[{* **INPUT-BUFFER, DEVICE-BUFFER, BOTH** *}]*
Der CLEAR-Befehl löscht den Inhalt des INPUT-Befehlspuffers, den Kommunikationsgeräte-Eingabepuffer oder beide (der Standardwert ist BOTH). Kapitel 13.

CLOSE *Datei*
Schließt die angegebene Datei: DEBUG-LOG, PACKET-LOG, READ-FILE, SESSION-LOG, TRANSACTION-LOG oder die WRITE-Datei. Kapitel 4, 5, 10 und 13.

COMMENT *[Text]*
Tut gar nichts. Der Text wird ignoriert.

CONNECT
(Auch -c auf der Befehlszeile) Stellt eine Terminal-Verbindung über das im letzten Befehl SET LINE angegebene Kommunikationsgerät oder aber zu dem mit dem letzten Befehl SET HOST bzw. TELNET festgelegten Netzwerk-Wirtsrechner her. Darf mit C abgekürzt werden. Rückkehr zu C-Kermit durch Eingabe des Rückkehr-Zeichens, das normalerweise Strg-\ (Strg-Backslash) lautet, und dann den Buchstaben C. Siehe auch SET ESCAPE und SET TERMINAL. Kapitel 4. Rückkehrzeichen-Befehle sind in Tabelle I-6 aufgeführt.

Zeichen	Beschreibung
?	Hilfe – Zeigt die zur Verfügung stehenden Terminalbetriebs-Rückkehroptionen an.
!	(auch @) Ruft den lokalen Systembefehls-Prozessor auf. Benutzen Sie EXIT oder LOGOUT, um zum Terminalbetrieb von C-Kermit zurückzukommen.
0	(die Ziffer Null) Sendet eine NUL (ASCII-Code 0).
A	Sendet eine Anfrage ARE YOU THERE (nur unter TELNET).
B	Sendet ein BREAK-Signal.
C	Kehrt zum C-Kermit-Prompt des lokalen Rechners zurück, ohne daß die Verbindung zum Wirtsrechner dabei abgebrochen wird.
H	Hängt die Telefon- bzw. die Netzwerk-Verbindung auf.

Zeichen	Beschreibung
I	Sendet eine Netzwerk-Interrupt-Anfrage.
L	Sendet ein Langes BREAK-Signal.
Q	Legt auf und schließt so die Verbindung, beendet dann C-Kermit.
R	(nur X.25) Re-initialisiert die X.25-Verbindung.
S	Zeigt den Status der Verbindung: Gerätename, Geschwindigkeit, Parität und so weiter.
Z	(nur UNIX) Unterbricht C-Kermit. Benutzen Sie den UNIX-Befehl `fg`, um Kermits Terminal-Sitzung fortführen zu können.
SP	(Leerzeichen, *Space*)Nichts; nimmt Terminalbetrieb wieder auf.
\	(Backslash) Leitet einen Backslash-Code ein, der zu einem einzigen Buchstaben umgerechnet wird, zum Beispiel `\127` oder `\0xff`.
Strg-\	(oder was sonst das Rückkehr-Zeichen ist) Geben Sie das Rückkehr-Zeichen doppelt ein, damit eine Kopie davon an den Wirtsrechner geht.

Tabelle I-6   *C-Kermit-Sondertasten im Verbindungsmodus*

CONTINUE
Nach diesem Befehl wird sofort der nächste Durchlauf der (innersten) FOR- oder WHILE-Schleife begonnen, wobei alle weiteren Befehle zwischen der CONTINUE-Anweisung und dem Ende der Schleife übersprungen werden. Dieser Befehl darf nur innerhalb der Befehlslisten der Befehle FOR und WHILE verwendet werden. Kapitel 12.

CWD
Wechsle das aktuelle Verzeichnis. Synonym mit **CD**.

DCL
Synonym für **DECLARE**.

DECLARE *Feldname* [*Zahl*]
Dieser Befehl legt ein Feld mit *Zahl* + 1 Elementen an, nämlich von 0 bis *Zahl*. Beispiel: `declare \&x[100]`. Kapitel 11. Synonym: **DCL**.

DECREMENT *Variablen-Name* [*Zahl*]
Zieht die *Zahl* von der genannten Variablen ab. Fehlt die *Zahl*, wird als Standard-Wert 1 abgezogen. Hat die Variable keinen numerischen Wert, schlägt dieser Befehl fehl. Kapitel 12.

DEFINE *{ Variablen-Name, Makro-Name } Text*
Weist den *Text* der angegebenen Variablen bzw. dem Makro zu. Variablen und Funktionsnamen im *Text* werden wörtlich kopiert und nicht ausgewertet. Ist der *Text* in geschweifte Klammern eingeschlossen, werden diese entfernt. Kapitel 11.

DELETE *Dateispez*
Löscht die angegebene(n) Datei(en) auf dem lokalen Rechner. Kapitel 2. Synonym: **RM**.

DIAL *String*
Unter Benutzung der durch die zuletzt ausgeführten Befehle SET MODEM und SET DIAL gesetzten Werte wird das Modem, das mit dem zuletzt durch SET LINE festgelegten Gerät verbunden ist, aufgefordert, die durch den *String* festgelegte Telefonnummer oder sonsti-

ge Zeichenfolge anzuwählen. Ist ein Befehl SET DIAL DIRECTORY gegeben worden, sucht der DIAL-Befehl den String in der Telefonbuch-Datei und führt die passenden Ersetzungen aus. Kapitel 3.

DIRECTORY *[Optionen] [Dateispez]*
Listet die Dateien auf dem lokalen Rechner, auf die *Dateispez* paßt, indem der Dateilisten-Befehl des zugrundeliegenden Betriebssystems mit den angegebenen Optionen aufgerufen wird. Ist keine *Dateispez* angegeben, werden alle Dateien im aktuellen Verzeichnis aufgelistet. System-spezifische Befehlsmodifizierer können (zumindest) unter UNIX, VMS, OpenVMS und OS/2-Versionen vor der *Dateispez* angegeben werden. Synonym ist **LS**.

DISABLE *{* **ALL, BYE, CD, DELETE, DIRECTORY, FINISH, GET, HOST, SEND, SET, SPACE, TYPE, WHO** *}*
Dies weist C-Kermit an, im Server-Betrieb den oder die angegebenen Befehle zu verweigern oder zu beschränken. Kapitel 7.

[**DO** *] Makro-Name [Argument [Argument [* *...]]]*
Führt die in der Definition des angegebenen Makros enthaltenen Befehle von Anfang her aus, bis das Ende der Makro-Definition erreicht worden ist, einer der Befehle STOP, EXIT, END, RETURN (oder äquivalente Befehle) angetroffen oder der GOTO-Befehl für eine Sprungmarke ausgeführt wird, die nicht in der Makro-Definition liegt, oder ein Befehls-Fehler auftritt und MACRO ERROR ON ist. Die Makro-Argumente (wovon es 0 bis 9 geben kann) ersetzen die entsprechenden Argument-Variablen (\%1, \%2, ..., \%9) in der Makro-Definition, und der Makro-Name ersetzt die Variable \%0. Das Makro wird mit dem Befehl DEFINE oder ASSIGN angelegt. Befehle werden innerhalb der Makro-Definition durch Kommata getrennt, außer wenn sie in geschweifte Klammern eingeschlossen sind. Kapitel 11.

ECHO *[{] Text [}]*
Zeigt den *Text* auf dem Bildschirm an. Alle Backslash-Codes, Variablen und Funktionen werden zuerst ausgewertet. Am Anfang oder Ende stehende Leerzeichen werden entfernt, es sei denn, der *Text* steht in { geschweiften Klammern }; in diesem Fall werden die geschweiften Klammern entfernt. Innerhalb einer Makro-Definition müssen ebenfalls geschweifte Klammern benutzt werden, den *Text* zu umgeben, wenn dieser Kommata enthält. Ein Zeilentrenner wird am Ende des Textes automatisch geschrieben. Kapitel 2. Siehe auch WRITE SCREEN.

ELSE *Befehl*
Führt den C-Kermit-*Befehl* aus, wenn ein IF-Befehl voranging, dessen Bedingung nicht wahr war. Kapitel 12.

ENABLE *{* **ALL, BYE, CD, DELETE, DIRECTORY, FINISH, GET, HOST, SEND, SET, SPACE, TYPE, WHO** *}*
Weist C-Kermit an, beim Betrieb als Server die angegebenen Befehle wieder zu bedienen. Kapitel 7.

END *[Zahl [Text]]*
Kehrt augenblicklich aus der aktuellen Befehlsdatei oder Makro auf die aufrufende Befehlsebene (Befehlsdatei, Makro, interaktiver Befehl oder Betriebssystem-Befehlszeile) zurück. Ist eine *Zahl* angegeben, wird diese als Rückgabe-Wert des aufrufenden TAKE-

oder des (impliziten) DO-Befehls verwendet: 0 für Erfolg, nicht-null bei Fehlschlag. Ist *Text* mit angegeben, wird er auf dem Bildschirm ausgegeben. Der *Text* kann in geschweifte Klammern eingeschlossen werden, um Leerzeichen an Anfang oder Ende zu stellen. Kapitel 12. Synonym: **POP**.

E-PACKET
Sendet ein Kermit-Fehlerpaket an das derzeit aktuelle Kommunikationsgerät, um so jede derzeit ggf. stattfindende Kermit-Protokoll-Operation abzubrechen. Kapitel 8.

EXIT [*Zahl*]
Schließt alle offenen Dateien und Geräte, hängt alle gewählten oder Netzwerk-Verbindungen auf, versetzt das Befehls-Terminal wieder in seinen ursprünglichen Zustand, führt das Makro namens ON_EXIT aus, falls es existiert, und kehrt zum System zurück. Ist eine *Zahl* angegeben, wird sie als Exit-Status-Code (Rückkehr-Wert) von C-Kermit verwendet; anderenfalls gibt C-Kermit einen Status-Code zurück, dessen Format vom Wirts-Betriebssystem abhängt, das aber jedenfalls den Gesamterfolg zusammenfaßt. Normale Exit-Codes sind 0 (Erfolg in allen Punkten), 1 (Programmfehler), 2 (ein SEND-Befehl ist fehlgeschlagen), 4 (ein RECEIVE- oder GET-Befehl ist fehlgeschlagen, 8 (ein REMOTE-Befehl ist fehlgeschlagen). Ein Rückgabe-Wert ungleich 0 kann auch als Summe mehrerer dieser Zahlen zustandekommen. Kapitel 2. Synonym: **QUIT**.

EXTPROC
(Nur OS/2) Wenn dies der erste Befehl in einer Befehlsdatei ist, kann diese als selbstlaufendes OS/2-C-Kermit-Skript dienen. Hinter EXTPROC sollte der volle Pfadname des C-Kermit-Programms stehen, beispielsweise `EXTPROC C:\CKERMIT\CKERMIT`. Der EXTPROC-Befehl wird von C-Kermit genau wie der COMMENT-Befehl behandelt und kann auch in Nicht-OS/2-Versionen enthalten sein, wo er aber keinerlei Wirkung hat. (Anhang III)

FINISH
(Auch -f auf der Befehlszeile) Dies fordert C-Kermit auf, einem Kermit-Server zu sagen, er solle den Server-Betrieb abbrechen und dorthin zurückkehren, von wo aus der Server-Betrieb gestartet wurde (Kermit-Befehlsprompt, Wirtssystem-Prompt, ...). Kapitel 7.

FOR *Variablen-Name Anfang Ende Schritt* { *Befehl* [, *Befehl* [, ...]] }
Setzt die angegebene *Variable* auf den *Anfang*swert. Ist der Wert der Variablen nicht größer als der *End*wert (bzw. ist er nicht kleiner als der Endwert, falls *Schritt* einen negativen Wert hat), wird die Liste von *Befehl*en ausgeführt. Danach wird die Schrittgröße zu der Variablen addiert und der ganze Vorgang wiederholt, bis der Variablen-Wert den *End*wert über- bzw. unterschreitet. Kapitel 12.

FOT
Synonym für **DIRECTORY**.

GET [*Wirts-Dateispez*]
(Auch -g auf der Befehlszeile) Weist C-Kermit an, von einem Kermit-Server unter Benutzung des Kermit-Dateitransfer-Protokolls die angegebene(n) Datei(en), die in der Dateinamens-Schreibweise den Regeln des Wirtssystems folgen, senden zu lassen. Wird die *Wirts-Dateispez* weggelassen, fordert C-Kermit sie auf einer gesonderten Zeile an

und fragt auf einer dritten Zeile schließlich nach einem lokalen Namen, unter dem die Datei abgelegt werden soll. Darf mit einem **G** abgekürzt werden. Um Leerzeichen an Anfang oder Ende der *Wirts-Dateispez* zu stellen, schließen Sie die Namensangabe in geschweifte Klammern ein. Kapitel 7.

GETOK *[Text]*
Gibt den *Text* aus, eine Frage, deren Antwort Ja oder Nein sein sollte. Der Benutzer muß Yes, No oder OK eingeben; Groß- und Kleinbuchstaben sind gleichermaßen akzeptabel, die Antwort kann abgekürzt werden. Der GETOK-Befehl hat Erfolg, wenn die Antwort bejahend ist, sonst Mißerfolg. Kapitel 13.

GOTO *Markenname*
Findet die Marke im aktuellen Makro bzw. Befehlsdatei und fährt mit der Ausführung bei den Befehlen hinter dieser Marke fort. Wird die Marke nicht gefunden, kehrt C-Kermit zur nächsthöheren Befehlsebene zurück und wiederholt diesen Vorgang, wenn nötig, bis zur obersten Ebene. GOTO-Befehle, die auf der obersten Ebene eingegeben werden, sei es direkt beim Prompt, sei es in einer Befehlsdatei, die durch Umleitung als C-Kermits Standard-Input-Kanal benutzt wird, haben keine Auswirkung. Kapitel 12.

HANGUP
Auf einer seriellen Verbindung wird das DTR-Modem-Signal („Datenterminal bereit") kurzzeitig abgeschaltet, und so wird versucht, eine gewählte oder per Nullmodem-Kabel erzeugte RS-232-Verbindung abzubrechen. Die ordnungsgemäße Arbeitsweise hängt von der Konfiguration von Kabel und Modem sowie vom Betriebssystem ab. Netzwerk-Verbindungen hingegen werden einfach geschlossen. Der Befehl hat im Wirtsbetrieb keine Wirkung (ohne vorherige Befehle SET LINE oder SET HOST). Kapitel 3.

HELP *[Befehl]*
Bittet C-Kermit um eine kurze Meldung, die den angegebenen C-Kermit-*Befehl* beschreibt. Wird der *Befehl* weggelassen, wird eine kurze Gesamtübersicht ausgegeben. Anderenfalls können Sie den Namen eines Befehls oder (nur für die Befehle SET und REMOTE) wahlweise ein drittes Befehlswort angeben, wie etwa HELP SET PARITY oder HELP REMOTE DIRECTORY. Kapitel 2. Synonym: **MAN**.

IF *[NOT] Bedingung Befehl*
Ist die *Bedingung* (nicht) wahr, wird der Kermit-*Befehl* ausgeführt. Dem IF-Befehl kann unmittelbar (auf der nächsten Zeile) ein ELSE-befehl folgen. Kapitel 12. Mögliche Bedingungen sind:

IF < *Arg1 Arg2*
Arg1 und *Arg2* haben beide numerische Werte, die innerhalb der Genauigkeit der zugrundeliegenden Rechnerarchitektur liegen, und *Arg1* ist arithmetisch kleiner als *Arg2*. Die Ergebnisse sind unvorhersagbar, wenn die Werte die Genauigkeit oder den Umfang der zugrundeliegenden Rechnerarchitektur überschreiten.

IF = *Arg1 Arg2*
Arg1 ist arithmetisch gleich mit *Arg2*.

IF > *Arg1 Arg2*
Arg1 ist arithmetisch größer als *Arg2*.

IF BACKGROUND
C-Kermit läuft im Hintergrund.

IF COUNT
Diese Anweisung zieht 1 von der COUNT-Variablen (`\v(count)`) ab. Die Bedingung ist wahr, wenn das Ergebnis größer als 0 ist. Siehe auch SET COUNT.

IF DEFINED *{ Variablen-Name, Makro-Name }*
Die benannte Variable bzw. das Makro ist definiert.

IF EQUAL *Arg1 Arg2*
Die beiden Textfolgen-*Argumente* sind identisch. Graphie wird je nach der Einstelllung von SET CASE behandelt.

IF ERROR
Synonym für **IF FAILURE**.

IF EXIST *Dateiname*
Die genannte *Datei* existiert.

IF FAILURE
Der vorangegangene Befehl ist fehlgeschlagen.

IF FOREGROUND
C-Kermit läuft im Vordergrund.

IF LLT *Arg1 Arg2*
Arg1 ist lexikalisch kleiner oder gleich *Arg2*. Graphie wird je nach der Einstelllung von SET CASE behandelt.

IF LGT *Arg1 Arg2*
Arg1 ist lexikalisch größer als *Arg2*. Graphie wird je nach der Einstellung von SET CASE behandelt.

IF NUMERIC *text*
Der Text besteht nur aus Dezimalziffern (0 bis 9), denen möglicherweise ein Minus-Zeichen (–) vorangeht. Variablen und Funktionen im Text werden ausgewertet, bevor die Entscheidung fällt.

IF SUCCESS
Der vorangegangene Befehl war erfolgreich.

INCREMENT *Variablen-Name [Zahl=1]*
Addiert die *Zahl* zu der angegebenen Variablen, vorausgesetzt, sie hat einen numerischen Wert. Wird die *Zahl* weggelassen, wird 1 benutzt. Hat die Variable keinen numerischen Wert, schlägt dieser Befehl fehl. Kapitel 12.

INPUT *Zahl [Text]*
Wartet bis zu *Zahl* Sekunden darauf, daß der angegebene *Text* auf der aktuellen Kommunikationsgeräte- oder Netzwerk-Verbindung ankommt. Setzt SUCCESS, falls der *Text* innerhalb des Intervalls ankommt, sonst FAILURE. Graphie im *Text* wird je nach der Einstellung von SET CASE behandelt. Leerzeichen am Anfang oder Ende des *Text*es werden ig-

noriert, sofern der *Text* nicht in geschweifte Klammern gesetzt wird; in diesem Fall werden die geschweiften Klammern entfernt. Wird der *Text* weggelassen, führt die Ankunft eines beliebigen Zeichens innerhalb des Timeout-Intervalls zu einem erfolgreichen Abschluß des INPUT-Befehls. Siehe auch SET INPUT. Kapitel 13.

INTRODUCTION
Zeigt eine kurze Einführung in Kermit auf dem Bildschirm an.

LOG DEBUG *[Dateiname]*
(Auch -d auf der Befehlszeile) Zeichnet interne Programm-Information zur Fehlersuche in der benannten Datei auf, bzw., wenn kein Dateiname angegeben ist, in der Datei DEBUG.LOG im aktuellen Verzeichnis. Siehe auch CLOSE. Kapitel 6. Synonym: **SET DEBUG ON**.

LOG PACKETS *[Dateiname]*
Zeichnet Kermits Dateitransfer-Pakete in der angegebenen Datei auf bzw. in PACKET.LOG, falls kein Name angegeben ist. Siehe auch CLOSE. Kapitel 6.

LOG SESSION *[Dateiname]*
Zeichnet die auf dem Bildschirm während des Terminalbetriebs erscheinenden Zeichen in der angegebenen Datei bzw. in SESSION.LOG auf, falls kein Dateiname angegeben worden ist. Siehe auch CLOSE, SET SESSION-LOG. Kapitel 4.

LOG TRANSACTIONS *[Dateiname]*
Zeichnet Informationen über Kermit-Dateitransfers und Skript-Befehls-Ausführung in der angegebenen Datei bzw. in TRANSACT.LOG auf, falls kein Dateiname angegeben worden ist. Siehe auch CLOSE. Kapitel 5.

LS *[Optionen] [Dateispez]*
Synonym für **DIRECTORY**.

MAIL *Dateispez Adresse*
Weist C-Kermit an, die angegebene(n) Datei(en) an den anderen Kermit zu senden, der im RECEIVE- oder SERVER-Betrieb stehen muß, und den empfangenden Kermit zu bitten, die Datei als elektronische Post an die angegebene E-Mail-*Adresse* zu senden. Kapitel 7.

MAN *Befehl*
Synonym für **HELP**.

MGET *Wirts-Dateispez*
Synonym for **GET**.

MPAUSE
Synonym für **MSLEEP**.

MPUT *Dateispez ...*
Synonym für **MSEND**.

MSEND *Dateispez [Dateispez [...]]*
(Auch -s auf der Befehlszeile) Sendet die angegebene(n) Datei(en) an das andere Kermit-Programm, das im RECEIVE- oder SERVER-Betrieb sein muß. Kapitel 5. Synonym: **MPUT**.

MSLEEP *[Zahl=100]*
Tut (mindestens) für die angegebene Anzahl von Millisekunden gar nichts. Kapitel 13. Synonym: **MPAUSE**.

MV
Synonym für **RENAME**.

O
Synonym für **OUTPUT**.

OPEN !READ *Befehl*
Startet den angegebenen System-*Befehl* in geeigneter Weise, so daß nachfolgende C-Kermit-READ-Befehle seine Ausgabe zeilenweise lesen können. Kapitel 12.

OPEN !WRITE *Befehl*
Startet den angegebenen System-*Befehl* so, daß sein Standard-Input die Ausgabe der folgenden C-Kermit-WRITE-Befehle liest. Kapitel 12.

OPEN *{ APPEND, READ, WRITE }* Dateiname
Öffnet die angegebene Datei für die angegebene Zugriffsart. Nur eine READ- oder !READ-Datei und nur eine WRITE-, !WRITE- oder APPEND-Datei kann zu jeder Zeit offen sein. READ-Dateien müssen schon existieren. WRITE-Dateien werden angelegt und überschreiben ggf. schon existierende Dateien gleichen Namens. An APPEND-Dateien wird angehängt, falls sie schon existieren, sonst wird eine neue Datei angelegt. Kapitel 12.

OUTPUT *[{] Text [}]*
Sendet den *Text* über das derzeit ausgewählte Kommunikationsgerät. Kann als O abgekürzt werden. Zusätzlich zu den normalen Backslash-Codes, Variablen und Funktionen kann der *Text* die Sonderzeichen \B und \L zum Senden eines BREAK- bzw. eines Langen BREAK-Signals enthalten. Leerzeichen an Anfang und Ende werden ignoriert, sofern der *Text* nicht in { geschweifte Klammern } eingeschlossen ist; in diesem Fall werden die Klammern entfernt. Kapitel 13.

PAD CLEAR
Löscht den virtuellen Schaltkreis von X.25. Kapitel 3.

PAD INTERRUPT
Sendet ein X.25-Unterbrechungspaket. Kapitel 3.

PAD RESET
Re-initialisiert den virtuellen Schaltkreis von X.25. Kapitel 3.

PAD STATUS
Fordert einen X.25-Statusreport an. Kapitel 3.

PAUSE *[Zahl=1]*
Tut die angegebene Anzahl von Sekunden gar nichts, oder bis eine Unterbrechung von der Tastatur her kommt. Schlägt bei Unterbrechung fehl. Kapitel 13. Synonym: **SLEEP**.

PING *[Wirt]*
(Nur TCP/IP) Sendet eine ICMP-ECHO-Anfrage an den angegebenen *Wirt* bzw., falls kein *Wirt* angegeben ist, an den zuletzt mit einem der Befehle SET HOST bzw. TELNET festgelegten. Systemabhängige Optionen können mit dem C-Kermit-PING-Befehl ebenfalls angegeben werden und richten sich nach der für Ihr System gültigen Schreibweise. Kapitel 3.

POP
Synonym für **END**.

PRINT *[Optionen] Dateiname*
Gibt die angegebene Datei auf einem lokalen Drucker aus und benutzt dazu den Druckbefehl des lokalen Betriebssystems, ggf. mit den angegebenen Optionen. Kapitel 2.

PUSH *[Befehl]*
Startet den *Befehl* über das Betriebssystem des lokalen Rechners. Ist kein *Befehl* angegeben, wird der Befehlsprozessor des lokalen Wirts so gestartet, daß ein Verlassen oder Ausloggen wieder zum C-Kermit-Prompt zurück bringt. Kapitel 2. Synonyme: **!**, **@**, **RUN** und **SPAWN**.

PUT
Synonym für **SEND**.

PWD
Zeigt den Namen des aktuellen Verzeichnisses an (*Print Working Directory*). Kapitel 2.
Synonym: **SHOW DEFAULT**.

QUIT
Synonym für **EXIT**.

READ *Variablen-Name*
Liest eine Zeile aus dem aktuellen mit OPEN !READ angesprochenen Subprozeß oder aus der mit OPEN READ angesprochenen Datei in die benannte Variable. Der Befehl ist erfolgreich, wenn erfolgreich eine Zeile gelesen wird. Schlägt fehl, wenn weder ein !READ-Prozeß noch eine READ-Datei offen ist, wenn die Datei schon an ihrem Ende steht, der Subprozeß schon beendet ist, oder eine Zeile aus sonstigen Gründen nicht gelesen werden kann. Bei Fehlschlag wird die READ-Datei geschlossen bzw. der !READ-Prozeß beendet. Kapitel 12.

RECEIVE *[Dateiname]*
Dateiempfang mit Hilfe des Kermit-Dateitransfer-Protokolls. Wartet darauf, daß eine oder mehrere Dateien von einem anderen Kermit-Programm her eintreffen, dem ein SEND-Befehl gegeben werden muß. Ist ein Dateiname angegeben, wird die erste ankommende Datei unter diesem statt unter dem vom Absender mitgesendeten Namen angelegt. Kapitel 5.

REDIAL
Wählt die zuletzt in einem DIAL-Befehl angegebene Telefonnummer erneut. Kapitel 3.

REINPUT *Zahl Text*
Prüft, ob schon mit dem INPUT-Befehl bearbeiteter Text den angegebenen *Text* enthält. Graphie wird je nach Einstellung von SET CASE behandelt. Die *Zahl* ist erforderlich, wird jedoch ignoriert. Dieser Befehl funktioniert nur, wenn nicht mehr als 256 Zeichen mit INPUT behandelt wurden, seit der Text zum ersten Mal in den INPUT-Puffer kam. Siehe auch INPUT, SET INPUT. Kapitel 13.

REMOTE *Befehl [Argumente]*
Weist C-Kermit an, einen Kermit-Server den angegebenen Befehl ausführen zu lassen. Die Ergebnisse werden ggf. unter Benutzung des Kermit-Dateitransfer-Protokolls zurückgesendet, damit sie auf Ihrem Bildschirm angezeigt werden können, sofern C-Kermit sich im lokalen Betrieb befindet; anderenfalls werden sie ignoriert. Kapitel 7.

REMOTE CD *[Wirts-Verzeichnisname]*
Fordert den Kermit-Server auf, sein aktuelles Verzeichnis auf das angegebene zu wechseln oder, wenn keines angegeben ist, in sein Heimat-(Login-)Verzeichnis zu gehen. Synonym: **REMOTE CWD**.

REMOTE DELETE *Wirts-Dateispez*
Fordert den Kermit-Server auf, die angegebene(n) Datei(en) zu löschen.

REMOTE DIRECTORY *[Optionen] [Wirts-Dateispez]*
Fordert den Kermit-Server auf, mit den angegebenen *Optionen* die angegebenen Dateien anzuzeigen, oder, falls keine angegeben sind, alle Dateien im aktuellen Wirtsverzeichnis anzuzeigen und dazu einen Dateilisten-Befehl zu benutzen, den das zugrundeliegende Betriebssystem zur Verfügung stellt.

REMOTE HELP
Fordert den Kermit-Server auf, die Befehle aufzulisten, auf die er antworten kann.

REMOTE HOST *Wirts-Befehl*
Fordert den Kermit-Server auf, das Wirts-Betriebssystem den angegebenen *Befehl* ausführen zu lassen. Dies funktioniert nur, wenn der *Wirts-Befehl* seine Ausgabe, die aus reinem Text bestehen muß, auf den Bildschirm gibt (Standard-Output) und keinerlei Eingabe erwartet.

REMOTE KERMIT *Wirtskermit-Befehl*
Fordert den Kermit-Server auf, den angegebenen *Kermit-Befehl* auszuführen, der in der Befehlsschreibweise des Wirts-Kermit abgefaßt sein muß.

REMOTE LOGIN *Benutzerkennung Paßwort [Account]*
Identifiziert Sie gegenüber einem Kermit-Server, der dies erfordert.

REMOTE LOGOUT
Entfernt Ihre Login- und Zugriffsrechte von einem Kermit-Server, dem Sie vorher einen Befehl REMOTE LOGIN gegeben haben.

REMOTE PRINT *Dateispez [Optionen]*
Sendet die angegebene(n) Datei(en) an den Kermit-Server und bittet ihn, sie zu drucken und dabei ggf. die angegebenen Drucker*option*en zu verwenden, die in der richtigen Syntax für den Druckbefehl des Wirtsrechners abgefaßt sein sollten.

REMOTE SET *Parameter Wert*
Fordert den Kermit-Server auf, den angegebenen *Parameter* auf den *Wert* zu setzen. Mögliche *Parameter* umfassen ATTRIBUTES, BLOCK-CHECK, FILE, INCOMPLETE, RECEIVE, RETRY, SERVER, TRANSFER, WINDOW. Siehe hierzu die Beschreibung der jeweiligen SET-Befehle.

REMOTE SPACE *[{ Wirts-Gerätename, Wirts-Verzeichnisname }]*
Fordert den Kermit-Server auf, den verfügbaren Platz in dem angegebenen Bereich zu melden, bzw., falls keiner angegeben ist, auf der aktuellen Platte und/oder Verzeichnis.

REMOTE TYPE *Wirts-Dateispez*
Fordert den Kermit-Server auf, den Inhalt den angegebene(n) Datei(en) auf Ihrem Bildschirm anzuzeigen. Dies ist dasselbe, wie den Wirts-Server die Datei im Text-Modus an C-Kermit übertragen zu lassen, nur daß die Datei auf dem Bildschirm angezeigt statt auf der Platte gespeichert wird.

REMOTE WHO *[Wirts-Benutzer]*
Fordert den Kermit-Server auf, einen Kurzbericht über den angegebenen *Benutzer* zu senden, bzw., falls keiner angegeben ist, über alle derzeit auf dem Server-System eingeloggten Benutzer.

RENAME *Dateiname Neuer-Name*
Ändert den Namen der angegebenen lokalen Datei auf *Neuer-Name*. Die Regeln des zugrundeliegenden Betriebssystems müssen hierbei beachtet werden. Kapitel 2.

RETURN *[Wert]*
Kehrt sofort aus dem aktuellen Makro auf die Befehlsebene (Befehlsdatei, Makro, interaktiver Befehl oder Betriebssystem-Befehlszeile) zurück, von der aus es aufgerufen wurde. Ist ein *Wert* angegeben, wird er der aufrufenden Ebene in der Variablen \v(return) zur Verfügung gestellt. Wurde der RETURN-Befehl in einem Makro ausgeführt, das mit der \fexecute()-Funktion aufgerufen wurde, wird der angegebene *Wert* als Ergebnis dieser Funktion zurückgegeben. Wird dieser Befehl außerhalb eines Makros ausgeführt, wird der *Wert* ignoriert und der Befehl wie der END-Befehl interpretiert. Der RETURN-Befehl sollte nicht in der Befehlsliste der Befehle FOR, WHILE oder XIF verwendet werden; anderenfalls sind die Ergebnisse nicht vorhersagbar. Siehe auch STOP, END, BREAK, CONTINUE. Kapitel 12.

RM *Dateiname*
Synonym für **DELETE**.

RUN *[Befehl [Argumente]]*
Führt den lokalen Wirtsbetriebssystem-*Befehl* aus. Ist kein *Befehl* angegeben, wird der Befehlsprozessor des lokalen Wirts so gestartet, daß ein Verlassen oder Ausloggen wieder zum C-Kermit-Prompt zurück bringt. Kapitel 2. Synonyme: **!**, **@**, **PUSH** und **SPAWN**.

S
Synonym für **SEND**.

SCRIPT *Text*
Führt die angegebene Textzeile als Folge von *Erwarten-* und *Senden-*Strings über das derzeit angewählte Kommunikationsgerät oder die Netzwerk-Verbindung aus. Siehe Kapitel 13, Seite 354.

SEND *Dateispez [Alias-Name]*
(Auch -s auf der Befehlszeile) Sendet die angegebene(n) Datei(en) unter Benutzung des Kermit-Dateitransfer-Protokolls an ein anderes Kermit-Programm, dem ein RECEIVE- oder ein SERVER-Befehl gegeben werden muß. Wenn *Dateispez* keine Jokerzeichen enthält, kann ein *Alias-Name* gegeben werden, unter dem die Datei gesendet wird. Kann mit S abgekürzt werden. Kapitel 5. Synonym: **PUT**.

SERVER
(Auch -x auf der Befehlszeile) Weist C-Kermit an, zu einem Kermit-Server zu werden und weitere Befehle nur noch in der Form von Kermit-Paketen entgegenzunehmen, die die Befehle SEND, MSEND, GET, MAIL, REMOTE, FINISH und BYE enthalten. Im Notfall können Sie zum C-Kermit-Prompt zurückkehren, indem Sie zwei *Strg-C*s hintereinander eingeben. Siehe auch SET TRANSFER CANCELLATION. Kapitel 7.

SET ATTRIBUTES { OFF, ON }
Schaltet die Bearbeitung von Attribut-Paketen aus oder an. Wenn ATTRIBUTES OFF sind, sendet C-Kermit keine Attribut-Pakete und zeigt seine Fähigkeit, sie zu bearbeiten, dem anderen Kermit nicht an. Der Attribut-Mechanismus ist in der Voreinstellung aktiviert. Kapitel 8.

SET ATTRIBUTES ALL { OFF, ON }
Deaktiviert bzw. aktiviert alle von C-Kermit unterstützten Dateiattribute, ohne daß der Dateiattribute-Mechanismus selbst deaktiviert würde. In der Voreinstellung sind alle Attribute aktiviert.

SET ATTRIBUTES CHARACTER-SET { OFF, ON }
Schaltet die Bearbeitung des Dateizeichensatz-Attributs aus oder an. Das Abschalten verhindert automatische Zeichensatz-Kennungs-Übermittlung, erlaubt aber weiterhin die durch SET { FILE, TRANSFER } CHARACTER-SET explizit angeforderte Übersetzung. Kapitel 8.

SET ATTRIBUTES DATE { OFF, ON }
Steuert die Bearbeitung des Datei-Anlegedatums-Attributs. Beim Empfang von Dateien verhindert OFF, daß ankommende Dateien mit ihrem ursprünglichen Anlegedatum abgespeichert (stattdessen werden aktuelles Datum und augenblickliche Uhrzeit benutzt) oder wegen SET FILE COLLISION UPDATE zurückgewiesen werden. Beim Senden von Dateien verhindert OFF, daß C-Kermit dem empfangenden Kermit Dateianlege-Datum und -Uhrzeit mitteilt. Kapitel 8.

SET ATTRIBUTES DISPOSITION { OFF, ON }
Schaltet die Bearbeitung des Datei-Dispositions-Attributs aus oder an. Wenn es OFF ist, können die Befehle MAIL und REMOTE PRINT nicht ausgeführt werden, und C-Kermit bedient keine ankommenden Befehle MAIL oder REMOTE PRINT. Kapitel 8.

SET ATTRIBUTES LENGTH { OFF, ON }
    Schaltet die Behandlung des Dateilängen-Attributs aus oder an. OFF verhindert, daß Dateien zurückgewiesen werden, weil der empfangende Kermit sie zu groß für den freien Speicherplatz hält. Kapitel 8.

SET ATTRIBUTES SYSTEM-ID { OFF, ON }
    Schaltet die Übermittlung des Datei-Systemkennungs-Attributs aus oder an. Kapitel 8.

SET ATTRIBUTES TYPE { OFF, ON }
    Schaltet die Bearbeitung des Dateitype-Attributs (Text oder binär) aus oder an. OFF verhindert, daß der Dateiempfänger automatisch zwischen Text- und Binärmodus hin- und herschaltet, je nach dem Dateityp-Attribut, das der Dateiabsender übermittelt. Kapitel 8.

SET BACKGROUND { OFF, ON }
    Erzwingt für C-Kermit Vordergrund- (OFF) oder Hintergrund-(ON)-Betrieb. Im Hintergrund-Betrieb gibt es keine Prompts oder Informationsmeldungen und keine Dateiübertragungs-Anzeige. Benutzen Sie SET BACKGROUND OFF, wenn nach dem Start der C-Kermit-Prompt nicht erscheint. Kapitel 8.

SET BAUD *Zahl*
    Synonym für **SET SPEED**.

SET BLOCK-CHECK { 1, 2, BLANK-FREE-2, 3 }
    Legt die Fehlerprüf-Ebene für das Dateitransfer-Protokoll fest. 1 ist die schwächste, aber sparsamste, 3 ist die stärkste, aber ineffizienteste. 2 und BLANK-FREE-2 sind gleich stark; die letzte ist jedoch so codiert, daß sie keine Leerzeichen enthält. Siehe Seiten 154 und 162 in Kapitel 6.

SET BUFFERS *Zahl1 Zahl2*
    In C-Kermit-Versionen, die für dynamische Speicherzuweisung konfiguriert sind, weist dieser Befehl *Zahl1* Bytes Speicher für Paket-Sende-Puffer und *Zahl2* für Paket-Empfangs-Puffer zu. Kapitel 8.

SET CARRIER
    Gibt die gewünschte Behandlung des Trägersignals bei seriellen Verbindungen (SET LINE) im lokalen Betrieb an. Kapitel 3.

SET CARRIER AUTO
    Erfordert Träger nur im Terminalbetrieb.

SET CARRIER OFF
    Läßt C-Kermit den Träger immer ignorieren.

SET CARRIER ON *[Zahl]*
    Erwartet stets einen Träger, außer beim Wählen. Die wahlweise anzugebende *Zahl* teilt C-Kermit mit, wie lange er auf den Träger warten soll, wenn der Befehl SET LINE für ein Modem-gesteuertes Gerät gegeben wird. Ist keine *Zahl* angegeben, wartet C-Kermit ewig (oder bis der Befehl durch ein Strg-C von der Tastatur her unterbrochen wird).

SET CASE { OFF, ON }
  Ignoriert (OFF) oder beachtet (ON) Groß- und Kleinschreibung von Buchstaben beim Vergleich von Strings. Dies bezieht sich auf die Befehle IF, XIF und INPUT und funktioniert nur für ASCII-Buchstaben (A bis Z) zuverlässig, nicht jedoch für internationale 8-Bit-Buchstaben. Gilt nur für die aktive Befehlsebene und darunter liegende; wird dieser Befehl in einem Makro oder einer Befehlsdatei gegeben, wird die vorige CASE-Einstellung wieder hergestellt, wenn das Makro bzw. die Befehlsdatei beendet wird. Kapitel 12 und 13. Synonym: **SET INPUT CASE**.

SET COMMAND BYTESIZE { 7, 8 }
  Die Bytegröße, die von C-Kermits Befehls-Interpreter sowie im Terminalbetrieb zwischen C-Kermit und Ihrem Terminal benutzt wird. Voreingestellt sind 7 Bits. Benutzen Sie 8, um die Übertragung von 8-Bit-Zeichen zwischen C-Kermit und Ihrem Tastatur bzw. Ihrem Bildschirm zuzulassen. Kapitel 2 und 4.

SET COUNT *Zahl*
  Setzt den Anfangswert für einen Schleifenausführungszähler zur Benutzung mit IF COUNT. Die *Zahl* muß größer als 0 sein. Kapitel 12.

SET DEBUG { ON, OFF }
  ON ist ein Synonym für **LOG DEBUG**. OFF ist ein Synonym für **CLOSE DEBUG**.

SET DEFAULT *Verzeichnis*
  Synonym für **CD**.

SET DELAY *Zahl*
  Die Anzahl von Sekunden, die nach einem SEND-Befehl gewartet werden soll, bevor das erste Paket gesendet wird; nur im Wirtsbetrieb. Dies gibt Ihnen Zeit, zu Ihrem lokalen Kermit zurückzukehren, bevor das erste Paket kommt. Kapitel 5.

SET DIAL
  Steuert Einzelheiten des DIAL-Befehls. Zeigen Sie diese Einstellungen mit SHOW DIAL an.

SET DIAL DIAL-COMMAND *[Text]*
  Ändert den Wählbefehl des Modems auf den angegebenen *Text*, der ein %s enthalten muß, das durch die Telefonnummer des DIAL-Befehls ersetzt wird. Der Text kann Backslash-Codes enthalten, um Steuerzeichen darzustellen, und in geschweifte Klammern eingeschlossen sein, um Leerzeichen an Anfang oder Ende zu bewahren. Fehlt der *Text*, wird C-Kermits eingebauter Modem-spezifischer Wählbefehl benutzt. Kapitel 3.

SET DIAL DIRECTORY *[Dateiname]*
  Legt die angegebene Datei als Verzeichnis fest, in dem der DIAL-Befehl Telefonnummern nachsehen sollte. Fehlt der *Dateiname*, wird die Telefonbuch-Einrichtung desaktiviert. Kapitel 3.

SET DIAL DISPLAY { ON, OFF }
  Zeigt ausgewählte Teile des Wählvorgangs auf dem Bildschirm an. Normalerweise OFF. Kapitel 3.

SET DIAL HANGUP { OFF, ON }
Teilt C-Kermit mit, ob das Telefon im Kommunikationsgerät als Vorbereitung zum Wählen aufgelegt werden soll, wobei die mit SET DIAL MODEM-HANGUP festgelegte Methode verwendet wird. Normalerweise ON. Benutzen Sie OFF, wenn Sie anderenfalls Schwierigkeiten erleben. Kapitel 3.

SET DIAL INIT-STRING [Text]
Setzt den angegebenen *Text* statt Kermits eingebautem Modem-Wahl-Initialisierungs-String ein. Der *Text* kann Backslash-Codes enthalten, um Steuerzeichen darzustellen, und in geschweifte Klammern eingeschlossen werden, um Leerzeichen an Anfang oder Ende zu bewahren. Ist kein *Text* angegeben, wird Kermits Voreinstellung für den Modem-spezifischen Initialisierungs-String wiederhergestellt. Kapitel 3.

SET DIAL KERMIT-SPOOF { OFF, ON }
Schaltet den „Schwindel-Kermit" des Modems aus oder an, wenn es (wie etwa Telebit-Modems) über einen verfügt. Kapitel 3.

SET DIAL MNP-ENABLE { OFF, ON }
Schaltet die MNP-Eigenschaften des Modems und ihre Aushandlung aus bzw. an, wenn es MNP hat (und Kermit weiß, wie man das steuert). Normalerweise ändert Kermit die MNP-Einstellungen des Modems nicht; sie müssen aber mitunter abgeschaltet werden, wenn ein Nicht-MNP-Modem angewählt wird. Kapitel 3.

SET DIAL MODEM-HANGUP { OFF, ON }
Wenn DIAL HANGUP ON ist, bestimmt dieser Befehl die Auflege-Methode. Wenn DIAL MODEM-HANGUP OFF ist (die Voreinstellung), versucht C-Kermit, das DTR-Signal für ungefähr eine halbe Sekunde abzuschalten. Wenn DIAL MODEM-HANGUP ON ist, gibt C-Kermit die Rückkehr-Sequenz des Modems aus, um es in den Befehlsbetrieb zu versetzen, und führt dann den Auflege-Befehl des Modems aus. Funktioniert das nicht, senkt C-Kermit DTR ab. Kapitel 3.

SET DIAL PREFIX [Text]
Fügt den angegebenen *Text* am Anfang jeder Telefon-Nummer ein, die Sie mit DIAL anwählen, zum Beispiel als Amtsleitungs- oder Vorwahl-Code. Der *Text* kann Backslash-Codes zur Darstellung von Steuerzeichen enthalten und in geschweifte Klammern eingeschlossen sein, um Leerzeichen an Anfang oder Ende zu bewahren. Fehlt der *Text*, wird ein vorher gesetzter Vorschalt-Code widerrufen. Kapitel 3.

SET DIAL SPEED-MATCHING { OFF, ON }
Normalerweise paßt der C-Kermit-Befehl DIAL die Geschwindigkeit der Kommunikationsleitung automatisch an, wenn das Modem eine Verbindung bei einer anderen Geschwindigkeit anzeigt. Einige Modems halten jedoch die Schnittstellen-Geschwindigkeit gleich, selbst wenn die Verbindungsgeschwindigkeit sich ändert, zeigen allerdings die Verbindungsgeschwindigkeit an. Um Kermit mit solchen Modems verwenden zu können, benutzen Sie SET DIAL SPEED-MATCHING OFF. Kapitel 3.

SET DIAL TIMEOUT *Zahl*
Die Anzahl von Sekunden, die beim Wählen auf eine Antwort des Modems gewartet werden soll. Dies überschreibt Kermits eingebaute Timeout-Berechnung. Kapitel 3.

SET DUPLEX { FULL, HALF }
Legt fest, welche Seite einer seriellen Terminal-Verbindung das Echo eingegebener Zeichen während des Terminalbetriebs übernimmt: der Wirtsrechner (FULL) oder C-Kermit (HALF). Das Echo auf TCP/IP-TELNET-Verbindungen wird automatisch ausgehandelt. Kapitel 4. Synonyme: **SET LOCAL-ECHO**, **SET TERMINAL ECHO**.

SET ESCAPE-CHARACTER *Zahl*
Ändert C-Kermits Terminalbetriebs-Rückkehrzeichen auf das ASCII-Steuerzeichen, dessen ASCII-Code durch *Zahl* angegeben wird und im Bereich 0 bis 31 oder 127 liegen muß. Kapitel 4.

SET FILE *Parameter Wert*
Ändert Kermits Datei-bezogene Einstellungen. Kapitel 5 bis 10.

SET FILE BYTESIZE { 7, 8 }
Normalerweise 8, was bedeutet, daß alle Bits in jedem Datei-Byte als zu den Daten gehörig betrachtet wird. Bei der Einstellung 7 wird das achte Bit jedes Datei-Bytes als nicht zugehörig betrachtet und beim Dateitransfer entfernt.

SET FILE CHARACTER-SET *Name*
Wählt den Zeichensatz der zu sendenden oder zu empfangenden Datei(en), so daß Kermit die geeignete Übersetzung in den oder aus dem Transfer-Zeichensatz vornehmen kann. Zur Auswahl stehen ASCII, BRITISH, CANADIAN-FRENCH, CP437, CP850, CP852, CP862, CP866-CYRILLIC, CYRILLIC-ISO, DANISH, DEC-KANJI, DEC-MULTINATIONAL, DG-INTERNATIONAL, DUTCH, FINNISH, FRENCH, GERMAN, HEBREW-7, HEBREW-ISO, HUNGARIAN, ITALIAN, JAPANESE-EUC, JIS7-KANJI, KOI8-CYRILLIC, LATIN1, LATIN2, MACINTOSH-LATIN, NEXT-MULTINATIONAL, NORWEGIAN, PORTUGUESE, SHIFT-JIS-KANJI, SHORT-KOI, SPANISH, SWEDISH und SWISS. Kapitel 9.

SET FILE COLLISION *Option*
Legt fest, was C-Kermit tun soll, wenn eine ankommende Datei den gleichen Namen wie eine schon bestehende hat. Kapitel 5.

SET FILE COLLISION APPEND
Hängt die ankommende Datei an das Ende der bestehenden Datei an. (Unter VMS und OpenVMS wird eine neue Version der Datei angelegt.)

SET FILE COLLISION BACKUP
Gibt der alten Datei einen neuen, eindeutigen Namen und speichert die ankommende Datei unter ihrem eigenen Namen. Dies ist die Voreinstellung für die Datei-Kollisions-Aktion. (Unter VMS und OpenVMS wird eine neue Version der Datei angelegt.)

SET FILE COLLISION DISCARD
Weist die ankommende Datei zurück bzw. ignoriert sie und bewahrt die bestehende Datei.

SET FILE COLLISION OVERWRITE
Überschreibt (ersetzt) die bestehende Datei. (Unter VMS und OpenVMS wird eine neue Version angelegt.)

SET FILE COLLISION RENAME
Gibt der ankommenden Datei einen eindeutigen neuen Namen (unter VMS und OpenVMS wird eine neue Version angelegt), so daß die bestehende Datei unter ihrem ursprünglichen Namen weiter bestehen bleibt.

SET FILE COLLISION UPDATE
Nimmt die ankommende Datei nur an, wenn ihr Anlegedatum, wie es ggf. in dem begleitenden Dateiattribut-Paket angegeben ist, neuer als das der bestehenden Datei ist.

SET FILE DISPLAY { CRT, FULLSCREEN, NONE, SERIAL }
Wählt die Art der Dateitransfer-Bildschirmanzeige bei Dateitransfers im lokalen Betrieb aus. Der voreingestellte Stil ist SERIAL. OFF wird als Synonym für NONE akzeptiert, und ON ist ein Synonym für SERIAL. Kapitel 5.

SET FILE INCOMPLETE { DISCARD, KEEP }
Dies legt fest, was C-Kermit unternimmt, wenn der Empfang einer Datei mit einem Fehler beendet oder absichtlich unterbrochen wird. C-Kermits normale Reaktion ist DISCARD: Die teilweise empfangene Datei wird gelöscht. Kapitel 5.

SET FILE LABEL *Parameter* { OFF, ON }
(Nur VMS und OpenVMS) Teilt C-Kermit mit, welche Elemente bei Dateitransfer im Labeled-Format (Befehl SET FILE TYPE LABELED) behandelt werden sollen. *Parameter* sind ACL, BACKUP-DATE, NAME, OWNER und PATH. Anhang IV.

SET FILE NAMES { CONVERTED, LITERAL }
Teilt C-Kermit mit, ob Dateinamen während des Dateitransfers in „Normalform" (nur Großbuchstaben, keine seltsamen Zeichen, keine Angaben über Geräte oder Verzeichnisse) umgesetzt oder ob sie buchstabengetreu übertragen werden sollen. CONVERTED ist die Voreinstellung. Kapitel 5.

SET FILE RECORD-LENGTH *Zahl*
(Nur VMS und OpenVMS) Gibt die Satzlänge (in Bytes) für ankommende binäre oder Image-Dateien an. 512 ist die Voreinstellung. Anhang IV.

SET FILE TYPE BINARY
Teilt C-Kermit mit, daß keine Umsetzungen mit den Daten während des Dateitransfers stattfinden sollen. Beim Empfang von Dateien kann diese Einstellung durch den Dateityp in einem ankommenden Attribut-Paket überschrieben werden. Kapitel 5, Anhang IV.

SET FILE TYPE BINARY [{ FIXED, UNDEFINED }]
(Nur VMS und OpenVMS) Gibt an, daß keine Umsetzungen ankommender Dateien durchgeführt werden sollen. SET FILE TYPE BINARY wird beim Senden von Dateien ignoriert. Wahlweise kann ein Satzformat für ankommende Dateien, FIXED oder UNDEFINED, nach dem Wort BINARY angegeben werden. Das voreingestellte Satzformat zum Anlegen binärer Dateien ist FIXED. Dies kann durch den Dateityp in einem ankommenden Attribut-Paket überschrieben werden. Hat keine Auswirkungen beim Senden von Dateien. Anhang IV.

SET FILE TYPE IMAGE
(Nur VMS und OpenVMS) Teilt C-Kermit mit, daß während des Dateitransfers keine Umsetzungen von Dateien durchgeführt und VMS-Satz-Attribute ignoriert werden sollen. Beim Empfangen von Dateien überschreibt diese Einstellung den Dateityp in einem ankommenden Attribut-Paket. Anhang IV.

SET FILE TYPE LABELED
(Nur VMS und OpenVMS) Teilt C-Kermit mit, daß RMS- und andere VMS-spezifischen Informationen zusätzlich zu den eigentlichen Daten gesendet werden (sollen). Diese Daten können auf Nicht-VMS-Systemen gespeichert (archiviert) oder von VMS-Systemen interpretiert werden, um die Rekonstruktion komplex formatierter VMS-Dateien zu ermöglichen. Die Daten selbst werden wie bei IMAGE behandelt. Anhang IV.

SET FILE TYPE TEXT
Teilt C-Kermit mit, daß beim Dateitransfer Satzformat- und Zeichensatz-Umsetzungen auf Dateien durchgeführt werden sollen, damit die Datei auf dem empfangenden Rechner als Text genutzt werden kann. Beim Empfangen kann diese Einstellung für je einzelne Dateien im ankommenden Attribut-Paket überschrieben werden. Kapitel 5.

SET FILE TYPE TEXT
(Nur VMS und OpenVMS) Dieser Befehl gilt nur beim Empfang von Dateien, kann aber für je einzelne Dateien durch das Dateityp-Attribut im ankommenden Attribut-Paket überschrieben werden. Beim Senden von Dateien bestimmt C-Kermit automatisch, ob sie Text oder binär sind. (Dieses Verhalten kann jedoch durch die Benutzung von Dateitypen wie IMAGE oder LABELED außer Kraft gesetzt werden.) Anhang IV.

SET FLOW-CONTROL { DTR/CD, KEEP, NONE, RTS/CTS, XON/XOFF }
Dies teilt C-Kermit mit, welche Art Flußkontrolle beim Dateitransfer verwendet werden soll. Xon/Xoff (Software-Flußkontrolle) ist die Voreinstellung, ist jedoch nur auf Vollduplex-Verbindungen nutzbar. Benutzen Sie NONE auf Halbduplex- oder sonstigen Verbindungen, die Xon/Xoff-Flußkontrolle nicht benutzen. RTS/CTS (Hardware-Flußkontrolle) ist nützlich bei Hochgeschwindigkeits-Modems oder anderen lokal angebrachten Hochgeschwindigkeits-Geräten. KEEP bedeutet, daß die Flußkontroll-Methode beibehalten werden soll, für die das Gerät konfiguriert war, als C-Kermit es zum ersten Mal ansprach. Geben Sie SET FLOW ? ein, um zu sehen, welche Optionen in Ihrer C-Kermit-Version verfügbar sind. Kapitel 3 und 6.

SET HANDSHAKE { BELL, CR, ESC, LF, NONE, XOFF, XON, CODE Zahl }
Teilt C-Kermit mit, welches Zeichen beim Dateitransfer als Leitungsumschaltzeichen benutzt werden soll, d. h., auf das C-Kermit nach dem Empfang eines Pakets wartet, bevor er sein nächstes Paket sendet. Geben Sie NONE an, wartet Kermit nach dem Paket auf kein bestimmtes Zeichen. Geben Sie CODE an, können Sie den numerischen Wert des zu benutzenden Handshake-Zeichens eingeben, der im Bereich 0 bis 31 oder 127 sein muß. Wird normalerweise nur auf Halbduplex-Verbindungen benutzt. Kapitel 6.

SET HOST [*Wirt* [*Dienst*]]
Teilt C-Kermit mit, das derzeit aktive Netzwerkprotokoll (Voreinstellung ist TCP/IP) zum Herstellen einer Verbindung mit dem *Wirt*, dessen Name oder Netzwerk-Nummer angegeben ist, zu benutzen. Ist ein *Dienst* angegeben, wird dieser statt des voreingestell-

ten verwendet. Wirts- und Dienst-Namen und -Nummern hängen vom Netzwerk-Typ ab. Ist die Verbindung hergestellt, ist der Befehl erfolgreich. Kann sie nicht hergestellt werden, wird eine Fehlermeldung ausgegeben, und der Befehl schlägt fehl. Sind kein Name und keine Nummer angegeben, wird die aktuelle Verbindung (falls eine besteht) geschlossen. Kapitel 3.

SET INCOMPLETE { DISCARD, KEEP }
Synonym für **SET FILE INCOMPLETE**. Kapitel 5.

SET INPUT *Option Wert*
Steuerungen für den INPUT-Befehl. Benutzen Sie SHOW SCRIPTS zur Anzeige. Kapitel 13.

SET INPUT CASE { IGNORE, OBSERVE }
Synonym für SET CASE *{ OFF, ON }*.

SET INPUT ECHO { OFF, ON }
Teilt C-Kermit mit, ob vom INPUT-Befehl gelesener Text auf dem Bildschirm angezeigt werden soll. Normalerweise ON, d. h., Text wird angezeigt. Kapitel 13.

SET INPUT SILENCE *Zahl*
Die Anzahl von Sekunden, bevor der INPUT-Befehl ein Timeout meldet, wenn überhaupt keine Zeichen vom Kommunikationsgerät her ankommen, sofern *Zahl* niedriger als das INPUT-Timeout-Intervall ist. Kapitel 13.

SET INPUT TIMEOUT-ACTION { PROCEED, QUIT }
Teilt C-Kermit mit, ob nach dem Fehlschlag (Timeout) eines INPUT-Befehls der nächste Befehl in einer Befehlsdatei oder einem Makro ausgeführt werden soll. Die Voreinstellung ist PROCEED (Weitermachen). SET INPUT TIMEOUT QUIT hat Vorrang vor SET MACRO ERROR ON und SET TAKE ERROR ON, aber SET MACRO ERROR ON und SET TAKE ERROR ON haben Vorrang vor SET INPUT TIMEOUT PROCEED. Gilt nur für die aktive und darunterliegende Befehlsebenen; wenn dieser Befehl in einem Makro oder einer Befehlsdatei gegeben wird, wird beim Verlassen des Makros oder der Befehlsdatei die vorige Einstellung für INPUT TIMEOUT wieder hergestellt. Kapitel 13.

SET KEY *Zahl [Text]*
Weist den *Text* der Taste zu, deren Tastencode *Zahl* ist. Der Tastencode kann durch SHOW KEY angezeigt werden. Der *Text* kann ein einzelnes Zeichen oder Backslash-Code oder ein beliebiger Zeichenstring sein. Auf diese Weise hergestellte Tastaturbelegungen gelten während des Terminalbetriebs. Kapitel 4 und 9; Anhang V.

SET LANGUAGE *Name*
Ermöglicht sprachspezifische Umsetzungen während des Transfers von Textdateien, wenn entweder der Datei- oder der Transfer-Zeichensatz ASCII ist. Geben Sie SHOW LANGUAGE ein, um eine Aufstellung der verfügbaren Sprachen zu erhalten. Kapitel 9.

SET LINE *[Gerätename]*
Öffnet ein serielles Kommunikationsgerät für Verbindungen im lokalen Betrieb. Fehlt der *Gerätename*, wird jedes derzeit geöffnete Gerät geschlossen, und Kermit kehrt zu seinem voreingestellten Kommunikationsgerät zurück (normalerweise das Terminal des gerade laufenden Jobs, von dem aus Kermit aufgerufen wurde). Kapitel 3.

SET LOCAL-ECHO { OFF, ON }
Synonym für **SET DUPLEX, SET TERMINAL ECHO**.

SET MACRO ECHO { OFF, ON }
Teilt C-Kermit mit, ob Befehle einer Makro-Definition beim Lesen und Ausführen angezeigt werden sollen. Normalerweise OFF, d. h., Makro-Defintionen werden während der Ausführung nicht angezeigt. Kapitel 11.

SET MACRO ERROR { OFF, ON }
Teilt C-Kermit mit, ob die Ausführung des aktuellen Makros automatisch beendet werden soll, wenn ein Fehler in der Schreibweise oder in der Aufführung auftritt. Normalerweise OFF, d. h., Fehler beenden die Makro-Ausführung nicht. Kapitel 11.

SET MODEM *Name*
Teilt C-Kermit den Namen des Selbstwähl-Modems mit, das Sie zur Kommunikation im lokalen Betrieb ggf. benutzen wollen. NONE (die Voreinstellung) bedeutet, daß es kein Selbstwähl-Modem gibt. Benutzen Sie ein Modem, muß dieser Befehl *vor* SET LINE gegeben werden, so daß C-Kermit die geeigneten Modem-Steuerungen beim Öffnen des Geräts aktivieren kann. Geben Sie ein Fragezeichen ein, oder schlagen Sie in Tabelle 3-2 auf Seite 72 nach, um die unterstützten Modems aufgelistet zu sehen. Kapitel 3.

SET NETWORK *Name*
Teilt C-Kermit den Netzwerk-Typ mit, der beim Herstellen von Verbindungen mit SET HOST benutzt werden soll, etwa TCP/IP oder X.25. Geben Sie SHOW NETWORK ein, um zu sehen, welche Netzwerk-Typen von Ihrer C-Kermit-Version unterstützt werden. Erhalten Sie daraufhin eine Fehlermeldung, gibt es gar keine Netzwerk-Unterstützung. Kapitel 3.

SET OUTPUT PACING *Zahl*
Mit diesem Befehl kann erreicht werden, daß C-Kermit nach jedem mit dem OUTPUT-Befehl gesendeten Zeichen eine Pause einlegt, deren Länge in Millisekunden angegeben wird. Kapitel 13.

SET PAD *Option Wert*
X.25-PAD-Einstellungen. Kapitel 3.

SET PAD BREAK-ACTION *n*
(Nur X.25) X.3-Parameter 7. Was C-Kermits simulierter PAD tun sollte, wenn er ein BREAK-Signal von Ihrer Tastatur erhält. 0 = nichts, 1 = sende Interrupt-Paket, 2 = Reset, 4 = sende PAD-Meldung Break-Anzeige, 8 = Rückkehr zum PAD, 16 = Ausgabematerial fallenlassen. Voreinstellung ist 21 (= 16 + 4 + 1).

SET PAD BREAK-CHARACTER
(Nur X.25) Voreinstellung ist 0.

SET PAD CHARACTER-DELETE *n*
(Nur X.25) X.3-Parameter 16. 0-127 = ASCII-Wert des Zeichens, das zum Löschen eines Zeichens benutzt werden soll. Voreinstellung ist 8 (Strg-H = Rückschritt).

SET PAD CR-PADDING *n*
(Nur X.25) X.3-Parameter 9, Füllen nach Carriage Return (CR). 0-255. Anzahl der Füllzeichen, die der PAD dem DTE nach einem CR senden sollte. Voreinstellung ist 0.

SET PAD DISCARD-OUTPUT { 0, 1 }
(Nur X.25) X.3-Parameter 8. 0 = Normale Datenlieferung (Voreinstellung), 1 = Ausgabe fallenlassen.

SET PAD ECHO { 0, 1 }
(Nur X.25) X.3-Parameter 2. 0 = PAD gibt kein Echo, 1 = PAD gibt Echo. Voreinstellung ist 1.

SET PAD EDITING { 0, 1 }
(Nur X.25) X.3-Parameter 15. 0 = Kein Edieren, 1 = Edieren erlaubt. Voreinstellung ist 1.

SET PAD ESCAPE { 0, 1 }
(Nur X.25) X.3-Parameter 1. 0 = Rückkehr zum PAD ist unmöglich, 1 = benutze Strg-P.

SET PAD FORWARD *n*
(Nur X.25) X.3-Parameter 3, Datenweiterreichungs-Zeichen. 0 = keins, 1 = jedes alphanumerische Zeichen, 2 = Carriage Return, sonstige. Voreinstellung ist 2.

SET PAD LF-INSERT *n*
(Nur X.25) X.3-Parameter 13, Zeilenvorschub (LF) nach Carriage Return (CR) einfügen. 0 = keine LF-Einfügung, 1 = PAD fügt LF nach jedem an das DTE gesendeten CR ein, 2 = PAD fügt LF nach jedem vom DTE erhaltenen CR ein, 4 = PAD gibt LF als CRLF wieder. Voreinstellung ist 0.

SET PAD LF-PADDING *n*
(Nur X.25) X.3-Parameter 14. 0-255 Füllzeichen, die vom PAD nach jedem Zeilenvorschub gesendet werden sollen. Voreinstellung ist 0.

SET PAD LINE-DELETE *n*
(Nur X.25) X.3-Parameter 17. 0-127 = ASCII-Wert des Zeichens, das zum Löschen einer Zeile benutzt werden soll. Voreinstellung ist 21 (Strg-U).

SET PAD LINE-DISPLAY *n*
(Nur X.25) X.3-Parameter 18. 0-127 = ASCII-Wert des Zeichens, das eine edierte Zeile neu anzeigt. Voreinstellung ist 18 (Strg-R).

SET PAD LINE-FOLD *n*
(Nur X.25) X.3-Parameter 10, Zeilenumbruch. 0 = kein Umbruch, 1-255 = Anzahl darstellbarer Zeichen je Zeile, nach der Umbruchzeichen eingefügt werden sollen. Voreinstellung ist 0.

SET PAD PAD-FLOW-CONTROL { 0, 1 }
(Nur X.25) X.3-Parameter 5. 0 = Keine Flußkontrolle durch PAD, 1 = PAD kann Xon/Xoff-Flußkontrolle an den Benutzer senden. Voreinstellung ist 0.

SET PAD SERVICE-SIGNALS { 0, 1 }
(Nur X.25) X.3-Parameter 6, PAD-Dienst- und Befehls-Signale. 0 = PAD-Dienst-Signale werden nicht an das DTE gesendet, 1 = PAD-Dienst-Signale werden gesendet. Voreinstellung ist 1.

SET PAD TIMEOUT *n*
   (Nur X.25) X.3-Parameter 4, Daten-Weiterleitungs-Timeout, 0-255 (Zwanzigstelsekunden). Voreinstellung ist 0 (keine Datenweiterleitung bei Timeout).

SET PAD USER-FLOW-CONTROL *{ 0, 1 }*
   (Nur X.25) X.3-Parameter 12. 0 = keine Flußkontrolle durch Benutzer, 1 = Benutzergerät kann Xon/Xoff-Flußkontrolle an PAD senden. Voreinstellung ist 0.

SET PARITY *{ EVEN, MARK, NONE, ODD, SPACE }*
   Wählt die Paritätsart, die auf dem Kommunikationsgerät während Terminalverbindung, Skript-Programm-Ausführung und Dateitransfer benutzt werden soll. NONE erlaubt die Übertragung von 8-Bit-Daten. Alle anderen beschränken die Kommunikation auf 7-Bit-Daten und zwingen C-Kermit dazu, Shift-Techniken während des Dateitransfers für 8-Bit-Daten zu verwenden. Siehe auch SET COMMAND BYTESIZE und SET TERMINAL BYTESIZE. Kapitel 4, 6, 8 und 9.

SET PORT
   Synonym für **SET LINE**.

SET PROMPT *[Text]*
   Ändert C-Kermits aktiven Prompt auf *Text*. Leerzeichen an Anfang oder Ende des *Text*es werden ignoriert, außer wenn er in geschweifte Klammern eingeschlossen ist; in diesem Falle werden die Klammern ignoriert. Fehlt der *Text*, wird C-Kermits voreingestellter Prompt wieder hergestellt. Variablen im *Text* werden bei jeder Ausgabe des Prompts neu berechnet; Ihr Prompt-String kann daher Variablen wie \v(dir) oder \v(time) enthalten, damit C-Kermit stets das aktuelle Verzeichnis oder die aktuelle Uhrzeit anzeigt. Kapitel 2.

SET QUIET *{ OFF, ON }*
   Steuert die Anzeige von C-Kermits nachrichtlichen Anzeigen (nicht jedoch der Fehlermeldungen). SET QUIET OFF (die Voreinstellung) ermöglicht sie, SET QUIET ON unterdrückt sie.

SET RECEIVE END-OF-PACKET *Zahl*
   Gibt den numerischen ASCII-Wert des Zeichens an, das der andere Kermit zur Beendigung der Pakete, die er an C-Kermit sendet, verwenden soll, normalerweise Carriage Return (CR, ASCII-Code 13). Die *Zahl* muß der Code eines ASCII-Steuerzeichens im Bereich 0 bis 31 oder 127 sein. Kapitel 6.

SET RECEIVE PACKET-LENGTH *Zahl*
   Gibt die Maximallänge für Pakete an, die der andere Kermit an C-Kermit sendet; je nach C-Kermits Konfiguration bis zu 9024. Kapitel 6 und 8.

SET RECEIVE PAD-CHARACTER *Zahl*
   Gibt den numerischen ASCII-Wert des Zeichens an, das der andere Kermit vor dem Anfang eines jeden Pakets an C-Kermit senden soll. Kapitel 6.

SET RECEIVE PADDING *Zahl*
   Gibt die Anzahl der Füllzeichen an, die der andere Kermit an C-Kermit senden soll (normalerweise 0). Kapitel 6.

SET RECEIVE START-OF-PACKET *Zahl*
   Teilt C-Kermit den numerischen ASCII-Wert des Zeichens mit, das der andere Kermit zur Anzeige eines Paketanfangs benutzt. Die *Zahl* kann der Code jedes beliebigen ASCII-Zeichens sein, aber wann immer möglich, sollte ein Steuerzeichen im Bereich 0 bis 31 oder 127 verwendet werden. Das normale Paketstart-Zeichen ist Strg-A (ASCII-Wert 1). Kapitel 6.

SET RECEIVE TIMEOUT *Zahl*
   Teilt C-Kermit die Länge der Zeit mit, die der andere Kermit auf ein Paket warten sollte, ehe er ein Timeout registriert und Gegenmaßnahmen ergreift. Kapitel 6.

SET RETRY *Zahl*
   Teilt C-Kermit mit, wie oft ein einzelnes Paket neu übertragen (bzw. mit NAK beantwortet) werden darf, ehe der Dateitransfer als fehlgeschlagen erklärt wird. Kapitel 6.

SET SCRIPT ECHO { OFF, ON }
   Legt fest, ob Skript-Befehle ihr Voranschreiten auf dem Bildschirm darstellen sollten. Normalerweise ON. Kapitel 13.

SET SEND END-OF-PACKET *Zahl*
   Gibt den numerischen ASCII-Wert des Zeichens an, das C-Kermit zur Beendigung der Pakete, die er an den anderen Kermit sendet, verwenden soll, normalerweise Carriage Return (CR, ASCII-Code 13). Die *Zahl* muß der Code eines ASCII-Steuerzeichens im Bereich 0 bis 31 oder 127 sein. Kapitel 6.

SET SEND PACKET-LENGTH *Zahl*
   Gibt die Maximallänge für Pakete an, die C-Kermit an den anderen Kermit senden darf. Unabhängig von diesem Befehl sendet C-Kermit keine Pakete, die länger sind, als der andere Kermit anfragt. Kapitel 6 und 8.

SET SEND PAD-CHARACTER *Zahl*
   Gibt den numerischen ASCII-Wert des Zeichens an, das C-Kermit vor dem Anfang eines jeden Pakets an den anderen Kermit senden soll, unabhängig davon, welches Füllzeichen der andere Kermit anfragt. Kapitel 6.

SET SEND PADDING *Zahl*
   Gibt die Anzahl der Füllzeichen an, die C-Kermit an den anderen Kermit senden soll (normalerweise 0), unabhängig davon, wie viele Füllzeichen der andere Kermit angefragt hat. Kapitel 6.

SET SEND START-OF-PACKET *Zahl*
   Teilt C-Kermit den numerischen ASCII-Wert des Zeichens mit, das er zur Anzeige eines von ihm gesendeten Paketanfangs benutzen soll. Die *Zahl* kann der Code jedes beliebigen ASCII-Zeichens sein, aber wann immer möglich, sollte ein Steuerzeichen im Bereich 0 bis 31 oder 127 verwendet werden. Das normale Paketstart-Zeichen ist Strg-A (ASCII-Wert 1). Kapitel 6.

SET SEND TIMEOUT *Zahl*
   Teilt C-Kermit die Länge der Zeit mit, die er auf ein Paket von dem anderen Kermit warten sollte, ehe er ein Timeout registriert und ein Paket erneut sendet bzw. ein NAK absetzt. Dieser Wert hat Vorrang vor einem vom anderen Kermit angefragten Timeout-Wert. Kapitel 6.

SET SERVER DISPLAY { OFF, ON }
Wenn C-Kermit als Server im lokalen Betrieb läuft, erzeugt er normalerweise keine Dateitransferanzeige. Benutzen Sie SET SERVER DISPLAY ON, um die Anzeige zu aktivieren. Kapitel 7.

SET SERVER TIMEOUT *Zahl*
Teilt dem C-Kermit-Server die *Zahl* von Sekunden mit, die er auf ein Befehlspaket von dem anderen Kermit warten soll, ehe er ein Timeout registriert und ein NAK-Paket sendet. Der normale Wert ist 0, d. h., daß er beim Warten auf Server-Befehle gar keine Timeouts haben soll. Benutzen Sie einen von 0 verschiedenen Wert nur, wenn das Kermit-Client-Programm keine Timeouts und automatische Neuübertragungen erzeugen kann. Kapitel 7.

SET SESSION-LOG { BINARY, TEXT }
(Nur UNIX) Gibt an, wie das Sitzungsprotokoll aufgezeichnet wird. TEXT, die Voreinstellung, bedeutet, daß bestimmte Zeichen (etwa Carriage Returns, NUL und DEL), die nicht zum UNIX-Textdatei-Format passen, nicht aufgezeichnet werden. BINARY bedeutet, daß alle ankommenden Zeichen aufgezeichnet werden. Zeichensatz-Umsetzung, falls aktiviert, wird in beiden Fällen durchgeführt. Kapitel 4 und 10.

SET SPEED *Zahl*
Die Geschwindigkeit (in Bits pro Sekunde), die auf einem mit SET LINE angewählten Kommunikationsgerät benutzt werden soll. Gängige Werte sind 1200, 2400, 9600 und 19200. Kapitel 3.

SET SUSPEND { OFF, ON }
(Nur UNIX) Teilt C-Kermit mit, ob er sich durch das entsprechende Signal von der Tastatur her (normalerweise Strg-Z) oder durch seine eigenen Befehle SUSPEND und Z suspendieren lassen soll. Die Voreinstellung ist in den meisten UNIX-Implementierungen ON. Setzen Sie dies auf OFF, wenn es auf Ihrem Rechner nicht richtig funktioniert. Anhang III.

SET TAKE ECHO { OFF, ON }
Teilt C-Kermit mit, ob er Befehle aus Befehlsdateien während der Abarbeitung auf dem Bildschirm darstellen sollte. Normalerweise OFF, d. h., die Befehle werden nicht angezeigt. Kapitel 11.

SET TAKE ERROR { OFF, ON }
Teilt C-Kermit mit, ob eine Befehlsdatei automatisch beendet werden soll, wenn ein Fehler in der Schreibweise oder in der Ausführung auftritt. Normalerweise OFF, d. h., die Befehlsdatei wird nicht beendet. Gilt für die aktuelle Befehlsebene und darunter. Kapitel 11.

SET TELNET ECHO { LOCAL, REMOTE }
Steuert den anfänglichen Echo-Zustand beim Herstellen von TCP/IP-Verbindungen mit SET HOST oder TELNET. Nachdem die Verbindung hergestellt ist, kann der Echo-Zustand durch TELNET-Protokollverhandlungen geändert werden. Die Voreinstellung ist LOCAL. Kapitel 3.

SET TELNET NEWLINE-MODE { **ON, OFF** }
In der Voreinstellung, ON, sendet C-Kermit Carriage-Return-Zeichen (CR) von Ihrer Tastatur her an den Wirts-TELNET-Server als CR-Zeilenvorschub-Kombinationen (CRLF) gemäß TELNET-Spezifikation [51]. Benutzen Sie OFF, um CR als reines CR mit nachfolgendem NUL (ASCII 0; dieses Zeichen wird von der TELNET-Spezifikation verlangt) zu senden. Dies sollte nur nötig sein, wenn der Wirts-TELNET-Server nicht der TELNET-Spezifikation genügt.

SET TELNET TERMINAL-TYPE *[Text]*
Der Terminaltyp-String, der auf Anfrage an den Wirts-TELNET-Server gesendet werden soll. Die Voreinstellung ist Ihr lokaler Terminaltyp. Kapitel 3.

SET TERMINAL *Option Wert*
Ändert Einstellungen für Terminalverbindungen. Sie können die jeweils gültigen Einstellungen mit SHOW TERMINAL anzeigen. Kapitel 4, Anhang V.

SET TERMINAL ANSWERBACK { **OFF, ON** }
(Nur OS/2) Wenn TERMINAL ANSWERBACK ON ist, antwortet OS/2-C-Kermit auf ein ankommendes ENQ-Zeichen (ASCII 5) mit „OS/2 C-Kermit"; in der Einstellung OFF wird das ENQ-Zeichen ignoriert. ON kann auf stark gestörten Leitungen zu Problemen führen. Die Voreinstellung ist OFF. Anhang V.

SET TERMINAL ARROW-KEYS { **APPLICATION, CURSOR** }
(Nur OS/2) Setzt explizit den Pfeiltasten-Modus. Die Voreinstellung ist CURSOR. Benutzen Sie diesen Befehl, wenn Sie Probleme mit der Verwendung der Pfeiltasten in einer Wirtsanwendung haben. Anhang V.

SET TERMINAL BYTESIZE { **7, 8** }
Gibt die Bytegröße an, die während CONNECT, INPUT, OUTPUT, TRANSMIT und ähnlichen Nichtprotokoll-Kommunikationsbefehlen zwischen C-Kermit und dem Wirtsrechner benutzt werden sollen. Normalerweise 7, d. h., das achte Bit eines jeden Bytes wird entfernt. 8 Bits werden nur dann wirklich benutzt, wenn TERMINAL BYTESIZE 8 und keine Parität benutzt wird. Kapitel 4 und 9.

SET TERMINAL CHARACTER-SET *Wirts-Zsatz [Lokal-Zsatz]*
Gibt die für CONNECT, LOG SESSION und TRANSMIT auf dem Wirts- bzw. auf dem lokalen Rechner benutzten Zeichensätze an, so daß C-Kermit zwischen ihnen übersetzen kann. Die Liste der Zeichensätze müßte dieselbe wie für SET FILE CHARACTER-SET sein, hinzu kommt allerdings noch TRANSPARENT (keine Übersetzung). TRANSPARENT ist die Voreinstellung. Ist der *Lokal-Zsatz* nicht angegeben, wird C-Kermits aktueller FILE CHARACTER-SET benutzt. Kapitel 9.

SET TERMINAL COLOR { **HELP, NORMAL, REVERSE, STATUS, UNDERLINED** } *Vordergrund-Farbe Hintergrund-Farbe*
(Nur OS/2) Setzt die Vorder- und Hintergrundfarben für die angegebenen Textarten in der VT102-Emulation. Die Farbauswahl umfaßt BLACK (schwarz), BLUE (blau), BROWN (braun), CYAN (türkis), DGRAY (dunkelgrau), GREEN (grün), LBLUE (hellblau), LCYAN (helltürkis), LGREEN (hellgrün), LRED (hellrot), MAGENTA (purpur), RED (rot), WHITE (weiß) und YELLOW (gelb). Anhang V.

SET TERMINAL CR-DISPLAY { CRLF, NORMAL }
Steuert die Anzeige der Carriage-Return-Zeichen (CR), die vom Wirtssystem her ankommen. NORMAL (die Voreinstellung) zeigt sie einfach als CR an. CRLF zeigt CR als CR plus Zeilenvorschub an. Kapitel 4.

SET TERMINAL CURSOR { FULL, HALF, UNDERLINE }
(Nur OS/2) Wählt die Cursor-Form für die Terminalemulation. Anhang V.

SET TERMINAL ECHO { LOCAL, REMOTE }
Teilt C-Kermit mit, ob er Tastaturzeichen im Terminalbetrieb selbst auf dem Bildschirm anzeigen sollte. Die Voreinstellung ist REMOTE, d. h., C-Kermit erwartet, daß das Wirtsgerät das Echo übernimmt. Synonyme: **SET DUPLEX**, **SET LOCAL-ECHO**. Kapitel 4.

SET TERMINAL KEYPAD-MODE { APPLICATION, NUMERIC }
(Nur OS/2) Setzt den Ziffernblock-Modus explizit; Voreinstellung ist NUMERIC. Anhang V.

SET TERMINAL LOCKING-SHIFT { OFF, ON }
Teilt C-Kermit mit, ob während des Terminal-Betriebs und beim TRANSMIT das Shift-In/Shift-Out-Protokoll benutzt werden soll, um 8-Bit-Transparenz auf 7-Bit-Leitungen zu erzielen. Kapitel 4 und 9.

SET TERMINAL NEWLINE-MODE { OFF, ON }
Wenn Sie normalerweise im Terminalbetrieb die Eingabe-(Return-, Enter-)Taste drücken, sendet C-Kermit ein Carriage-Return-Zeichen (CR, ASCII-Wert 13). NEWLINE-MODE ON weist C-Kermit an, stattdessen CR und Zeilenvorschub (LF, ASCII-Wert 10) zu senden. Kapitel 4.

SET TERMINAL TYPE { VT102, VT52 }
(Nur OS/2) Wählt die gewünschte Terminal-Emulation aus. Solange Sie nichts anderes angeben, emuliert OS/2-C-Kermit das VT102-Terminal. Anhang V.

SET TERMINAL WRAP { ON, OFF }
(NUR OS/2) Schaltet automatischen Zeilenumbruch beim Empfangen langer Zeilen an (Voreinstellung) bzw. aus. Bei WRAP OFF werden zu lange Zeilen am Bildschirm-Rand abgeschnitten. Anhang V.

SET TRANSFER CANCELLATION { OFF, ON [Zahl1 [Zahl2]] }
Mit der Option OFF schalten Sie die Möglichkeit ab, durch manuelle Operationen den Paket-Betrieb eines Wirts-Kermits zu unterbrechen. Mit ON stellen Sie sie wieder her. *Zahl1* ist der ASCII-Code des Zeichens im Bereich 0 bis 31 oder 127), das zur Unterbrechung benutzt werden soll, und es muß *Zahl2*mal (Voreinstellung: zweimal) hintereinander eingegeben werden. Die Voreinstellung ist SET TRANSFER CANCELLATION ON 3 2, d. h., zwei *Strg-C*s. Kapitel 7.

SET TRANSFER CHARACTER-SET { ASCII, CYRILLIC-ISO, HEBREW-ISO, JAPANESE-EUC, LATIN1, LATIN2, TRANSPARENT }
Gibt den Zeichensatz an, den C-Kermit bei der Übertragung von Textdateien benutzen sollte. Beim Senden von Dateien übersetzt C-Kermit aus dem aktuellen Dateizeichensatz in den ausgewählten Transfer-Zeichensatz. Beim Empfang von Dateien übersetzt C-Ker-

mit aus dem angegebenen Transfer-Zeichensatz in den aktuellen Dateizeichensatz; wenn der sendende Kermit ein Zeichensatz-Attribut im Attribut-Paket einer Datei angegeben hat und außerdem ATTRIBUTE CHARACTER-SET ON ist, benutzt C-Kermit den im Attribut-Paket angegebenen Transfer-Zeichensatz. Kapitel 9. Synonym: **SET XFER CHARACTER-SET**.

SET TRANSFER LOCKING-SHIFT { OFF, ON, FORCED }
Teilt C-Kermit mit, ob er während des Dateitransfers das Einrast-Shift-Protokoll benutzen sollte, wenn die Parität nicht NONE ist. Normalerweise ON. Kapitel 8 und 9. Synonym: **SET XFER LOCKING-SHIFT**.

SET TRANSMIT *Parameter Wert*
Modifiziert das voreingestellte Verhalten des TRANSMIT-Befehls. Sie können diese Einstellungen mit SHOW TRANSMIT anzeigen. Kapitel 10. Synonym: **SET XMIT**.

SET TRANSMIT ECHO { OFF, ON }
Teilt C-Kermit mit, ob Dateizeichen auf Ihrem Bildschirm während der Bearbeitung des TRANSMIT-Befehls angezeigt werden sollen. Normalerweise ON. Kapitel 10.

SET TRANSMIT EOF *[Text]*
Teilt C-Kermit das oder die Zeichen mit, die er nach dem Senden der letzten Zeile der Datei oder nach einer manuellen Unterbrechung mit Strg-C senden soll. Normalerweise werden keine Zeichen gesendet. Kapitel 10.

SET TRANSMIT FILL *Zahl*
Teilt C-Kermit den numerischen ASCII-Wert des Zeichens mit, das dazu benutzt werden soll, Leerzeilen während der Ausführung des TRANSMIT-Befehls zu füllen. Normalerweise wird kein Füllzeichen gesendet. Kapitel 10.

SET TRANSMIT LINEFEED { OFF, ON }
Normalerweise entfernt C-Kermit Zeilenvorschübe von mit TRANSMIT übertragenen Textdateien. SET TRANSMIT LINEFEED ON weist C-Kermit an, sie nicht zu entfernen. Kapitel 10.

SET TRANSMIT LOCKING-SHIFT { OFF, ON }
Teilt C-Kermit mit, ob er Einrast-Shifts (Shift-In/Shift-Out) benutzen soll, um 8-Bit-Zeichen über 7-Bit-Verbindungen zu übertragen, d. h., wenn die Parität nicht NONE ist. Normalerweise OFF. Hat nur eine Wirkung, wenn FILE TYPE TEXT ist. Kapitel 10.

SET TRANSMIT PAUSE *Zahl*
Teilt C-Kermit mit, wie viele Millisekunden (Tausendstel Sekunden) nach der Übertragung jeder Textzeile gewartet werden soll, falls FILE TYPE TEXT ist. Wenn FILE TYPE BINARY ist, wird die Pause nach jedem Zeichen eingefügt. Kapitel 10.

SET TRANSMIT PROMPT *Zahl*
Teilt C-Kermit den numerischen ASCII-Wert des Zeichens mit, auf das er nach der Übertragung einer jeden Dateizeile mit TRANSMIT warten soll. Normalerweise wartet C-Kermit darauf, daß der Wirtsrechner einen Zeilenvorschub (ASCII-Wert 10) nach dem Carriage Return, das an jedem Zeilenende gesendet wird, zurückgibt. Ein Wert von Null weist C-Kermit an, gar nicht zu warten und alle Zeichen in der Datei ohne Pause zu senden. Hat nur eine Wirkung, wenn FILE TYPE TEXT ist. Kapitel 10.

SET UNKNOWN-CHAR-SET { DISCARD, KEEP }
  Gibt an, ob eine ankommende Datei, deren Attribut-Paket einen Transfer-Zeichensatz angibt, den C-Kermit nicht kennt, aufbewahrt oder gelöscht werden soll. Die Voreinstellung ist DISCARD. Kapitel 9.

SET WILDCARD-EXPANSION { KERMIT, SHELL }
  (Nur UNIX) Teilt mit, ob Jokerzeichen in Dateinamen (z. B. für den SEND-Befehl) von Kermit selbst (Voreinstellung) oder von Ihrer Login-Shell expandiert werden sollten. Anhang III.

SET WINDOW-SIZE *Zahl*
  Teilt C-Kermit die maximale Fenstergröße mit, die in Dateitransfers benutzt werden sollte. Dies ist die Anzahl von Paketen (1 bis 31), die C-Kermit senden kann, ehe Bestätigungen kommen müssen, bzw. die Anzahl von späteren Paketen, die er nach einem fehlenden Paket empfangen kann. Kapitel 8.

SET X.25 CALL-USER-DATA { OFF, ON *Text* **}**
  (Nur X.25) ON erlaubt es Ihnen, bis zu 12 Zeichen Anruf-Benutzer-Daten anzugeben, die von dem angerufenen X.25-Wirt benötigt werden. Normalerweise OFF. Kapitel 3.

SET X.25 CLOSED-USER-GROUP { OFF, ON *n* **}**
  (Nur X.25) OFF = keine geschlossene Benutzergruppe; ON *n* gibt die Benutzergruppennummer im Bereich 0 bis 99 an. Voreinstellung ist OFF. Kapitel 3.

SET X.25 REVERSE-CHARGE { OFF, ON }
  (Nur X.25) OFF = Anrufer bezahlt, ON = Angerufener bezahlt. Voreinstellung ist OFF. Kapitel 3.

SET XFER
  Synonym für **SET TRANSFER**.

SET XMIT
  Synonym für **SET TRANSMIT**.

SHOW
  Listet C-Kermits wichtigste Einstellungen.

SHOW ARGUMENTS
  Zeigt ggf. die Argumente des derzeit aktiven Makros. Kapitel 11.

SHOW ARRAYS
  Listet die Namen und Abmessungen aller derzeit deklarierten Felder. Kapitel 12.

SHOW ATTRIBUTES
  Listet C-Kermits Dateiattribute und teilt für jedes mit, ob es ON oder OFF ist. Kapitel 8.

SHOW CHARACTER-SETS
  Listet die aktuellen Datei-, Transfer-, und Terminal-Zeichensätze. Kapitel 9.

SHOW COMMUNICATION
  Listet das aktuelle Kommunikationsgerät oder den Netzwerk-Wirt und die sonstigen Kommunikations-bezogenen Werte: Geschwindigkeit, Parität, Duplex, DIAL-Parameter, Modem-Signale usw. Kapitel 3.

SHOW COUNT
Zeigt den derzeitigen Wert der COUNT-Variablen (\v(count)).

SHOW DEFAULT
Zeigt das aktuelle Verzeichnis an. Synonym für **PWD**.

SHOW DIAL
Zeigt die aktuellen Einstellungen für SET DIAL u. ä. Kapitel 3.

SHOW ESCAPE
Zeigt das derzeitige Terminalbetriebs-Rückkehrzeichen an. Kapitel 4.

SHOW FEATURES
Listet die Merkmale, für die C-Kermit konfiguriert ist, und die ausgelassenen Merkmale sowie die benutzten Compiler-Optionen. Kapitel 1.

SHOW FILE
Listet die aktuellen Werte der Datei-bezogenen Parameter. Kapitel 5 bis 10.

SHOW FUNCTIONS
Listet die Namen der eingebauten Funktionen von C-Kermit. Kapitel 12.

SHOW GLOBALS
Listet die Namen und Werte der derzeit definierten globalen Variablen \%a bis \%z. Kapitel 11.

SHOW KEY
C-Kermit bittet Sie, eine Taste zu drücken. Zur Antwort gibt C-Kermit Ihnen den Tastencode der Taste (zur Benutzung mit SET KEY) und ggf. ihre derzeitige Belegung. Kapitel 4.

SHOW LABELED-FILE-INFO
(Nur VMS und OpenVMS) Zeigt die aktuellen Einstellungen von SET FILE LABEL an. Anhang IV.

SHOW LANGUAGES
Listet die Sprachen, die der C-Kermit-Befehl SET LANGUAGE unterstützt, und zusätzlich die aktuelle Sprache, den Datei- und den Transfer-Zeichensatz. Kapitel 9.

SHOW MACROS *[Name]*
Listet die Definitionen aller Makros, deren Namen mit *Name* beginnen. Fehlt *Name*, werden alle definierten Makros gelistet. Um eine Liste aller definierten Makro-Namen ohne ihre Definitionen zu erhalten, geben Sie DO ? ein. Kapitel 11.

SHOW MODEM-SIGNALS
Zeigt den aktuellen Modem-Typ und listet, falls das zugrundeliegende Betriebssystem dies zuläßt, den Zustand der Modem-Signale auf dem derzeit angewählten Kommunikationsgerät, sofern es ein serielles ist. Kapitel 3.

SHOW NETWORK
Zeigt Netzwerk-Protokolle, aktuelle Einstellungen und aktive Verbindungen. Kapitel 3.

SHOW PAD
(Nur X.25) Listet X.25-PAD-bezogene Parameter. Kapitel 3.

SHOW PROTOCOL
Listet die aktuellen Kermit-Dateitransfer-Protokoll-bezogenen Einstellungen. Kapitel 5, 6 und 8.

SHOW SCRIPTS
Listet die aktuellen Werte von SET TAKE, SET MACRO, SET INPUT und SET SCRIPT. Kapitel 11 bis 13.

SHOW SERVER
Listet die Server-bezogenen Einstellungen, unter anderem auch, welche Server-Befehle desaktiviert sind und welche nicht. Kapitel 7.

SHOW STATUS
Teilt mit, ob der vorige Befehl erfolgreich war oder fehlschlug. Kapitel 12.

SHOW TERMINAL
Listet die Einstellungen von SET TERMINAL. Kapitel 4, 9 und 10.

SHOW TRANSMIT
Listet die aktuellen Einstellungen von SET TRANSMIT. Kapitel 10. Synonym: **SHOW XMIT**.

SHOW VARIABLES
Listet die Namen und Werte der eingebauten Variablen von C-Kermit. Kapitel 11.

SHOW VERSIONS
Zeigt die Versionsnummern und Entwicklungsdaten jedes der Module des C-Kermit-Programms.

SLEEP *[Zahl=1]*
Schläft *Zahl* Sekunden lang. Synonym für **PAUSE**.

SPACE *[Gerät]*
Zeigt Betriebssystem-spezifische Informationen über die Plattenplatz-Ausnutzung auf dem angegebenen oder dem aktuellen Gerät und Verzeichnis auf dem Rechner, auf dem C-Kermit läuft. Kapitel 2.

SPAWN *[Befehl]*
Synonym für **!**, **@**, **RUN**, **PUSH**.

STATISTICS
Zeigt Statistiken über den letzten Dateitransfer an. Kapitel 8.

STOP *[Zahl [Meldung]]*
Kehrt aus der aktuellen Befehlsdatei oder Makro auf die oberste Befehlsebene zurück: den C-Kermit-Prompt, wenn das Programm im interaktiven Betrieb steht, oder auf die Betriebssystemebene, wenn C-Kermit mit Befehlszeilen-Aktionsoptionen aufgerufen wurde. Ist die optionale *Zahl* angegeben, wird sie als Status des obersten TAKE- oder DO-

Befehls benutzt, 0 für Erfolg, nicht-null für Fehlschlag. Ist eine *Meldung* angegeben, wird sie auf dem Bildschirm ausgegeben. Der Text kann in geschweifte Klammern eingeschlossen sein, um Leerzeichen an Anfang oder Ende stehen zu lassen. Kapitel 12.

SUSPEND
(Nur UNIX) Hält C-Kermit an und kehrt zum Betriebssystem in solcher Weise zurück, daß C-Kermit später fortgesetzt werden kann, entweder im Vorder- oder im Hintergrund. Anhang III. Synonym: **Z**.

TAKE *Dateiname*
Führt Befehle aus der angegebenen Datei bis zu deren Ende aus, oder bis einer der Befehle END, STOP, RETURN, EXIT oder QUIT angetroffen wird, ein Fehler auftritt und TAKE ERROR ON ist oder ein GOTO-Befehl ausgeführt wird, dessen Zielmarke außerhalb der Datei liegt. Kapitel 2 und 11.

TELNET *[Wirt [Dienst]]*
Stellt eine TCP/IP-TELNET-Verbindung zu dem angegebenen *Wirt* her, der als IP-Wirtsname oder als numerische Adresse in Punkt-Schreibweise gegeben sein kann. Der *Dienst* kann ein TCP-Dienstname oder eine -nummer sein. Der Standard-Dienst ist 23, TELNET. Werden sowohl der *Wirt* als auch der *Dienst* weggelassen, wird ggf. die derzeit aktive TCP/IP-Verbindung wieder aufgenommen. Kapitel 3.

TRANSLATE *Datei1 zs1 zs2 [Datei2]*
Übersetzt die Datei *Datei1* aus dem Zeichensatz *zs1* in den Zeichensatz *zs2* und legt das Ergebnis in *Datei2* ab oder zeigt es, wenn *Datei2* nicht angegeben wurde, auf dem Bildschirm an. Die verfügbaren Zeichensätze sind dieselben wie für SET FILE CHARACTER-SET. Kapitel 9. Synonym: **XLATE**.

TRANSMIT *Dateiname*
Sendet die in der angegebenen Datei stehenden Zeichen über das derzeit angewählte Kommunikationsgerät. Benutzen Sie diesen Befehl, um Dateien an Rechner zu schicken, die keine Kermit-Programme haben. Es wird keine Fehlerprüfung durchgeführt. Ist der Dateityp TEXT, wird Zeichensatz-Übersetzung durchgeführt, und die Übertragung ist zeilenorientiert. Ist der Dateityp BINARY, werden die Daten ohne Modifikation in einem konstanten Strom gesendet. Kapitel 10. Synonym: **XMIT**.

TYPE *Dateiname*
Zeigt die angegebene lokale Datei auf dem Bildschirm an. Kapitel 2.

VERSION
Zeigt C-Kermits Haupt-Versionsnummer an. Kapitel 2.

WAIT *[Zahl=1 [{* **CD, CTS, DSR** *} ...]]*
Wartet bis zu der angegebenen *Zahl* von Sekunden darauf, daß die angegebenen Modemsignale auf dem derzeit mit SET LINE angewählten Kommunikationsgerät erscheinen. Der Befehl ist erfolgreich, wenn alle angegebenen Modemsignale vor Ablauf des Timeouts vorhanden waren, sonst schlägt er fehl. Kann von der Tastatur her unterbrochen werden. Kapitel 13.

WHILE *Bedingung* { *Befehl,* [*Befehl* [, ...]] }
Solange die *Bedingung* wahr ist, werden die Befehle in der Liste ausgeführt. Die möglichen Bedingungen sind dieselben wie für den IF-Befehl. Kapitel 12.

WHO [{ *Benutzerin, Benutzerin@Wirt, @Wirt* }]
Listet die Benutzerinnen auf dem lokalen Rechner aus, gibt Informationen zu der Benutzerin auf dem lokalen Rechner oder auf dem angegebenen Wirtsrechner. (@*Wirt* steht nur auf UNIX-Rechnern zur Verfügung.) Kapitel 2.

WRITE { *DEBUG-LOG, ERROR, FILE, PACKET-LOG, SESSION-LOG, SCREEN, TRANSACTION-LOG* } [{] *Text* [}]
Schreibt den *Text* in die angegebene Datei. Alle Backslash-Codes, Variablen und Funktionen werden zuerst ausgewertet. Carriage Return und Zeilenvorschub werden am Ende des Textes nicht automatisch hinzugefügt, wie es etwa beim ECHO-Befehl stattfindet. Leerzeichen an Anfang und Ende fallen weg, sofern der *Text* nicht von { geschweiften Klammern } umgeben ist; in diesem Fall werden die Klammern selbst entfernt. Kapitel 12.

XIF *Bedingung* { *Befehl* [, *Befehl*...] } [**ELSE** { *Befehl* [, *Befehl*...] }]
Wenn die *Bedingung* wahr ist, wird der Befehl bzw. die Befehle, die in dem ersten paar von geschweiften Klammern stehen, ausgeführt. Ist ein ELSE-Teil vorhanden und die Bedingung nicht wahr, werden die Befehle in dem zweiten Paar von geschweiften Klammern ausgeführt. Die Bedingungen sind dieselben wie für den normalen IF-Befehl. Kapitel 12.

XLATE
Synonym für **TRANSLATE**.

XMIT
Synonym für **TRANSMIT**.

Z
Synonym für **SUSPEND**.

Anhang II
Ein Kompaktführer zur seriellen Datenkommunikation

Zur Kommunikation zwischen zwei Rechnern bedarf es nicht nur einer physischen Verbindung, sondern auch einer Übereinkunft darüber, wie die Rechner diese benutzen. Wenn Sie selbst die Verbindung herstellen, indem Sie zum Beispiel per Telefonnetz wählen oder auch ein Kabel installieren, sollten Sie die Bestandteile kennen, die miteinander übereinstimmen müssen. Sonst bleibt eine funktionierende Verbindung ein wenig wahrscheinlicher Glücksfall.

Zeichenformat und Parität

Ein Byte, auch einfach Zeichen genannt, setzt sich im allgemeinen aus acht Bits zusammen. Textdaten werden in einem besonderen Code wie etwa ASCII oder ISO Lateinisch-1 dargestellt. Reiner ASCII- und andere 7-Bit-Codes lassen eines der acht Bits ungenutzt; daher wird das restliche Bit von vielen Anwendungen für eine rudimentäre Art der Fehlerprüfung, die sogenannte *Parität*, verwendet. Das zusätzliche Bit, das *Paritätsbit*, wird auf 0 oder 1 gesetzt, so daß die Gesamtzahl der Einser-Bits *gerade* bzw. *ungerade* (je nach der gewählten Paritätsart) ist. Aus historisch nicht mehr nachvollziehbaren Gründen gibt es auch noch die Paritäten *gesetzt* und *leer*, bei denen das Paritätsbit stets 1 bzw. 0 ist. Demnach gibt es fünf mögliche Paritäten: gerade (*even*), ungerade (*odd*), gesetzt (*mark*), leer (*space*) und ohne Parität (*none*). Parität wird normalerweise zusammen mit 7-Bit-Codes benutzt. Abbildung II-1 zeigt ein 7-Bit-Zeichen mit gerader und ein 8-Bit-Zeichen ohne Parität.

Die Geräte an den beiden Enden der Datenverbindung sollten in ihrer Paritäts-Einstellung übereinstimmen. Zum Beispiel steht die Bitfolge 11000101 auf einer 8-Bit-Verbindung in Lateinisch-1 für das Zeichen A-Kringel und für das große E auf einer 7-Bit-Verbindung mit gerader oder gesetzter Parität, während sie auf einer 7-Bit-Verbindung mit ungerader oder leerer Parität unzulässig ist (siehe Abbildung II-1).

ASCII-Buchstabe Großes A

| 0 | 1 | 0 | 0 | 0 | 0 | 0 | 1 |

↑
Gerades Paritätsbit

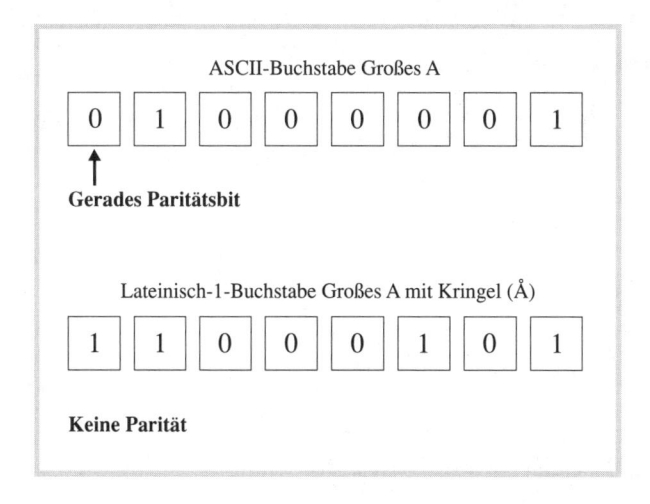

Lateinisch-1-Buchstabe Großes A mit Kringel (Å)

| 1 | 1 | 0 | 0 | 0 | 1 | 0 | 1 |

Keine Parität

Abbildung II-1
Zeichenformate

Serielle asynchrone Übertragung

Auf kurzen Strecken werden Zeichen als digitale Signale über normale Kupferleitungen übertragen: Kurze, getrennte Spannungsimpulse stehen für die binären Ziffern (Bits) 0 und 1, etwa +12 V für 0 und -12 V für 1. Die elektrischen Charakteristiken und Entfernungsbeschränkungen sind in einem altehrwürdigen Industriestandard, EIA RS-232 [28] bzw. der internationalen Entsprechung CCITT V.24 [8], festgelegt, dem praktisch jeder Computer-Hersteller folgt. In der Terminologie dieser Schriftstücke ist ein Rechner oder Terminal ein *Datenendgerät* (*DTE*, *Data Terminal Equipment*). Das Wort *Terminal* bezeichnet ein Gerät am Ende einer Verbindung, das oft tatsächlich ein Terminal im umgangssprachlichen Sinne ist, also ein Gerät mit Tastatur, Bildschirm und Kommunikationsschnittstelle.

Die Bits innerhalb eines Zeichens werden in Serie, eins nach dem anderen, in vorgeschriebener Reihenfolge [2] über einen Draht, der die beiden Geräte miteinander verbindet, übertragen. Diese als *serielle* Übertragung bezeichnete Übertragungsart wird für alle Entfernungen außer für allerkürzeste Distanzen gegenüber der teureren *parallelen* Methode bevorzugt, die einen Draht für jedes der acht Bits in einem Zeichen benötigt.

Ist ein Terminal mit einem Rechner verbunden, kann dieser nicht vorhersagen, wann der Mensch an dem Terminal eine Taste drückt: Terminal und Rechner sind nicht synchronisiert. Bei serieller Übertragung in einer solchen Umgebung werden Zeichen durch ein „Startbit" (0) und ein „Stopbit" (1) begrenzt, damit der Empfänger weiß, wo jeweils ein Zeichen beginnt bzw. endet [3], wie in Abbildung II-2 gezeigt. Das Stopbit dauert so lange, bis das nächste Zeichen kommt. Diese Art der seriellen Kommunikation wird als *asynchron* bezeichnet.

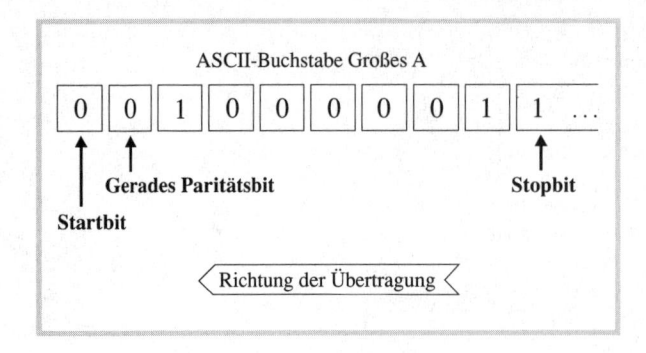

```
    ASCII-Buchstabe Großes A
┌───┬───┬───┬───┬───┬───┬───┬───┬───┬───┐
│ 0 │ 0 │ 1 │ 0 │ 0 │ 0 │ 0 │ 0 │ 1 │ 1 │ ...
└───┴───┴───┴───┴───┴───┴───┴───┴───┴───┘
  ↑   ↑                           ↑
      Gerades Paritätsbit         Stopbit
Startbit

    ◁ Richtung der Übertragung ◁
```

Abbildung II-2
Format asynchroner Zeichenübertragung

Übertragungsgeschwindigkeit

Auch in der asynchronen Kommunikation sind zwei DTEs jedoch nicht gänzlich unsynchronisiert. Die Sender und Empfänger der beiden Rechner müssen mit gleicher *Geschwindigkeit* laufen, damit der Empfängerrechner jedes Bit korrekt erkennt, je nachdem wie lange ein Bit „dauert". Die Übertragungsgeschwindigkeit wird in Bits pro Sekunde (bps) angegeben, was manchmal auch *Baud* genannt wird. Häufig für asynchrone serielle Datenkommunikation benutzte Geschwindigkeiten sind 75, 110, 150, 300, 600, 1200, 2400, 4800, 9600, 14400, 19200, 38400 und 57600 bps.[44] Stimmen die Geschwindigkeiten der beiden Geräte nicht miteinander überein, kann keine Kommunikation zustande kommen.

Zehn Bits werden benötigt, um ein Zeichen zu übertragen: die acht Bits des Zeichens selbst zuzüglich des Start- und des Stopbits. Daher ist 10 Bits pro Sekunde (10 bps) dasselbe wie ein Zeichen pro Sekunde (1 cps), wenn Zeichen ohne Lücken (lange Stopbits) übertragen werden.

Es ist möglich, und in einigen Teilen der Welt sogar gebräuchlich – hierzu gehören einige Btx-Anschlüsse der deutschen Telekom –, daß Sender und Empfänger auf jeder Seite mit unterschiedlichen Geschwindigkeiten laufen. Zum Beispiel sendet das Terminal Zeichen bei 75 bps, und der Rechner empfängt sie auch bei 75 bps; er selbst sendet aber bei 1200 bps, und das Terminal empfängt sie so. Dies wird Betrieb mit *geteilter Geschwindigkeit* (*split speed*) genannt.

„Plex"

Eine asynchrone serielle Verbindung zwischen zwei Rechnern kann durch die Datenfluß-Richtung charakterisiert werden. Wenn Daten nur in eine Richtung fließen können, beschreibt man die Verbindung als *Simplex*, einbahnig oder *one-way*. Wenn Daten in beide Richtungen fließen können, heißt die Verbindung *Duplex* oder zweibahnig (*two-way*).[45]

Eine zweibahnige Verbindung kann auch auf einem einzelnen Draht oder Kanal hergestellt werden, wenn zu jeder gegebenen Zeit die Daten jeweils nur in eine Richtung fließen;

diese Übertragungsart wird *Halbduplex* oder *zweibahnig-wechselnd* (*two-way alternate*) genannt. Ein besonderes Signal, der *Handshake* (*Handschlag*), wird benötigt, um die Richtung umzukehren. Eindraht-Verbindungen sind selten; dennoch ist Halbduplex-Kommunikation in Großrechner-Umgebungen immer noch gang und gäbe. Auf einer Halbduplex-Verbindung zwischen einem Terminal und einem Rechner muß das Terminal jedes eingegebene Zeichen selbst darstellen; dies wird *lokales Echo* genannt.

Heutzutage findet der größte Teil der asynchronen seriellen Kommunikation über zwei Drähte statt, einen für jede Richtung. Daten können gleichzeitig in beide Richtungen gehen; dies wird *Vollduplex* oder *zweibahnig-gleichzeitig* (*two-way simultaneous*) genannt. Eine Vollduplex-Verbindung erlaubt es Ihnen, Zeichen einzugeben, während gleichzeitig ankommende Zeichen auf dem Bildschirm angezeigt werden; dies erlaubt es dem Rechner, das Aussehen Ihres Bildschirms zu steuern, indem Zeichen selektiv „ge-echot" werden.

Flußkontrolle

Wann immer Rechner A Daten an Rechner B sendet, besteht die Möglichkeit, daß die Daten von Rechner A schneller ankommen, als Rechner B sie verarbeiten kann. Auf einer Vollduplex-Verbindung, auf der Zeichen gleichzeitig in beide Richtungen gehen können, kann Rechner B den Rechner A auffordern, nicht weiterzusenden, während noch Daten unterwegs sind. Dies gibt Rechner B Gelegenheit zum „Aufholen"; wenn er die angesammelten Zeichen verarbeitet hat, fordert er Rechner A zum Weitersenden auf.

Dieser Vorgang wird *Flußkontrolle* genannt. Sie wird meistens mit den Steuerzeichen Strg-S (ASCII DC3) zum Anhalten und Strg-Q (ASCII DC1) zum Wiederaufnehmen des Datenstroms benutzt. Im Kontext der Flußkontrolle werden diese Zeichen XOFF bzw. XON genannt. Flußkontrolle, die durch das Einfügen besonderer Zeichen in die Daten selbst realisiert ist, wird „In-Band"- oder „Software"-Flußkontrolle genannt. Xon/Xoff-Flußkontrolle funktioniert, wenn die Rechner vollduplex miteinander verbunden sind, beide Rechner die Übereinkunft beachten und die Verbindung so sauber ist, daß die Sonderzeichen bei der Übertragung nicht beschädigt werden.

Hardware-Flußkontrolle wird über gesonderte Drähte realisiert, am üblichsten über die RS-232-Signale RTS und CTS, und heißt daher „out of band". Sie ist erheblich zuverlässiger und spricht schneller an als Software-Flußkontrolle, kann aber im allgemeinen nur über sehr kurze Verbindungen benutzt werden, zum Beispiel zwischen einem Rechner und dem mit ihm direkt verbundenen Modem.

Modems

Die höchste zulässige Entfernung nach RS-232 beträgt etwa 15 Meter. Um zwei DTEs über größere Verbindungen hinweg zu verbinden, bedarf es besonderer *Datenkommunikationseinrichtungen* (*DCE, Data Communications Equipment*). Dies sind normalerweise Geräte mit eigener Stromversorgung, die die Datensignale verstärken und ihre Form modulieren, damit sie größere Strecken zurücklegen können. Ein *Modem*[46] ist ein DCE, das zwischen der digitalen Darstellung der Computerdaten und der analogen Signalübermittlung, die von herkömmlichen Telefonverbindungen benutzt wird, übersetzt. Modems werden häufig benutzt, um voneinander entfernt stehende Rechner durch Anruf über das normale Telefonnetz miteinander zu verbinden. Modems können beliebige Rechner überall auf der Welt miteinander kommunizieren lassen, solange nur ein Telefonanruf zwischen beiden möglich und die Modulationstechniken der beiden Modems miteinander kompatibel sind.

In einer Modem-Wählverbindung ersetzt das Modem tatsächlich das Telefon. Es tut dasselbe wie das Telefon; statt aber menschliche Stimme und analoge elektronische Signale auf der Telefonleitung ineinander umzuwandeln, wandelt es digitale Rechnerdaten und analoge Telefonsignale ineinander um.

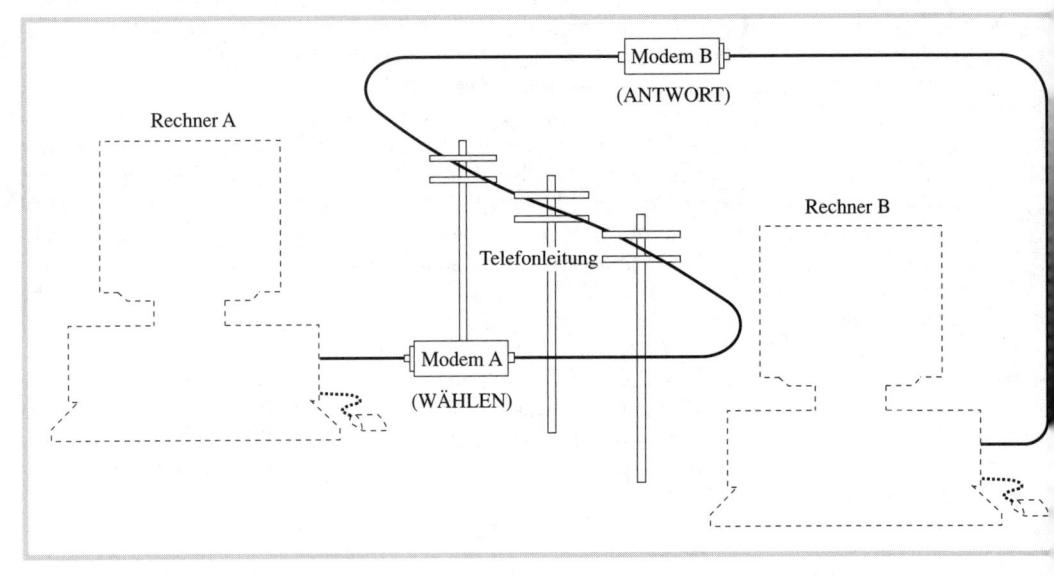

Abbildung II-3   *Durch ein Modem verbundene Rechner*

Jeder der beiden Rechner muß sein eigenes Modem haben, wie in Abbildung II-3 dargestellt. Der Rechner, von dem der Anruf ausgeht, fordert sein Modem zum Wählen der Nummer auf; dieses „nimmt den Hörer ab", wartet auf den Wählton und wählt die gewünschte Nummer, indem es das Klicken oder Pfeifen des Telefons nachahmt. Wenn das andere Modem den Anruf entgegennimmt, sendet das Ursprungs-Modem einen konstanten Ton einer festgelegten (Ursprungs-)Frequenz. Das empfangende Modem erkennt diesen Ton und antwortet mit seinem eigenen Ton auf einer anderen (Antwort-)Frequenz. Wenn die beiden Modems den jeweils anderen Ton erkannt haben, ist die Verbindung vollständig und gebrauchsfertig. Diese Töne werden *Trägersignal* genannt und bleiben während der gesamten Verbindung bestehen. Übertragene Daten werden den Trägersignalen aufgeprägt, so daß diese ihre Frequenz, Amplitude oder Phase verändern.

Modemsignale

Rechner, die über Modems miteinander kommunizieren, müssen diese überwachen und steuern können, genau wie Menschen einen Telefonanruf überwachen und steuern können. Wenn Sie zum Beispiel ein Klicken und einen Wählton mitten in einem Telefongespräch hören, haben Sie guten Grund zu der Vermutung, daß die Leitung unterbrochen wurde und Sie den Hörer aufhängen können. Das bedeutet, daß Sie nicht ewig warten müssen, bis die Gegenseite ihren Satz beendet hat. Das klingt vielleicht albern, ist aber genau das, was ein Rechner womöglich machte, wenn er das Zusammenbrechen der Leitung nicht bemerken könnte.

Modems bearbeiten solche Probleme recht gut, indem sie besondere, in RS-232 und V.24 definierte Signale zwischen dem Modem und dem Rechner benutzen. Die zehn Signale, die in der asynchronen seriellen Kommunikation benutzt werden, sind in Tabelle II-1 zusammengestellt. Die Spalte *Signal* zeigt den Namen nach RS-232 für das Signal, die V.24-Spalte die Signalnummer nach CCITT V.24. Die DB-25-Spalte zeigt die Pin-Belegung für einen Standard-RS-232-Stecker mit 25 Anschlüssen, die DB-9-Spalte diejenige für einen 9-Pin-Anschluß, wie er bei IBM PC/AT und PS/2 verwendet wird.

Signal	V.24	Name	Richtung	DB-25	DB-9	Kommentare
FG		Frame Ground		1	-	Erdung zwecks elektrischer Sicherheit
TD	103	Transmitted Data	Zum DCE	2	3	Vom Rechner gesendete Daten
RD	104	Received Data	Zum DTE	3	2	Zum Rechner gesendete Daten
RTS	105	Request To Send	Zum DCE	4	7	Hardware-Flußkontrolle
CTS	106	Clear To Send	Zum DTE	5	8	Hardware-Flußkontrolle
DSR	107	Data Set Ready	Zum DTE	6	6	DCE ist bereit und im Datenmodus
SG	102	Signal Ground		7	5	Bezugsspannung
CD	109	Carrier Detect	Zum DTE	8	1	Modems kommunizieren
DTR	108	Data Terminal Ready	Zum DCE	20	4	DTE ist bereit und im Datenmodus
RI	125	Ring Indicator	Zum DTE	22	9	Telefon klingelt

Tabelle II-1   *RS-232-C-Modemsignale und Anschlußbelegungen*

Ein Modem-Anruf von einem Rechner A zu einem Rechner B geht ungefähr wie folgt vonstatten, dargestellt aus der Sicht des Rechners A (dem Urheber des Anrufs):

1. Rechner A prüft, ob das DSR-Signal seines Modems an ist. Wenn nicht, weiß der Rechner, daß das Modem nicht angeschlossen oder nicht angeschaltet ist, und der Anruf schlägt fehl.
2. Rechner A schaltet sein DTR-Signal an, damit das Modem erfährt, daß er mit der Kommunikation beginnen will.
3. Rechner A gibt Modem A den Befehl, eine Telefonnummer zu wählen.
4. Modem A „nimmt den Hörer ab" und wartet auf den Wählton; kommt keiner, bricht der Vorgang hier ab. Sonst wählt Modem A die Nummer und wartet auf eine Antwort.
5. Kommt innerhalb einer vorgegebenen Zeit keine Antwort, unterrichtet Modem A den Rechner über den Fehlschlag, und der Vorgang bricht hier ab.
6. Wenn das andere Modem „abhebt", sendet Modem A einen Ton mit Ursprungs-Frequenz und wartet auf einen Ton mit Antwort-Frequenz. Tritt innerhalb einer bestimmten Zeit keiner auf, schlägt der Vorgang fehl und bricht hier ab.
7. Wenn das Ursprungs-Modem den Ton des Antwort-Modems hört, schaltet es sein CD-Signal an, so daß der Rechner weiß, daß er Daten mit dem anderen Rechner austauschen kann.
8. Schaltet Rechner A irgendwann während der Verbindung sein DTR-Signal ab, unterbricht Modem A die Leitung. Hört Modem A den Trägerton von Modem B irgendwann während der Verbindung nicht mehr, schaltet es sein CD-Signal ab.

Die Lage am angerufenen Ende (B) ist ähnlich. Modem B „hört" das Klingeln des Telefons und schaltet sein RI-Signal an. Rechner B erkennt dies, bereitet sich auf die Kommunikation vor und schaltet dann sein DTR-Signal an. Modem B bemerkt dieses und beginnt, seinen Trägerton an das andere Modem zu senden. Die zwei Modems versuchen, sich auf eine Modulationstechnik (erläutert auf Seite 417) zu einigen; bei Erfolg schalten beide ihre CD-Signale an, und die Kommunikation zwischen den Rechnern A und B beginnt.

Fehlschlag automatisch feststellen

Während der Verbindung zwischen den Rechnern A und B können mindestens fünf verschiedene Komponenten ausfallen: Rechner A, Modem A, Rechner B, Modem B und die gewählte Verbindung selbst. Mit nur zwei Modemsignalen, CD und DTR, können alle Bestandteile der Verbindung einen Fehlschlag irgendwo im Kommunikationspfad bemerken und sich selber im Fehlerfall ordentlich abschalten, so daß Rechnerdaten erhalten bleiben und die Telefonverbindung aufgelegt werden kann:

– Wenn Rechner A plötzlich ausfällt, geht sein DTR-Signal auf AUS. Modem A bemerkt dies, beendet die Aussendung seines Trägertons und legt die Verbindung auf. Dies veranlaßt Modem B zum Abschalten seines CD-Signals, woraufhin Rechner B sein DTR-Signal abschaltet, was wiederum Modem B veranlaßt, sein Ende der Telefonverbindung aufzulegen. Das entsprechende geschieht in der anderen Richtung, wenn Rechner B ausfällt.
– Wenn Modem A plötzlich zu arbeiten aufhört (zum Beispiel, weil Sie über das Netzkabel gestolpert sind und dabei den Stecker gezogen haben), erhält Rechner A keine CD- und DSR-Signale mehr und weiß, daß die Verbindung unterbrochen ist. In der Zwischenzeit

bemerkt Modem B das Fehlen des Trägers, schaltet CD ab und legt sein Ende der Telefonverbindung auf. Das entsprechende geschieht, wenn Modem B ausfällt – vertauschen Sie einfach A und B in allen Sätzen dieses Abschnitts (außer in diesem).
– Wenn die Verbindung selbst unterbrochen wird, bemerken beide Modems den Verlust des Trägers und schalten CD ab, so daß beide Rechner wissen, daß die Verbindung unterbrochen ist. Natürlich schalten die Rechner auch ihre DTR-Signale ab, damit die Modems die Verbindung auflegen; da die Verbindung aber ohnedies schon unterbrochen ist, interessiert dies niemanden mehr.

Automatisches Wählen

Die meisten modernen Modems enthalten einen kleinen Rechner, der Befehle vom Terminal oder Rechner in Zeichenform entgegennimmt und über die Ergebnisse ebenfalls in Zeichenform informiert. Obgleich es einen internationalen Standard [9] gibt, der den Umfang und das Format dieser Befehle festlegt, wird dieser weithin nicht befolgt. In den meisten Teilen der Welt werden die Modem-Wählsprachen von den Modem-Herstellern definiert, und es gibt viele solcher Sprachen. Die vielleicht beliebteste Wählsprache ist der Hayes-AT-Befehlssatz, der im folgenden kurz erläutert wird.

In der Hayes-Sprache beginnen Befehle mit den beiden Buchstaben AT. Der Befehl zum Wählen einer Telefonnummer ist ATDP oder ATDT (je nachdem, ob Puls- oder Frequenzwahl nötig ist), gefolgt von der Telefonnummer und einem Wagenrücklauf (CR; drücken Sie die Eingabetaste). Das Modem wählt die Nummer, wartet auf eine Antwort und berichtet die Ergebnisse entweder mit einem Zifferncode oder einem englischen Wort oder Ausdruck wie `CONNECT`, `CONNECT 1200`, `CONNECT 2400`, `BUSY`, `NO ANSWER`, `NO DIALTONE` oder `NO CARRIER` [32]. Einige nützliche Hayes-Befehle sind in Tabelle II-2 aufgeführt; jeder Befehl (außer +++) muß mit einem Wagenrücklauf (Eingabetaste) abgeschlossen werden. Computerprogramme, die einem Selbstwählmodem Befehle geben und die Ergebnisse interpretieren, sind leicht zu schreiben.

Laut RS-232 und V.24 gibt es während des Wählvorgangs kein Trägersignal; zumindest sollte es das nicht geben. Der Träger erscheint erst, wenn die Verbindung vollständig da ist. Daher muß Computer-Software wie Kermit, die Modems steuert, den Träger während des Wählvorgangs ignorieren, nach der Herstellung der Verbindung aber beachten.

Einige Rechnersysteme (wie Data General AOS/VS) erlauben jedoch gar keine serielle Kommunikation in Abwesenheit des Trägers; daher muß das Modem (oder das Kabel, das es mit dem Rechner verbindet) so konfiguriert werden, daß CD stets an ist. Dies nimmt dem Rechner die Möglichkeit, eine unterbrochene Verbindung festzustellen. Auf ähnliche Weise schalten einige Rechner ihre DTR-Signale nicht ordentlich an; dann muß das Modem so konfiguriert werden, daß es DTR ignoriert. Im allgemeinen sollte ein Modem jedoch wie folgt eingestellt werden:

– Beachte das DTR-Signal des Rechners. Wenn DTR aus geht, lege die Verbindung auf.
– Schalte Carrier Detect (CD) nur an, wenn die Modems Träger austauschen.

Befehl	Auswirkung
AT	Keine Auswirkung. Modem antwortet OK, falls es im Befehlszustand ist.
AT&C1	CD-Signal entspricht Trägerzustand (empfohlen). AT&C0 läßt CD stets an.
AT&D2	Modem hängt auf und kehrt in Befehlszustand zurück, wenn Rechner DTR abschaltet (empfohlen). Nach AT&D0 wird DTR-Signal des Rechners ignoriert.
ATE1	Schaltet Echo der Modem-Befehle an (empfohlen). ATE0 schaltet Echo ab.
ATM0	Schaltet Lautsprecher ab. ATM1 schaltet Lautsprecher während des Wählens an.
ATQ0V1	Ergebniscodes werden als Wörter (OK, CONNECT usw.) statt als Zahlen geliefert.
ATX0	Schaltet die Ergebniscodes OK, CONNECT, RING und NO CARRIER an.
ATX1	Schaltet die Ergebniscodes OK, CONNECT, RING, NO CARRIER, ERROR, CONNECT 1200 und CONNECT 2400 an.
ATX4	Schaltet die Ergebniscodes OK, CONNECT, RING, NO CARRIER, ERROR, CONNECT 1200, NO DIALTONE, BUSY, CONNECT und CONNECT 2400 an (Fabrik-Voreinstellung).
ATDP*nnnnnn*	Wählt die Telefonnummer *nnnnnn*, simuliert Pulswahl (Wählscheibe). Die Telefonnummer kann Ziffern, Leerzeichen, Klammern und Bindestriche enthalten, die ignoriert werden. Bei einem Komma im Wählstring macht das Modem eine Pause (normalerweise 2 Sekunden, in Register S8 festgelegt). Der Buchstabe w läßt bis zu 30 Sekunden (Grenze laut Register S7) auf den Wählton warten. Ein Ausrufezeichen (!) steht für kurzes Auflegen von einer halben Sekunde, danach Neuverbindung. Ein @-Zeichen bedeutet, daß bis zum Ende des Klingelns gewartet werden soll.
ATDT*nnnnnn*	Wählt die Telefonnummer wie ATDP, aber mit Frequenzwahl.
ATD*nnnnnn*	Wählt die Telefonnummer mit der voreingestellten Wählmethode (Puls- oder Frequenzwahl).
ATH0	Legt die Verbindung auf.
+++	Kehrt in den Befehlszustand zurück, ohne die Verbindung zu unterbrechen. Dies ist die Rückkehrsequenz des Modems. Sie wird ignoriert, sofern nicht jeweils eine volle Sekunde Ruhe davor und dahinter kommen, damit mehrere Plus-Zeichen hintereinander in Ihren Daten die Kommunikation nicht stören.
ATO	(Buchstabe o) Kehrt aus dem Befehls- in den Verbindungszustand zurück.
ATZ	Initialisieren: Normale Konfiguration wiederherstellen.
ATS0=1	Beginne Antwort-Betrieb (Warte auf einen Anruf).
ATS7=*nnn*	Wartet bis zu *nnn* Sekunden auf einen Träger. Voreinstellung hängt vom Modem-Modell ab.
ATS8=*nnn*	Dauer der Wartezeit bei einem Komma im Wählstring. Voreinstellung ist 2 Sekunden.
ATS10=*nnn*	Verzögerung zwischen Trägerverlust und Aufhängen in Zehntelsekunden.
ATS25=*nnn*	Zeitspanne zum Bemerken des DTR-Wechsels in Hundertstelsekunden.

Tabelle II-2 *Ausgewählte Befehle des Hayes Smartmodem 2400*

Modulation, Fehlerkorrektur und Komprimierung

Modems kommunizieren miteinander in einer stetig wachsenden Vielzahl von Modulationstechniken wie den in Tabelle II-3 aufgeführten. Die meisten modernen Modems unterstützen mehr als ein solches Verfahren. Damit zwei Modems miteinander kommunizieren können, müssen sie mindestens eine gemeinsame Modulationstechnik besitzen, und beide müssen diese auch zu erkennen und finden wissen.

Bezeichnung	Beschreibung
CCITT V.32*bis*	14400 bps; Vollduplex
CCITT V.32	9600, 4800, 2400 bps; Vollduplex
CCITT V.29	9600 bps; für Standleitungen, aber auch von MNP Klasse 6 genutzt
CCITT V.26*ter*	2400 bps; Vollduplex
CCITT V.26*bis*	2400, 1200 bps; Halbduplex mit 75-bps-Rückkanal
CCITT V.22*bis*	2400 bps; Vollduplex
CCITT V.22	1200 bps; Vollduplex
Vadic VA3400	1200 bps; Vollduplex
Bell 212A	1200 bps; Halbduplex
CCITT V.23	1200, 600 bps; Halbduplex mit 75-bps-Rückkanal
CCITT V.21	300 bps; Vollduplex, inkompatibel zu Bell 103
Bell 103	300, 150, 110 bps; Vollduplex

Tabelle II-3   *Modem-Modulations-Techniken*

Wenn Sie anrufen, fängt das Modem in einer bestimmten Modulationstechnik an, die durch die Schnittstellengeschwindigkeit zwischen Ihrem Rechner und dem Modem oder auch durch die Modem-Konfiguration festgelegt ist. Ein V.32-Modem würde sich zum Beispiel mit dem angerufenen Modem nach V.32 zu verbinden versuchen, wenn die Schnittstellengeschwindigkeit 9600 bps ist, nach V.22*bis*, wenn sie 2400 bps beträgt, nach V.22 bei 1200 bps und nach V.21 oder Bell 103 bei 300 bps.

Nehmen wir an, Ihr Modem versucht eine Verbindung nach V.32. Wenn das andere Modem mit einem V.32-Trägersignal antwortet, erkennen sich die beiden Geräte sofort, Ihr Modem hebt das CD-Signal an und teilt Ihnen mit, daß die Verbindung steht. Unterstützt das andere Modem V.32 jedoch nicht, führt Ihr Modem seine *Rückgriff*-Strategie aus. Diese Rückgriff-Strategie erlaubt es Modems unterschiedlicher Fähigkeiten, eine gemeinsame Sprache zu finden. In diesem Fall greift Ihr Modem vielleicht auf V.22*bis* zurück; falls dies fehlschlägt, auf V.21 und so fort.

Modems, die unterschiedliche Rückgriff-Stragien verfolgen, können sich mitunter nicht automatisch miteinander verbinden, selbst wenn sie eine gemeinsame Modulationstechnik besitzen. In solchen Fällen ist es Ihre Sache, Ihr Modem für eine andere Anfangs-Modulationstechnik, ein anderes Rückgriff-Schema oder beides zu konfigurieren.

Fehlerkorrektur

Fehlerkorrigierende Modems sind seit den frühen achtziger Jahren erhältlich. Sie sind dafür ausgelegt, Übertragungsfehler aufgrund von gestörten Telefonleitungen auszugleichen. Wenn Fehlerkorrektur aktiviert ist, findet sie nur auf der Verbindung zwischen den beiden Modems statt, *nicht* jedoch auf den Verbindungen zwischen Modem und Rechner oder Terminal.

Fehlerkorrektur erfordert ein Kommunikationsprotokoll – ähnlich dem von Kermit benutzten – zwischen den beiden Modems. Die von jedem Modem gesendeten Daten werden mit Rahmen- und Prüfsummen-Informationen gesendet. Das je andere Modem empfängt diese Nachrichten, überprüft sie auf Beschädigungen und fordert ggf. Neu-Übertragungen an; anderenfalls extrahiert es die ursprünglichen Daten und reicht sie an den empfangenden Rechner weiter.

Verschiedene Techniken sind zur Fehlerkorrektur gebräuchlich, von denen einige in Tabelle II-4 aufgeführt sind. Um eine fehlerfreie Verbindung aufzubauen, müssen beide Modems mindestens eine Fehlerkorrektur-Technik gemeinsam haben. Die zu benutzende Methode wird ausgehandelt, nachdem der Träger etabliert ist, d. h., nachdem die Modems eine gemeinsame Modulationstechnik gefunden haben. Nun, da sie miteinander kommunizieren können, tauschen sie Botschaften mit dem Zweck aus, ein Fehlerkorrektur-Protokoll auszuhandeln.

Bezeichnung	Beschreibung
MNP Klasse 1	Fehlerkorrektur: Asynchrone Byte-orientierte Halbduplex-ARQ
MNP Klasse 2	Fehlerkorrektur: Asynchrone Byte-orientierte Vollduplex-ARQ
MNP Klasse 3	Fehlerkorrektur: Synchrone Bit-orientierte Vollduplex-ARQ
MNP Klasse 4	Fehlerkorrektur: MNP Klasse 3 plus dynamische Paketgröße
MNP Klasse 5	Datenkomprimierung: in Verbindung mit MNP Klasse 4 benutzt
MNP Klasse 6	MNP Klasse 5 plus Universelle Verbindungs-Verhandlung und Statistisches Duplexen
MNP Klasse 7	Erweiterte Datenkomprimierung: in Verbindung mit MNP Klasse 4 benutzt
MNP Klasse 9	MNP Klasse 7 kombiniert mit V.32-Modulation
PEP	Telebit Packet Ensemble Protocol, eine Kombination von Modulation, Fehlerkontrolle und Datenkomprimierung
CCITT V.42	Fehlerkorrektur: Verbindungszugangs-Protokoll für Modems (LAPM), der internationale Standard für Modem-Fehlerkorrekturtechniken
CCITT V.42*bis*	Datenkomprimierung: der internationale Standard für Modem-Datenkomprimierungstechniken

Tabelle II-4   Modem-Techniken zur Fehlerkorrektur und Datenkomprimierung

Nehmen wir zum Beispiel an, Sie wählen mit einem Modem der Klasse 4 nach MNP. Nachdem der Träger etabliert ist, sendet Ihr Modem eine Nachricht an das andere Modem, um Fehlerkorrektur nach MNP Klasse 4 anzufordern. Unterstützt das andere Modem den MNP-Klasse-4-Betrieb, stimmt es zu; unterstützt es eine niedrigere MNP-Fehlerkorrektur-Klasse, benachrichtigt es Ihr Modem, und Ihr Modem geht auf dieses Niveau herunter. Wenn das andere Modem jedoch gar kein MNP-Betriebs-Niveau unterstützt, reicht es die Verhandlungsnachricht Ihres Modems an den Wirtsrechner oder -dienst weiter, was wahrscheinlich falsche Geschwindigkeitserkennung, ein fehlgeschlagenes Login oder das Auflegen der Verbindung nach sich zieht.

Die meisten modernen Modems können so eingestellt werden, daß sie keine Fehlerkorrektur benutzen oder, falls doch, eine bestimmte von mehreren möglichen Rückgriff-Strategien bei der Verhandlung der Fehlerkorrektur mit dem anderen Modem versuchen. Haben Sie Schwierigkeiten, eine Verbindung von einem fehlerkorrigierenden Modem aus einzurichten, versuchen Sie es mit dem Abschalten der Fehlerkorrektur, einer anderen Fehlerkorrektur-Methode oder einem anderen Rückgriff-Schema.

Auch wenn Sie erfolgreich eine fehlerkorrigierende Verbindung zwischen den beiden Modems hergestellt haben, sind Ihre Probleme noch nicht ausgestanden. Nehmen wir zum Beispiel an, Sie haben den Wirtsrechner aufgefordert, eine lange Datei anzuzeigen. Plötzlich gibt es eine Phase starker Störungen auf der Telefonverbindung, die zu vielen Neu-Übertragungen zwischen den beiden Modems führt. Das Wirtsmodem ist so damit beschäftigt, frühere Daten neu zu übertragen, daß es keine neuen Daten vom Wirtsrechner annehmen kann, der aber mit dem Senden fortfährt. Das Modem braucht einen Weg, den Rechner aufzufordern, er solle eine Zeitlang keine Daten mehr senden, d. h., eine effektive Flußkontroll-Methode. Ohne diese gehen Daten verloren.

Ebenso brauchen Sie eine effektive Flußkontrolle zwischen Ihrem eigenen Rechner und Modem, da das Modem sonst möglicherweise schneller Daten liefert, als Ihr Rechner sie verarbeiten kann, oder umgekehrt.

Datenkomprimierung

Oberhalb der Modulations- und Fehlerkorrektur-Techniken Ihres Modems kann noch eine weitere Protokoll-Ebene zwischen den beiden Modems benutzt werden: Datenkomprimierung. Wie bei Modulation und Fehlerkorrektur werden auch hier verschiedene Techniken angeboten, von denen einige in Tabelle II-4 aufgeführt sind; hier gelten die gleichen Warnungen bezüglich Verhandlung, Rückgriffen und Flußkontrolle.

Flußkontrolle ist unabdingbar, wenn Komprimierung benutzt wird. Theoretisch können Daten nicht schneller aus Modem B herauskommen, als sie in Modem A hineingegangen sind. In der Praxis kommt es jedoch häufig vor, daß die Schnittstellen-Geschwindigkeiten der beiden Modems unterschiedlich sind; daher müssen die vom schnelleren zum langsameren Modem gesendeten Daten vom Rechner des letzteren her unter Flußkontrolle gestellt werden. Wenn Sie keine effektive Flußkontroll-Methode haben – am besten RTS/CTS –, sollten Sie die Komprimierung durch Ihr Modem abschalten.

Ein Blick auf die Tabellen II-3 und II-4 gibt Ihnen eine Vorstellung von der Vielzahl möglicher Kombinationen von Modulationen, Fehlerkorrektur- und Komprimierungstechniken, die von modernen Modems geleistet werden. Jeder Modem-Hersteller bietet eine andere Auswahl an, andere Voreinstellungen, andere Rückgriff-Schemata und andere Arten, all dies zu steuern. Neue Techniken werden mit beunruhigender Geschwindigkeit entwickelt und sofort auf den Markt gebracht. Wenn Sie ein neues, voll ausgerüstetes Modem kaufen, bereiten Sie sich darauf vor, lange Stunden mit dem Studium des Handbuchs und mit Experimenten an den Konfigurationen und Einstellungen zu verbringen.

Kabel und Stecker

Das Kabel, das einen Rechner mit einem Modem verbindet – also ein DTE mit einem DCE –, wird *Modemkabel* genannt. Es umfaßt zumindest die in Tabelle II-1 auf Seite 413 aufgeführten und in Abbildung II-4 dargestellten Signale; dort sind auch die Richtungen der Signale und die Pin-Nummern für 25-polige Standard-Stecker angegeben. Durch ein Modemkabel gehen die Kabel „direkt hindurch", wobei der DTR-Anschluß der einen Seite mit dem DTR-Anschluß der anderen Seite, CD mit CD und so weiter verbunden wird. Das Kabel endet auf beiden Seiten in *Steckern*.

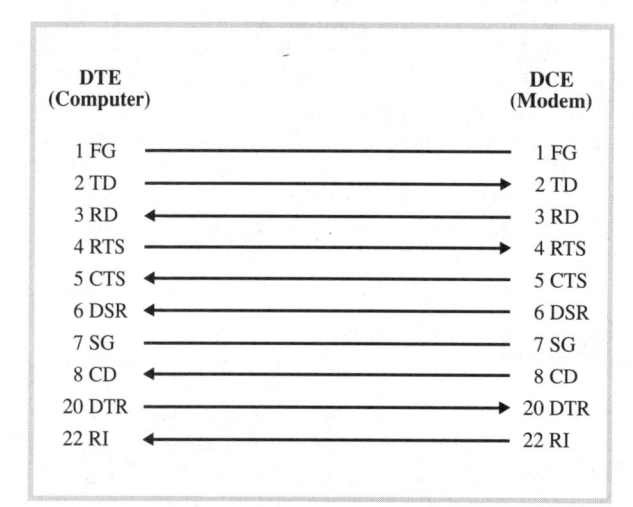

```
      DTE                            DCE
   (Computer)                      (Modem)

     1 FG   ─────────────────────    1 FG
     2 TD   ─────────────────────▶   2 TD
     3 RD   ◀────────────────────    3 RD
     4 RTS  ─────────────────────▶   4 RTS
     5 CTS  ◀────────────────────    5 CTS
     6 DSR  ◀────────────────────    6 DSR
     7 SG   ─────────────────────    7 SG
     8 CD   ◀────────────────────    8 CD
    20 DTR  ─────────────────────▶  20 DTR
    22 RI   ◀────────────────────   22 RI
```

Abbildung II-4
Schemazeichnung eines asynchronen Modem-Kabels

Geschlecht

Ein Stecker ist entweder *weiblich* oder *männlich*, wie in Abbildung II-5 gezeigt. Bei männlichen Steckern steht ein kleiner Pin hervor, weibliche Stecker haben ein Loch (auch *Kupplungen* genannt), das diesen Pin aufnimmt. Nach allgemeiner Übereinkunft haben DTEs männliche Stecker, DCEs weibliche.[47]

Anzahl der Pins

Die gebräuchlichste Stecker-Art hat 25 Pins (bzw. Löcher), einen für jedes der 25 RS-232-Signale; sie wird DB-25-Stecker genannt. Die Zuordnung der Stecker-Pins zu den RS-232-Signalen ist im RS-232-Standard festgelegt. 9-Pin- und 8-Pin-Versionen (DB-9 bzw. DIN-8) werden immer häufiger; die Hersteller folgen hier jedoch keinem besonderen Standard bei der Zuweisung von Signalen an Pins. Jedem Pin werden auf beliebige Weise Nummer und Signal zugeordnet.

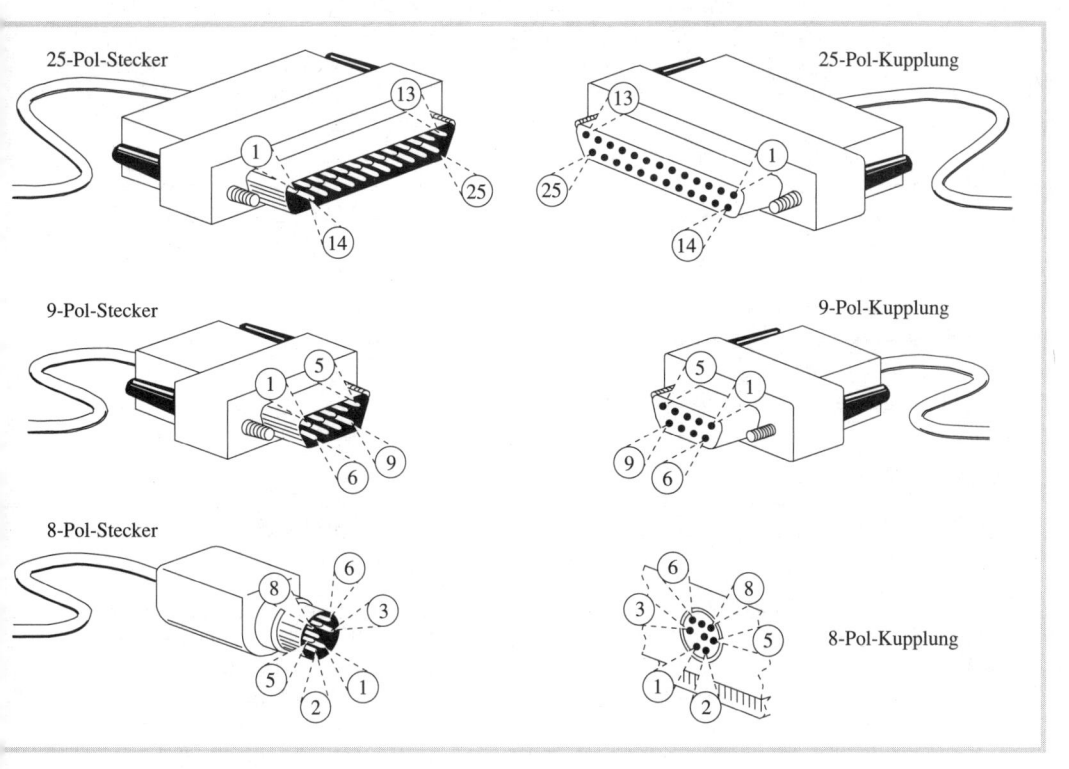

Abbildung II-5   Serielle Stecker

Gehäuse

Die Pins bzw. Löcher werden mit den Drähten verbunden und zum Schutz und zur leichteren Bedienung, wie in der Abbildung dargestellt, in einem kompakten Gehäuse untergebracht.

Nullmodems

Es ist möglich, zwei DTEs (etwa zwei Rechner oder ein Terminal und einen Rechner) direkt, ohne dazwischenliegende Modems miteinander zu verbinden. Dazu wird ein *Nullmodem-Kabel* benutzt,[48] durch das die Drähte nicht direkt hindurch gehen, sondern zum Teil gekreuzt werden, wie in Abbildung II-6 dargestellt, die auch die DB-25-Pin-Nummern wiedergibt. Die Rechner werden so überlistet, daß sie mit echten Modems verbunden zu sein glauben. Mit dem „Trick"-Modell (A) können die beiden Rechner Daten austauschen, sich sonst aber gegenseitig keine Signale übermitteln. Mit einem echten Nullmodem-Kabel (B) kann jeder Rechner feststellen, ob der andere Rechner abstürzt oder aus anderen Gründen zu kommunizieren aufhört.

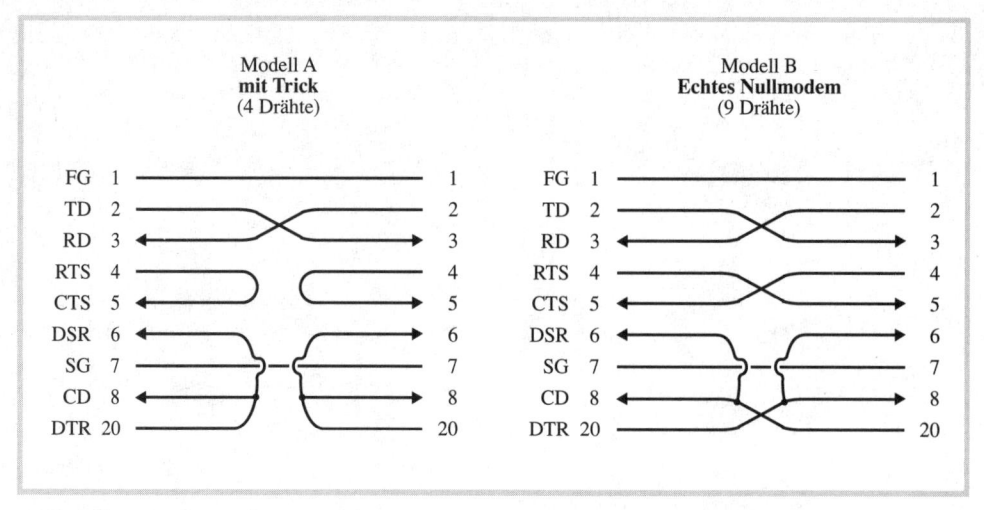

```
        Modell A                      Modell B
        mit Trick                   Echtes Nullmodem
        (4 Drähte)                    (9 Drähte)

FG   1 ─────────────── 1      FG   1 ─────────────── 1
TD   2 ──────╲ ╱────── 2      TD   2 ──────╲ ╱────── 2
RD   3 ◄─────╳────────► 3     RD   3 ◄─────╳────────► 3
RTS  4 ──────╮ ╭────── 4      RTS  4 ──────╲ ╱────── 4
CTS  5 ◄─────╯ ╰─────► 5      CTS  5 ◄─────╳────────► 5
DSR  6 ◄─────────────► 6      DSR  6 ◄─────╯ ╰─────► 6
SG   7 ──────╮─╭────── 7      SG   7 ──────╮─╭────── 7
CD   8 ◄─────╯ ╰────── 8      CD   8 ◄─────╳──────── 8
DTR 20 ─────────────── 20     DTR 20 ─────────────── 20
```

Abbildung II-6   Schemazeichnung eines asynchronen Nullmodem-Kabels

Auf Rechnersystemen unter UNIX, VMS oder OpenVMS kann der Systemverwalter serielle Kommunikationsgeräte entweder als Modem-gesteuerte oder als direkte Leitungen definieren. Auf einer Modem-gesteuerten Leitung besteht das Betriebssystem darauf, ein CD-Signal zu erhalten, möglicherweise auch DSR und CTS. Wenn der Träger zusammenbricht, führt der nächste Versuch, ein Zeichen von dem Gerät zu lesen, zu einem „Gerätefehler", solange das Gerät nicht in einem besonderen Modus (wie dem CLOCAL-Modus unter UNIX) geöffnet wurde.

Auf einer direkten Leitung werden Modemsignale ignoriert. Direkte Leitungen werden typischerweise für Terminals, PCs oder Drucker verwendet, die direkt mit dem seriellen Kommunikationsgerät des Rechners verbunden sind. Dazu wird oft ein kurzes RS-232-Nullmodem-Kabel verwendet, das nur drei oder vier Drähte hat. (Manchmal wird der Erd-Draht weggelassen, was aber nicht empfehlenswert ist.)

Es ist unmöglich, besondere Verkabelungs-Anforderungen für jeden Rechner aufzuführen, auf dem C-Kermit läuft. Wahrscheinlich müssen Sie in der technischen Dokumentation Ihres Rechners nachsehen. Einige allgemeine Hinweise können Ihnen jedoch vielleicht den Weg ebnen:

- Auf PCs und Arbeitsplatzrechnern benutzen Sie besser kein Einbaumodem, sofern es nicht voll von Ihrem Betriebssystem unterstützt wird. Bevor Sie ein Einbaumodem kaufen, vergewissern Sie sich, daß es mit Kermit funktioniert.
- Für Modem-Verbindungen benutzen Sie das Modemkabel, das Ihr Rechner-Hersteller liefert oder empfiehlt.
- Für direkte Verbindungen zwischen Rechnern benutzen Sie die mitgelieferten oder empfohlenen Modemkabel für jeden Rechner, und verbinden Sie die beiden Modemkabel mit einem Modem-Eliminator.
- Wenn Ihre Verbindungen unter elektrischen Störungen leiden, können *geschirmte* Kabel und Stecker, die allerdings teurer sind, vielleicht helfen.

Eine ausführliche Fehlersuche bei Modemsignalen und Nullmodem-Kabeln kann mit einem Gerät namens *RS-232-Breakout-Box*, das in Elektronik- oder Computer-Bastelläden oder -Versandkatalogen angeboten wird, durchgeführt werden. Ein anderes praktisches Hilfsmittel ist ein *Loopback-Stecker*, der zum Test der Unversehrtheit von Kabeln benutzt werden kann.

Anhang III
UNIX-C-Kermit

Dieser Anhang erklärt, wie C-Kermit auf einem Rechner mit dem Betriebssystem UNIX konfiguriert und benutzt wird. Eine aktuelle Aufstellung der Grenzen und Einschränkungen in der UNIX-Version von C-Kermit finden Sie in den Dateien `ckcker.bwr` und `ckuker.bwr`.

UNIX ist zu einem generischen Ausdruck geworden, der sich auf eine große Familie von Betriebssystemen bezieht, zu der AIX, A/UX, BSD, CTIX, DG/UX, DNIX, DYNIX, DRS/NX, ESIX, HP-UX, IRIX, ODT, OSF/1, POSIX, Solaris, SunOS, System V, ULTRIX, UMAX, UMIPS, UNICOS, UNOS, XENIX und viele andere gehören. Jedes dieser Produkte weicht von den anderen in vielerlei Weise ab, und jedes Produkt gibt es in zahlreichen Releases. Ein wichtiges Ziel im Entwurf von C-Kermit sind die Übertragbarkeit zwischen den vielen Releases der vielen UNIX-Produkte auf dem Markt (auf Seite 29 finden Sie eine Aufstellung) und die leichte Anpaßbarkeit an zukünftige Produkte und Releases gewesen; vergleichen Sie die Dateien `ckcplm.doc` und `ckccfg.doc` zu den Einzelheiten.

Installation

Ausführliche Anleitungen zum Bau und zur Installation von UNIX-C-Kermit sind in der Datei `ckuins.doc` in der C-Kermit-Distribution und im Makefile für UNIX-C-Kermit selbst enthalten. Dieser Abschnitt erörtert die dornenreichen Angelegenheiten des Zugriffs auf Wählgeräte (Dialout Devices), die nicht nur für den C-Kermit-Installierer, sondern oft genug auch für den C-Kermit-Benutzer interessant sind. Überspringen Sie das folgende, und lesen Sie auf Seite 431 weiter, wenn Sie C-Kermit nicht zum Wählen nach außen benutzen müssen oder C-Kermit auf Ihrem UNIX-Rechner schon korrekt zum Hinauswählen konfiguriert ist.

tty-Geräte zum Wählen nach außen konfigurieren

Ein Gerät erscheint der UNIX-Benutzerin wie eine Datei, und zwar im Verzeichnis `/dev`. Hier sind einige Beispiele von einer Sun-4 (`ls -l /dev/*`):

```
crw-rw-rw-  1 root    13,  0 Jun 26 11:33 /dev/mouse    (Eine Maus)
crw-rw-rw-  1 root     3,  2 Aug  3 13:44 /dev/null     (Das null-Gerät)
crw-rw-rw-  1 root    30,  0 Aug  3 12:38 /dev/rmt0     (Ein Magnetband)
crw-rw-rw-  1 root     2,  0 Aug  3 14:24 /dev/tty      (Kontroll-Bildschirm)
crw-rw-rw-  1 root    44,  0 Jun 26 12:03 /dev/ttyh0    (Einzelne Bildschirme)
crw--w--w-  1 root    44,  1 Aug  3 15:03 /dev/ttyh1
crw--w----  1 cmg     44,  2 Aug  8 15:00 /dev/ttyh2
crw--w----  1 fdc     44,  3 Jun 11 05:09 /dev/ttyh3
```

Die tty-Geräte sind es, an denen wir Interesse haben. Verschiedene UNIX-Systeme haben verschiedene Namen dafür; im allgemeinen sind sie jedoch von der Form `/dev/tty` mit zwei nachfolgenden Zeichen, etwa `00` oder `h2`. (`/dev/tty` ohne Zusatz ist ein besonderes generisches Gerät, das sich auf das Steuer-Terminal des Benutzers, auch Konsole genannt, bezieht.) Weitere häufig gebrauchte Formen sind unter anderen `/dev/acu`, `/dev/cua`, `/dev/cub` usw. (`cu` steht für *Calling Unit*, Rufeinheit, `acu` für *Automatic Calling Unit*, Automatische Rufeinheit). Die Schreibberechtigung (w) erlaubt es den Benutzerinnen nicht, die Datei zu löschen, wohl jedoch, auf das zugehörige Gerät zu schreiben.

Ein UNIX-Terminal-Gerät ist *nach innen* oder *nach außen* gerichtet oder beides. Ein nach innen gerichtetes Terminal ist für die Benutzung als Steuer-Terminal einer interaktiven UNIX-Sitzung da. Jedes nach innen gerichtete Terminal an einem Rechner wird von einem Prozeß namens „getty" überwacht, der darauf wartet, daß eine Verbindung auftaucht, und dann einen Login-Prompt ausgibt. Nach außen gerichtete Terminals werden nicht von getty überwacht, und man kann sich über sie nicht einloggen. Diese werden dazu benutzt, nach außen hin andere Rechner anzuwählen. Einige UNIX-Systeme erlauben es Terminal-Geräten, *bidirektional* zu sein, d.h. man kann sich sowohl über sie einloggen als auch mit ihnen hinauswählen.

Der Systemverwalter (Superuser) konfiguriert jedes Terminal-Gerät als nach innen gerichtet, nach außen oder bidirektional. Die Methode ist von System zu System unterschiedlich; zu der für Sie zutreffenden Methode müssen Sie das UNIX-Systemverwaltungs-Handbuch konsultieren. Traditionellerweise nimmt man die tty-Konfiguration vor, indem man eine Datei namens `/etc/ttys` (unter BSD; andere UNIX-Versionen haben andere Konventionen) ediert, die Einträge wie die folgenden enthält:

```
12console
02ttya
12ttyb
02ttyh0
12ttyh1
12ttyh2
12ttyh3
```

Diese Datei wird vom *init*-Prozeß beim System-Start gelesen. Zwei Ziffern gehen dem tty-Namen voran; Sie beschäftigen sich mit der ersten Stelle: 0 steht für eine nach außen gerichtete Leitung (kein getty), 1 für eine nach innen gerichtete (mit getty).

Einige UNIX-Systeme haben eine allgemeinere Art, Terminals für den init-Prozeß zu definieren. Zum Beispiel benutzt SunOS die Datei /etc/ttytab, die Informationen über Terminal-Geschwindigkeit und -Typ zusätzlich dazu enthält, ob der getty aktiv (ON) oder nicht (OFF) ist:

```
ttyh0    "/usr/etc/getty std.9600"      vt100   off
ttyh1    "/usr/etc/getty std.19200"     vt100   on
ttyh2    "/usr/etc/getty std.9600"      vt100   on
ttyh3    "/usr/etc/getty std.9600"      vt100   on
```

Leitungen zum Wählen nach außen müssen mit abgeschaltetem getty konfiguriert werden oder, wenn Ihr System dies erlaubt, als bidirektionale Leitungen.

Es ist normalerweise nicht nötig, Ihr UNIX-System herunterzufahren und neu zu starten, um ein Terminal-Gerät neu zu konfigurieren. Stattdessen können Sie die jeweilige tty-Konfigurationsdatei edieren und dann den init-Prozeß neu starten, der immer Prozeß Nummer 1 ist:

```
$ kill -1 1
```

Diese Operation erfordert natürlich Superuser-(Root-)Privilegien.

Wenn das tty-Gerät einmal zum Wählen nach außen konfiguriert ist, müssen seine Zugriffsrechte noch gesetzt werden, damit die Benutzer es im Lese- und Schreibmodus ansprechen können:

```
$ ls -l /dev/ttyh4
crw--w----  1 root      44,    2 Aug  8 15:00 /dev/ttyh4
$ chmod go+rw /dev/ttyh4
$ ls -l /dev/ttyh4
crw-rw-rw-  1 root      44,    2 Aug  8 15:00 /dev/ttyh4
```

Der chmod-Befehl gewährt Mitgliedern seiner Gruppe (g) und allen anderen (o) Lese- und Schreibbefugnisse (rw) für ttyh4.

Schließlich kann es auf einigen Workstations noch nötig sein, den Terminal-Treiber zum Wählen nach außen zu konfigurieren. Zum Beispiel kommen Sun-SPARCstations mitunter mit seriellen Anschlüssen, die *nicht* zum Gebrauch an einem Modem eingerichtet sind. Um den seriellen Anschluß zum Wählen nach außen zu konfigurieren, befolgen Sie die Anleitungen im Handbuch zur System-Installation oder in dem für System-und-Netzwerk-Verwalter. Dies erfordert möglicherweise, daß Sie Jumper auf Ihrer seriellen Karte umstecken, daß der Treiber für das serielle Gerät neu konfiguriert wird, oder beides.

Alleinigen Zugang garantieren

Die meisten Betriebssysteme erlauben seriellen Geräten wie Terminals und Magnetbändern zu jeder Zeit nur, von einem einzigen Job geöffnet zu sein. Jeder Versuch, dasselbe Gerät von einem anderen Job aus zu öffnen, führt zu einer Fehlermeldung wie „exclusive access denied" (alleiniger Zugang verweigert) oder „device assigned by another user" (Gerät von anderem Benutzer belegt).

UNIX-Geräte hingegen können von allen Benutzerinnen geteilt werden, die auf der Grundlage ihrer Rechte Zugriff darauf haben. Wenn also Benutzer A eine Wählverbindung über `/dev/ttyh4` nach außen hat, hindert UNIX die Benutzerin B nicht daran, `/dev/ttyh4` zur gleichen Zeit zu benutzen, obwohl es keinen vorstellbaren Grund gibt, dies zu erlauben. Wenn mehrere Benutzer von demselben seriellen Gerät lesen, ist das Ergebnis, daß die ankommenden Zeichen wie Pokerkarten auf sie aufgefächert werden – niemand sieht den ganzen Kartensatz. Wenn aber mehrere Benutzerinnen auf dasselbe Gerät schreiben, dann bekommt der Empfänger – wer oder was immer dort auch sitzt – natürlich nur ein Durcheinander von Zeichen, durch das durchzusteigen unmöglich ist.

Bevor Kermit kam, gab es UUCP, das *UNIX-to-UNIX Copy Program* [55]. UUCP wurde von Mike Lesk im Jahre 1976 bei den AT&T Bell Laboratories entwickelt und zum ersten Mal mit Version 7 von UNIX verteilt. Es wurde bald die Grundlage für Usenet, eine lockere freiwillige Verbindung von UNIX-Rechnern, die sich nachts gegenseitig anrufen und Dateien, Nachrichten und elektronische Post miteinander austauschen. Es dauerte nicht lange, bis jemand bemerkte, daß sich kein sinnvoller Datenaustausch ergab, wenn zwei Kopien von UUCP gleichzeitig über die gleiche Wählleitung liefen.

Von UUCP und jedem anderen Programm auf dem Rechner, das möglicherweise die Wählleitung benutzt – dazu gehören auch Kermit, cu, tip, umodem, sz und rz – wird erwartet, daß es eine bestimme Übereinkunft einhält: Wenn das Programm ein bestimmtes tty-Gerät nach draußen benutzen will, sieht es zunächst nach, ob eine Datei eines besonderen Namens in einem besonderen Verzeichnis existiert; wenn ja, versucht das Programm nicht, das tty-Gerät zu benutzen. Existiert die Datei nicht, muß das Programm sie anlegen, bevor sie anfängt, das Gerät zu benutzen, und sie wieder löschen, wenn es fertig ist. Diese Datei wird UUCP-Lockfile (Verriegelungsdatei) genannt; ihr Name ergibt sich aus dem Namen des tty-Geräts.

Innerhalb der Software-Angebote eines einzelnen UNIX-Anbieters funktioniert diese Konvention im allgemeinen auch – uucp, cu und tip werden in der kontrollierten eigenen Umgebung des Herstellers produziert. Unglücklicherweise ist die Situation für Kermit, der auf UNIX-Plattformen von vielen Herstellern laufen muß, nicht so gut unter Kontrolle:

– Das Verzeichnis, das die UUCP-Lockfiles enthält, ist von System zu System unterschiedlich: `/usr/spool/uucp`, `/usr/spool/locks`, `/var/spool/locks` und viele andere.
– Das Verzeichnis, das die Lockfiles enthält, kann öffentlich les- und/oder schreibbar sein oder auch nicht.
– Das Format des Lockfile-Namens kann von System zu System variieren: `ttyh4`, `LCK..ttyh4` und so weiter.
– Obschon der Lockfile-Name den Gerätenamen enthält, wird er möglicherweise subtil geändert; unter SCO Xenix zum Beispiel heißt der Lockfile für `/dev/tty1A` `LCK..tty1a` (kleiner Buchstabe *a*).
– Es kann mehr als einen Lockfile geben; einige Versionen von IBM AIX benötigen zwei Lockfiles, von denen einer (zum Beispiel) `LCK..tty0` heißt und der andere einfach `tty0`. (Tatsächlich ist der zweite ein Link auf den ersten.)
– Der Lockfile selbst kann öffentlich les- und/oder schreibbar sein oder auch nicht.
– Anlagedatum und -zeit des Lockfiles können bedeutsam sein oder auch nicht.
– Der Inhalt des Lockfiles kann bedeutsam sein oder auch nicht. Einige Versionen von UUCP erfordern, daß der Lockfile die Prozeßnummer (pid, *Process Identification*) des anlegenden Prozesses enthält.
– Das Format der Inhalte des Lockfiles kann von System zu System unterschiedlich sein: Die pid kann eine binäre Zahl (oder ein anderer Datentyp, etwa ein *short* oder ein *long*) oder eine Zahl im ASCII-Format sein.

- Auf ein und demselben Rechner können die Lockfile-Konventionen von einer UNIX-Version zur nächsten unterschiedlich sein, zum Beispiel von SunOS 4.0 zu SunOS 4.1 auf Sun-Rechnern oder von AT&T System V R3 zu R4.
- Neuere UNIX-Standards wie POSIX versuchen nicht einmal, dieses Thema anzusprechen.

Sie müssen daher bestimmen, was für Lockfile-Konventionen auf Ihrem System benutzt werden und Kermit dann passend bauen; das ist nicht immer eine einfache Aufgabe, weil diese Information häufig in der Dokumentation des Hersteller fehlt. Jede C-Kermit-„make"-Option unternimmt einen vernünftigen Rateversuch. Damit aber Kermit ordentlich mit uucp, cu und tip zusammenpaßt, sollten Sie prüfen, ob dieser Rateversuch korrekt ist. Hier ist eine Methode der Prüfung:

1. Besorgen Sie sich ein Inhaltsverzeichnis (`ls -lg`) von jedem der möglichen Lockfile-Verzeichnisse: `/usr/spool/uucp`, `/usr/spool/locks`, `/var/spool/locks`, `/etc/locks`. (Dies ist nicht unbedingt eine vollständige Liste.)
2. Starten Sie eines der von Ihrem Hersteller gelieferten Kommunikationsprogramme, wie etwa cu, und geben Sie ihm den Namen Ihres Wählgerätes an. Beispiel:

    `$ cu -l /dev/ttya`

    Dieses Vorgehen setzt voraus, daß Sie cu benutzen.
3. Kehren Sie aus cu zu Ihrer lokalen Shell zurück, indem Sie die Eingabetaste drücken, dann Tilde (~), dann das Ausrufezeichen (!).
4. Beim Shell-Prompt wiederholen Sie Schritt 1.
5. Verlassen Sie die untergeordnete Shell, verlassen Sie cu (Eingabetaste, Tilde, Punkt).
6. Vergleichen Sie die Verzeichnislisten, um zu sehen, welche Dateien in welchem Format, mit welchen Zugriffsrechten, in welchen Verzeichnissen von cu angelegt worden sind.

In den letzten Jahren haben UNIX-Hersteller begonnen, sich auf eine neue und etwas stärker standardisierte UUCP-Version namens „Honey DanBer" (nach seinen Autoren, Peter Honeyman, David A. Nowitz und Brian E. Redman, die das ursprüngliche UUCP im Jahre 1983 neu geschrieben haben) umzustellen. Wenn dieser Trend anhält, kann viel von der Verwirrung beseitigt werden.

Kermit ohne Privilegien installieren

Wenn Sie der einzige Benutzer einer UNIX-Workstation sind, müssen Sie sich nicht darum sorgen, daß andere Benutzer ihre Rechte mißbrauchen oder Ihre Arbeit stören könnten; daher brauchen Sie sich mit dem Material in diesem Abschnitt nicht zu beschäftigen.

Wenn Sie die Verwalterin eines Mehrbenutzer-UNIX-Systems sind, auf dem alle Benutzer einander trauen und Sie ihnen auch, können Sie den Zugriff auf die tty-Geräte und das Lockfile-Verzeichnis unbeschränkt freigeben. Heißt Ihr Lockfile-Verzeichnis zum Beispiel `/usr/spool/uucp` und Ihr Gerät zum Hinauswählen ttyh4, geben Sie die folgenden Befehle von der Superuser-Befehlsebene:

```
su% chmod 777 /usr/spool/uucp
su% chmod 666 /dev/ttyh4
```

Das Risiko besteht hier in der Freigabe des Lockfile-Verzeichnisses für alle; Benutzerinnen können dort jede beliebige Datei ablegen und auch jede löschen. Sie können sogar die Lockfiles der anderen entfernen, unbeschadet dessen, daß die Lockfiles mit den Rechten 444 (nur lesen) angelegt werden. Das Löschen ist möglich, weil das *Verzeichnis* Schreibzugriff hat, was deswegen nötig ist, damit jeder dort überhaupt erst einmal Lockfiles anlegen kann. Es besteht auch ein gewisses Risiko, daß ein Benutzer mit einem anderen bei der Benutzung eines tty-Geräts in Konflikt gerät. – Unter manchen UNIX-Versionen (etwa BSD und System V) gewährt allerdings noch das *sticky bit* weitere Sicherheit; es sorgt dafür, daß nur der Besitzer eine Datei wieder löschen kann.

Um Ihre tty-Geräte nur einer bestimmten Benutzergruppe zugänglich zu machen, weisen Sie diese der Gruppe uucp (oder welche Gruppe sonst von uucp, tip und cu benutzt wird) zu. Wie man dies tut, ist von System zu System unterschiedlich, erfordert aber im allgemeinen, daß die Datei /etc/group ediert wird, indem diese Benutzer dem Eintrag uucp in dieser Datei hinzugefügt werden. Sie müssen das Kermit-Programm nicht *setuid* oder *setgid* machen oder ihm eine bestimmte Benutzerin oder Gruppe geben; Sie müssen nur sicherstellen, daß das uucp-Verriegelungsverzeichnis und die entsprechenden tty-Geräte Mitglieder der uucp-Gruppe sind und die entsprechenden Rechte im Gruppenfeld haben:

su% chgrp uucp /usr/spool/uucp
su% chmod 770 /usr/spool/uucp
su% chgrp uucp /dev/ttyh4
su% chmod 660 /dev/ttyh4

Kermit mit Privilegien installieren

Auf Mehrbenutzer-UNIX-Systemen, bei denen der Zugriff auf das uucp-Verzeichnis oder tty-Geräte ein Sicherheitsproblem darstellt, ist es möglich, den Zugang zum Lockfile-Verzeichnis und die tty-Wählgeräte zu beschränken, dann dem Kermit-Programm die Rechte zu geben, diese Einschränkungen zu übergehen, und schließlich einigen oder allen Benutzerinnen die Möglichkeit zu geben, den privilegierten Kermit laufen zu lassen. Dies hindert Benutzer daran, die in Kermit (und uucp, cu und tip) eingebauten Lockfile-Konventionen zu umgehen, und daher auch, ein tty-Gerät anzusprechen, das bereits jemand anders benutzt. Es hindert sie auch daran, Dateien im Lockfile-Verzeichnis anzulegen, zu modifizieren oder zu löschen.

Unbeschadet der Attraktivität einer derartigen Einrichtung gibt es auch ernsthafte Risiken. Jedes Programm, das im privilegierten Modus läuft, stellt eine enorme Sicherheitsbedrohung für Ihr System dar, die viel größer als die möglichen Unbequemlichkeiten offener Lock-Verzeichnisse und tty-Geräte ist. Auch wenn jede Anstrengung unternommen wurde sicherzustellen, daß C-Kermit keine Löcher aufweist, könnte auch der kleinste Fehler seitens der Autoren oder eines jeden anderen, der den Quellcode modifiziert oder angepaßt hat – und wir sprechen hier gar nicht von beabsichtigter Schädigung – eine Tür für Eindringlinge öffnen. Diese Warnung ist nicht Kermit-spezifisch: Sie bezieht sich auf *alle* UNIX-Programme.

Wenn Sie Kermit *wirklich* zu einem privilegierten Programm machen wollen, muß er zunächst einmal richtig für Ihr System gebaut worden sein. Es gibt mehrere wichtige Optionen zur Kompilierzeit, die erwogen werden müssen, und diese sind von System zu System unterschiedlich. Die wichtigste ist, ob Ihr UNIX-Version die Möglichkeit des „saved original setuid" unterstützt. Wenn nicht, arbeitet Kermit als privilegiertes Programm nicht korrekt – er dürfte kein Sicherheitsrisiko darstellen, kann aber auch auf keine geschützten Dateien oder tty-Geräte zugreifen. Zu den Details lesen Sie die Dateien ckuins.doc (die Installations-Anweisungen), ckuker.bwr (die „*Beware*"- oder Obacht-Datei) und ckcplm.doc (das Programmlogik-Handbuch, *program logic manual*).

Um Kermit als privilegiertes Programm zu installieren, machen Sie den Besitzer des Lockfile-Verzeichnisses und des tty-Geräts auch zum Besitzer der Kermit-Programmdatei, und setzen Sie das setuid-Bit in den Rechten dieser Datei, so daß die Benutzerin, während sie Kermit benutzt, die Rechte des Benutzers uucp (z. B.) hat, zum Beispiel:

```
su% chown uucp kermit                (kermits Besitzer ist uucp)
su% chmod u=srwx,g=rx,o=rx kermit     (Setze setuid-Bit)
su% chown uucp /usr/spool/uucp
                                (Verriegele Verzeichnis mit Besitzer uucp ...)
su% chmod 700 /usr/spool/uucp        (... nur Besitzer hat Zugriff)
su% chown uucp /dev/ttyh4            (Wählgerät gehört uucp)
su% chmod 600 /dev/ttyh4             (... nur Besitzer hat Zugriff
```

Die UNIX-Version von C-Kermit enthält besonderen Code, der diese Privilegien sofort nach dem Start abschaltet und sie nur wieder anschaltet, wenn er Lockfiles bearbeitet oder das tty-Gerät anspricht; dadurch geschehen der Dateizugriff und das Starten von Subprozessen mit der Identität und den Zugriffsrechten des Benutzers selbst. Es kann jedoch nicht garantiert werden, daß dieser Code für jede Release jeder Variation von UNIX korrekt arbeitet.

Der Installierer beachte!

Damit der Lockfile-Mechanismus seinen gewünschten Zweck erreicht – den gleichzeitigen Zugriff mehrerer Prozesse auf dasselbe tty-Gerät zu verhindern –, müssen alle Programme (kermit, uucp, cu, tip, sz, rz und so weiter) eines gegebenen Rechners, die tty-Geräte öffnen, lesen, schreiben und schließen, dieselben Lockfile-Konventionen einhalten.

Seien Sie wachsam, ob sich hier in neuen Releases Ihres UNIX-Betriebssystems etwas ändert. Die Installationsprozedur ändert möglicherweise die Rechte für Ihre Lockfile-Verzeichnisse und tty-Geräte. Darüberhinaus ist es für neue UNIX-Releases heutzutage ziemlich üblich, ihre Lockfile-Konventionen zu ändern; die neuen Versionen von uucp, tip und cu befolgen dann die neuen Konventionen, Kermit und andere nicht von Ihrem UNIX-Hersteller vertriebene Kommunikationsprogramme benutzen jedoch weiterhin die alten, bis Sie diese Programme neu konfigurieren (oder neu programmieren!).

Benutzung von UNIX-C-Kermit

UNIX-Betriebssysteme sind für Rechner in der Bandbreite von kleinen Desktop-Systemen bis hin zu Großrechnern und Supercomputern erhältlich. Um auch kleinere Rechner bedienen zu können, die Beschränkungen bei physikalisch vorhandenem Speicherplatz, Adreßraum, Plattenplatz, Compiler- oder Linker-Kapazität haben, kann C-Kermit in reduzierten Konfigurationen gebaut werden. Dies wird hauptsächlich für UNIX-Versionen auf DEC PDP-11 und auf PCs der Typen 8088, 8086, 80186 und 80286 gemacht, ist sonst aber im allgemeinen nicht nötig. Die drei Hauptkonfigurationen von C-Kermit sind:

1. Voll konfiguriert, vielleicht aber ohne Kanji-Zeichensatz und/oder Vollbildschirm-Anzeige. In den meisten Fällen können diese Merkmale durch einfache Änderungen in der zum Bauen benutzten Prozedur hinzugefügt werden (siehe die Dateien `ckccfg.doc` und `ckuins.doc` zu Instruktionen).
2. Minimal interaktiv. Der C-Kermit-Prompt erscheint, und ein Minimalsatz von Befehlen steht für Terminal-Verbindung und Dateitransfer zur Verfügung. Es gibt keine Zeichensatz-Übersetzung, Skript-Programmiersprache oder eingebauten Hilfe-Texte.
3. Nur Befehlszeilen. Diese Konfiguration hat keinen Prompt, keinen interaktiven Dialog und keine Initialisierungsdatei. Sie wird ausschließlich mit den in Kapitel 14 aufgeführten Befehlszeilen-Optionen gesteuert, mit Ausnahme von `-y`, `-Y`, `-C`, `-S` und allen anderen, die die Verfügbarkeit interaktiver Befehle voraussetzen.

Lesen Sie die Datei `ckccfg.doc` mit detaillierten Informationen zu C-Kermits Konfigurations-Optionen.

Wenn Sie eine interaktive Version von C-Kermit haben, können Sie den Befehl SHOW FEATURES benutzen, um genau herauszufinden, welche Merkmale enthalten sind und welche nicht. Wenn SHOW FEATURES selbst fehlt, können Sie den Befehl CHECK benutzen, der in allen interaktiven Konfigurationen enthalten ist, zum Beispiel:

```
C-Kermit>check kanji
 Not available
C-Kermit>
```

UNIX für C-Kermit vorbereiten

Um C-Kermit in der UNIX-Umgebung effektiv zu benutzen, und übrigens auch, um UNIX selbst so gut wie möglich zu nutzen, sollten Sie sicherstellen, daß Ihre UNIX-Sitzung dieselbe Sprache spricht wie das Terminal oder der Emulator, den Sie zum Zugang verwenden.

Terminal-Typ einrichten

Bevor Sie C-Kermit starten, sollten Sie dem UNIX-System sagen, was für ein Terminal Sie haben, so daß C-Kermits Vollbildschirm-Dateitransfer-Anzeige, falls es sie gibt, richtig arbeitet.

Um UNIX Ihr Terminal mitzuteilen, versuchen Sie eine der Methoden aus Tabelle III-1, die ein Terminal der DEC-VT300-Serie als Beispiel verwendet. Die tatsächlich zu verwendende Methode hängt nicht nur von Ihrer Shell, sondern auch von lokalen oder Herstellerabhängigen Besonderheiten Ihres UNIX-Systems ab. Zum Beispiel benutzen einige UNIX-Systeme ein Programm namens `term` oder `tset`; andere fragen Sie vielleicht beim Einloggen nach einem Terminal-Typ.

Shell	Befehl
Bourneshell (sh)	`TERM=vt300 ; export TERM`
Kornshell (ksh)	`TERM=vt300 ; export TERM`
C-Shell (csh)	`setenv TERM vt300`

Tabelle III-1   *Den Terminal-Typ unter UNIX setzen*

Um zu testen, ob Ihr Terminal-Typ korrekt gesetzt ist, probieren Sie einen Befehl aus, der die Erscheinung Ihres Bildschirms ändert, etwa „clear" (Berkeley UNIX) oder „tput clear" (AT&T-UNIX), um den Bildschirm zu löschen, oder starten Sie einen Bildschirm-orientierten Editor wie VI oder GNU EMACS. Wenn Ihr Bildschirm nicht wie erwartet reagiert, versuchen Sie einen anderen Terminal-Typ. In den meisten Fällen müssen die Buchstaben des Terminal-Namens übrigens klein geschrieben werden.

Wenn Sie ein Sprach- oder Braille-Gerät benutzen, um den Bildschirm abzulesen, sagen Sie UNIX, Sie hätten ein einfaches Hardcopy-Terminal wie das Teletype Model 33. Die meisten UNIX-Systeme unterstützen dies unter dem Namen „tty" oder „tty3". Benutzen Sie diesen Terminal-Typ auch, wenn Sie sich von einem echten Hardcopy-Terminal aus einloggen, wie etwa einem TDD (*Telecommunication Device for the Deaf*, Telekommunikationsgerät für Hörbehinderte).

Kommunikationsgeschwindigkeit prüfen und einstellen

Wenn Sie C-Kermit zum Dateitransfer im Wirtsbetrieb benutzen, richtet er seine Paket-Timeouts danach ein, was UNIX für die Kommunikationsgeschwindigkeit Ihres Login-Terminals hält. Ist Ihr Terminal oder PC direkt oder per Modem mit einem seriellen Kommunikationsanschluß Ihres UNIX-Rechners verbunden, kennt das Betriebssystem Ihre Kommunikationsgeschwindigkeit. Haben Sie sich jedoch beispielsweise bei 2400 bps über einen Terminal-Server eingewählt, denkt UNIX wahrscheinlich, Ihre Geschwindigkeit sei 38400 bps; dann kann es passieren, daß der Dateitransfer nicht gut oder überhaupt nicht funktioniert.

Um sicherzugehen, daß UNIX Ihre wahre serielle Kommunikationsgeschwindigkeit kennt, führen Sie die Befehle `tty` und `stty` aus; Sie sehen dann etwa das folgende (Ignorieren Sie die unverständlichen Teile):

```
$ tty                           (Namen meines Terminal-Geräts anzeigen)
/dev/ttyh3
$ stty                          (Seine Charakteristiken anzeigen)
speed 9600 baud; evenp hupcl clocal
$
```

Sind Sie über irgendeine Art von Netzwerk-Verbindung – einen Terminal-Server oder eine TELNET- oder rlogin-Sitzung – in das UNIX-System hineingekommen, sind Sie nicht über ein „echtes Terminal" (tty), sondern ein „Pseudoterminal" (pty, mitunter auch ttyp bzw. ttyq benannt) eingeloggt; daher kennt UNIX die tatsächliche Geschwindigkeit Ihres Terminals nicht:

```
$ tty
/dev/ttyp5                      (Gerätename enthält ein "p")
$ stty
speed 38400 baud; evenp         (Geschwindigkeit ist wahrscheinlich falsch)
$
```

Falls es irgendwo auf dem Kommunikationspfad zwischen Ihrem Arbeitsplatz- und dem UNIX-System ein serielles Gerät gibt, teilen Sie UNIX die wahre Geschwindigkeit dieses Geräts sofort nach dem Einloggen mit, bevor Sie C-Kermit, EMACS oder irgendein anderes Programm starten, das geschwindigkeitsabhängig sein könnte:

```
$ stty 2400
$ stty
speed 2400 baud; evenp
$
```

UNIX-Steuerzeichen

Das Betriebssystem UNIX und viele UNIX-Anwendungen unterstützen die Benutzung von Steuerzeichen (manchmal auch von druckbaren Zeichen) zum Edieren oder Unterbrechen von Befehlen. Der Umfang der verfügbaren Funktionen und die ihnen zugewiesenen Zeichen können mit dem Befehl stty angezeigt werden:

```
% stty all
```

(Mitunter muß stattdessen stty -a oder stty everything benutzt werden.)

Als Antwort müßten Sie einen Bericht erhalten, der die folgenden Informationen enthält (Das Aussehen kann im einzelnen abweichen):

erase	kill	werase	rprnt	flush	lnext	susp	intr	quit	stop	eof
^?	^U	^W	^R	^O	^V	^Z/^Y	^C	^\	^S/^Q	^D

Dies sind die „signifikanten Zeichen" Ihrer UNIX-Login-Sitzung. Ihre Bedeutung ist in Tabelle III-2 aufgeführt. Steuerzeichen sind in Zirkumflex-Schreibweise dargestellt: ^U bedeutet Steuerung-U, ^\ bedeutet Strg-Backslash und ^? bedeutet Entfernen (oder Löschen oder Delete). (Eine vollständige Übersicht über die Zirkumflex-Schreibweise finden Sie in Tabelle VIII-2 auf Seite 510.)

Schreibweise	Bedeutung
eof	Das Zeichen, das eine Dateiende-Bedingung (*end of file*) auf Ihrem Terminal erzeugt
erase	Das Zeichen, das das am weitesten rechts in der aktuellen Zeile stehende Zeichen löscht
flush	Das Zeichen, nach dem weitere Bildschirm-Ausgaben ignoriert bzw. wieder zugelassen werden
intr	Das Zeichen, das den aktuellen Vordergrund-Prozeß unterbricht
kill	Das Zeichen, das die aktuelle Zeile löscht
lnext	Das Zeichen, nach dem das folgende buchstäblich interpretiert wird
quit	Das Zeichen, das einen Prozeß unterbricht und eine „Coredump"-Datei erzeugt
rprnt	Das Zeichen, das die aktuelle Zeile neu darstellt, um die Auswirkungen des Edierens anzuzeigen
stop	Die Start- und Stop-Zeichen für Software-Flußkontrolle
susp	Das Zeichen, das den aktuellen Vordergrund-Prozeß suspendiert
werase	Das Zeichen, das das am weitesten rechts in der aktuellen Zeile stehende Wort löscht

Tabelle III-2   *UNIX-Zeichen zur Terminal-Steuerung*

Sie können das Unterbrechungs- und auch jedes andere Zeichen in dieser Liste mit dem Befehl stty ändern. Normalerweise geben Sie dazu den Namen der zu ändernden Terminal-Funktion an, gefolgt von dem Zeichen, auf das sie diese ändern wollen, in Zirkumflex-Schreibweise. Um zum Beispiel Ihr Unterbrechungszeichen auf Strg-B zu ändern, geben Sie ein:

% <u>stty intr ^B</u>

(Das ist ein Zirkumflex, gefolgt von dem Buchstaben B, nicht etwa ein echtes Strg-B.) Um eine Funktion ganz abzuschalten, benutzen Sie, je nach Ihrer UNIX-Version, undef oder ^- (Zirkumflex, Bindestrich):

% <u>stty quit undef</u>

oder

% <u>stty quit ^-</u>

Um Einzelheiten über die Benutzung des Befehls stty auf Ihrem System zu erfahren, geben Sie man stty ein.

Flußkontrolle

In Ihrer Terminal-Sitzung auf dem UNIX-System sollten Sie, bevor Sie C-Kermit starten, sicherstellen, daß Ihr UNIX-Login-Terminal-Gerät dieselbe Flußkontroll-Methode wie Ihr lokales Terminal bzw. Ihr Emulator benutzt. Benutzt Ihr lokales Terminal beispielsweise Xon/Xoff-Software-Flußkontrolle, sollte Ihre UNIX-Sitzung diese auch verwenden. Dies kann gegen Datenverlust und durcheinandergeratene Bildschirme helfen. Benutzen Sie den

Befehl `stty`, um zu prüfen, ob Xon/Xoff-Flußkontrolle für Ihre UNIX-Sitzung eingeschaltet ist. Die Xon/Xoff-Zeichen sind im „Stop"-Feld der stty-Ausgabe genannt. Fehlen sie, können Sie sie mit einem Befehl wie dem folgenden einschalten:

```
$ stty ixon ixoff
```

Sehen Sie mit `man stty` die Einzelheiten für Ihr UNIX-System nach.

Sind Sie über einen Terminal-Server in das UNIX-System hineingekommen, stellen Sie möglicherweise fest, daß Xon/Xoff-Flußkontrolle nicht schnell genug funktioniert, um Datenverlust zu verhindern. In diesem Fall können Sie sie am Terminal-Server statt in Ihrer UNIX-Sitzung einschalten. Beim Prompt eines Cisco-Terminal-Servers zum Beispiel benutzen Sie:

```
ts>terminal flowcontrol software in out
```

Dies verhindert jedoch die Übertragung der Zeichen Strg-S und Strg-Q als Daten, die von bestimmten UNIX-Anwendungen wie dem Editor EMACS benötigt werden.

Einige UNIX-Systeme unterstützen auch Hardware-Flußkontrolle, im allgemeinen RTS/CTS, die jedoch in den meisten Fällen nicht benutzt wird, solange Sie dies nicht anfordern. Bei einigen UNIX-Systemen wie Dell System V Release 4 muß ein Login-Terminal durch den Systemverwalter permanent für Hardware-Flußkontrolle konfiguriert werden. Bei anderen können Sie Hardware-Flußkontrolle nach dem Einloggen durch einen UNIX-Befehl ein- oder ausschalten. Schlagen Sie in den „man-Seiten" Ihres Systems nach, um den passenden Zauberspruch herauszufinden. Einige Beispiele sind:

```
$ stty crtscts            (SunOS 4.0 oder neuer)
$ stty rtsxoff ctsxon     (Einige Versionen von System V R4)
```

Wenn Sie durch einen Terminal-Server in das UNIX-System hereinkommen, können Sie Hardware-Flußkontrolle mitunter dort einschalten. Auf einem Cisco-Terminal-Server lautet der Befehl beispielsweise:

```
ts>terminal flowcontrol hardware in out
```

Wenn C-Kermit aktiv ist, versucht er, die Flußkontroll-Methode zu benutzen, die Sie zuletzt mit dem Befehl SET FLOW angegeben haben (Voreinstellung ist Xon/Xoff). Hardware-Flußkontrolle ist jedoch oft nur über Tricks möglich, die C-Kermit vielleicht nicht kennt, etwa durch `stty`-Befehle wie die eben gezeigten, durch spezielle Gerätenamen wie `/dev/tty00h` anstelle von `/dev/tty00` bzw. `/dev/cufa` anstelle von `/dev/cua`. Auch hier müssen Sie die Einzelheiten in Ihrer System-Dokumentation nachschlagen.

Es kann nicht genug betont werden, daß Terminal-Verbindungen und Dateitransfer am besten funktionieren, wenn eine effektive Flußkontrolle aktiviert ist. Wenn verfügbar, sollte Hardware-Flußkontrolle der Software-Methode vorgezogen werden.

Internationale Zeichen unter UNIX benutzen

Auch wenn C-Kermit ausgedehnte Möglichkeiten zum Verwenden und zum Konvertieren von Zeichensätzen bietet, können Sie sich in diesem Bereich nicht darauf verlassen, daß UNIX selbst dies unterstützt. Ältere UNIX-Versionen unterstützen keine Terminal-Verbindungen mit 8 Bit ohne Parität; sie bieten 7-Bit-Terminal-Verbindungen mit gerader Parität, was Sie auf reinen ASCII- oder einen nationalen 7-Bit-Zeichensatz während Ihrer UNIX-Verbindung beschränkt. UNIX-Terminal-Treiber haben keine Einrichtung wie Shift-In/Shift-Out, um 8-Bit-Zeichen in einer 7-Bit-Kommunikationsumgebung zu benutzen.

Derzeit hat jedoch eine Bewegung begonnen, neue UNIX-Versionen „8-Bit-sauber" zu machen, so daß 8-Bit-Zeichensätze wie die ISO-Lateinisch-Alphabete benutzt werden können. 8-Bit-Sauberkeit ist ein Standard bei der NeXT-Workstation und in Dell UNIX SVR4/386 Issue 2.1. Sie ist auch in SunOS 4.1 und ULTRIX 4.0 gegeben, muß aber durch den folgenden Befehl aktiviert werden:

$ stty pass8

Andere UNIX-Systeme können 8-Bit-sauber sein oder auch nicht. Versuchen Sie stty pass8, stty -parenb cs8 oder stty -parity. Sehen Sie in Ihren UNIX-Systemhandbüchern oder mit man stty die Einzelheiten nach. Wenn Sie UNIX von einem Terminal oder Emulator aus ansprechen, stellen Sie sicher, daß auch dieses Gerät für 8 Datenbits ohne Parität eingestellt ist und den von Ihnen gewünschten Zeichensatz benutzt. Wenn Sie über einen Terminal-Server oder eine Netzwerk-Verbindung in das UNIX-System hineinkommen, sorgen Sie dafür, daß auch diese auf 8-Bit-Transparenz eingestellt sind; benutzen Sie zum Beispiel rlogin -8 statt rlogin.

Programm-Steuerung

C-Kermit ist eine zeichenbasierte Anwendung, die dafür gemacht ist, von einem Terminal aus benutzt zu werden. Wenn Sie Ihr UNIX-System von einem Terminal oder -Emulator aus ansprechen, können Sie das Kermit-Programm wie üblich starten, d.h. durch Eingabe seines Namens, dem ggf. Befehlszeilen-Argumente folgen. Dann können Sie einen interaktiven Dialog mit ihm führen, wobei Sie Tastatur und Bildschirm auf die übliche Weise benutzen.

Wenn Sie einen UNIX-Arbeitsplatzrechner mit einer Maus-und-Fenster-orientierten grafischen Benutzeroberfläche (GUI, *Graphical User Interface*) auf Ihrem Schreibtisch haben, wie etwa Motif, NeXTstep, SunView, DECwindows, AIX Windows und ähnliche, stellen Sie mitunter fest, daß das Anklicken von C-Kermit in Ihrem File Browser, File Viewer oder wie immer das in Ihrer Fensterumgebung heißen mag, nicht gut funktioniert. Einige Arbeitsplatzrechner bemängeln, daß C-Kermit keine *(Name-des-GUI)*-Anwendung ist. Andere legen vielleicht ein Terminal-Fenster für C-Kermit an, das aber nicht alle Eigenschaften eines UNIX-Terminal-Gerätes hat; in diesem Fall arbeitet C-Kermit nicht korrekt. Dies geschieht zum Beispiel auf dem NeXT.

Die beste Art, Kermit in einer GUI-Umgebung zu starten, besteht darin, zunächst ein Terminal-Emulations-Fenster zu starten, das Ihnen den UNIX-Shell-Prompt gibt, und dann Kermit wie üblich vom Shell-Prompt aus zu starten. Auf einigen Systemen kann man dafür ein Shell-Skript anlegen; dann können Sie das Shell-Skript in Ihrer GUI-Umgebung anklicken. Weitere Ideen dazu enthält die Datei ckuker.bwr.

C-Kermit starten

Um C-Kermit zu starten, geben Sie einfach beim Shell-Prompt „kermit" ein:

```
$ kermit
C-Kermit 5A(189) 23 Jul 93, 4.4 BSD
Type ? or HELP for help
C-Kermit>
```

Wenn Sie eine Nachricht wie „not found" statt der Begrüßung und des Prompts von C-Kermit erhalten, bedeutet das, daß das C-Kermit-Verzeichnis nicht in Ihrem PATH enthalten ist – in diesem Fall sollten Sie die PATH-Definition in Ihrem Login-Profil entsprechend erweitern –, oder er trägt einen anderen Namen – etwa „wermit" oder „ckermit" –, oder er existiert überhaupt nicht. Wenn Sie eine Meldung wie „cannot execute" oder „permission denied" erhalten, ist C-Kermit nicht korrekt installiert. Sehen Sie sich die Installations-Anweisungen in der Datei `ckuins.doc` noch einmal an, oder zeigen Sie sie dem Verantwortlichen.

Initialisierungsdatei

Die Initialisierungsdatei von C-Kermit heißt `.kermrc`. Weil der Name mit einem Punkt beginnt, ist dies eine versteckte Datei, die normalerweise beim Anzeigen des Verzeichnisses nicht zu sehen und vor dem Löschen mit `rm *` sicher ist. Die Datei `.kermrc` muß in Ihrem Heimat-(Login-)Verzeichnis stehen. Wir schlagen vor, daß Sie die Standard-C-Kermit-Initialisierungsdatei verwenden; legen Sie eine gesonderte Datei mit dem Namen `.mykermrc` an, um alle gewünschten persönlichen Anpassungen vorzunehmen. Ihre Telefonbuch-Datei sollte ggf. `.kdd` und Ihre Dienste-Verzeichnis-Datei `.ksd` genannt werden; beide sollten in Ihrem Heimatverzeichnis stehen.

Umleitung von Ein- und Ausgabe

C-Kermit liest seine Befehle im interaktiven Betrieb vom Standard-Eingabe-Gerät, normalerweise also Ihrer Tastatur, und gibt seine Meldungen auf dem Standard-Ausgabe-Gerät, Ihrem Bildschirm, aus. Um Kermits Standard-Eingabe auf eine Datei umzulenken, benutzen Sie den Operator < auf der UNIX-Befehlszeile:

```
$ kermit < kermit.tak
```

In diesem Beispiel enthält die Datei `kermit.tak` Kermit-Befehle. Kermit arbeitet sie nacheinander ab, bis er zum Dateiende kommt (oder bis zu einem QUIT- oder EXIT-Befehl), und kehrt dann zum System-Prompt zurück.

Sie können auch Kermits Bildschirm-Ausgabe mit ähnlichen Mechanismen in eine Datei umleiten:

```
$ kermit > kermit.log
```

Natürlich ist es wenig sinnvoll, Kermits Bildschirm-Ausgabe umzuleiten, ohne dies auch mit seiner Eingabe zu tun, denn dann geben Sie Kermit-Befehle ohne Rückmeldungen auf einem leeren Bildschirm ein. Um sowohl Ein- als auch Ausgabe umzuleiten, benutzen Sie:

$ <u>kermit < kermit.tak > kermit.log</u>

Sie können sogar von einem anderen Prozeß aus Befehle an Kermit geben lassen, wenn Sie geistig wendig genug sind, sich einen guten Grund dafür auszudenken:

$ <u>grep ^send befehlsdatei | sort | kermit</u>

Hintergrund-Betrieb

Wenn Sie Kermit im lokalen Betrieb verwenden, können Sie ihn im Hintergrund Dateien übertragen lassen, während Sie im Vordergrund andere Arbeiten erledigen. Dies erreichen Sie, indem Sie Kermits Standard-Ein- und -Ausgabe auf eine Befehls- bzw. Protokoll-Datei umlenken und den Shell-Befehl zum Aufruf von Kermit mit einem Und-Zeichen abschließen:

$ <u>kermit < befehlsdatei > protokoll &</u>

C-Kermit führt verschiedene systemabhängige Tests aus, um festzustellen, ob er im Hintergrund läuft. Stellt er dies fest, gibt er Prompts und die meisten Nachrichten nicht aus. Wenn Sie Kermit interaktiv starten, aber nach der Begrüßung kein Prompt ausgegeben wird, bedeutet das, daß Ihr Betriebssystem die Anzeichen von Hintergrund-Betrieb vermittelt, obgleich Kermit im Vordergrund ist. In solchen Fällen können Sie Kermit dazu zwingen, sich wie im Vordergrund zu benehmen, indem Sie die Befehlszeilen-Option -z angeben:

```
$ kermit -z
C-Kermit 5A(189) 23 Jul 93, MIPS RISC/OS
Type ? or HELP for help
C-Kermit>
```

Benutzen Sie die Option -z nicht, wenn Sie C-Kermit *wirklich* im Hintergrund starten.

C-Kermit unterbrechen

C-Kermit kann jederzeit unterbrochen werden: bei seinem Prompt, mitten in der Eingabe eines Befehls, während der Ausführung eines jeden Befehls und während eines Dateitransfers, oder wenn C-Kermit im lokalen Betrieb läuft, indem Sie sein Unterbrechungszeichen, das normalerweise Strg-C ist, eingeben. Der Terminalbetrieb mit CONNECT und Dateitransfers, wenn C-Kermit im Wirtsbetrieb arbeitet, müssen etwas anders behandelt werden.

Das Unterbrechungszeichen sollte als ^C... wiedergegeben werden und Sie sofort zum C-Kermit-Prompt (wenn Sie C-Kermit interaktiv betrieben haben) oder zum System-Prompt (wenn Sie C-Kermit mit Aktions-Optionen auf der Befehlszeile gestartet haben – siehe Kapitel 14) zurückbringen.

Wenn Strg-C C-Kermit nicht unterbricht, benutzen Sie den UNIX-Befehl `stty`, der ab Seite 434 beschrieben ist, um herauszufinden, was Ihr UNIX-`intr`-Zeichen ist. Benutzen Sie stattdessen dieses Zeichen, oder ändern Sie Ihr Unterbrechungszeichen auf Strg-C.

Um einen Wirts-C-Kermit während des Dateitransfers zu unterbrechen, geben Sie zweimal hintereinander Strg-C ein. Für diesen Zweck wird stets Strg-C benutzt, ungeachtet des eingestellten Unterbrechungszeichens. Um C-Kermit im Terminalbetrieb zu unterbrechen, geben Sie das Rückkehrzeichen für den Terminalbetrieb ein, gefolgt von dem Buchstaben c, um zum Prompt zurückzukommen, oder von einem der anderen hier möglichen Zeichen, wie sie in Kapitel 4 beschrieben sind.

C-Kermit suspendieren

Auf UNIX-Systemen mit Job-Steuerung (im allgemeinen die auf Berkeley UNIX, AT&T UNIX System V R4 oder POSIX beruhenden) können Sie Kermit suspendieren, indem Sie Strg-Z eingeben, oder was immer Ihr Suspendierungszeichen sein mag (Sie können dies mit dem ab Seite 434 beschriebenen Befehl `stty` herausfinden; Ihr Suspendierungszeichen ist unterhalb von `susp` aufgeführt):

```
C-Kermit>^Z
[4] + Stopped (signal) kermit
$
```

Sie können C-Kermit auf diese Weise jederzeit suspendieren, außer wenn er im Terminalbetrieb oder in einem Dateitransfer im Wirtsbetrieb ist. Wenn Sie auf der Befehlsprompt-Ebene von C-Kermit sind, können Sie C-Kermit auch mit dem Befehl SUSPEND suspendieren:

SUSPEND
Dieser Befehl suspendiert C-Kermit. Er hält C-Kermit an und bringt den System-Prompt zurück, entfernt C-Kermit aber nicht aus dem Arbeitsspeicher. Synonym ist: **Z**.

SET SUSPEND { ON, OFF }
ON, die normale Einstellung, bedeutet, daß C-Kermit SUSPEND-Signale beachtet, wenn er in einer Umgebung gebaut worden ist, die diese unterstützt. OFF bedeutet, daß C-Kermit SUSPEND-Signale ignoriert.

Nachdem Sie C-Kermit suspendiert haben, können Sie ihn durch Benutzung des UNIX-Befehls `fg` (*foreground*, Vordergrund) zurückbringen. Dazu geben Sie Kermits Job-Nummer, die beim Suspendieren von C-Kermit angezeigt wurde und die auch der Shell-Befehl `jobs` ausgibt, mit einem vorangestellten Prozentzeichen mit ein:

```
$ fg %4
C-Kermit>
```

Sie können auch die Prozeßnummer, wie der UNIX-Befehl `ps` sie anzeigt, benutzen. Wenn Kermit gerade einen Befehl bearbeitete, sollte er da fortfahren, wo er aufgehört hatte. Wenn er beim Prompt stand, sollten Sie einen neuen Prompt bekommen. Geben Sie jedoch statt „fg" noch einmal „kermit" ein, starten Sie eine weitere Version von Kermit; die alte sitzt dann immer noch im Hintergrund.

Warnung: Die UNIX-Version von C-Kermit erlaubt es, sie zu suspendieren und wieder aufzunehmen, wenn das zugrundeliegende Betriebssystem diese Eigenschaft unterstützt. Aber – und dies ist ein *großes Aber* –, Sie sollten nicht versuchen, Kermit oder irgendein anderes Programm zu suspendieren, wenn Ihre UNIX-Shell diese Einrichtung nicht auch unterstützt (Kermit weiß davon nichts). Die meisten C- und K-Shells können dies, die meisten Bourne-Shells jedoch nicht.[49] Wenn Sie C-Kermit in einer Umgebung suspendieren, die Job-Steuerung nicht ordnungsgemäß unterstützt, hängt sich Ihre Sitzung möglicherweise hoffnungslos auf. Ihre Login-Sitzung muß dann von einem anderen Terminal aus unter Benutzung der UNIX-Befehle `ps` und `kill` abgeschossen werden.

Es gibt drei Möglichkeiten, mit diesem Problem umzugehen:

1. Benutzen Sie eine Shell, die Job-Steuerung unterstützt. Auf den meisten Systemen können Sie den Befehl `chsh` benutzen, um eine andere Shell auszuwählen. Um zum Beispiel die C-Shell (csh) zu benutzen, geben Sie ein:

   `$ chsh csh`

   Geben Sie für weitere Information `man chsh` ein.
2. Geben Sie C-Kermit den Befehl SET SUSPEND OFF, um C-Kermit das Suspendierungssignal ignorieren zu lassen:

   `C-Kermit>set suspend off`
3. Schalten Sie das Suspendierungssignal ab, bevor Sie C-Kermit starten:

   `% stty susp undef`

UNIX-Login-Terminal in Ordnung bringen

Wenn C-Kermit abnormal beendet wird, weil er zum Beispiel von einem anderen Terminal aus angehalten worden ist, funktioniert Ihr Login-Terminal vielleicht nicht mehr wie üblich. Insbesondere zeigt es eingegebene Zeichen möglicherweise nicht mehr an oder erkennt die Eingabetaste nicht mehr als Befehls-Ende. In diesen Fällen sollten Sie Ihr Terminal wieder zu normaler Arbeitsweise bringen können, indem Sie (je nach Ihrer UNIX-Version) den Befehl `reset` oder `stty sane` geben. Geben Sie Strg-J ein, dann die Zeichen des eben angegebenen Befehls und schließen Sie diese mit einem weiteren Strg-J (nicht der Eingabetaste) ab.

Befehlsprozeduren für UNIX-C-Kermit

Wenn Sie ein Shellskript-Programm unter UNIX anlegen, können Sie angeben, welche Shell (wie sh, csh oder ksh) das Programm ausführen soll, indem Sie eine besondere Art von „Kommentar" als erste Zeile mit aufnehmen, zum Beispiel:

`#!/bin/ksh`

Das Zeichen # ist das Kommentar-Anfangszeichen der Shell, und das zweite Zeichen, !, teilt der Shell mit, daß der Rest der Zeile den Namen eines Programms angibt, das zur Ausführung des Shell-Skripts gestartet werden sollte. Das oben angeführte Beispiel teilt Ihrer derzeitigen Shell mit, sie solle `/bin/ksh` starten und die Datei dem Standard-Eingabe-Kanal von ksh übergeben.

C-Kermit befolgt dieselben Konventionen, was dadurch ermöglicht wird, daß das Zeichen # nicht nur das Kommentar-Anfangszeichen für die UNIX-Shell, sondern auch – welch glücklicher Zufall – für C-Kermit ist. Wenn Sie eine Zeile wie diese:

`#!/usr/local/bin/kermit`

an den Anfang einer C-Kermit-Befehlsdatei stellen und diese Datei außerdem als ausführbar deklarieren (*execute*-Recht), können Sie die Datei ausführen, indem Sie einfach ihren Namen beim System-Prompt eingeben, genau als würden Sie ein Shell-Skript ausführen. In diesem Fall aber reicht die Shell die Datei an Kermit statt an eine UNIX-Shell weiter. Natürlich können Sie auch den C-Kermit-Befehl TAKE benutzen, um dieselbe Datei auszuführen; in diesem Fall wird die mit #! beginnende Zeile ignoriert.

Auf Ihrem UNIX-System sollten Sie den tatsächlichen Pfadnamen des Kermit-Programms einsetzen, falls er nicht `/usr/local/bin/kermit` ist. Um die Befehlsdatei ausführbar zu machen, benutzen Sie den Befehl `chmod +x` beim UNIX-Shell-Prompt:

`$ chmod +x befehlsdatei`

Die Befehle in der Datei werden ausgeführt, *nachdem* Ihre Initialisierungsdatei vollständig abgearbeitet worden ist, aber *bevor* der C-Kermit-Prompt erscheint. Wenn Sie wollen, daß die Befehlsdatei zum System zurückkehrt, ohne den C-Kermit-Prompt auszugeben, stellen Sie den Befehl `exit` an ihr Ende.

Sie können auch C-Kermit-Befehlszeilen-Optionen beim Aufruf der Befehlsdatei angeben:

`$ befehlsdatei -p e -l /dev/ttyh8`

oder, damit C-Kermit seine Initialisierungsdatei überspringt:

`$ befehlsdatei -Y`

Wenn Sie Kermit über eine Befehlsdatei aufrufen, konstruiert die UNIX-Shell einen Befehl der folgenden Form:

kermitpfadname befehlsdateiname optionen

Deswegen können Sie Kermit auch selbst genauso aufrufen, zum Beispiel:

`$ kermit befehlsdatei -p e -l /dev/ttyh8`

Terminal-Verbindung

In der UNIX-Version von C-Kermit wird Terminal-Emulation durch Konsoltreiber, Workstation-Terminal-Fenster, Terminal-Emulator oder Terminal zur Verfügung gestellt. C-Kermit selbst leistet keine besondere Terminal-Emulation jenseits dessen, was in Kapitel 4 beschrieben ist.

Das Terminalbetriebs-Rückkehrzeichen

Die Voreinstellung für das Terminalbetriebs-Rückkehrzeichen von UNIX-C-Kermit ist Strg-\ (Steuerung-Backslash), außer auf bestimmten Workstations (wie dem NeXT), die dieses Zeichen nicht von der Tastatur her erzeugen können; dort ist es Strg-] (Steuerung-RechteEckigeKlammer). Benutzen Sie SHOW ESCAPE, um Ihr Rückkehrzeichen herauszufinden, und SET ESCAPE, um es zu ändern. Insbesondere auf deutschen Tastaturen können die voreingestellten Zeichen nicht oder nur schwer zu erzeugen sein; dann legen Sie am besten ein besser erreichbares in Ihrer Initialisierungsdatei fest (vgl. Kapitel 4).

Tastaturbelegung

Der C-Kermit-Befehl SET KEY hat nur bei Tasten, die einzelne Bytes mit 7- oder 8-Bit-Codes erzeugen, eine Funktion. 7-Bit-Tastencodes werden von C-Kermit für alle UNIX-Versionen unterstützt, vorausgesetzt, C-Kermit ist für die Möglichkeit der Tastaturbelegung konfiguriert worden. 8-Bit-Codes können benutzt werden, wenn Sie eine Tastatur haben, die diese erzeugen kann, wenn C-Kermit weiterhin einen sauberen 8-Bit-Pfad zur Tastatur hat und Sie ihm SET COMMAND BYTESIZE 8 gesagt haben.

C-Kermit im Terminalbetrieb suspendieren

Während der Terminal-Verbindung können Sie nach dem Terminalbetriebs-Rückkehrzeichen den Buchstaben Z eingeben, um Kermit zu suspendieren. Dies hält Kermit an, ohne die Verbindung abzubrechen, und bringt Sie zu derselben UNIX-Shell zurück, aus der heraus Sie Kermit gestartet haben. Im Gegensatz zur Option ! gewährt die Z-Option Ihnen Zugang zu allen anderen Jobs (Texteditoren, Mail-Programme usw.), die Sie möglicherweise parallel zu Kermit laufen lassen. Benutzen Sie den UNIX-Befehl fg, um mit Kermits Terminal-Sitzung fortzufahren, wie in dem folgenden Beispiel:

```
C-Kermit>connect             (Mit Wirtsrechner verbinden)
%                            (Prompt des Wirtssystems ist %)
% ^\z                        (Kermit suspendieren)
[3] + Stopped (signal)  kermit
$                            (Zurück beim lokalen System; Prompt ist $)
$ jobs                       (Meine Jobs anzeigen)

[3] + Stopped (signal)  kermit
[2] - Stopped           emacs
[1]   Stopped (signal)  mm

                             (Hier können Sie andere Programme aufrufen,
                              Ihre Hintergrund-Jobs fortsetzen usw.)
$
$ fg %3                      (C-Kermit wieder starten)
%                            (Terminal-Sitzung wird fortgesetzt)
%
```

Die üblichen Warnhinweise gelten auch hier: Versuchen Sie nicht, C-Kermit zu suspendieren, wenn er aus einer Shell heraus aufgerufen wurde, die Job-Steuerung nicht unterstützt.

Dateitransfer

UNIX-C-Kermit bietet den vollen Umfang an Dateitransfer-Möglichkeiten, einschließlich Text- und Binärtransfer, Dateigruppen, Attributen und Vollbildschirm-Dateitransfer-Anzeige, wenn Ihre Version entsprechend konfiguriert worden ist (Benutzen Sie den Befehl CHECK FULLSCREEN, um das herauszufinden). Bei Textdateien wird das UNIX-Satzformat (Zeilen mit LF getrennt) beim Dateitransfer automatisch in Kermits Standard-Zwischenformat (CRLF) umgeformt.

Wenn Ihre Version von UNIX-C-Kermit mit der Kompilations-Option DYNAMIC gebaut wurde (benutzen Sie CHECK DYNAMIC, um das herauszufinden), haben Sie ungefähr 9000 Bytes Paketpuffer, was beispielsweise eine Fenstergröße von 9 und eine Paketlänge von 1000 oder aber eine Fenstergröße von 18 und eine Paketlänge von 500 zuläßt. Sie können den Befehl SET BUFFERS (s. Seite 191) verwenden, um die Puffergröße zu erhöhen und so mehr Fensterplätze oder längere Pakete zu ermöglichen, zum Beispiel:

```
C-Kermit>set buffers 80000 80000
C-Kermit>set window 20
C-Kermit>set receive packet-length 4000
```

Wenn Ihr C-Kermit ohne die DYNAMIC-Eigenschaft gebaut wurde, sind Sie auf eine Paketpuffergröße von etwa 3000 beschränkt.

Unterbrechung des Dateitransfers im lokalen Betrieb

In den meisten C-Kermit-Versionen können Sie Dateitransfer im lokalen Betrieb unterbrechen, indem Sie einzelne Buchstaben wie X, Z oder E eingeben (siehe Kapitel 5). In C-Kermit-Versionen, die auf AT&T System V UNIX oder auf POSIX aufbauen, müssen Sie zunächst das Terminalbetriebs-Rückkehrzeichen (normalerweise Strg-Backslash; siehe jedoch den diesem Zeichen gewidmeten Abschnitt weiter oben) eingeben, bevor Sie die Unterbrechungstaste drücken.[50] Die Meldung von C-Kermit am Beginn des Dateitransfers gibt Ihnen die nötigen Informationen, wie in diesem Beispiel:

```
C-Kermit>s tapir.txt
SF
Type escape character (^\) followed by:
X to cancel file,  CR to resend current packet
Z to cancel group, A for status report
E to send Error packet, Ctrl-C to quit immediately:
A
```

```
Sending: tapir.txt => TAPIR.TXT
Size: 20659, Type: text
..........Strg-\X
Cancelling File  [interrupted]
ZB
C-Kermit>
```

In diesem Fall war das Rückkehrzeichen Steuerung-Backslash; daher gab die Benutzerin Strg-\ ein, gefolgt von dem Buchstaben X, um den Dateitransfer zu unterbrechen.

Dateitransfer im Hintergrund

Auf UNIX-Systemen mit Job-Steuerung können Sie Ihr Suspendierungszeichen (normalerweise Strg-Z) eingeben, um Kermit beim Dateitransfer im lokalen Betrieb zu unterbrechen. Dies hält Kermit an, so daß Sie mit Ihrer Shell plaudern oder andere Programme starten können. Später (aber nicht zu viel später) können Sie ihn mit dem UNIX-Befehl fg wieder in den Vordergrund bringen; der Dateitransfer wird dort wieder aufgenommen, wo er unterbrochen wurde, falls der andere Kermit keinen Timeout hatte.

```
C-Kermit>s bestell.log
SF
Sending: bestell.log => BESTELL.LOG
Size: 3712745, Type: text
X to cancel file,  CR to resend current packet
Z to cancel group, A for status report
E to send Error packet, Ctrl-C to quit immediately: A
........Strg-Z
[3] + Stopped (signal)   kermit
$ fortune                          (Ich brauche ganz schnell einen Glückskeks)
Es ist Vollmond. Heute ist Dein Glückstag. Du bist sehr hungrig.

$ fg %3                            (Kermit wieder aufnehmen)
kermit
N%....................... [OK]
ZB<BEEP>
C-Kermit>exit
```

Sie können den Dateitransfer auch im Hintergrund fortsetzen, was Ihr Terminal in der Zwischenzeit für andere Arbeiten frei läßt:

```
.....Strg-Z
[3] + Stopped (signal)   kermit
$ bg %3                            (Kermit im Hintergrund fortsetzen)
[3] kermit&
$ jobs
[3] + Running    kermit
[2] - Stopped    emacs
[1]   Stopped (signal)    mm
```

Irgendwann gibt Ihnen Ihre Shell dann eine Nachricht, daß Ihr Job angehalten hat, weil er „tty input" haben will, was bedeutet, daß der Dateitransfer abgeschlossen ist. An dieser Stelle können Sie Kermit wieder in den Vordergrund holen:

```
[3] + Stopped (tty input) kermit
$ fg %3                     (Wieder in den Vordergrund)
C-Kermit>                   (Prompt erscheint wieder)
```

Dateien senden

C-Kermit verarbeitet Jokerzeichen (Metazeichen) in den Befehlen SEND und MSEND, und der C-Kermit-Server verarbeitet sie ebenfalls, wenn er einen GET-Befehl erhält.

UNIX-C-Kermit bietet zwei Arten der Jokerzeichen-Bearbeitung: seinen eigenen, eingebauten Jokerzeichen-Expandierer und den der Shell. Wählen Sie die gewünschte Expansionsmethode mit diesem Befehl:

SET WILDCARD-EXPANSION { KERMIT, SHELL }

Solange Sie nichts anderes sagen, expandiert Kermit Jokerzeichen selbst. In diesem Fall werden drei Sonderzeichen erkannt und expandiert:

- ~ (Tilde) (nur am Anfang eines Dateinamens) wird in den Namen Ihres Login-Verzeichnisses übersetzt (falls sofort danach ein Schrägstrich folgt) oder in das Login-Verzeichnis des Benutzers, dessen Name unmittelbar auf die Tilde folgt:

    ```
    C-Kermit>send ~/.profile          (Meine eigene Datei .profile)
    C-Kermit>send ~jrd/mskermit.ini   (JRDs Datei mskermit.ini)
    ```

- * (Sternchen) Paßt auf null oder mehr beliebige Zeichen innerhalb eines Datei- oder Verzeichnisnamens. Das Sternchen paßt jedoch nicht auf den Schrägstrich (/); mit anderen Worten, es funktioniert nicht über Verzeichnis-Trennzeichen hinweg.

    ```
    C-Kermit>send *            (Alle Dateien im aktuellen Verzeichnis)
    C-Kermit>send ~/*/*.ini    (.ini-Dateien in allen Unterverzeichnissen)
    C-Kermit>send o*a          (o-irgendetwas-a)
    ```

    Unter UNIX werden „versteckte" Dateien (deren Namen mit einem Punkt beginnen), wie zum Beispiel .login, nicht gesendet, es sei denn, die Dateispezifikation beginnt auch mit einem Punkt:[51]

    ```
    C-Kermit>send *            (Alle nicht-versteckten Dateien)
    C-Kermit>send .*           (Alle versteckten Dateien)
    C-Kermit>msend * .*        (Alle Dateien)
    ```

- ? (Fragezeichen) Paßt auf jedes einzelne Zeichen außer einen Verzeichnis-Trennzeichen (Schrägstrich) oder den führenden Punkt einer versteckten Datei. Sie müssen dem Fragezeichen einen Backslash voranstellen, um seine normale Hilfe-Anforderungs-Funktion außer Kraft zu setzen:

    ```
    C-Kermit>send ckcker.\?       (ckcker.1-Zeichen)
    C-Kermit>send ckcker.\?\?\?   (ckcker.3-Zeichen)
    C-Kermit>send ~kermit/\?*     ((*~kermit/-mindestens-1-Zeichen)
    ```

Wenn Sie dem Fragezeichen keinen Backslash voranstellen, erhalten Sie eine Liste der passenden Dateinamen und werden dann mit dem schon Eingegebenen neu geprompted:

```
C-Kermit>send ckcmai.? File(s) to send, one of the following:
 ckcmai.c         ckcmai.o
C-Kermit>send ckcmai.
```

Die UNIX-Shells csh, ksh und bash, nicht jedoch die ursprüngliche Bourne-Shell, bieten zusätzliche Jokerzeichen für Dateispezifikationen. Wenn Sie WILD SHELL gesetzt haben, benutzt Kermit die Shell, deren Name in der Umgebungsvariablen SHELL angegeben ist:

```
$ echo $SHELL
/bin/ksh
```

Wenn das fehlschlägt, benutzt er Ihre Login-Shell, wie sie in der Datei /etc/passwd verzeichnet ist. Intern benutzt Kermit den echo-Befehl der spezifizierten Shell, um Jokerzeichen zu expandieren. Welche Metazeichen genau zur Verfügung stehen, hängt von Ihrer Shell und deren echo-Befehl ab. Die folgenden stehen im allgemeinen zusätzlich zu den oben aufgeführten zur Verfügung; sehen Sie zu weiteren Informationen in den „man-Seiten" Ihrer Shell nach.

[abc]
    (csh, ksh, bash) Paßt auf jedes einzelne Zeichen, das innerhalb der eckigen Klammer steht:

```
C-Kermit>send ck[cuw]*.[cwh]     (Die UNIX-C-Kermit-Quelldateien)
```

[a-z]
    (csh, ksh, bash) Paßt auf jedes einzelne Zeichen in dem in den eckigen Klammern angegebenen Bereich, in diesem Fall also a bis z. Die Zeichen in dem Bereich sind durch die internen Zahlencodes der Zeichen bestimmt (zum Beispiel durch ihre ASCII-Codes):

```
C-Kermit>send x[0-9][0-9].log      (x00.log bis x99.log)
C-Kermit>send [Dd][Aa][Tt][Ee][Ii] ("datei" in jeder Schreibweise)
```

{aaa,bbb}
    (csh, bash) Paßt auf jeden der durch Kommata voneinander getrennten Strings innerhalb der geschweiften Klammern:

```
C-Kermit>send ckcker.{upd,bwr}
C-Kermit>send {tapir.txt,hex.c}
C-Kermit>send ck[cuw]*.{[cwh],doc,bwr,nr}
```

Wie Sie sehen, kann Shell-Expansion flexibler als Kermits eigene sein, und sie ist konsistent zu Ihrem eigenen Gebrauch Ihrer bevorzugten Shell. Sie hat jedoch auch einige mögliche Nachteile:

— Es kann schwierig oder unmöglich sein, sich auf Dateien zu beziehen, deren Namen Shell-Metazeichen enthalten. (Versuchen Sie, solchen Zeichen einen oder zwei Backslashes voranzustellen oder den Dateinamen in doppelte Anführungszeichen einzuschließen; dies hilft jedoch nicht immer.)

— Derselbe Kermit-Dateitransfer-Befehl funktioniert möglicherweise unterschiedlich, je nachdem, welches Ihre aktuelle Shell ist. Dies ist insbesondere für Befehlsdateien eine wichtige Überlegung. Kermits interne Expansion arbeitet andererseits stets konsistent.

- Der `echo`-Befehl bestimmter Shells (insbesondere von csh) gibt möglicherweise nicht nur Dateinamen, sondern auch andere Wörter aus. Zum Beispiel kann in der C-Shell dies geschehen:

  ```
  $ echo foo*
  echo: no match
  ```

  Wenn Sie in diesem Falle Dateien namens `echo:`, `no` oder `match` haben, könnte Kermit diese zu übertragen versuchen.
- Der `echo`-Befehl hat eine Option `-n`. Wenn Sie versuchen, eine Datei mit genau diesem Namen anzusprechen, müssen Sie ihrem Namen eine Verzeichnisangabe voranstellen (zum Beispiel `./-n`), um `echo` daran zu hindern, den Namen als Befehls-Option zu interpretieren.

Wenn Sie auf der Shell-Befehlszeile, mit der Sie C-Kermit aufrufen, die Option `-s` angeben, kann die nachfolgende Dateispezifikation jede Jokerzeichen-Schreibweise enthalten, die Ihre Shell versteht, unabhängig von der C-Kermit-Einstellung WILDCARD-EXPANSION. Die Shell expandiert Jokerzeichen in eine Liste von Dateien, die Kermit über den „argv"-Mechanismus zur Verfügung gestellt wird, wie in diesem Beispiel:

```
$ kermit -s *.txt
```

Die Shell, und nicht Kermit, expandiert `*.txt` in eine Liste aller Dateien in Ihrem aktuellen Verzeichnis, deren Namen in „`.txt`" enden. Wenn eine der Dateien tatsächlich ein Jokerzeichen als Teil ihres Namens enthält, unternimmt C-Kermit keinen Versuch, dieses weiter zu expandieren.

Dateien empfangen

Ankommende Dateien werden im aktuellen Verzeichnis abgelegt, sofern Sie dem RECEIVE-Befehl nichts anderes gesagt haben und das Kopf-Paket der ankommenden Datei keinen Pfadnamen enthält. Eine Datei kann nur angelegt werden, wenn Sie Schreibrechte für das Verzeichnis haben, in dem die Datei abgelegt werden soll. Wenn schon eine Datei gleichen Namens im Zielverzeichnis existiert und die C-Kermit-Einstellung von FILE COLLISION BACKUP oder OVERWRITE ist, müssen Sie auch Schreibrechte für die vorher existierende Datei haben. C-Kermit legt keine Dateien für Sie an und löscht auch keine, die Sie nicht auch anderweitig selbst anlegen bzw. löschen könnten.

Dateien werden mit den Rechten des sie enthaltenden Verzeichnisses, kombiniert mit Ihrer „umask" (siehe die „man-Seiten" Ihrer Shell für weitere Informationen), angelegt. Mit anderen Worten: C-Kermit legt Dateien mit genau den gleichen Rechten an, die sie hätten, wenn Sie sie auf irgendeine andere Weise angelegt hätten, zum Beispiel mit dem Befehl `cat` oder einem Texteditor.

C-Kermit setzt für ankommende Dateien keine Ausführungsberechtigung. Wenn Sie C-Kermit benutzen, um Shell-Skripten, ausführbare binäre Programme oder andere Dateitypen empfangen, die das *execute*-Recht benötigen, benutzen Sie nach dem Transfer den Befehl `chmod +x`.

Wenn eine UNIX-Datei wegen Ihrer FILE COLLISION-Einstellung umbenannt werden muß, hängt C-Kermit eine Pseudo-Versionsnummer an das Ende des Dateinamens an:

```
tapir.~n~
```

wobei hier `tapir` der Name ist, den die zwei Dateien teilen und . ~n~ eine Versionsnummer, wie in diesem Beispiel:

`bericht.mss.~8~`

Wenn `tapir` existiert, wird die neue Datei `tapir.~1~` genannt. Wenn `tapir` und `tapir.~1~` existieren, ist die neue Datei `tapir.~2~`, usw. Wenn der neue Dateiname länger als die maximal erlaubte Länge eines Dateinamens auf Ihrem UNIX-SYstem ist, werden Zeichen vom Ende her gelöscht. Zum Beispiel würde aus `sehrlangername` auf einem System mit einer Beschränkung auf 14 Zeichen `sehrlanger.~1~`. Dieses Schema ist kompatibel zu dem Sicherungskopie-Mechanismus, den GNU EMACS unter UNIX benutzt; tatsächlich werden die umbenannten Dateien von EMACS als Sicherungskopien erkannt, was man benutzen kann, um übergroße Anzahlen solcher Dateien zu löschen.

Anhang IV
VMS-C-Kermit

Dieser Anhang erklärt, wie man C-Kermit auf einem VAX- oder AXP-Rechner der Digital Equipment Corporation unter dem Betriebssystem VMS oder OpenVMS benutzt. Eine aktuelle Aufstellung der Begrenzungen und Einschränkungen von VMS-C-Kermit finden Sie in den Dateien CKCKER.BWR und CKVKER.BWR, die sich in der VMS-C-Kermit-Distribution befinden.

VMS (*Virtual Memory System*, virtuelles Speichersystem) ist das Betriebssystem für 32-Bit-VAX-Rechner (*Virtual Address Extended*, Virtuelle Adresse, erweitert) der Digital Equipment Corporation, eine Produktlinie, die von Desktop-Arbeitsplatzrechnern über Minicomputer bis zu Großrechnern reicht. VMS ist ein Mehrbenutzer-Multitasking-Betriebssystem. OpenVMS ist der neue Name des Betriebssystems VMS; es läuft sowohl auf VAX- als auch auf AXP-Prozessoren (auch Alpha-Prozessoren genannt). C-Kermit läuft sowohl unter VMS als auch unter OpenVMS, sowohl auf VAX- als auch auf AXP-Prozessoren. In diesem Anhang wird der Name VMS übergreifend auch für OpenVMS auf VAX- und auf AXP-Prozessoren verwendet.

Vorbereitung der VMS-Sitzung für C-Kermit

Bevor Sie C-Kermit starten, stellen Sie sicher, daß VMS weiß, was für eine Art von Terminal Sie haben, so daß C-Kermits FULLSCREEN-Dateitransfer-Anzeige korrekt arbeitet. VMS-C-Kermit (wie auch VMS selbst) unterstützt nur Terminals der Typen VT52 und VT100 (oder höhere Versionen) für die Anzeigefunktionen formatierter Bildschirme. Wenn Sie C-Kermit auf einem Bildschirm in Betrieb nehmen wollen, der nicht zu diesen Terminals kompatibel ist, sollten Sie Kermits FULLSCREEN-Dateitransfer-Anzeige nicht benutzen.

VMS ist daraufhin entworfen, von DEC-Terminals aus benutzt zu werden. Wenn Sie sich einloggen, senden die meisten VMS-Systeme eine besondere Anfrage „Was bist Du?"

(das ESC-Zeichen, gefolgt von dem Buchstaben Z) an das Terminal. Alle DEC-Terminals antworten automatisch mit einer Zeichenfolge, die das Terminal-Modell bezeichnet – LA36, VT52, VT100, VT200, VT300, VT400 usw. Wenn Sie ein VT- oder dazu kompatibles Terminal oder einen PC mit einem ordnungsgemäß funktionierenden VT-Terminal-Emulator wie zum Beispiel MS-DOS-Kermit verwenden, wird Ihr VMS-Terminal-Typ automatisch gesetzt. Anderenfalls gibt es eine längere Pause, während VMS auf eine gültige Antwort wartet, keine erhält und Ihren Terminal-Typ dann auf UNKNOWN, also unbekannt, setzt.

Sie können herausfinden, welche Terminal-Typen Ihr VMS-System unterstützt, indem Sie den VMS-Befehl HELP SET TERMINAL/DEVICE ausführen. Wenn Ihr Terminal in dieser Liste erscheint, können Sie einen VMS-Befehl geben, der Ihren Terminal-Typ passend setzt, wie etwa

```
$ set terminal /device=vt100
```

Sie können Ihre VMS-Terminal-Charakteristiken mit dem Befehl SHOW TERMINAL herausfinden.

Wenn Sie ein Sprachausgabegerät oder ein TDD (*Telecommunication Device for the Deaf*, Telekommunikationsgerät für Hörbehinderte) benutzen, sollten Sie einen Hardcopy-Terminaltyp wie etwa LA36 wählen.

Kommunikationsgeschwindigkeit prüfen und setzen

Wenn Sie C-Kermit zum Transfer von Dateien im Wirtsbetrieb benutzen, gründet er die Länge seiner Paket-Timeouts auf die Kommunikationsgeschwindigkeit Ihres Login-Terminals, wie VMS sie berichtet. Wenn Sie sich zum Beispiel bei 2400 bps eingewählt haben, aber VMS Ihre Geschwindigkeit für 19200 bps hält, funktionieren Dateiübertragungen unter Umständen nicht gut oder gar nicht.

VMS kennt Ihre Kommunikationsgeschwindigkeit, wenn Ihr Terminal oder PC direkt oder über ein Modem mit einem Kommunikationsanschluß auf dem VMS-System verbunden ist. Wenn Sie den Befehl SHOW TERMINAL geben, sehen Sie eine Anzeige wie diese:

```
$ sho term
Terminal:  _TXA3:       Device_Type: VT300_Series  Owner: LISA

   Input:   2400    LFfill:   0      Width:  80     Parity: None
   Output:  2400    CRfill:   0      Page:   24
```

Wenn Sie das VMS-System über eine Netzwerk-Verbindung – einen Terminal-Server mit dem TCP/IP-Protokoll TELNET oder RLOGIN (nicht aber LAT), oder eine TELNET- oder RLOGIN-Sitzung (aber nicht CTERM) von einem anderen Wirtsrechner aus – betreten haben, sind Sie nicht mit einem echten Kommunikationsanschluß verbunden, und daher weiß VMS Ihre wahre Kommunikationsgeschwindigkeit mitunter nicht. Prüfen Sie das nach:

```
$ sho term
Terminal:   _NTY2:          Device_Type: VT300_Series    Owner: LISA
Remote Port Info: watsun.cc.columbia.edu

   Input:  19200       LFfill:   0      Width:   80      Parity: None
   Output: 19200       CRfill:   0      Page:    24
```

Ist die Geschwindigkeit falsch, sollten Sie VMS sofort nach dem Einloggen aufklären (nicht jedoch auf einer LAT-Verbindung):

```
$ set term /speed=1200
```

Internationale Zeichen benutzen

Wenn der Kommunikationskanal zwischen Ihnen und dem VMS-System die Übertragung von 8-Bit-Zeichen zuläßt, können Sie 8-Bit-Zeichensätze wie ISO Lateinisch-1 und den Multinationalen Zeichensatz von DEC in Ihrer VMS-Sitzung verwenden. VMS-Anwendungen unterstützen den Gebrauch von 8-Bit-Zeichen, Sie müssen VMS aber möglicherweise mitteilen, daß Ihr Terminal sie benutzen kann. Der Befehl dazu ist:

```
$ set terminal /noparity /eight
```

Wenn Sie keine 8-Bit-Verbindung erhalten können, sind Sie während des Terminalbetriebs auf 7-Bit-Zeichencodes eingeschränkt. Dieser Code kann ASCII oder jede andere 7-Bit-Code sein, den Ihr Terminal oder Terminal-Emulator unterstützt, wie etwa nationale Zeichensätze nach ISO 646.

Benutzung von VMS-C-Kermit

VMS-Benutzerinnen finden den Stil, wie C-Kermit Befehle bearbeitet, vielleicht etwas ungewöhnlich. Ihm fehlen einige VMS-Möglichkeiten, dafür hat er andere, von denen Sie bald wünschen werden, daß auch VMS sie hätte. Die „Benutzerschnittstelle" von C-Kermit soll kompatibel zu der anderer Kermit-Programme sein und nicht zu der eines bestimmten Betriebssystems. Wenn Sie einmal gelernt haben, ein Kermit-Programm zu steuern, werden Sie auch mit den meisten anderen sprechen können.

Programmsteuerung

C-Kermit ist eine zeichenorientierte Anwendung, die zur Benutzung von einem Terminal aus entworfen wurde. Wenn Sie auf VMS von einem Terminal oder -Emulator aus zugreifen, können Sie das Kermit-Programm wie üblich starten, also durch Eingabe seines Namens und danach ggf. folgender Befehlszeilenargumente.[52] Dann können Sie einen interaktiven Dialog mit C-Kermit über die Tastatur und den Bildschirm führen:

```
$ kermit
C-Kermit 5A(189) 23 Jul 93, OpenVMS VAX
Type ? or HELP for help
C-Kermit>
```

Wenn Sie einen VMS-Desktop-Arbeitsplatzrechner mit einer Fenster-und-Maus-orientierten grafischen Benutzerschnittstelle (*Graphical User Interface*, GUI) haben, sollten Sie C-Kermit in einem VT-Terminal-Emulationsfenster, auch als DECterm bekannt, starten.

Befehlszeilen-Argumente werden vom Betriebssystem in Kleinbuchstaben umgesetzt, bevor C-Kermit sie zu sehen bekommt, was bei wichtigen Graphie-Unterscheidungen zu Konflikten führt, etwa den Optionen -y und -Y oder -c und -C. Um eine großbuchstabige Option auf der Befehlszeile für C-Kermit anzugeben, schließen Sie sie in doppelte Anführungszeichen ein:

```
$ kermit "-Y"
```

C-Kermit unterbrechen

C-Kermit kann jederzeit unterbrochen werden: bei seinem Prompt, mitten in der Eingabe eines Befehls, während der Ausführung eines jeden Befehls und während eines Dateitransfers, wenn C-Kermit im lokalen Betrieb läuft. Zur Unterbrechung geben Sie eines der beiden VMS-Unterbrechungszeichen, Strg-C oder Strg-Y, ein; beide sollten den gleichen Effekt haben. Der Terminalbetrieb mit CONNECT und Dateitransfers, wenn C-Kermit im Wirtsbetrieb arbeitet, müssen etwas anders behandelt werden.

Das Unterbrechungszeichen sollte als ^C... wiedergegeben werden und Sie sofort zum C-Kermit-Prompt (wenn Sie C-Kermit interaktiv betrieben haben) oder zum System-Prompt (wenn Sie C-Kermit mit Aktions-Optionen auf der Befehlszeile gestartet haben – siehe Kapitel 14) zurückbringen.

Um einen Wirts-C-Kermit während des Dateitransfers zu unterbrechen, geben Sie zweimal hintereinander Strg-C ein. Dies sollte Sie wiederum zum C-Kermit- bzw. zum System-Prompt zurückbringen.

Um C-Kermit im Terminalbetrieb zu unterbrechen, geben Sie das Rückkehrzeichen für den Terminalbetrieb ein, gefolgt von c, um zum Prompt zurückzukommen, oder von einem der anderen hier möglichen Zeichen, wie sie in Kapitel 4 beschrieben sind.

Umleitung von Ein- und Ausgabe

C-Kermit liest seine Befehle für den interaktiven Betrieb vom Standard-Eingabe-Gerät – normalerweise Ihre Tastatur – und schreibt seine Nachrichten auf das Standard-Ausgabe-Gerät, normalerweise Ihren Bildschirm. Um Kermits Standard-Eingabe aus einer Datei zu lesen, definieren Sie den logischen Namen SYS$INPUT neu:

```
$ define /user_mode sys$input kermit.cmd
$ kermit
```

In den Beispielen dieses Abschnitts enthält die Datei KERMIT.CMD C-Kermit-Befehle. C-Kermit führt sie nacheinander aus, bis er zum Ende der Datei (oder bis zu einem EXIT-, STOP- oder ähnlichen Befehl) kommt, und kehrt dann zum System-Prompt zurück. Die Option /USER_MODE bewirkt, daß die neue Definition von SYS$INPUT nur für die Ausführungsdauer des nächsten Programms gilt.

Sie können auch C-Kermits Bildschirm-Ausgabe in eine Datei umlenken, indem Sie den logischen Namen SYS$OUTPUT neu definieren, bevor Sie C-Kermit starten:

```
$ define /user_mode sys$output kermit.log
$ kermit
```

Wenn Sie jedoch Kermits Bildschirm-Ausgabe umlenken, ohne auch seine Eingabe umzulenken, geben Sie Kermit-Befehle auf einem leeren Bildschirm ohne jede Rückmeldung ein. Um also sowohl Ein- als auch Ausgabe umzulenken, müssen beide Befehle kombiniert werden:

```
$ define /user_mode sys$input kermit.cmd
$ define /user_mode sys$output kermit.log
$ kermit
```

Hintergrund-Betrieb kann unter VMS mit dem Befehl SPAWN /NOWAIT erzielt werden:

```
$ spawn /nowait /input=kermit.cmd /output=kermit.log kermit
```

oder indem Kermit in einem Stapelprogramm unter Verwendung des VMS-Befehls SUBMIT ausgeführt wird.

C-Kermit in DCL-Befehlsprozeduren ausführen

In einer DCL-.COM-Datei sind Zeilen, die mit einem Dollar-Zeichen beginnen, Befehle, die Sie beim VMS-System-Prompt eingeben würden; alle anderen sind Eingaben für ein Programm. Das folgende Beispiel zeigt, wie man eine DCL-Befehlsdatei konstruiert, die C-Kermit Befehle des interaktiven Betriebs gibt: Die ersten beiden Zeilen sind DCL-Befehle, dann kommen drei C-Kermit-Befehle und schließlich eine weitere Zeile mit einem DCL-Befehl:

```
$ write sys$output "Kermit beginnt..."
$ kermit
set file type binary
```

```
receive
exit
$ write sys$output "Kermit ist beendet."
```

Damit VMS-C-Kermit seine Befehle von der Tastatur liest, wenn er aus einer DCL-Befehlsprozedur heraus aufgerufen wurde, nehmen Sie die folgende Neudefinition des logischen Namens SYS$INPUT mit auf:

```
$ write sys$output "Kermit beginnt..."
$ define /user sys$input sys$command
$ kermit
$ write sys$output "Kermit ist beendet."
```

DCL-Befehlsprozeduren können ihre Befehlszeilen-Argumente an C-Kermit weiterreichen. Zum Beispiel sendet die folgende DCL-Befehlsdatei, KSEND.COM, bis zu acht Dateien (oder Dateigruppen) von einem VMS-Wirtssystem an das lokale Kermit-Programm des Benutzers:

```
$ kermit -s 'p1' 'p2' 'p3' 'p4' 'p5' 'p6' 'p7' 'p8'
```

Die ps in einfachen Anführungszeichen sind DCL-Variablen, ähnlich wie Kermits Argument-Variable für Makros. Sie werden hier benutzt, um Befehlszeilen-Argumente von der DCL-Befehlsprozedur an C-Kermit weiterzureichen. Um diese Befehlsprozedur zu benutzen, geben Sie (zum Beispiel) ein:

```
$ @ksend ckvker.mak ck*.h ck*.c
```

Dieses Beispiel nimmt an, daß die Datei KSEND.COM in Ihrem Heimatverzeichnis steht.

Die Codes für den Beendigungs-Status von C-Kermit (siehe Anhang I) werden dem Symbol CKERMIT_STATUS zugewiesen.

Die C-Kermit-Initialisierungsdatei

VMS-C-Kermit identifiziert seine Initialisierungsdatei durch die folgenden Schritte:

1. Die Datei CKERMIT.INI, falls sie existiert, und zwar in dem durch den systemweiten logischen Namen CKERMIT_INI, falls dieser existiert, angegebenen Verzeichnis. Sie können diese systemweite Definition, falls sie existiert, überschreiben, indem Sie diesen logischen Namen neu definieren.
2. Die durch den logischen Namen CKERMIT_INI, falls er existiert, angegebene Datei.
3. Die Datei CKERMIT.INI in Ihrem Login-(Heimat-)Verzeichnis.

Wenn der logische Name CKERMIT_INI nicht existiert oder keine existierende Datei CKERMIT.INI bezeichnet, werden die entsprechenden Schritte übersprungen.

Der System-Manager kann die Standard-Initialisierungsdatei für C-Kermit an einer zentralen Stelle installieren und den systemweiten logischen Namen CKERMIT_INI so definieren, daß er das Verzeichnis angibt, wo diese Datei ist. Um für das ganze System geltende Anpassungen vorzunehmen, kann eine C-Kermit-Befehlsdatei mit dem Namen CKERMIT.SYS in dem gleichen Verzeichnis wie die systemweite Datei CKERMIT.INI abgelegt werden.

Die Standard-Initialisierungsdatei führt automatisch die Benutzer-eigene Anpassungsdatei CKERMOD.INI aus, wenn sie in dessen Heimatverzeichnis existiert, so daß jeder Benutzer sich eine persönliche C-Kermit-Umgebung anlegen kann, ohne daß das gemeinsame Material aus der Standard-Initialisierungsdatei dupliziert werden muß.

Benutzerinnen können C-Kermit weiterhin so anpassen, daß unterschiedliche Einstellungen ausgeführt werden, wenn das Programm von unterschiedlichen Verzeichnissen aus aufgerufen wird. Zum Beispiel können Sie eine Datei CKERMIT.INI in Ihrem Verzeichnis BINARIES anlegen, die SET FILE TYPE BINARY ausführt, und eine andere in Ihr Verzeichnis TEXT, die SET FILE TYPE TEXT ausführt. Dazu schreiben Sie das folgende als letzte Zeile in die Datei CKERMOD.INI in Ihrem Login-Verzeichnis:

```
if not equal \v(home) \v(dir) -
  if exist []ckermit.ini take []ckermit.ini
```

Wenn Sie eine Telefonbuch-Datei haben, sollte es in Ihrem Login-Verzeichnis unter dem Namen CKERMIT.KDD eingerichtet sein. Verfügen Sie über eine Dienste-Verzeichnis-Datei, sollte sie unter dem Namen CKERMIT.KSD an der gleichen Stelle stehen.

Terminal-Verbindung

VMS-C-Kermits voreingestelltes Terminalbetriebs-Rückkehrzeichen ist Strg-\ (Steuerung-Backslash). Terminal-Emulation wird von Ihrem Konsoltreiber, Workstation-Terminal-Fenster, Terminal-Emulator oder Terminal besorgt. VMS-C-Kermit erkennt Tastendrücke als einzelne 7- oder 8-Bit-Bytes. 8-Bit-Codes können benutzt werden, wenn Sie eine dazu fähige Tastatur haben, wenn C-Kermit einen sauberen 8-Bit-Pfad bis zur Tastatur vorfindet, wenn Sie C-Kermit SET COMMAND und TERMINAL BYTESIZE 8 gesagt haben, und wenn Ihr VMS-Terminal die EIGHTBIT-Charakteristik hat, wie sie von dem VMS-Befehl SHOW TERMINAL angezeigt wird.

Dateitransfer

VMS-C-Kermit überträgt die meisten gängigen Dateitypen automatisch auf die richtige Weise, ohne daß SET FILE TYPE-Befehle nötig wären. Beim Senden von Dateien unterstützt VMS-C-Kermit den vollen Umfang von VMS-Jokerzeichen für die Auswahl von Dateigruppen.

Jokerzeichen

VMS gestattet Ihnen, sich auf Dateigruppen durch den Gebrauch von Jokerzeichen in einer einzigen Dateispezifikation zu beziehen. Die VMS-Jokerzeichen sind das Sternchen (*) und das Prozentzeichen (%). Sternchen paßt auf den ganzen oder ein Stück von einem Verzeichnisnamen, Dateinamen oder Dateityp. Es kann auch dazu benutzt werden, sich auf alle Versionsnummern zu beziehen, nicht jedoch dazu, auf einen Teil einer Versionsnummer zu passen. In einem Verzeichnisfeld operiert das Sternchen nicht über die Punkte hinweg, die Verzeichnisnamen voneinander trennen. Das Prozentzeichen paßt auf jedes einzelne Zeichen in einem Verzeichnisnamen, Dateinamen oder Dateityp, kann aber nicht im Versionsnummern-Feld benutzt werden. Der Befehl

`$ directory [kermit.*]a*.%%%;0`

führt die Namen der neuesten Versionen (;0) aller Dateien auf, die mit dem Buchstaben *A* (die Graphie ist in VMS-Dateinamen unwichtig) beginnen und einen dreibuchstabigen Dateityp haben, und zwar in allen Unterverzeichnissen des Verzeichnisses `[KERMIT]`, das in der obersten Verzeichnisebene des aktuellen Laufwerks steht.

Es gibt auch noch zwei besondere Jokerzeichen zur Benutzung in Verzeichnisnamen. Das Auslassungszeichen (...) bedeutet „von hier bis ganz unten" und der Bindestrich (-) „eine Ebene nach oben". Zwei Bindestriche heißen „zwei Ebenen nach oben" usw. Es folgen einige Beispiele von Dateispezifikationen mit Jokerzeichen:

`$ dir [*]`
Alle Dateien in allen Verzeichnissen der obersten Ebene.

`$ dir [.*]`
Alle Dateien in allen Verzeichnissen direkt unterhalb der obersten Ebene (eine Ebene nach unten).

`$ dir [...]`
Alle Dateien im aktuellen Verzeichnis und in allen darunter liegenden Verzeichnissen.

`$ dir [MAX.PROGRAMS...]`
Alle Dateien in `MAX.PROGRAMS` und allen Verzeichnissen darunter.

`$ dir [-]`
Alle Dateien im Verzeichnis unmittelbar über dem aktuellen (eine Ebene höher).

`$ dir [--]`
Alle Verzeichnisse in dem zwei Ebenen höher liegenden Verzeichnis.

`$ dir [000000]`
Alle Dateien im Wurzelverzeichnis der aktuellen Platte (falls Sie darauf Zugriff haben).

Dateien von VMS aus senden

Wenn Sie Dateien von VMS-C-Kermit aus senden und sein FILE TYPE auf TEXT oder BINARY gesetzt ist, wählt er den Transfer-Modus automatisch. Dies sind die Regeln:

1. Wenn das Satzformat undefiniert (Undefined) ist, wird der Binärmodus benutzt.
2. Wenn das Satzformat fest (Fixed) ist *und* die Datei keine Satzattribute (der VMS-Befehl DIRECTORY/FULL berichtet „Record attributes: None") hat, wird der Binärmodus benutzt.

3. Wenn das Satzformat fest (Fixed) ist und die Datei irgendwelche Satzattribute (zum Beispiel Carriage Return Carriage Control) hat, wird der Textmodus benutzt.
4. In allen anderen Fällen, auch in den Satzformaten Stream und Variable, wird der Textmodus benutzt.

VMS-C-Kermit teilt dem empfangenden Kermit automatisch den Dateityp in einem Attribut-Paket mit. Dies erlaubt es dem empfangenden Kermit, die Datei richtig zu interpretieren und im passenden Modus abzuspeichern, wenn er Attribut-Pakete versteht (die meisten modernen Kermit-Programme tun dies; siehe Tabelle 1-1 auf Seite 25). Dies erlaubt es VMS-C-Kermit außerdem, eine Mischung von Text- und Binärdateien mit einem einzigen SEND-Befehl zu senden. Zum Beispiel können Sie die Quelldatei TAPIR.C (eine Textdatei mit einem Programm in der Sprache C) und die ausführbare (binäre) Datei TAPIR.EXE mit einem Befehl gemeinsam schicken:

C-Kermit>send tapir.*

Beim Senden einer Textdatei bedient C-Kermit alle Kombinationen von Satzformat und Carriage Control (Wagenrücklaufzeichen), darunter auch Fortran (ANSI) und Print, und konvertiert alle in das Kermit-Standard-Format eines ASCII/CRLF-Datenstroms. Er übersetzt darüberhinaus den Dateizeichensatz je nach den von Ihnen vorgenommenen Einstellungen von FILE CHARACTER-SET und TRANSFER CHARACTER-SET.

Beim Senden einer Binärdatei nimmt VMS-C-Kermit keine Interpretation, Übersetzung oder Neuformatierung der Daten in der Datei vor. Die Angaben zu Satzlänge und Carriage Control werden ignoriert und auf Satzgrenzen oder am Dateiende keine Zeichen eingefügt.

VMS-C-Kermit sendet auch die Angaben zu Dateigröße, -Anlagedatum und -Anlagezeit im Attribut-Paket. Dies erlaubt es dem empfangenden Kermit-Programm, die Datei zurückzuweisen, wenn sie zu groß für den verfügbaren Speicherplatz ist, und das Anlagedatum passend zum Original zu setzen oder Dateikollisionen in Abhängigkeit von dem Datum zu behandeln. Die berichtete Größe einer Textdatei kann wegen der Satzformat-Umwandlungen allerdings von der tatsächlichen Größe abweichen.

VMS-C-Kermit erlaubt es Ihnen auch, DECnet-Knotennamen in Dateinamen zu verwenden:

C-Kermit>send netlab::$disk1:[jrd.kermit]msvibm.boo
C-Kermit>send spcvxa"TERRY\32*PASSWORD*"::kermit:ckvcvt.c
C-Kermit>receive cumin::lpt:

Das erste Beispiel sendet eine öffentlich lesbare Datei vom Knoten NETLAB aus. Das zweite Beispiel sendet eine Datei, die nicht öffentlich lesbar ist, vom Knoten SPCVXA; daher müssen eine gültige Benutzerkennung und ein Paßwort für diesen Knoten in den Knotennamen mit aufgenommen werden. Diese müssen in Großbuchstaben angegeben werden, und das Leerzeichen, das normalerweise die Benutzerkennung und das Paßwort voneinander trennen als \32 eingegeben werden, um zu verhindern, daß C-Kermit denkt, das Leerzeichen begänne das nächste Feld des Befehls. Das abschließende Beispiel legt eine ankommende Datei auf den öffentlich zugänglichen Zeilendrucker auf dem DECnet-Knoten CUMIN, druckt sie also dort aus.

Wenn Sie VMS-C-Kermit mit der Befehlszeilen-Option zum Senden von Dateien aufrufen (-s, siehe Kapitel 14), werden Jokerzeichen intern von C-Kermit expandiert, wobei die zugrundeliegenden VMS-Betriebssystem-Dienste benutzt werden:

$ kermit -s a*.* login.com ckermit.ini [.*]*.com

Dieses Beispiel sendet alle Dateien des aktuellen Verzeichnisses, deren Namen mit A anfangen, und zusätzlich `LOGIN.COM` und `CKERMIT.INI` aus dem aktuellen Verzeichnis, plus alle `.COM`-Dateien aus allen unmittelbaren Unterverzeichnissen des aktuellen Verzeichnisses.

VMS-C-Kermit sendet jeweils die neueste Version einer Datei, sofern Sie nicht eine bestimmte Versionsnummer angeben:

```
C-Kermit>send [andy]papier.txt        (Nur die neueste Version)
C-Kermit>sen [andy]stein.txt;3        (Eine bestimmte Version)
C-Kermit>s [andy]schere.txt;*         (Alle Versionen)
```

Dateien empfangen

Beim Empfang von Dateien wählt VMS-C-Kermit wie folgt zwischen Text- und Binärmodus:

1. Wenn das Kermit-Programm, das die Datei an C-Kermit sendet, ein Attribut-Paket mitschickt, das den Dateityp (Text oder binär) angibt, benutzt C-Kermit den angegebenen Typ.
2. Wenn es kein Attribut-Paket gibt oder das Attribut-Paket keinen Dateityp angibt oder Sie den Befehl SET ATTRIBUTE TYPE OFF gegeben haben, benutzt C-Kermit Ihre aktuelle Einstellung von FILE TYPE.

VMS-C-Kermit prüft, ob genügend freier Plattenplatz vorhanden ist, wenn der andere Kermit die Größeninformation liefert. Wenn nicht genügend Platz auf der Platte ist, wird die Datei zurückgewiesen. Benutzer-Quoten werden nicht überprüft. Ist das Gerät für die zu empfangende Datei keine Platte (zum Beispiel der System-Zeilendrucker), wird die Datei als passend angenommen. Um die Platzprüfung auszuschalten, geben Sie den Befehl SET ATTRIBUTE LENGTH OFF.

Empfangene Textdateien werden im Format „Sequential variable, carriage-return carriage control" abgespeichert, wobei jede Zeile (jeder Satz) mit einem Carriage Return und einem Zeilenvorschub (CRLF) beendet wird. Einzelne Carriage Returns oder Zeilenvorschübe werden innerhalb des Satzes abgespeichert.

Im Binärmodus empfangene Dateien werden von C-Kermit in festen 512-Byte-Sätzen abgespeichert. Wenn der letzte Satz nicht auf einer 512-Byte-Grenze endet, wird das genaue Dateiende mit der RMS-Konstruktion „erstes freies Byte" markiert.

Wenn gültige Datums- und Zeitinformationen im ankommenden Attribut-Paket stehen, setzt C-Kermit Anlagedatum und -zeit der neuen Datei entsprechend. Die Datei wird als einmal revidiert (erstmalige Anlage) am aktuellen Datum zur aktuellen Uhrzeit markiert, um sicherzustellen, daß die Datei beim nächsten BACKUP-Lauf gesichert wird.

Wenn die automatischen Methoden nicht funktionieren

Wenn Sie mit C-Kermit erfolgreich sowohl Text- als auch Binärdateien von und nach VMS übertragen können, können Sie den Rest dieses Anhangs überspringen, der besondere Methoden zur Übertragung der VMS-Datei-Arten anbietet, die C-Kermit nicht automatisch richtig verarbeitet.

VMS unterstützt viele verschiedene Dateiformate. Informationen über jede Datei werden im Verzeichnis-Eintrag der Datei gespeichert und in den meisten Fällen auch in der Datei selbst. Die meisten anderen Rechner haben einfachere Dateisysteme, ohne auf natürliche Weise die VMS-Dateitypen und -Attribute speichern oder wiedergeben zu können. Wenn eine komplizierte Art von Datei von VMS nach etwa UNIX oder MS-DOS geschickt wird, kann viel von der VMS-spezifischen Information verloren gehen. Wird die Datei zurück nach VMS gesendet, ist sie nicht länger im ursprünglichen Format und kann unbrauchbar sein. Selbst wenn eine Datei von VMS nach VMS gesendet wird, können die Ergebnisse weniger als befriedigend sein, wenn das Transferprogramm nicht alle beschreibenden Informationen zusammen mit dem Inhalt selbst sendet.

Jede VMS-Anwendung definiert ihre eigenen Dateiformate. Alltägliche textorientierte Anwendungen wie der CREATE-Befehl und die Editoren EDT und EVE benutzen normale Textdateien: Datenströme, in denen Zeilen durch Carriage Return und Zeilenvorschub beendet werden, genau wie Kermits Voreinstellung für Textdateien. Das Betriebssystem VMS erfordert, daß seine ausführbaren Programm-Abbilder in festen 512-Byte-Sätzen vorliegen, genau wie Kermits Voreinstellung für binäre Dateien.

Der VMS-Linker erwartet seine (binären) Objektdateien aber in Sätzen variabler Länge. Ein BACKUP-Sicherungssatz muß Sätze fester Länge von mindestens 2048 Bytes haben. Eine Datenbank kann einen indizierten oder relativen Aufbau anstelle eines sequentiellen haben. Einige Anwendungen erzwingen für ihre Dateien ganz gezielt ein ungewöhnliches Format, um anderen Anwendungen ihre Benutzung zu erschweren. Dateiattribute wie Satzformat und -länge können von anderen Betriebssystemen wie MS-DOS, OS/2, UNIX oder CP/M nicht verarbeitet werden; daher brauchen diese Dateien eine besondere Behandlung, wenn Sie sie transferieren.

Sie können die Besonderheiten einer VMS-Datei mit dem Befehl DIR /FULL herausfinden, zum Beispiel:

```
$ dir /full tapir.obj

Directory $DISK1:[HDIETER]

TAPIR.OBJ;2                File ID:  (3201,349,0)
Size:            37/38     Owner:    [USER,HDIETER]
Created:   14-FEB-1993 14:20:55.17
Revised:   14-FEB-1993 14:21:48.47 (1)
Expires:   <None specified>
Backup:    18-FEB-1993 09:19:47.43
File organization:  Sequential
```

```
File attributes:      Allocation:38, Extend:10, Global buffercount:0
                      No version limit
Record format:        Variable length, maximum 512 bytes
Record attributes:    None
RMS attributes:       None
Journaling enabled:   None
File protection:      System:RWED, Owner:RWED, Group:RE, World:
Access Cntrl List:    None

Total of 1 file, 37/38 blocks.
```

VMS-C-Kermit erlaubt es Ihnen, ankommende Binärdateien mit jeder beliebigen Satzlänge sowohl in festem wie in undefiniertem Format abzuspeichern, und bietet Ihnen zwei VMS-spezifische Dateitypen zum Übertragen von VMS-Dateien, die nicht in das normale Schema passen.

Satzlänge für ankommende Dateien wählen

Wenn VMS-C-Kermit eine Textdatei erhält, speichert er sie auf der Platte als Sätze variabler Länge, mit einem Satz je Zeile und mit Carriage Return und Zeilenvorschub zum Trennen der Zeilen. Die maximale Zeilenlänge ist 32 767 Zeichen. Wenn Sie versuchen, eine längere Textzeile an VMS-C-Kermit zu senden, bricht der Dateitransfer mit der Meldung „Error writing data" (Fehler beim Schreiben der Daten) ab.[53]

Binärdateien haben jedoch keine Zeilenstruktur, und es gibt keine Möglichkeit für C-Kermit, Satzgrenzen in ankommenden Binärdateien automatisch zu entdecken. Solange Sie also nichts anderes sagen, speichert C-Kermit ankommende Binärdateien in Sätzen mit einer festen Länge von 512 Bytes ab. Muß eine ankommende Binärdatei, wie etwa ein BACKUP-Sicherungssatz, mit einer anderen Satzlänge abgespeichert werden, können Sie den folgenden Befehl benutzen:

SET FILE RECORD-LENGTH *Zahl*
Dieser Befehl gibt die Satzlänge an, die VMS-C-Kermit benutzt, um ankommende Dateien des Typs BINARY oder IMAGE abzuspeichern. Die *Zahl* kann maximal 32767 betragen.

Die Satzlängen-Einstellung wird beim Senden von Dateien ignoriert; VMS-C-Kermit benutzt die Satzlänge der Datei, wie sie im VMS-Verzeichniseintrag steht. Sie wird ebenfalls beim Empfang von Textdateien ignoriert.

Zur Illustration legen wir einmal einen BACKUP-Sicherungssatz auf der Platte an und übertragen ihn an einen PC. Denken Sie daran, sich die Satzlänge der Datei sorgsam zu merken:

```
$ backup tapir.* /interchange test.bck /save
$ dir /full test.bck
...
Record format:    Fixed length 32256 byte records
...
```

```
$ kermit
C-Kermit>send testing.bck         (Sende die Datei)
Alt-x                             (Kehre zum PC zurück)
MS-Kermit>receive                 (Empfange die Datei)
```

Beachten Sie, daß keine SET-Befehle nötig waren. Weil die Datei Sätze fester Länge hat, erkennt VMS-C-Kermit sie als binär und teilt dies dem MS-DOS-Kermit mit.

Nun wollen wir den BACKUP-Sicherungssatz vom PC an ein anderes VMS-System senden und dort die Dateien restaurieren. Die Verbindung sei schon hergestellt und VMS-C-Kermit bereits gestartet. Der Trick besteht nun darin, dem VMS-C-Kermit zu sagen, welche Satzlänge er beim Speichern der Datei benutzen soll, und dem MS-DOS-Kermit, er solle die Datei im Binärmodus schicken, was ihn auch dazu veranlaßt, dem empfangenden VMS-C-Kermit mitzuteilen, daß es sich um eine Binärdatei handelt:

```
C-Kermit>set file record-length 32256   (Gleiche Zahl benutzen!)
C-Kermit>receive                        (Auf die Datei warten)
Alt-x                                   (Zum PC zurückkehren)
MS-Kermit>set file type binary          (Binärmodus benutzen)
MS-Kermit>send testing.bck              (Datei senden)

     (Die Datei wird transferiert ...)

MS-Kermit>connect                       (Zu VMS zurückgehen)
C-Kermit>exit                           (C-Kermit verlassen)
$ backup testing.bck/save/log *.*       (Die Dateien restaurieren)
%BACKUP-S-CREATED, created TAPIR.C;12
%BACKUP-S-CREATED, created TAPIR.H;3
%BACKUP-S-CREATED, created TAPIR.EXE;8
%BACKUP-S-CREATED, created TAPIR.OBJ;11
$
```

Wäre die Satzlänge nicht richtig gesetzt worden, hätte BACKUP sich sehr aufgeregt, als Sie versuchten, die Dateien zu restaurieren:

```
%BACKUP-E-READERR, error reading TESTING.BCK
-BACKUP-E-BLOCKCRC, software block CRC error
%BACKUP-E-INVBLKSIZE, invalid block size in save set
%BACKUP-E-INVRECSIZ, invalid record size in save set
%BACKUP-E-INVRECSIZ, invalid record size in save set
%BACKUP-E-READERRS, excessive error rate reading TESTING.BCK
-BACKUP-I-HDRCRC, software header CRC error
%BACKUP-I-OPERSPEC
%BACKUP-I-OPERASSIST, operator assistance has been requested
```

Nicht nur hat BACKUP Ihren Bildschirm mit Klagen überschwemmt, er hat Ihr Fehlverhalten auch gleich dem System-Operator gemeldet!

Ankommende Binärdateien in undefiniertem Format speichern

Wir haben schon festgestellt, daß VMS-C-Kermit den Transfer-Modus einer ankommenden Datei automatisch erkennt, wenn die Attribut-Paket-Information vorhanden ist. Wenn eine ankommende Datei als binär angekündigt wird, speichert C-Kermit sie normalerweise mit festem Format. Manche Anwendungen jedoch (wie etwa Concept Omega Thoroughbred BASIC) erwarten ihre Dateien in undefiniertem Format. Der VMS-C-Kermit-Befehl SET FILE TYPE BINARY hat ein optionales Feld am Ende, das Sie angeben läßt, ob ankommende Binärdateien in festem oder undefiniertem Format gespeichert werden sollten. Dies ist die vollständige Beschreibung des Befehls SET FILE TYPE BINARY für VMS:

SET FILE TYPE BINARY *[{ FIXED, UNDEFINED }=FIXED]*
Ankommende Dateien sollen im Binärmodus behandelt werden, sofern sie nicht von einem Attribut-Paket begleitet werden, das ihren Inhalt als Text kenntlich macht. Beim Empfang einer Binärdatei speichert C-Kermit sie in Sätzen fester Länge (keine Längenfelder) mit der als letzter durch den Befehl SET FILE RECORD-LENGTH festgelegten Satzlänge, Voreinstellung 512. Das RMS-Attribut „erstes freies Byte" wird benutzt, um das genaue Dateiende zu speichern. Als Satzformat für ankommende Dateien ist fest (Fixed) voreingestellt. Wenn Sie SET FILE TYPE BINARY UNDEFINED ausführen, wird das Satzformat der ankommenden Datei auf undefiniert (Undefined) statt auf Fixed gesetzt. Nur der Verzeichniseintrag ist von der Wahl von FIXED oder UNDEFINED betroffen, nicht die Speicherung der Daten selbst.

RMS, das VMS-Satz-Verwaltungs-System (*Record Management System*) kann mit Dateien in undefiniertem Format nicht umgehen; benutzen Sie daher BINARY UNDEFINED nur, wenn Sie eine Anwendung haben, die dies erfordert. Hier ist ein Beispiel, in dem eine Thoroughbred-BASIC-Datei von einem PC zu einer VAX übertragen wird:

```
$ kermit                                (Kermit auf der VAX starten)
C-Kermit 5A(189) 23 Jul 93, VAX/VMS
Type ? or HELP for help
C-Kermit>set file type binary undef
C-Kermit>receive
Alt-X                                   (Zum PC zurückkehren)
MS-Kermit>set file type binary          (PC benutzt Binärmodus)
MS-Kermit>send plan.bas                 (Sende die Datei)

  (Die Datei wird transferiert ...)


MS-Kermit>connect                       (Gehen wir zurück und sehen nach)
C-Kermit>dir /full plan.bas
  ...
Record format:   Undefined, maximum 512 bytes
  ...
C-Kermit>
```

Wenn C-Kermit Dateien von VMS aus sendet, bestimmt er den Text- oder Binärmodus automatisch. Dateien in undefiniertem Format werden korrekt im Binärmodus übertragen.

Der Befehl SET FILE TYPE IMAGE

Der Abbild- oder IMAGE-Modus ist so etwas wie ein „Super-Binärmodus", in dem rohe Plattenblöcke übertragen werden. Benutzen Sie ihn, wenn SET FILE TYPE BINARY nicht funktioniert.

SET FILE TYPE IMAGE
Dieser Befehl könnte besser „binär, und ich meine das ernst!" genannt werden. Beim Empfang einer Datei ist dieser Modus gleichbedeutend mit SET FILE TYPE BINARY, allerdings hat er Vorrang vor einem ggf. ankommenden Typ-Attribut. Beim Senden einer Datei kündigt C-Kermit im Attribut-Paket diese als binär an und sendet die Blöcke der Datei genau so, wie sie auf der Platte stehen, einschließlich darin enthaltener Satzlängenfelder, aber ohne alle Formatierungszeichen (wie etwa Zeilentrenner), die normalerweise von RMS anhand der Carriage-Control-Attribute der Datei geliefert würden. Benutzen Sie SET FILE TYPE IMAGE zum Senden von Dateien, die unpassende oder ungewöhnliche Charakteristiken aufweisen, wie Binärdateien im Stream-LF-Format. Synonym: **SET FILE TYPE BLOCK**.

Hier nun ein Beispiel: Sie haben Lotus 1-2-3 auf Ihrem PC, und eine Version von Lotus 1-2-3 läuft auf Ihrem VMS-System. Sie können eine PC-Lotus-Rechenblatt-Datei mit SET FILE TYPE BINARY an VMS senden, und VMS-Lotus liest sie einwandfrei und klaglos. Wenn Sie aber in der gleichen Weise versuchen, ein VMS-Lotus-Rechenblatt an den PC zu senden, kann PC-Lotus es überhaupt nicht lesen. Warum nicht? Weil VMS-Lotus seine Rechenblatt-Dateien mit Carriage-Return-Steuerung anlegt und C-Kermit daher am Ende eines jeden Satzes ein Carriage Return und einen Zeilenvorschub sendet, was ein für PC-Lotus ungültiges Format ergibt. Benutzen Sie SET FILE TYPE IMAGE, um das Problem zu umgehen:

```
C-Kermit>set file type image        (Der wichtige Befehl)
C-Kermit>send haushalt.wks          (Sende die Datei)
Alt-x                               (Zum PC zurückkehren)
MS-Kermit>receive                   (Datei empfangen)
```

Ein anderer Fall, in dem der IMAGE-Modus benötigt wird, betrifft Dateien, die mit der VMS-Version von UNZIP, einem Ent-Archivier-Programm, aus ZIP-Archivdateien erzeugt worden sind. Auch wenn sie Binärdateien sind, legt das VMS-ZIP-Programm sie im „Stream_LF"-Format an, was C-Kermit veranlaßt, sie als Text zu behandeln, solange Sie ihm nichts anderes sagen. Benutzen Sie IMAGE zum Senden. Zum Empfangen geht auch BINARY.

Transfer von VMS-Dateien im Labeled-Modus

Wir haben gesehen, wie man VMS-C-Kermit dazu überredet, einfache Arten sequentieller Dateien zu übertragen, deren Satzlänge oder -format vielleicht nicht mit C-Kermits Voreinstellungen übereinstimmen. Es gibt jedoch immer noch gewisse Arten von VMS-Dateien, die allen normalen Mitteln des Transfers trotzen – Datenbanken mit indiziertem oder relativem Aufbau, Binärdateien mit Sätzen variabler Länge usw. Ja, Sie können sie transferieren; wenn Sie sie aber zurück nach VMS bringen, sind sie unbenutzbar. Sie können sie mit den bisher erläuterten Mitteln nicht einmal direkt von einem VMS-System zu einem anderen übertragen.

Zur Illustration wollen wir VMS-Objektdateien ansehen. Dies sind die Dateien, die von Sprachen-Compilern wie Macro, Fortran, Pascal und C erzeugt werden und deren Namen in .OBJ enden. Zum Beispiel startet der Befehl

```
$ macro ckvhex
```

den Macro-Assembler für eine Datei namens CKVHEX.MAR und erzeugt eine Objektdatei namens CKVHEX.OBJ. Diese Objektdatei ist aus Sätzen variabler Länge zusammengesetzt, genau wie eine Textdatei; nur ist sie binär. Sie können sie nicht im Text-Modus übertragen, weil das Format der Satzgrenzen geändert werden würde (Carriage Returns und Zeilenvorschübe würden hinzugefügt), und Sie können sie nicht im Binärmodus übertragen, weil die Satzgrenzen dann ganz verlorengingen. Auch der Image-Modus funktioniert nicht; die Satzgrenzen werden bewahrt, aber die Satzformat-Information aus dem Verzeichnis-Eintrag geht verloren.

Für Situationen wie diese brauchen Sie einen Weg, nicht nur den Inhalt einer Datei, sondern auch noch seinen ganzen Verzeichniseintrag dazu zu senden. Dafür bietet C-Kermit einen vierten Dateityp an, der die Dateien sozusagen „mit Beschriftung" sendet; der Name dafür ist LABELED. Der Labeled-Modus wird benutzt, um alle Charakteristiken einer Datei über den Transfer hinweg zu erhalten, einschließlich seines Verzeichniseintrags, der internen Dateistruktur, der RMS-Attribute usw. Er kann direkt zwischen zwei VMS-Systemen verwendet werden, wobei die ankommende Datei korrekt mit allen Charakteristiken gespeichert wird.

Transfer im Labeled-Modus kann auch zwischen VMS und jeder anderen Rechnerart vorgenommen werden. Eine VMS-Datei, die in dieser beschriftetn Form an einen Nicht-VMS-Rechner gesendet wird, ist dort unbenutzbar. Eine beschriftete Datei, die *an* einen VMS-Rechner gesendet wird, wird dort in ihrer ursprünglichen Form wiederhergestellt.

Daher ist der Labeled-Modus sowohl für VMS-zu-VMS-Übertragungen wie zum Archivieren von VMS-Dateien auf Nicht-VMS-Systemen geeignet. Eine beschriftete Datei kann von einem Rechner zum anderen schweben, bis sie schließlich zurück zu einem VMS-System findet, wo sie wiederhergestellt wird. Der Befehl zum Anwählen von Dateitransfer im Labeled-Modus ist:

SET FILE TYPE LABELED
Beim Senden einer Datei schickt C-Kermit ein Attribut-Paket, das den Dateityp als binär deklariert, und sendet dann alle Charakteristiken der Datei in einem besonders codierten Kopfteil als Teil der Daten. Die eigentlichen Daten werden im Image-Modus gesendet.

Wenn C-Kermits FILE TYPE LABELED ist, werden ankommende Dateien (die im Binärmodus gesendet werden müssen) als LABELED behandelt, wenn das Typ-Attribut sie als binär ankündigt oder es gar kein Attribut-Paket gibt. Ist C-Kermits Dateityp LABELED und weist das ankommende Attribut die Datei als Text aus, lehnt C-Kermit die Datei ab. Wenn eine Datei einmal im Labeled-Modus akzeptiert worden ist, interpretiert C-Kermit die Beschriftungsinformationen und versucht, sie zu benutzen, um die transferierte Datei mit all denselben Charakteristiken wie im Original anzulegen, aber mit normal gesetzter Versionsnummer.

Beschriftete Dateien tragen gewisse Informationen mit sich, die Sie unter manchen Umständen benutzen wollen, unter manchen anderen nicht. C-Kermit schließt diese Informationen beim Senden von Dateien im Labeled-Format immer mit ein. Benutzen Sie den Befehl SET FILE LABEL, um festzulegen, was er mit diesen Informationen beim Empfang von Dateien tun sollte:

SET FILE LABEL NAME { OFF, ON }
Die beschriftete Datei enthält die volle VMS-Dateispezifikation der Datei. Die Voreinstellung ist ON, d. h. C-Kermit versucht, die ankommende Datei mit dem ursprünglichen Namen anstelle des von dem anderen Kermit gesendeten zu speichern. Benutzen Sie SET FILE LABEL NAME OFF, um sie unter dem Namen zu speichern, mit dem sie gesendet wurde oder den Sie als neuen Namen im RECEIVE-Befehl angegeben haben.

SET FILE LABEL PATH { OFF, ON }
Die beschriftete Datei enthält auch den ursprünglichen Platten- und Verzeichnisnamen der Datei. Normalerweise speichert C-Kermit eine ankommende beschriftete Datei auf der aktuellen Platte im aktuellen Verzeichnis. Benutzen Sie SET FILE LABEL PATH ON, damit C-Kermit versucht, die Datei auf der Platte in dem Verzeichnis abzulegen, die in der beschrifteten Datei selbst aufgezeichnet sind. Wenn FILE LABEL PATH OFF ist, wird der Pfad ignoriert.

SET FILE LABEL ACL { OFF, ON }
Die beschriftete Datei enthält die Zugangskontroll-Liste (ACL, *Access Control List*), die Informationen enthält, die normalerweise nur auf dem Rechner einen Sinn ergeben, von dem die Datei stammt. Zum Beispiel speichert VMS Zugangskontroll-Listen als Binärzahlen ab; sie auf einem anderen Rechner zu restaurieren könnte dazu führen, daß eine zufällige Schar von Benutzerinnen Zugang erhält. Normalerweise werden diese Angaben ignoriert; nach SET FILE LABEL ACL ON werden sie benutzt.

Dieser Befehl regelt auch die Einträge zum RMS Journaling, RMS Statistics, DDIF, PATHWORKS und anderen. Beachten Sie, daß Sie ACL-Einträge anlegen können, die Sie mit DIR /FULL nicht sehen können, sofern Sie kein VMS-Sicherheits-Privileg haben. (Sie sollten sie mit EDIT /ACL immer noch sehen – aber nicht modifizieren – können.) Nichtprivilegierte Benutzer können fehlerhafte ACL-Einträge nicht löschen oder modifizieren, ohne die Datei selbst zu löschen. Selbst wenn FILE LABEL ACL ON ist, wird RMS Journaling für eine erhaltene Datei nicht eingeschaltet.

SET FILE LABEL BACKUP { OFF, ON }
Dies teilt C-Kermit mit, ob das Sicherungsdatum der Datei, falls eines vorhanden war, erhalten bleiben soll. OFF, die Voreinstellung, bedeutet, daß C-Kermit das Sicherungsdatum bei der ankommenden beschrifteten Datei ignorieren und die neue Datei so anlegen sollte, daß sie gesichert werden wird. ON bedeutet, daß das Sicherungsdatum der beschrifteten Datei beibehalten wird.

SET FILE LABEL OWNER { OFF, ON }
C-Kermit macht normalerweise Sie zum Besitzer der ankommenden Datei. Führen Sie SET FILE LABEL OWNER ON aus, wenn Sie wollen, daß C-Kermit den ursprünglichen Besitzer der Datei beibehält (Privilegien erforderlich).

SHOW LABELED-FILE-INFO
Mit diesem Befehl können Sie die derzeit gültigen Einstellungen in diesem Bereich anzeigen lassen.

SET FILE TYPE LABELED kann für alle VMS-zu-VMS-Transfers benutzt werden, solange keine Zeichensatz-Umsetzungen nötig sind und C-Kermit auf beiden Seiten läuft. Dies ist die einzige Übertragungsart, die für alle Arten von VMS-Dateien funktioniert. Der Befehl SET FILE TYPE LABELED muß beiden VMS-C-Kermits gegeben werden.

Um eine VMS-Datei zur Archivierung an einen anderen Rechnertyp (UNIX oder MS-DOS zum Beispiel) zu senden, geben Sie nur VMS-C-Kermit den Befehl SET FILE TYPE LABELED, bevor Sie die Datei senden; sorgen Sie außerdem dafür, daß der andere Kermit sie im Binärmodus empfängt (er tut das automatisch, wenn er Attribut-Pakete versteht).

```
C-Kermit>set file type labeled      (Archiv-Format)
C-Kermit>send tapir.x               (Sende jede Art von Datei)
ALT-X                               (Zum PC zurückkehren)
MS-Kermit>r                         (Die Datei empfangen)

(Die Datei wird transferiert ...)
```

Die erzeugte Datei enthält alle notwendigen Informationen, um sie auf einem VMS-System zu rekonstruieren, ungeachtet dessen, wohin sie zwischendurch reist, solange sie alle Reisen im Binärmodus unternimmt. Wenn schließlich die Zeit reif dafür ist, zu VMS zurückzukehren, sorgen Sie dafür, daß sie im Binärmodus gesendet wird und VMS-C-Kermit sie mit SET FILE TYPE LABELED empfängt:

```
C-Kermit>set file type labeled      (Archiv-Format)
C-Kermit>r                          (Auf die Datei warten)
Alt-x                               (Zum PC zurückkehren)
MS-Kermit>set file type binary      (Benutze Binärmodus)
MS-Kermit>send tapir.x              (Sende die Datei)

(Die Datei wird transferiert ...)
```

Sie können eine beschriftete Datei leicht identifizieren: Ihre ersten 20 Zeichen sind „KERMIT LABELED FILE:". Wenn eine dieser Dateien einmal zurück zu VMS gelangen sollte, ohne von Kermit decodiert worden zu sein, können Sie ein gesondertes, zusammen mit C-Kermit vertriebenes Programm namens CKVCVT benutzen, um sie in ihre ursprüngliche Form zurück zu bringen, genau wie C-Kermit dies getan hätte, wenn er die Datei mit aktiviertem SET FILE TYPE LABELED empfangen hätte.

```
$ ckvcvt tapir.x
Creating TAPIR.X...
...done.
$
```

Eine beschriftete Datei auf Ihrer VMS-Platte kann sogar fälschlicherweise im Labeled-Modus an einen anderen Rechner gesendet und dann in dieser Form zu VMS zurückgebracht werden: Beschriftungen innerhalb von Beschriftungen! Das Programm CKVCVT kann dazu benutzt werden, überschüssige Ebenen von Beschriftungen zu entfernen.

VMS-C-Kermit – Zusammenfassung

Wichtige Dateinamen:

CKERMIT.INI
　Die Standard-Initialisierungsdatei. Sie kann in Ihrem Heimat-(Login-)Verzeichnis oder an einer zentralen, von allen geteilten Stelle stehen, die durch den systemweiten logischen Namen CKERMIT_INI angegeben wird.

CKERMIT.SYS
　Die systemweite Anpassungsdatei, die zur Vervollständigung oder zum Überschreiben der Definitionen benutzt wird, die in der Standard-Initialisierungsdatei auf systemweiter Basis gemacht werden. VMS-C-Kermit führt diese Datei aus, wenn sie in dem Verzeichnis gefunden wird, das durch den logischen Namen CKERMIT_INI bezeichnet wird.

CKERMOD.INI
　Ihre persönliche Anpassungsdatei, die dazu benutzt wird, die Definitionen zu ergänzen oder zu überschreiben, die in der Standard-Initialisierungsdatei gemacht werden. Sie muß in Ihrem Heimat-Verzeichnis stehen.

CKERMIT.KDD
　Ihr Telefonbuch, in Ihrem Heimat-Verzeichnis abgelegt.

CKERMIT.KSD
　Ihr Dienste-Verzeichnis, in Ihrem Heimat-Verzeichnis abgelegt.

VMS-C-Kermit hat die einzigartige Fähigkeit, eine Mischung aus Text- und Binärdateien in demselben SEND- oder MSEND-Befehl zu senden. Jedes andere Kermit-Programm, das Attribut-Pakete unterstützt (siehe Tabelle 1-1 auf Seite 25), kann eine solche Mischung akzeptieren. Tabelle IV-1 faßt die Abhängigkeiten zwischen den verschiedenen Dateitypen, den Befehlen SEND und RECEIVE und den Attribut-(A-)Paketen in VMS-C-Kermit zusammen.

SET FILE-Befehl	Senden	Empfang
RECORD-LENGTH	Ignoriert	Für Binär- und Image-, aber nicht für Text-Transfer benutzt
TYPE TEXT	Ignoriert	Benutzt, falls nicht von A-Paket außer Kraft gesetzt
TYPE BINARY	Ignoriert	Benutzt, falls nicht von A-Paket außer Kraft gesetzt
TYPE IMAGE	Benutzt	Benutzt, setzt A-Paket außer Kraft
TYPE LABELED	Benutzt	Benutzt, falls A-Paket keine Textdatei ankündigt und die Datei in gültigem Labeled-Format ist

Tabelle IV-1　　SET FILE-*Befehle für VMS-C-Kermit*

Tabelle IV-2 zeigt die Typen und Satzlängen, die für den Transfer ausgewählter Dateitypen zwischen VMS-C-Kermit und MS-DOS-Kermit benutzt werden sollten. Dieselben Einstellungen sollten auch für andere Nicht-VMS-Kermits zutreffen, wie etwa C-Kermit für UNIX oder den IBM-Großrechner-Kermit. Sie können unten in der Tabelle weitere Dateitypen eintragen, mit denen Sie zu tun haben.

Anwendung	VMS-Datei-Typ	MS-DOS-Datei-Typ	VMS-Satzlänge	Kommentar
VMS EDT, EVE usw.	TEXT	TEXT	./.	Von Texteditoren angelegte Dateien
VMS FORTRAN	TEXT	TEXT	./.	Fortran-CC wird CRLF
von DCL angelegt	TEXT	TEXT	./.	VFC-Dateien werden zu Stream
VMS LOTUS	IMAGE	BINARY	512	Kann auf VMS und PC benutzt werden
PC LOTUS	IMAGE	BINARY	512	Kann auf VMS und PC benutzt werden
VMS .EXE	BINARY	BINARY	512	Kann auf PC nicht ausgeführt werden
VMS .OBJ	LABELED	BINARY	./.	Objektdateien
VMS .OLB	BINARY	BINARY	512	Objekt-Bibliotheken
BACKUP-Sicherungssatz	BINARY	BINARY	≥2048	Benutze dieselbe Satzlänge wie im Original
PC .EXE	BINARY	BINARY	512	Kann unter VMS nicht ausgeführt werden
SPSS Export	TEXT	TEXT	80	Kann auf VMS und PC benutzt werden
Thoroughbred BASIC	BINARY UNDEFINED	BINARY	./.	Geschlossene, Nicht-RMS-Anwendung
VMS .ZIP	IMAGE	BINARY	512	Kann auf VMS und PC benutzt werden
PC .ZIP	BINARY	BINARY	512	Kann auf VMS und PC benutzt werden
VMS Indexed	LABELED	BINARY	./.	
VMS Relative	LABELED	BINARY	./.	

Fügen Sie weitere hinzu:

Tabelle IV-2   *Dateitransfer MS-DOS – VMS*

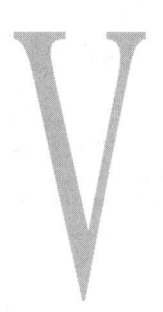

Anhang V
OS/2-C-Kermit

Dieser Anhang stellt die Besonderheiten der Installation und der Benutzung von C-Kermit unter OS/2 dar. Wenn Sie mit den Grundlagen von OS/2 nicht vertraut sind, können Sie eine Einführung erhalten, indem Sie das Icon „OS/2-Einführung" (in der englischen Version: „Start here") auf dem OS/2-Desktop anklicken. Eine aktuelle Aufstellung der Einschränkungen für OS/2-C-Kermit finden Sie in den Dateien CKCKER.BWR und CKOKER.BWR, die Sie in der OS/2-C-Kermit-Distributionsdiskette finden

OS/2-C-Kermit läuft auf PCs mit einem Prozessor zumindest vom Typ 80286 unter OS/2 ab Version 1.0 (OS/2 2.0 und neuere Versionen benötigen mindestens einen 80386SX). OS/2-C-Kermit läuft im Zeichenmodus wahlweise im Vollbildschirm-Betrieb oder Fenster und unterstützt serielle Kommunikation über die Kommunikationsanschlüsse Ihres PCs, sowohl direkt als auch über Modem, sowie mehrere Netzwerk-Methoden.

Zusätzlich zu allen üblichen C-Kermit-Kommunikations-Möglichkeiten wie Dateitransfer, Zeichensatz-Übersetzung und Skript-Programmierung bietet OS/2-C-Kermit zusätzlich eine eigene eingebaute VT102-Emulation mit Erweiterungen für Farbe, Tastatur-Neubelegung und Bildschirm-Rückrollen; all dies ist in diesem Anhang vollständig beschrieben.

Installation

Ab Version 5A(189) wird OS/2-C-Kermit mit einem Installations-Skript ausgeliefert. Dieses Skript sollte insbesondere für die 32-Bit-Version des Programms benutzt werden, wenn Sie TCP/IP benutzen wollen, dies aber auf Ihrem System nicht installiert ist. Lesen Sie dazu die Datei ckoker.bwr.

Die folgenden manuellen Installationsanweisungen dokumentieren die Schritte, die nötig sind, damit Ihr OS/2-System korrekt für C-Kermit konfiguriert ist; ähnlich wie das eben erwähnte Installations-Skript erlauben sie es Ihnen auszuwählen, wo die C-Kermit-Dateien auf Ihrer Festplatte untergebracht werden, ob C-Kermit als Vollbildschirm- oder als Fensteranwendung laufen soll, und wo er sein Icon finden kann.

Die Vorbereitung Ihres seriellen Anschlusses

Wenn Sie mittels C-Kermit über einen seriellen Anschluß kommunizieren wollen, dann muß der zugehörige OS/2-Gerätetreiber wie folgt in Ihrer Datei CONFIG.SYS installiert werden: Für Version 1 von OS/2 auf einem PC mit einem ISA(PC/AT)- oder EISA-Bus wird die folgende Zeile benötigt:

DEVICE=C:\OS2\COM01.SYS

Für Version 1 von OS/2 auf einem PC mit Microchannel(PS/2)-Bus braucht man hingegen die folgende Zeile:

DEVICE=C:\OS2\COM02.SYS

Wenn Sie Version 2 von OS/2 betreiben, muß unabhängig vom Bus-System Ihres PCs die folgende Zeile vorhanden sein:[54]

DEVICE=C:\OS2\COM.SYS

Wenn Sie feststellen, daß die entsprechende Zeile in Ihrer Datei CONFIG.SYS fehlt, können Sie sie mit einem Editor wie etwa dem OS/2-Editor E einfügen. Wenn der Treiber nicht vorhanden ist, entpacken Sie ihn von den OS/2-Vertriebsdisketten, oder nutzen Sie die Möglichkeit des Selektiven Installierens von OS/2 Version 2. Starten Sie dann Ihr OS/2-System neu, indem Sie „System beenden" im Desktop-Menu anklicken und auf die abschließende Beendigungs-Nachricht warten. Drücken Sie dann gleichzeitig die Tasten Strg, Alt und Entf. – Dieser Treiber unterstützt auch den Zugriff auf COM3 und/oder COM4 (siehe hierzu die Online-Dokumentation). Alternativ hierzu gibt es auch von Drittanbietern geeignete Treiber (etwa SIO.SYS).

Sie können den OS/2-Befehl MODE benutzen, um sich über die aktuellen Einstellungen des Treibers für serielle Anschlüsse zu informieren:

```
[C:\]mode com1
BAUD = 1200          PARITY = EVEN
DATABITS = 7         STOPBITS = 1
TO = OFF             XON = OFF
IDSR = ON            ODSR = ON
OCTS = ON            DTR = ON
RTS = ON             BUFFER = AUTO
```

Diese Parameter können mit dem OS/2-Befehl MODE geändert werden. Ist Ihr OS/2-Treiber für serielle Anschlüsse aktiv, erfordert seine Voreinstellung, daß die RS-232-Signale DSR und CTS (siehe Anhang II) von dem anderen Kommunikationsgerät (Modem oder Rechner) her gesetzt sind. Wenn Ihr Kommunikationsgerät CTS und DSR nicht setzt – eine Situation, die erfolgreiches Kommunizieren verhindern kann –, dann können Sie den folgenden MODE-Befehl geben, um die Voreinstellung zu verändern:

[C:\]mode com1: octs=off,odsr=off,idsr=off

Sie können Information über die MODE-Parameter bekommen, indem Sie beim OS/2-CMD-Prompt HELP MODE eingeben oder das Informations-Icon anklicken. Die meisten Einstellungen werden automatisch von C-Kermit selbst gesteuert. Für die übrigen werden folgende Einstellungen empfohlen:

```
TO=ON
```
    Timeout für Ausgabe: keine.

```
BUFFER=ON
```
    Erzielt effizientere Kommunikation durch das Puffern von Zeichen auf Hardware-Ebene. Dies benötigt einen 16550-UART oder ähnliche gepufferte Hardware als seriellen Anschluß, wie sie etwa im IBM PS/2 und in zunehmendem Maße auch in anderen Rechnern vorhanden ist. Dieser Baustein ist auch nachträglich im Zubehör-Handel erhältlich.

Installieren der C-Kermit-Dateien

Zum Installieren der C-Kermit-Dateien auf der Festplatte Ihres PCs gehen Sie die folgenden Schritte:

1. Im Befehlseingabe-Fenster wählen Sie OS/2-Gesamtbildschirm (englisch: *OS/2 Full Screen*) oder OS/2-Fenster (englisch: *OS/2 Window*) an, um den CMD-Prompt zu erhalten, der normalerweise Ihr aktuelles Laufwerk und Verzeichnis in eckigen Klammern enthält:

   ```
   [C:\]
   ```

2. Legen Sie ein Verzeichnis CKERMIT auf Ihrer Festplatte an, das die OS/2-C-Kermit-Dateien aufnehmen soll, und wechseln Sie mit CD dorthin:

   ```
   [C:\]mkdir c:\ckermit
   [C:\]cd c:\ckermit
   [C:\CKERMIT]
   ```

   Wenn Sie C-Kermit auf einem anderen Laufwerk installieren wollen, setzen Sie dessen Laufwerksbuchstaben für C: ein.

3. Legen Sie die OS/2-C-Kermit-Diskette in Ihr Diskettenlaufwerk ein, und kopieren Sie die Dateien von dort in das Festplatten-Verzeichnis:

   ```
   [C:\CKERMIT]copy a:\*.* .
   ```

   Unter diesen Dateien sind insbesondere CKERMIT.EXE (das ausführbare OS/2-C-Kermit-Programm), CKERMIT.ICO (das C-Kermit-Icon), CKERMIT.INI (die Standard-Initialisierungsdatei), CKERMOD.INI (eine Beispiel-Datei für eigene Anpassungen) und CKERMIT.CMD (eine Beispiel-REXX-Datei zum Starten von C-Kermit). In der ausgelieferten Form sieht CKERMIT.CMD etwa so aus:

   ```
   /* C-Kermit-Startdatei */
   "@echo off"                      /* Diese Befehle nicht anzeigen */
   "echo Führe CKERMIT.CMD aus..."
   "chcp 850"                       /* Benutze Codeseite 850 */
   "mode co80,25"                   /* Bildschirmgröße 80 mal 25 */
   "mode com1 buffer=on,to=on"      /* Hardware-Pufferung, kein Timeout */
   "ckermit.exe %1 %2 %3 %4 %5 %6 %7 %8 %9"     /* C-Kermit starten */
   ```

Die doppelten Anführungszeichen sind nötig, um OS/2-Befehle von REXX-Befehlen zu unterscheiden. Die Variablen %1 bis %9 leiten bis zu 9 C-Kermit-Befehlszeilenargumente durch die Befehlsdatei hindurch an C-Kermit selbst weiter (siehe Kapitel 14).
4. Benutzen Sie den OS/2-Editor E, um ggf. die Dateien CKERMOD.INI und CKERMIT.CMD wie gewünscht abzuändern:

[C:\CKERMIT]e ckermod.ini
[C:\CKERMIT]e ckermit.cmd

Wenn Sie zum Beispiel C-Kermit in einem 43-Zeilen-Fenster laufen lassen wollen, ändern Sie "mode co80,25" in "mode co80,43" in CKERMIT.CMD.
5. Kehren Sie aus dem OS/2-Befehlsfenster zum Desktop zurück:

[C:\CKERMIT]exit

Legen Sie nun ein Desktop-Objekt an, mit dem Sie durch Doppelklick C-Kermit starten können. Unter OS/2 Version 1 machen Sie dazu einen Eintrag in das Desktop-Manager-Gruppenfenster; in OS/2 Version 2 legen Sie ein neues Programmobjekt (englisch: *Program Reference Object*) an:

1. Doppelklicken Sie den Schablonen-Ordner (englisch: *Template Folder*) auf Ihrem Desktop an.
2. Ziehen Sie mit der Maus die Programmschablone an die gewünschte Stelle auf Ihrem Desktop. Das Einstellungs-Notizbuch des neuen Objekts sollte nun automatisch aufgehen.
3. Setzen Sie den vollen Pfadnamen der Datei CKERMIT.CMD ein, zum Beispiel:

C:\CKERMIT\CKERMIT.CMD

4. Setzen Sie wahlweise alle weiteren gewünschten Befehlszeilenargumente für C-Kermit ein, zum Beispiel:

-l com2 -b 2400 -p e

um C-Kermit stets auf COM2 bei 2400 bps und gerader Parität zu starten (siehe Kapitel 14 zur Beschreibung der Befehlszeilen-Optionen von C-Kermit).
5. Setzen Sie als C-Kermits Arbeitsverzeichnis das Verzeichnis ein, in dem C-Kermit und seine Initialisierungsdateien gespeichert sind, so daß C-Kermit diese Dateien finden kann. Wenn Sie nicht wollen, daß dieses Verzeichnis C-Kermits Standardverzeichnis für Dateitransfer ist, können Sie auch einen CD-Befehl in die Datei CKERMOD.INI schreiben.
6. Standardmäßig läuft C-Kermit als Fensteranwendung; Sie können sich aber auch entscheiden, ihn als Vollbildschirm-Anwendung laufen zu lassen:
   – In einem Fenster wird Text durch Grafik-Operationen simuliert (wodurch C-Kermit langsamer als als Vollbildschirm-Anwendung läuft), und das Fenster ist auf 80 Zeichen Breite beschränkt. Wenn Sie C-Kermit aber in einem OS/2-Fenster laufen lassen, können Sie ausschneiden und einfügen (Cut and Paste), leicht zwischen verschiedenen Fenstern hin- und herschalten und haben Zugang zum aufklappenden Menu des Titelbalkens, um Zeichensätze zu verändern, C-Kermit im Katastrophenfall zu schließen usw.
   – Wenn Sie sich entschließen, C-Kermit zu einer Vollbildschirm-Anwendung zu machen, wird der Bildschirm schneller aktualisiert und kann so viele Zeichen je Zeile

enthalten, wie Ihre Grafikkarte erlaubt, also z. B. 132 Spalten auf einer XGA-Karte. Sie haben dann aber keinen Zugang zum aufklappenden Menu und können auch nicht mehr ausschneiden und einfügen.
– Im Gesamtbildschirm- wie im Fensterbetrieb kann C-Kermit mehr als 25 Zeilen benutzen, wenn Sie einen MODE-Befehl wie MODE CO80,43 vor dem Start von C-Kermit geben.

Um Vollbildschirm-Betrieb anzuwählen, klicken Sie die Sitzungs-Seite (englisch: *Session Tab*) im Einstellungsnotizbuch an, und klicken Sie dort „OS/2-Gesamtbildschirm" (englisch: „OS/2 Full Screen") an.

7. Standardmäßig wird beim Anklicken des C-Kermit-Icons, wenn C-Kermit schon aktiv ist, diese Programmkopie fortgesetzt. Wenn Sie gleichzeitig mehrere Kopien von C-Kermit laufen lassen wollen, klicken Sie auf die Fenster-Seite (englisch: *Window Tab*) des Einstellungsnotizbuchs, und wählen Sie dort „Neues Fenster erzeugen" (englisch: *Create New Window*) an.

8. Klicken Sie schließlich die Allgemeinseite (englisch: *General Tab*) des Einstellungsnotizbuchs an. Setzen Sie den Titel „C-Kermit" ein, entfernen Sie das Kreuzchen aus dem Schablonen-Eintrag (falls er angekreuzt ist), und schließen Sie das Einstellungs-Fenster.

Ihre Installation von C-Kermit ist nun vollständig. Das C-Kermit-Icon sollte auf Ihrem OS/2-Desktop oder in dem von Ihnen in Schritt 2 gewählten Ordner zur Verfügung stehen.

Benutzung von OS/2-C-Kermit

Nachdem C-Kermit einmal installiert ist, können Sie ihn durch Anklicken seines Icons oder durch Aufruf vom OS/2-CMD-Prompt aus aufrufen.

C-Kermit über sein Icon starten

Doppelklicken Sie das C-Kermit-Icon an. C-Kermit startet und belegt entweder den vollen Bildschirm oder ein Fenster, je nachdem, was Sie oben in Schritt 6 eingestellt haben. Nachdem das REXX-Programm CKERMIT.CMD sich gemeldet hat, gibt nun die eigentliche C-Kermit-Initialisierungsdatei zur Begrüßung einen Text wie den folgenden aus:

Führe C:\CKERMIT\CKERMIT.INI aus...

Wenn Sie diese Nachricht nicht sehen, ist die Datei CKERMIT.INI nicht im selben Verzeichnis wie CKERMIT.EXE, oder C-Kermit ist nicht dafür konfiguriert, CKERMIT als

Startverzeichnis zu benutzen.
An diesem Punkt sollten Sie C-Kermits Erkennungszeichen und Prompt sehen:

```
C-Kermit 5A(189), 23 Jul 93, OS/2 2.00
Type ? for HELP for help
C-Kermit>
```

Wenn Sie Fensterbetrieb gewählt haben, bemerken Sie mitunter, daß beim ersten Starten das C-Kermit-Fenster nicht die volle Größe hat. Das ist normal für VGA-Karten und Adapter mit niedrigerer Auflösung. Um das C-Kermit-Fenster auf die volle Größe zu bringen, halten Sie die Umschalttaste gedrückt und klicken Sie das (quadratische) „Maximierungs"-Kästchen am rechten Ende des Titelbalkens von C-Kermit an. Dann wächst das C-Kermit-Fenster auf die Größe an, die Sie in Ihrem MODE-Befehl angegeben haben, und dies wird zur dauerhaften Größe des Anfangsfensters von C-Kermit gemacht.

C-Kermit vom CMD-Prompt aus starten

Sie können C-Kermit auch vom OS/2-Befehls-Prompt aus starten, indem Sie seinen Namen, gefolgt von allen gewünschten Befehlszeilen-Optionen, eingeben, zum Beispiel:

```
[C:\]ckermit -l com3 -b 19200 -p m
```

Alle Einstellungen im Programmobjekt werden übergangen, und C-Kermit füllt das aktuelle OS/2-Fenster aus. Wenn Sie sowohl CKERMIT.EXE als auch CKERMIT.CMD im selben Verzeichnis stehen haben, führt OS/2 die .EXE-Datei aus, wenn Sie keinen Dateityp angeben. Um C-Kermit von der OS/2-Befehlsdatei aus zu starten, geben Sie den Dateityp .CMD mit an:

```
[C:\]ckermit.cmd -l com3 -b 19200 -p m
```

Wenn C-Kermit nicht in Ihrem aktuellen Verzeichnis oder in einem der Verzeichnisse in Ihrem OS/2-Pfad ist, dann kann OS/2 ihn nicht finden. Sie können Ihren OS/2-Pfad ändern, indem Sie den Befehl SET PATH in Ihrer Datei CONFIG.SYS modifizieren oder C-Kermit aufrufen, indem Sie seinen vollständigen Pfad mit angeben:

```
[C:\]c:\ckermit\ckermit.cmd
```

OS/2-C-Kermit-Befehlsprozeduren

C-Kermit-Befehlsdateien können direkt ausgeführt werden, ohne C-Kermit zuerst zu starten, wenn sie einen EXTPROC-Befehl als erste Zeile der Datei enthalten, auf der der volle Pfadname des C-Kermit-Programms angegeben ist, zum Beispiel:

```
extproc c:\ckermit\ckermit.exe
```

EXTPROC ist ein OS/2-Befehl zum Ausführen externer Prozeduren. Er startet das Programm des angegebenen Namens und füttert ihm die folgenden Zeilen der Datei als Eingabe ein. C-Kermit faßt EXTPROC als Synonym von COMMENT auf.

Legen Sie die Befehlsdatei mit einem Texteditor wie E an, geben Sie ihr den Dateityp .CMD, und speichern Sie sie als OS/2-Befehlsprozedur ab. Sie können Sie von der OS/2-Befehlszeile aus starten, indem Sie einfach ihren Namen eingeben. Sie können auch ein Desktop-Programmobjekt dafür anlegen – genau wie für die Datei CKERMIT.CMD, als Sie sie installiert haben –, das C-Kermit-Icon kopieren oder selbst ein neues Icon erzeugen und dann zum Aufrufen dieses Icon doppelklicken.

Nehmen wir zum Beispiel an, Sie benutzen normalerweise zwei verschiedene Verbindungen, zum einen eine Wählverbindung bei 2400 bps über COM1, zum anderen eine Direktverbindung bei 38400 bps über COM2. Legen Sie dann für jede der beiden Verbindungen eine eigene Befehlsprozedur an:

```
extproc c:\ckermit\ckermit.exe
set modem hayes              ; Wählen mit Hayes-Befehlen
set line com1                ; über Kommunikationsanschluß 1
set speed 2400               ; bei 2400 bps
dial 654321                  ; Die Nummer wählen
if success connect           ; Verbinden, wenn Antwort erhalten
else exit 1                  ; sonst Schluß
```

und:

```
extproc c:\ckermit\ckermit.exe
set line com2                ; Direkte Verbindung über COM2
set speed 38400              ; bei 38400 Bits je Sekunde
set flow rts/cts             ; mit Hardware-Flußkontrolle
connect                      ; Beginn der Terminal-Emulation
```

Nennen Sie diese Dateien etwa WAHL.CMD und DIREKT.CMD und starten Sie die passende, wann immer Sie eine Verbindung herstellen wollen. Sie können Sie sogar beide gleichzeitig laufen lassen.

Serielle Kommunikation

OS/2 Version 1 unterstützt die seriellen Geräte COM1 und COM2 auf allen PC-Modellen und zusätzlich COM3 auf PS/2-Modellen. OS/2 Version 2 unterstützt COM1 bis COM4. Andere Namen von Geräten für serielle Anschlüsse sind ebenfalls zulässig. C-Kermit kann jede vom Kommunikationsanschluß-Treiber unterstützte Geschwindigkeit benutzen, auf den meisten Systemen bis 57600 bps, mitunter auch 76800 und 115200 bps. Aber allein daß der Kommunikationstreiber hohe Geschwindigkeiten erlaubt, bedeutet noch nicht unbedingt, daß C-Kermit – oder beliebige andere Anwendungen oder sogar der Treiber selbst – mit ankommenden Daten hoher Geschwindigkeit mithalten können. – Andere Gerätenamen für serielle Schnittstellen werden ebenfalls akzeptiert.

Kommunikationsanschluß, Geschwindigkeit und Modemsignale

Wenn C-Kermit startet, ist als Kommunikationsgerät COM1, der serielle Anschluß Nummer 1, eingestellt, und die Kommunikationsgeschwindigkeit wird auf die aktuell vorgefundene Geschwindigkeit dieses Gerätes eingestellt. Sie können andere serielle Anschlüsse mit dem Befehl SET LINE anwählen und ihre Geschwindigkeit mit SET SPEED einstellen.

Die Signale DTR und CTS des Anschlusses gehen beide auf AN, wenn C-Kermit ihn öffnet, und sie gehen AUS, wenn der Anschluß geschlossen oder C-Kermit beendet wird. OS/2-C-Kermit behandelt das Trägersignal je nach Ihrem letzten Befehl SET CARRIER, standardmäßig also als AUTO. Solange Sie das nicht durch SET CARRIER OFF abschalten, veranlaßt der Verlust des Träger-Signals im Terminalbetrieb C-Kermit automatisch zur Rückkehr zu seinem Prompt.

Parität, Datenbits und Stop-Bits

C-Kermit setzt den Anschluß-Treiber stets auf 8 Datenbits ohne Parität und behandelt die Parität dann intern je nach Ihrer Einstellung mit SET PARITY. Wenn C-Kermits Parität NONE (keine) ist, werden 8 Datenbits benutzt. Ist sie EVEN (gerade), ODD (ungerade), MARK (stets gesetzt) oder SPACE (stets ungesetzt), benutzt C-Kermit 7 Datenbits und behandelt das Paritätsbit selbst. Diese Operationen finden intern in C-Kermit statt; die Paritätsbehandlung des Anschlußtreibers wird nicht benutzt. Sie können die Anzahl der Stop-Bits mit Hilfe des OS/2-Befehls MODE vor dem Aufruf von Kermit setzen, falls das nötig sein sollte.

Flußkontrolle

OS/2-C-Kermit unterstützt Flußkontrolle sowohl durch Xon/Xoff als auch durch RTS/CTS. Die Flußkontroll-Methode wird durch den C-Kermit-Befehl SET FLOW festgelegt. Die Voreinstellung ist KEEP, d. h., der Gerätetreiber für den seriellen Anschluß soll die Flußkontroll-Methode weiterhin benutzen, für die er schon konfiguriert war, zum Beispiel mit dem OS/2-Befehl MODE.

Benutzen Sie den C-Kermit-Befehl SET FLOW XON/XOFF, um Software-Flußkontrolle zu wählen, oder SET FLOW RTS/CTS, wenn Sie diese (Hardware-)Flußkontrolle bevorzugen. SET FLOW NONE schaltet Flußkontrolle ganz ab. Xon/Xoff-(Software-)Flußkontrolle ist sowohl auf seriellen als auch auf Netzwerk-Verbindungen möglich. Wenn Sie diese Art der Flußkontrolle gewählt haben, erlaubt der serielle Kommunikationstreiber von OS/2 die Übertragung von Strg-Q und Strg-S als Datenzeichen nicht mehr. RTS/CTS-(Hardware-) Flußkontrolle funktioniert nur auf seriellen Verbindungen und nur dann, wenn das Gerät, mit dem Ihr serieller Ausgang direkt verbunden ist, diese Methode unterstützt und passend konfiguriert ist.

Man sollte RTS/CTS-Hardware-Flußkontrolle benutzen, wann immer die Verbindung es erlaubt. Hardware-Flußkontrolle ist bei weitem zuverlässiger und flexibler als Software-Flußkontrolle, und sie erlaubt auch die Übertragung von Strg-Q und Strg-S als normale Daten.

Netzwerk-Verbindungen

OS/2-C-Kermit unterstützt TCP/IP und DECnet-LAT-Verbindungen, wenn Sie DEC-PATHWORKS auf Ihrem PC installiert haben. Benutzen Sie den C-Kermit-Befehl SHOW NETWORK, um zu sehen, ob noch weitere Netzwerke unterstützt werden, wie der Microsoft-LAN-Manager. Wählen Sie zunächst mit Hilfe von SET NETWORK einen der verfügbaren Netzwerk-Typen und dann mit SET HOST einen Wirtsrechner auf dem angegebenen Netzwerk aus, wie in Kapitel 3 beschrieben.

Terminal-Emulation

Wenn Sie zum ersten Mal den Befehl CONNECT geben, erscheint ein leerer Bildschirm mit einem blinkenden Cursor in der linken oberen Ecke und einer Statuszeile am unteren Bildschirmrand. Dies zeigt an, daß C-Kermit kommunikationsbereit ist. Der CONNECT-Befehl schlägt fehl, wenn das Kommunikationsgerät nicht richtig konfiguriert ist, zum Beispiel, wenn Sie mit einem Modem verbinden, bevor Sie gewählt haben und ohne daß Sie vorher den Befehl SET CARRIER OFF gegeben haben.

Die Bildschirmgröße wird von Ihrer Grafikkarte und Ihrem letzten MODE-Befehl im aktuellen Fenster bestimmt (siehe den Installations-Abschnitt in diesem Anhang). Die Cursor-Form wie auch die Vordergrund-, Hintergrund- und Statuszeilen-Farben werden zunächst standardmäßig eingestellt, besondere SET TERMINAL-Befehle (siehe die Zusammenstellung auf Seite 112) ermöglichen es Ihnen aber, das zu ändern.

Im Terminalbetrieb emuliert OS/2-C-Kermit die Terminals VT102 und VT52 der Digital Equipment Corporation zuzüglich einiger Erweiterungen für Farben, Tasten-Neubelegung und Bildschirm-Rückrollen. Die Steuercodes und Escape-Sequenzen, die der Terminal-Emulator kennt, sind in den Tabellen V-4 bis V-10 aufgeführt, die Sie ab Seite 486 am Ende dieses Anhangs finden.

Die Eingaben von der Tastatur werden über das OS/2-Subsystem KBD abgewickelt, die Bildschirm-Ausgabe über das VIO-Subsystem. Es ist daher nicht möglich, Terminal-Ein- und Ausgabe umzuleiten.

Terminal-Zeichensätze

Das VT102-Terminal – und damit auch der CONNECT-Befehl des OS/2-C-Kermit – unterstützt keine vom Wirt kontrollierte Zeichensatz-Vorwahl und -Aufruf nach ISO 2022 außer der Umschaltung zwischen dem ASCII- und dem DEC-Spezialgrafik-Zeichensatz. Benutzen Sie den Befehl SET TERMINAL CHARACTER-SET, um Ihren Terminal-Emulations-Zeichensatz auszuwählen, und ggf. SET TERMINAL LOCKING-SHIFT, um die Benutzung von 8-Bit-Zeichensätzen in 7-Bit-Kommunikationsumgebungen zu ermöglichen, sofern der Shift-In-/Shift-Out-Mechanismus durch den Wirt unterstützt wird. Beide Befehle sind in Kapitel 9 erklärt.

Ihr Datei-Zeichensatz – und damit auch Ihr lokaler Terminal-Zeichensatz – werden automatisch auf Ihre aktuelle PC-Codeseite gesetzt, zum Beispiel CP437 oder CP850. Sie müssen daher nur den Wirts-Zeichensatz mit dem Befehl SET TERMINAL CHARACTER-SET setzen.

Die Statuszeile und die Alt-Tasten-Befehle

Die unterste Zeile des Bildschirms (normalerweise die 25.) wird als Statuszeile benutzt, die den Namen des Kommunikationsanschlusses, die aktuelle Geschwindigkeit sowie Hilfestellung allgemeiner Art und zum Zurückkehren zum C-Kermit-Prompt enthält. Die Voreinstellung für das Rückkehrzeichen aus dem Terminalbetrieb ist Strg-] (auf der amerikanischen Tastatur, und so wird die Taste auch stets angezeigt; auf der deutschen Tastatur muß Strg-+ eingegeben werden); aber Sie können dies mit dem Befehl SET ESCAPE ändern. Sie können auch Alt-Tasten-Kombinationen benutzen, um viele der Terminalbetriebs-Sonderfunktionen auszuführen, so etwa Alt-X zur Rückkehr zum C-Kermit-Prompt. Bei Eingabe von Alt-? (auf der deutschen Tastatur: Alt–, also Alt-Taste und Bindestrich) oder des Rückkehrzeichens mit nachfolgendem Fragezeichen erscheint ein Fenster, das die verfügbaren Möglichkeiten anzeigt. Sie sind auch in Tabelle V-1 aufgeführt.

Wenn Sie zum C-Kermit-Prompt zurückkehren, wird der Bildschirm auf den Zustand zurückgesetzt, den er bei der Ausführung des CONNECT-Befehls hatte. Ein erneuter CONNECT-Befehl zeigt wieder den letzten Terminal-Emulations-Bildschirm an.

Ausschneiden und Einfügen (Cut and Paste)

Ausschneiden und Einfügen (Edieren mit der Maus) ist möglich, wenn C-Kermit in einem Fenster läuft. Sie können Text aus beliebigen Textfenstern (einschließlich C-Kermits eigenem) kopieren und an der aktuellen Cursor-Stelle in das C-Kermit-Fenster einfügen. Wenn C-Kermit auf seinem Befehls-Prompt steht, wird der Text als Befehl interpretiert; ist er im Terminalbetrieb, wird der eingefügte Text über den Kommunikationsanschluß gesendet, genau als hätten Sie den Text auf der Tastatur eingegeben. Sie können ebenfalls Text aus dem C-Kermit-Befehls- oder dem Terminal-Fenster kopieren und in jedes andere Textfenster einfügen, zum Beispiel, um einen früheren Befehl noch einmal auszuführen.

Die Tastatur

Die üblichen C-Kermit-Terminalbetriebs-Sonderbefehle (siehe Kapitel 4) stehen im Terminalbetrieb zur Verfügung. Zusätzlich unterstützt der Terminal-Emulator des OS/2-C-Kermit einige Arten von Sondertasten, darunter auch Alt-Tasten-Äquivalente für Terminalbetriebs-Sonderfunktionen, Tasten zum Bildschirm-Rückrollen, eine Taste zum Verhindern des Rollens, Tasten zum Drucken des Bildschirms sowie Äquivalente für die VT-Terminal-Funktionstasten. Diese sind in Tabelle V-1 aufgeführt und auf den folgenden Seiten näher beschrieben.

IBM-Taste	Tasten-Code	Wirkung
Alt-=	\387	(Deutsche Tastatur: Alt-g) Löscht Bildschirm und initialisiert Terminal-Emulator neu
Alt-? (oder Alt-/)	\309	(Deutsche Tastatur: Alt– (Alt und Bindestrich) bzw. Alt-_) Zeigt Hilfestellung an
Alt-X (oder Alt-x)	\301	Kehrt zum C-Kermit-Prompt zurück
Alt-H (oder Alt-h)	\291	Legt auf und kehrt zum Prompt zurück
Alt-Q (oder Alt-q)	\272	Beendet Terminalbetrieb, legt auf und verläßt C-Kermit
Alt-B (oder Alt-b)	\304	Sendet ein BREAK-Signal
Alt-L (oder Alt-l)	\294	Sendet ein langes BREAK-Signal
Pos1	\327	Rollt Bildschirm aufwärts (Text abwärts) zum Beginn des Rückroll-Puffers
Graues Pos1	\583	Genau wie Pos1
Ende	\335	Rollt Bildschirm abwärts (Text aufwärts) zum aktuellen Bildschirm
Graues Ende	\591	Genau wie Ende
Bild ↑	\329	Rollt einen Bildschirm aufwärts (rückwärts in der Zeit)
Graues Bild ↑	\585	Genau wie Bild ↑
Bild ↓	\337	Rollt einen Bildschirm abwärts (vorwärts in der Zeit)
Graues Bild ↓	\593	Genau wie Bild ↓
Strg-Bild ↑	\388	Rollt Bildschirm um eine Zeile aufwärts
Strg-Graues Bild ↑	\644	Genau wie Strg-Bild ↑
Strg-Bild ↓	\374	Rollt Bildschirm um eine Zeile abwärts
Strg-Graues Bild ↓	\630	Genau wie Strg-Bild ↓
Rollen	\767	Kein Rollen (friert Bildschirm ein)
Druck		Drucke aktuellen Bildschirm (wird von OS/2 erledigt)

Tabelle V-1   *Sondertasten im Terminalbetrieb*

Die Rollen-Taste

Die Rollen-Taste des PC, äquivalent zur No-Scroll-Taste des VT102, friert den Bildschirm im Terminalbetrieb ein. Sie wird üblicherweise benutzt, während eine lange Datei angezeigt wird, um zu verhindern, daß Informationen vom oberen Bildschirmrand wegrollen. Die Tasten Strg-S und Strg-Q (Xoff/Xon) sollten zu diesem Zweck nicht verwendet werden, wenn FLOW CONTROL auf XON/XOFF gesetzt ist, weil sie den Flußkontroll-Betrieb des Kommunikationstreibers stören.

Wenn die Rollen-Taste gedrückt ist, wird der aktuelle Flußkontroll-Mechanismus (Xon/Xoff bzw. RTS/CTS) benutzt, um den Fluß der Zeichen von dem anderen Rechner her anzuhalten, zum Beispiel, indem ein Xoff-Zeichen gesendet wird oder indem RTS abgeschaltet wird. Offensichtlich muß der andere Rechner bzw. Kommunikationspartner für diese Art der Kooperation konfiguriert sein. Wenn Rollen erneut gedrückt wird, setzt der Zeichenfluß wieder ein. Alle anderen Tasten werden ignoriert, während der Bildschirm eingefroren ist. Die Statuszeile zeigt an, ob Rollen gerade aktiviert ist.

Die Pfeiltasten und der Ziffernblock

Tabelle V-2 zeigt die Pfeiltasten des PC, ihre Tastencodes und die Escape-Sequenzen, die sie senden. Diese Sequenzen hängen davon ab, ob die Pfeiltasten im Anwendungs- oder im Cursor-Modus stehen. Der Modus wird durch Steuersequenzen vom Wirt aus gesetzt (SM-Parameter DECCKM, siehe Tabelle V-8 auf Seite 489) oder durch Sie mit Hilfe des Befehls SET TERMINAL ARROW-KEYS. Tabelle V-2 bezieht sich auf die Pfeiltasten auf dem Ziffernblock, wenn Num ausgeschaltet ist, und (auf erweiterten PC-Tastaturen) auch auf den grauen Cursor-(Pfeil-)Block.

Taste	Tastatur-Code	Graue-Tasten-Code	VT102-Cursor-Modus	VT102-Anwendungs-Modus	VT52 (Alle Modi)
Aufwärts-Pfeil ↑	\328	\584	ESC [A	ESC O A	ESC A
Abwärts-Pfeil ↓	\336	\592	ESC [B	ESC O B	ESC B
Rechts-Pfeil →	\333	\589	ESC [C	ESC O C	ESC C
Links-Pfeil ←	\331	\587	ESC [D	ESC O D	ESC D

Tabelle V-2   *Die Pfeiltasten*

Tabelle V-3 zeigt die Tasten des Ziffernblocks von VT102- und VT52-Tastaturen, die entsprechenden PC-Tastatur-Zuweisungen (die *nicht* auf dem Ziffernblock des PCs zu finden sind), die SET KEY-Codes für die PC-Tasten und die Zeichen bzw. Escape-Sequenzen, die von diesen Tasten gesendet werden. – Auch die Num-Taste läßt sich mit SET KEY belegen; hierfür gelten aus technischen Gründen allerdings etwas kompliziertere Regeln, die in der Datei CKOKER.BWR beschrieben sind.

Der DEC-Ziffernblock kann entweder im numerischen oder im Anwendungsmodus sein. Der Ziffernblock-Modus wird durch Steuersequenzen vom Wirt aus gesetzt (SM-Parameter DECNKM, siehe Tabelle V-8 auf Seite 489) oder durch den C-Kermit-Befehl SET TERMINAL KEYPAD-MODE. C-Kermit ist anfangs im numerischen Ziffernblock-Modus. Die Alt-Tasten-Kombinationen benutzen die Zifferntasten oben auf der Tastatur, nicht die auf dem Ziffernblock.

Bildschirm-Rückrollen

Informationen, die oben vom Bildschirm wegrollen, werden in einem Rückroll-Puffer gespeichert, den man betrachten kann, indem man die Taste Bild ↑ des Ziffernblocks oder des grauen Tastenfeldes benutzt. Der Rückroll-Puffer faßt zehn Bildschirme zu je 24 Zeilen, und man kann sich mit den Tasten Bild ↑ und Bild ↓ frei darin bewegen. Bild ↑ geht zu einem früher gelegenen Bildschirm, und Strg-Bild ↑ rollt den Bildschirm um eine Zeile zurück. Entsprechend geht Bild ↓ zu einem neueren Bildschirm, und Strg-Bild ↓ rollt den Bildschirm um eine Zeile vorwärts.

Die Ende-Taste bringt sofort zum aktuellen (untersten, letzten) Bildschirm zurück, und die Pos1-Taste geht unmittelbar zum Anfang des Rückroll-Puffers. Wenn irgendeine andere

Taste gedrückt wird, während der Rückroll-Puffer sichtbar ist, wird der aktuelle Bildschirm-Inhalt wieder angezeigt und der Tastendruck an das Kommunikationsgerät abgeschickt.

DEC-Taste	IBM-Taste	Code	VT102-Numerik-Modus	VT102-Anwendungs-Modus	VT52-Numerik-Modus	VT52-Anwendungs-Modus
PF1/Blau	F1	\315	ESC O P	ESC O P	ESC P	ESC P
PF2/Rot	F2	\316	ESC O Q	ESC O Q	ESC Q	ESC Q
PF3/Grau	F3	\317	ESC O R	ESC O R	ESC R	ESC R
PF4	F4	\318	ESC O S	ESC O S	ESC S	ESC S
0	Alt-0	\385	0	ESC O p	0	ESC ? p
1	Alt-1	\376	1	ESC O q	1	ESC ? q
2	Alt-2	\377	2	ESC O r	2	ESC ? r
3	Alt-3	\378	3	ESC O s	3	ESC ? s
4	Alt-4	\379	4	ESC O t	4	ESC ? t
5	Alt-5	\380	5	ESC O u	5	ESC ? u
6	Alt-6	\381	6	ESC O v	6	ESC ? v
7	Alt-7	\382	7	ESC O w	7	ESC ? w
8	Alt-8	\383	8	ESC O x	8	ESC ? x
9	Alt-9	\384	9	ESC O y	9	ESC ? y
Komma (,)	F7 oder F8	\321 oder \322	,	ESC O l	,	ESC ? l
Minus (-)	F5 oder F6	\319 oder \320	-	ESC O m	-	ESC ? m
Punkt (.)	F9	\323	.	ESC O n	.	ESC ? n
Eingabe	F10	\324	CR, CRLF	ESC O M	CR, CRLF	ESC ? M

Tabelle V-3   Der Ziffernblock

Tastatur-Neubelegung

Der SET KEY-Befehl von OS/2-C-Kermit stellt die normale Tasten-Umbelegung für Tasten zur Verfügung, soweit sie 7- oder 8-Bit-Zeichen entsprechen, d. h. für die Tasten, die Codes zwischen 0 und 255 haben, wie sie der Befehl SHOW KEY anzeigt. Jede einzelne Taste kann auf sich selbst, auf eine andere Taste (einen einfachen Tastendruck) oder auf eine Folge von Tastendrücken (eine Zeichenkette) abgebildet werden.

OS/2-C-Kermit unterstützt auch die PC-Sondertasten wie die Cursor- und Funktionstasten in den verschiedenen Verbindungen mit der Umschalt-, der Strg- und der Alt-Taste. Diese haben Codes im Bereich von 256 bis 767 und können ebenfalls mit SHOW KEY angezeigt werden.

Den in den Tabellen V-1 bis V-3 aufgeführten PC-Tasten sind Sonderfunktionen zugeordnet. Dies umfaßt die Pfeil-(Cursor-)Tasten, F1 bis F10, Alt-0 bis Alt-9, und Rollen wie auch die Ziffernblock-Tasten Num, Komma, Minus, Punkt und Eingabe. Zusätzlich werden die Tasten Bild ↑, Bild ↓, Pos1 und Ende zur Steuerung des Bildschirm-Rückrollens benutzt; Druck wird von OS/2 zum Drucken benutzt, und verschiedene Alt-Tasten-Kombinationen haben eine Bedeutung als Äquivalente zu Terminalbetriebs-Sonderzeichen.

Wenn Sie SET KEY benutzen, um diesen Tasten etwas anderes als „Selbst, keine Übersetzung" zuzuweisen, geht ihre Sonderfunktion verloren. Zum Beispiel weist

`C-Kermit>set key \787 Hallo`

der Rollen-Taste die Zeichenkette „Hallo" zu, und da die Funktion „Nicht rollen" nur mit einer einzigen Taste verbunden ist, geht die Möglichkeit zur Abschaltung des Rollens ganz verloren.

Wenn Sie den Code einer Sondertaste einer anderen Taste zuweisen, dann ist das identisch mit dem Kopieren der Sondertaste auf die zweite angegebene Taste. Zum Beispiel weist

`C-Kermit>set key \315 \787`

die Nicht-Rollen-Funktion außer der Rollen-Taste auch noch der Taste F1 zu. Beachten Sie, daß Sie eine Funktion nicht wirklich *verschieben* können – Sie können sie nur kopieren oder außer Kraft setzen.

Drucken

Wenn Sie einen Druckertreiber installiert haben, können Sie die Druck-Taste benutzen, um den aktuellen C-Kermit-Bildschirm (Befehls- oder Terminal-Bildschirm) an den Drucker zu senden.

C-Kermit unterstützt auch vom Wirt gesteuertes „transparentes Drucken". Wenn der Wirt die Sequenz „Beginne transparentes Drucken" (siehe Tabelle V-6, Seite 488) an Kermit sendet, wird der nachfolgende Text transparent (d. h., ohne Interpretation von Escape-Sequenzen und ohne Übersetzung von Zeichen) an den Drucker statt an den Bildschirm geschickt, bis C-Kermit die Sequenz „Beende transparentes Drucken" erhält.

Sie können Ihre Terminal-Sitzung auch auf den Drucker kopieren, indem Sie das allgemeine OS/2-Druckgerät PRN als Ziel für den Befehl LOG SESSION angeben.

Terminal-Emulations-Einstellungen

OS/2-C-Kermit umfaßt mehrere besondere SET TERMINAL-Befehle, um seinen eingebauten Terminal-Emulator während des Terminalbetriebs zu steuern:

SET TERMINAL ANSWERBACK { OFF, ON }
  Wenn TERMINAL ANSWERBACK ON ist, antwortet OS/2-C-Kermit auf ein ankommendes ENQ-Zeichen (ASCII 5) mit „OS/2 C-Kermit"; in der Einstellung OFF wird das ENQ-Zeichen ignoriert. ON kann auf stark gestörten Leitungen zu Problemen führen. Die Voreinstellung ist OFF.

SET TERMINAL ARROW-KEYS { APPLICATION, CURSOR }
  Setzt explizit den Pfeiltasten-Modus. Die Voreinstellung ist CURSOR. Benutzen Sie diesen Befehl, wenn Sie Probleme mit der Verwendung der Pfeiltasten in einer Wirtsanwendung haben.

SET TERMINAL CHARACTER-SET *Wirtszeichensatz [Lokalzeichensatz]*
Benutzen Sie diesen Befehl, um den Wirtszeichensatz für die Terminal-Emulation anzugeben. Der lokale Zeichensatz ist standardmäßig Ihre aktuelle PC-Codeseite, die OS/2-C-Kermit automatisch erkennt. Um also zum Beispiel OS/2-C-Kermit für eine Terminal-Sitzung mit einem Rechner vorzubereiten, der den Zeichensatz Lateinisch-1 benutzt, geben Sie ein:

```
[C:\]chcp 850               (Benutze Codeseite 850)
[C:\]ckermit                (Starte C-Kermit)
C-Kermit>set term character-set latin1
```

SET TERMINAL COLOR *Text-Art Vordergrund-Farbe Hintergrund-Farbe*
Dieser Befehl erlaubt es Ihnen, die Vorder- und die Hintergrundfarbe für verschiedene Textarten im Terminalbetrieb zu setzen. Die Farbauswahl umfaßt BLACK (schwarz), BLUE (blau), BROWN (braun), CYAN (türkis), DGRAY (dunkelgrau), GREEN (grün), LBLUE (hellblau), LCYAN (helltürkis), LGREEN (hellgrün), LRED (hellrot), MAGENTA (purpur), RED (rot), WHITE (weiß) und YELLOW (gelb). Die Textarten sind: HELP (die aufklappenden Hilfsbildschirme im Terminalbetrieb), NORMAL (der normale Terminal-Bildschirm), REVERSE (der invertierte Terminal-Bildschirm), STATUS (die Statuszeile) und UNDERLINED (unterstrichener Text wird auf dem Terminal-Bildschirm wegen einer Beschränkung im Entwurf der PC-Grafikkarten farblich hervorgehoben).

SET TERMINAL CURSOR *{ FULL, HALF, UNDERLINE }*
Wählt die Cursor-Form für die Terminal-Emulation aus. FULL ist ein großer Block-Cursor, HALF ein halbhoher Block-Cursor und UNDERLINE ein Cursor in Unterstrichform.

SET TERMINAL KEYPAD-MODE *{ APPLICATION, NUMERIC }*
Setzt den Ziffernblock-Modus explizit; Voreinstellung ist NUMERIC. Benutzen Sie diesen Befehl, wenn Sie Probleme mit der Verwendung der Ziffernblock-Tasten in einer Wirtsanwendung haben.

SET TERMINAL SCROLLBACK *Zahl*
Dieser Befehl setzt die Größe des Bildschirm-Rückroll-Puffers. *Zahl* gibt die Anzahl der aufzubewahrenden Bildschirm-Zeilen an. Die Voreinstellung ist 240, bei einer Bildschirmlänge von 24 Zeilen also 10 volle Bildschirme. Das Maximum beträgt 240 für die 16-Bit- und 4096 für die 32-Bit-Version des Programms.

SET TERMINAL TYPE *{ VT102, VT52 }*
Wählt die gewünschte Terminal-Emulation aus. Solange Sie nichts anderes angeben, emuliert OS/2-C-Kermit das VT102-Terminal.

SET TERMINAL WRAP *{ ON, OFF }*
Schaltet den Zeilenumbruch ein bzw. aus. Normalerweise ON: der Emulator bricht lange Zeilen automatisch auf neue Zeilen um. OFF bedeutet, daß lange Zeilen am Bildschirmrand abgeschnitten werden.

Dateinamen und -formate

Der OS/2-Verzeichnistrenner ist das Backslash-Zeichen (\), der umgekehrte Schrägstrich, genau wie unter MS-DOS. Aber der Backslash wird auch vom Befehlsinterpreter von C-Kermit gebraucht, um Sonderzeichen einzugeben, Variablennamen einzuleiten usw. Wenn OS/2- (oder MS-DOS-)Dateiangaben in einem C-Kermit-Befehl auftreten, müssen Backslashes daher doppelt eingegeben werden, zum Beispiel:

C-Kermit>send c:\\files\\ckermit.ini
C-Kermit>cd a:\\binaries

Aus Bequemlichkeitsgründen akzeptiert C-Kermit auch den normalen Schrägstrich (/) als Verzeichnistrenner in OS/2-Datei- und Verzeichnisangaben. Wenn Sie normale Schrägstriche statt der Backslashes benutzen, müssen Sie die Verzeichnistrenner also nicht doppelt angeben:

C-Kermit>send c:/ckermit/ckermit.ini
C-Kermit>cd a:/binaries

Jokerzeichen

OS/2 erlaubt es, eine Gruppe von Dateien mit einer einzigen Dateispezifikation anzugeben, indem die Jokerzeichen Sternchen (*) und Fragezeichen (?) benutzt werden. Ein Sternchen paßt auf beliebige Zeichenketten von der aktuellen Position bis zum Ende des Feldes und auch auf gar keine Zeichen; ein Fragezeichen paßt auf ein einzelnes Zeichen.

Das Fragezeichen muß in C-Kermit-Befehlen durch einen Backslash geschützt werden, um seine normale Funktion als Anfrage für ein Datei-Auswahlmenu auszuschalten. Beispiel:

```
C-Kermit>send *.txt              (Alle ".txt"-Dateien)
C-Kermit>send x*.? Filename, one of the following:
  ray.1      xray.2    xray.3    xray.4
  xray.5     xray.6    xray.7    xray.10
  xray.31    xray.111  xray.112
C-Kermit>send x*.\?              ("xray"-Dateien 1 bis 7)
```

Dateiformate

OS/2-Systeme speichern Dateien als Folgen von 8-Bit-Bytes ab, ohne besondere Unterscheidung zwischen Text-, Programmcode- und Binärdateien. Einfache Textdateien bestehen aus Textzeilen, die durch Carriage-Return-Linefeed-Sequenzen (Wagenrücklauf-Zeilenvorschub, ASCII 13 und 10) getrennt sind, ohne in den Text eingestreute Information über Zeichensätze und Darstellungsart (fett, kursiv, Schriftgröße). Die meisten anderen Dateiarten (Textverarbeitungsdokumente, Rechenblätter, Datenbanken, Anwendungs-spezifische Daten usw.) sollten i.a. als Binärdaten aufgefaßt werden.

Nach lang etablierter Konvention, die von einem Großteil der OS/2- und MS-DOS- (und CP/M-)Software beachtet wird, wird eine Textdatei durch das erste in ihr auftretende Strg-Z-

Zeichen (ASCII 26) beendet, selbst wenn dieses Strg-Z vor dem wahren Dateiende steht. Das Ende einer Binärdatei ist hingegen das letzte Byte der Datei, wie es sich aus der Größenangabe im Verzeichniseintrag der Datei ergibt.

Dateitransfer

OS/2-C-Kermit unterstützt alle Möglichkeiten, die C-Kermit-Dateitransfer bietet, inklusive Zeichensatz-Umsetzung für viele Zeichensätze, und den vollen Satz von Dateitransfer-Anzeigeformaten, inklusive Vollbildschirm, was von dem in OS/2 eingebauten ANSI-Konsoltreiber erledigt wird. Wenn Ihre Verbindung das unterstützt, wird RTS/CTS-(Hardware-) Flußkontrolle für Dateitransfer über serielle Hochgeschwindigkeits-Kommunikationsgeräte empfohlen.

Dateien senden

Für die Befehle SEND und MSEND versteht OS/2-C-Kermit sowohl FAT-Dateinamen (im kurzen MS-DOS-Stil) als auch HPFS-Namen (im langen OS/2-Stil) und kann mit jeder Mischung von FAT- und HPFS-Platten arbeiten. Das gilt auch für OS/2-C-Kermit im Server-Betrieb, wenn er einen GET-Befehl erhält.

Beim Senden einer Datei im Textmodus behandelt OS/2-C-Kermit in Übereinstimmung mit der OS/2- und MS-DOS-Konvention das erste Strg-Z in der Datei als Dateiende. Weder das Strg-Z noch die ihm folgenden Zeichen werden an den anderen Rechner übertragen.

Beim Senden einer Datei im Binärmodus werden keine Umwandlungen oder Übersetzungen ausgeführt, Strg-Z-Zeichen werden als normale Daten behandelt und das Dateiende wird bestimmt durch die Dateilänge, wie sie vom Befehl DIRECTORY angezeigt wird.

Dateien empfangen

Beim Empfangen von Dateien nutzt C-Kermit die langen HPFS- oder NFS-Namen aus, wenn diese Dateien auf eine entsprechende Platte empfangen werden. Beim Empfang auf eine FAT-Platte werden zu lange Namen automatisch gekürzt. Empfangene Dateien werden stets vollständig abgespeichert, unabhängig vom Transfer-Modus und dem Auftreten von Strg-Z-Zeichen in den Daten.

Wenn eine Datei ankommt, die denselben Namen wie eine bestehende Datei hat, benennt OS/2-C-Kermit entweder die ankommende oder die bestehende Datei um, je nach Ihrer FILE COLLISION-Einstellung. Beim Umbenennen von Dateien wird auf FAT-Systemen eine Zahl an das Ende des Namens vor dem Punkt angehängt. Zum Beispiel würde TAPIR.TXT in TAPIR001.TXT umbenannt. Wenn eine andere Datei namens TAPIR.TXT ankommt, wird eine Datei TAPIR002.TXT angelegt und so weiter. Unter HPFS wird stattdessen eine Endung hinter den Dateityp gehängt: TAPIR.TXT.~1~, TAPIR.TXT.~2~ und so fort.

Dateitransfer-Zeichensätze

Als Standard-Zeichensatz benutzt OS/2-C-Kermit Ihre aktuelle PC-Codeseite, normalerweise CP437 oder CP850. Wenn Sie internationalen Text übertragen, müssen Sie daher normalerweise nur den Befehl SET TRANSFER CHARACTER-SET geben, zum Beispiel:

```
C-Kermit>set transfer character-set latin1
```

Sie können diesen Befehl natürlich auch in Ihre Datei CKERMOD.INI schreiben.

VT102-Escape-Sequenzen

Name	Dez	Hex	Tastatur	Beschreibung
NUL	000	00h	^@	(Deutsche Tastatur: ^2 im Haupt-Tastenfeld) Ignoriert außer bei transparentem Drucken
ENQ	005	05h	^E	Sendet Rückantwort-Sequenz „OS/2 C-Kermit" (siehe jedoch SET TERMINAL ANSWERBACK)
BEL	007	07h	^G	Läßt Glocke im DEC-Stil ertönen oder den Bildschirm aufblitzen
BS	008	08h	^H	Rückschritt, bewegt den Cursor ein Zeichen nach links
HT	009	09h	^I, Tab	Horizontal-Tabulator, bewegt den Cursor zur nächsten Tabulator-Position
LF	010	0Ah	^J	Zeilenvorschub, bewegt den Cursor eine Zeile nach unten
VT	011	0Bh	^K	Vertikal-Tabulator, wird wie Zeilenvorschub behandelt
FF	012	0Ch	^L	Seitenvorschub, wird wie Zeilenvorschub behandelt
CR	013	0Dh	^M, Eingabe	Wagenrücklauf, bewegt Cursor zur ersten Spalte
SO/LS1	014	0Eh	^N	Locking-Shift 1, wählt Zeichensatz G1 an
SI/LS0	015	0Fh	^O	Locking-Shift 0, wählt Zeichensatz G0 an
DC1	017	11h	^Q	XON-Flußkontrolle, nimmt Kommunikation wieder auf
DC3	019	13h	^S	XOFF-Flußkontrolle, unterbricht die Kommunikation vorübergehend
CAN	024	18h	^X	Unterbricht eine begonnene Escape- oder Steuersequenz
SUB	026	1Ah	^Z	Wird genau wie CAN behandelt
ESC	027	1Bh	^[, Esc	Beginnt eine Escape-Sequenz, unterbricht ggf. früher begonnene
DEL	127	7Fh	Del	Ignoriert außer bei transparentem Drucken

Tabelle V-4   *Steuerzeichen*

Die Tabellen in diesem Abschnitt führen die Steuerzeichen und Kontrollsequenzen auf, die der VT102-Terminal-Emulator von OS/2-C-Kermit kennt. Vergleichen Sie zu den Einzelheiten das DEC-VT102-Handbuch [25]. Steuerzeichen und Escape-Sequenzen werden nur in ihrer 7-Bit-Form erkannt. Vom Wirt gesteuerte Zeichensatz-Vorwahl und -Aufruf werden, außer für den DEC-Zeichensatz Sonder- und Linienzeichen, nicht unterstützt; Sie können Zeichensätze aber selbst mit dem C-Kermit-Befehl SET TERMINAL CHARACTER-SET wählen. Der VT102-Emulator enthält auch einen VT52-Untermodus, dessen Escape-Sequenzen in Tabelle V-10 auf Seite 490 aufgeführt sind.

Tabelle V-4 zeigt die Antworten des Terminal-Emulators auf den Empfang von Steuerzeichen vom Kommunikationsgerät her; nicht aufgeführte Steuerzeichen werden ignoriert.

Tabelle V-5 führt die Escape-Sequenzen auf, die der VT102-Emulator kennt, wenn er sie vom Kommunikationsgerät erhält oder sie von der Tastatur aus eingegeben werden und außerdem TERMINAL ECHO ON ist. Der angegebene Kurzname ist der DEC-Name für die Escape-Sequenz.

Tabelle V-6 zeigt die Steuersequenzen, die der VT102-Emulator erkennt.

Escape-Sequenz	Kurzname	Beschreibung der Wirkung
ESC 7	DECSC	Speichert Cursor-Position, Attribute, GL- und GR-Zeichensätze, Umbruch-Schalter, Ursprungsmodus (DECOM)
ESC 8	DECRC	Stellt Cursor-Informationen usw. von DECSC wieder her
ESC # 3	DECDHL	Zeile doppelter Höhe und Breite, obere Hälfte (simuliert)
ESC # 4	DECDHL	Zeile doppelter Höhe und Breite, untere Hälfte (simuliert)
ESC # 5	DECSWL	Zeile einfacher Höhe und Breite
ESC # 6	DECDWL	Zeile doppelter Breite und einfacher Höhe (simuliert)
ESC # 8	DECALN	Bildschirm-Ausrichtungstest, füllt den Bildschirm mit Es
ESC (B	SCS	Weist ASCII G0 zu
ESC (0	SCS	Weist Linienzeichensatz G0 zu
ESC <		Beendet VT52-Betriebsart, beginnt ANSI-(VT102-)Betriebsart
ESC =	DECKPAM	Beginnt Anwendungsmodus für Ziffernblock
ESC >	DECKNPNM	Beginnt numerischen Modus für Ziffernblock
ESC D	IND	Index: Cursor eine Zeile nach unten, rollt ggf.
ESC E	NEL	Neue Zeile; Cursor zum Anfang der nächsten Zeile, rollt ggf.
ESC H	HTS	Setzt Horizontaltabulator an der aktuellen Position
ESC M	RI	Inverser Index: Cursor eine Zeile nach oben, rollt ggf.
ESC Z	DECID	Identifiziert das Terminal. Antwort ist ESC [? 6 c in der VT102-Betriebsart und ESC / Z in der VT52-Betriebsart
ESC [	CSI	Steuersequenz-Anfang; siehe Tabelle V-6
ESC c	RIS	Hartes Zurücksetzen; setzt Terminal in Anfangszustand zurück

Tabelle V-5   *VT102-Escape-Sequenzen*

Steuersequenz	Kurzname	Beschreibung der Wirkung
ESC [Pn A	CUU	Cursor um Pn Zeilen nach oben, rollt nicht
ESC [Pn B	CUD	Cursor um Pn Zeilen nach unten, rollt nicht
ESC [Pn C	CUF	Cursor vorwärts, bleibt auf derselben Zeile
ESC [Pn D	CUB	Cursor rückwärts, bleibt auf derselben Zeile
ESC [Pz; Ps H	CUP	Setzt Cursor auf Zeile Pz, Spalte Ps (genau wie HVP)
ESC [Ps J	ED	Löschen im Bildschirm, Ps = 0, 1 oder 2:
ESC [0 J	ED	Löscht vom Cursor bis zum Bildschirm-Ende einschließlich
ESC [1 J	ED	Löscht vom Bildschirm-Anfang bis zum Cursor einschließlich
ESC [2 J	ED	Löscht den ganzen Bildschirm, setzt Zeilen auf einfache Höhe zurück, bewegt den Cursor nicht
ESC [Ps K	EL	Löschen in der Zeile, Ps = 0, 1 oder 2:
ESC [0 K	EL	Löscht vom Cursor bis zum Zeilenende einschließlich
ESC [1 K	EL	Löscht vom Zeilenanfang bis zum Cursor einschließlich
ESC [2 K	EL	Löscht die ganze Zeile, bewegt den Cursor nicht
ESC [Pn L	IL	Fügt Pn Zeilen vor der aktuellen Zeile ein
ESC [Pn M	DL	Löscht Pn Zeilen von der aktuellen abwärts
ESC [Pn P	DCH	Löscht Pn Zeilen vom Cursor nach links
ESC [c	DA	Anfrage nach primären Geräte-Attributen (Terminal-Typ, Merkmale). Antworten genau wie auf DECID-Anfrage.
ESC [Pz; Ps f	HVP	Setzt Cursor auf Zeile Pz, Spalte Ps (genau wie CUP)
ESC [Ps g	TBC	Löscht Tabulatoren, Ps: 0=an dieser Stelle, 3=alle
ESC [4 i	MC	Medien-Kopie. Beendet transparentes Drucken.
ESC [5 i	MC	Medien-Kopie. Beginnt transparentes Drucken. Sendet alle Zeichen (außer dem Beendigungsstring ESC [4 i) zum Drucker statt zum Bildschirm. Alle Übersetzungs- und Zeichensatzauswahlen werden übergangen.
ESC [Pa;...;Pa h	SM	Setzt ANSI-Betriebsart, siehe Tabelle V-7
ESC [Pa;...;Pa l	RM	Setzt ANSI-Betriebsart zurück, siehe Tabelle V-7
ESC [? Ps;...;Ps h	SM	Setzt DEC-Betriebsart, siehe Tabelle V-8
ESC [? Ps;...;Ps l	RM	Setzt DEC-Betriebsart zurück, siehe Tabelle V-8
ESC [5 n	DSR	Anfrage nach Geräte-Betriebszustand
ESC [6 n	DSR	Anfrage nach Cursor-Position. Antwort ist ESC [Pz; Ps R, wobei Pr die Zeile und Ps die Spalte ist. Ursprung (Pos1) ist 1,1.
ESC [Po; Pu r	DECSTBM	Setzt oberen und unteren Rand für Rollen. ESC [r setzt Ränder auf ganzen Bildschirm zurück.
ESC [1 x	DECREQTPARM	Anfrage nach Terminal-Parametern

Tabelle V-6   VT102-Steuersequenzen

Kermits Antwort auf DECREQTPARM ist:

`ESC [ sol;par;nbits;xspeed;rspeed;clkmul;flags x`

wobei *sol* entweder 1 („Terminal-Berichte werden auf Anfrage gesendet") oder 2 („Dies ist ein Report") ist. *par* gibt den Paritätswert an: 1 (keine), 2 (stets ungesetzt), 3 (stets gesetzt), 4 (ungerade) oder 5 (gerade). *nbits* ist 1 für 8-Bit, 2 für 7-Bit-Zeichen. Die Sende- und Empfangsgeschwindigkeiten *xspeed* bzw. *rspeed* werden in codierter Form angegeben: 0, 8, 16, 24, 32, 40, 48, 56, 64, 72, 80, 88, 96, 104, 112, 120 und 128 entsprechen den Geschwindigkeiten 50, 75, 110, 134.5, 150, 200, 300, 600, 1200, 1800, 2000, 2400, 3600, 4800, 9600, 19200 und 38400 bps oder höher. *clkmul* ist immer 1. *flags* wird stets mit 0 angegeben.

Tabelle V-7 führt die Parameter zum Setzen und Rücksetzen der ANSI-Betriebsart auf.

Parameter	Kurzname	Betriebsart	Setzen (h)	Rücksetzen (l)
2	KAM	Tastatur	Verriegelt	Entriegelt
4	IRM	Einfügen/Ersetzen	Einfügen	Ersetzen
20	LNM	Neue Zeile	CR als CRLF anzeigen	CR als CR anzeigen

Tabelle V-7   Parameter zum Setzen/Rücksetzen der ANSI-Betriebsart

Tabelle V-8 führt die Parameter zum Setzen und Rücksetzen der DEC-Betriebsart auf.

Parameter	Kurzwort	Betriebsart	Setzen (h)	Rücksetzen (l)
1	DECCKM	Cursortasten	Anwendung	Cursor/numerisch
2	DECANM	ANSI-Betriebsart	VT102	VT52
5	DECSCNM	Ganzer Bildschirm	Inverse Darstellung	Normal
6	DECOM	Ursprung	Relativ	Absolut
7	DECAWM	Automatischer Umbruch	An	Aus

Tabelle V-8   Parameter zum Setzen/Rücksetzen der DEC-Betriebsart

Tabelle V-9 führt die Parameter für das Setzen der grafischen Darstellung (`ESC [ Ps;...;Ps m`) auf. Die Farben sind 1 (rot), 2 (grün), 4 (blau) oder beliebige Summen dieser Zahlen; dazu wird 30 für die Vordergrund- oder 40 für die Hintergrundfarbe addiert. Dies ist kompatibel mit `ANSI.SYS` und MS-DOS-Kermit.

Parameter	Beschreibung
0	Attribute 1, 4, 5, 7 und 8 ausschalten, Originalfarben wieder herstellen
1	Fett (Vordergrund intensiv darstellen)
4	Unterstrichen
5	Blinkend
7	Inverse Darstellung (zeichenweise)
8	Unsichtbar (Kermit-Erweiterung)
30-37	Vordergrundfarbe = 30 + Farben (Kermit-Erweiterung)
40-47	Hintergrundfarbe = 40 + Farben (Kermit-Erweiterung)

Tabelle V-9   Parameter zum Setzen der Grafik-Wiedergabe

Escape-Sequenzen für den DEC-VT52-Emulator

Tabelle V-10 zeigt die für die VT52-Betriebsart gültigen Parameter, die durch den Befehl SET TERMINAL TYPE VT52 oder durch Empfang der Sequenz ESC [? 2 l (der letzte Buchstabe ist ein kleines L) begonnen wird, wenn der Terminal-Emulator in der VT102-Betriebsart ist.

Escape-Sequenz	Beschreibung der Wirkung
ESC 7	Speichert Cursor-Position
ESC 8	Stellt Cursor-Position wieder her
ESC A	Cursor aufwärts
ESC B	Cursor abwärts
ESC C	Cursor rechts
ESC D	Cursor links
ESC F	Beginne Grafik-Betriebsart
ESC G	Beende Grafik-Betriebsart
ESC H	Cursor nach Pos1 (oben links)
ESC I	Umgekehrter Zeilenvorschub
ESC J	Löschen bis zum Bildschirm-Ende
ESC K	Löschen bis zum Zeilenende
ESC V	Druckt Cursor-Zeile
ESC W	Beginnt Drucker-Steuerung (transparentes Drucken)
ESC X	Beendet Druck-Steuerung (transparentes Drucken)
ESC Y *Zeile Spalte*	Direkte Cursor-Adressierung, codiert mit Offset Leerzeichen
ESC Z	Identifiziert Terminal (Antwort ist ESC / Z)
ESC ^	Beginnt Automatisches Drucken (Drucker gibt Bildschirm wieder)
ESC _	Beendet Automatisches Drucken
ESC]	Druckt den Bildschirm
ESC =	Beginnt alternative Ziffernblock-Betriebsart
ESC >	Beendet alternative Ziffernblock-Betriebsart
ESC <	Kehrt in die ANSI-Betriebsart zurück

Tabelle V-10   VT52-Escape-Sequenzen

Anhang VI
AOS/VS-C-Kermit

Dieser Anhang führt die Besonderheiten der Benutzung von C-Kermit auf Data-General-Computern der MV-Serie unter den Betriebssystemen AOS/VS und AOS/VS II auf. Lesen Sie auch die Dateien CKCKER.BWR und CKDKER.BWR, die in der C-Kermit-Vertriebsfassung enthalten sind, um eine aktuelle Liste der Begrenzungen und Beschränkungen von C-Kermit für AOS/VS zu erhalten.

AOS/VS (*Advanced Operating System/Virtual System*, Fortgeschrittenes Betriebssystem/Virtuelles System) ist das Betriebssystem für die Minicomputer-Familie Data General Eclipse MV. Es handelt sich hier um ein Multiuser-Multitasking-Betriebssystem, das in zwei grundlegenden Varianten vorliegt: AOS/VS selbst und eine erweiterte Version des Namens AOS/VS II. TELNET-Verbindungen können nur von AOS/VS-II-Systemen aus, die mit TCP/IP II konfiguriert sind, initiiert werden.

C-Kermit läuft sowohl unter AOS/VS als auch unter AOS/VS II. Zu dem Zeitpunkt, da dieses Buch entsteht, sind die aktuellen Versionen 7.6*x* für AOS/VS und 2.2*x* für AOS/VS II, wobei das *x* in der Revisionsnummer für kleinere Updates steht und eine einzelne Ziffer zwischen 0 und 9 ist. In diesem Buch bezieht sich der Ausdruck AOS/VS (oder kurz VS) auf beide Betriebssysteme, sofern nicht ausdrücklich etwas anderes gesagt ist.

Siehe [21] zu einer allgemeinen Einführung in AOS/VS. [24] ist das Handbuch zur Befehlssprachen-Schnittstelle (*Command Language Interface*, CLI). [22] beschreibt die Struktur und die Funktionen des AOS/VS-Betriebssystems. Um Informationen zur Benutzung der AOS/VS-CLI-Befehle zu erhalten, können Sie auch den Befehl HELP benutzen.

C-Kermit muß vom AOS/VS-Systemmanager installiert werden. Ziehen Sie die Datei CKDINS.DOC zu Rate, um detaillierte Anweisungen zum Installieren von C-Kermit unter AOS/VS und zum Konfigurieren von MV-System-Kommunikationsgeräten, insbesondere von seriellen Anschlüssen und Modems, zu erhalten.

Benutzung von AOS/VS-C-Kermit

C-Kermit für AOS/VS enthält Unterstützung für serielle Verbindungen, sowohl direkt als auch per Modem, sowie für TCP/IP-TELNET-Verbindungen.

Vorbereitung der AOS/VS-Sitzung für Kermit

AOS/VS-Systeme werden normalerweise über DASHER-Terminals von Data General oder über Emulatoren angesprochen. Wenn Sie sich unter AOS/VS einloggen, sendet das System automatisch eine DASHER-spezifische Escape-Sequenz „Lies Modell-Identifikation" an Ihren Bildschirm. Wenn Sie ein solches Terminal (oder einen Emulator) haben, antwortet es entsprechend, und Ihr Terminal-Typ wird automatisch gesetzt.

AOS/VS unterstützt auch DEC-Terminals der Serien VT100, VT200 und VT300 in beschränktem Maße. Um AOS/VS diese Art von Terminal bekannt zu machen, müssen Sie den folgenden Befehl geben:

) characteristics/on/nas/xlt

wobei NAS und XLT wie folgt definiert sind:

NAS
Wenn NAS ON ist, zeigt dies ein Terminal an, das nicht dem ANSI-Standard gehorcht. Bei der Eingabe bewirkt dies, daß ein Wagenrücklauf in einen Wagenrücklauf und einen Zeilenvorschub umgesetzt wird. Bei der Ausgabe bewirkt es die Umsetzung eines Zeilenvorschubs in einen Wagenrücklauf und einen Zeilenvorschub.

XLT
Wenn XLT ON ist, wird die Unterstützung für die VT100-kompatible Familie von Terminals eingeschaltet. Diese Unterstützung muß vorher bei der Systemgenerierung vom Systemmanager angegeben worden sein. Wenn Sie XLT anschalten, aber immer noch Schwierigkeiten mit der Rückschritt-Taste haben, sprechen Sie mit Ihrem Systemmanager.

Wenn Sie ein Sprachausgabe- oder Hardcopy-Terminal benutzen, dann können Sie AOS/VS mit dem folgenden Befehl darüber informieren:

) characteristics/hardcopy

Sie sollten auch sicherstellen, daß Ihr Terminal die BMOB-Charakteristik trägt:

) characteristics/break=bmob

Dann ist dafür gesorgt, daß Sie C-Kermit, wenn er sich je aufhängt, durch Eingabe von CMD-BRK[55] gefolgt von Ctrl-C und Ctrl-B unterbrechen können, was die übliche AOS/VS-Methode zum Unterbrechen von Prozessen ist.

Um Xon/Xoff-Software-Flußkontrolle für Ihr Login-Terminal anzuschalten, geben Sie den folgenden Befehl:

) characteristics/on/ifc/ofc

RTS/CTS-Hardware-Flußkontrolle können Sie wie folgt anschalten:

) characteristics/on/hifc/hofc

Um internationale Zeichensätze zu benutzen, müssen Sie den folgenden Befehl geben:

) char/on/8bt

Das sorgt dafür, daß alle 8 Bits eines jeden Zeichens als Daten behandelt werden. Sie können auch /16BT (und für VT-Terminals /XLT/KVT) benutzen, um 16-Bit-Zeichensätze wie etwa für japanisches Kanji zu ermöglichen. Der in AOS/VS-Umgebungen gebräuchlichste 8-Bit-Textzeichensatz ist Data General International (DGI, siehe Tabelle VIII-4 ab Seite 512).

Die Änderungen, die Sie mit dem Befehl CHARACTERISTICS an den Charakteristiken Ihrer Konsole vornehmen, gelten nur für die aktuelle Sitzung. Um sie in all Ihren Terminal-Sitzungen wirken zu lassen, können Sie den CHARACTERISTICS-Befehl, der sie auf die gewünschten Werte setzt, in Ihr Login-Makro aufnehmen, das normalerweise LOGIN.CLI heißt. Fragen Sie Ihren Systemmanager nach weiteren Informationen.

C-Kermit unter AOS/VS starten

Der Name des ausführbaren C-Kermit-Speicherabbilds ist KERMIT.PR. Um zu sehen, ob diese Datei auf Ihrem System existiert, geben Sie den folgenden Befehl ein:

) pathname kermit.pr

Wenn Ihr System anzeigt, daß es KERMIT.PR gefunden hat, sollten Sie zunächst die Revisionsnummer prüfen, indem Sie den Befehl REVISION ausführen:

) rev/v kermit.pr

Die Revisionsnummer sollte 00.05.188.00 oder höher sein. Wenn das nicht der Fall ist, fehlen dem C-Kermit vielleicht einige der in diesem Buch beschriebenen Fähigkeiten; konsultieren Sie Ihren Systemmanager. Anderenfalls prüfen Sie, ob das Makro KERMIT.CLI existiert:

) pathname kermit.cli

Sie können dieses Makro benutzen, um C-Kermit zu starten:

) kermit

Ansonsten können Sie KERMIT.PR direkt starten durch die Eingabe:

) x kermit

C-Kermit kann auch mit umgeleiteter Ein- und Ausgabe laufen. Angenommen, Sie haben eine Datei namens `INPUT.TEST`, die C-Kermit-Befehle enthält:

```
echo Kermit sagt Hallo.
exit
```

und Sie haben auch eine Datei namens `OUTPUT.TEST`, die leer ist, aber existieren muß. Wenn Sie C-Kermit dann so starten:

```
) process/block/default/input=input.test/output=output.test kermit
```

dann hat `OUTPUT.TEST` nach dem Ende des C-Kermit-Laufs den folgenden Inhalt:

```
C-Kermit 5A(189), 23 Jul 93, Data General AOS/VS
Type ? or HELP for help
C-Kermit>Kermit sagt Hallo.
C-Kermit>
```

Initialisierungsdatei

AOS/VS-C-Kermit benutzt die übliche Initialisierungsdatei `CKERMIT.INI`. Existiert eine Datei dieses Namens in Ihrem Heimatverzeichnis, wird sie benutzt. Gibt es anderenfalls eine Datei dieses Namens im Verzeichnis `UTIL:`, wird diese benutzt. Die Datei `CKERMOD.INI` wird nach `CKERMIT.INI` ausgeführt, falls sie in Ihrem Heimatverzeichnis existiert. Sie können SED oder einen anderen Texteditor benutzen, um Ihre Datei `CKERMOD.INI` anzulegen oder zu verändern. (Geben Sie X SED *Dateiname* ein, um den Editor SED zu starten; geben Sie dann den Befehl HELP, um Instruktionen zu seiner Benutzung zu erhalten.)

Wie man C-Kermit unterbricht

Die meisten C-Kermit-Befehle können durch Eingabe von Ctrl-C unterbrochen werden. Einige C-Kermit-Befehle – wie etwa DIRECTORY oder WHO –, die den AOS/VS-Befehlsprozessor (CLI) als untergeordneten Prozeß aufrufen, müssen stattdessen mit der CLI-Unterbrechungssequenz unterbrochen werden: BREAK gefolgt von Ctrl-C und dann Ctrl-A.

Um C-Kermit bei einem Dateitransfer im Wirtsbetrieb zu unterbrechen, geben Sie hintereinander zweimal Ctrl-C ein. Für diesen Zweck wird stets Ctrl-C verwendet, unabhängig davon, was Ihr Unterbrechungszeichen ist:

```
C-Kermit>send tapir.txt        (Eine Datei senden)
...
^A0 Sz* @-#Y1~*   yE           (Ein Paket erscheint)
^C^C                           (Zweimal Ctrl-C eingeben)
^C...                          (Ctrl-C wird von C-Kermit wiedergegeben)
C-Kermit>                      (Der Prompt erscheint wieder)
```

Um C-Kermit während des Terminalbetriebs zu unterbrechen, benutzen Sie das Terminalbetriebs-Rückkehrzeichen, gefolgt vom Buchstaben C, um zum C-Kermit-Prompt zurückzugelangen, oder einen der anderen Rückkehr-Ebenen-Befehle, wie sie in Kapitel 4 beschrieben sind.

Im Notfall kann der C-Kermit-Prozeß selbst unterbrochen werden, indem zuerst ein BREAK-Signal gesendet wird, gefolgt von Ctrl-C und dann Ctrl-B.

Terminal-Emulation

Der C-Kermit-Befehl CONNECT und die damit verbundenen Merkmale funktionieren unter AOS/VS so, wie es in Kapitel 4 beschrieben ist. Das voreingestellte Rückkehrzeichen aus dem Terminalbetrieb ist Ctrl-Backslash; auf DASHER-Terminals wird dies eingegeben, indem man die CTRL-Taste gedrückt hält und dann den umgekehrten Schrägstrich (\) drückt.

Die Voreinstellung für den lokalen Zeichensatz ist DG-International. Stimmt dies mit Ihrem Terminal oder Emulator überein, müssen Sie nur den Wirtszeichensatz angeben, wenn Sie Ihren Terminal-Zeichensatz auswählen, zum Beispiel:

C-Kermit>set term char latin1

Sonst müssen Sie außerdem noch den passenden lokalen Zeichensatz angeben, zum Beispiel:

C-Kermit>set term char latin1 spanish

Dateitransfer

C-Kermit für AOS/VS stellt die ganze Palette der Dateitransfer-Angebote zur Verfügung. Bei Textdateien wird das AOS/VS-Satzformat (Zeilen werden durch ein einzelnes Zeilenvorschub-Zeichen getrennt) automatisch in Kermits Standard-Zwischenformat für den Dateitransfer umgesetzt.

Wie in anderen C-Kermit-Versionen steht Zeichensatz-Umsetzung zur Verfügung. Der Standard-Dateizeichensatz ist DG-International; um die Übersetzung zu aktivieren, müssen Sie also nur einen einzigen Befehl eingeben:

set transfer character-set latin1

Wenn Sie einen anderen Dateizeichensatz auf Ihrem AOS/VS-System verwenden, dann sollten Sie ihn auch noch angeben:

set file character-set german
set transfer character-set latin1

Falls Sie immer dieselben Zeichensätze für den Dateitransfer benutzen, nehmen Sie am besten diese Befehle in Ihre Datei CKERMOD.INI auf.

Dateien senden

In den Namen von gesendeten AOS/VS-Dateien werden das Dollar- ($) und das Fragezeichen (?) in den Buchstaben X umgesetzt, sofern Sie nicht den Befehl SET FILE NAMES LITERAL gegeben haben.

In C-Kermit-Befehlen, die Dateispezifikationen mit Jokerzeichen akzeptieren, wie auch in GET-Befehlen, die an einen AOS/VS-C-Kermit-Server geschickt werden, können Sie AOS/VS-Muster verwenden, um eine Dateigruppe anzugeben. Die AOS/VS-Musterzeichen sind in Tabelle VI-1 aufgeführt.

Zeichen	Bedeutung
+	(Plus-Zeichen) Paßt auf jede Zeichenkette
*	(Sternchen) Paßt auf jedes einzelne Dateinamen-Zeichen außer auf Punkt (.). Beispiel: ABB* paßt auf ABB1 und ABB2, aber weder auf ABB. noch auf ABBILDUNG.
-	(Bindestrich) Paßt auf jede Folge von Dateinamen-Zeichen, die keinen Punkt enthält. Beispiel: TEST- paßt auf TEST1 und TESTEN, aber nicht auf TEST.1.
\	(Backslash, umgekehrter Schrägstrich) Nimmt die angegebene Zeichenfolge aus der Suche heraus. Beispiel: +.DOC\KERMIT+ paßt auf alle Dateien, die auf .DOC enden, außer auf Dateien, die mit KERMIT anfangen. Weil der Backslash auch C-Kermits Befehls-Einleitungszeichen ist, muß er jeweils doppelt angegeben werden.
^	(Zirkumflex) Wendet das Muster auf das übergeordnete Verzeichnis statt auf das aktuelle an. Beispiel: ^+.DOC paßt auf alle Dateien des übergeordneten Verzeichnisses, deren Namen auf .DOC enden.
#	(„Schweinegitter") Wendet das Muster auf alle unter dem aktuellen Verzeichnis liegenden an. Beispiel: #+.DOC paßt auf alle Dateien in untergeordneten Verzeichnissen mit Namen, die auf .DOC enden.

Tabelle VI-1   *AOS/VS-Musterzeichen*

Dateien empfangen

Ankommende Dateien werden im aktuellen Verzeichnis abgelegt, außer wenn Sie einen Dateinamen mit abweichendem Verzeichnis im RECEIVE-Befehl angegeben haben oder das Einleitungspaket der ankommenden Datei einen Pfadnamen enthält. In diesem Fall versucht C-Kermit, die Datei in dem angegebenen Verzeichnis abzuspeichern (und schlägt fehl, wenn das Verzeichnis nicht existiert oder nicht beschreibbar ist).

Eine Datei kann nur angelegt werden, wenn Sie Schreibzugriff auf das Verzeichnis haben, in dem die Datei angelegt werden soll. Die Datei wird mit Ihrer Standard-Zugriffskontroll-Liste (*Access Control List*, ACL) angelegt, was der Standard-Zugriffskontroll-Liste Ihres Systems entspricht, sofern Sie sie nicht mit dem AOS/VS-Befehl DEFACL geändert haben.

Wenn eine Datei gleichen Namens im Zielverzeichnis bereits existiert und C-Kermits FILE COLLISION-Einstellung BACKUP oder OVERWRITE ist, müssen Sie außerdem Schreibzugriff auf die schon vorher bestehende Datei haben. C-Kermit legt keine Dateien an, die Sie sonst selbst nicht anlegen könnten; das gleiche gilt für das Umbenennen und Löschen.

Wenn AOS/VS-C-Kermit eine Datei erhält, die denselben Namen wie eine schon bestehende Datei hat, benennt er die bestehende oder die ankommende Datei um, je nach Ihrer FILE COLLISION-Einstellung. Der neue Name ergibt sich aus dem alten Namen durch Anhängen eines Punktes und einer Versionsnummer. Zum Beispiel würde `TAPIR.TXT` zu `TAPIR.TXT.1`. Wenn sowohl `TAPIR.TXT` als auch `TAPIR.TXT.1` schon existierten, würde `TAPIR.TXT.2` angelegt usw.

Bindestrich-Zeichen (-) in ankommenden Dateinamen werden in Unterstriche (_) umgewandelt, die anderen Musterzeichen werden auf `X` umgesetzt, sofern Sie nicht den Befehl SET FILE NAMES LITERAL gegeben haben.

Anhang VII
Andere C-Kermit-Versionen

C-Kermit ist auch für etliche andere Rechner und Betriebssysteme erhältlich, unter anderem für Commodore Amiga, Atari ST, Microware OS-9 und vielleicht schon weitere, wenn Sie dies hier lesen. Prüfen Sie die Datei CKCKER.UPD auf Neuigkeiten!

Amiga-C-Kermit

Dieser Abschnitt beschreibt die Commodore-Amiga-Version von C-Kermit. Weitere Informationen finden Sie in den Dateien CKCKER.BWR und CKIKER.BWR.

Der Commodore Amiga ist ein Desktop-Arbeitsplatzrechner mit einer grafischen Benutzeroberfläche namens Intuition. Sein Multiprozeß-Betriebssystem AmigaDOS stellt Ihnen mehrere Fenster zur Verfügung, die mit der Maus angewählt werden. Sie können ein oder mehrere zeichenorientierte Befehlszeilen-Interpreter- (*Command Line Interpreter*, CLI) oder Shell-Fenster anlegen, in die Sie AmigaDOS-Befehle eingeben können. Häufig benutzte Befehle sind etwa LIST, um eine Dateiliste anzuzeigen, DELETE, um eine oder mehrere Dateien zu löschen, TYPE, um den Inhalt einer Datei anzuzeigen, CD, um das Verzeichnis zu wechseln, INFO, um Information über die System-Auslastung anzuzeigen, und STATUS, um den Prozeß-Status anzuzeigen. CLI und Shell sind nicht graphie-abhängig: Befehle können in Groß- und in Kleinbuchstaben in beliebiger Mischung eingegeben werden.

AmigaDOS hat ein hierarchisches Dateisystem ähnlich dem von OS/2. Dateiangaben können wahlweise mit einem Gerätenamen beginnen, der in einem Doppelpunkt (:) endet. Die Verzeichnisangabe zeigt den Pfad vom Wurzelverzeichnis des angegebenen Gerätes durch den Verzeichnisbaum hindurch; das Verzeichnis-Trennzeichen ist der normale Schrägstrich (/) wie unter UNIX. Groß- und Kleinbuchstaben werden in Amiga-Dateiangaben nicht unterschieden. Dateiangaben, die nicht mit einer Geräteangabe beginnen, beziehen sich auf das aktuelle Gerät. Dateiangaben, die keinen Schrägstrich am Anfang (bzw. direkt hinter dem Gerätenamen) haben, sind relativ zum aktuellen Verzeichnis.

Installieren Sie das KERMIT-Programm in Ihrem C:-Verzeichnis oder in einem anderen Verzeichnis in Ihrem Pfad (PATH) und legen Sie Ihre Initialisierungsdatei CKERMIT.INI,

Ihre persönliche Anpassungsdatei CKERMOD.INI und Ihr Dienste-Verzeichnis CKER-MIT.KSD im S:-Verzeichnis ab. Bei Bedarf können Sie mit dem Icon Editor ein Icon für C-Kermit anlegen; legen Sie zunächst eine Skript-Datei mit den folgenden zwei Befehlen an:

```
stack 10000
Kermit
```

und speichern Sie sie ab. Benutzen Sie dann den Icon Editor, um ein Projekt-Icon anzulegen, dessen „Standard-Werkzeug" für diese Datei C:IconX ist.

Sie können C-Kermit vom Desktop aus starten, indem Sie sein Icon anklicken (falls Sie eines angelegt haben), oder von einem CLI- oder Shell-Fenster, indem Sie KERMIT oder RUN KERMIT eingeben. In beiden Fällen legt C-Kermit ein neues Fenster für sich an. Bevor Sie C-Kermit in einem CLI- oder Shell-Fenster starten, legen Sie mit dem AmigaDOS-Befehl STACK eine Stackgröße von mindestens 10000 an, wie oben gezeigt.

Wenn Sie C-Kermit in einem CLI- oder Shell-Fenster starten, können Sie Befehlszeilen-Optionen mit angeben (siehe Kapitel 14). Sind darunter auch Aktions-Optionen, wird C-Kermit automatisch beendet, sobald sie abgearbeitet sind. Wenn Sie C-Kermit auf diese Weise laufen lassen wollen, ohne daß er ein neues Fenster anlegt, geben Sie die Befehlszeilen-Option -q (quiet, ruhig) mit an.

Während des interaktiven Betriebs kann der Amiga-C-Kermit durch Eingabe von Strg-C (Strg-Taste gedrückt halten und die C-Taste drücken) unterbrochen werden. Dann geht ein Abfrage-Fenster auf, in dem Sie auswählen können, ob Sie C-Kermit beenden oder fortfahren lassen wollen.

Kommunikation und Terminal-Emulation

Das voreingestellte Kommunikationsgerät ist serial.device/0. Andere Geräte können in gleicher Form angegeben werden: typ.device/einheitennummer. Sie können das Kommunikationsgerät im Präferenzen-Fenster konfigurieren, für ein serielles Gerät unter anderem die Geschwindigkeit und die Flußkontrolle. Sowohl Software-(Xon/Xoff-) als auch Hardware-(RTS/CTS-)Flußkontrolle stehen zur Wahl.

Netzwerk-Verbindungen, darunter auch TCP/IP und DECnet, werden durch den Betrieb eines serial.device-Emulators über den Netzwerk-Anschluß ermöglicht, vorausgesetzt, Sie haben die zugrundeliegende Netzwerk-Hardware, -Software und -Verbindung sowie einen geeigneten serial.device-Emulator.

Der Befehl CONNECT legt ein neues AmigaDOS-Konsolgerät-Fenster an. Bei Benutzung der voreingestellten Präferenzen ergibt dies einen Bildschirm von 23 Zeilen und 77 Spalten. Unter AmigaDOS ab Version 2.0 können Sie die Bildschirmgröße unter Präferenzen erhöhen. In früheren AmigaDOS-Versionen erlaubt es Ihnen das Programm MOREROWS, das „Arbeitsplatz-Fenster" auf mehr als die Standardgröße von 640 mal 200 zu erhöhen; eine Vergrößerung der Zeilenzahl um 8 und der Spaltenzahl um 16 gestattet ein Kermit-Fenster von 24 Zeilen mal 80 Spalten zur Verfügung.

Der Amiga-Konsoltreiber stellt ANSI-Terminal-Emulation (siehe [3]; ähnlich dem VT100) zur Verfügung; der Terminalbetrieb von C-Kermit benutzt den Konsoltreiber und stellt keine besondere eigene Terminal-Emulation zur Verfügung.

Das voreingestellte Terminalbetriebs-Rückkehrzeichen ist Control-Backslash (Strg-\). Sie können Strg-\H benutzen, um das serielle Gerät zu schließen und den Terminalbetrieb zu beenden; dadurch wird das DTR-Signal abgeschaltet, was die meisten Modems dazu veranlaßt, die Telefonverbindung aufzulegen. Zusätzlich zu den üblichen Terminalbetriebs-Befehlen steht weitergehende Steuerung des Sitzungsprotokolls zur Verfügung: Wenn eine Sitzungsprotokoll-Datei geöffnet ist, können Sie mit der Sequenz Strg-\Q das Protokollieren vorübergehend unterbrechen und mit Strg-\R ein unterbrochenes Protokoll wieder aufnehmen.

Zeichensatz-Übersetzung steht im Terminalbetrieb nicht zur Verfügung. Der eingebaute Zeichensatz des Amiga ist das ISO-8859-Alphabet Lateinisch-1, und es wird während des Terminalbetriebs benutzt, wenn keine Parität (PARITY NONE) gesetzt ist und Sie den Befehl SET COMMAND BYTESIZE 8 gegeben haben. Sonderzeichen werden laut Ihrer Tastaturbelegung eingegeben, die unter Präferenzen konfigurierbar ist und häufig mit Hilfe „Tottasten" arbeitet.

Dateitransfer

Amiga-C-Kermit unterstützt die meisten der in diesem Buch beschriebenen Dateitransfer-Merkmale, einschließlich der Zeichensatz-Übersetzung (Lateinisch-1 ist der normale Dateizeichensatz), der Dateitransfer-Anzeige als Vollbildschirm und dem vollen Umfang der Dateikollisions-Optionen.

Beim Senden von Dateien expandiert Amiga-C-Kermit Jokerzeichen in SEND- und MSEND-Befehlen intern, genau wie in GET-Befehlen, die an einen Amiga-C-Kermit-Server gesendet werden. Ein Sternchen (*) steht für eine beliebige Folge von Zeichen, und ein Fragezeichen (?) paßt auf jedes einzelne Zeichen. Wenn Sie ? in einem solchen Befehl benutzen, muß ihm ein umgekehrter Schrägstrich (Backslash, \) vorangestellt werden, um die normale Funktion als Anfrage nach einem Dateiauswahl-Menu zu unterbinden:

```
C-Kermit>send cki*.\?
```

Wenn die Benutzung von Attribut-(A-)Paketen erfolgreich ausgehandelt worden ist, schickt Amiga-C-Kermit mit jeder gesendeten Datei ein A-Paket mit, das Angaben zu Länge und Entstehungsdatum der Datei und zum Transfermodus (Text oder binär) enthält.

Beim Empfang von Dateien liest Amiga-C-Kermit das ankommende A-Paket (falls vorhanden), setzt den Transfer-Modus (Text oder binär) entsprechend und das Entstehungsdatum der ankommenden Datei wie im A-Paket angegeben, falls diese Angabe enthalten und ATTRIBUTE DATE angeschaltet ist. Wenn eine ankommende Datei denselben Namen wie eine schon bestehende Datei hat, wird entsprechend der Einstellung von FILE COLLISION gehandelt. Den Namen von Dateien, die einer Kollision wegen umbenannt werden müssen, wird eine Tilde (~) und eine Nummer angehängt; zum Beispiel wird aus tapir.txt dann tapir.txt~1; wenn auch dieser Name schon existierte, würde daraus tapir.txt~2 und so weiter.

Atari-ST-C-Kermit

Dieser Abschnitt beschreibt die Atari-ST-Version von C-Kermit. Weitere Informationen finden Sie in den Dateien CKCKER.BWR und CKSKER.BWR.

Der Atari ST ist ein Arbeitsplatzrechner mit einer grafischen Benutzeroberfläche. Sein Betriebssystem GEMDOS kann normalerweise nicht mehrere Programme gleichzeitig ausführen.

Ein zeichenorientierter Befehlsprozessor wird nicht mit dem System mitgeliefert, aber msh, ein Erzeugnis der Mark Williams Company, und die Public-Domain-Angebote Gulam und bash sind häufig benutzte Befehlsprozessoren. Jede dieser „Shells" ist graphie-abhängig, d. h. sie unterscheiden in Befehlen und Dateinamen zwischen Groß- und Kleinbuchstaben.

Das Atari-ST-Dateisystem ist fast identisch mit dem von MS-DOS. Gerätenamen und Verzeichnisse, hier im allgemeinen *Ordner* genannt, haben genau dieselbe Struktur wie dort. Gerätenamen sind ein einzelner Buchstabe, gefolgt von einem Doppelpunkt (:), und Ordner sind hierarchisch angelegt, wobei die einzelnen Ebenen durch umgekehrte Schrägstriche (Backslash, \) getrennt werden. Dateinamen können bis zu elf Zeichen lang sein: bis zu acht Zeichen vor dem Punkt (.), bis zu drei danach. Auch wenn Ihre Shell vielleicht zwischen Groß- und Kleinbuchstaben in Dateinamen unterscheidet, tut GEMDOS selbst das nicht. Abgesehen von der Bearbeitung seines eigenen Dateisystems und seiner eigenen Plattenformate kann der Atari ST auch 3,5-Zoll-Disketten im MS-DOS-Format lesen und schreiben.

C-Kermit installieren und starten

Atari-ST-C-Kermit unterstützt die meisten, aber nicht alle der Merkmale von C-Kermit. Geben Sie beim C-Kermit-Prompt SHOW FEATURES ein, um eine vollständige Übersicht darüber, welche C-Kermit-Merkmale zur Verfügung stehen und welche nicht, zu bekommen, oder lesen Sie die Datei CKSKER.BWR.

Das C-Kermit-Programm sollte auf einem Gerät und in einem Ordner installiert sein, die in Ihrem Pfad (PATH) stehen. Die Initialisierungsdateien CKERMIT.INI und CKERMOD.INI sollten in Ihrem Heimatordner stehen, wie es durch die Umgebungsvariable HOME angegeben ist.

C-Kermit kann vom Desktop aus oder von innerhalb eines Befehlsprozessors gestartet werden. In jedem Fall übernimmt C-Kermit den ganzen Bildschirm. Wird C-Kermit vom Desktop aus gestartet, geht eine Dialogbox auf und fragt Sie nach Befehlszeilen-Optionen. Sehr wahrscheinlich sind keine Umgebungsvariablen zugreifbar.

Wird C-Kermit aus einer Shell heraus aufgerufen, hat er Zugang zu Umgebungsvariablen, wenn die Shell die Konventionen der Sprache C nach Mark Williams benutzt. Atari-ST-spezifische Umgebungsvariablen sind unter anderen:

HOME	Wird von C-Kermit benutzt, um seine Initialisierungs- und andere Dateien zu finden und um die ~-Schreibweise in Dateiangaben zu expandieren.
PATH	Wird von den meisten Shells benutzt, um ihre Programme zu finden.
SPEED	Die Geschwindigkeit für serielle Kommunikation über das AUX-Gerät.
BAUD	Identisch mit SPEED.

Unter der Annahme, daß C-Kermit als KERMIT.TTP irgendwo in Ihrem Pfad installiert ist, können Sie ihn aufrufen, indem Sie das Wort kermit beim Prompt Ihres bevorzugten Befehlsprozessors eingeben. Befehlszeilen-Optionen werden akzeptiert; die Shell expandiert ungeschützte Jokerzeichen wie zum Beispiel für die Option -s. Die zur Verfügung stehenden Jokerzeichen hängen von der Shell ab; normalerweise steht aber * für eine beliebige Folge von Zeichen, die weder Punkt noch Backslash enthält, und ? paßt auf jedes einzelne Zeichen außer dem Punkt.

Wenn Sie C-Kermit mit Aktions-Optionen auf der Befehlszeile starten (siehe Kapitel 14), führt C-Kermit die angegebenen Befehle aus und wird beendet. In dieser Betriebsart können Standard-Ein- und Ausgabe von C-Kermit umgeleitet werden, und C-Kermit kann in einer Pipeline mit msh oder bash benutzt werden, nicht aber mit Gulam, der keine Pipes unterstützt. In msh eignen sich Pipes nur für Text.

Wenn Sie C-Kermit ohne Aktions-Optionen auf der Befehlszeile starten, gibt er seinen Prompt aus und läuft interaktiv. Das Unterbrechungszeichen ist Control-C, das gelegentlich von der Laufzeitbibliothek abgefangen wird; manchmal müssen Sie es daher mehrfach eingeben.

Kommunikation und Terminal-Emulation

Atari-ST-C-Kermit unterstützt nur serielle Verbindungen. Das einzige serielle Kommunikationsgerät ist AUX, und dies entspricht auch der Voreinstellung von C-Kermit. Als Geschwindigkeiten stehen 50 bis 19200 bps zur Verfügung; Flußkontrolle ist aber wegen der Beschränkungen des zugrundeliegenden Treibers für das serielle Gerät problematisch.

Die Kommunikationsgeschwindigkeit kann, außer in den neueren Betriebssystem-Versionen, nicht aus dem Gerät ausgelesen werden. Sie müssen sie mit dem Befehl SET SPEED setzen oder die Umgebungsvariable SPEED benutzen, die C-Kermit automatisch liest, falls sie definiert ist.

Die Terminal-Emulation wird vom GEMDOS-Konsoltreiber durchgeführt. Das Terminal ist eine Erweiterung des DEC-VT52-Terminals (siehe Tabelle V-10 auf Seite 490). Die VT52-Emulation findet im Befehls- und im Terminalbetrieb sowie während des Dateitransfers statt.

Das Terminalbetriebs-Rückkehrzeichen ist Steuerung-RechteEckigeKlammer (Strg-]); wenn Sie auf einer deutschen Tastatur diese Kombination nicht eingeben können, versuchen Sie stattdessen Alt-29 (Alt-Taste gedrückt halten, Ziffer 2 kurz drücken, Ziffer 9 kurz drücken, Alt-Taste loslassen). Für deutschsprachige Benutzer kann es sinnvoll sein, das Terminalbetriebs-Rückkehrzeichen umzudefinieren, so daß es leichter einzugeben ist; siehe dazu den Befehl SET ESCAPE auf Seite 101. Es gibt keine besondere Vorkehrung für die Eingabe oder Anzeige von Zeichen mit Akzenten usw., aber C-Kermit verträgt sich problemlos damit, sofern Ihre Tastatur und Ihre Anzeige sie unterstützen und geeignet konfiguriert sind; außerdem sollten Sie C-Kermit den Befehl SET COMMAND BYTESIZE 8 und für den Terminalbetrieb auch SET TERMINAL BYTESIZE 8 gegeben haben.

Dateitransfer

Atari-ST-C-Kermit expandiert Jokerzeichen intern für die Befehle SEND und MSEND und kennt dabei die Jokerzeichen * und ?; außerdem expandiert er ein führendes Tildezeichen (~) so, wie es Ihre Umgebungsvariable HOME angibt. Backslash-Zeichen in Dateinamen müssen doppelt angegeben werden, zum Beispiel:

C-Kermit>send c:\\mydir\\tapir.txt

Dateiattribute werden zusammen mit jeder Datei gesendet, wenn sie erfolgreich mit dem anderen Kermit-Programm ausgehandelt worden sind. Dazu gehören der Transfermodus (Text oder binär, je nach Ihrem letzten Befehl SET FILE TYPE; voreingestellt ist Text), Entstehungsdatum und Größe.

Beim Empfang von Dateien erfährt Atari-ST-C-Kermit den Transfermodus (Text oder binär) aus dem ankommenden Attribut-Paket, falls vorhanden; dies hat Vorrang vor der aktuellen Einstellung von FILE TYPE. Die Dateigröße wird ebenfalls aus dem Attribut-Paket ausgelesen; die Datei wird zurückgewiesen, falls sie größer als der zur Verfügung stehende Plattenplatz (wie er vom Befehl SPACE angezeigt wird) ist, sofern Sie dies nicht durch SET ATTRIBUTE LENGTH OFF unterbunden haben. Ankommende Dateien werden mit dem im Attribut-Paket angegebenen Entstehungsdatum angelegt; falls kein solches Paket angekommen ist oder Sie SET ATTRIBUTE DATE OFF gegeben haben, werden stattdessen das aktuelle Datum und die aktuelle Zeit verwendet.

Wenn eine Datei ankommt, die denselben Namen wie eine schon bestehende Datei hat, wird das je nach Ihrer FILE COLLISION-Einstellung behandelt. Dateien werden umbenannt, indem Ziffern zwischen den Dateinamen und den Dateityp eingefügt werden; zum Beispiel wird aus tapir.txt dann tapir000.txt, tapir000.txt wird zu tapir001.txt usw. Wie bei anderen C-Kermit-Versionen ist die voreingestellte Handlungsweise bei Dateinamens-Kollisionen BACKUP.

OS-9-C-Kermit

Dieser Abschnitt beschreibt die OS-9-Version von C-Kermit. Weitere Informationen finden Sie in den Dateien CKCKER.BWR und CK9KER.BWR.

OS-9/68000 ist ein Multiuser-Multitasking-Betriebssystem, das für alle Motorola-Prozessoren der 68000-Familie geschrieben ist. Das verwandte Betriebssystem OS-9000 ist stärker portabel, unter anderem sowohl auf Intel- als auch auf verschiedene RISC-Prozessoren. Zu dem Zeitpunkt, da dieses Buch entsteht, ist OS-9-C-Kermit jedoch noch nicht unter OS-9000 getestet worden. Neue Angaben hierzu wie auch weitere Informationen zu C-Kermit unter OS-9 finden Sie ggf. in der Datei CK9KER.BWR.

Der zu 100% „ROM-bare", schnelle, kompakte Code dieses Betriebssystems zusammen mit seinen Realzeitfähigkeiten macht OS-9/68000 ideal für ROM-basierte Systeme, wie sie zum Messen und zur Systemsteuerung in Wissenschaft und Industrie benutzt werden. Gleichwohl bietet ein voll plattenbasiertes OS-9-System eine Programmentwicklungsumgebung ähnlich der von UNIX an; dazu gehört auch, daß es eingeschränkt UNIX-Softwarekompatibel auf C-Quellcode-Ebene ist und den Ein-/Ausgabe- und Task-Modellen von UNIX gehorcht, sowie UNIX-artige Shell und Netzwerk-Umgebung existieren.

Die grundlegenden Befehle von OS-9 unterscheiden sich etwas von ihren UNIX-Gegenstücken:

DEL	Löscht eine Datei
DELDIR	Löscht ein Verzeichnis
MAKDIR	Legt ein Verzeichnis an
DIR	Zeigt ein Verzeichnis an
PROCS	Zeigt die gerade laufenden Prozesse an
LIST	Zeigt den Inhalt einer Textdatei an
CWD	Wechselt das Arbeitsverzeichnis
PD	Gibt das Arbeitsverzeichnis an

Der Bezug auf Befehle (wie alle Namensbezüge unter OS-9/68000) sind von Groß- und Kleinschreibung unabhängig. Allen Befehlen kann man die Option -? geben, was einen kurzen (im allgemeinen ausreichenden) Hilfetext anzeigt.

OS-9 erlaubt die Umleitung von Standard-Eingabe, -Ausgabe und -Fehler, genau wie UNIX, und unterstützt Befehls-Pipelines wie auch die Ausführung von Programmen und Befehlen im Hintergrund.

Das OS-9-Dateisystem

Alle Geräte (Terminalleitungen, Netzwerke, Platten) können beliebige Namen tragen, aber die gängigen Konventionen sind wie folgt:

Terminalgeräte:
    `term`   Das Konsolgerät
    `t1`   Terminalleitung Nummer 1
    `tn`   Terminalleitung Nummer n

Festplatten:
    `h0`   Festplatte Nummer 0
    `h1`   Festplatte Nummer 1
    `hn`   Festplatte Nummer n

Disketten:
    `d0`   Diskettenlaufwerk Nummer 0
    `d1`   Diskettenlaufwerk Nummer 1
    `dn`   Diskettenlaufwerk Nummer n

Verzeichnisse sind, wie unter UNIX, MS-DOS und OS/2, hierarchisch. Der Verzeichnistrenner ist der normale Schrägstrich (/). Ein Pfadname (Dateiangabe), der mit einem Schrägstrich beginnt, muß immer einen Gerätenamen als erstes Feld enthalten. Pfadnamen, die nicht mit einem Schrägstrich beginnen, sind relativ zum aktuellen Gerät und Verzeichnis.

OS-9/68000-Dateien sind sequentielle Ströme von 8-Bit-Bytes, genau wie unter UNIX, außer daß Carriage Return (Wagenrücklauf, CR, ASCII 13) der Zeilentrenner in Textdateien anstelle des Linefeed (Zeilenvorschub, LF, ASCII 10) ist. Binärdateien sind einfache Ströme beliebiger 8-Bit-Bytes. Das OS-9-Betriebssystem und seine Hilfsprogramme sind „8-Bit-sauber"; daher können Textdateien jeden Zeichensatz verwenden, der mit den lokalen Datenanzeige- und -eingabegeräten kompatibel ist, zum Beispiel also das ISO-8859-1-Alphabet Lateinisch 1.

Die OS-9-Konsole

Das Konsolterminal ist entweder ein echtes Terminal oder aber der Bildschirm und die Tastatur eines Arbeitsplatzrechners wie des Macintosh, des Amiga oder des Atari ST unter OS-9. Terminal-Emulation wird nicht von OS-9-C-Kermit geleistet, sondern stattdessen von dem echten Terminal oder dem Konsoltreiber des Arbeitsplatzrechners. Dies umfaßt auch die Möglichkeit, nationale und internationale Zeichen anzuzeigen. Wie bei anderen C-Kermit-Versionen müssen Sie den Befehl SET COMMAND BYTESIZE 8 geben, um 8-Bit-Zeichen eingeben und sehen zu können.

Benutzung von OS-9-C-Kermit

Das C-Kermit-Programm sollte an irgendeiner Stelle in Ihrem OS-9-Pfad installiert werden. Rufen Sie es auf, indem Sie einfach seinen Namen, `kermit`, eingeben. Er liest dann seine Dateien zur Initialisierung, für das Wählverzeichnis und für das Dienste-Verzeichnis in Ihrem Heimatverzeichnis.

Die OS-9-Version von C-Kermit ist der UNIX-Version sehr ähnlich. Die Hauptunterschiede zwischen OS-9 und UNIX betreffen die gemeinsamen System-Befehle und den in Textdateien benutzten Zeilentrenner.

Wenn Sie OS-9-C-Kermit mit Aktions-Optionen auf der Befehlszeile starten (siehe Kapitel 14), führt C-Kermit die angegebenen Befehle aus und wird dann beendet. Die Shell expandiert alle ungeschützten Jokerzeichen auf der Befehlszeile, wie zum Beispiel für die Option -s. Zur Verfügung stehen die Jokerzeichen *, was auf jede beliebige Zeichenfolge beliebiger Länge paßt, und ?, was auf beliebige einzelne Zeichen paßt.

Wenn Sie C-Kermit ohne Aktions-Optionen auf der Befehlszeile starten, gibt er seinen Prompt aus und läuft interaktiv. C-Kermits Unterbrechungszeichen ist Control-C. C-Kermit expandiert Jokerzeichen auch selbst und benutzt dafür dieselbe Schreibweise wie die OS-9-Shell, zum Beispiel:

```
C-Kermit>send ck*.\?
```

Beachten Sie, daß dem Fragezeichen ein Backslash vorangestellt werden muß, um seine normale Funktion – die Anzeige eines Hilfetextes – zu unterbinden.

Beim Empfang von Dateien bietet OS-9-C-Kermit den vollen Umfang an Optionen für Dateinamenskollisionen. Wenn C-Kermit eine Datei wegen einer Kollision umbenennt, hängt er einen Unterstrich und eine Ziffer an den Dateinamen an: `tapir.txt` wird zu `tapir.txt_1`; entsprechend wird `tapir.txt_1` zu `tapir.txt_2` und so fort.

Die Befehle und Aktionen von OS-9-C-Kermit sollten identisch zu denen von UNIX-C-Kermit sein mit Ausnahme der oben und in der „Achtungsdatei" `CK9KER.BWR` erwähnten Punkte.

Anhang VIII Zeichensatz-Tabellen

Der Standard-Aufbau von Zeichensätzen ist im ISO-Standard 4873 [38] spezifiziert und wird in Abbildung VIII-1 dargestellt.

	C0		GL						C1		GR					
	00	01	02	03	04	05	06	07	08	09	10	11	12	13	14	15
00	NUL	DLE	SP	0	@	P	`	p								
01	SOH	DC1	!	1	A	Q	a	q								
02	STX	DC2	"	2	B	R	b	r								
03	ETX	DC3	#	3	C	S	c	s								
04	EOT	DC4	$	4	D	T	d	t								
05	ENK	NAK	%	5	E	U	e	u								
06	ACK	SYN	&	6	F	V	f	v								
07	BEL	ETB	´	7	G	W	g	w			Grafik-Sonderzeichen					
08	BS	CAN	(	8	H	X	h	x								
09	HT	EM	)	9	I	Y	´i	y								
10	LF	SUB	*	:	J	Z	j	z								
11	VT	ESC	+	;	K	[	k	{								
12	LF	FS	'	<	L	\	l	|								
13	CR	GS	–	=	M	]	m	}								
14	SO	RS	.	>	N	^	n	~								
15	SI	US	/	?	O	_	o	DEL								
	C0		GL						C1		GR					

Abbildung VIII-1   Struktur eines 8-Bit-Zeichensatzes

Ein Standard-7-Bit-Zeichensatz besteht aus 32 Steuerzeichen (C0, wobei C für Control steht), 94 grafischen (druckbaren) Zeichen (GL = Grafik links) sowie dem Leerzeichen (SP für Space) und dem Löschzeichen (DEL für Delete), zusammen also 128 Zeichen, wie in der linken Hälfte der Abbildung zu sehen ist.

Die linke Hälfte eines Standard-8-Bit-Zeichensatzes ist der 128 Zeichen umfassende 7-Bit-Zeichensatz, der unter der Bezeichnung *Internationale **R**eferenzversion* (IRV) von ISO 646 [36] bekannt ist. Er ist tatsächlich mit dem ASCII-Zeichensatz [1] identisch und ausführlich in den Tabellen VIII-1 und VIII-2 dargestellt. Viele Nichtstandard-8-Bit-Zeichensätze, wie etwa PC-Codeseiten, benutzen ebenfalls den ASCII-Satz als linke Hälfte.

Die rechte Hälfte eines Standard-8-Bit-Zeichensatzes hat einen ähnlichen Aufbau wie die linke. Es gibt einen zweiten Steuer-Bereich (C1) mit 32 zusätzlichen Steuerzeichen und einen zweite grafischen Bereich (GR = Grafik rechts) mit weiteren 94 oder 96 druckbaren Zeichen. Die bekanntesten Standard-8-Bit-Zeichensätze sind die im ISO-Standard 8859 [39] beschriebenen: die lateinischen Alphabete. In den leeren GR-Bereich der Abbildung kann jedes der verschiedenen lateinischen Alphabete eingesetzt werden: Lateinisch-1, Lateinisch-2, Lateinisch/Griechisch, Lateinisch/Arabisch, Lateinisch/Hebräisch, Lateinisch/Kyrillisch und so weiter. Der leere C1-Bereich wird am häufigsten für die im ISO-Standard 6429 [41] angegebenen Steuerzeichen benutzt. In druckbaren Sätzen aus 94 Zeichen werden die Positionen 10/10 und 15/15, die in der Abbildung hellgrau dargestellt sind, nicht benutzt; Zeichensätze mit 96 Elementen benutzen auch diese Positionen.

Nichtstandard-8-Bit-Zeichensätze, wie die PC-Codeseiten oder die Zeichensätze von Macintosh und NeXT, benutzen auch C1 und mitunter sogar C0 für darstellbare Zeichen.

Jedes Zeichen eines 8-Bit-Zeichensatzes wird intern als Zahl im Bereich von 0 bis 255 dargestellt. Dies kann eine einfache Dezimalzahl sein, wie 65 für den Großbuchstaben A, oder das Äquivalent in hexadezimaler oder oktaler Schreibweise (Basis 16 bzw. 8), oder die Spalten- und Zeilen-Position in der Tabelle, zum Beispiel 04/01 für den Großbuchstaben A, wobei sich der Wert (der numerische Code) eines Zeichens als 16 mal die Spaltennummer plus die Zeilennummer ergibt ($16 \times 4 + 1 = 65$).

Die Regeln für Aufruf und Bezeichnung von Zeichensätzen während der Datenübertragung sind im ISO-Standard 2022 [37] angegeben. In 8-Bit-Kommunikationsumgebungen stehen Zeichen, deren achtes (höchstes) Bit 0 ist, für Zeichen aus der linken Hälfte und Zeichen, deren höchstes Bit 1 ist, für Zeichen aus der rechten Hälfte. Die Regeln für die Übertragung von 8-Bit-Zeichen in 7-Bit-Kommunikationsumgebungen sind, wie man schon erwartet, etwas komplizierter.

Der Zeichensatz nach ISO 646 IRV und ASCII

Erläuterung: *Dez* = Dezimalwert, *Hex* = Hexadezimalwert, ^X = Strg-X.

Dez	Hex	Name	Zeichen	Dez	Hex	Zeichen	Dez	Hex	Zeichen	Dez	Hex	Zeichen
00	00	NUL	^@	032	20	SP	064	40	@	096	60	`
01	01	SOH	^A	033	21	!	065	41	A	097	61	a
02	02	STX	^B	034	22	"	066	42	B	098	62	b
03	03	ETX	^C	035	23	#	067	43	C	099	63	c
04	04	EOT	^D	036	24	$	068	44	D	100	64	d
05	05	ENQ	^E	037	25	%	069	45	E	101	65	e
06	06	ACK	^F	038	26	&	070	46	F	102	66	f
07	07	BEL	^G	039	27	'	071	47	G	103	67	g
08	08	BS	^H	040	28	(	072	48	H	104	68	h
09	09	HT	^I	041	29	)	073	49	I	105	69	i
10	0A	LF	^J	042	2A	*	074	4A	J	106	6A	j
11	0B	VT	^K	043	2B	+	075	4B	K	107	6B	k
12	0C	FF	^L	044	2C	,	076	4C	L	108	6C	l
13	0D	CR	^M	045	2D	-	077	4D	M	109	6D	m
14	0E	SO	^N	046	2E	.	078	4E	N	110	6E	n
15	0F	SI	^O	047	2F	/	079	4F	O	111	6F	o
16	10	DLE	^P	048	30	0	080	50	P	112	70	p
17	11	CD1	^Q	049	31	1	081	51	Q	113	71	q
18	12	DC2	^R	050	32	2	082	52	R	114	72	r
19	13	DC3	^S	051	33	3	083	53	S	115	73	s
20	14	DC4	^T	052	34	4	084	54	T	116	74	t
21	15	NAK	^U	053	35	5	085	55	U	117	75	u
22	16	SYN	^V	054	36	6	086	56	V	118	76	v
23	17	ETB	^W	055	37	7	087	57	W	119	77	w
24	18	CAN	^X	056	38	8	088	58	X	120	78	x
25	19	EM	^Y	057	39	9	089	59	Y	121	79	y
26	1A	SUB	^Z	058	3A	:	090	5A	Z	122	7A	z
27	1B	ESC	^[	059	3B	;	091	5B	[	123	7B	{
28	1C	FS	^\	060	3C	<	092	5C	\	124	7C		
29	1D	GS	^]	061	3D	=	093	5D	]	125	7D	}
30	1E	RS	^^	062	3E	>	094	5E	^	126	7E	~
31	1F	US	^_	063	3F	?	095	5F	_	127	7F	DEL

Tabelle VIII-1   Zeichencodes nach ISO 646 IRV und ASCII

7-Bit-Steuerzeichen

	00			01		07
00	NUL	^@	Null	Null	DLE ^P Data Link Escape	Datenverbindungs-Escape
01	SOH	^A	Start of Heading	Start der Überschrift	DC1 ^Q Device Control 1	Gerätekontrolle 1
02	STX	^B	Start of Text	Start des Textes	DC2 ^R Device Control 2	Gerätekontrolle 2
03	ETX	^C	End of Text	Ende des Textes	DC3 ^S Device Control 3	Gerätekontrolle 3
04	EOT	^D	End of Transmission	Ende der Übertragung	DC4 ^T Device Control 4	Gerätekontrolle 4
05	ENQ	^E	Enquiry	Anfrage	NAK ^U Negative Acknowledge	Negative Bestätigung
06	ACK	^F	Acknowledge	Bestätigung	SYN ^V Synchronisationszeichen	Synchron-Leerlauf
07	BEL	^G	Bell	Glocke	ETB ^W End of Transmission Block	Ende des Übertragungsblocks
08	BS	^H	Backspace	Rückschritt	CAN ^X Cancel	Abbruch
09	HT	^I	Horizontal Tab	Horizontal-Tabulator	EM ^Y End of Medium	Ende des Datenträgers
10	LF	^J	Line Feed	Zeilenvorschub	SUB ^Z Substitute	Ersetzen
11	VT	^K	Vertical Tab	Vertikal-Tabulator	ESC ^[Escape	Escape („Entkommen")
12	FF	^L	Form Feed	Seitenvorschub	FS ^\ File Separator	Dateitrenner
13	CR	^M	Carriage Return	Wagenrücklauf	GS ^] Group Separator	Gruppentrenner
14	SO	^N	Shift Out	Shift Out	RS ^^ Record Separator	Satztrenner
15	SI	^O	Shift In	Shift In	US ^_ Unit Separator	Einheiten-Trenner
						DEL ^? Delete Löschen

Tabelle VIII-2
7-Bit-C0-Steuerzeichen

Tabelle VIII-2 führt die 7-Bit-Steuerzeichen auf, die in den Zeichensätzen ISO 646 IRV (ASCII) und in anderen, auf diesen beruhenden Zeichensätzen benutzt werden. Dazu gehören auch die nationalen Zeichensätze nach ISO 646 und die internationalen Zeichensätze nach ISO 8859 sowie die IBM-PC-Codeseiten und andere private Zeichensätze. Die offizielle Abkürzung und der volle Name aller Zeichen ist angegeben, zusätzlich auch die Strg-Kombination, die normalerweise benutzt wird, um diese Zeichen auf einer deutschen Tastatur zu erzeugen.

Lateinische 7-Bit-Zeichensätze

Spalte/Zeile	2/03	4/00	5/11	5/12	5/13	5/14	5/15	6/00	7/11	7/12	7/13	7/14
Dezimal	35	64	91	92	93	94	95	96	123	124	125	126
Hexadezimal	23	40	5B	5C	5D	5E	5F	60	7B	7C	7D	7E
ASCII	#	@	[	\	]	^	_	`	{	|	}	~
Britisch	£	@	[	\	]	^	_	`	{	|	}	~
Chinesisch-Lateinisch	#	@	[	¥	]	^	_	`	{	|	}	‾
Dänisch	#	@	Æ	Ø	Å	^	_	`	æ	ø	å	~
Deutsch	#	§	Ä	Ö	Ü	^	_	`	ä	ö	ü	ß
Finnisch	#	@	Ä	Ö	Å	Ü	_	é	ä	ö	å	ü
Franko-Kanadisch	#	à	â	ç	ê	î	_	ô	é	ù	è	û
Französisch	£	à	°	ç	§	^	_	µ	é	ù	è	¨
Isländisch	#	Þ	Ð	\	Æ	Ö	_	þ	ð	|	æ	ö
Italienisch	£	§	°	ç	é	^	_	ù	à	ò	è	ì
Japanisch-Lateinisch	#	@	[	¥	]	^	_	`	{	|	}	‾
Niederländisch	£	¾	y	•	|	^	_	¨	f	•	,	
Norwegisch	§	@	Æ	Ø	Å	^	_	`	æ	ø	å	|
Portugiesisch	#	'	Ã	Ç	Õ	^	_	`	ã	ç	õ	~
Schwedisch	#	É	Ä	Ö	Å	Ü	_	é	ä	ö	å	ü
Schweizerisch	ù	à	é	ç	ê	î	è	ô	ä	ö	ü	û
Spanisch	£	§	¡	Ñ	¿	^	_	`	°	ñ	ç	~
Ungarisch	#	Á	É	Ö	Ü	^	_	`	ú	é	ö	ü	˝

Tabelle VIII-3   Nationale 7-Bit-Zeichensätze, Unterschiede zu ASCII

Tabelle VIII-3 zeigt die 7-Bit-Zeichensätze, die C-Kermit benutzt. Diese Sätze sind identisch mit ASCII (Tabelle VIII-1), außer an den in dieser Tabelle gezeigten Stellen. ASCII ist der US-amerikanische Standard ANSI X3.4-1986, der mit der Internationalen Referenzversion von ISO 646 identisch ist. Die nationalen Fassungen von ISO 646, die im Internationalen

Register codierter Zeichensätze der ISO registriert wurden, sind Britisch, Deutsch, Französisch, Italienisch, Japanisch-Lateinisch, Norwegisch, Portugiesisch, Schwedisch, Spanisch und Ungarisch. Die anderen stammen aus den technischen Handbüchern der DEC-VT-Terminals und aus anderen Quellen. Der isländische 7-Bit-Zeichensatz, der nur noch selten benutzt wird, enthält auch Zwei-Byte-Sequenzen für Vokale mit Akut, die in dieser Tabelle nicht aufgeführt sind. Die Zeichensätze Chinesisch-Lateinisch, Isländisch und Japanisch-Lateinisch werden von C-Kermit nicht benutzt.

Westeuropäische Zeichensätze

Tabelle VIII-4 zeigt die grafischen Zeichen der rechten Hälfte des Alphabets ISO 8859-1 Lateinisch 1, das sowohl als Übertragungszeichensatz als auch als Dateizeichensatz von C-Kermit unterstützt wird, zusammen mit den Code-Werten in Lateinisch-1, im Multinationalen Zeichensatz (MCS) von DEC, im Internationalen Zeichensatz von Data General (DGI), in Kermits Erweitertem Lateinischen Zeichensatz für den Macintosh (MAC), im Zeichensatz der NeXT-Workstations und in den PC-Codeseiten 437 und 850. Zeichen, die in der MAC-Spalte kursiv gesetzt sind, weichen von der US-Version des Apple-Quickdraw-Zeichensatzes ab. Zeichen, die nicht in Lateinisch-1 vorkommen, können von Kermit nicht übersetzt werden.

Zeichen	Name	Latein.-1 Dez Hex	MCS Dez Hex	DGI Dez Hex	MAC Dez Hex	NeXT Dez Hex	CP437 Dez Hex	CP850 Dez Hex
	Fester Zwischenraum	160 A0	160 A0	160 A0	202 CA	128 80	255 FF	255 FF
¡	Umgekehrtes Ausrufezeichen	161 A1	161 A1	171 AB	193 C1	161 A1	173 AD	173 AD
¢	Cent-Zeichen	162 A2	162 A2	167 A7	162 A2	162 A2	155 9B	189 BD
£	Pfund-Zeichen	163 A3	163 A3	168 A8	163 A3	163 A3	156 9C	156 9C
¤	Währungszeichen	164 A4		168 A8	166 A6	219 DB	168 A8	207 CF
¥	Yen-Zeichen	165 A5	165 A5	181 B5	180 B4	165 A5	157 9D	190 BE
¦	Durchbrochener senkrechter Strich	166 A6		201 C9	181 B5			221 DD
§	Paragraphenzeichen	167 A7	167 A7	187 BB	164 A4	167 A7	021 15	021 15
¨	Trema	168 A8		189 BD	172 AC	200 C8		249 F9
©	Copyrightzeichen	169 A9	169 A9	173 AD	169 A9	160 A0		184 B8
ª	Weibliche Ordinalendung	170 AA	170 AA	170 AA	187 BB	227 E3	166 A6	166 A6
«	Linke spitze Anführungszeichen	171 AB	171 AB	176 B0	199 C7	171 AB	174 AE	174 AE
¬	Negationszeichen	172 AC			161 A1	194 C2	190 BE	170 AA	170 AA
-	Weicher Bindestrich	173 AD	173 AD		208 D0		240 F0	
®	Registriertes Warenzeichen	174 AE		174 AE	168 A8	176 B0		169 A9
¯	Überstrich	175 AF			248 F8	197 C5		238 EE
°	Gradzeichen, Kringel	176 B0	176 B0	188 BC	161 A1	248 F8		248 F8
±	Plus-Minus-Zeichen	177 B1	177 B1	182 B6	177 B1	209 D1	241 F1	241 F1

Westeuropäische Zeichensätze

Zeichen	Name	Latein.-1 Dez Hex	MCS Dez Hex	DGI Dez Hex	MAC Dez Hex	NeXT Dez Hex	CP437 Dez Hex	CP850 Dez Hex
²	Hochgestellte Zwei	178 B2	178 B2	164 A4	*170 AA*	201 C9	253 FD	253 FD
³	Hochgestellte Drei	179 B3	179 B3	165 A5	*173 AD*	204 CC		252 FC
´	Akut	180 B4	180 B4	190 BE	171 AB	194 C2		239 EF
µ	my (Mikro-Zeichen)	181 B5	181 B5	163 A3	181 B5	157 9D	230 E6	230 E6
¶	Schweineöhrchen	182 B6	182 B6	178 B2	166 A6	182 B6	020 14	244 F4
·	Punkt in der Zeilenmitte	183 B7	183 B7	185 B9	165 A5	180 B4	250 FA	250 FA
¸	Cedille	184 B8	184 B8		252 FC	184 B8		247 F7
¹	Hochgestellte Eins	185 B9	185 B9		*176 B0*	192 C0		251 FB
º	Männliche Ordinalendung	186 BA	186 BA	169 A9	188 BC	235 EB	167 A7	167 A7
»	Rechte spitze Anführungszeichen	187 BB	187 BB	177 B1	200 C8	187 BB	175 AF	175 AF
¼	Ein Viertel	188 BC	188 BC		*178 B2*	210 D2	172 AC	172 AC
½	Ein Halb	189 BD	189 BD	162 A2	*179 B3*	211 D3	171 AB	171 AB
¾	Drei Viertel	190 BE			*186 BA*	212 D4		243 F3
¿	Umgekehrtes Fragezeichen	191 BF	191 BF	172 AC	192 C0	191 BF	168 A8	168 A8
À	A Gravis	192 C0	192 C0	193 C1	203 CB	129 81		183 B7
Á	A Akut	193 C1	193 C1	192 C0	231 E7	130 82		181 B5
Â	A Zirkumflex	194 C2	194 C2	194 C2	229 E5	131 83		182 B6
Ã	A Tilde	195 C3	195 C3	196 C4	204 CC	132 84		199 C7
Ä	AE-Umlaut	196 C4	196 C4	195 C3	128 80	133 85	142 8E	142 8E
Å	A Kringel	197 C5	197 C5	197 C5	129 81	134 86	143 8F	143 8F
Æ	AE-Ligatur	198 C6	198 C6	198 C6	174 AE	225 E1	146 92	146 92
Ç	C Cedille	199 C7	199 C7	199 C7	130 82	135 87	128 80	128 80
È	E Gravis	200 C8	200 C8	201 C9	233 E9	136 88		212 D4
É	E Akut	201 C9	201 C9	200 C8	131 83	137 89	144 90	144 90
Ê	E Zirkumflex	202 CA	202 CA	202 CA	230 E6	138 8A		210 D2
Ë	E Trema	203 CB	203 CB	203 CB	232 E8	139 8B		211 D3
Ì	I Gravis	204 CC	204 CC	205 CD	237 ED	140 8C		222 DE
Í	I Akut	205 CD	205 CD	204 CC	234 EA	141 8D		214 D6
Î	I Zirkumflex	206 CE	206 CE	206 CE	235 EB	142 8E		215 D7
Ï	I Trema	207 CF	207 CF	207 CF	236 EC	143 8F		216 D8
Ð	Isländisches Eth	208 D0			*220 DC*	144 90		209 D1
Ñ	N Tilde	209 D1	209 D1	208 D0	132 84	145 91	165 A5	165 A5
Ò	O Gravis	210 D2	210 D2	210 D2	241 F1	146 92		277 E3
Ó	O Akut	211 D3	211 D3	209 D1	238 EE	147 93		224 E0
Ô	O Zirkumflex	212 D4	212 D4	211 D3	239 EF	148 94		226 E2
Õ	O Tilde	213 D5	213 D5	213 D5	205 CD	149 95		229 E5
Ö	OE-Umlaut	214 D6	214 D6	212 D4	133 85	150 96	153 99	153 99
×	Multiplikationszeichen	215 D7			*165 A5*	158 9E		158 9E
Ø	O mit Schrägstrich	216 D8	216 D8	214 D6	175 AF	233 E9		157 9D
Ù	U Gravis	217 D9	217 D9	217 D9	244 F4	151 97		235 EB
Ú	U Akut	218 DA	218 DA	216 D8	242 F2	152 98		233 E9
Û	U Zirkumflex	219 DB	219 DB	218 DA	243 F3	153 99		234 EA
Ü	UE-Umlaut	220 DC	220 DC	219 DB	134 86	154 9A	154 9A	154 9A
Ý	Y Akut	221 DD	221 DD		*160 A0*	155 9B		237 ED
Þ	Isländisches Thorn	222 DE			*222 DE*	156 9C		231 E7

Zeichen	Name	Latein.-1 Dez Hex	MCS Dez Hex	DGI Dez Hex	MAC Dez Hex	NeXT Dez Hex	CP437 Dez Hex	CP850 Dez Hex
ß	Scharfes s	223 DF	223 DF	252 FC	167 A7	251 FB	225 E1	225 E1
à	a Gravis	224 E0	224 E0	225 E1	136 88	213 D5	133 85	133 85
á	a Akut	225 E1	225 E1	224 E0	135 87	214 D6	160 A0	160 A0
â	a Zirkumflex	226 E2	226 E2	226 E2	137 89	215 D7	131 83	131 83
ã	a Tilde	227 E3	227 E3	228 E4	139 8B	216 D8		198 C6
ä	ae-Umlaut	228 E4	228 E4	227 E3	138 8A	217 D9	132 84	132 84
å	a Kringel	229 E5	229 E5	229 E5	140 8C	218 DA	134 86	134 86
æ	ae-Ligatur	230 E6	230 E6	230 E6	190 BE	241 F1	145 91	145 91
ç	c Cedille	231 E7	231 E7	231 E7	141 8D	219 DB	135 87	135 87
è	e Gravis	232 E8	232 E8	233 E9	143 8F	220 DC	138 8A	138 8A
é	e Akut	233 E9	233 E9	232 E8	142 8E	221 DD	130 82	130 82
ê	e Zirkumflex	234 EA	234 EA	234 EA	144 90	222 DE	136 88	136 88
e	e Trema	235 EB	235 EB	235 EB	145 91	223 DF	137 89	137 89
ì	i Gravis	236 EC	236 EC	237 ED	147 93	224 E0	141 8D	141 8D
í	i Akut	237 ED	237 ED	236 EC	146 92	226 E2	161 A1	161 A1
î	i Zirkumflex	238 EE	238 EE	238 EE	148 94	228 E4	140 8C	140 8C
ï	i Trema	239 EF	239 EF	239 EF	149 95	229 E5	139 8B	139 8B
ð	Isländisches eth	240 F0			221 DD	230 E6		208 D0
ñ	n Tilde	241 F1	241 F1	240 F0	150 96	231 E7	164 A4	164 A4
ò	o Gravis	242 F2	242 F2	242 F2	152 98	236 EC	149 95	149 95
ó	o Akut	243 F3	243 F3	241 F1	151 97	237 ED	162 A2	162 A2
ô	o Zirkumflex	244 F4	244 F4	243 F3	153 99	238 EE	147 93	147 93
õ	o Tilde	245 F5	245 F5	245 F5	155 9B	239 EF		228 E4
ö	oe-Umlaut	246 F6	246 F6	244 F4	154 9A	240 F0	148 94	148 94
÷	Divisionszeichen	247 F7			214 D6	159 9F	246 F6	246 F6
ø	o mit Schrägstrich	248 F8	248 F8	246 F6	191 BF	249 F9		155 9B
ù	u Gravis	249 F9	249 F9	249 F9	157 9D	242 F2	151 97	151 97
ú	u Akut	250 FA	250 FA	248 F8	156 9C	243 F3	163 A3	163 A3
û	u Zirkumflex	251 FB	251 FB	250 FA	158 9E	244 F4	150 96	150 96
ü	ue-Umlaut	252 FC	252 FC	251 FB	159 9F	246 F6	129 81	129 81
ý	y Akut	253 FD			224 E0	247 F7		236 EC
þ	Isländisches thorn	254 FE			223 DF	252 FC		231 E7
ÿ	y Trema	255 FF	255 FF	253 FD	216 D8	253 FD	152 98	152 98
ı	i ohne Punkt				245 F5	245 F5		213 D5
Ł	L Strich (halbvokalisch)		195 C3		195 C3	232 E8		
ł	l Strich (halbvokalisch)		212 D4		212 D4	248 F8		
Œ	OE-Ligatur		215 D7	215 D7	206 CE	234 EA		
œ	oe-Ligatur		247 F7	247 F7	207 CF	250 FA		
Ÿ	Y Trema		221 DD	221 DD	216 D8			
ƒ	Guldenzeichen			180 B4	196 C4	166 A6	159 9F	159 9F

Tabelle VIII-4   *Westeuropäische Zeichensätze*

Osteuropäische Zeichensätze

Tabelle VIII-5 zeigt die grafischen Zeichen der rechten Hälfte des Alphabets ISO 8859-2 Lateinisch 2 für osteuropäische Sprachen, das sowohl als Übertragungszeichensatz als auch als Dateizeichensatz von C-Kermit unterstützt wird, zusammen mit den Code-Werten in Lateinisch-2 und in der PC-Codeseite 852.

Zeichen	Name	Lat.-2 Dez Hex	CP852 Dez Hex	Zeichen	Name	Lat.-2 Dez Hex	CP852 Dez Hex
	Fester Zwischenraum	160 A0	255 FF	Ä	A Trema	196 C4	142 8E
Ą	A Ogonek	161 A1	164 A4	Ĺ	L Akut	197 C5	145 91
˘	Brevis	162 A2	244 F4	Ć	C Akut	198 C6	143 8F
Ł	halbvokalisches L	163 A3	157 9D	Ç	C Cedille	199 C7	128 80
¤	Währungszeichen	164 A4	207 CF	Č	C Háček	200 C8	172 AC
Ľ	L Háček	165 A5	149 95	É	E Akut	201 C9	144 90
Ś	S Akut	166 A6	151 97	Ę	E Ogonek	202 CA	168 A8
§	Paragraphenzeichen	167 A7	245 F5	Ë	E Trema	203 CB	211 D3
¨	Trema	168 A8	249 F9	Ě	E Háček	204 CC	183 B7
Š	S Háček	169 A9	230 E6	Í	I Akut	205 CD	214 D6
Ş	S Cedille	170 AA	184 B8	Î	I Zirkumflex	206 CE	215 D7
Ť	T Háček	171 AB	155 9B	Ď	D Háček	207 CF	210 D2
Ź	Z Akut	172 AC	141 8D	Đ	D Strich	208 D0	209 D1
-	Weicher Bindestrich	173 AD	170 AA	ń	N Akut	209 D1	227 E3
Ž	Z Háček	174 AE	166 A6	ň	N Háček	210 D2	213 D5
Ż	Z Punkt	175 AF	189 BD	ó	O Akut	211 D3	224 E0
°	Gradzeichen, Kroušek	176 B0	248 F8	ô	O Zirkumflex	212 D4	226 E2
ą	a Ogonek	177 B1	165 A5	Ő	O mit doppeltem Akut	213 D5	138 8A
˛	Ogonek	178 B2	242 F2	Ö	O Trema	214 D6	153 99
ł	halbvokalisches l	179 B3	136 88	×	Multiplikationszeichen	215 D7	158 9E
´	Akut	180 B4	239 EF	Ř	R Háček	216 D8	252 FC
ľ	l Háček	181 B5	150 96	Ů	U Kroušek	217 D9	222 DE
ś	s Akut	182 B6	152 98	Ú	U Akut	218 DA	233 E9
ˇ	Caron	183 B7	243 F3	Ű	U mit doppeltem Akut	219 DB	235 EB
¸	Cedilla	184 B8	247 F7	Ü	U Trema	220 DC	154 9A
š	s Háček	185 B9	231 E7	Ý	Y Akut	221 DD	237 ED
ş	s Cedille	186 BA	173 AD	Ţ	T Cedille	222 DE	221 DD
ť	t Háček	187 BB	156 9C	ß	Scharfes s	223 DF	225 E1
ź	z Akut	188 BC	171 AB	ŕ	r Akut	224 E0	234 EA
˝	Doppelter Akut	189 BD	241 F1	á	a Akut	225 E1	160 A0
ž	z Háček	190 BE	167 A7	â	a Zirkumflex	226 E2	131 83
ż	z Punkt	191 BF	190 BE	ă	a Brevis	227 E3	199 C7
Ŕ	R Akut	192 C0	232 E8	ä	a Trema	228 E4	132 84
Á	A Akut	193 C1	181 B5	í	l Akut	229 E5	146 92
Â	A Zirkumflex	194 C2	182 B6	ć	c Akut	230 E6	134 86
Ă	A Brevis	195 C3	198 C6	ç	c Cedille	231 E7	135 87

Zeichen		Lat.-2	CP852	Zeichen		Lat.-2	CP852
	Name	Dez Hex	Dez Hex		Name	Dez Hex	Dez Hex
č	c Háček	232 E8	159 9F	ô	o Zirkumflex	244 F4	147 93
é	e Akut	233 E9	130 82	ő	o mit doppeltem Akut	245 F5	139 8B
ę	e Ogonek	234 EA	169 A9	ö	o Trema	246 F6	148 94
ë	e Trema	235 EB	137 89	÷	Divisionszeichen	247 F7	246 F6
ě	e Háček	236 EC	216 D8	ř	r Háček	248 F8	253 FD
í	i Akut	237 ED	161 A1	ů	u Kroušek	249 F9	133 85
î	i Zirkumflex	238 EE	140 8C	ú	u Akut	250 FA	163 A3
ď	d Háček	239 EF	212 D4	ű	u mit doppeltem Akut	251 FB	251 FB
đ	d Strich	240 F0	208 D0	ü	u Trema	252 FC	129 81
ń	n Akut	241 F1	228 E4	ý	y Akut	253 FD	236 EC
ň	n Háček	242 F2	229 E5	ţ	t Cedille	254 FE	238 EE
ó	o Akut	243 F3	162 A2	˙	Punkt oben	255 FF	250 FA

Tabelle VIII-5   *Osteuropäische Zeichensätze*

Kyrillische Zeichensätze

Tabelle VIII-6 zeigt die grafischen Zeichen der rechten Hälfte des Alphabets ISO 8859-5 Lateinisch/Kyrillisch (auch unter dem Namen ECMA-113 bekannt), Microsoft-Codeseite 866, Altes KOI-8 und die Kurz-KOI-Äquivalente, die benutzt werden, um russische Wörter auf ASCII-Geräten darzustellen, indem kyrillische Buchstaben als kleine ASCII-Buchstaben und lateinische Buchstaben als große ASCII-Buchstaben dargestellt werden; zum Beispiel wird Протокол Передачи Файлов **Kermit** als `protokol pereda~i fajlow KERMIT` geschrieben.

Die Zeichennamen sind Übersetzungen aus dem ISO-Standard 8859-5, aber so modifiziert, daß Groß- und Kleinschreibung durch die Typographie statt in jedem Fall durch den Zusatz „groß" oder „klein" kenntlich gemacht sind. Unseligerweise benutzt der ISO-Standard für zwei verschiedene Buchstaben denselben Namen: Das kyrillische I (1) sieht aus wie ein spiegelschriftliches lateinisches *N*, das kyrillische I (2) sieht aus wie der lateinische Buchstabe *l*.

Der Codeseite 866 und dem KOI-Zeichensatz fehlen die makedonischen und die serbokroatischen Buchstaben sowie einer der ukrainischen Buchstaben, die in ISO 8859-5 alle enthalten sind. Die CP866-Zeichen B0 bis DF (hexadezimal) sind identisch mit den Linien- und Blockgrafikzeichen der IBM-Codeseite 437. Die 8-Bit-Zeichensätze ISO, KOI-8 und CP866 enthalten alle ISO 646 IRV (ASCII) in den ersten 128 Positionen (außer daß $ in KOI-8 durch ¤ ersetzt worden ist).

Kyrillische Zeichensätze

Zeichen	Name	ISO Dez	Hex	CP866 Dez	Hex	KOI-8 Dez	Hex	Kurz-KOI
А	Kyrillisches A	176	B0	128	80	225	E1	a
а	Kyrillisches a	208	D0	160	A0	193	C1	a
Б	Kyrillisches Be	177	B1	129	81	226	E2	b
б	Kyrillisches be	209	D1	161	A1	194	C2	b
В	Kyrillisches We	178	B2	130	82	247	F7	w
в	Kyrillisches we	210	D2	162	A2	215	D7	w
Г	Kyrillisches Ge	179	B3	131	83	231	E7	g
г	Kyrillisches ge	211	D3	163	A3	199	C7	g
Д	Kyrillisches De	180	B4	132	84	228	E4	d
д	Kyrillisches de	212	D4	164	A4	196	C4	d
Е	Kyrillisches E	181	B5	133	85	229	E5	e
е	Kyrillisches e	213	D5	165	A5	197	C5	e
Ё	Kyrillisches Jo	161	A1	240	F0			e
ё	Kyrillisches jo	241	F1	241	F1			e
Ж	Kyrillisches Sch (stimmhaft)	182	B6	134	86	246	F6	v
ж	Kyrillisches sch (stimmhaft)	214	D6	166	A6	214	D6	v
З	Kyrillisches Se (stimmhaft)	183	B7	135	87	250	FA	z
з	Kyrillisches se (stimmhaft)	215	D7	167	A7	218	DA	z
И	Kyrillisches I (1)	184	B8	136	88	233	E9	i
и	Kyrillisches i (1)	216	D8	168	A8	201	C9	i
Й	Kyrillisches kurzes I	185	B9	137	89	234	EA	j
й	Kyrillisches kurzes i	217	D9	169	A9	202	CA	j
К	Kyrillisches Ka	186	BA	138	8A	235	EB	k
к	Kyrillisches ka	218	DA	170	AA	203	CB	k
Л	Kyrillisches El	187	BB	139	8B	236	EC	l
л	Kyrillisches el	219	DB	171	AB	204	CC	l
М	Kyrillisches Em	188	BC	140	8C	237	ED	m
м	Kyrillisches em	220	DC	172	AC	205	CD	m
Н	Kyrillisches En	189	BD	141	8D	238	EE	n
н	Kyrillisches en	221	DD	173	AD	206	CE	n
О	Kyrillisches O	190	BE	142	8E	239	EF	o
о	Kyrillisches o	222	DE	174	AE	207	CF	o
П	Kyrillisches Pe	191	BF	143	8F	240	F0	p
п	Kyrillisches pe	223	DF	175	AF	208	D0	p
Р	Kyrillisches Er	192	C0	144	90	242	F2	r
р	Kyrillisches er	224	E0	224	E0	210	D2	r
С	Kyrillisches Es	193	C1	145	91	243	F3	s
с	Kyrillisches es	225	E1	225	E1	211	D3	s
Т	Kyrillisches Te	194	C2	146	92	244	F4	t
т	Kyrillisches te	226	E2	226	E2	212	D4	t
У	Kyrillisches U	195	C3	147	93	245	F5	u
у	Kyrillisches u	227	E3	227	E3	213	D5	y
Ф	Kyrillisches Ef	196	C4	148	94	230	E6	f
ф	Kyrillisches ef	228	E4	228	E4	198	C6	f
Х	Kyrillisches Cha	197	C5	149	95	232	E8	h

Zeichen	Name	ISO		CP866		KOI-8		Kurz-KOI
		Dez	Hex	Dez	Hex	Dez	Hex	
х	Kyrillisches cha	229	E5	229	E5	200	C8	h
Ц	Kyrillisches Ze	198	C6	150	96	227	E3	c
ц	Kyrillisches ze	230	E6	230	E6	195	C3	c
Ч	Kyrillisches Tsche	199	C7	151	97	254	FE	~
ч	Kyrillisches tsche	231	E7	231	E7	222	DE	~
Ш	Kyrillisches Scha	200	C8	152	98	251	FB	{
ш	Kyrillisches scha	232	E8	232	E8	219	DB	{
Щ	Kyrillisches Schtscha	201	C9	153	99	253	FD	}
щ	Kyrillisches schtscha	233	E9	233	E9	221	DD	}
Ъ	Kyrillisches Hartes Zeichen	202	CA	154	9A			
ъ	Kyrillisches hartes Zeichen	234	EA	234	EA	207	CF	
Ы	Kyrillisches Y	203	CB	155	9B	249	F9	y
ы	Kyrillisches y	235	EB	235	EB	217	D9	y
Ь	Kyrillisches Weiches Zeichen	204	CC	156	9C	248	F8	x
ь	Kyrillisches weiches Zeichen	236	EC	236	EC	216	D8	x
Э	Kyrillisches E (offen)	205	CD	157	9D	252	FC	|
э	Kyrillisches e (offen)	237	ED	237	ED	220	DC	|
Ю	Kyrillisches Ju	206	CE	158	9E	224	E0	@
ю	Kyrillisches ju	238	EE	238	EE	192	C0	@
Я	Kyrillisches Ja	207	CF	159	9F	241	F1	q
я	Kyrillisches ja	239	EF	239	EF	209	D1	q
Џ	Kyrillisches Dse	175	AF					
џ	Kyrillisches dse	255	FF					
I	Kyrillisches I (2)	166	A6					
i	Kyrillisches i (2)	246	F6					
J	Kyrillisches Je	168	A8	244	F4			
j	Kyrillisches je	248	F8	245	F5			
Љ	Kyrillisches Lje	169	A9					
љ	Kyrillisches lje	249	F9					
Њ	Kyrillisches Nje	170	AA					
њ	Kyrillisches nje	250	FA					
Ў	Weißrussisches kurzes U	174	AE	246	F6			
ў	Weßrussisches kurzes u	254	FE	247	F7			
S	Makedonisches Dse	165	A5					
s	Makedonisches dse	245	F5					
Ѓ	Makedonisches Gje	163	A3					
ѓ	Makedonisches gje	243	F3					
Ќ	Makedonisches Kje	172	AC					
ќ	Makedonisches kje	252	FC					
Ђ	Serbokroatisches Dje	162	A2					
ђ	Serbokroatisches dje	242	F2					
Ћ	Serbokroatisches Tschje	171	AB					
ћ	Serbokroatisches tschje	251	FB					
Є	Ukrainisches Je	164	A4	242	F2			
є	Ukrainisches je	244	F4	243	F3			

Zeichen	Name	ISO		CP866		KOI-8		Kurz-KOI
		Dez	*Hex*	*Dez*	*Hex*	*Dez*	*Hex*	
Ï	Ukrainisches Ji	167	A7					
ï	Ukrainisches ji	247	F7					
	Fester Zwischenraum	160	A0	255	FF			
№	Nummernzeichen	240	F0	252	FC			
§	Paragraphenzeichen	253	FD					
-	Weicher Bindestrich	173	AD					

Tabelle VIII-6   *Kyrillische Zeichensätze*

Anhang IX
Skript zur DOS/UNIX-Dateiumwandlung

Dieser Anhang enthält ein UNIX-Bourne-Shellskript, das Dateien und Dateinamen im MS-DOS-Format in das Unix-Format umwandelt. Es wird angenommen, daß die Dateien im DOS-Format in einem Verzeichnis stehen und ein weiteres, leeres Verzeichnis für die umgewandelten Dateien angelegt worden ist. Geben Sie dieses Skript in einen UNIX-Editor ein, speichern Sie es als `convert.sh` ab, und machen Sie es dann ausführbar mit dem Befehl:

$ chmod +x convert.sh

Dann lassen Sie es ablaufen, wobei Sie Quell- und Zielverzeichnis auf der Befehlszeile angeben (ohne Schrägstriche am Ende), zum Beispiel:

$ ./convert.sh /usr/ich/doskermit /usr/ich/kermit

Die Umwandlungsprozedur versorgt Sie mit einer Chronik der laufenden Ereignisse und gibt die Meldung `Fertig.` aus, wenn sie beendet ist.

```
#!/bin/sh
if [ $# -lt 2 ]; then
   echo "Aufruf: $0 Quellverzeichnis Zielverzeichnis"
   exit 1
fi
cd $1
echo "Wandle Dateien von $1 nach $2 um"
for i in *; do
   j=`echo $i | tr 'A-Z' 'a-z'`
   echo $1/$i =\> $2/$j
   tr -d '\015\032' < $i > $2/$j
done
echo Fertig.
```

Anhang X
Hexifizierungs-Programme

Die C-Programme `hex.c` und `unhex.c` wandeln 8-Bit-Binärdateien und einfache Hex-Dateien, in denen jedes Paar von Hexadezimalziffern einem einzelnen 8-Bit-Byte entspricht, ineinander um.

Das Programm `hex` übersetzt den Standard-Eingabe-Kanal (stdin) in hexadezimale Notation und schreibt das Ergebnis auf den Standard-Ausgabe-Kanal (stdout). Der Aufruf unter UNIX oder MS-DOS sieht wie folgt aus:

$ <u>hex < Binärdatei > Hexdatei</u>

```
#include <stdio.h>              /* Wg. EOF-Symbol                       */
#ifdef MSDOS
#include <fcntl.h>               /* Wg. MS-DOS-Symbol O_BINARY          */
#endif

unsigned int c; int count = 0; char a, b;
char h[16] = {
 '0','1','2','3','4','5','6','7','8','9','A','B','C','D','E','F' };

main() {
#ifdef MSDOS
    setmode(fileno(stdin),O_BINARY);   /* Verhindere DOS-Umsetzungen   */
#endif
    while ((c = getchar()) != EOF) {   /* Für jedes Dateizeichen       */
        b = c & 0xF;                   /* Hole untere 4 Bits...        */
        a = (c >> 4) & 0xF;            /* und obere 4 Bits             */
        putchar(h[a]);                 /* Hexifizieren und ausgeben    */
        putchar(h[b]);
        if (++count == 36) {           /* 72 Zeichen je Zeile          */
            putchar('\n'); count = 0;
        }
    }
    putchar('\n');                     /* Beende letzte Zeile          */
}
```

Das Programm unhex übersetzt eine Hex-Datei zurück in das originale Binärformat. Der Aufruf unter UNIX oder MS-DOS sieht hier so aus:

$ <u>unhex < Hexdatei > Binärdatei</u>

```
#include <stdio.h>          /* Wg. EOF-Symbol                          */
#ifdef MSDOS
#include <fcntl.h>           /* Wg. MS-DOS-Symbol O_BINARY              */
#endif

unsigned char a, b;          /* Obere und untere Hälfte eines Bytes     */
unsigned int c;              /* Hier wird hinein ueberzetzt             */
unsigned char decode();      /* Funktion zum Decodieren                 */

main() {
#ifdef MSDOS
    setmode(fileno(stdout),O_BINARY);  /* Verhindere DOS-Umsetzungen   */
#endif
    while ((c = getchar()) != EOF) {   /* Lies erste Hex-Ziffer        */
        a = c;                         /* Setze in Buchstaben um        */
        if (a == '\n' || a == '\r') {  /* Ignoriere Zeilenenden         */
            continue;
        }
        if ((c = getchar()) == EOF) {  /* Lies zweite Hex-Ziffer        */
            fprintf(stderr,"Datei endet vorzeitig\n");
            exit(1);
        }
        b = c;                         /* Setze in Buchstaben um        */
        putchar( ((decode(a) * 16) & 0xF0) + (decode(b) & 0xF) );
    }
    exit(0);                           /* Fertig                        */
}

/* Funktion zum Decodieren einer Hex-Ziffer                             */
unsigned char
decode(x) char x; {
    if (x >= '0' && x <= '9')          /* 0-9: um hex 30 verschoben     */
        return (x - 0x30);
    else if (x >= 'A' && x <= 'F')     /* A-F: um hex 37 verschoben     */
        return(x - 0x37);
    else {                             /* alle anderen sind illegal     */
        fprintf(stderr,"\nEingabe ist nicht in gueltigem Hex-Format\n");
        exit(1);
    }
}
```

Anhang XI
Shift-In/Shift-Out-Filter

Sie können das Programm `so.c` benutzen, wenn Sie eine 8-Bit-Textdatei auf dem Bildschirm darstellen wollen, Ihre Kermit-Verbindung zum Wirtsrechner jedoch über einen 7-Bit-Kommunikationskanal geht. Aufruf-Beispiele:

```
$ so < deutsch.txt
$ kermit -z | so
```

```c
#include <stdio.h>              /* Standard-I/O-Library             */
main() {                        /* Hauptprogramm                    */
    int x = 0, shift = 0;       /* Deklarationen                    */
    unsigned char c;

    while ((x = getchar()) != EOF) {   /* Lies ein Zeichen          */
        c = x;                         /* Konvertiere int nach char */
        if (c > 127) {                 /* 8-Bit-Zeichen             */
            if (shift == 0) {          /* Schon geshifted?          */
                putchar('\16');        /* Nein, dann gib SO (^N) aus */
                shift = 1;             /* Dran denken               */
            }
        } else {                       /* 7-Bit-Zeichen             */
            if (shift == 1) {          /* Geshifted?                */
                putchar('\17');        /* Ja, also zurueck mit SI (^O) */
                shift = 0;             /* Dran denken               */
            }
        }
        putchar(c & 0x7F);             /* Untere 7 Bits ausgeben    */
    }
    putchar('\17');                    /* Auf jeden Fall am Ende normal */
}
```

Anhang XII
Abkürzungen, Verzeichnisse und Anmerkungen

Abkürzungen und Akronyme

3270 Ein Typus von Terminals mit Block-Modus-Betrieb für Großrechner der Serie IBM 370.

ACK Bestätigung (*ack*nowledgement).

ACL Zugriffs-Steuerungs-Liste (*Access Control List*), eine Eigenschaft in den Dateisystemen von VMS, OpenVMS und AOS/VS.

ACS Asynchroner Kommunikations-Server (*Asynchronous Communication Server*). Ein Gerät in einem PC-Netzwerk, das einen oder mehrere serielle Ausgänge hat, die für alle PCs in dem Netzwerk zugänglich sind.

ACU Automatische Anruf-Einheit (*Automatic Calling Unit*). Ein Modem, das einen Wähler enthält.

Alt Auf entsprechend ausgerüsteten Tastaturen die Taste, die man gedrückt hält, während man eine andere Taste drückt, und so ein „Alternativ-Zeichen" erzeugt. Zum Beispiel erzeugt man Alt-X, indem man bei gedrückter Alt-Taste X drückt.

ANSI Das amerikanische Normierungs-Institut (*American National Standards Institute*), das solche Normen wie ASCII formuliert.

AOS/VS *Advanced Operating System/Virtual System*, das Betriebssystem für Rechner der General Eclipse MV-Serie.

ARQ Anforderung für Automatische Wiederholung/Neuübertragung (*Automatic Repeat/Retransmission Request*). Mit Bezug auf Kommunikationsprotokolle, in denen die Neuübertragung beschädigter Nachrichten angefordert werden kann.

Abkürzungen und Akronyme   **525**

ASCII	Amerikanischer Standard-Code für Informationsaustausch (*American Standard Code for Information Interchange*) nach ANSI X3.4-1986. Ein 128-Zeichen-Code, der allgemein von Computern benutzt benutzt wird, um Zeichendaten darzustellen und zu übertragen, und bei dem jedes Zeichen einer Zahl zwischen 0 und 127 entspricht. Siehe Tabelle VIII-1.
AXP	Die 64-Bit-Rechnerarchitektur der Digital Equipment Corporation; auch Alpha genannt.
BBS	Elektronisches Schwarzes Brett (*Bulletin Board System*). Ein Computer-Dienst zum Einwählen, der es ermöglicht, Nachrichten mit anderen Benutzern des gleichen BBS auszutauschen, Informationen über verschiedene Themen zu lesen und Software und Dateien dort zur Verfügung zu stellen (*Upload*) oder von dort zum lokalen Rechner zu kopieren (*Download*).
bps	*B*its *p*ro *S*ekunde (Übertragungsgeschwindigkeit).
C	Die Programmiersprache, die auf UNIX-Systemen bevorzugt verwendet wird und in der C-Kermit geschrieben ist.
C0	(C Null) Ein Satz von 32 7-Bit-Steuerzeichen.
C1	(C Eins) Ein Satz von 32 8-Bit-Steuerzeichen.
CB	Lizenzfrei erlaubter lokaler Sprechfunk (*Citizens Band*).
CCITT	Das Internationale Beratungskomitee für Telegrafie und Telefonie (*Comitée Consultatif International de Télégraphie et Téléphonie*) der Internationalen Telekommunikations-Union (UIT, *Union Internationale de Télécommunication*), das Normen als sogenannte Empfehlungen herausgibt, z. B. die CCITT-Empfehlungen V.24, X.25.
CD	Trägerempfang (*Carrier Detect*). Das von einem Modem gesendete Signal, das anzeigt, daß es mit einem anderen Modem verbunden ist. Gelegentlich auch Datenträgerempfang (*Data Carrier Detect*, DCD) oder Leitungssignal-Empfangsanzeiger (*Receive Line Signal Indicator*, RLSI) genannt.
cd	Wechsle Verzeichnis (*Change Directory*). Der unter UNIX, MS-DOS, OS/2 und einigen anderen Betriebssystemen übliche Befehl zum Wechseln des aktuellen (oder Standard-)Verzeichnisses.
CECP	Landeserweiterte Codeseite (*Country Extended Code Page*). Ein EBCDIC-basierter nationaler oder internationaler Zeichensatz, der auf IBM-Großrechnern benutzt wird.
CK	Dateinamen-Vorsatz für **C-K**ermit-Dateien.
CLI	Befehlszeilen-Interpreter (*Command Line Interpreter*) für AOS/VS und Commodore Amiga.
CP	Codeseite (*Code Page*), ein Zeichensatz zur Benutzung auf PCs oder IBM-Großrechnern.

CPS	Zeichen pro Sekunde (*Characters per second*), entspricht normalerweise 10 bps.
CPU	Zentrale Bearbeitungseinheit (*Central Processing Unit*). Das „Gehirn" eines Rechners.
CR	„Wagenrücklauf", *Carriage Return* (ASCII-Zeichen 13, Strg-M).
CRC	Zyklische Redundanzprüfung (*Cyclic Redundancy Check*), eine Fehlerprüfungstechnik.
CRLF	„Wagenrücklauf und Zeilenvorschub", *Carriage Return* und *Linefeed*, die Folge der ASCII-Zeichen mit den Nummern 13 und 10, die von MS-DOS, OS/2 und anderen Dateisystemen benutzt wird, um Zeilen in einer Textdatei voneinander zu trennen.
CRT	Kathodenstrahlröhre (*Cathode Ray Tube*). Bezieht sich normalerweise auf ein Bildschirm-Terminal.
csh	Die C-Shell, der mit Berkeley UNIX ausgelieferte Befehlsinterpreter.
CTERM	Das Virtuelle Terminal-Protokoll von DECnet, das von dem DECnet-Befehl SET HOST benutzt wird.
Ctrl	Steuerung (*Control*). *S*. Strg.
CTS	Frei zum Senden (*Clear To Send*). Das RS-232-Signal, das die Bereitschaft des DCE anzeigt, Daten vom DTE entgegenzunehmen.
DCC	Datenlandescode (*Data Country Code*), Teil einer X.121-Adresse.
DCE	Datenkommunikationseinrichtung (*Data Communications Equipment*), wie etwa ein Modem.
DCL	DIGITAL-Befehlssprache (*Command Language*). Ein Befehlsinterpreter und eine Sprache zum Schreiben von Befehlsprozeduren auf Rechnern der Digital Equipment Corporation.
DEC	**D**igital **E**quipment **C**orporation.
DG	**D**ata **G**eneral Corporation.
DMA	Direkter Speicherzugriff (*Direct Memory Access*).
DNIC	Datennetzwerk-Identifikationscode (*Data Network Identification Code*), Teil einer X.121-Adresse.
DOS	Platten-Betriebssystem (*Disk Operating System*). Ein Rechner-Betriebssystem, das hauptsächlich magnetische Platten für dauerhafte Speicherung verwendet. Auch als Abkürzung für MS-DOS und PC-DOS verwendet.
DSR	Datengerät bereit (*Data Set Ready*). Ein Signal von einem DCE an ein DTE, das besagt, daß das DCE angeschaltet und im Datenbetrieb ist.

DTE	Datenendeinrichtung (*Data Terminal Equipment*), wie etwa ein Rechner oder Terminal.
DTR	Datenterminal bereit (*Data Terminal Ready*). Ein Signal von einem DTE an ein DCE, das besagt, daß das DTE angeschaltet und bereit zur Kommunikation ist.
EBCDIC	Erweiterter Austauschcode für binär codierte Dezimalzahlen (*Extended Binary Coded Decimal Interchange Code*). Der 8-Bit-Zeichensatz, der auf IBM-Großrechnern benutzt wird. Es existieren viele Varianten, die in [35] beschrieben sind.
EIA	Der Verband der elektronischen Industrie (*Electronic Industries Association*), Urheber von RS-232.
EISA	**E**rweiterte **I**ndustrie-**S**tandard-**A**rchitektur, eine 32-Bit-Erweiterung zu der 16-Bit-ISA-Bus-Architektur, die vom IBM PC/AT und dazu Kompatiblen benutzt wird.
ESC	„Fluchtzeichen", *Escape*, ASCII-Zeichen 27, Strg-[.
FAT	Dateizuweisungstabelle (*File Allocation Table*). Das MS-DOS-Dateisystem, das auch von OS/2 unterstützt wird und in dem Dateinamen auf das Format 8.3 (acht Zeichen vor dem Punkt, drei danach) beschränkt sind.
G0	(G Null) Ein Satz von 94 darstellbaren („*grafischen*") Zeichen, normalerweise die darstellbaren Zeichen von ASCII bzw. ISO 646 in der Internationalen Referenz-Version.
G1	(G Eins) Ein Satz von 94 oder 96 darstellbaren Zeichen.
G2	(G Zwei) Ein Satz von 94 oder 96 darstellbaren Zeichen.
G3	(G Drei) Ein Satz von 94 oder 96 darstellbaren Zeichen.
GL	**G**rafik **L**inks. Der Satz darstellbarer Zeichen, der von einem 7-Bit-Zeichen aufgerufen wird, dessen Code im Bereich 33 bis 126 liegt, sofern gerade kein Shift-Zustand aktiv ist.
GNU	**G**NU ist **n**icht **U**NIX. Das Projekt der Free Software Foundation, frei benutzbare Software zu entwickeln, zu sammeln und zu verteilen, hauptsächlich für UNIX, mit der Zielvorstellung eines frei benutzbaren UNIX-kompatiblen Betriebssystems.
GOST	Das Normierungskomitee der früheren UdSSR.
GR	**G**rafik **R**echts. Der Satz darstellbarer Zeichen, der von einem 8-Bit-Zeichen aufgerufen wird, dessen Code im Bereich 160 bis 255 (für 96-Zeichen-Sätze) bzw. 161 bis 254 (für 94-Zeichen-Sätze) liegt, oder von einem entsprechenden 7-Bit-Zeichen bei aktivem Shift.
GUI	Grafische Benutzeroberfläche (*Graphical User Interface*).
HD	**H**ohe **D**ichte, zum Beispiel als Aufnahmeformat einer Diskette.

HPFS	Das Hochleistungs-Dateisystem (*High Performance File System*) von OS/2, das lange Dateinamen unterstützt.
IBM	International Business Machines Corporation.
I/O	Eingabe/Ausgabe (*Input/Output*).
IP	Internet-Protokoll. Das Weiterleitungsprotokoll und die Adressierungskonventionen, die im Internet benutzt werden.
IRV	Internationale Referenz-Version (von ISO 646).
ISA	Industrie-Standard-Architektur, mit Bezug auf den 16-Bit-Bus, der vom IBM PC/AT und dazu Kompatiblen benutzt wird.
ISO	Internationale Standardisierungs-Organisation. Ein freiwilliger Zusammenschluß nationaler Standardisierungs-Organisationen, der Normen für eine Reihe von Gebieten herausgibt, darunter auch für Rechner, Datenverarbeitung und Zeichensätze.
ISO 646	Der ISO-Standard für länderspezifische 7-Bit-Zeichensätze.
ISO 8859	Der ISO-Standard für internationale 8-Bit-Zeichensätze.
JIS	Japanischer Industrie-Standard.
JIS X 0201	Der japanische Ein-Byte-Standardcode für lateinische und Katakana-Zeichen.
JIS X 0208	Der japanische Zwei-Byte-Standardcode für Kanji-Zeichen, umfaßt auch Katakana, Lateinisch, Kyrillisch, Griechisch und andere.
K	Kilo, steht entweder für 1 000 oder für 1 024.
KDD	Kermit-Telefonbuch (*Kermit Dialing Directory*).
KOI	КОИ Russische Abkürzung für Код для Обмена Информацией – Kod dlja Obmjena Informazijej (Code für Informationsaustausch).
KSD	Kermit-Dienste-Verzeichnis (*Kermit Services Directory*).
ksh	Die K-Shell oder Korn-Shell[5]. Ein alternativer Befehlsinterpreter, der mit einigen Versionen von UNIX ausgeliefert wird.
LAN	Lokales Netzwerk (*Local Area Network*). In der Regel beschränkt auf die Größe eines zusammenhängenden Grundstücks.
LAPM	Verbindungszugangs-Protokoll für Modems, spezifiziert in CCITT V.42.
LAT	Lokales Transport-Protokoll (*Local Area Transport Protocol*), wird von DEC-Ethernet-Terminal-Servern benutzt.
LDM	Modem für begrenzte Reichweiten (*Limited Distance Modem*).
LZW	Datenkomprimierung nach Lempel/Ziv/Welch.
M	Mega, steht entweder für eine Million oder für 1 048 576.

MNP	Microcom-Netzwerk-Protokoll, wird von Modems für Fehlerkorrektur und Datenkomprimierung verwendet. Die Ebenen 1 bis 4 bieten Fehlerkorrektur; die Ebenen ab 5 aufwärts bieten zusätzlich Komprimierung.
MS-DOS	Das Disketten-Betriebssystem von Microsoft für Microcomputer, das auf der CPU-Familie Intel 80x86 beruht.
NAK	Negative Bestätigung (*Negative Acknowledgement*).
NFS	Netzwerk-Dateisystem (*Network File System*).
NRC	Nationaler Ersatz-Zeichensatz (*National Replacement Character Set*). Ein 7-Bit-Zeichensatz, der normalerweise, aber nicht immer, eine nationale Version von ISO 646 ist.
NTN	Netzwerk-Terminal-Nummer, Teil einer X.121-Adresse.
NUL	ASCII-Zeichen Nummer 0, im Gegensatz zur Zahl 0 oder dem ASCII-Zeichen Ziffer 0 (ASCII-Zeichen 48). Unter OS/2 und MS-DOS auch das Null-Gerät.
OS	Betriebssystem (*Operating System*).
PAD	Paket-Assemblierer und -Disassemblierer, die Terminal-Schnittstelle zu einem X.25-Netzwerk, spezifiziert in CCITT X.3.
PBX	Private Nebenstellenanlage (*Private Branch Exchange*). Ein Telefonsystem, das den inneren Bedürfnissen einer Organisation dient und Verbindungen zum äußeren Telefonnetz bietet. Einige PBXe können sowohl für Daten- als auch für Sprachübertragung innerhalb der Organisation benutzt werden.
PC	*Personal Computer* („persönlich", nicht „für das Personal"!).
PDN	Öffentliches Datennetz (*Public Data Network*), normalerweise mit den X.25-Protokollen.
PEP	Das *Packet Ensemble Protocol* von Telebit, das zwischen zwei Telebit-Modems benutzt werden kann.
PM	Präsentations-Manager. Die grafische Benutzeroberfläche von OS/2.
PSN	Paketvermitteltes Netzwerk (*Packet Switched Network*).
REXX	Prozedur-Sprache/2 für OS/2 und andere Betriebssysteme. Eine Stapelorientierte Sprache zum Schreiben von System-Befehls-Prozeduren.
RMS	Datensatzhaltungs-System (*Record Management System*). Die Dateisystem-Schnittstelle für VMS, OpenVMS und andere DEC-Betriebssysteme.
ROM	Speicher, der nur gelesen werden kann (*Read-Only Memory*).
RS-232	Ein Standard der EIA, der die elektrische und funktionale Spezifikation für serielle digitale Binärdaten-Übertragung angibt. Die am häufigsten verwendete Schnittstelle zwischen DTEs und DCEs. Das amerikanische Äquivalent der CCITT-Empfehlung V.24.

RTS	Sende-Anforderung (*Request To Send*). Ein RS-232-Signal, das vom DTE benutzt wird, um den Datenfluß von einem DCE her zu regeln. Wenn das DTE RTS anschaltet, soll das DCE keine Daten senden. Schaltet das DTE RTS ab, darf das DCE Daten senden.
RTS/CTS	Eine Form der Vollduplex-Flußkontrolle oder Halbduplex-Leitungszugangskontrolle, die die Signale RTS und CTS benutzt. Im Gegensatz zu Xon/Xoff ist dies in der Regel kein Mechanismus zwischen den beiden Endstellen; stattdessen betrifft er die Verbindung zwischen dem Rechner und dem Gerät, das mit ihm direkt verbunden ist, wie etwa einem Hochgeschwindigkeits-Modem. *Siehe auch* RTS und CTS.
sh	Die Standard-Shell von Unix, auch bekannt als Bourne-Shell.
Strg	**Steu**erung. Die Taste, die man gedrückt hält, wenn man eine andere Taste (einen Buchstaben oder gewisse andere) für die Erzeugung eines Steuerzeichens drückt. Zum Beispiel erzeugt man `Strg-C` (`Ctrl-C`), indem man Strg gedrückt hält und dann C drückt.
TCP	Übertragungs-Steuerungs-Protokoll (*Transmission Control Protocol*). Die Transport-Ebene des TCP/IP-Protokolls.
TCP/IP	Ein Netzwerk-Protokoll, das sowohl für lokale wie großflächige Netze benutzt wird. Das Protokoll des weltweiten Internets. *Siehe auch* TCP *und* IP.
TDD	Telekommunikationsgeräte für Hörbehinderte (*Telecommunication Devices for the Deaf*). Normalerweise ein Fernschreiber oder sonstiges Druckgerät mit einem eingebauten Modem, das mit sehr niedriger Geschwindigkeit kommuniziert und eine spezielle Modulationstechnik sowie einen beschränkten 5-Bit-Zeichencode mit dem Namen Baudot-Code benutzt.
TTY	*Teletype*, ein häufig benutztes Kürzel für ein Terminal oder den Terminal-Anschluß eines Rechners.
UART	Universeller Asynchroner Empfänger/Sender (*Universal Asynchronous Receiver/Transmitter*). Ein Anschluß für asynchrone Kommunikation.
UNIX	Ein beliebtes Betriebssystem, das ursprünglich von den AT&T Bell Laboratories entwickelt wurde und für seine Portierbarkeit bekannt ist.
UUCP	Dateitransfer-Protokoll zwischen UNIX-Rechnern (*UNIX-to-UNIX Copy Program*).
V.22	CCITT-Standard für 1200-bps-Vollduplex-Modems.
V.22*bis*	CCITT-Standard für 2400-bps-Vollduplex-Modems.
V.23	CCITT-Standard für 600- und 1200-bps-Halbduplex-Modems mit 75 bps auf dem rückwärts gerichteten Kanal (Modems mit geteilten Geschwindigkeiten).

V.24	CCITT-Standard, der die elektrische und funktionale Spezifikation für serielle digitale Binärdaten-Übertragung angibt; das internationale Äquivalent zu RS-232.
V.25*bis*	CCITT-Standard-Modem-Wählsprache.
V.32	CCITT-Standard für 9600-bps-Modem-Verbindungen.
V.32*bis*	CCITT-Standard für 14400-bps-Modem-Verbindungen.
V.42	CCITT-Standard-Fehlerkorrektur für Modems, auch LAPM genannt.
V.42*bis*	Der CCITT-Datenkomprimierungs-Standard.
VAX	Virtuelle Adresse, erweitert (*Virtual Address Extended*). Die 32-Bit-Rechnerarchitektur der Digital Equipment Corporation. Plural: VAXen(!).
VMS	Virtuelles Speichersystem (*Virtual Memory System*), das Betriebssystem für DEC-VAX-Rechner. In späteren Ausgaben für sowohl VAX- als auch AXP-Architekturen in OpenVMS umbenannt.
WAN	Großflächiges Netzwerk (*Wide Area Network*). Im Gegensatz zum LAN nicht auf ein Grundstück begrenzt; kann weltweit ausgedehnt sein.
X.3	Das Protokoll, das die Schnittstelle zwischen einem Terminal und einem X.25-Netzwerk angibt, festgelegt in der CCITT-Empfehlung X.3; wird in öffentlichen Datennetzwerken (PDNs) benutzt.
X.25	Eine Netzwerk-Methode, festgelegt in der CCITT-Empfehlung X.25; wird in öffentlichen Datennetzwerken (PDNs) benutzt.
X.121	Eine Adressiermethode, die in X.25-Netzwerken benutzt wird.
Xon/Xoff	Die gebräuchlichste Vollduplex-Flußkontroll-Methode, in der der Empfänger ein Xoff-Zeichen sendet, wenn der Eingabepuffer fast voll ist, und ein Xon, wenn er Platz für weitere ankommende Daten geschaffen hat. Auch Software-Flußkontrolle genannt, um diese Methode von Hardware-Flußkontroll-Methoden wie RTS/CTS zu unterscheiden.

Literatur

[1] *ANSI X3.4-1986, Code for Information Interchange*
American National Standards Institute, 1986.
Die ASCII-Spezifikation; die US-Version von ISO 646.

[2] *ANSI X3.15-1976, Bit Sequencing of ASCII in Serial-By-Bit Data Transmission*
American National Standards Institute, 1976.
Der Standard, der beschreibt, wie Zeichen auf seriellen Verbindungen übertragen werden.

[3] *ANSI 3.16-1976, Character Structure and Character Parity Sense for Serial-By-Bit Data Communication in ASCII*
American National Standards Institute, 1976.
Der Standard, der das Übertragungsformat für ASCII-Zeichen spezifiziert.

[4] *ANSI X3.64-1979, Additional Controls for Use with the American National Standard Code for Information Interchange*
American National Standards Institute, 1979.
Kontrollsequenzen für Video-Terminals und Peripheriegeräte.

[5] Bolsky, Morris I., und David G. Korn.
The Kornshell.
Prentice-Hall, Englewood Cliffs, NJ, 1989.

[6] Brjabin, W.M., et al.
О Системе Кодирования для Персональных ЭВМ.
Микропроцессорные Средства и Системы (4), 1986.
Der Artikel, in dem der „Alternative Kyrillische" Zeichensatz für den PC zuerst spezifiziert wurde.

[7] *British Standard BS 4730, The Set of Graphic Characters of the United Kingdom 7-Bit Data Code*
British Standards Institution, 1975.

[8] *CCITT V.24, List of Definitions for Interchange Circuits between Data Terminal Equipment and Data Circuit-Terminating Equipment*
CCITT, Geneva, 1984.
Das europäische Äquivalent zu RS-232.

[9] *CCITT V.25bis, Automatic Calling and/or Answering Equipment on the General Switched Telephone Network (GSTN) Using the 100-Series*
Interchange Circuits
CCITT, Geneva, 1984, 1988.

[10] *CCITT Recommendation X.3, Packet Assembly Disassembly Facility (PAD) in a Public Data Network*
CCITT, Geneva, 1988.

[11] *CCITT Recommendation X.25, Interface between Data Terminal Equipment (DTE) and Data Circuit-Terminating Equipment (DCE) for Terminals Operating in the Packet Mode and Connected to Public Data Networks by Dedicated Circuit*
CCITT, Geneva, 1989.

[12] *CCITT X.28, DTE/DCE Interface for a Start-Stop Mode Data Terminal Equipment Accessing the Packet Assembly/Disassembly Facility (PAD) in a Public Data Network Situated in the Same Country*
CCITT, Geneva, 1977.

[13] *CCITT X.29, Procedures for the Exchange of Control Information and User Data Between a Packet Mode DTE and a Packet Assembly/Disassembly Facility (PAD)*
CCITT, Geneva, 1977.

[14] *CCITT Recommendation X.121, International Numbering Plan for Public Data Networks*
CCITT, Geneva, 1988.

[15] *Chandler, John.*
Dynamic Packet Size Control.
Kermit News 3(1), Juni 1988.

[16] *Chandler, John.*
IBM System/370 Kermit User's Guide
Columbia University Center for Computing Activities, 1991.
Erhältlich in getrennten Fassungen für VM/CMS, MVS/TSO und CICS.

[17] *Comer, Douglas und David L. Stevens.*
Internetworking with TCP/IP.
Prentice-Hall, Englewood Cliffs, NJ, 1991.

[18] *da Cruz, Frank.*
Kermit, A File Transfer Protocol.
Digital Press, Bedford, MA, 1987.

[19] *da Cruz, Frank, und Christine Gianone.*
How Efficient Is Kermit?
Kermit News (4), Juni 1990.

[20] *da Cruz, Frank.*
Kermit in Antarctica.
Kermit News 2(1), November, 1987.

[21] *Data General.*
Learning to Use Your AOS/VS System
Data General, Westboro, MA, 1986.
093-000031-02.

[22] *Data General.*
AOS/VS System Concepts
Data General, Westboro, MA, 1986.
093-000335-01.

[23]   *Data General.*
       Programming the Display Terminal: Models D217, D413, and D463
       Data General, Westboro, MA, 1991.
       014-002111-00.

[24]   *Data General.*
       Using the CLI (AOS/VS and AOS/VS II)
       Data General, Westboro, MA, 1991.
       093-000646-01.

[25]   *Digital Equipment Corporation.*
       VT102 Video Terminal User Guide
       Digital Equipment Corporation, Maynard, MA, 1982.
       EK-VT102-UG-003.

[26]   *Digital Equipment Corporation.*
       VT330/340 Programmer Reference Manual, Volume 1: Text Programming
       Digital Equipment Corporation, Maynard, MA, 1987.
       EK-VT3XX-GP-001.

[27]   *ECMA. Standard ECMA-113, 8-Bit Single-Byte Coded Graphic Character Sets, Latin/Cyrillic Alphabet*
       2nd edition, European Computer Manufacturers Association, 1988.
       Äquivalent zu ISO 8859-5 Latin/Cyrillic und GOST 19768-1987.

[28]   *EIA Standard RS-232-C, Interface Between Data Terminal Equipment and Data Communication Equipment Employing Serial Binary Data Interchange*
       Electronic Industries Association, 2001 Eye Street N.W., Washington, DC 20006, 1969 (Reaffirmed 1981).
       Vor kurzem durch RS-232-D ersetzt worden, der verschiedene in RS-232-C unbenutzte Schaltkreise definierte und die Terminologie etwas veränderte.

[29]   *Gianone, Christine M.*
       MS-DOS-Kermit – das universelle Kommunikationsprogramm.
       Heise-Verlag, Hannover, 1991.

[30]   *Gianone, Christine M., und Frank da Cruz.*
       A Kermit Protocol Extension for International Character Sets.
       Technical Report, Columbia University, 1990.

[31]   *Gianone, Christine M., und Frank da Cruz.*
       A Locking Shift Mechanism for the Kermit File Transfer Protocol.
       Technical Report, Columbia University, 1991.

[32]   *Hayes Smartmodem 2400 User's Guide*
       Hayes Microcomputer Products, Inc., 1986.

[33]   *Hemenway, Kathy, und Helene Armitage.*
       Proposed Syntax Standards for UNIX System Commands.
       UNIX/WORLD 1(3), 1984.

[34]   *IBM National Language Support Reference Manual*
       IBM Canada Ltd., National Language Technical Centre, Ontario, 1990.
       SE09-8002-01.

[35] *IBM Character Data Representation Architecture, Level 1 Registry*
IBM Canada Ltd., National Language Technical Centre, Ontario, 1990.
SC09-1391-00.

[36] *ISO Standard 646, 7-Bit Coded Character Set for Information Processing Interchange*
Second edition, International Organization for Standardization, 1983.
Auch erhältlich als ECMA-6 und ähnlich zu CCITT T.50.

[37] *ISO International Standard 2022, Information processing – ISO 7-bit and 8-bit character sets – Code extension techniques*
Third edition, International Organization for Standardization, 1986.
Auch erhältlich als ECMA-35.

[38] *ISO International Standard 4873, Information processing – ISO 8-bit code for information interchange – Structure and rules for implementation*
Second edition, International Organization for Standardization, 1986.
Auch erhältlich als ECMA-43.

[39] *ISO International Standard 8859 Parts 1 through 9, Information Processing–8-Bit Single-Byte Coded Graphic Character Sets*
International Organization for Standardization, 1987-.
ISO 8859-1 bis -4 sind die Alphabete Lateinisch 1 bis 4, auch erhältlich als ECMA-94.
ISO 8859-5 ist das Lateinisch/Kyrillische Alphabet (ECMA 113).

[40] *ISO/IEC DIS 10646-1.2, 2nd Draft International Standard 10646, Information Processing–Multiple-Octet Coded Character Set*
ISO/IEC JTC1, 1992.

[41] *ISO International Standard 6429, Information processing – C1 Control Character Set of ISO 6429*
International Organization for Standardization, 1983.

[42] *ISO International Register of Coded Characters to Be Used with Escape Sequences*
European Computer Manufacturers Association (ECMA), 1990, periodisch aktualisiert

[43] *JIS X 0201, The Japanese Katakana and Roman Set of Characters*
Japan Industrial Standards Committee, 1969.

[44] *JIS X 0208, The Japanese Graphic Character Set for Information Interchange*
Japan Industrial Standards Committee, 1983.

[45] *JIS X 0212, Supplementary Japanese Graphic Character Set for Information Interchange*
Japan National Committee on ISO/IEC JTC1/SC2, 1991.

[46] Kernighan, Brian W., und Dennis M. Ritchie.
Programmieren in C
Hanser, München ²1990.

[47] McNamara, John E.
Technical Aspects of Data Communication
Digital Press, Burlington, MA, 1988.
EY8262E-DP.

[48] *Microsoft MS-DOS Version 4.01 in Russian, Product Description*
Microsoft Corporation, Unterschleißheim, 1989-1990.

[49] *O'Reilly, Tim, Valerie Quercia und Linda Lamb.*
X Window System User's Guide for Version 11.
O'Reilly & Associates, Inc., Newton, MA, 1988.

[50] Пакеты Прекладных Программ Телеобработки Данных на МикроЭВМ
International Center for Scientific and Technical Information (ICSTI), Moscow, 1987.
Ein russisches Kermit-Benutzerhandbuch mit Zeichentabellen für mehrere kyrillische Zeichensätze.

[51] *Postel, J., und Reynolds, J.*
RFC 854: TELNET Protocol Specification.
Technical Report, Network Working Group, May, 1983.

[52] *Rasmussen, Bob.*
Who Is Kermit and Why Is He in My Computer?
NCR Monthly , March, 1990.

[53] *Siegel, Mark L.*
Toward Standardized Video Terminals: ANSI X3.64 Device Control.
BYTE :365-372, April, 1984.

[54] *Snedecor, George W., und William G. Cochran.*
Statistical Methods.
Iowa State University Press, Ames, 1989.

[55] *Todino, Grace, und Dale Dougherty.*
Nutshell Handbook: Using UUCP and Usenet.
O'Reilly & Associates, Inc., Newton, MA, 1987.

Abbildungsverzeichnis

Abbildung 1-1	Lokaler und Wirtsrechner – 19
Abbildung 1-2	Den lokalen und den Wirtsrechner miteinander verbinden – 20
Abbildung 1-3	Beim Wirtsrechner einloggen – 21
Abbildung 1-4	Eine Datei übertragen – 22
Abbildung 3-1	C-Kermit im Wirtsbetrieb – 56
Abbildung 3-2	C-Kermit im lokalen Betrieb – 57
Abbildung 3-3	C-Kermit in der Mitte – 58
Abbildung 3-4	Eine direkte Verbindung – 69
Abbildung 3-5	Eine Wählverbindung – 71
Abbildung 3-6	Anpassung der Geschwindigkeiten – 81
Abbildung 4-1	Terminal-Verbindung – 101
Abbildung 4-2	Bytegröße für Befehle und Terminal – 111
Abbildung 5-1	Upload und Download – 121
Abbildung 5-2	Eine Datei senden (Upload) – 122
Abbildung 5-3	Eine Datei empfangen (Download) – 124
Abbildung 5-4	Kermit-Textdatei-Umwandlung – 137
Abbildung 6-1	Zeichenformate – 147
Abbildung 6-2	Hardware-Flußkontrolle – 150
Abbildung 6-3	Verbindung mit einem Terminal-Server – 157
Abbildung 8-1	Format der Kermit-Pakete – 180
Abbildung 8-2	Paketaustausch mit Anhalten und Warten – 181
Abbildung 8-3	Gleitende Fenster – 189
Abbildung 9-1	Struktur eines lateinischen 8-Bit-Alphabets – 205
Abbildung 9-2	Terminal-Zeichensatz-Übersetzung – 210
Abbildung 9-3	Transfer internationaler Texte – 213
Abbildung 9-4	Linguini-Transfer – 217
Abbildung 12-1	Rückkehr aus geschachtelten Befehlsdateien – 283
Abbildung 13-1	Muster eines IBM-3270-Login-Bildschirms – 338
Abbildung II-1	Zeichenformate – 409
Abbildung II-2	Format asynchroner Zeichenübertragung – 410
Abbildung II-3	Durch ein Modem verbundene Rechner – 412
Abbildung II-4	Schemazeichnung eines asynchronen Modem-Kabels – 420
Abbildung II-5	Serielle Stecker – 420
Abbildung II-6	Schemazeichnung eines asynchronen Nullmodem-Kabels – 422
Abbildung VIII-1	Struktur eines 8-Bit-Zeichensatzes – 507

Tabellenverzeichnis

Tabelle 1-1	Merkmale von Kermit-Software	– 25
Tabelle 1-2	Kermit-Software, aufgeführt nach Computer-Typen	– 29
Tabelle 2-1	Sonderzeichen in C-Kermit-Befehlen	– 41
Tabelle 2-2	Grundlegende C-Kermit-Befehle	– 49
Tabelle 2-3	Name der C-Kermit-Initialisierungsdatei	– 54
Tabelle 3-1	Typische Namen von Wählleitungs-Anschlüssen	– 60
Tabelle 3-2	Modemtypen, die C-Kermit kennt	– 72
Tabelle 4-1	C-Kermit-Rückkehrbefehle im Terminalbetrieb	– 104
Tabelle 5-1	Sonderzeichen in Datei-Spezifikationen für C-Kermit	– 118
Tabelle 5-2	Kermit-Paket-Typen	– 132
Tabelle 8-1	Übersicht über die Einstellungen für den Dateitransfer	– 200
Tabelle 9-1	Dezimale Zeichencodes für großes A mit Akzent	– 202
Tabelle 9-2	Nationale Zeichensätze nach ISO 646, Unterschiede zu ASCII	– 204
Tabelle 9-3	Die Lateinischen ISO-Alphabete	– 204
Tabelle 9-4	Die rechte Hälfte des Alphabets Lateinisch-1	– 206
Tabelle 9-5	Der Multinationale DEC-Zeichensatz	– 206
Tabelle 9-6	Format der ANSI-Escape-Sequenzen	– 209
Tabelle 9-7	C-Kermit-Datei-Zeichensätze	– 214
Tabelle 9-8	Sprachspezifische Zeichenumsetzungs-Regeln	– 226
Tabelle 12-1	Vergleich der Befehle IF und XIF	– 289
Tabelle 12-2	\Feval()-Operatoren	– 299
Tabelle 12-3	Ausgewählte VT100-Escape-Sequenzen	– 306
Tabelle 13-1	Sondernotationen für den SCRIPT-Befehl	– 355
Tabelle 14-1	Übersicht über die Befehlszeilen-Optionen für C-Kermit	– 360
Tabelle I-1	C-Kermit-Rückgabe-Codes	– 371
Tabelle I-2	Übersicht über die Backslash-Codes	– 372
Tabelle I-3	Übersicht über die eingebauten Variablen	– 373
Tabelle I-4	Übersicht über die eingebauten Funktionen	– 374
Tabelle I-5	Übersicht über die Tasten zur Unterbrechung eines Dateitransfers	– 374
Tabelle I-6	C-Kermit-Sondertasten im Verbindungsmodus	– 377
Tabelle II-1	RS-232-C-Modemsignale und Anschlußbelegungen	– 413
Tabelle II-2	Ausgewählte Befehle des Hayes Smartmodem 2400	– 416
Tabelle II-3	Modem-Modulations-Techniken	– 417
Tabelle II-4	Modem-Techniken zur Fehlerkorrektur und Datenkomprimierung	– 418
Tabelle III-1	Den Terminal-Typ unter UNIX setzen	– 432
Tabelle III-2	UNIX-Zeichen zur Terminal-Steuerung	– 434
Tabelle IV-1	SET FILE-Befehle für VMS-C-Kermit	– 467
Tabelle IV-2	Dateitransfer MS-DOS – VMS	– 468
Tabelle V-1	Sondertasten im Terminalbetrieb	– 479
Tabelle V-2	Die Pfeiltasten	– 480
Tabelle V-3	Der Ziffernblock	– 481
Tabelle V-4	Steuerzeichen	– 486
Tabelle V-5	VT102-Escape-Sequenzen	– 487

Tabelle V-6	VT102-Kontroll-Sequenzen – 488	
Tabelle V-7	Parameter zum Setzen/Rücksetzen der ANSI-Betriebsart	– 489
Tabelle V-8	Parameter zum Setzen/Rücksetzen der DEC-Betriebsart	– 489
Tabelle V-9	Parameter zum Setzen der Grafik-Wiedergabe – 489	
Tabelle V-10	VT52-Escape-Sequenzen – 490	
Tabelle VI-1	AOS/VS-Muster-Zeichen – 496	
Tabelle VIII-1	Zeichencodes nach ISO 646 IRV und ASCII – 509	
Tabelle VIII-2	7-Bit-C0-Steuerzeichen – 510	
Tabelle VIII-3	Nationale 7-Bit-Zeichensätze, Unterschiede zu ASCII – 511	
Tabelle VIII-4	Westeuropäische Zeichensätze – 514	
Tabelle VIII-5	Osteuropäische Zeichensätze – 516	
Tabelle VIII-6	Kyrillische Zeichensätze – 519	

Warenzeichen

Adobe Systems Incorporated, Mountain View, Kalifornien: PostScript

Alliant: Alliant, Concentrix

Altos Computer Systems: Altos

Amdahl: UTS

Apollo: Aegis, Domain, SR10

Apple Computer, Cupertino, CA: Apple, Apple II, Macintosh, Lisa, LaserWriter, A/UX

AT&T, New York, New York: Touch-Tone

AT&T Information Systems, Morristown, New Jersey: StarLAN, StarGROUP, AT&T 6300, AT&T, 6300 PLUS, UNIX PC, 3B2, 3B20

Atari, Sunnyvale, Kalifornien: Atari, ST, GEM, GEMDOS

Berkeley Software Design, Inc., Falls Church, Virginia: BSDI/386

Charles River Data Systems, Inc., Framingham, Massachusetts: UNOS

Cisco Systems, Inc., Menlo Park, Kalifornien: cisco, Cisco, AGS, AGS+

Commodore Business Machines, West Chester, Pennsylvania: Amiga, AmigaDOS, Amiga Workbench, Amiga 2000, Amiga 3000, Amiga 3000UX, Commodore 64, Commodore 128, Intuition

CompuServe, Inc. (an H&R Block Company), Columbus, Ohio: CompuServe

Concept Omega Corporation, Somerset, New Jersey: Thoroughbred BASIC

Concurrent, Oceanport, New Jersey: Concurrent, MASSCOMP, RTU, Xelos

Consensys Corporation, Universal City, Texas: Consensys

Control Data Corporation: CDC, Cyber

Convergent Technologies, Inc., Santa Clara, Kalifornien: Convergent Technologies, Convergent, MegaFrame Computer System, MiniFrame Computer System, CTIX, CTOS

Convex: Convex, ConvexOS

Cray Research, Eagen, Minnesota: Cray X/MP, Y/MP, C90, UNICOS

Data General Corporation, Westboro, Massachusetts: AOS/VS, Aviion, CEO, DASHER, DG/UX, ECLIPSE MV, MV/UX, RDOS, DESKTOP GENERATION

Dell Computer Corporation: Dell, Dell System

Diab Data AB, a Bull company, Täby, Sweden: DIAB, DNIX

Dialog Information Services, Inc., Palo Alto, Kalifornien: DIALOG

Digital Equipment Corporation, Maynard, Massachusetts: Das Digital-Logo, DEC, PDP-8, OS/8, OS/278, PDP-11, RSTS/E, RSX-11, RT-11, IAX, PDP-12, OS/12, VAX, AXP, Alpha AXP, VMS, OpenVMS, VT52, VT100, VT102, VT220, VT320, Rainbow, VAXmate, DECmate, DECserver, DECstation, DECSYSTEM, DECsystem, TOPS-10, TOPS-20, VAXstation, MicroVAX, PATHWORKS, ULTRIX

Digital Equipment Corporation, Intel Corporation, Xerox Corporation: Ethernet

Digitel S/A Indústria Eletrônica, Porto Alegre, Brasilien: Digitel DT-22

Dow Jones and Company, Princeton, New Jersey: Dow-Jones News/Retrieval Service

Encore Computer: Multimax, Umax

Warenzeichen

ESIX Computer, Inc., Santa Ana, Kalifornien: ESIX

EXABYTE Corporation, Boulder, Colorado: EXABYTE, EXATAPE

Fortune Systems, Redwood City, Kalifornien: For:Pro

Fujitsu, Japan: Fujitsu

Groupe Bull, Frankreich: Honeywell, VIP

Harris Corporation, Fort Lauderdale, Florida: Night Hawk, CX/UX

Hayes Microcomputer Products, Inc., Atlanta, Georgia: Hayes Smartmodem 1200 und 2400

Heath Company, Benton Harbor, Mississippi: Heath-19

Henson Associates, Inc., New York, New York: Kermit. Das Kermit-Protokoll wurde nach Kermit dem Frosch benannt, dem Star der Fernsehserie DIE MUPPETS. Der Name „Kermit" wird mit Erlaubnis der Henson Associates, Inc., New York, benutzt.

Hewlett-Packard Co., Palo Alto, Kalifornien: HP-9000, HP-UX

Insignia Solutions, Inc., Mountain View, Kalifornien: SoftPC

Integrated Computer Solutions, Cambridge, Massachusetts: ICS, ISI, VS8

Intel Corp., Santa Clara, Kalifornien: Intel 8080, 8086, 8088, 80286, 80386, 80486, i286, i386, i486, OpenNET

INTERACTIVE Systems Corporation, Division of SunSoft, Santa Monica, Kalifornien: INTERACTIVE UNIX

International Business Machines Corp., Armonk, New York: IBM, Series/1, VM/CMS, MVS/TSO, PC-DOS, Operating System/2, OS/2, Presentation Manager, 3270, 3705, 3725, System/370, IBM PC, IBM PC/XT, IBM PC/AT, IBM PCjr, IBM RT PC, PS/1, PS/2, IBM 7171, Token Ring,

NETBIOS, CGA, MCGA, EGA, VGA, XGA, RS/6000, RISC System/6000, AIX, AIX Windows, ACIS, Micro Channel, REXX, Procedures Language/2

Linotype AG: Times

Lotus Development Corporation, Cambridge, Massachusetts: Lotus 1-2-3

Mark Williams Company, Chicago, Illinois: COHERENT

Massachusetts General Hospital: MUMPS

Massachusetts Institute of Technology: X-Window System

Masscomp, Framingham, Massachusetts: RTU

MCI Communication Corporation, Piscataway, New Jersey: MCI Mail

Microcom, Inc., Norwood, Massachusetts: Microcom Networking Protocol, MNP, Universal Link Negotiation, Statistical Duplexing

Microport: Microport

Microsoft Corporation, Redmond, Washington: Microsoft, MS-DOS, LAN Manager, Windows

Microware Systems Corporation, Des Moines, Iowa: OS-9, OS-9000, OS-9/68000

MIPS Computer Systems, Inc., Sunnyvale, Kalifornien: MIPS, RISC/OS, UMIPS

Modular Computer Systems, Inc., Fort Lauderdale, Florida: Modcomp: REAL/IX

Motorola Computer Group, Tempe, Arizona: System V/68, System V/88, Motorola Delta Series

Motorola Semiconductors, Inc., Austin, Texas: Motorola, 68000, 68010, 68020, 68030, 68040

MT XINU, Inc., Berkeley, Kalifornien: Mach 386

NCR Corporation, Dayton, Ohio: NCR, Tower

NeXT Computer, Inc., Redwood City, Kalifornien: NeXT, NeXTstep, NeXTcube, NeXTstation

Nippon Electric Corporation, Japan: NEC, NEC PC9801

Novell, Inc., Provo, Utah: Novell, NetWare, NetWare 286, NetWare 386, LAN Workplace for DOS, Excelan

Ing. C. Olivetti & C., S.p.A., Ivrea, Italien: Olivetti, LSX, X/OS

Open Software Foundation, Cambridge, Massachusetts: Motif, OSF, OSF/1

Penril DataComm, Ltd, Hampshire, UK: Penril, Alliance

Plexus, San Jose, Kalifornien: Plexus

Prime Computer, Natick, Massachusetts: PRIME, PRIMOS, PRIMIX

Pyramid Technology Corp., Mountain View, Kalifornien: Pyramid

Racal-Vadic, Milpitas, Kalifornien: Vadic, VA3400

Regents of the University of California: Berkeley Software Distribution, BSD

Ridge Computers: Ridge 32

Santa Cruz Operation, Santa Cruz, Kalifornien: SCO Xenix, SCO UNIX, Open Desktop, ODT

Sequent Computer Systems, Inc., Beaverton, Oregon: Sequent, Balance, Symmetry, DYNIX, ptx, DYNIX/ptx

Silicon Graphics, Inc., Mountain View, Kalifornien: Silicon Graphics, IRIS, IRIS Indigo, IRIX

Solbourne Computer, Longmont, Colorado: Solbourne, OS/MP

Sony, Japan: Sony NEWS

SPARC International, Inc.: SPARC, SPARCstation

Sun Microsystems, Inc., Mountain View, Kalifornien: Sun Microsystems, Sun Workstation, Sun, Sun-3, Sun-4, SunOS, NFS, SunLink, SunSoft, SunView, Solaris

Tandy Corporation, Fort Worth, Texas: Radio Shack, Tandy 16/6000

Andrew S. Tanenbaum: MINIX

Tektronix, Inc., Wilsonville, Oregon: Tektronix, UTek

Telebit Corporation, Sunnyvale, Kalifornien: Telebit, TrailBlazer, QBlazer, WorldBlazer, PEP

Telecom Canada, Ottawa, Ontarion, Kanada: Datapac

Teletype Corporation, Skokie, Illinois: Teletype

TGV, Inc., Santa Cruz, Kalifornien: MultiNet

3Com Corporation, Santa Clara, Kalifornien: 3Com, Bridge Applications Programmer Interface (BAPI)

Tri Star: Flash Cache

TYMNET, Inc., San Jose, Kalifornien: TYMNET

UNISYS Corporation, Blue Bell, Pennsylvania: Unisys, PW2, PC/IT, Uniservo, Custom Care, Sperry, Burroughs, U6000/65, MightyFrame, S/Series, CTIX, BTOS

UNIX System Laboratories, Inc., Summit, New Jersey: UNIX, System III, System V, OPEN LOOK

US Robotics: Courier

US Sprint Communications Company Limited Partnership, Shawnee Mission, Kansas: US Sprint, SprintNet, Telenet

The Wollongong Group, Inc., Palo Alto, Kalifornien: WIN/TCP, WIN/ROUTE

WordPerfect Corporation, Orem, Utah: WordPerfect

Xerox Corporation, Stamford, Connecticut: Ethernet

Zenith Data Systems, Glenview, Illinois: Zenith-19 Terminal

Zilog, Campbell, Kalifornien: Zilog, ZEUS

Andere Marken- oder Produktnamen sind Warenzeichen oder registrierte Warenzeichen der jeweiligen Inhaber.

Anmerkungen

1 Zahlen in eckigen Klammern beziehen sich auf die Literaturangaben ab Seite 532.

2 Wenn auf dem Wirtsrechner keine Kermit-Software zur Verfügung steht, gibt es auch eine andere Methode des Dateitransfers; siehe Kapitel 10.

3 Wenn Sie stattdessen eine Fehlermeldung wie „not found", „permission denied" oder „unrecognized command verb" erhalten, ist das Programm entweder gar nicht oder zumindest nicht korrekt installiert worden. Es kann auch unter einem anderen Namen installiert worden sein, etwa „ckermit" oder „wermit". Wenn Sie jedoch einen Benutzungshinweis erhalten, der etwa so beginnt:

```
Usage: kermit [-x arg [-x arg]...
[-yyy]...]
```

haben Sie entweder eine sehr, sehr alte Version von C-Kermit, oder aber eine aktuelle Version ist ohne interaktive Befehlsschnittstelle installiert worden.

4 Tabelle VIII-1 auf Seite 509 enthält eine Aufstellung aller Steuerzeichen.

5 Ein „Jokerzeichen" ist ein Zeichen, das in einer Dateiangabe verwendet wird, um eine Gruppe von Dateien zu bezeichnen. Die Jokerzeichen sind von System zu System unterschiedlich. Vergleichen Sie den zu Ihrem System gehörigen Anhang, zum Beispiel Anhang III für Unix.

6 Das Unterbrechungszeichen kann auch ein anderes als Strg-C sein; unter 4.3BSD UNIX ist es z. B. das durch „intr" angegebene Zeichen.

7 Unter AT&T-System-V-Unix wird auch dann Strg-C benutzt, wenn Ihr Unterbrechungszeichen ein anderes ist.

8 Wenn Ihr Arbeitsplatzrechner eine serielle Maus hat, könnte das Modem auch mit dem *zweiten* seriellen Gerät verbunden sein.

9 Einige Rechner, insbesondere solche mit angepaßter deutscher Tastatur, aber auch die meisten NeXT-Workstations, unterstützen die Kombination Strg-Backslash nicht. Manchmal läßt sich statt des Backslashs die rechte eckige Klammer verwenden. Auf PCs unter OS/2 benutzen Sie entweder Strg-Rechte-Eckige-Klammer oder Alt-X (Alt-Taste gedrückt halten, X-Taste drücken.) Siehe auch Kapitel 4.

10 Alle in diesem Buch angegebenen Telefonnummern sind frei erfunden, soweit nicht anders angegeben.

11 Statt Frequenzwahl. C-Kermit schreibt einem Hayes-Modem die Art des Wahlverfahrens nicht vor, sondern läßt das Modem stattdessen die voreingestellte Methode benutzen. Wenn das Modem richtig konfiguriert wurde, müssen Sie hier nur ein P oder T angeben, falls Sie vom normalen Verhalten abweichen wollen, oder falls ein Hayes-ähnliches Gerät vorliegt, das ausdrücklich einen dieser beiden Buchstaben im Wählstring verlangt, wie etwa das Rolm 244PC. — In Mitteleuropa wird derzeit noch überwiegend das Pulswahlverfahren angewendet.

12 Die Standard-Initialisierungsdatei für C-Kermit enthält schon solch einen Befehl.

13 Bei Drucklegung dieses Buches steht TCP/IP-Unterstützung in der AOS/VS-II-Version und auch in ausgewählten VMS-, OpenVMS- und UNIX-Versionen zur Verfügung. X.25-Unterstützung ist derzeit nur für Sun-Rechner mit dem Produkt SunLink X.25 verfügbar. DECnet ist nur unter OS/2-Systeme mit DEC PATHWORKS erhältlich.

14 Die Tastaturen auf den meisten NeXT-Workstations erzeugen keinen Code für Strg-Backslash. Die NeXT-Version von

C-Kermit benutzt daher Strg-Rechte-Eckige-Klammer als Rückkehrzeichen. OS/2-C-Kermit benutzt ebenfalls Strg-Rechte-Eckige-Klammer. Achten Sie auf jeden Fall auf die Nachricht nach dem CONNECT-Befehl. — Auf deutschen Tastaturen kann die zu drückende Tastenkombination von der Anzeige mitunter abweichen. Dies ist gerätespezifisch; häufig funktioniert auf einer DIN-Tastatur die Kombination Strg-+ (Strg und das Plus-Zeichen im Haupt-Tastenfeld). Beachten Sie auch den Befehl SET ESCAPE, mit dem Sie das Rückkehrzeichen ggf. auf eine leichter zu erzeugende und zu merkende Kombination umdefinieren können (siehe das Beispiel im laufenden Text).

15 Wenn diese Einrichtung von C-Kermit in Ihrer Version fehlt, dann ist sie mit der Option NOPUSH erzeugt worden, um Benutzer daran zu hindern, direkt von Kermit aus das System anzusprechen.

16 Haben Sie einen RECEIVE-Befehl gegeben und sind nicht schnell genug zurückgekehrt, sehen Sie ein solches Paket: „# N3".

17 Dies ist die Geschwindigkeit, die die meisten UNIX-Wirtsrechner für /dev/tty angeben, falls kein echtes Terminal-Gerät vorliegt.

18 Das Vorschalten des Steuerzeichens ist wegen Einschränkungen im System-V-Terminaltreiber notwendig. Allerdings enthalten einige System-V-basierte C-Kermit-Versionen einen Trick; versuchen Sie also auch, die Unterbrechungszeichen ohne vorgeschaltetes Steuerzeichen einzugeben.

19 Andere Regelungen sind möglich, kommen aber in der Praxis selten vor. Im häufigsten Fall – und das ist der von Kermit unterstützte – wird ein Byte stets als 8 Bits übertragen: entweder 8 Datenbits und kein Paritätsbit oder aber 7 Datenbits und ein Paritätsbit.

20 Bei der asynchronen seriellen Übertragung kommen wegen des Start- und des Stop-Bits je 10 Bits auf ein Zeichen; siehe Anhang II.

21 Lesen Sie die von Ihrem X.25-Dienst-Anbieter zur Verfügung gestellte Literatur, etwa *How to Use SprintNet Asynchronous Dial Service*, oder sehen Sie in den Literatur-Angaben zu diesem Buch unter [10, 11, 12, 13] nach.

22 Die absolute Obergrenze beträgt $95^2-1=9024$ Zeichen; einige Kermit-Programme haben jedoch wegen Speicher- oder Adressierungsbeschränkungen eine niedrigere Grenze. Benutzen Sie den Befehl SHOW PROTOCOL, um die maximale Paketlänge für Ihr Kermit-Programm zu erfahren.

23 Zeichensätze werden in Kapitel 9 erläutert.

24 Die Zeichen Strg-N und Strg-O werden für die Paket-Übertragung natürlich als druckbare Zeichen (#N bzw. #O) codiert.

25 ASCII ist die US-amerikanische Version von ISO 646 [36].

26 „Kyrillisch"bezieht sich auf die Familie von Alphabeten, die für Russisch, Ukrainisch und andere slawische Sprachen benutzt wird und vom Heiligen Kyrill im 9. Jahrhundert geschaffen wurde.

27 ESC ist das ASCII-Zeichen Escape character. Leerzeichen dienen der Klarheit, gehören jedoch eigentlich nicht zu der Escape-Sequenz.

28 Irgendwann einmal wird es eine einzige Standard-Codierung geben, die die meisten Zeichenätze der Welt umfaßt [40].

29 Andere Kermit-Programme, die diese Vorrichtung unterstützen, sind MS-DOS-Kermit und der IBM-Großrechner-Kermit. Siehe Tabelle 1-1 auf Seite 25 mit einem Vergleich der Fähigkeiten verschiedener Kermit-Programme.

30 Alle SET TRANSMIT-Befehle können auch als SET XMIT eingegeben werden.

31 Das Umschalten zwischen Text- und Binärmodus, wie es hier gezeigt wird, hängt von der Fähigkeit des Wirts-Servers ab, den Da-

teityp aus dem von C-Kermit gesendeten Attribut-Paket auszulesen. Siehe Tabelle 1-1 auf Seite 25. C-Kermit, MS-DOS-Kermit und der IBM-Großrechner-Kermit haben diese Fähigkeit.

32 Dieses Beispiel trifft nicht für AOS/VS zu, dessen COPY-Befehl die Reihenfolge der Dateinamen vertauscht. Wir werden im nächsten Kapitel sehen, wie man mit diesem Problem umgeht.

33 Befehlszeilen-Argumente werden in Kapitel 14 erläutert.

34 Sie finden eine etwas raffiniertere Version des EDIT-Makros in den Beispieldateien des Kermit-Vertriebs.

35 Durch Extraktion des Tages im Monat aus \v(date) oder \v(ndate). Wir lernen später in diesem Kapitel mehr über Teilstrings.

36 Sie finden diese Befehle in der Befehls-Demodatei CKEDEMO.INI, die mit C-Kermit vertrieben wird.

37 Diese Datei wird zusammen mit C-Kermit unter dem Namen CKEVT.INI vertrieben, allerdings auf Englisch.

38 Siehe Tabelle 12-3. MS-DOS-Kermit muß ein VT100-Terminal oder ein höheres der VT100-Serie emulieren, damit diese Sequenzen erkannt werden. Hebräische DEC-Terminals benutzen die assoziierten Escape-Sequenzen allerdings für die Umkehrung der Schreibrichtung; daher wird ab MS-DOS-Kermit 3.13 ein anderer, voll DEC-kompatibler Mechanismus benutzt (APC, s.u.).

39 TERMINALS und TERMINALR werden in der Standard-Initialisierungsdatei für MS-DOS-Kermit, MSKERMIT.INI, ab Version 3.12 in genau dieser Weise definiert.

40 Natürlich wissen wir alle, daß es eine geschlossene Lösung für dieses Problem gibt: $(n \times (n + 1)) / 2$, freundlicherweise zur Verfügung gestellt von dem siebenjährigen Carl Friedrich Gauss (1777-1855).

41 Passen Sie dies an Ihren eigenen Bedarf und an örtliche Bestimmungen – wie etwa die von der Deutschen Telekom verlangte Wahlwiederholsperre – an. *Bemerkung*: Die Telefonnummer darf auch ein Telefonbuch-Eintrag sein.

42 Auf einer seriellen Verbindung ist ein BREAK ein Nullzustand (0) von 275 Millisekunden und ein Langes BREAK eine solche von 1,5 Sekunden. Auf einer TCP/IP-TELNET-Verbindung senden sowohl \B als auch \L den TELNET-Befehl BREAK an den Wirts-TELNET-Server.

43 Ein mögliches Problem ist allerdings das NET-Makro, weil C-Kermit selbst keine 3270-Terminal-Emulation durchführt. Nur wenn Sie per TELNET Zugang zu einem Terminalserver oder Protokollkonverter haben oder eine X.25-Verbindung zu einem Gerät herstellen können, das 3270-Emulation bietet, können Sie Vollschirm-Verbindungen über ein Netzwerk benutzen.

44 RS-232 ist nicht dafür entworfen, bei Geschwindigkeiten oberhalb von ungefähr 20000 bps zu arbeiten, viele moderne Kommunikationskarten bieten jedoch höhere Geschwindigkeiten. Diese benötigen sehr kurze direkte Verbindungen, mitunter mit besonders geschirmten und/oder niederkapazitiven Kabeln.

45 Beachten Sie die doppelte Terminologie. Der erste Ausdruck wird in der amerikanischen Datenkommunikationsliteratur benutzt, während der zweite in internationalen Standards Verwendung findet.

46 Das Wort *Modem* ist aus den Wörtern *Modulator* und *Demodulator* zusammengesetzt.

47 Konventionen sind allerdings dazu da, gebrochen zu werden. Wenn ein Stecker das falsche Geschlecht hat, kann ein preiswerter Adapter, ein sogenannter *Geschlechtswandler*, benutzt werden.

[48] Kleine Nullmodem-Adapter, *Modem-Eliminatoren*, machen ein Modem- zu einem Nullmodem-Kabel.

[49] Eine Ausnahme ist die mit AT&T System V Release 4 ausgelieferte Bourne-Shell.

[50] Das Vorschalten des Steuerzeichens ist wegen Beschränkungen in den Terminal-Treibern von System V und POSIX erforderlich. Nichtsdestoweniger umgeht Ihr C-Kermit vielleicht dieses Problem; versuchen Sie also einfach, die Unterbrechungszeichen ohne das Vorschalt-Steuerzeichen einzugeben.

[51] Dies ist kompatibel zur Dateimuster-Behandlung der UNIX-Shell und des Befehls ls.

[52] Wenn Kermit nicht als System-Befehl installiert ist, benutzen Sie stattdessen den RUN-Befehl, der jedoch keine Befehlszeilen-Argumente zuläßt.

[53] Dies ist eine Einschränkung des VMS-Dateisystems. Wenn Sie *wirklich* eine Datei mit Zeilen länger als 32KB haben, können Sie sie im Binärmodus senden.

[54] Für die IBM-PS/2-Modelle 90 und 95 stellt der Treiber COM.SYS direkten Speicherzugriff (DMA) hoher Geschwindigkeit zur Verfügung. Der in der OS/2-Dokumentation erwähnte spezielle Treiber COMDMA.SYS existiert nicht.

[55] Dies ist die DASHER-Tastenkombination zum Senden eines BREAK-Signals: CMD gedrückt halten und BRK/ESC drücken. Auf anderen Terminals oder Emulatoren benutzen Sie die dort übliche Methode zum Senden eines BREAK, etwa Alt-B in MS-DOS-Kermit.

Register

;   40, 42, 374
!   107, 374
40, 42
-- 40, 43
?   35, 39, 40, 105
@   107
@   → PUSH
@   →RUN
@   →SPAWN

\   39, 40, 43
\Fcharacter   373
\Fcode   373
\Fcontents   373
\Fdefinition   373
\Fevaluate   373
\Fexecute   373
\Ffiles   373
\Findex   373
\Flength   373
\Fliteral   374
\Flower   374
\Flpad   374
\Fmaximum   374
\Fminimum   374
\Fnextfile   374
\Frepeat   374
\Freplace   374
\Freverse   374
\Fright   374
\Frpad   374
\Fsubstr   374
\Fupper   374
\v (argc)   372
\v (args)   372
\v (cmdfile)   372
\v (cmdlevel)   372
\v (cmdsource)   372
\v (count)   372
\v (cpu)   373
\v (day)   373
\v (directory)   373
\v (exitstatus)   373

\v (filespec)   373
\v (fsize)   373
\v (home)   373
\v (host)   373
\v (inchar)   373
\v (inchart)   373
\v (incount)   373
\v (input)   373
\v (line)   373
\v (local)   373
\v (macro)   373
\v (ndate)   373
\v (nday)   373
\v (platform)   373
\v (program)   373
\v (return)   373
\v (speed)   373
\v (status)   373
\v (system)   373
\v (tfsize)   373
\v (time)   373
\v (time)   373
\v (ttyfd)   373
\v (version)   373
\v(date)   373

^R   37
^U   37
^W   37

7-Bit-CO-Steuerzeichen   510
7-Bit-Terminal-Zeichensatz   209, 210
8-Bit-Daten, Codieren für Übertragung   243
8-Bit-Terminal-Zeichensatz   210

A

A   135, 374
ACK (Acknowledgement)   181
Addiermaschinen   304, 305
Amiga-C-Kermit   498 - 500
ANSI-Escape-Sequenzen   209
AOS/VS-C-Kermit   491 - 497

APC   375
Apple-II-Kermit   25
Arithmetische Funktionen   298 - 301
ASCII-Code   201, 509
ASG   375
ASK   302, 375
ASKQ   302, 375
ASSIGN   263, 272, 375
Atari
–, GEMDOS   39
–, ST   54
–, ST-C-Kermit   501 - 503
Automatisierung   350 - 356

B

Backslash   39, 43
Backslash-Codes   372
Befehle, lesen und schreiben   312 - 316
Befehls-Makros   249 - 255
Befehlsdateien   41 - 43, 244 - 249
–, C-Kermit-Initialisierungsdatei   248
–, Fortsetzung   43
–, geschachtelte   247
–, Kommentare   42, 43
Befehlseingabe, interaktiv   34 - 41
–, Dateinamen, vervollständigen   38
–, Fehlerkorrektur   37
–, Hilfe   35, 36
–, Schlüsselwörter, abkürzen   36, 37
–,   vervollständigen   38
–, Sonderzeichen   39
–, Unterbrechung   40
Befehlszeilen-Optionen   358 - 370
–, Dateitransfer-Optionen   366 - 369
–, Kommunikations-Optionen   363 - 366
–, Programm-Verwaltungs-
    Optionen   361 - 363
Bindestrich   43
Blockprüfwert-Optionen   154
BREAK-Signale   107
BUG   375
BYE   168, 375

C

C → CONNECT
C-Kermit, Bedienung   32 - 35
–, Beenden   34
–, Befehlseingabe   34 - 41
–, Starten
C-Kermit,
    Befehlsübersicht   371 - 407
    Bezugsquellen   26
    Initialisierungsdatei   54, 55, 248
    Leistungsangebot   24
    Nicht-UNIX-Versionen   31
    Programmversionen   26
C-Kermit-Argument-Vektor-Feld   265
C-Kermit-Datei-Zeichensätze   214
C-Kermit-Rückgabe-Codes   371
C-Kermit-Sondertasten, Verbindungs-
    modus   377
C-Kermit-UNIX-Versionen 29 - 31
Carriage Return   134
CAT   375
CD   49, 376
CHECK   376
CLEAR   376
CLOSE   376
CLOSE SESSION   116
COMMENT   376
Commodore Amiga   54
CompuServe   339
CONNECT (C)   20, 100 - 103, 106, 376
CONTINUE   377
CP/M-80-Kermit   25
CP850   231
CWD 377
CYRILLIC-ISO   216

D

Data General AOS/VS   54
Datei-Attribute   197 - 199
Dateien, lesen und schreiben   312 - 316
Dateifunktionen   301, 302
Dateinamen   139, 140

Dateitransfer 146 - 200, 212 - 229, 443 - 448
–, Halbduplex-Kommunikation 152, 153
–, IBM-Großrechner, Zeilenmodus-Kommunikation 159 - 161
–, Vollbildmodus-Kommunikation 161 - 163
–, Interferenzen 153 - 155
–, Parität 147 - 149
–, Störungen 153 - 155
–, Timeouts 155 - 157
–, Transparenz 159
–, Vollduplex-Umgebungen 149 - 151
–, X.25 163, 164
Dateitransfer, automatisierter 347, 349
– Abfragen, nächtliche 348, 349
Dateitransfer-Effizienz, Erhöhung 185 - 197
–, Datei-Anzeige 185
–, Datei-Attribute 197 - 199
–, Datenkomprimierung 194, 195
–, Einfach-Shifts 192
–, Einrast-Shifts 193, 194
–, Fenster 191, 192
–, Paketlänge, dynamische 187
Dateitransfer, Grundlagen 117 - 145
–, Anzeige 130 - 132, 185
–, Befehle 117 - 120
–, Binäre Dateien, Übertragung 138, 139
–, Dateinamen 139, 140
–, Dateinamenskollisionen 140, 141
–, Download 124 - 125
–, Lokaler Betrieb 128 - 132
–, Netzwerk-Dateitransfer 126
–, Unterbrechung 133 - 137
–, Unvollständigkeit 142
Dateitransfer MS-DOS - VMS 468
Dateitransfer, ohne Kermit-Protokoll 234 - 243
Dateitransfer-Makros 260
Dateitransfer-Optionen 336 - 369
Dateiübertragung 22, 23
Datenkomprimierung 194, 195, 419
DEC-Zeichensatz, multinationaler 206
DECLARE (DCL) 377
DECREMENT 300, 377
DEFINE 249, 272, 377

DEL 37, 40, 43
DELETE 50, 377
DIAL 74, 377
DIRECTORY 50, 51, 378
Direktverbindungen, serielle 68 - 70
DISABLE 378
DO 378
Dow Jones News/Retrieval 340
Download 124, 125
Downloading 235 - 237

E

E 136, 374
E-PACKET 379
ECHO 51, 378
Effizienz-Analyse 182 - 185
Einfach-Shifts 192
Einrast-Shifts 193, 194
ELSE-Befehl 275, 276, 378
ENABLE 378
END-Befehl 282 - 285, 378
ESC 40
EXIT 379
EXTPROG 379

F

Farbwechsel 307
Fehlerkorrektur 37, 417
Felder 264, 265
Fenster 191, 192
–, gleitende 187 - 191
FINISH 168, 379
Flußkontrolle 66 - 68, 411, 434
FOR 379
FORMFEED 41
Funktionen 374
– arithmetische 298 - 301
– benutzerdefinierte 310, 311
– Dateifunktionen 301, 302
– eingebaute 293 - 302
– String-Funktionen 294 - 298
Funktionsargumente 293
Funktionsaufruf 293

G

Geschwindigkeitsanpassung 81
GET 379
GETOK 303, 380
GOTO 380
GOTO-Befehl 285 - 288
– Schleifen, abgezählte 287, 288

H

H 110
Halbduplex-Kommunikation 152, 153
HANGUP 65, 90, 380
Hardware-Flußkontrolle 150
Hayes Smartmodem 2400 416
Hayes-Modem 86
HEBREW-ISO 216
HELP 52, 53, 380
Hexifizierungs-Programme 521, 522
Hilfe 35, 36
Hilfe holen 105
Hintergrund-Betrieb 438

I

IBM-Großrechner
–, Vollbildmodus-Kommunikation 161 - 163
–, Zeilenkommunikation 159, 160
IBM-Großrechner-Kermit 25
IBM-Großrechner-Login-Skript
–, Vollbildmodus 337 - 339
–, Zeilenmodus 336, 337
IF 380, 381
IF BACKGROUND 280
IF COUNT 280, 288
IF DEFINED 279
IF EXIST 279
IF FOREGROUND 280
IF NUMERIC 279
IF SUCCESS 381
IF VERSION 280
IF-Befehl 273 - 281
–, ELSE-Befehl 275, 276
–, String-Vergleiche 276 - 278
–, Zahlenvergleiche 274, 275
INCREMENT 300, 381
INOUT-Puffer 324, 325
INPUT 323, 381

Interferenzen 153 - 155
– Blockprüfwert-Optionen 154
INTRODUCTION 382
ISO 646 203, 204
ISO 646 IRV 509
ISO-Alphabete, lateinische 204
ISO-Standard 4873 507

J

JAPANESE-EUC 216

K

Kabel 420
Kermit, Leistungsangebot 25
Kermit-Server 166 - 179
–, Befehle senden 168 - 176
–, Dateiaustausch 170, 171
–, SET SERVER 171
–, Sicherheit 177 - 179
–, Start 167, 168
KOI-Form 228
Kommentare 42
Kommunikations-Optionen 363 - 366
Kommunikationseinstellungen, anzeigen 68
Kommunikationsgerät, anwählen 62, 63
Kommunikationsgeschwindigkeit,
  angeben 64
Komprimierung 417

L

Lateinisch-1 206
Lateinische 7-Bit-Zeichensätze 511, 512
LATIN1-ISO 215
LATIN2-ISO 216
LINEFEED 41
Linguini-Transfer 217
LOG DEBUG 165, 382
LOG PACKETS 165, 382
LOG SESSION 115, 235, 382
LOG TRANSACTIONS 382
Login-Skripts 328 - 342
Lokaler Betrieb 59, 89
Lokaler Rechner 18, 19
–, zurückkehren 22
Loopback-Stecker 423

M

Macintosh-Kermit 25
MAIL 382
Makro-Argumente 255 - 258
–, Format 256, 257
–, Geltungsbereich 257, 258
Makros
    Dateitransfer-Makros 25, 60
    Netzwerk-Makros 260
    Wählmakros 259
Makros → Befehls-Makros
MAN → HELP
MGET → GET
MNP (Microcom Networking Protocol) 84
Modem-Modulations-Techniken 417
Modems 83, 84, 412 - 423
MPAUSE → MSLEEP
MPUT →MSEND
MS-DOS-Kermit 25
MSEND 120, 382
MSLEEP 52, 383
MV → RENAME

N

NAK (Negative Acknowledgement) 181
Netzwerk-Dateitransfer 126
Netzwerk-Funktionen 108
Netzwerk-Makros 260
Netzwerkverbindungen 88 - 99
–, TCP/IP 91 - 95
–, X.25 96 - 99
Nullmodems 421

O

O → OUTPUT
OPEN 312, 383
Open VMS 22, 54
OS-9 54
OS-9-C-Kermit 504
OS/2 39, 54
OS/2-C-Kermit 469 - 490
– Benutzung 473 - 481
– Installation 469 - 473
– VT102-Escape-Sequenzen 486 - 490
OUTPUT 322, 383

P

PAD (Packet Assembler Diasassembler) → X.25
PAD CLEAR 383
PAD INTERRUPT 383
PAD RESET 383
PAD STATUS 383
Pakete 23
Paketlänge 185 - 187
–, dynamische 187
Parität 123, 147 - 149, 408
Paßwörter 350 - 356
–, Verschlüsselung 351 - 354
PAUSE 52, 327, 383, 406
PC-Drucken 308
PDP-11-Kermit 25
Pfeiltasten 480
PING 95, 384
Plex 410
POP → END
PRINT 52, 384
Programm-Verwaltungs-Optionen 361 - 363
Programmierung, strukturierte 288 - 292
–, WHILE-Befehl 290
Prompt 20
Promptausgabe 302
Puffer 191, 192
PUSH 52
PUT → SEND
PWD 53, 384

Q

Q 110
QUIT → EXIT

R

R 374
READ 384
RECEIVE-Befehl 119, 120
Rechenausdrücke 304
REDIAL 74, 75, 384
REINPUT 385
REMOTE 385
REMOTE CD 172, 385

REMOTE DELETE 172, 385
REMOTE DIRECTORY 172, 385
REMOTE HELP 168, 172, 385
REMOTE HOST 174, 385
REMOTE KERMIT 174, 385
REMOTE LOGIN 174, 385
REMOTE LOGOUT 174, 385
REMOTE PRINT 174, 385
REMOTE SET 386
REMOTE SPACE 173, 386
REMOTE TYPE 173, 386
REMOTE WHO 173, 386
RENAME 53, 386
RETURN 41, 386
RM → DELETE
Rollregion, Einstellung 307
RS-232-Breakout-Box 423
RS-232-C-Modemsignal 413
RTS/CTS-Flußkontrolle 67
Rückkehrzeichen 101 - 103
RUN 53, 386

S

S 106
Schleifen, abgezählte 287, 288
Schleifen-Ausführung 291
Schlüsselwörter, abkürzen 36, 37
Schweinegitter 40, 42
SCRIPT-Befehl 354 - 356
SEND 387
SEND-Befehl 118, 119
SERVER 167, 168, 387
SET ABUD → SET SPEED
SET ATTRIBUTES 387
SET ATTRIBUTES ALL 387
SET ATTRIBUTES
   CHARACTER-SET 387
SET ATTRIBUTES DATE 387
SET ATTRIBUTES DISPOSITION 387
SET ATTRIBUTES LENGTH 388
SET ATTRIBUTES SYSTEM-ID 388
SET ATTRIBUTES TYPE 388
SET BACKGROUND 388
SET BLOCK-CHECK 154, 388
SET BUFFERS 388
SET CARRIER 65, 388
SET CARRIER AUTO 66, 388

SET CARRIER OFF 66, 388
SET CARRIER ON 66, 388
SET CASE 389
SET COMMAND BYTESIZE 111, 389
SET COUNT 287, 389
SET DEBUG 116, 389
SET DEFAULT 389
SET DELAY 389
SET DIAL 389
SET DIAL-COMMAND 389
SET DIAL DIRECTORY 389
SET DIAL DISPLAY 78, 389
SET DIAL HANGUP 79, 390
SET DIAL INIT-STRING 80, 81, 390
SET DIAL KERMIT-SPOOF 390
SET DIAL MNP-ENABLE 390
SET DIAL MODEM-HANGUP 80, 390
SET DIAL PREFIX 82, 390
SET DIAL SPEED-MATCHING 81, 390
SET DIAL TIMEOUT 79, 390
SET DUPLEX 391
SET DUPLEX HALF 152
SET ESCAPE-CHARACTER 391
SET FILE 35, 391
SET FILE CHARACTER-SET 391
SET FILE COLLISION 391
SET FILE COLLISION APPEND 141, 391
SET FILE COLLISION BACKUP 141, 391
SET FILE COLLISION DISCARD 141, 391
SET FILE COLLISION
   OVERWRITE 141, 391
SET FILE COLLISION RENAME 141, 392
SET FILE COLLISION UPDATE 141, 392
SET FILE DISPLAY 392
SET FILE INCOMPLETE 142, 392
SET FILE LABEL 392
SET FILE NAMES 392
SET FILE NAMES CONVERTED 139
SET FILE NAMES LITERAL 140
SET FILE RECORD-LENGTH 392
SET FILE TYPE 238
SET FILE TYPE
   BINARY 36, 138, 392, 462
SET FILE TYPE IMAGE 393, 463
SET FILE TYPE LABELED 393, 464
SET FILE TYPE TEXT 137, 393
SET FLOW CONTROL 151, 393
SET FLOW-CONTROL NONE 152

SET HANDSHAKE 152, 393
SET HOST 90, 92, 393
SET INCOMPLETE → SET FILE INCOMPLETE
SET INPUT 394
SET INPUT CASE 394
SET INPUT ECHO 394
SET INPUT SILENCE 394
SET INPUT TIME-ACTION 394
SET KEY 114, 394
SET LANGUAGE 226, 227, 394
SET LANGUAGE RUSSIAN 227
SET LINE 62, 63, 394
SET LOCAL ECHO → SET DUPLEX
SET LOCAL ECHO → SET TERMINAL ECHO
SET MACRO ECHO 395
SET MACRO ERROR 395
SET MODEM 71 - 74, 395
SET NETWORK 90, 395
SET OUTPUT PACING 395
SET PARITY 111, 148
SET PORT → SET LINE
SET PROMPT 397
SET QUIET 397
SET RECEIVE END-OF-PACKET 397
SET RECEIVE PACKET-LENGTH 186, 397
SET RECEIVE PAD-CHARACTER 397
SET RECEIVE PADDING 397
SET RECEIVE START-OF-PACKET 398
SET RECIEVE TIMEOUT 398
SET RETRY 155, 398
SET SCRIPT ECHO 398
SET SEND END-OF-PACKET 398
SET SEND PACKET-LENGTH 186, 389
SET SEND TIMEOUT 398
SET SERVER 171, 399
SET SESSION 116
SET SESSION-LOG 235, 399
SET SPEED 64, 399
SET SUSPEND 399, 439
SET TAKE ECHO 245, 399
SET TAKE ERROR 399
SET TELNET 94, 399
SET TERMINAL 400
SET TERMINAL ANSWERBACK 400
SET TERMINAL ARROW-KEYS 400
SET TERMINAL BYTESIZE 111, 400
SET TERMINAL CHARACTER-SET 112, 207, 400
SET TERMINAL COLOR 400
SET TERMINAL CR-DISPLAY 112, 401
SET TERMINAL CURSOR 401
SET TERMINAL ECHO 112, 401
SET TERMINAL KEYPAD-MODE 401
SET TERMINAL LOCKING-SHIFT 112, 211, 401
SET TERMINAL NEWLINE MODE 112, 401
SET TERMINAL TYPE 401
SET TERMINAL WRAP 401
SET TRANSFER CANCELLATION 401
SET TRANSFER CHARACTER-SET 401
SET TRANSMIT 238, 239, 402
SET WINDOW 189
SET WINDOW-SIZE 403
SET.25 96, 403
Shift-In/Shift-Out-Filter 523
SHOW ARGUMENTS 403
SHOW ARRAYS 403
SHOW ATTRIBUTES 403
SHOW CHARACTER-SETS 403
SHOW COMMUNICATION 403
SHOW COMMUNICATIONS 68
SHOW COUNT 404
SHOW DEFAULT 404
SHOW DEFAULT → PWD
SHOW DIAL 77, 404
SHOW ESCAPE 404
SHOW FEATURES 404
SHOW FILE 404
SHOW FUNCTIONS 404
SHOW GLOBALS 404
SHOW KEY 113, 404
SHOW LABELED-FILE-INFO 404
SHOW LANGUAGES 404
SHOW MACROS 404
SHOW MODEM-SIGNALS 404
SHOW NETWORK 90, 404
SHOW PAD 405
SHOW PROTOCOL 405
SHOW SCRIPTS 405
SHOW SERVER 405
SHOW STATUS 405
SHOW TERMINAL 113, 405

SHOW TRANSMIT 405
SHOW VARIABLES 405
SHOW VERSIONS 405
Sicherheit 350 - 356
Skript-Programmierung 317 - 357
–, Dateitransfer, automatisierter 347 - 349
–, IBM-Großrechner-Login-Skript,
    Zeilenmodus 336
–,   Vollbildmodus 337
–, SCRIPT-Befehl 354 - 356
Synchronisierungsbefehle 320 - 328
– UNIX 334 - 336
– VAX/VMS 328 - 334
– Verbindungsaufbau,
    automatisierter 317 - 320
SLEEP → PAUSE
Software-Flußkontrolle 150
Sonderzeichen 39, 41
– senden 109
SPACE 53
Spezialeffekte 305 - 309
SprintNet 341
Standardwerte 38
Status-Anfrage 106
Stecker 420
Steuerzeichen 37
STOP-Befehl 282 - 285, 405
Störungen 153 - 155
–, Blockprüfwert-Optionen 154
Strg-C 40, 135, 374
Strg-H 40
Strg-I 40
Strg-Q 41
Strg-R 40
Strg-S 41
Strg-U 40
Strg-W 40
Strg-Y 41, 374
Strg-Z 41, 135, 374
String-Funktionen 294 - 298
String-Vergleiche 276 - 278
SUSPEND 406, 439
Synchronisierungsbefehle 320 - 328
–, INPUT 323, 325, 326
–, INPUT-Puffer 324, 325
–, OUTPUT 322, 325, 326
–, PAUSE 327
–, WAIT 327, 328
–, Zeichensätze, internationale 326

T

TAB 40
TAKE 40 - 42, 406
Taschenrechner 304, 305
Tastaturbelegung 113 - 115
Tastatursonderbefehle,
TCP/IP-Modem-Server 95, 96
TCP/IP-Netzwerke 91 - 95
TELNET 93, 406
Terminal-Emulation 110 - 113
Terminal-Parameter, einstellen 111 - 113
Terminalbetrieb 100 - 116
–, Connect-Befehl 100 - 103
–, Fehlersuche 115, 116
–, Protokolle 115, 116
–, Tastaturbelegung 113 - 115
–, Tastatur-Sonderbefehle 104 - 110
–, Terminal-Emulation 110 - 113
–, Verbindung beenden 103
Terminalserver 127, 128
Timeouts 155 - 157
TRANSLATE 229, 406
TRANSMIT 238, 240 - 243, 406
Transparenz 157 - 159
tty-Geräte 425
TYPE 53, 406

U

Übersetzung
    einseitig 231, 232
    ohne Transfer, 229, 230
Übertragung, serielle asynchrone 409
Übertragungsgeschwindigkeit 410
Umgebungsvariablen 270, 271
UNIX-C-Kermit 424 - 448
– Benutzung 431 - 443
– Dateitransfer 443 - 448
– Installation 424 - 430
UNIX-Login-Skript 334 - 336
Upload 121 - 123
Uploading 237

V

Variablen 261 - 272
- Definition 262, 263, 272
- eingebaute 266 - 270
- Felder 264, 265
- globale 261, 262
- Zuweisung 262, 263, 272

Variablenübersicht 373, 374
VAX/VMS, Login-Skript 328 - 334
Verbindung, beenden 65, 103
Verbindungsaufbau,
    automatisierter 317 - 320
Verbindungsherstellung 56 - 99
Verschlüsselung 351 - 354
VERSION 406
Vervollständigung 38
VMS 54
VMS-C-Kermit 449 - 468
Vollduplexumgebungen 149 - 151
VT102-Escape-Sequenzen 306, 486 - 490
VT102-Steuersequenzen 488
VT102-Terminal 477
VT52-Escape-Sequenzen 490

W

Wählen, mehrphasiges 82, 83
Wählleitungs-Anschlüsse 60
Wählmakros 259
Wählverbindungen
    Fehlersuche 87, 88
    serielle 70
Wählvorgang, von Hand 86
WAIT → PAUSE
WHILE 407
WHILE-Befehl 290
WHO 407
Wirtsbetrieb 89
Wirtsrechner 18, 19
- einloggen 21
WRITE 407
WRITE SCREEN 51
WRITESYS$OUTPUT 51

X

X 134, 374
X.25 163, 164
X.25-Netzwerke 96 - 99
XIF 407
XLATE 407
XMIT 407

Z

Z 134, 374, 407
Zeichencodes, dezimale 202
Zeichenformat 408
Zeichensätze, internationale 201 - 233, 326
–, Dateitransfer 212 - 229
–, Japanisch 224, 225
–, Hebräisch 222, 223
–, herstellerspezifische 201 - 203
–, in Befehlen 206
–, Kyrillisch 220 - 222
–, Latein 218 - 220
–, Standard 203 - 207
–, Terminal-Emulation 207 - 212
Zeichensatztabellen 507 - 519
–, 7-Bit-Steuerzeichen 510
–, ASCII 509
–, ISO 646 IRV 509
–, ISO-Standard 4873 507
–, Kyrillische 516 - 519
–, Lateinische 511, 512
–, Osteuropäische 515, 516
–, Westeuropäische 512 - 514

Bestellschein

eMedia-Bestellung

für **Quellcode und Dokumentation** zum Buch **C-Kermit, Einführung und Referenz** (ISBN 3-88229-023-4) zum **Preis von DM 25,–** aus dem Verlag Heinz Heise GmbH & Co KG.

So bestellen Sie: Um unnötige Kosten zu vermeiden, liefern wir nur gegen Vorauskasse. Fügen Sie Ihrer Bestellung einen Verrechnungsscheck über die Bestellsumme **zuzüglich DM 3,–** (für Porto und Verpackung) bei oder überweisen Sie den Betrag auf unser Konto. Schecks werden erst bei Lieferung eingelöst. Irrtum vorbehalten. Bankverbindung: Kreissparkasse Hannover (BLZ 250 502 99), Konto-Nr. 4408

Menge	Bestell-Nr.		à DM	gesamt DM
	943555	C-Kermit-Diskette		

Absender (Bitte deutlich schreiben)

Vorname/Name/Firma

Funktion/Telefon-Nr.

Straße/Nr.

PLZ/Ort

Datum — Rechtsverbindliche Unterschrift
(für Jugendliche unter 18 Jahren der Erziehungsberechtigte)

An
eMedia GmbH
Postfach 61 01 06
D–30601 Hannover

☐ Ich bin an weiteren Informationen zum *HEISE*-Fachbuchprogramm interessiert.

Bitte ausschneiden und im Fenstercouvert versenden.

Für Ihre Notizen